CATALOGUE

DES LIVRES IMPRIMÉS

DE LA

BIBLIOTHÈQUE DES AVOCATS

A LA COUR IMPÉRIALE DE PARIS

Paris — Typ. PILLET fils aîné, 5, rue des Grands-Augustins.

CATALOGUE

DES LIVRES IMPRIMÉS

DE LA

BIBLIOTHÈQUE DES AVOCATS

A LA COUR IMPÉRIALE DE PARIS

Tome I

PARIS

AUGUSTE DURAND, ÉDITEUR

Libraire de la Bibliothèque de l'Ordre des Avocats et de la Cour impériale

7, RUE DES GRÈS, ET RUE TOULLIER, 1

——

1866

CATALOGUE

DES LIVRES IMPRIMÉS

DE LA

BIBLIOTHÈQUE DES AVOCATS

A LA COUR IMPÉRIALE DE PARIS

THÉOLOGIE

THÉOLOGIE JUIVE ET CHRÉTIENNE

Écriture Sainte

Textes, Versions, Concordances.

1. Biblia maxima versionum ex linguis orientalibus, earumque concordia cum Vulgata et ejus expositione litterali. auct. Joanne de La Haye; Lutetiæ Parisiorum, Bechet, 1660, 18 vol. in-fol.

2. Biblia, in-4°. In fine : Correcta et in capitulorum capitibus singulorum Veteris et Novi Testamenti intitulata sufficienter fuit per venerabilem religiosum fratrem Stephanum Pariseti, ordinis Minorum, sacræ theologiæ doctorem egregium, et impressa per Jacobum Malieti. Anno Domini 1490, die nono mensis Junii. (Vid. Hain, Repertorium, t. 1. p. 412.)

3. Biblia utriusque Testamenti; Oliva Rob. Stephani, 1557. 2 vol. in-fol.

THÉOLOGIE.

4. Biblia sacra, Vulgatæ editionis, Sixti V Pontificis M. jussu recognita et Clementis VIII auctoritate edita; Rotomagi, Le Boucher, 1707, in-4.

5. La Sainte Bible, qui contient le Vieux et le Nouveau Testament, édition nouvelle faite sur la version de Genève, revue et corrigée, etc., etc.: le tout disposé en cet ordre par les soins de Samuel Des Marets et de Henry Des Marets, son fils; Amsterdam, L. et D. Elzevier, 1669, 2 vol. in-fol.

6. La Sainte Bible, contenant l'Ancien et le Nouveau Testament, traduite en français sur la Vulgate par Le Maistre de Sacy, ornée de 300 figures d'après les dessins de Marillier et Monsiau: Paris, Defer de Maisonneuve et Gay, 1789-1804, 12 vol. gr. in-8.

7. Sainte Bible, en latin et en français, avec des notes littéraires, critiques et historiques, des préfaces et des dissertations tirées du commentaire de Dom Calmet (Augustin), abbé de Senone, de l'abbé de Vence, et des auteurs les plus célèbres, pour faciliter l'intelligence de l'Ecriture Sainte; Paris, Méquignon, 1820-1824, 25 vol. in-8, avec un atlas in-4.

8. Vetus Testamentum Græcum, cum latina translatione, animadversionibus et complementis, cura J. N. Jager; Parisiis, Didot, 1839, 2 vol. in-8.

9. Les Quatre livres des Rois, traduits en français du XIIe siècle, suivis d'un fragment de moralité sur Job, et d'un choix de sermons de S. Bernard, publiés par Leroux de Lincy; Paris, Imprim. Roy., 1841, in-4.

10. Le Psautier de David, traduit en français, avec des notes courtes, tirées de S. Augustin et des autres pères; Paris, Josse, 1738, in-12.

11. Ἡ Καινή Διαθήκη. Novum Testamentum. Post priores Steph. Curcellæi, tum et D. Oxoniensium labores, etc., etc., Variantes ex Ms. Vindobonensi, Crisis Perpetua qua singulas variantes examinat G. D. T. M. D. (Gerardus de Trajecto Mosæ, doctor); Amstelædami, Wetstenius, 1711, in-8.

12. Novum Testamentum, græce et latine, edent. Constantio Tischendorf; Parisiis, Didot, 1842, in-8.

13. Les Evangiles, traduction nouvelle, par F. Lamennais; Paris, Pagnerre, 1846, in-12.

14. Concordantiæ Bibliorum sacrorum Vulgatæ editionis ad

recognitionem jussu Sixti V. Pontif. Max. Bibliis adhibitam recensitæ atque emendatæ, ac plusquam viginti quinque millibus versiculis auctæ, insuper et notis historicis, geographicis, chronicis locupletatæ, cura et studio F. P. Dutripon; Parisiis, Belin-Mandar, 1838, in-4.

15. Le Livre de Ruth, en hébreu et en patois auvergnat; parabole de l'enfant prodigue, sermon de M. Menot; parabole de l'enfant prodigue, en syriaque et en patois auvergnat, par l'abbé Labouderie; Paris, Everat, 1825, in-8.

16. Parabole de l'efon proudigue, en patois de nahrte ouvergna, par J. L. (Labouderie); Paris, Didot, 1823, in-8.

Interprètes.

17. Joannis Marianæ tractatus VII : De adventu B. Jacobi apostoli in Hispaniam; Pro editione Vulgata; De spectaculis; De monetæ mutatione; De die mortis Christi, etc.; Coloniæ Agrippinæ, Hieratus, 1609, in-fol.

18. Institutiones Biblicæ, seu Scripturæ Sacræ Prolegomena; una cum selectis annotationibus in Pentateuchum, a Joanne-Baptista Du Hamel; Parisiis, 1698, in-8.

19. Commentaire littéral sur tous les livres de l'Ancien et du Nouveau Testament, par le R. P. D. Augustin Calmet; Paris, Emery, 1708-1716, 21 vol. in-4.
    L'ouvrage complet a 24 volumes.

20. Explication littérale de l'ouvrage des Six Jours, mêlée de Réflexions morales (par Duguet); Paris, Josse, 1731, in-12.

21. Explication de l'ouvrage des Six Jours, nouvelle édition augmentée, par les abbés Duguet et d'Asfeld; Paris, Babuty, 1740, in-12.

22. La Cosmogonie de la révélation, ou les quatre premiers jours de la Genèse en présence de la science moderne, par N. P. Godefroy; Paris, Sagnier, 1847, in-8.

23. Explication de S. Augustin et des autres Pères de l'Eglise sur le Nouveau Testament (par Nicolas Fontaine); Paris, Roulland, 1689, 4 vol. in-8.

24. Discours historiques, critiques, théologiques et moraux sur les événements les plus mémorables du Vieux et du Nouveau Testament, par Saurin, continué par C. S. de Beausobre; avec figures; La Haye, de Hondt, 1737-1739, 6 vol. in-fol.
25. Discursus gemaricus de incestu, creationis et currus opere, latinitate donatus, ex probatissimis Hebræorum commentariis illustratus, a Joh. Henrico Hottingero; Lugduni Batavorum, Luchtmans, 1704, in-4.

Philologie.

26. Critici sacri; Londres, Flesher, 1660-1661, 10 vol. in-fol.
   Manque le tome 4.
27. Aristeæ de legis divinæ ex hebraica lingua in græcam translatione per Septuaginta Interpretes, Ptolomæi Philadelphi Ægyptiorum regis studio ac liberalitate Hierosolyma accersitos, absoluta, Historia græco-latina; Francofurti, P. Musculus et Rupertus Pistorius, 1610, in-8.
28. Dissertatio philologico-critica in epistolam Jeremiæ apocrypham, quam publico sistit examini Nicolaus Bondt; Trajecti ad Rhenum, Broedelet, 1752, in-4.
29. Dissertatio philologica de iis quæ habentur Iesaiæ. c. 53, de Statu exinanitionis et exaltationis Jesu-Christi, quam publicæ disquisitioni subjicit Joannes Lecmaan; Traj. ad Rhen., Broedelet, 1756, in-4.
30. Specimen philologicum in Obadjæ V, 1-8, quod publico examini submittit Petrus Abresch; Traj. ad Rhen., Broedelet, 1757, in-4.
31. Rapport fait à la Société asiatique sur la Bible de M. Cahen, par l'abbé Labouderie; 1836, in-8.

Liturgie.

32. Cérémonies et Coutumes qui s'observent aujourd'hui parmi les Juifs, traduites de Léon de Modène, avec un supplément touchant les sectes des Caraïtes et des Samaritains de notre temps; édition revue et augmentée d'une seconde partie, qui a pour titre : Comparaison des céré-

monies des Juifs et de la discipline de l'Eglise, par de Simonville; Paris, Billaine, 1681, in-12.
33. Rationale divinorum officiorum, a Guill. Durando; Lugduni, Huguetan, 1515, in-4.
34. Paridis Crassi, Bononiensis, olim apostolicarum cæremoniarum magistri, ac episcopi Pisaurensis, de Cæremoniis Cardinalium et Episcoporum in eorum diœcesibus libri II; Romæ, in ædibus Pop. Rom., 1580, in-4.
35. Manuscrits anciens, précieux à la doctrine de l'Eglise et à la pratique du culte catholique, nouvellement publiés à Rome; Paris, Desaint, 1789, in-8.
36. Lettre de Mgr l'év. de S. Pons (Pierre Jean François de Percin de Montgaillard) à Mgr l'év. de Toulon; du 25 avril 1698; in-4. (Rituel d'Alet.)
37. Entretiens de deux ecclésiastiques de S. Pons, sur la troisième apologie de Mgr leur évêque pour la défense de son nouveau calendrier; 1684, in-4.
38. Des Sacrés-Cœurs de Jésus et de Marie, précédés de quelques observations sur la nouvelle édition du Bréviaire de Paris, par un vétéran du sacerdoce (Mathieu Mathurin Tabaraud); Paris, Igonette, 1823, in-8.
39. Explication du mot de Messe, par M. J. L. (Jean Labouderie); Paris, Plassan, 1830, in-8.
40. Préparation de la Messe, par M. J. L. (Jean Labouderie).
41. Confiteor, par M. J. L. (Jean Labouderie); Paris, Plassan, 1831, in-8.
42. Epître, par M. J. L. (Jean Labouderie); in-8.
43. Introït, par M. J. L. (Jean Labouderie); Paris, Plassan, 1831, in-8.
44. Gloria Patri, ou Petite Doxologie, par M. J. L. (Jean Labouderie); Paris, Plassan, 1831, in-8.
45. Kyrie Eleison, par M. J. L. (Jean Labouderie); Paris, Plassan, 1831, in-8.
46. Gloria in Excelsis Deo, par M. J. L. (Jean Labouderie); in-8.
47. Dominus vobiscum (par J. Labouderie); Paris, Plassan, in-8.
48. Oraisons de la Messe, par M. J. L. (Jean Labouderie); in-8.
49. Amen, par M. J. L. (Jean Labouderie); in-8.

THÉOLOGIE.

50. Graduel, suivi du Répons, du Trait, de l'Alleluia, du Neume et de la Prose, par M. J. L. (Jean Labouderie); Paris. Plassan. 1831, in-8.
51. Evangile, par M. J. L. (Jean Labouderie); Paris. Plassan. 1831, in-8.
52. Credo, par M. J. L. (Jean Labouderie); in-8.
53. Préface, par M. J. L. (Jean Labouderie); in-8.
54. Oraison dominicale, par M. J. L. (Jean Labouderie); in-8.
55. Ite, missa est, par M. J. L. (Jean Labouderie); in-8.
56. De la béatification et de la canonisation, par M. J. L. (Jean Labouderie); Paris, Plassan, in-8.
57. Des Rogations, par M. J. L. (Jean Labouderie); Paris. Plassan, 1830, in-8.
58. L'Année chrétienne; Paris, Josse, 1718-1719, 13 vol. in-12.
59. Heures dédiées au roy, contenant l'office de la Vierge Marie; Rennes, Gaisne, 1666, in-32.

Conciles.

60. Traité de l'étude des Conciles et de leurs collections, divisé en trois parties (par Fr. Salmon); Paris, Horthemels. 1724, in-4.
61. Remarques curieuses et importantes pour l'intelligence des Conciles de la sainte Eglise, par l'abbé de Thesut; Lyon, Certe, 1690, in-12.
62. Notitia Conciliorum sanctæ Ecclesiæ, auct. Joanne Cabassutio; Venetiis, sumptibus heredis N. Pezzana, 1775, in-8.
63. Dissertationum in Concilia generalia et particularia tomus singularis, a Ludov. Thomassino; Lucæ, 1728, in-fol.
64. Histoire des Conciles, ou Abrégé de ce qui s'est passé de plus considérable dans l'Eglise, depuis sa naissance jusqu'à présent, en trois parties, par Hermant; Rouen, 1695-1699, 4 vol. in-12.
65. Synodicon, sive Pandectæ canonum SS. apostolorum et Conciliorum ab ecclesia græca receptorum, necnon canonicarum SS. Patrum Epistolarum, cum scholiis anti-

quorum singulis eorum annexis et scriptis aliis huc spectantibus; recensuit Guillelmus Beveregius; Oxonii, Scheldon, 1672, 2 vol. in-fol.

66. Codex canonum Ecclesiæ primitivæ, vindicatus et illustratus a Guillelmo Beveregio; Londini, Roycroft, 1678, in-4.

67. Codex canonum vetus Ecclesiæ Romanæ; Lutetiæ Parisiorum, Chevalier, 1609, in-8.

<small>Ce faux titre précède une réimpression de l'ouvrage suivant :</small>

Canones apostolorum, veterum Conciliorum constitutiones, decreta Pontificum antiquiora de primatu Ecclesiæ Romanæ; Moguntiæ, 1525, in-8.

68. De vetustis Canonum collectionibus Dissertationum Sylloge; collegit Andreas Gallandius; Venetiis, Bettinelli, 1778, in-fol. In hac Sylloge continentur : 1° Dissertatio de antiquis Canonum collectionibus, auct. Petro Coustant; 2° Petri de Marca Dissertatio de veteribus collectionibus Canonum; 3° De antiquis, tum editis, tum ineditis collectionibus, a Petro et Hieronymo Balleriniis; 4° Caroli Sebastiani Berardi Dissertatio de variis sacrorum Canonum collectionibus; 5° Paschasii Quesnelli Dissertationes tres; 6° De variis fidei libellis; 7° De primo usu Codicis Canonum Dionysii Exigui, cum Ballerinianis adnotationibus; 8° De collectione Canonum Is. Mercatoris, a Carolo Blasco; 9° Dissertatio de methodo atque auctoritate collectionis Gratiani, auct. Francisco Florente; 10° Antonii Augustini de Emendatione Gratiani Dialogi.

69. Historia Conciliorum generalium in quatuor libros distributa, auctore Edmundo Richerio. Accessit ejusdem Demonstratio libelli de ecclesiastica et politica potestate; Coloniæ, Hetsingh, 1683, 2 vol. in-4.

70. M. Ludovici Bail Summa Conciliorum omnium, ordinata, aucta, illustrata ex Merlini, Joverii, Baronii, Binii, Coriolani, Sirmondi, aliorumque collectionibus; cum annotationibus, etc.; Patavii, ex typographia Seminarii, 1701, 2 vol. in-fol.

71. Synodorum generalium ac provincialium decreta et canones, scholiis, notis, ac historica actorum dissertatione illustrati, a F. Christ. Lupo, studio F. Thom. Philippini Ravenatensis; Venetiis, 1724-1725, 5 vol. in-fol.

72. Sacro-Sancta Concilia, studio Phil. Labbei et Gabrielis

Cossarti; cum duobus apparatibus; Lutetiæ Parisiorum, soc. typogr., 1671-1673, 18 vol. in-fol.
73. Nova collectio Conciliorum; Steph. Baluzius in unum collegit; Parisiis, Mugnet, 1683, in-fol.
74. Conciliorum collectio regia maxima, edita a Joanne Harduino; Parisiis, typogr. reg., 1715, 12 vol. in-fol.

Manque le 12ᵉ volume.

75. Histoire du concile de Constance, par Jacques Lenfant; Amsterdam, Humbert, 1714, 2 tomes en 1 vol. in-4.
76. Apologie pour l'auteur de l'Histoire du concile de Constance contre le Journal de Trévoux (par J. Lenfant); Amsterdam, Humbert, 1716, in-4.
77. Sacros. et œcum. concilii Tridentini, Paulo III, Julio III, et Pio IV, Pontif. max. celebrati, canones et decreta, cum præfatione Philippi Chiffletii;.Rothomagi, Besongne, 1722, in-18.
78. Histoire du concile de Trente de fra Paolo Sarpi, traduite par Amelot de La Houssaie, avec remarques historiques, politiques et morales; Amsterdam, Blaeu, 1713, in-4.
79. Le Sainct, l'œcuménique et le général concile de Trente, célébré sous Paul III, Jules V et Pie IV, mis en français par F. de Rosset; Paris, Cramoisy, 1615, in-8.
80. Notes sur le concile de Trente, touchant les points les plus importants de la discipline ecclésiastique et le pouvoir des évêques, les décisions des pères, des conciles et des papes, et les résolutions des plus habiles avocats sur ces matières, avec une dissertation sur la réception et l'autorité de ce concile en France (par Etienne Rassicod); Cologne, Balthazar d'Egmont, 1706, in-8.
81. Conseil sur le faict du concile de Trente, par Charles Du Molin; Lyon, 1564, in-8.
82. Response aux objections qui se font pour empescher la réception du concile de Trente à Nos-Seigneurs des trois ordres qui composent les états-généraux; Paris, Sébastien Michalet, 1614, in-4.
83. Concilia novissima Galliæ, a tempore concilii Tridentini celebrata, in editionibus Regia, Parisiensi et Coloniensibus omissa, opera Ludovici Odespun; Parisiis, Bechet, 1646, in-fol.
84. Notitia Conciliorum Hispaniæ atque Novi Orbis, epistolarum, decretalium et aliorum monumentorum, quorum

editio paratur Salmanticæ studio et vigiliis Fr. Josephi Saenz de Aguirre; Salmanticæ, Perez, 1686, in-8.

85. Seconde lettre synodique du concile national de France aux pasteurs et aux fidèles, par Lecoz, évêque métropolitain de Rennes; Paris, 1797, in-8.

Saints-Pères.

86. Maxima Bibliotheca veterum Patrum et antiquorum scriptorum ecclesiasticorum, primo quidem a Margarino de La Bigne edita, celeberr. Coloniens. doctorum studio aucta, et in XXVII tomos distributa a Philippo Despont; Lugduni, 1677, 27 vol. in-fol.
87. Apparatus ad Bibliothecam Maximam veterum Patrum, opera et studio Nic. Le Nourry; Paris, 1703-1715, 2 vol. in-fol.
88. (Le tome II de l'Apparatus de Le Nourry. Feuilles d'épreuves, chargées de corrections); in-fol.
89. Index locorum Sacræ Scripturæ, quæ continentur in Maxima Bibliotheca veterum Patrum, a R. P. Simeone a S. Cruce; Genuæ, 1707, in-fol.
90. Les Pères de l'Eglise traduits en français, ouvrage publié par M. De Genoude, et dédié à M. De Quélen, archevêque de Paris; Paris, 1837-1843, 7 tomes en 8 vol. in-8.
91. Spicilegium, sive collectio veterum aliquot scriptorum qui in Galliæ Bibliothecis delituerant, olim editum opera et studio D. Lucæ d'Achery. Nova editio, priori accuratior, et infinitis prope mendis expurgata per Ludovicum Franciscum Joseph De La Barre; Parisiis, Montalant, 1723, 3 vol. in-fol.
92. Spicilegium Solesmense, complectens sanctorum Patrum scriptorumque ecclesiasticorum anecdota hactenus opera, publici juris facta curante domno J. B. Pitra, O. S. B. monacho e congregatione Gallica; Parisiis, Didot, 1852-1858, 4 vol. in-4.
93. Museum Italicum, seu collectio veterum scriptorum ex bibliothecis Italicis eruta a Joanne Mabillon et Michaele Germain; Lutetiæ Parisiorum, Montalant, 1724, 2 vol. in-4.

94. Veterum Scriptorum et monumentorum historicorum, dogmaticorum, moralium, amplissima collectio, studio et opera Edmundi Martene et Ursini Durand; Parisiis. Montalant, 1724-1733, 9 vol. in-fol.

95. Thesaurus novus Anecdotorum, studio et opera Edmundi Martene et Ursini Durand: Lutetiæ Parisiorum. Fl. Delaulne, 1717, 5 vol. in-fol.

96. Jacobi Sirmondi, soc. Jesu presbyteri, Opera varia, nunc primum collecta, ex ipsius schedis emendatiora. Accedunt S. Theodori Studitæ epistolæ aliaque scripta dogmatica, pleraque Sirmondo interprete; Venetiis, 1728. 5 vol. in-fol.

97. Floriacensis vetus Bibliotheca, benedictina, sancta, apostolica, pontificia, cæsarea, regia, franco-gallica, opera Joannis a Bosco, Parisiensis; Lugduni, Cardon, 1605. in-8.

98. Philonis Judæi Opera exegetica in libros Mosis de mundi Opificio historicos et legales, quæ partim ab Adriano Turnebo, partim a Davide Hœschelio edita et illustrata sunt; Coloniæ Allobrogum, P. de La Rovière, 1613. in-fol.

99. Les Œuvres de Philon Juif, contenant l'interprétation de plusieurs divins et sacrés mystères, et l'instruction d'un chacun en toutes bonnes et saintes mœurs, mises de grec en français par Pierre Bellier; Paris, Roger, 1588. in-8.

100. S. Joannis Chrysostomi Opera omnia; Parisiis, Gaume, 1834-1839, 13 vol. in-8.

101. Homélies, ou Sermons de S. Jean Chrysostôme au peuple d'Antioche, etc., etc., trad. par de Maucroix; Paris. Pralard, 1689, in-8.

102. Même ouvrage, même édition.

103. Homélies, ou Sermons de S. Chrysostôme sur les actes des Apôtres, traduites du grec en français (par l'abbé de Bellegarde); Paris, Pralard, 1703, in-8.

104. Homélies, ou Sermons de S. Jean Chrysostôme sur les épîtres de S. Paul (trad. par Nic. Fontaine); Paris, Pralard, 1690, 1693, 5 vol. in-8.
    Les deux premiers volumes portent la date de 1693, les trois derniers celle de 1690.

105. Les Lettres de S. Jean Chrysostôme, trad. en français sur le grec des PP. Bénédictins de la congrég. de S. Maur; Paris, Gandouin, 1732, 2 vol. in-8.

106. Sancti Aurelii Augustini, Hipponensis episcopi, opera omnia ; Parisiis, Gaume, 1836-1839, 11 vol. in-8.
107. Sermons de saint Augustin sur les Psaumes, traduits en français (par Ant. Arnaud); Paris, Le Petit, 1683, 7 vol. in-8.
108. Sermons de S. Augustin sur le Nouveau Testament, traduits en français sur l'édit. des PP. Bénédictins (par Dubois et La Bonodière); Paris, 1700, 1730, 4 vol. in-8.
   Les deux premiers volumes portent la date de 1730, les deux derniers celle de 1700.
109. La Cité de Dieu de S. Augustin, traduite en français (par Lombert); Paris, Pralard, 1693, 2 vol. in-8.
110. Les Deux livres de S. Augustin de la Véritable Religion et des Mœurs, traduits en français par l'auteur de la traduction des Lettres (Dubois); Paris, Coignard, 1690, in-8.
111. Le Livre de S. Augustin de l'Esprit et de la Lettre, trad. en françois par Du Bois; Paris, Coignard, 1725, in-12.
112. Les Deux livres de S. Augustin de la Prédestination des Saints et du Don de Persévérance (trad. attribuée à J. Segui, Dubois et Ant. Arnauld) ; Paris, Estienne, 1715, in-12.
113. Les Lettres de S. Augustin, trad. en françois par Dubois; Paris, Coignard, 1701, 6 vol. in-8.
114. Deux traités de S. Augustin, les livres de l'Ordre et les livres du Libre arbitre (trad. par de Villefore); Paris, Coignard, 1701, in-8.
115. S. Aurelii Augustini, Hipponensis episcopi, Confessionum lib. XIII, emendatissimi et notis illustrati, cum novis in singula capitula argumentis ; Parisiis, 1691, in-12.
116. Les Confessions de S. Augustin, traduites en français par Arnauld d'Andilly, avec le Traité de la Vie Heureuse; Paris, Desprez, 1717, in-12.
117. Les Soliloques de S. Augustin, mis en vers français, avec le latin, et une méditation sur le jugement dernier; Paris, Couterot, 1696, in-8.
118. Opus Johannis Eremitæ, qui et Cassianus dicitur, de Institutis Cœnobiorum, origine, causis et remediis vitiorum; Lugduni, Jacobus Myt, 1525, in-8.
119. Hincmari Opera omnia, cura et studio Jacobi Sirmondi ; Lutetiæ Parisiorum, Cramoisy, 1645, 2 vol. in-fol.

120. Opuscula et Epistolæ Hincmari, Remensis archiepiscopi, cum Nicolai et aliorum epistolis et scriptis, evulgavit Joannes Cordesius; Lutetiæ Parisiorum, Cramoisy, 1615, in-4.

Théologie scolastique et dogmatique.

121. Liber de capite fidei, in quo continentur radices et capita vel principia religionis, autore Isaaco Abravanele, et in latinum sermonem translata per Guilielmum Vorstium; Amstelodami, Blaeu, 1638, in-4.
122. Constitutiones de fundamentis legis rabbi Mosis F. Maiiemon, latine redditæ per Guilielmum Vorstium; Amstelodami, Blaeu, 1638, in-4.
123. Petri Abælardi Opera, hactenus seorsim edita, nunc primum in unum collegit Victor Cousin, adjuvantibus C. Jourdain et E. Despois; Paris, Durand, 1849-1859, 2 vol. in-4.
124. Alani opus adversus hæreticos et Valdenses, qui postea Albigenses dicti, nunc primum e biblioth. Papirii Massoni in lucem editum, diligentia J. Massoni; Parisiis, Chevalier, 1612, in-8.
125. Textus magistri Sententiarum, in quatuor sectus libros partiales; Parisiis, Joannes Parvi, 1510, in-4.
126. Sacræ paginæ professoris eximii mag. Guilhelmi Vorrillong, ordinis Minorum, opus super IV libr. Sententiarum; Lugduni, 1489, in-4.
127. La Somme théologique de S. Thomas, traduite intégralement en français pour la première fois, avec des notes théologiques, historiques et philologiques, par l'abbé Drioux; Paris, Belin, 1851, 8 vol. in-8.
128. Constitution de N. T. S. P. le pape Clément XII en faveur de la doctrine de S. Thomas enseignée dans les écoles des Frères Prêcheurs; Romæ, 1733, in-4.
129. Nicolai de Clemangiis Opera omnia, quæ partim ex antiquis edition., partim ex MS. descripsit, conjecturis notisque ornavit Joannes Lydius : accessit ejusdem Glossarium latino-barbarum; Lugduni Batavorum, Lud. Elzevirius, 1613, in-4.
130. Continuatio Prælectionum Theologicarum Honorati Tour-

nely, sive Tractatus de universa Theologia morali ; Parisiis, vid. Raym. Mazières, 1747-1756, 12 vol. in-8.

131. Méditations chrétiennes et métaphysiques, par le P. Malebranche ; Lyon, Plaignard, 1707, in-12.

132. Traité de l'amour de Dieu, en quel sens il doit être désintéressé, par le R. P. Malebranche ; Lyon, Plaignard. 1707, in-12.

133. Règle générale de la foi catholique, séparée de toutes les opinions de la théologie scolastique et de tous autres sentiments particuliers, par François Véron ; nouv. édition, par l'abbé Labouderie; Paris, Gauthier, 1825. in-32.

134. Examen de la lettre circulaire de l'assemblée tenue à Paris le 2 octobre 1663 ; in-4.

135. Remarques sur la conduite qu'ont tenue les Jansénistes en l'impression et publication du Nouveau Testament imprimé à Mons, par le P. François Annat; Toulouse. Pech, 1668, in-4.

136. Lettres d'un ecclésiastique de Tolon à un de ses amis, sur la doctrine qu'on y a enseignée cette année 1674 ; in-4.

137. Bref de N. S. P. le pape Innocent XI à M. le cardinal Le Camus, év. de Grenoble (18 oct. 1687); in-4.

138. Viginti-octo propositiones ad SS. papam Innocentium XII a Recollectis delatæ, tanquam e quibusdam episcopi S. Pontii libris excerptæ, cum annotationibus ejusdem antistitis (Petri Joannis Francisci de Percin de Montgaillard); in-4.

139. Instruction pastorale de Mgr l'évêque de Saint-Pons (Pierre-Jean-François de Percin de Montgaillard) adressée aux nouveaux convertis de son diocèse et aux curés qui les conduisent ; in-4.

140. Cas de conscience, proposé par un confesseur de province touchant un ecclésiastique qui est sous sa conduite (attribué à l'abbé Eustace et à l'abbé Couet); 1701, in-4.

141. Mandement de M. l'évêque d'Apt (Joseph-Ignace de Foresta de Colongue) pour la publication de la Constitution ; Marseille, Brebion, 1705, in-4.

142. Mandement de M. l'archev. d'Aix (Charles-Gaspard Guillaume de Vintimille) portant condamnation des écrits dictés dans son séminaire par le s. Leget; 1710, in-4.

143. Condamnation faite par N. S. P. le pape Clément XI de

plusieurs propositions extr. d'un livre intitulé : *le Nouveau Testament en français;* in-4.

144. Mandement de M. l'évêque d'Apt (Joseph-Ignace de Foresta de Colongne) pour l'acceptation de la Constitution de Clément XI portant condamnation d'un livre intitulé : *le Nouveau Testament;* Marseille, Brébion, 1714, in-4.

145. Constitution de N. S. P. le pape Clément XI, du 8 sept. 1713, en latin et en français; Paris, veuve Muguet, 1713, in-4.

146. Clementis papæ XI litteræ ad universos Christi fideles, contra eos qui Constitutioni *Unigenitus* debitam obedientiam praestare hactenus recusarunt; Avenione, Offray, 1718, in-4.

147. Lettre de M. l'évêque de Saint-Pons (Pierre-Jean-François de Percin de Montgaillard) à N. S. P. le pape Clément XI, en latin et en français, du 28 février 1713; in-4.

148. Mandement de Mgr l'évêque de Saint-Pons (Pierre-Jean-François de Percin de Montgaillard), touchant l'acceptation de la bulle de N. S. P. le pape sur le cas signé par quarante docteurs; in-4.

149. Instruction pastorale, approuvée par l'assemblée de Messieurs les cardinaux, archevêques et évêques, au nombre de quarante, tenue à Paris en l'année 1714 au sujet de la bulle *Unigenitus;* in-4.

150. Mandement de Mgr l'évêque de Saint-Pons (Jean-Louis des Bertons de Crillon) au sujet de la Constitution *Unigenitus;* 1718, in-4.

151. Mandement de Mgr l'évêque de Mirepoix (François-Honoré de Manihan) pour la publication de la Constitution de N. S. P. le pape Clément XI; Toulouse, Lecamus, 1722, in-4.

152. Acte d'appel de la Constitution *Unigenitus,* interjeté par les doyen, chanoines, curés de la Rochelle (Louis Bouchet, Jean Vayssad, Charles Corneille, etc., etc.); 1718, in-4.

153. Explications sur la bulle *Unigenitus,* approuvées en 1720 par un très-grand nombre d'évêques de France; in-4.

154. Réflexions abrégées sur l'ordonnance de Mgr l'archevêque de Paris du 29 sept. 1729, au sujet de la Constitution *Unigenitus;* 1729, in-4.

155. Comparant présenté par M. Leget. prêtre, à MM. les vicaires généraux de l'archevêché d'Aix; 1710, in-4.
156. Déclaration de M. Leget, prêtre, ensuite du Comparant qu'il a tenu; 1710, in-4.
157. Lettre pastorale de Mgr l'évêque de Nismes (Jean-César Rousseau de La Parissière); 1720, in-4.
158. Déclaration des quatre révérendissimes abbés bénédictins de Trèves (Nicolas Pallius, Guillaume Henn, Jacques, Benoît Henn); 1722, in-4.
159. Rétractation faite par le P. Vilhon, religieux dominicain, pardevant Mgr l'archevêque d'Aix; Aix, David, 1722, in-4.
160. Lettre des dames de la paroisse de Saint-Louis dans l'Ile, au R. P. Lefèvre, jésuite; 1735, in-4.
161. Mandement de Mgr l'évêque de Montpellier (Charles-Joachim Colbert de Croissi), pour le rétablissement de la signature du formulaire dans son diocèse; Montpellier, Rochard, 1739, in-4.
162. Délibération de MM. du chapitre de Saint-Pierre de Montpellier, au sujet du mandement de Mgr l'évêque qui renouvelle la signature du formulaire; in-4.
163. Instruction pastorale de Mgr l'illustrissime et révérendissime évêque de Marseille (Henry-François-Xavier de Belsunce de Castelmoron) et condamnation d'un livre intitulé : *Morale chrétienne*; Marseille, Brébion, 1728 in-4.
164. Faculté de théologie de Paris; ouverture des cours le 7 décembre 1863; Paris, Delalain, 1864, in-8.

Théologie morale.

165. Dictionnaire des cas de conscience, ou Décisions des difficultés touchant la morale et la discipline ecclésiastique, par Jean Pontas; Paris, Quillau, 1741, 3 v. in-fol.
166. Traduction de trois excellents ouvrages de S. Bernard : Conversion des mœurs, De la vie solitaire, Des commandements et des dispenses (par Ant^e Le Maistre); Paris, Lepetit, 1656, in-8.
167. Les Lettres de S. Bernard, nouvellement traduites en françois, par Dom Antoine de S. Gabriel; Paris, de Bresche, 1672-1674, 4 vol. in-8.

THÉOLOGIE.

168. De Imitatione Christi; recens. Valart; Parisiis, Barbou. 1773, in-12.

169. Speculum humanæ vitæ, edit. a Rodorico, Zamorensi episcopo; Parisiis, Crantz, 1475, in-fol.

170. Lavacrum conscientiæ, omnibus presbyteris ac devotis religiosis valde perutile; Parisiis, 1526, in-8.

171. Introduction à la Vie dévote, de S. François de Sales, édition revue par le rév. P. J. Brignon, de la compagnie de Jésus; Paris, Beaucé, in-12.

172. Explication des Maximes des saints sur la vie intérieure, par François de Salignac Fénelon; Paris, 1697, in-12.

173. Réflexions religieuses et historiques sur l'ouvrage intitulé : *De la sainteté et des devoirs de la vie monastique*, par Marie-Léandre Badiche; Paris, René, in-8.

174. Malleus Dæmonum, sive quatuor experimentatissimi exorcismi ex Evangeliis collecti, auctore R. P. Alexandro Albertino a Rocha Contrada; Mediolani, ap. hered. P. Pontii, 1624, in-8.

175. Leonardi Lessii, e soc. Jesu, de Justitia et Jure ceterisque virtutibus cardinalibus libri IV, ad secundam secundæ D. Thomæ, a quæst. 47 usque ad 171; Brixiæ, Grumus, 1696, in-fol.

176. De jure, justitia et annexis tractatus quatuor, theologo-canonice expositi, maxime juri Belgico accommodati, auct. Florentio de Cocq; Bruxellis, Friex, 1708, in-4.

177. Ludovici Molinæ, societatis Jesu, de Justitia et Jure Opera omnia; Coloniæ Allobrogum, Bousquet, 1733, 5 tom. in 2 vol. in-fol.

178. De christiana republica, seu de felici gubernatione populi Dei libri III, auth. Joh. Georgio Grossio; Basileæ, Waldkirchius, 1612, in-12.

179. Joan. Ludovici Fabricii Dialexis de limitibus obsequii erga homines; Heidelbergæ, Rudigerus, s. d., in-4.

180. Expositio analytica, pariter et ecclesiastica, præcepti vere christiani : *Reddite quæ sunt Cæsaris Cæsari, et quæ sunt Dei Deo*; ex scriptis theologorum collecta, studio Joh. Georgii Grossii; Basileæ, Waldkirchius, 1612, in-12.

181. Nomologia, o Discursos legales, compuestos por Imanuel Aboab, coregida por Ischak Lopes; Amsterdam, 1727, in-4.

182. La Théologie réconciliée avec le patriotisme, ou Lettre théologique et patriotique à un Troyen sur la puissance royale (par l'abbé Herluison); Troyes, Gobelet, 1790, 2 tom. en 1 vol. in-12.
183. Disputationum de sancto Matrimonii sacramento tomi tres, auctore Thoma Sanchez, e soc. Jesu; Antuerpiæ, Nutius, 1607, in-fol.
184. Tractatus de Magno Matrimonii sacramento, in quo difficultates ac quæstiones fere omnes ad hanc rem pertinentes brevi oratione disseruntur, auctore Martino Bonacina; Lugduni, L. Durand, 1621, in-4.
185. Tractatio de Polygamia, in qua et Ochini apostatæ pro polygamia et Montanistarum argumenta refutantur, ex Theodori Bezæ prælectionibus ad priorem ad Corinth. epistolam; Genevæ, Crispinus, 1571, in-8.
186. Tractatio de repudiis et divortiis, in qua pleræque de causis matrimonialibus incidentes controversiæ ex verbo Dei deciduntur, ex Theodori Bezæ prælectionibus in priorem ad Corinth. epistolam; Genevæ, Crispinus, 1569, in-8.
187. Aphorismes, ou Sommaires de la doctrine des Jésuites et de quelques autres docteurs, par lesquels le vray christianisme est corrompu, la paix publique troublée, etc. — Récit des desseins les plus secrets des Jésuites, etc., etc.; Genève, 1710, in-8.
188. Thèse de théologie soutenue au séminaire archiépiscopal de Sens, contre les erreurs des casuistes modernes; Sens, 1667, in-4.
189. Ludovici Montaltii Litteræ Provinciales de Morali et Politica Jesuitarum disciplina a Willelmo Wendrockio egallica in latinam linguam translatæ; Coloniæ, Schouten, 1679, in-8.
190. Réponse aux Lettres provinciales de L. de Montalte, ou Entretiens de Cléandre et d'Eudoxe (par le P. Daniel); Bruxelles, Frix, 1715, in-12.
191. Décret du pape (Alexandre VII) contre les *Lettres écrites à un Provincial* et autres pièces jansénistes; in-4.
192. Traité de l'usure et des intérêts, augmenté d'une défense du traité et de diverses observations (par l'abbé de La Forest); Lyon, Bruyset, 1776, in-12.
193. Découvertes d'un bibliophile, ou Lettres sur différents points de morale enseignés dans quelques séminaires

de France (par. M. Busch); Strasbourg, Silbermann. 1843, in-8.

194. Le même ouvrage, même édition.

195. Supplément aux Découvertes d'un bibliophile, ou Réponse à l'écrit intitulé : Les Découvertes d'un bibliophile réduites à leur juste valeur (par M. Busch); Strasbourg, Silbermann, 1843, in-8.

196. Même ouvrage, même édition.

197. Lettre de M.... à Mme la maréchale de... sur le désastre de Messine et de la Calabre (par le P. Bernard Lambert); 1783, in-12.

Théologie parénétique.

198. Les Sermons de saint Bernard sur le psaume *Qui habitat in adjutorio*, avec les deux sermons de saint Augustin sur le même psaume; traduits en françois (par l'abbé G. Le Roy); Paris, 1658, in-8.

199. Sermones de Tempore et de Sanctis Gabrielis Biel; Haguenau, H. Bran, 1510, in-4.

200. Passionis Dominicæ Sermo historialis notabilis atque præclarus Gabrielis Biel, artium magistri, sacræ theologiæ licentiati (cum prologo Florentii Diel); Haguenau, s. d., in-4.

201. Sermones aurei de Sanctis fratris Leonardi de Utino; Lugduni, Trechsel, 1495, in-4.

202. Sermones Quadragesimales R. P. Michaelis Menoti; Parisiis, Regnault, 1530, in-8.

203. Sermons de Michel Menot sur la Madeleine, avec une notice et des notes, par J. Labouderie; Paris, Fournier, 1832, in-8.

204. Oraison funèbre du très-hault, puissant et très-chrestien roy de France Charles IX, par A. Sorbin, dit de Sainte-Foy; Paris, Chaudière, 1579, in-8.

205. Sermons, Panégyriques et Oraisons funèbres de J. B. Bossuet; Versailles, Lebel, 1816, 7 vol. in-8.

206. Œuvres complètes de Bourdaloue; Versailles, Lebel, 1812, 16 vol. in-8.

207. Oraisons funèbres composées par M. Fléchier, abbé de Saint-Severin, aumônier ordinaire de Mme la Dauphine; Paris, Mabre-Cramoisy, 1682, in-12.
208. Recueil des Oraisons funèbres prononcées par Esprit Fléchier, évêque de Nismes; Paris, Desaint, 1744, in-12.
209. Sermons et autres œuvres de Massillon, évêque de Clermont; Paris, veuve Etienne, 1746-1762, 15 vol. in-8.
210. Instruction sur le miracle de madame de La Fosse, opéré sur la paroisse de Sainte-Marguerite, à Paris, l'an 1725; (Paris, an IX), in-8.
211. Discours (trois) sur la liberté française, prononcés par l'abbé Fauchet; Paris, Bailly, 1789, in-8.
212. Sermon sur l'accord de la religion et de la liberté, prononcé dans la métropole de Paris par Claude Fauchet; Paris, 1791, in-8.
213. Oraison funèbre de Charles Michel de l'Epée, prononcée le 23 février 1790, par l'abbé Fauchet; Paris, Lottin de Saint-Germain, 1790, in-8.
214. Discours patriotique prononcé le 8 mai par M. Brugière, curé de Saint-Paul, sur l'ordonnance de M. de Juigné; Paris, 1791, in-8.
215. Discours de M. l'abbé Labouderie pour le baptême de D. J. B. Levy, cadet, juif converti; Paris, Clo, 1815, in-8.
216. Discours prononcé à N.-D., le 7 mars 1817, à l'occasion du baptême, du mariage, de la première communion de Alphonse-Jean-Sébastien-Louis Jacob, juif converti, par l'abbé Labouderie; Paris, Demonville, 1817, in-8.
217. Discours prononcé par M. l'abbé Labouderie dans la chapelle du collège royal des Ecossais, pour l'abjuration de Jean-Jacques-Frédéric Boenke; Paris, Demonville, 1817, in-8.
218. Discours prononcé par M. l'abbé Labouderie pour l'abjuration de madame Louise-Françoise C...; Paris, Demonville, 1817, in-8.
219. Discours prononcé par M. l'abbé Labouderie, dans la chapelle du collège royal des Ecossais, pour l'abjuration de J. F. B.; Paris, Gratiot (1817), in-8.
220. Discours pour le baptême de Joseph-Marie-Louis-Jean Wolf, juif converti, par l'abbé Labouderie; Paris, Demonville, 1818, in-8.
221. Discours prononcé au baptême de Philippe-Rigobert-Jean

Vahl, juif converti, par l'abbé Laboudcrie; Paris, Demonville (1818), in-8.

222. Discours pour l'abjuration de Joachim-David Voigtin, luthérien, par l'abbé Laboudcrie; Paris, Demonville, 1818, in-8.

223. Discours pour le baptême d'Ange-Alexandre-Bernard-Jean Mayer, juif converti, par l'abbé Laboudcrie; Paris, Demonville, 1818, in-8.

224. Discours prononcé au mariage de M. le vicomte Portalis et de mademoiselle Adrienne Mounier, le 11 décembre 1828, par l'abbé Laboudcrie: Paris, Pihan-Delaforest, in-8.

225. Discours prononcé au mariage de M. le comte E. Anglès et de mademoiselle Albertine Mounier, le 4 septembre 1830, par l'abbé Laboudcrie; Paris, Plassan, in-8.

226. Discours prononcé au mariage de M. de Rémusat et de mademoiselle de Lasteyrie du Saillant, par l'abbé Laboudcrie; in-8.

227. Discours pour la profession de mesdames Sainte-Gertrude, Saint-Benoit, L'Ange-Gardien, religieuses de l'ordre de Saint-Augustin, prononcé à l'Hôtel-de-Ville de Paris le 4 novembre 1816, par l'abbé Laboudcrie; Paris, Demonville, in-8.

228. Fragment du discours de M. l'abbé Laboudcrie, prononcé à N.-D. le jour de l'Assomption; Paris, Moronval, 1814, in-8.

229. Oraison funèbre de Mgr Denis-Auguste Affre, archev. de Paris, prononcé le 7 août 1848, par M. l'abbé Cœur; Paris, Firmin Didot, 1848, in-8.

230. Homélie et discours prononcés dans l'église de Saint-Germain-des-Prés par Charles Vernay; Paris, Didot, 1851, in-8.

231. Éloge funèbre du vénérable abbé Montez; Paris, Cosson (1855), in-8.

Théologie critique.

232. Trois livres pour la religion catholique, apostolique et romaine, contre tous athées, idolâtres, juifs, mahumé-

tans, hérétiques et schismatiques, par Pierre Le Charron; Paris, Fouet, 1602, in-8.

233. Pensées de M. Pascal sur la religion et sur quelques autres sujets, qui ont été trouvées après sa mort parmi ses papiers; Lyon, Chize, s. d., 2 t. rel. en 1 vol. in-12.

234. Pensées de M. Pascal sur la religion et sur quelques autres sujets, nouv. édition augmentée de plusieurs pensées, de sa vie et de quelques discours; Paris, Desprez, 1734, in-12.

235. Les Pensées de Blaise Pascal, suivies d'une nouvelle table alphabétique; Paris, André, 1839, in-8.

236. Pensées, fragments et lettres de Blaise Pascal, publiés pour la première fois conformément aux manuscrits originaux en grande partie inédits, par Prosper Faugère; Paris, Andrieux, 1844, 2 vol. in-8.

237. De la vérité de la religion chrestienne, contre les athées, épicuriens, païens, juifs, mahumedistes et autres infidèles, par Philippe de Mornay, sieur du Plessis-Marly; Paris, Richer, 1585, in-8.

238. Traité de la vérité de la religion chrétienne, traduit du latin de Grotius, avec des remarques (par l'abbé Goujet); Paris, Lottin, 1724, in-12.

239. Introduction philosophique à l'histoire du christianisme, par Mgr l'archevêque de Paris (Denis-Auguste Affre); Paris, Le Clerc, 1845, in-18.

240. Traité de la vérité de la religion chrétienne (par Abbadie); Rotterdam, R. Leers, 1684, 2 vol. in-8.

241. L'Existence de Dieu démontrée par les merveilles de la nature, par Nieuwentyt; traduit par Noguez sur la version anglaise; Amsterdam, Arkstée, 1760, in-4.

242. La Religion chrétienne prouvée par les faits, par l'abbé Houtteville; Paris, Lemercier, 1749, 4 vol. in-12.

243. Philosophie religieuse, ou Dieu contemplé dans ses œuvres (par Roussel); Paris, Boudet, 1776, in-12.

244. La Religion considérée comme l'unique base du bonheur et de la véritable philosophie, par madame la marquise de Sillery, ci-devant comtesse de Genlis; Paris, imprim. polytype, 1787, in-8.

245. Discussion amicale sur l'Eglise anglicane et en général sur la réformation, par Mgr l'évêque d'Aire (J. F. M. Le Pappe de Trevern); Paris, Potey, 1824, 2 vol. in-8.

246. Le Ciel ouvert à tout l'univers, par J. J. (Dom Louis); 1782, in-8.

247. La Raison du christianisme, ou Preuves de la vérité de la religion, tirées des écrits des plus grands hommes de la France, de l'Angleterre et de l'Allemagne; publié par M. de Genoude; Paris, Pourrat frères, 1841, 4 vol. in-8.

248. Essai sur l'indifférence en matière de religion, par l'abbé F. de Lamennais; 4 vol. in-8 (les 2 prem. de l'édit. de 1829, les 2 dern. de l'édit. de 1823).

249. Défense de l'Essai sur l'indifférence en matière de religion, par l'abbé F. de Lamennais; Paris, Belin-Mandar, 1828, in-8.

250. Discussions critiques et Pensées diverses sur la religion et la philosophie, par F. Lamennais; Paris, Pagnerre, 1841, in-8.

251. De la religion, par F. Lamennais; Paris, Pagnerre, 1841, in-32.

252. Aphorismata opposita Aphorismatibus in quatuor articulos declarationis anno 1682 editae, auct. J. L. (Joanne Labouderie); Parisiis, Farcy, in-8.

253. Specimen historicum de causis Superstitionum inter Christianos, quod omnium disquisitioni subjicit Gisbertus Bonnet; Traj. ad Rhen., Broedelet, 1753, in-4.

254. Précis historique du méthodisme, suivi d'un discours sur l'abjuration d'un méthodiste irlandais, par l'abbé Labouderie; Paris, Leclerc, 1817, in-8.

255. Considérations adressées aux aspirants au ministère de l'Eglise de Genève, faisant suite aux Considérations de M. Empaytaz sur la divinité de Jésus-Christ, par l'abbé Labouderie; Paris, Leclerc, 1817, in-8.

256. Philosophie et religion, par P. Véry; Paris, 1838, in-8.

257. Essai sur le panthéisme dans les sociétés modernes, par H. Maret; Paris, Debécourt, 1841, in-8.

258. Le Platonisme dévoilé, ou Essai touchant le verbe Platonicien, divisé en deux parties (par Souverain); Cologne, P. Marteau, 1700, in-8.

259. Examen du mosaïsme et du christianisme, par M. Reghellini, de Schio; Paris, 1834, 3 vol. in-8.

260. Histoire de la vie de Jésus-Christ, par Compans, P. D. L. M.; Paris, Cailleau, 1786, 2 vol. in-12.

261. Jésus-Christ et sa doctrine, par J. Salvador; Paris, Guyot, 1838, 2 t. en 1 vol. in-8.
262. Réponse aux articles critiques du journal *la Presse* sur l'ouvrage intitulé : *Jésus-Christ et sa doctrine*, par J. Salvador; Paris, Guyot, 1839, in-8.
263. Même ouvrage, même édit.
264. Vie de Jésus, ou Examen critique de son histoire, par David-Frédéric Strauss, trad. par E. Littré; Paris, Ladrange, 1839-1840, 2 t. en 4 vol. in-8.
265. Examen critique des doctrines de Gibbon, du docteur Strauss et de M. Salvador, sur Jésus-Christ, son Evangile et son Eglise, par Marie-Nicolas-Silvestre Guillon, évêque de Maroc; Paris, 1841, 2 vol. in-8.
266. Vie de Jésus, par Ernest Renan ; Paris, Lévy, 1863, in-8.
267. Méditations sur l'essence de la religion chrétienne, par M. Guizot; Paris, Lévy, 1864, in-8.
268. Lettre à Carnot sur le caractère de la vraie religion (par Alexandre Bacher); an v, in-8.
269. Régénération du monde, apologie pour la dernière dispensation divine et la nouvelle Eglise, par Emile Broussais; Paris, Leroi, 1842, in-8.
270. Grande question au xix⁰ siècle. L'Eglise catholique est-elle infaillible? par F. Leruste, avocat; Paris, Douniol, 1854, in-8.
271. L'Observateur catholique, revue des sciences ecclésiastiques et des faits religieux ; Paris, Huet, 1855, in-8. (Num. 3.)

THÉOLOGIE DES PEUPLES ORIENTAUX

Mahométans.

272. Machumetis, Saracenorum principis, ejusque successorum vitæ, ac ipse Alcoran, quæ Petrus, abbas Cluniacensis, ex arabica lingua in latinam transferri curavit, etc., etc., omnia in unum volumen redacta opera Theodori Bibliandri; 1550, 3 tom. in 1 vol. in-4.

273. Le Coran, traduit de l'arabe, accompagné de notes, et précédé d'un Abrégé de la vie de Mahomet, tiré des Ecrivains orientaux les plus estimés, par M. Savary: Paris, Knapen, 1783, 2 vol in-8.

274. Observations historiques et critiques sur le Mahométisme, ou Traduction du discours préliminaire mis à la tête de la version anglaise de l'Alcoran, par Georges Sale; Genève, Barrillot, 1751, in-8.

275. La Religion des Mahométans, exposée par leurs propres docteurs, avec des éclaircissements sur les opinions qu'on leur a faussement attribuées; tiré du latin de Reland, et augmenté d'une confession de foi mahométane (par David Durand); La Haye, Vaillant, 1721, in-12.

276. Histoire de l'Alcoran, où l'on découvre le système politique et religieux du faux-prophète et les sources où il a puisé sa législation, par Turpin; Londres, de Hansy, 1775, 2 vol. in-12.

Indiens.

277. Le Bhaguat-Geeta, contenant un précis de la religion et de la morale des Indiens, trad. par Charles Wilkins et mis en français par Parraud; Paris, Buisson, 1787, in-8.

278. Lois de Manou, comprenant les institutions religieuses et civiles des Indiens, traduites du sanscrit, et accompagnées de notes explicatives, par A. Loiseleur Deslongchamp; Paris, Crapelet, 1833, in-8.

279. L'Ezour-Vedam, ou l'Ancien commentaire du Vedam, contenant l'exposition des opinions philosophiques des Indiens, trad. du samscretan par un brame (publié par le baron de Sainte-Croix); Iverdon, de Felice, 1778, 2 vol. in-12.

280. La Porte ouverte pour parvenir à la connaissance du paganisme caché, ou la Vraie représentation de la vie, des mœurs, de la religion et du service divin des Bramines qui demeurent sur les costes de Chormandel, par Abraham Roger, trad. par Thomas de La Grue; Amsterdam, Chipper, 1670, in-4.

281. Mœurs, institutions et cérémonies des peuples de l'Inde,

par l'abbé J. A. Dubois; Paris, Impr. Roy., 1825, 2 vol. in-8.

282. Recherches sur Buddou ou Bouddou, instituteur religieux de l'Asie Orientale, précédées de considérations générales sur les premiers hommages rendus au créateur, sur la corruption de la religion, l'établissement des cultes du soleil, de la lune, des planètes, du ciel, de la terre, des montagnes, des eaux, des forêts, des hommes, des animaux. par Mich. Jean Franç. Ozeray; Paris, Brunot-Labbé, 1817, in-8.

283. Zoroastre, Confucius et Mahomet, comparés comme sectaires, législateurs et moralistes, avec le tableau de leurs dogmes, de leurs lois et de leur morale, par de Pastoret (E. C. J. P.); Paris, Buisson, 1787, in-8.

JURISPRUDENCE

INTRODUCTION

Philosophie du Droit.

284. Cours de Droit naturel par Th. Jouffroy; Paris, 1834-1842, 3 vol. in-8.
285. Cours de Droit naturel, ou de Philosophie du Droit, fait d'après l'état actuel de cette science en Allemagne, par H. Ahrens; Bruxelles, Meline, 1853, in-8.
286. Philosophie du droit, par E. Lerminier; Paris, Paulin, 1831, 2 vol. in-8.
287. Introduction générale à l'Histoire du droit, par E. Lerminier; Paris, Mesnier, 1829, in-8.
288. Introduction générale à l'Histoire du droit, par E. Lerminier; Paris, Chamerot, 1835, in-8.
289. Essai sur la jurisprudence universelle, où l'on examine quel est le premier principe de la justice et le fondement de l'obligation morale (par le P. Lambert); Paris, veuve Desaint, 1779, in-12.
289 bis. Même ouvrage, même édition.
290. Eléments métaphysiques de la doctrine du Droit (Première partie de la métaphysique des mœurs), suivis d'un Essai philosophique sur la paix perpétuelle et d'autres petits écrits relatifs au droit naturel, par Emmanuel Kant, traduit de l'allemand par Jules Barni; Paris, Durand, 1853, in-8.
291. Lehrbuch des Vernunftrechts und der Staatswissenschaften, von Carl. v. Rotteck; Stuttgart, 1829, 4 vol. in-8.
292. Everardi Ottonis de Jurisprudentia symbolica exercitationum trias; Trajecti ad Rhenum, Hofman, 1730, in-8.

293. Essai sur la symbolique du droit, précédé d'une introduction sur la poésie du droit primitif, par Chassan; Paris, Videcocq, 1847, in-8.
294. Jacobi Terpstra specimen philosophico-juridicum de philosophia veterum J. C.; Franequeræ, Lomars, 1767, in-8.
295. Essais de jurisprudence, divisés en quatre dialogues, dédiés à Mgr le Dauphin, par Mongin; Paris, 1676, in-12.
296. Samuelis Pufendorf elementorum jurisprudentiæ universalis libri II; Hagæ-Comitis, Vlacq, 1660, in-8.
297. Astræe, ou Tableau de la vraye justice, par Jaques Himbert Durant, sieur des Pleyades; Paris, Guillemot, 1604, in-8.
298. De natura et constitutione juris Frederic. Jacob. Wienecken; Iena, 1684, in-4.
299. J. Boscagerius de Justitia et Jure, studio et opera Joan. Car. Le Saché; Parisiis, de Launay, 1689, in-12.
300. De l'Esprit des Loix (par C. Secondat de Montesquieu); Genève, Bariliot, 2 vol. in-4.
301. Observations sur un livre intitulé de l'Esprit des Loix (par Claude Dupin); Paris, (Guérin, 1757-1758), 3 vol. in-8.
302. Observations sur le livre de l'Esprit des Lois, par Crévier; Paris, Desaint et Saillant, 1764, in-12.
303. Commentaire sur l'Esprit des Lois de Montesquieu, par Destutt de Tracy, suivi d'observations inédites de Condorcet sur le 29e livre du même ouvrage. et d'un mémoire sur cette question: *Quels sont les moyens de fonder la morale d'un Peuple?* Paris, Desoer, 1822, in-16.
304. Tableaux analytiques de l'Esprit des Lois de Montesquieu, suivis de la comparaison de plusieurs principes et passages de Montesquieu et de Blackstone, par Th. Regnault; Paris, Janet et Cotelle, 1824, in-fol.
305. Specimen inaugurale de Montesquivio, quod pro gradu doctoratus consequendo publico examini submittit Janus Heemskerk; Amstelodami, 1839, in-8.
306. Les Principes naturels du droit et de la politique (par Desbans. édit. de Dreux du Radier); Paris, Robustel, 1765, 2 part. en 1 vol. in-12.
307. La Scienza della legislazione di Gaëtano Filangieri; Venezia, Storti, 1796, 8 tomes en 4 vol. in-12.

308. Œuvres de G. Filangieri, traduites de l'italien, avec un commentaire par Benjamin Constant, et l'éloge de Filangieri, par Salfi; Paris, Aillaud, 1840, 3 vol. in-8.
309. Traité de Législation, ou Exposition des lois générales suivant lesquelles les peuples prospèrent, dépérissent ou restent stationnaires, par Charles Comte; Paris, Sautelet, 1826-1827, 4 vol. in-8.
310. Traité de législation, ou Exposition des lois générales, suivant lesquelles les peuples prospèrent, etc., etc., par Ch. Comte; Paris, Chamerot, 1835, 4 vol. in-8.
311. De l'Interprétation des lois, par Mailher de Chassat; Paris, Bavoux, 1825, in-8.
312. Théorie de l'interprétation logique des lois, par A. F. J. Thibaut, ouvrage traduit de l'allemand, refondu et augmenté par Ch. Rittinghausen et G. de Sandt; Bruxelles, Balleroy, 1837, in-8.
313. De la forme constitutive des lois, par J. B. C. Manéhand; Paris, 1814, in-8.
314. Prééminence de la loi religieuse sur la loi civile, ou Essai philosophique sur leurs rapports avec la naissance, le mariage et le décès, par P. Ducros (de Six); Lyon, Rusand, 1824, in-8.
315. Au législateur. Frappe, mais avertis; ou Observations critiques touchant la force obligatoire des lois, par Th. Ymbert, docteur en droit; Paris, P. Dupont, 1858, in-8.

Histoire générale de la Législation.

316. Histoire de la législation, par de Pastoret; Paris, imprim. roy., 1817-1837, 11 vol. in-8.
317. Dissertation sur l'origine de la législation et du pouvoir, par Courvoisier (1833), in-8.
318. Principes Généraux des Lois. Essai historique sur le pouvoir législatif. Thèse pour le doctorat, par Charles Casati; Paris, Didot, 1855, in-8.
319. Législation primitive, considérée dans les derniers temps par les lumières de la raison, suivie de divers traités et discours politiques, par le vicomte de Bonald; Paris, Leclere, 1829, 3 vol. in-8.

320. De l'influence des mœurs sur les lois, et de l'influence des lois sur les mœurs, par Matter; Paris, Firmin Didot, 1832, in-8.
321. Burchardi Gotthelffii Struvii Historia Juris Romani Justinianei, Græci, Germanici, Canonici, Feudalis, criminalis et publici; Jenæ, apud viduam Mayeri, 1718, in-4.
322. Les Lois puisées chez les Grecs, développées par les Romains, aujourd'hui la base du droit public et civil des nations policées (par Martin); Paris, Babuty, 1765, 2 tomes en 1 vol. in-4.
323. De l'influence de la Philosophie du xviiie siècle sur la législation et la sociabilité du xixe, par E. Lerminier; Paris, Prévost-Crocius, 1833, in-8.
324. De primis et genuinis legum fontibus disserit, una acroases juridiciales futuro semestri tempore faciendas indicit Joannes Jacobus Hoefler; Helmstadii, Schnoerius (1758), in-4.
325. Petri Ærodii, quæsitoris Andegavi, Rerum ab omni antiquitate judicatarum Pandectæ, recognitæ a Philippo Andrea Oldenburgero. Accesserunt tractatus duo Ærodii, alter de Origine et Auctoritate Judiciorum, alter de Jure Patrio; Genevæ, S. de Tournes, 1677, in-fol.
326. Syntagma juris universi atque legum pene omnium gentium et rerum publicarum, in tres partes digestum, auctore Petro Gregorio; Lugduni, Pillehotte, 1606, 3 tomes en 1 vol. in-fol.
327. Das Erbrecht in weltgeschichtlicher Entwickelung, von Eduard Gans; Berlin, Maurer, 1824-1835, 4 vol. in-8.
328. Recherches sur les divers modes de la publication des lois, depuis les Romains jusqu'à nos jours, par Berriat Saint-Prix; Paris, Langlois, 1838, in-8.
329. Remarques historiques sur la codification, par P. A. F. Malapert; Paris, Cotillon, 1861, in-8.
330. Discours sur les vices du langage judiciaire, par Berriat Saint-Prix; Paris, Fain, 1835, in-8.
331. Recherches sur la législation et la tenue des actes de l'état civil, suivies d'une Notice sur la législation relative aux signatures, et de Recherches sur les lois romaines et françaises puisées dans les écrits de Platon, par Berriat Saint-Prix; Paris, Videcoq, 1842, in-8.
332. (Dissertationes circa historiam juris); 70 vol. in-8.
Recueil de pièces provenant de la bibliothèque Poncelet.

Législation comparée.

333. L'Ordre, formalité et instruction judiciaire dont les anciens Grecs et Romains ont usé ès accusations publiques, conféré au stil et usage de nôstre France, par Pierre Ayrault; Paris, Sonnius, 1598, in-4.

334. La Conférence du Droict François avec le Droict Romain, en laquelle les tiltres et loix des Digestes ou Pandectes et du code de droict civil sont confirmés, interprétés ou abrogés par Edits et Ordonnances royaux, par Bernard Automne; Paris, Buon, 1629, in-fol.

335. Remarques du droit françois sur les Institutes de l'empereur Justinien, comment ils se doivent pratiquer en France et se rapporter à l'usage du palais, ou la porte et l'abrégé de la jurisprudence françoise par M. H. M. (Hiérosme Mercier); Paris, Alliot, 1657, in-4.

336. La Jurisprudence du Digeste conférée avec les ordonnances royaux, les coutumes de France et les décisions des cours souveraines, par Claude de Ferrière; Paris, Cochart, 1677, 2 vol. in-4.

337. La Jurisprudence du Code de Justinien, conférée avec les ordonnances royaux, les coutumes de France et les décisions des cours souveraines, par Claude de Ferrière; Paris, Cochart, 1684, 2 vol. in-4.

338. La Jurisprudence des Novelles de Justinien, conférée avec les ordonnances royaux, les coutumes de France et les décisions des cours souveraines, par Claude de Ferrière; Paris, Cochart, 1688, 2 vol. in-4.

339. Les Institutes de l'empereur Justinien, conférées avec le droit françois, par François de Boutaric; Toulouse, Henault, 1754, in-4.

340. Le Droit Romain dans ses rapports avec le Droit Français et les principes des deux législations par O. Le Clercq; Liége, Duvivier, 1810-1812, 8 vol. in-8.

341. Analyse raisonnée du droit français, par la comparaison des dispositions des loix Romaines et de celles de la coutume de Paris, par M. Gin; Paris, Servière, 1782. in-4.

342. La Clef des lois romaines, avec les renvois sur chaque article au Code Napoléon, aux codes de procédure civile et criminelle, etc., par Fieffé Lacroix; Metz, Lamort, 1809-1810, 2 vol. in-4.

343. Napoleons Gesetzbuch nach seinen Abweichungen von Teutschlands gemeinem Rechte, von B. W. Pfeiffer und F. G. Pfeiffer; Gœttingen, Dieterich, 1808, 2 vol. in-8.

344. Commentarii Institutionum Justiniani et Juris Romani, comparate ad Codicem Napoleonis I, Jacobi Reineri: Taurini, 1809, in-8.

345. Elementa Juris civilis Justinianei, cum Codice Napoleoneo collati, edidit G. D. Arnold ; Parisiis, Lenormant, 1812, in-8.

346. Principia juris civilis tum romani tum gallici, seu selecta legum romanarum cum civili Napoleonis Codice apte concordantium, auctore A. M. J. J. Dupin; Parisiis, Everat, Nève, 1806-1812, 5 vol. in-12.

347. Lehrbuch des französischen Civilrechtes in steter Vergleichung mit dem römischen Civilrecht, von Anton Friedr. Justus Thibaut, herausgegeben von Carl. Julius Guyet : Berlin, Duncker, 1841, in-8.

348. Table des Commentaires de J. Voet sur les Pandectes, analysés dans leurs rapports avec chacun des articles des cinq codes français (par Maurice); Paris, Gauthier, 1841, in-4.

349. Das Rœmische Privatrecht in seiner heutigen Anwendung, von Albrecht Schweppe ; Gœttingen, 1828-1831, 3 vol. in-8.

350. Das Pandectenrecht aus den Rechtsbuchern Justinians nach den Erfordernissen einer Zweckmassigen Gesetzgebung, dargestellt und mit vergleichenden Hinweisungen auf das Franzosische, Oesterreichische und Preüssische Recht, von Paul Ludolph Kristz; Meissen, Klinkicht, 1835, 2 vol. in-8.

351. Traité de la quotité disponible, suivant le droit romain, le droit coutumier, le droit intermédiaire et le Code Napoléon; Paris, Marescq, 1855, in-8.

352. De la prestation des fautes. Etude sur la théorie des fautes en droit romain et en droit français, par P. A. F. Malapert; Paris, Cotillon, 1861, in-18.

353. De la compensation et des demandes reconventionnelles, dans le droit romain et dans le droit français ancien et moderne, par Albert Desjardins; Paris, Durand, 1864, in-8.

354. Histoire de l'emphytéose en droit romain et en droit français. Mémoire couronné par la Faculté de droit de Paris, par E. Pepin Le Halleur; Paris, Joubert, 1843, in-8.

355. Même ouvrage, même édition.

356. Du louage d'industrie, du mandat et de la commission en droit romain, dans l'ancien droit français et dans le droit actuel, par J. J. Clamageran; Paris, Durand, 1836, in-8.

357. De l'obligation naturelle selon le droit romain et le code civil français, par Saturnin Vidal; Paris, Joubert, 1841, in-8.

358. Des voies d'exécution sur les biens des débiteurs, dans le droit romain et dans l'ancien droit français, avec un appendice sur les effets de la saisie-arrêt dans le droit actuel, par Jules Tambour; Paris, Lacour, 1856, 2 vol. in-8.

359. De la réhabilitation des condamnés dans le droit romain et dans le droit français ancien et moderne, par Adolphe Emile Lair; Paris, Thunot, 1859, in-8.

360. Etude sur la transaction en droit romain et en droit françois, par Calixte Accarias; Paris, Cotillon, 1863, in-8.

361. Essai sur le conflit des lois françaises et des lois étrangères, par Georges, Dubois; Paris, de Mourgues, 1862, in-8.

362. Concordance entre les codes de commerce étrangers et le code de commerce français, par Anthoine de S. Joseph; Paris, Videcoq, 1844, in-4.

363. Concordance entre les lois hypothécaires étrangères et françaises, par Anthoine de S. Joseph; Paris, Videcoq, 1847, in-8.

364. Concordance entre les codes civils étrangers et le Code Napoléon, par Anthoine de S. Joseph; Paris, Hingray, 1840, in-4.

365. Concordance entre les codes civils étrangers et le Code Napoléon, par Anthoine de S. Joseph: Paris, Cotillon, 1856, 4 vol. in-8.

366. Der gemeine deutsche burgerliche Prozess in Vergleichung mit dem preussischen und franzœsischen Civilverfahren, von C. J. A. Mittermaier; Bonn, Marcus, 1838, 2 vol. in-8.
367. Das Deutsche Strafverfahren in der Fortbildung durch Gerichts-Gebrauch und Particular-Gesetzbucher, und in genauer Vergleichung mit dem englischen und franzœsischen Straf-Processe, von C. J. A. Mittermaier; Heidelberg, Mohr, 1839-1840, 2 vol. in-8.
368. Die Mundlichkeit, das Anklageprinzip, die Œffentlichkeit und das Geschwornengericht in ihrer Durchführung in den verschiedenen Gesetzgebungen, dargestellt und nach den Forderungen des Rechts und der Zweckmæssigfeit mit Rucksicht auf die Erfahrungen der verschiedenen Lænder gepruft, von C.J. Mittermaier; Stuttgart, 1845, in-8.
369. Zusammenstellung der Strafgesetze auswaertiger Staaten nach der Ordnung des revidirten Entwurfs des Strafgesetzbuchs für die Kœniglich-Preussischen Staaten; Berlin, 1838-1841, 5 vol. in-8.

Le premier volume manque.

370. Essai historique sur les Preuves sous les législations juive, égyptienne, indienne, grecque, etc., etc., par C. Le Gentil; Paris, Durand, 1863, in-4.
371. Etude comparative des législations françaises et étrangères en matière de propriété industrielle, littéraire et artistique, par Adrien Huard; Paris, Cosse, 1863, in-8.
372. Coup d'œil comparatif sur les lois civiles de France et des Etats-Unis, surtout relativement à la prescription, par Berriat Saint-Prix; (1844), in-8.
373. Essai sur la législation des peuples anciens et modernes relative aux enfants nés hors mariage, par M. L. J. Kœnigswarter; Paris, Joubert, 1842, in-8.
374. Essai historique sur les enfants naturels, par Fernand Desportes; Paris, Durand, 1857, in-8.
375. Le Régime foncier des Etats du Nord de l'Europe dans ses rapports avec la loi française sur la transcription, suivi d'un projet de transcription de la propriété parcellaire, par Jules Bergson; Paris, Cotillon, 1858, in-8.
376. Législation comparée. Des ventes forcées d'immeubles en Belgique et en France, etc., etc., par B. Molineau; Bruxelles, chez l'auteur, 1862, in-8.

377. Le Droit commercial comparé de la France et de l'Angleterre, suivant l'ordre du Code de Commerce français, par J. C. Colfavru; Paris, Hingray, 1861, in-8.
378. Cours de législation pénale comparée, par M. Ortolan (analyse); Paris, Joubert, 1838, in-8.
379. Commentaries on colonial and foreing laws, generally, and in their conflict witheach other and with the law of England, by William Burge; London, 1838, 4 vol. in-8.
380. Etude de législation pénale comparée (par Raux); Bruxelles, Mcline, 1851, in-8.
381. Le Droit canonique et le Droit ecclésiastique dans leurs rapports avec le droit civil, par Félix Le Ruste; Paris, Dentu, 1862, in-18.

De l'étude du droit et de la profession d'avocat.

382. Oratio de artibus, futuro jurisconsulto et necessariis et frugiferis, comparandis; item consilium de compendiaria discendi jura civilia ratione, auctore Christophoro Hegendorphino; Haganoæ, Secerius, 1529, in-8.
383. Jurisconsultus, sive de optimo genere juris interpretandi Franc. Hotomanni liber; Basileæ, Hervagius, 1559, in-8.
384. De juris arte, methodo et præceptis, auctore P. Gregorio; Lugduni, Gryphius, 1580, in-12.
385. Ulrici Marbachii Introitus ad Jurisprudentiam apertus, sive de genuinis jurium fontibus discendique ordine; Ienæ, Bielckins, 1717, in-8.
386. De jure et officiis ad usum tyronum libri duo, auctore Antonio Genuensi; Venetiis, Pezzana, 1785, in-8.
387. Cautelæ circa præcognita jurisprudentiæ in usum auditorii Thomasiani (a Christiano Thomasio); (præfatio); Halæ Magdeburgicæ, Rengerus, 1710, in-4.
388. Cautelarum circa studium juris prudenter instituendum pars I, sistens cautelas circa præcognita jurisprudentiæ (a Christiano Thomasio); Halæ Magdeburgicæ, Rengerus, 1725, in-4.

389. Præcognita generalia jurisprudentiæ universæ a P. Navigio Mayr; (Ratisbonæ), 1786, in-8.

390. A popular and practical introduction to law studies, by Samuel Warren; London, Maxwell, 1835, in-8.

391. De la science du droit en Allemagne depuis 1815, par M. L. A. Warnkœnig, avec notice sur sa vie et ses ouvrages, par E. Laboulaye; Paris, Joubert, 1841, in-8.

392. Essai sur l'étude historique du droit et son utilité pour l'interprétation du code civil, par Henri Klimrath; Strasbourg, Levrault, 1833, in-8.

393. Observations sur l'Ecole des germanistes à l'occasion des travaux de M. Kœnigswarter, concernant les origines germaniques du droit civil français, par M. Ch. Bataillard; Paris, Duverger, 18.6, in-8.

394. Chrestomathie, ou Choix de textes pour un cours élémentaire du droit privé des Romains, précédé d'une introduction à l'étude du droit, par Blondeau; Paris, Videcoq, 1830, in-8.

395. Etude et application du droit criminel, par Dupin jeune; Paris, Warée, 1830, in-8.

396. Manuel des étudiants en droit et des jeunes avocats, par Dupin (aîné); Paris, Joubert, 1835, in-12.

397. Plan d'étude du droit, par Cotelle; Paris, 1815, in-8.

398. Logique judiciaire, ou Traité des arguments légaux, par Hortensius de Saint-Albin, suivie de la Logique de la Conscience; Paris, 1841, in-8.

399. De l'étude et de l'enseignement du Droit Romain et des résultats qu'on peut en attendre, par P. Bravard-Veyrières; Paris, Joubert, 1837, in-8.

400. Vicissitudes et solution définitive de la question du latin dans les concours, par M. P. Bravard-Veyrières; Paris, Joubert, 1840, in-8.

401. L'Eloquence de la chaire et du barreau, par de Bretteville; Paris, Thierry, 1698, in-12.

402. De l'éloquence du Barreau, par Gin; Paris, Hérissant, 1767, in-12.
    Avec des corrections manuscrites de l'auteur.

403. Même ouvrage, même édition.

404. De Advocato libri IV, auth. Martino Husson; Parisiis, Guignard, 1666, in-4.

405. Johan. David. Thoennikeri advocatus prudens in foro criminali, sive succincta instructio advocati circa inculpati defensionem, etc.; Chemnitii, Stosselius, 1702, in-4.
406. Dissertatio juridica inauguralis de officio advocati, a Joanne Regnero Wieringa; Groningæ, 1759, in-8.
407. L'Eloge et les devoirs de la profession d'avocat (par François Fyot de La Marche); Paris, Mazuel, 1713, in-12.
408. Lettres, ou Dissertations, où l'on fait voir que la profession d'avocat est la plus belle de toutes les professions, et où l'on examine si les juges qui président aux audiences peuvent légitimement interrompre les avocats lorsqu'ils plaident (par Cocquart); Londres, 1733, in-8.
409. Tableau de l'avocat, divisé en six chapitres, qui traitent de l'esprit, de l'étude, de la science, de l'éloquence, de l'air, de la mémoire, de la prononciation, du geste et de la voix, par Thimothée François Thibault; Nancy, 1737, in-8.
410. Règles pour former un avocat, tirées des plus célèbres auteurs anciens et modernes, auxquelles on a joint une histoire abrégée de l'ordre des avocats, et les règlements qui concernent les fonctions et prérogatives attachées à cette profession, par Antoine Boucher d'Argis; Paris, Durand, 1778, in-12.
411. Lettres sur la profession d'avocat et sur les études nécessaires pour se rendre capable de l'exercer, avec un catalogue raisonné des livres utiles à un avocat, et plusieurs pièces concernant l'ordre des avocats (par Camus); Paris, 1772, 1 vol. in-12.
412. Lettres sur la profession d'avocat, et bibliothèque choisie des livres de droit, par Camus; Paris, Gilbert, 1805, 2 tomes rel. en 1 vol. in-12.
413. Lettres sur la profession d'avocat, et bibliothèque choisie des livres de droit, par Camus, augmentée par Dupin (aîné); Paris, Warée, 1818, 2 vol. in-8.
414. Profession d'avocat; recueil de pièces concernant l'exercice de cette profession, par Dupin aîné; Paris, Alex. Gobelet, 1832, 2 vol. in-8.
415. Même ouvrage, même édition.
416. Guide de l'avocat, ou Essais d'instructions pour les jeunes gens qui se destinent à cette profession, par Gibault; Paris, Beaucé, 1814, 2 vol. in-12.

447. Règles de la profession d'avocat, suivies des lois et règlements qui la concernent, des précédents du conseil de l'ordre des avocats à la Cour royale de Paris, avec des notes historiques et explicatives, par Mollot; Paris, Joubert, 1842, in-8.
448. Même ouvrage, même édition.
419. Abrégé des règles de la profession d'avocat, par Mollot; Paris, Plon, 1852, in-18.
420. Devoirs, honneur, avantages, jouissances de la profession d'avocat, discours prononcés par Félix Liouville; Paris, Simonet-Delaguette, 1857, in-4. — Profession d'avocat; le stage; discours par Félix Liouville; Paris, Simonet-Delaguette, 1858, in-4. — Profession d'avocat; la plaidoirie; discours par Félix Liouville; Paris, Simonet-Delaguette, 1858, in-4. — Profession d'avocat; Lois et règlements depuis Charlemagne; discours par Félix Liouville; Paris, Simonet-Delaguette, 1859, in-4.
421. Félix Liouville. De la Profession d'avocat; Paris, Cosse, 1864, in-8.
422. Même ouvrage, même édition.
423. Essai d'institutions oratoires à l'usage de ceux qui se destinent au barreau, par Delamalle; Paris, Warée, 1827, 2 vol. in-8.
424. Principes et morceaux choisis d'éloquence judiciaire; études et devoirs de l'avocat; ouvrage précédé d'une histoire abrégée de l'éloquence judiciaire en France, par E. Boinvilliers; Paris, Emery, 1826, in-8.
425. Code de l'avocat, par Franque et Cauvin, précédé d'une lettre d'introduction et d'un opuscule sur la patente des avocats, par Marie; Paris, Paulin (1841), in-18.
426. Méditations sur le barreau, par Charrié; Paris, Vinchon, in-8.
427. De la conférence des avocats, moyen d'être utile au jeune barreau, par A. Pinède; 1837, in-8.
428. Le Ministère public et le barreau, leurs droits et leurs rapports (par Henri Moreau), avec une introduction de M. Berryer; Paris, J. Lecoffre, 1860, in-8.
429. La Dignité de l'avocat, suivi d'une Messe aux Madelonnettes, par Auguste Bonjour, avocat; Paris, Dentu, 1858, in-8.

430. Apologie pour l'honoraire, ou Reconnoissance deue aux avocats à cause de leur travail, par Mᵉ Jacques De Lescornay; Paris, Jean De la Caille, 1650, in-8.
431. De l'ordre des avocats, considéré sous le double rapport constitutionnel et d'utilité, dans l'intérêt tant de la société en général que des avocats en particulier, par Théodore Regnault; Paris, Warée, 1831, in-8.

Encyclopédies juridiques. -- Glossaires.

432. Joachimi Georgii Daries Institutiones jurisprudentiæ universalis, in quibus omnia juris naturæ, socialis et gentium capita explanantur; Francofurti, 1754, in-8.
433. Herm. Frid. Kahreli Institutiones juris universi, in quibus initia jurisprudentiæ, tum naturalis, tum civilis, ex veris ducta fontibus exponuntur; Francofurti, Moeller, 1762, in-8.
434. Grundriss zu Vorlesungen uber juristische Encyclopædie, von G. Fr. Puchta; Erlangen, 1822, in-8.
435. Principia et loci communes, seu regulæ tam decisionum quam argumentorum utriusque juris, per Simonem Vaz Barbosam; (Lugduni), de Tournes, 1630, in-8.
436. Encyclopédie méthodique; Jurisprudence; Paris, Panckoucke, 1782-1791, 10 vol. in-4.
437. Encyclopedia Jurisprudentiæ; scripsit Cornelius Anne Den Tex; Amstelodami, Muller, 1839, in-8.
438. Cours d'introduction générale à l'étude du droit, ou Encyclopédie juridique, par N. Falck, traduit de l'allemand et annoté par C. A. Pellat; Paris; Thorel, 1841, in-8.
439. Cours d'introduction générale à l'étude du droit, ou Manuel d'Encyclopédie juridique, par Eschbach; Paris, 1843, in-12.
440. Encyclopédie du droit, par Adolphe Roussel; Bruxelles, J. Delfosse, 1843, in-8.
441. Alphabetum aureum juris utriusque Doctoris Petri Ravennatis, ut multa ex tempore in utroque jure tum opponendo, tum respondendo, tum etiam determinando memoriter pronunciare possint, cum additionibus Johan. De Gradibus; 1511, in-8.

442. Lexicon Juris Civilis, ex variis probatorum autorum commentariis congestum, per C. V. D. Jac. Spiegel; Argentorati, Chottus, 1541, in-fol.
443. Lexicon Juridicum Juris Cæsarei et Canonici, Feudalis, Civilis, criminalis, studio et opera Johannis Calvini; cum præfationibus Dionysii Gothofredi et Hermanni Vulteii; Genevæ, Sam. Chouët, 1653, in-fol.
444. Arnoldi de Reyger thesaurus juris civilis et canonici; accesserunt additiones Danielis Venediger, quas suis locis digessit Ahasverus Fritschius; Coloniæ Agrippinæ, Metternich, 1705, 2 vol. in-fol.
445. Bibliotheca Juridica Universalis, olim a Joanne Jacobo Speidelio sub titulo Sylloges variarum Quæstionum compilata, jam vero nova methodo adornata, auct. B. Joanne Jacobo Curtio, nunc revisa opera Jacobi Davidis Moeglingii; Norimbergæ, her. Endteri, 1738, 2 tom. in 6 vol. in-fol.
446. Vocabularium juris utriusque, præsertim ex Alex. Scoti, Jo. Kahl. Barn. Brissonii et Jo. Gottl. Heineccii accessionibus, opera et studio B. Philipp. Vicat; (Lausannæ), ex offic. Bousquetiana, 1759, 3 vol. in-8.
447. Wœrterbuch zur Erklærung der in der Gerichtssprache vorkommenden schwierigen Ausdrücken, von J. Adolph Steinsdorff; Berlin, Dummler, 1833, in-8.

Bibliographie juridique.

448. Bibliotheca realis juridica, post curas Frederici Gottlieb Struvii et Gottlob Augusti Jenichenii emendata (a Martino Lipenio); Lipsiæ, 1757, 2 vol. in-fol. — Supplementa Augusti Frederici Schott; Lipsiæ, 1775, in-fol. — Supplementorum volumen sec. a Renato Carolo de Senkemburg; Lipsiæ, 1789, in-fol. — Supplementorum volumen tertium a Lud. God. Madinha; Vratislaviæ, 1817-1823, in-fol.
449. Nouvelle bibliothèque historique et chronologique des principaux auteurs et interprètes du droit civil, canonique, etc , etc., par Denis Simon; Paris, Pepic, 1695, 2 vol. in-12.
450. Bibliotheca juris selecta, secundum ordinem litterarum alphabeti disposita; digessit Burcardus Gotthelf Stru-

JURISPRUDENCE.

vius; emendavit Christianus Gottlieb Buder; Ienæ, Cuno, 1756, in-8.

451. Danielis Nettelbladt initia Historiæ litterariæ Juridicæ universalis; Halæ Magdeburgicæ, Rengerius, 1774, in-8.

452. Caroli Ferdinandi Hommelii corpus Juris civilis, cum notis variorum; Lipsiæ, Fritsch, 1768, in-8.

453. Caroli Ferdinandi Hommelii litteratura juris; Lipsiæ, Fritsch, 1779, in-8.

454. Lexicon litteraturæ academico-juridicæ, cui præfationem præmisit E. F. Vogel; Lipsiæ, libr. Goethiana, 1836, 2 tom. in 1 vol. in-8.

455. Bibliotheca Juridica, oder Verzeichniss aller brauchbaren, zuerst herausgegeben von Theod. Christ. Friedr. Enslin, von neuem gænzlich umgearbeitete Zweite Auflage von Wilhelm Engelmann; Leipzig, Engelmann, 1840, in-8.

456. Catalogue des livres composant la bibliothèque de la chambre des députés (t. I, Jurisprudence); Paris, Didot, 1833, in-8.

457. Questions illustres, ou Bibliothèque des livres singuliers en droit, par Julien Michel Dufour; Paris, Denesle, 1813, in-8.

458. Répertoire des ouvrages de législation, de droit et de jurisprudence, par de Fontaine de Resbecq; Paris, Durand, 1858, in-8.

459. Christiana Friderici Georg. Meisteri Bibliotheca juris Naturæ et Gentium; Goettingæ, Vandenhoeck, 1749, in-8.

460. Handbuch der Literatur des Criminalrechts, von Friedr. Kappler; Stuttgart, Scheible, 1838, in-8.

461. Bibliothèque de droit commercial, par J. M. Pardessus; Paris, Egron, 1821, in-8.

462. Bibliotheca juris Rabbinica et Saracenorum Arabica, instructa a Carolo Ferd. Hommelio; Byrathi, Lubekus, 1762, in-8.

463. Bibliothèque choisie de Droit français et de Droit romain, par Bedel; Paris, 1827, in-8.

464. Bibliotheca legum Angliæ, compiled by John Worrall; London, Brooke, 2 vol. in-12.

465. Jo. Henr. Christiani de Selchow Specimen Bibliothecæ juris Germanici provincialis ac statutarii; Goettingæ, Vandenhoeck, 1782, in-8.
466. Notes bibliographiques pour un essai sur l'histoire des institutions des peuples anciens et modernes, par Tailliard; Lille, Danel, 1841, in 8.

Institutions juridiques.

467. Des Institutions judiciaires, discours historiques, par J. B. Philémon Sermet; Paris, Alex-Gobelet, 1834, in-8.
468. Traité de l'administration de la justice, par Jousse; Paris, Debure, 1771, 2 vol. in-4.
469. Les Prérogatives de la robe, par M. de F., conseiller au Parlement (François-Bertrand de Freauville); Paris, Lefebvre, 1701, in-12.
470. Réflexions et recherces sur le serment judiciaire, par Berriat Saint-Prix; Paris, Langlois, 1838, in-8.
471. De l'Intrigue dans les tribunaux; par Pinet; Paris, Warée, 1824, in-12.
472. Joannis Nicolai tractatus de Synedrio Ægyptiorum illorumque legibus insignibus; Lugduni Batavorum, Teering, 1711, in-8.
473. Petri Wesselingii diatribe de Judæorum archontibus ad inscriptionem Berenicensem, et dissertatio de evangeliis jussu imp. Anastasii non emendatis, in Victorem Tunnunensem; Trajecti ad Rhenum, Jurianus a Paddenburg, 1738, in-8.
474. Joannis Seldeni de Synedriis et præfecturis juridicis veterum Ebræorum libri III; Amstelædami, Boom, 1679, 3 tom. in 1 vol. in-4.
475. Joannis Seldeni de Synedriis et præfecturis juridicis veterum Ebræorum libri tres; Francofurti, Schrey, 1696, 3 vol. in-4.
476. Joannis Laurentii Lydi de Magistratibus reipublicæ Romanæ libri III; edid. Joan. Dom. Fuss; præfatus est Carol. Bened. Hase; Parisiis, Eberhartus, 1812, in-8.
477. De judicibus apud Romanos, tractatio historico-juridica auctore Friderico Guil. de Tigerstrœm; Berolini, Reimerus, 1826, in-8.

JURISPRUDENCE.

478. Sibrandi Tetardi Siccama de Judicio Centumvirali libros II iterum recensuit, animadversionibus et opusculis auxit Carolus Fridericus Zepernick; Halæ, Hendel, 1776, in-8.

479. Joannis Richeri vindiciæ prætoris romani et juris honorarii; Lugduni Batavorum, de Perker, 1748, in-8.

480. De Romanorum ædilibus libri IV, auct. Frid. Guilielmo Schubert; Regimontii, Borntraeger, 1828, in-8.

481. De jure et auctoritate magistratuum apud Athenienses, a Car. Frid. Hermann; Heidelbergæ, 1829, in-8.

482. An enquiry into the use and practice of Juries among the Greeks and Romans, by John Pettingal; London, 1769, in-4.

483. Esprit, origine et progrès des institutions judiciaires des principaux pays de l'Europe, par J. D. Meyer; Paris, Dufour, 5 vol. in-8.

484. L'Harmonie et conférence des magistrats romains avec les officiers françois, tant laiz que ecclésiastiques, par Jean Duret; Lyon, Rigaud, 1574, in-8.

485. De l'autorité judiciaire en France, par Henrion de Pansey; Paris, Théoph. Barrois, 1818, 1 vol. in-4.

486. De l'autorité judiciaire en France, par le prés. Henrion de Pansey; Paris, Barrois, 1827, 2 vol. in-8.

487. De l'administration de la justice et de l'ordre judiciaire en France, par d'Eyraud; Paris, Fanjat, 1825, 3 vol. in-8.

488. Commentarii Vincennii Lupani de magistratibus et præfecturis Francorum; Parisiis, Niger, 1551, 2 tom. in 1 vol. in-8.

489. Geschichte der Franzœsischen Gerichts-Verfassung vom Ursprung der frankischen Monarchie, von Johann Paul Brewer; Dusseldorf, Schreiner, 1835, 2 vol. in-8.

490. Histoire critique des institutions judiciaires de la France, par Hiver; Paris, Joubert, 1848, in-8.

491. Essai historique sur l'organisation judiciaire et l'administration de la justice depuis Hugues Capet jusqu'à Louis XII, par J. M. Pardessus; Paris, Durand, 1851, in-8.

492. Des tribunaux et de la procédure du grand-criminel au xviiie siècle jusqu'en 1789, avec des recherches sur la

question, ou torture, par Ch. Berriat Saint-Prix ; Paris, Aubry, 1859, in-8.
493. Etudes historiques sur les institutions judiciaires de la Normandie, par B. B. J. Rathery ; Paris, Dupont, in-8.
494. Traité de la juridiction des présidiaux, tant en matière civile que criminelle (par Jousse) ; Paris, Debure, 1755, in-12.
495. Recueil concernant le tribunal de nosseigneurs les maréchaux de France, les prérogatives et les fonctions des officiers chargés d'exécuter ses ordres, etc., etc., par de Beaufort; Paris, 1784, 2 vol. in-8.
496. Même ouvrage, même édit.
497. Traité de la juridiction des trésoriers de France, tant en matière de domaine et de voirie que de finance (par Jousse); Paris, Debure, 1777, 2 vol. in-12.
498. Tableau des principaux abus existant dans le monde judiciaire au xvie siècle, par Ch. Bataillard ; Paris, Lahure, 1857, in-8.
499. Études sur les anciennes juridictions lyonnaises, par E. Fayard; Paris, Guillaumin, 1863, in-8.
500. Histoire des avoueries en Belgique, par Jules de Saint-Genois; Bruxelles, Hauman, 1837, in-8.
501. Histoire du Jury, par Aignan; Paris, Eymery, 1822, in-8.
502. Beiträge zu der Geschichte des Inquisitions-Processes, und der Geschworen-Gerichte, von Friedrich August Biener; Leipzig, Cnobloch, 1827, in-8.
503. A historical treatise on trial by Jury, wager of law, and other co-ordinate forensic institutions formerly in use in Scandinavia and in Iceland, by Thorl. Gudm. Repp; Edinburgh, Clark, 1832, in-8.
504. Du Jury en Normandie dans le moyen âge, appliqué tant aux affaires civiles qu'aux affaires criminelles, par Couppey ; s. d., in-8.
505. Mémoire qui a remporté le prix, en l'an x, sur cette question proposée par l'Institut : « Quels sont les moyens de perfectionner en France l'institution du Jury? » par Bourguignon ; Paris, an x, in-8.
506. Deuxième Mémoire sur l'institution du Jury, par Bourguignon; Paris, Patris, an xii, in-8.
507. Troisième Mémoire sur le Jury, par Bourguignon; Paris, Collin, 1808, in-8.

JURISPRUDENCE.

508. Moyen de perfectionner le Jury, par N. F. Canard; Moulins, Vidalin, 1802, in-12.

509. Réflexions sur l'état actuel du Jury, de la liberté individuelle et des prisons, par M. C..., conseiller à la cour royale de Paris; Paris, Nicolle, 1818, in-8.

510. Des pouvoirs et des obligations des Jurys, par Richard Phillips, trad. de l'anglais et précédé de considérations sur le pouvoir judiciaire, par Charles Comte; Paris, Rapilly, 1828, in 8.

511. Observations sur le Jury en France, par J. M. Le Graverend; Paris, Delaunay, 1819, in-8.

512. Même ouvrage, même édit.

513. Introduction sur l'omnipotence du Jury, par Franque; Paris, Lefebvre, 1829, in-8.

514. Omnipotence du Jury, par Courrent; Paris, Lefebvre, 1829, in-8.

515. Recueil des édits, déclarations, arrêts et règlements concernant les qualités nécessaires pour être pourvu d'offices de judicature, les études de droit, l'administration de la justice et l'ordre public; Paris, Saugrain, 1712, 2 vol. in-4.

516. Divers édits concernant les officiers de la justice du roi au Châtelet de Paris, 1685-1715; in-4.

517. Discours sur l'état actuel de la magistrature et sur les causes de sa décadence, par M. Le Trosne, avocat du roi; Paris, Panckoucke, 1764, in-12.

518. Rapport du comité de constitution sur l'organisation du pouvoir judiciaire, présenté à l'assemblée nationale, par M. Bergasse; Paris, Baudouin, 1789, in-8.

519. Considérations sur l'organisation judiciaire, et améliorations dont elle peut être susceptible, par Saint-Martin; Paris, 1801, in-8.

520. De la magistrature en France considérée dans ce qu'elle fut et dans ce qu'elle doit être (par Bourguignon); Paris, Collin, 1807, in-8.

521. La Nécessité du renouvellement intégral et de l'amovibilité dans la magistrature, par A. P.; Paris, Vimont, 1831, in-8.

522. Cours élémentaire d'organisation judiciaire, de compétence, de procédure civile et criminelle, par G. L. J.

Carré, revu par Victor Foucher; Paris, Dupont, 1833, in-8.

523. Traité des lois de l'organisation judiciaire et de la compétence des juridictions civiles, par G. L. J. Carré, revu par Victor Foucher; Paris, Dupont, 1833-1834, 8 vol. in-8.

524. Traité de l'organisation et de la compétence des cours d'appel en matière civile et disciplinaire, par de Fréminville; Clermont-Ferrand, Thibaud-Landriot, 1848, 2 vol. in-8.

525. De l'inamovibilité de la magistrature, par L. J. Périlhou; Paris, Comon, 1849, in-8.

526. Des avantages du concours appliqué au recrutement du personnel administratif et judiciaire, par Antoine-Gaspard Bellin; Paris, Thorel, 1846, in-8.

527. De l'organisation judiciaire et de la procédure civile en France, par Edouard Regnard; Paris, Durand, 1855, in-8.

528. Lois concernant l'organisation judiciaire, par Dupin (aîné); Paris, Guillaume, 1819, in-8.

529. Rapport fait à la cour royale de Nancy et approuvé par elle sur le projet de loi concernant l'organisation judiciaire, par M. Masson; Nancy, Paullet, 1836, in-8.

530. Observations de la cour de cassation sur un projet de loi relatif à l'organisation judiciaire; M. le prem. président Portalis, rapporteur (1848); in-8.

531. Observations de la cour de cassation sur l'article 22 du projet de loi rédigé par une commission nommée par le gouvernement provisoire; M. le conseiller Troplong, rapporteur (1848); in-8.

532. Assemblée nationale. Discours prononcé par M. Dupin pour la défense de l'ordre judiciaire, le 3 février 1849; in-8.

533. Organisation démocratique de l'ordre judiciaire, par Ferdinand Jacques; Paris, Joubert, 1848, in-8.

534. Organisation des services judiciaires et extra-judiciaires, par L. C. Laurent; Paris, Joubert, 1848, in-8.

535. De la justice gratuite, par J. B. Barnouvin; Paris, A. Henry, 1848, in-8.

536. Même ouvrage, même édit.

537. De la discipline des cours et tribunaux, du barreau et

des corporations d'officiers publics, par Achille Morin; Paris, Cosse, 1846, 2 vol. in-8.

538. De la discipline des cours et tribunaux, du barreau et des corporations d'officiers publics, par Achille Morin; Paris, Joubert, 1847, 2 vol. in-8.

539. Discours de M. Jacquinot-Pampelune dans la discussion du projet de loi sur la composition des cours d'assises, 7 janvier 1831; in-8.

540. Considérations sur les retraites forcées de la magistrature, par M. O. Sauzet; Lyon, Dumoulin, 1854, in-8.

541. Essai sur l'histoire de l'action publique et du ministère public, par J. A. Delpon; Paris, Désauges, 1830, 2 vol. in-8.

542. Traité sur le ministère public, par Charles-Frédéric Schenck; Paris, Deschamps, 2 vol. in-8.

543. Specimen historico-juridicum inaugurale de Ministerii publici origine in criminum causis, imprimis in patria nostra, quod pro gradu doctoratus consequendo publico examini submittit Janus Laurentius Ram; Trajecti ad Rhenum, Bosch, 1840, in-8.

544. Remarques sur l'origine de l'institution du ministère public en France, par Berriat Saint-Prix; 1842, in-8.

545. Du ministère public en matière politique, par Jules Jolly; Paris, 1841, in-8.

546. Manuel du procureur du roi et du substitut, ou Résumé des fonctions du ministère public, par Jos. Fr. Louis Massabiau; Paris, Roret, 1837-1840, 4 vol. in-8.

547. Des juges-auditeurs, pétition à la chambre des députés (par Joseph-Auguste-Marie Petit); Paris, Smith, 1828, in-8.

548. Des tribunaux de commerce, des commerçants et des actes de commerce, par Louis Nouguier; Paris, Delamotte, 1844, 3 vol. in-8.

549. Compétence des tribunaux de commerce dans leurs rapports avec les tribunaux civils et les prud'hommes, par Ch. A. Despréaux; Paris, Videcoq, 1836, in-8.

550. De la compétence et de la procédure des tribunaux de commerce, traité de la juridiction commerciale, par Orillard; Paris, Videcoq, 1844, in-8.

551. Observations sur l'organisation judiciaire des colonies, par Hardouin et J. M. Duverne; Paris, Brière, 1848, in-8.

552. De l'illégalité des conseils de guerre spéciaux établis dans l'Ouest, par Eugène Janvier; Angers, Le Sourd, 1832, in-8.
553. Mémoire sur les conseils de prud'hommes, présenté à la conférence par E. Yvert; Paris, Fournier (1841), in-8.
554. Des institutions judiciaires de l'Angleterre comparées avec celles de la France et de quelques autres Etats, par Joseph Rey (de Grenoble); Paris, Nève, 1826, 2 vol. in-8.
555. Du pouvoir judiciaire en Angleterre, par Antonin Lefèvre-Pontalis; Paris, Durand, 1857, in-8.
556. De l'administration de la justice criminelle en Angleterre et de l'esprit du gouvernement anglais, par Cottu; Paris, Gosselin, 1822, in-8.
557. Notes sur l'organisation des tribunaux de police à Londres, par Georges Picot; Paris, Cotillon, 1862, in-8.
558. Courts of Requests, their nature, utility, and powers described, by W. Hutton; Birmingham, Pearson, 1787, in-8.
560. Acte du Parlement d'Angleterre du 22 juin 1825, modifiant et réunissant tous les statuts relatifs à la formation des Jurys, trad. de l'anglais et suivi de notes par Victor Foucher; Paris, Dupont, 1827, in-8.
561. Friderici Esaiæ Pufendorfii de Jurisdictione Germanica liber; Lemgoviæ, Meyerus, 1740, in-8.
562. Joannis Stephani Pütteri nova epitome processus Imperii amborum tribunalium supremorum; Goettingæ, vidua Abr. Vandenhoeck, 1769, in-8.
563. Les Justices Vehmiques en Allemagne au moyen âge, par Véron-Réville; Colmar, Decker, 1859, in-8.
564. Précis de l'histoire des tribunaux secrets dans le nord de l'Allemagne, par A. Loève-Veimars; Paris, Carez, 1824, in-18.
565. De la justice et des avocats en Bavière et en Allemagne, par H. Becker, avocat; Paris, Cotillon, 1861, in-8.
566. Histoire des institutions judiciaires et législatives de la principauté de Neuchatel et Valangin, par G. A. Matile; Neuchatel, Petitpierre, 1838, in-8.
567. Discurso del oficio de Bayle general de Aragon, por don Geronymo Ximenez de Aragues; en Çaragoza, Juan de Lanaja, 1650, in-4.

568. De la nouvelle organisation judiciaire projetée en Italie, les trois degrés de juridiction, la cour de cassation, par Fremy-Ligneville; Paris, Cotillon, 1861, in-8.

DROIT DE LA NATURE ET DES GENS

Traités généraux.

569. Discours sur l'étude du droit de la nature et des gens, par James Mackintosh, trad. de l'anglais par Paul Royer-Collard; Paris, Aillaud, 1830, in-8.
570. Essai sur l'histoire du droit naturel, par Martin Hübner; Londres, 1757-1758, 2 vol. in-8.
571. Ebauche des loix naturelles et du droit primitif, par F. H. Strube de Piermont; Amsterdam, Ryckhoff, 1744, in-4.
572. Joannis Seldeni de Jure naturali et gentium juxta disciplinam Ebræorum libri VII; Argentorati, Wolfgang, 1665, in-4.
573. De Legibus Naturæ disquisitio philosophica, auth. Ricardo Cumberland; Londini, Flesher, 1672, in-4.
574. Les Loix de la nature expliquées par le doct. Richard Cumberland, trad. du latin par Barbeyrac; Leyde, Haak, 1757, in-4.
575. Phil. Reinh. Vitriarii institutiones Juris Naturæ et gentium ad methodum Hug. Grotii, auctæ a Johan. Jacob. Vitriario; accedit Joh. Franc. Buddei historia Juris naturalis, ut et synopsis juris Naturalis et Gentium juxta disciplinam Ebræorum; Luchtmans, Lugduni Batavorum, 1704, in-8.
576. Joannis Francisci Buddei selecta Juris naturæ et Gentium; Halæ Saxonum, Trophius, 1704, 2 vol. in-8.
577. Samuelis Pufendorfii de Jure Naturæ et Gentium libri VIII, cum annotatis Joannis Nicolai Hertii; Francofurti ad Mænum, 1716, in-4.

578. Sam. L. B. a Pufendorf de Jure Naturæ et Gentium libri VIII, cum comment. Joan. Nicolai Hertii atque Joan. Barbeyracii ; accedit Eris Scandica. Recensuit Gottfridus Mascovius; Francofurti, Knochius, 1744, 2 vol. in-4.

579. Le Droit de la nature et des gens, par de Pufendorf, trad. du latin par Jean Barbeyrac ; Londres, Nours, 1740, 3 vol. in-4.

580. Même ouvrage, même édit.

581. S. Pufendorfii de Officio hominis et civis secundum legem naturalem libri duo, cum observationibus Ev. Ottonis et Gottl. Gerh. Titii, cum supplementis Gerschomi Carmichaëlis et annotationibus Gottl. Sam. Treveri; Lugduni Batavorum, Luchtmans, 1769, 2 vol. in-8.

582. Les Devoirs de l'homme et du citoyen tels qu'ils sont prescrits par la loi naturelle, traduits du latin de Puffendorff par Jean Barbeyrac; Amsterdam, Ars'ée, 1756, 2 vol. in-12.

583. Dieterici Hermanni Kemmerichi Pufendorfius enucleatus, sive elementa Juris Naturæ et Gentium; Lipsiæ, Braunius, 1716, in-8.

584. Jo. Justini Schierschmidii Elementa juris naturalis socialis et gentium; Ienæ, Crækeriana vidua, 1742, in-8.

585. Jus Gentium methodo scientifica pertractatum, in quo Jus Gentium naturale ab eo quod voluntarii, pactitii et consuetudinarii est distinguitur, auct. Christiano L. B. de Wolff; Halæ Magdeburgicæ, Rengerus, 1749, in-4.

586. Institutiones juris Naturæ et Gentium, auctore Christiano L. B. de Wolff; Halæ Magdeburgicæ, Renger, 1774, in-8.

587. Institutions du droit de la nature et des gens, traduites du latin de Christian L. B. de Wolff par M. M..., avec des notes par Elie Luzac; Leyde, E. Luzac, 1772, 2 t. en 1 vol. in-4.

588. Le Droit des gens, ou Principes de la loi naturelle, par de Vattel; Londres, 1758, 2 vol. in-4.

589. Le Droit des gens, ou Principes de la loi naturelle, par de Vattel, précédé d'un discours sur l'étude du droit de la nature et des gens, par James Mackintosh, trad. de l'anglais par Paul Royer-Collard ; Paris, Aillaud, 1830, 2 vol. in-8.

590. Le Droit des gens, ou Principes de la loi naturelle, par de Vattel, précédé d'un Essai sur le droit naturel, illustré de questions par de Chambrier d'Oleires, avec un Compendium bibliographique de M. le comte d'Hauterive; Paris, Rey, 1838, 2 vol. in-8.

591. Jus naturæ in usum auditorum, auctore Gottfriedo Achenwall; Gottingæ, 1758-1759; duæ partes in unum volumen collectæ, in-8.

592. Jus Naturæ in usum auditorum, auctore Gottfr. Achenwall, cum præfatione Joannis Henrici Christ. de Selchow; Goettingæ, Bossigelius, 1781, in-8.

593. Godofredi Achenwalli juris Gentium Europæarum practici primæ lineæ; Gottingæ, Bossigelius, 1775, in-8.

594. Juris Naturalis pars posterior complectens jus familiæ, jus publicum et jus Gentium, auctore Gottfr. Achenwall; Goettingæ, Bossigelius, 1771, in-8.

595. Eléments du droit naturel, par J. J. Burlamaqui; Lausanne, Grasset, 1783, in-12.

596. Principes du droit de la nature et des gens, par J. J. Burlamaqui, édition revue par Dupin; Paris, Warée, 1820-1821, 5 vol. in-8.

597. Le Droit naturel (par Quesnay); Paris, 1765, in-12.

598. Les Droits de Dieu, de la nature et des gens, tirés d'un livre de M. Abbadie, intitulé : Défense de la nation britannique, ou Réponse à l'Avis aux Réfugiés, avec un discours de Noodt sur les droits des souverains; Amsterdam, 1775, in-12.

599. Traité du droit naturel, par Vicat; Lausanne, Société typographique, 1777, 4 tomes en 1 vol. in-8.

600. Caroli Freder. Winckleri institutiones jurisprudentiæ naturalis ad usum prælectionum; Hafniæ, Arntzen, 1801, in-8.

601. Eléments de législation naturelle, par Perreau, membre du tribunat; Paris, Baudouin, an IX, in-8.

602. Institutions du droit de la nature et des gens, par Gérard de Rayneval; Paris, Leblanc, 1803, in-8.

603. Précis du droit des gens de l'Europe, fondé sur les traités et l'usage, par G. F. de Martens, avec des notes de S. Pinheiro-Ferreira; Paris, Aillaud, 1831, 2 vol. in-8.

604. Leçons de droit de la nature et des gens, par de Félice; Paris, Aillaud, 1830, 2 vol. in-8.

605. Naturrecht und Staatswissenschaft im Grundrisse. Grundlinien der Philosophie des Rechts, von Georg. Wilhelm Friedrich Hegel; Berlin, 1821, in-8.

606. Saggio critico, storico e filosofico sul diritto di natura e delle genti e sulle successive leggi instituti e governi civili e politici, opera postuma del consigliere Alberto de Simoni; Milano, Perotta, 1822, 4 tom. en 2 vol. in-8.

607. Le Droit des gens européen, trad. de l'allemand de Schmalz par le comte Léopold de Bohm; Paris, Maze, 1823, in-8.

608. Handbuch des positiven Vœlkerrechts, von Friedrich Saalfeld; Tubingen, 1833, in-8.

609. Beitræge zur Vœlkerrechts-Geschichte, von K. Th. Pütter; Leipzig, 1843, in-8.

610. Das praktische europæische Fremdenrecht, von K. Th. Pütter; Leipzig, 1845, in-8.

611. Traité complet de diplomatie, ou Théorie générale des relations extérieures des puissances de l'Europe, par le comte de Garden; Paris, Treuttel et Vürtz, 1833, 3 vol. in-8.

612. Droit des gens moderne de l'Europe, par Jean-Louis Kluber, avec un supplément contenant une bibiothèque choisie du droit des gens; Paris, Aillaud, 1831, 2 vol. in-8.

613. Droit des gens moderne de l'Europe, avec un supplément contenant une bibliothèque choisie du droit des gens, par J. L. Kluber, nouv. édit. complétée par A. Ott; Paris, Guillaumin, 1861, in-8.

614. Eléments du droit international, par Henry Wheaton; Leipzig, Brockhaus, 1848, 2 tom. en 1 vol. in-8.

615. Traité du droit international privé, ou Du conflit des lois de différentes nations en matière de droit privé, par Fœlix; Paris, 1843, in-8.

616. Traité du droit international privé, par M. Fœlix. Rapport fait à l'Académie des sciences morales par M. Dupin (aîné); (1843), in-8.

617. Trattato del Diritto internazionale privato, opera di Fœlix, volgarizzato nello studio del Biagio Montuoro; Napoli, 1843, in-8.

618. Traité du droit international privé, ou Du conflit des lois

de différentes nations en matière de droit privé, par Fœlix, édit. revue et augmentée par Charles Demangeat; Paris, Marescq, 1856, 2 vol. in-8.

619. Causes célèbres du droit des gens, rédigé par Charles de Martens; Leipzig, Brockhaus, 1827, 2 vol. in-8.

620. Guide diplomatique, contenant un précis des droits et des devoirs des ministres publics, agents diplomatiques et consulaires, dans toute l'étendue de leurs fonctions; précédé de considérations sur l'étude de la diplomatie; suivi d'un traité sur le style des compositions en matières politiques, avec un recueil à l'appui de tous les actes, conventions, notes, instructions nécessaires, d'une bibliographie diplomatique et d'un catalogue des cartes de géographie moderne, par Charles de Martens; Paris, Heideloff, 1832, 2 vol. in-8.

621. Observations sur le Guide diplomatique de Ch. de Martens, par Pinheiro-Ferreira; Paris, Rey, 1833, in-8.

622. Observations sur quelques passages du Manuel diplomatique de Martens (par Pinheiro-Ferreira); Paris, Aillaud, 1852, in-8.

623. Cours diplomatique, ou Tableau des relations extérieures des puissances de l'Europe, tant entre elles qu'avec d'autres Etats dans les diverses parties du globe, par Geo. Fréd. de Martens; Berlin, Mylius, 1801, 3 vol. in-8.

624. Phases et causes célèbres du droit maritime des nations, par Ferdinand de Cussy; Leipzig, Brockhaus, 1856, 2 vol. in-8.

625. Des traités de 1815 et d'un nouveau droit européen, par Terenzio Mamiani, trad. par Léonce Lehmann; Paris, Dentu, 1862, in-18.

Pactes divers entre les nations.

626. Histoire des anciens traitez, ou Recueil historique et chronologique des traités répandus dans les auteurs grecs et latins et autres monuments de l'antiquité, par Barbeyrac; Amsterdam, Janssons a Waesberge, 1739, in-fol.

627. Godefridi Guilielmi Leibnitii Mantissa Codicis juris gentium Diplomatici; Hanoveræ, Freytagius, 1700, in-fol.

628. Codex juris gentium Diplomaticus, quem ex manuscriptis codicibus edidit G. G. L. (Leibnitius); Hannoveræ, Ammonius, 1693, in-fol.
629. Frid. Aug. Guill. Wenckii Codex Juris Gentium recentissimi; Lipsiæ, hær. Weidmann, 1781-1795, 3 vol. in-8.
630. Corps universel diplomatique du droit des gens, ou Recueil des traités de paix, d'alliance, de trêve faits en Europe depuis Charlemagne jusqu'à présent; avec les capitulations impériales et royales et autres actes publics, par Jean Dumont; Amsterdam, P. Brunel, 1726 à 1731, 8 vol. in-fol.
631. Supplément au Corps universel diplomatique du droit des gens, avec le cérémonial diplomatique des cours de l'Europe, par J. Dumont et J. Rousset; Amsterdam, Janson, 1734, 4 vol. in-fol.
632. Recueil de traités d'alliance, de paix, de trêve, etc., etc. (de 1761 à 1830), par Georges-Frédéric de Martens et Frédéric Saalfeld; Gottingue, 1817-1831, 22 vol. in-8.
633. Fœdera, conventiones, litteræ et cujuscumque generis acta publica inter Angliæ reges et alios quosvis imperatores, esc., coll. Thoma Rymer, Roberto Sanderson et Georgio Holmes; Hagæ Comitis, Neaulme, 1739-1745, 10 vol. in-fol.
634. Recueil des traités de commerce et de navigation de la France avec les puissances étrangères, depuis la paix de Westphalie, en 1648, suivi du recueil des principaux traités de même nature conclus par les puissances étrangères entre elles, depuis la même époque, par le comte d'Hauterive et le chevalier Ferd. de Cussy; Paris, Pley et Gravier, 1834-1844, 10 vol. in-8.
635. Négociations secrètes touchant la paix de Munster et d'Osnabrug, depuis 1642 jusqu'en 1648, avec les dépêches de M. de Vautorte, et autres pièces touchant le même traité, jusqu'en 1654, ensemble un avertissement de M. Jean Le Clerc sur l'origine du droit de la nature et des gens et public; La Haye, Neaulme, 1725-1726, 4 vol. in-fol.
636. Abrégé de l'histoire des traités de paix entre les puissances de l'Europe, depuis la paix de Westphalie, par Kock; Basle, Decker, 1796-1797, 4 vol. in-8.
637. Actes et mémoires des négociations de la paix de Nimègue

JURISPRUDENCE.

(par Moetjens); La Haye, Moetjens, 1697, 6 tom. en 7 vol. in-12.

638. Histoire des traités de paix et autres négociations du XVIIe siècle, depuis la paix de Vervins jusqu'à la paix de Nimègue (par Jean-Yves de Saint-Priest); Amsterdam, Bernard, 1725, 2 vol. in-fol.

639. Code diplomatique, contenant les traités conclus avec la république, depuis 1792 jusqu'à 1802, par Portiez (de l'Oise); Paris, Goujon, 1802-1803. 4 vol. in-8.

640. Congrès de Vienne, recueil de pièces officielles relatives à cette assemblée, des déclarations qu'elle a publiées, des protocoles de ses délibérations, et des principaux mémoires qui lui ont été présentés; Paris, 1816, 5 vol. in-8.

641. Traité de paix entre le roi et les puissances alliées, conconclu à Paris le 30 mai 1814, suivi des actes du congrès de Vienne signés le 9 juin 1815, augmenté du traité de Paris du 30 novembre dernier; Paris, F. Leprieur, 1815, in-8.

642. Archives diplomatiques, 1861-1863; Paris, Amyot, 12 vol. in-8.

643. Les Priviléges des Suisses, ensemble ceux accordés aux villes impériales et anséatiques et aux habitants de Genève résidens en France, avec un traité historique et politique des alliances entre la France et les treize cantons, par V. G. J. D. G. S. (Vogel, grand-juge des gardes suisses); Paris, veuve Saugrain, 1731, in-4.

644. Staatsarchiv des teutschen Bundes, herausgegeben von Johann Ludwig Kluber; Erlangen, 1816-1817, 2 vol. in-8.

645. Concordata nationis Germanicæ integra, variis additamentis illustrata (edid. Horix); Francofurti, 1771, in-8.

646. Sanctio Pragmatica Germanorum illustrata; edidit Christoph. Guilielmus Koch; Argentorati, Rollandus, 1791, in-4.

647. Las pragmaticas del' reyno; en Valladolid, Juan de Villaquiran, 1540, in-4.

Ouvrages spéciaux au Droit des Gens.

648. Cornelii Van Binkershoek Opera omnia, edidit et præfatus est B. Philippus Vicat; Coloniæ Allobrogum, Bousquet, 1761, 2 tomes en 1 vol. in-fol.
649. Libellus de Belli justitia injustitiave per Franciscum Arias de Valderas, Hispanum jurisconsultum; Romæ, Bladus, 1533, in-4.
650. Hugonis Grotii de Jure Belli et Pacis libri III; Parisiis, Buon, 1625, in-4.
651. Hugonis Grotii de Jure Belli et Pacis libri III, cum annotatis auctoris et annotatis in Epistolam Pauli ad Philemonem; Amstelædami, Blaeu, 1663, in-8.
652. Hugonis Grotii de Jure Belli ac Pacis libri III, cum annotatis auctoris, annotatis in Epistolam Pauli ad Philemonem et Dissert. de Mari Libero; Amstelædami, Blaeu, 1670, in-8.
653. Hugonis Grotii de jure Belli et Pacis libri III, cum annotatis Gronovii, commentariis Tesmari; ad calcem accessere Ulrici Obrechti Observationes; Francofurti ad Mœnum, Zunnerus, 1696, in-fol.
654. Hugonis Grotii de Jure Belli ac Pacis libri III, cum Gronovii notis, J. Barbeyracii animadversionibus, commentariis Henr. L. B. de Coccei, et observationibus Samuelis L. B. de Coccei. Adduntur tandem ipsius Grotii Dissertatio de Mari libero, ac libellus de Æquitate, Indulgentia et Facilitate; Lausannæ, Bousquet, 1751, 5 vol. in-4.
655. Le Droit de la Guerre et de la Paix, par Hugues Grotius, nouv. trad. par Jean Barbeyrac; Amsterdam, de Coup, 1724, 2 vol. in-4.
656. Dissertatio juridica inauguralis continens Annotationem ad Hug. Grotii Introduct. ad Jurispr. Holl., lib. I, part. 13, de Incolis et Peregrinis, quam pro gradu doctoratus consequendo defendet Joannes Henricus Eggers; Lugduni Batavorum, Gebhard, 1839, in-8.
657. Extraits d'Erasme sur la Guerre, tirés d'un ouvrage publié en 1794 sous le titre d'*Antipolemus*; Paris, Lachevardière, 1824, in-8.

JURISPRUDENCE.

658. Alexandri Patricii Armacani Mars Gallicus, seu de justitia armorum et fœderum regis Galliæ ; 1639, in-12.

659. Disputatio academica de Pace, quam in academia Francovadana eruditorum examini exhibet Joachimus Ernestus Otto ; Francofurti ad Viadrum, Schrey, 1686, in-4.

660. The Cabinet library of scarce and celebrated tracts ; vol. 1, international Law ; Edimburgh, Clark, 1837, in-12.

661. Séance du 22 mai 1790 (Droit de paix et de guerre) ; 1790, in-8.

662. Joannis Seldeni Mare clausum, seu de Dominio maris libri duo ; Londres, Meighen, 1635, in-fol.

663. Joannis Gryphiandri de Insulis tractatus ; Francofurti, Kopffius (1623), in-4.

664. Theod. J. F. Graswinkeli Maris liberi vindiciæ ; Hagæ Comitum, Vlac, 1652, in-4.

665. Considérations historiques sur l'empire de la mer chez les anciens et les modernes, par Malouet ; Anvers, Le Poitevin, Delacroix, 1810, in-8.

666. De la liberté des mers, par de Rayneval ; Paris, Treuttel et Wurtz, 2 tomes en 1 vol. in-8.

667. Système universel de principes du droit maritime de l'Europe, par Dominique Albert Azuni, trad. de l'italien par J. M. Digeon ; Paris, Digeon, an VI, 2 vol. in-8.

668. Origine et progrès du droit et de la législation maritimes avec des observations sur le consulat de la mer, par D. A. Azuni ; Paris, Cerioux, 1810, in-8.

669. Le Consulat de la mer, ou Pandectes du droit commercial et maritime faisant loi en Espagne, en Italie, à Marseille, etc., trad. du catalan en français par F. B. Boucher ; Paris, 1808, 2 vol. in-8.

*670. Règles internationales et diplomatie de la mer, par Théodore Ortolan ; Paris, Plon, 1853, 2 vol. in-8.

671. Principes du droit public maritime, et Histoire de plusieurs traités qui s'y rapportent, par Ferdinand Lucchesi-Palli, trad. de l'italien par J. Armand de Galiani ; Paris, Leneveu, 1842, in-8.

672. Même ouvrage, même édition.

673. Du commerce des neutres en temps de guerre, ouvrage traduit de l'italien de Lampredi, prof. à Pise, par Jac-

ques Peuchet, membre du Conseil de commerce ; Paris, Agasse, an X, in-8.

674. Des droits et des devoirs des nations neutres en temps de guerre maritime, par L. B. Hautefeuille; Paris, Cotmon, 1848, 1849, 4 vol. in-8.

675. Dissertation sur le domaine des mers et la contrebande, par A. M. J. J. Dupin (aîné); Paris, Warée, 1811, in-12.

676. Disputatio historica juris gentium, continens Historiam novarum legum de fluminum communium navigatione, quam pro gradu doctoratus consequendo defendet Isaacus Lambertus Cremer van der Bergh; Lugduni Batavorum, W. van Leeuwen, 1835, in-8.

677. Du droit international concernant les grands cours d'eau, par Etienne Carathéodory ; Leipzig, Brockhaus, 1861, in-8.

678. Doutes sur la liberté de l'Escaut, réclamée par l'empereur, par le comte de Mirabeau ; Londres, Faden, (1784), in-8.

679. Des moyens d'acquérir le domaine international, ou propriété d'Etat entre les nations d'après le Droit des gens public, par Eugène Ortolan ; Paris, Amyot, 1851, in-8.

680. Essai sur la condition juridique des étrangers dans les législations anciennes et le droit moderne; Thèse de Doctorat présentée à la Faculté de droit de Caen, par Eugène Soloman; Paris, Videcoq, 1844, in-8.

681. Code des étrangers, ou Traité de la législation française concernant les étrangers, par B. J. Legat; Paris, Bechet, 1832, in-8.

682. Même ouvrage, même édition.

683. Code des étrangers, ou État civil et politique en France des étrangers de tout rang et de toute condition, par Gand ; Paris, chez l'auteur, 1853, in-8.

684. Les étrangers en France sous l'ancien et le nouveau droit, Mémoire couronné par la faculté de droit de Paris, par C. A. Sapey ; Paris, Joubert, 1843, in-8.

685. Même ouvrage, même édition.

686. Histoire de la condition civile des étrangers en France, dans l'ancien et dans le nouveau droit; par Charles Demangeat; Paris, Joubert, 1844, in-8.

687. De la jouissance des droits civils au profit des étrangers, par Émile Jay; Grenoble, Maisonville, 1855, in-8.

688. De la condition des esclaves en droit romain. De la condition civile des étrangers en France. Thèse pour le doctorat, par Léonce Lehmann; Paris, Moquet, 1861, in-8.

689. Traité des statuts (Lois personnelles, lois réelles) d'après le droit ancien et le droit moderne, ou droit international privé, par M. A. Mailher de Chassat; Paris, Durand, 1845, in-8.

690. Code diplomatique des Aubains, ou du droit conventionel entre la France et les autres puissances, par J.-B. Gaschon; Paris, Foucault, 1818, in-8.

691. Même ouvrage, même édition.

692. Des mariages contractés en pays étrangers, par Fœlix; Paris, 1842, in-8.

693. Nationalité des enfants nés en France ou à l'étranger, par Coin-Delisle; Paris, Cotillon, 1864, in-8.

694. Droits, priviléges et obligations des étrangers dans la Grande-Bretagne, par C.-H. Okey, édition augmentée par N.-M. Thevenin; Paris, Treuttel et Wurtz, 1831, in-12.

695. Même ouvrage, même édition.

696. Le code des étrangers, ou recueil des lois et de la jurisprudence anglaise concernant les étrangers; par Félix-Amédée Le Baron; Londres, Firmin Didot, 1849, in-8.

697. Du droit D'aubaine et des étrangers en Savoie, par C.-A. Mansord; Chambéry, 1824, 2 tom. en 1 vol. in-4.

698. Guide aux droits civils et commerciaux des étrangers en Espagne, par Guillaume Lobé; Paris, Rodriguez, 1821, in-8.

699. Dissertatio juridica inauguralis de juribus peregrinorum in Belgio, quam pro gradu doctoratus defendet Philippus de Kanter; Lugduni Batavorum, Cyfveer, 1828, in-8.

700. Dissertatio juridica inauguralis de Delictis Peregrinorum eaque puniendi ratione, quam pro gradu doctoratus consequendo publico examini offert Jan Tymens Homan; Groningæ, Oomkens, 1823, in-8.

701. Disputatio juridica inauguralis de Delictis adversus peregrinos, maxime adversus milites hostiles, quam pro gradu doctoratus consequendo defendet Cornelius Franciscus Frisius Rinia van Nauta; Groningæ, W. van Boekeren, 1825, in-8.

702. Monographie alphabétique de l'Extradition, par Evariste Blondel ; Paris, 1859, in-8.
703. Dictionnaire, ou manuel-lexique du diplomate et du consul, par Ferdinand de Cussy ; Leipsig, Brockhaus, 1846, in-12.
704. Guide des Agents Consulaires, par J. Bursotti ; Naples, Cattaneo, 1837, 1838, 2 tom. en 1 vol. in-8.
705. Manuel des Agents consulaires français et étrangers, par Moreuil ; Paris, Videcoq, 1853, in-8.
706. Règlements consulaires des principaux États de l'Europe et de l'Amérique, par Ferdinand de Cussy ; Leipzig, Brockhaus, 1851, in-8.
707. Codigo de las costumbres maritimas de Barcelona, hasta aqui vulgarmente llamado Libro del Consulado, traducido al castellano por Antonio de Capmany y de Monpalau ; Madrid, de Sancha, 1791, in-4.
708. L'ambassadeur et ses fonctions, par de Wicquefort ; Cologne, Marteau, 1715, 2 vol. in-4.
709. L'ambassadeur en ses fonctions, par Abraham de Wicquefort ; nouvelle édition augmentée ; Amsterdam, L'honoré, 1746, 2 vol. in-4.
710. Traité juridico-politique sur les Prises Maritimes et sur les moyens qui doivent concourir à rendre ces prises légitimes, ouvr. trad. de l'espagnol de M. le chevalier d'Abreu ; Paris, Delaguette, 1758, in-8.
711. Traité des Prises, ou principes de la jurisprudence françoise concernant les prises qui se font sur mer (par R.-J. Vallin) ; La Rochelle, Legier, 1763, 2 vol. in-8.
712. Traité des prises maritimes dans lequel on a refondu en partie le traité de Valin, en l'appropriant à la législation nouvelle, par A. de Pistoye et Ch. Duverdy ; Paris, Durand, 1855, 2 vol. in-8.
713. Nouveau Code des prises, ou recueil des édits, déclarations, arrêts, ordonnances, etc., sur la course et l'administration des prises, depuis 1400 jusqu'en 1789, suivi de toutes les lois, arrêtés et autres actes qui ont paru jusqu'à présent, par Lebeau ; Paris, imprimerie de la république, an VII — an IX, 3 vol. in-4.
714. Specimen juris gentium et publici de Navium detentione quæ vulgo dicitur *Embargo*, quod ad publicam disceptationem proponit Franciscus Fredricus Karseboom ; Amstelodami, Sybrandus, 1840, in-8.

715. Specimen juris nautici inaugurale de Navium detentione quæ vulgo dicitur *Embargo*, quod pro gradu doctoratus consequendo publico examini submittit Franciscus Frédricus Karseboom; Amstelodami, Spin, 1840, in-8.
716. Dissertatio historico-politica inauguralis de iis quæ ad tollendum servorum Afrorum commercium inde a congressu Viennensi inter populos gesta sunt, quam pro gradu doctoratus consequendo publico examini submittit Jacobus de Neufville; Amstelodami, Groebe, 1840, in-8.
717. Traité sur les questions mixtes, ou examen des loix et jurisdictions qu'on doit suivre pour décider les contestations entre les hommes de différentes nations, de différentes provinces, etc., etc., par Dumouchet Du Bac; Bruxelles, 1787, in-12.
718. Les traités de commerce et l'Angleterre, par Marc de Haut; Paris, Lahure, 1860, in-8.
719. De la propriété littéraire et artistique au point de vue international; aperçu sur les législations étrangères et sur les traités relatifs à la répression de la contrefaçon, par Alfred Villefort; Paris, Cosse, 1851, in-8.

DROIT PUBLIC

Traités généraux.

720. Disputatio inauguralis, quam de Juris civici præcognitis, ejus scientia et de ejus praxi vel processu publice examinandam proponit Bartholomæus Gericke; Francofurti ad Viadrum, Schrey, 1686, in-4.
721. Leviathan, sive de materia, forma et potestate Civitatis Ecclesiasticæ et Civilis, authore Thoma Hobbes; Londini, Thomson, 1676, in-4.
722. Elementa philosophica de Cive, auctore Thom. Hobbes; Lausannæ, Grasset, 1760, in-4.
723. Œuvres philosophiques et politiques de Th. Hobbes, contenant les éléments philosophiques du citoyen, traduits par un de ses amis (Sorbière); — Le corps poli-

tique (trad. par un anonyme); — Le traité de la nature humaine (trad. par le baron d'Holbach) ; Neufchâtel. (Paris), 1787, 2 vol. in-8.

724. Joannis Nicolai Hertii elementa prudentiæ civilis ; Francofurti ad Mœnum, Knochius, 1712, in-8.

725. Discours sur le gouvernement, par Algernon Sidney, traduits de l'anglais par P. A. Samson; La Haye, L. van Dole, 1702, 3 vol. in-12.

726. Traité du gouvernement civil par M. Locke; Paris, Devreux, an III, in-8.

727. La philosophie de la politique, ou principes généraux sur les institutions civiles, politiques et religieuses, par F.-L. d'Escherny; Paris, 1796, 2 vol. in-8.

728. Collection des constitutions, chartes et lois fondamentales des peuples de l'Europe et des deux Amériques, par P.-A. Dufau, J.-B. Duvergier et J. Guadet; Paris, Béchet, 1823-1830. 6 vol. in-8.

729. An inquiry into the origin of the laws and political institutions of modern Europe, particulary of those of England, by George Spence; London, Murray, 1826, in-8.

730. Précis de l'histoire des institutions des peuples de l'Europe occidentale, au moyen âge, par Tailliar ; S. Omer, Chanvin, 1845, in-8.

731. Tableau des progrès du Droit public et du Droit des gens jusqu'au xixe siècle, par Isambert, pour servir d'introduction au Manuel du publiciste et de l'homme d'état ; Paris, Brissot-Thivars, 1829, in-8.

732. Dictionnaire universel des sciences morale, économique, politique et diplomatique, ou Bibliothèque de l'homme d'état et du citoyen (par Robinet) ; Londres, libraires associés, 1777-1783, 30 vol, in-4.

733. Science du publiciste, ou traité des principes élémentaires du droit par Alb. Fritot; Paris, Feuqueray, 1819-1823, 11 vol. in-8, et un tableau.

734. Esprit du droit et ses applications à la politique et à l'organisation de la monarchie constitutionnelle, par Albert Fritot; Paris, Pochard, 1824, in-8.

735. Recherches sur la science du gouvernement, par Joseph Gorani; Paris, Guillaume, 1792, 2 vol. in-8.

736. Cours de politique constitutionnelle, par Benjamin Constant, avec une introduction par J.-P. Pagès (de l'Ariége); Paris, Didier, 1836, 2 vol. in-8.

JURISPRUDENCE.

737. Gundsætze des allgemeinen und des constitutionnell-monarchischen Staatsrechts, von Heinrich Zoepfl; Heidelberg, 1841, in-8.

738. Du contrat social au XIXe siècle, ou traité de législation politique et criminelle, basé sur les droits de l'humanité, par J. Duplan; Paris, Moutardier, 1828, in-8.

739. Cours de Droit public interne et externe, par le commandeur Silvestre Pinheiro-Ferreira; Paris, 1830, 2 vol. in-8.

740. Cours public d'histoire du droit politique, et constitutionnel, par J.-L.-E. Ortolan; Paris, 1831, in-8.

741. Éléments de droit politique, par L.-A. Macarel; Paris, Neve, 1833, in-12.

742. Études de Droit public, par G.-F. Schutzenberger; Paris, Levrault, 1837, in-8.

743. Instituts de morale, ou les opinions écartées par l'évidence, par Alexandre Bacher; Paris, an V, in-8.

744. Cours de droit public, selon les principes sur lesquels se fonde le respect motivé et permanent des propriétés, par Alexandre Bacher; Paris, Dupont, an V, in-8 (seconde édition des Instituts de morale).

745. Cours de droit public (par Alex. Bacher); Paris, Huzard, an XI, 2 vol. in-8; tom. I et V.

(Ces tomes I et V paraissent avoir été seuls imprimés).

746. Instituts religieux, ou cours de Droit public selon les principes, etc., etc., par Alexandre Bacher; Paris, Desenne, an VIII, t. Ier.

(Ce premier tome d'une troisième édition des Instituts de Morale paraît avoir été seul imprimé).

747. Traité de la prérogative royale en France et en Angleterre, suivi d'un essai sur le pouvoir des rois à Lacédémone, par A. Lorieux; Paris, Joubert, 1840, 2 vol. in-8.

748. De la propriété dans ses rapports avec le droit politique (par Germain Garnier); Paris, Clavetin, 1792, in-24.

749. De la propriété politique et civile, par Gabriel-Jacques Dageville; Paris, Delaunay, 1813, in-8.

750. Traité de la Propriété; par Charles Comte; Paris, Chamerot, 1834, 2 vol. in-8.

751. Petits traités publiés par l'Acad. des Scienc. Mor. De la propriété d'après le code civil, par Troplong; Paris, Pagnerre, 1848, in-18.

752. De la propriété, par A. Thiers; Paris, Paulin, 1848 in-8.
753. La propriété, d'après l'histoire, par M. Cara de Vaux ; Saint-Germain-en-Laye, 1854, in-8.
754. De la propriété avec ses démembrements, suivant le droit naturel, le droit romain et le droit français, par N.-M. Lesenne ; Paris, Cosse, 1858, in-8.
755. De la propriété dans le système des lois impériales, par M. Edm. de Beauverger; Batignolles, Hennuyer, 1851, in-8.
756. Tractatus de servitute personali Johan. Hermanni Stamm ; Francofurti, Hoffmannus, 1634, in-8.
757. Cornelii Anne den Tex responsio ad quæstionem an ipsa natura obligationis civilis e patria migrationem civi permittat ; in-8.

De l'autorité civile et du sacerdoce.

Traités généraux. Anciens concordats. Libertés des Églises nationales.

758. Théorie du pouvoir politique et religieux dans la société civile, par M. de B. (de Bonald); 1796, 3 vol. in-8.
759. Histoire du droit public ecclésiastique français, où l'on traite de sa nature, de son établissement, de ses variations et des causes de sa décadence, par M. D. B. (Du Boulay) ; Londres, Harding, 1750, 2 vol. in-12.
760. Frederici Adolphi van der Marck Lectiones Academicæ, quibus selecta philosophiæ practicæ jurisque naturæ capita et præcipue officia erga Deum pertractantur ; Groningæ, Spandaw, 1771-1776, 2 vol. in-8.
761. De utriusque gladii facultate usuque legitimo Axioma catholicum, auth. Roberto, Arboricensi præsule ; Parisiis, Guillard, 1546, in-8.
762. De potestate papæ, an et quatenus in reges et principes sæculares jus et imperium habeat; Guil. Barclaii liber posthumus ; Mussiponti, Garnich, 1610, in-8.
763. Petri Molinæi de Monarchia temporali pontificis Romani liber, quo imperatoris, regum et principum jura adver-

sus usurpationes papæ defenduntur; P. Aubertus, 1614, in-8.

764. Histoire des entreprises du clergé sur la souveraineté des rois (par Tailhé); 1767, 2 vol. in-12.

765. Essai historique sur la puissance temporelle des papes, sur l'abus qu'ils ont fait de leur ministère spirituel et sur les guerres qu'ils ont déclarées aux souverains (par Daunou); Paris, Le Normant, 1811, 2 vol. in-8.

766. Le Songe du Vergier, lequel parle de la disputacion du clerc et du chevalier; (Paris), Jean Petit, s. d., in-fol.

767. Analyse du Songe du Vergier, suivie d'une dissertation sur l'auteur de cet ouvrage célèbre, avec conclusion en faveur de Charles de Louviers, par Léopold Marcel (de Louviers); Paris, Cotillon, 1863, in-8.

768. Études Historiques. Exposé du droit civil ecclésiastique depuis son origine jusqu'à nos jours, par Félix Le Ruste; Paris, Palmé, 1859, in-8.

769. Lexicon des Kirchenrechts und der rœmisch-katholischen liturgie, in Beziehung auf Ersteres mit steter Rucksicht auf die neuesten Concordate, pabsdlichen Umschreibungs Bullen, und die besonderen Werhaeltnisse der katholichen kirche in den verschiedenen deutschen Staaten, von Andreas Muller; Wurzburg, 1842, 5 vol. in-8.

770. Petri de Marca, archiep. Parisiens., Dissertationum de concordia sacerdotii et imperii, seu de libertatibus ecclesiæ Gallicanæ, libri VII; Parisiis, 1669, in-fol.

771. Principes sur l'essence, la distinction et les limites des deux puissances, spirituelle et temporelle, ouvrage posthume du P. de La Borde, de l'Oratoire; 1753, in-12.

772. Même ouvrage, même édition.

773. Les quatre Concordats, par de Pradt; Paris, Bechet, 1818, 3 vol. in-8.

774. Caroli VII, Francorum regis, Pragmatica Sanctio, cum glossis Cosmæ Guymier et addit. Philippi Probi; accedunt annot. margin. Francisci Pinsonii; Parisiis, Clousier, 1666, in-fol.

775. Concordata inter Leonem X et Franciscum I, lecta, publicata et registrata in suprema Parlamenti curia 22 martii anno 1517; Parisiis, J. Parvus, s. d., in-8.

776. Concordata inter Leonem X et Franciscum I, cum interpretationibus Petri Rebuffi : ejusdem Rebuffi tractatus Nominationum, et tractatus de Pacificis Possessoribus; Parisiis, J. Parvus, 1538, in-4.
777. Observations sur le Concordat fait entre Léon X et François Ier, autorisées par les conciles, constitutions canoniques, ordonnances et arrêts, par Michel Du Perray; Paris, 1722, in-12.
778. Abus des petites dates, réservations, préventions, annates et autres usurpations et exactions de la cour de Rome, contre les éditz et ordonnances des roys de France, par Charles Du Moulin; Lyon, 1564, in-4.
779. Traité historique sur le sujet de l'excommunication et de la déposition des roys (traduit de l'anglais de Thomas Barlow, par de Rosemond); Paris, 1681, in-12.
780. Déclaration du clergé de France faite dans l'assemblée de 1682, sur les libertés de l'église gallicane et l'autorité ecclésiastique; Paris, Pillet, 1818, in-8.
781. Defensio declarationis celeberrimæ quam de potestate ecclesiastica sanxit clerus gallicanus, XIX martii MDCLXXXII, ab ill. et rev. Jacobo Benigno Bossuet; Basileæ, Konig, 1730, 2 tom. in uno vol. in-4.
782. Défense de la déclaration du clergé par Bossuet (par Mathieu-Mathurin Tabaraud); in-8.
783. Traitez des droits et des libertez de l'église Gallicane; Preuves des libertez de l'église Gallicane (par Pierre Pithou); 1731, 3 vol. in-fol.
784. Même ouvrage, même édition (moins le vol. des Preuves).
785. Commentaire de Pierre Dupuy, sur le traité des libertés de l'église Gallicane de P. Pithou ; Paris, Musier, 1715, 2 vol. in-4.
786. Les libertés de l'église Gallicane, prouvées et commentées suivant l'ordre et la disposition des articles dressés par Pierre Pithou, et sur les recueils de Pierre Dupuy, par Durand de Maillane; Lyon, Bruys et Ponthus, 1762-1763, 5 vol. in-4.
787. Exposition de la doctrine de l'église Gallicane par rapport aux prétentions de la cour de Rome, par Du Marsais; Libertés de l'église Gallicane, par P. Pithou, avec un discours préliminaire; Paris, Duponcet, 1817, in-8.
788. Traité de ce qui est deu aux puissances, et de la manière de s'acquitter de ce devoir, par Cocquelin; Paris, Coustelier, 1690, in-12.

789. Traité de l'autorité des rois touchant l'administration de l'Église, par M. Talon (l'auteur véritable est Levayer de Boutigny); Amsterdam, Pain, 1700, in-12.

790. Traité de l'autorité des rois touchant l'administration de l'Église, par Le Vayer de Boutigny; Londres, (Paris,) 1753, in-12.

791. Suite du Traité de l'autorité des rois touchant l'administration de l'Église, par Le Vayer de Boutigny; Londres, 1756, in-12.

792. Traité de l'autorité du pape, dans lequel ses droits sont établis et réduits à leurs justes bornes, et les principes des libertez de l'église Gallicane justifiez (par Lévesque de Burigny); La Haye, de Rogissart, 1720, 4 vol. in-12.

793. Traité de l'autorité du pape, dans lequel ses droits sont établis et réduits à leurs justes bornes (par Lévesque de Burigny); édition revue et augmentée (par de Chiniac de La Bastide); Vienne, Græffer, 1782, 5 vol. in-8.

794. Traité de l'abus et du vrai sujet des appellations qualifiées du nom d'abus, par Charles Fevret; Lyon, Duplain, 1736, 2 vol. in-fol.

795. Discours sur les libertés de l'église Gallicane, par l'abbé Fleury, avec un commentaire par l'abbé de C. de L...... (de Chiniac de La Bastide); (Paris, Desaint et Saillant), 1765, in-12.

796. Maximes et libertez Gallicanes rassemblées et mises en ordre; Mémoire sur les libertez de l'église Gallicane; Discours de M. l'abbé Fleury sur les libertez Gallicanes; La Haye, 1755, in-12.

797. Neuvième discours de M. l'abbé Fleury, sur les libertés de l'église Gallicane; (1723), in-12.

798. Nouveaux opuscules de l'abbé Fleury; Paris, 1807, in-12.

799. Justification des Discours et de l'Histoire Ecclésiastique de M. l'abbé Fleury (par Osmont Du Cellier); Nancy, Nicolaï, 1736, in-12.

800. Conférence des ordonnances, édits, déclarations, lettres patentes et arrêts de règlement sur les matières ecclésiastiques, par Louis-François de Jouy; Paris, Durand, 1753, in-4.

801. Nouveau commentaire sur l'édit du mois d'avril 1695, concernant la juridiction ecclésiastique (par Jousse); Paris, Debure, 1757, in-12.

802. Mémoire sur les libertés de l'église Gallicane (par Mignot et Sepher); Amsterdam, Arkstée, 1755, in-12.

803. Tradition des faits qui manifestent le système d'indépendance que les évêques ont opposé, dans les différents siècles, aux principes invariables de la justice souveraine du roi sur tous ses sujets (attrib. à l'abbé Chauvelin); s. dat., in-12.

804. Des évêques, ou tradition des faits qui manifestent le système d'indépendance que les évêques ont opposé, dans les différents siècles, aux principes de la justice souveraine, etc., etc.; Paris, 1825, in-8.

805. Les très-humbles remontrances du parlement au roi, du 9 avril 1753, auxquelles on a joint : Tradition des faits, monuments, capitulaires, etc., etc. (attribué à l'abbé Chauvelin); 1753, in-12.

806. Même ouvrage, même édit. (Incomplet.)

807. Examen d'un libelle qui a pour titre : Tradition des faits qui manifestent le système d'indépendance, etc., etc.; 1754, in-12.

808. Traité de l'autorité ecclésiastique et de la puissance temporelle, conformément à la déclaration du clergé de France en 1682, à l'édit de Louis XIV et à l'arrêt du conseil d'Etat du roi en 1766, par Dupin (Ellies), augmenté par Dinouart; Paris, Desaint, 1768, 3 vol. in-12.

809. Code ecclésiastique, ou Questions importantes et observations sur l'édit du mois d'avril 1695, etc., etc., par J. B. Coudert de Clozol; Paris, Grangé, 1775, 2 vol. in-8.

810. Mémoire pour les souverains de la communion de Rome, par M. D. C., trad. de l'italien; 1779, in-12.

811. Défense des droits du roi contre les prétentions du clergé de France, sur cette question : Les ecclésiastiques doivent-ils à S. M. la foi et hommage, l'aveu et dénombrement, ou des déclarations de temporel pour les biens qu'ils possèdent dans le royaume (par de Saint-Génis); Paris, Cellot, 1785, in-fol.

812. Essai historique sur les libertés de l'Eglise gallicane et des autres Eglises de la catholicité, pendant les deux derniers siècles, par Grégoire; Paris, 1818, in-8.

813. Origine, progrès et limites de la puissance des papes, ou Eclaircissements sur les quatre articles du clergé de France et sur les libertés de l'Eglise gallicane; Paris, Baudoin, 1821, in-8.

814. Adami Francisci Kollarii de Originibus et usu perpetuo potestatis legistatoriæ circa sacra apostolicorum regum Ungariæ libellus; Vindobonæ, de Trattner, 1764, in-8.
815. La papauté temporelle et la nationalité italienne, par Arnaud (de l'Ariége); Paris, Dentu, 1860, in-8.
816. Même ouvrage, même édit.
817. La souveraineté pontificale en Italie, par Eugène Rendu; Paris, Dentu, 1863, in-8.
818. De jure gladii et de toparchis qui exercent id in diœcesi Ultrajectina, auctore Antonio Matthæo; Lugduni Batavorum, Kellenaar, 1689, in 4.
819. De constitutione episcoporum Germaniæ exercitatio, quam proponit Henricus Julius Blume; Helmœstadii, 1647, in-4.
820. Specimen historico-juridicum inaugurale, de Potestatis civilis episcoporum præcipue Trajectinorum in regno Francorum initiis atque incrementis, quod pro gradu doctoratus consequendo publico examini submittit Matthias de Kock; Trajecti ad Rhenum, Nathan, 1838, in-8.
821. Dissertatio inauguralis juris publici Germanici, de insigni libertate cleri Germanici circa impositionem decimarum, quam eruditorum disquisitioni submittit Joannes Hermannus Josephus Werren; Moguntiæ, 1766, in-4.

Constitution civile du clergé. Concordat de 1801. *Chartes de* 1814 *et de* 1830.

822. Dictionnaire raisonné de droit et de jurisprudence en matière civile ecclésiastique, par J. H. R. Prompsault; Paris, Migne, 1849, 3 vol. in-8.
823. Le Budget des cultes en France depuis le concordat de 1801 jusqu'à nos jours, par Charles Jourdain; Paris, Hachette, 1859, in-8.
824. Principes de l'unité du culte public, à l'Assemblée nationale (par l'abbé Clément); Paris, Le Clere, 1790, in-8.
825. De la nécessité d'une religion de l'Etat, par Tabaraud; Paris, Onfroy, 1803, in-8.

826. De l'importance d'une religion de l'Etat, par Tabaraud ; Paris, Egron, 1814, in-8.

827. La Lanterne sourde, ou la Conscience de M. Bonal, ci-devant évêque de Clermont; Paris, Bourgeois, 1791, in-8.

828. Lettre de M.... sur la formule de serment des évêques en leur sacre; (1790), in-8.

829. Lettres d'un jurisconsulte sur les intérêts actuels du clergé (par l'abbé Clément); Paris, Le Clere, 1790, in-8.

830. Des élections des évêques et de la manière d'y procéder (par l'abbé Clément); Paris, Le Clere, 1790, in-8.

831. Développement des moyens de régénérer le clergé de France, présenté au comité ecclésiastique de l'Assemblée nationale; in-8.

832. Formes canoniques du gouvernement ecclésiastique, essentielles à la régénération du royaume dont s'occupe l'Assemblée nationale (par l'abbé Clément); Paris, Le Clere, 1790, in-8.

833. Devoirs des citoyens fidèles sur l'état de la religion et des mœurs en France (par l'abbé A. J. C. Clément); Paris, Le Clere, 1791, in-8.

834. Exposition des difficultés que présente la nouvelle constitution du clergé, et réponses à ces difficultés; Paris, Le Clere, 1791, in-8.

835. Examen des articles organiques publiés à la suite du concordat de 1801 (par Jauffret); Paris, Eymery, 1817, in-8.

836. Canonicæ et reverendissimæ Expostulationes apud SS. DD. NN. Pium papam VII de variis actis ad ecclesiam gallicanam spectantibus; 1820, in-8.

837. Réclamations canoniques et très-respectueuses adressées à N. T. S. P. Pie VII contre différents actes relatifs à l'Eglise gallicane; Bruxelles, 1804, in-8.

838. Discours du c^{en} Portalis, orateur du gouvernement, au Corps législatif, sur l'organisation des cultes; Paris, Le Clere, an x, in-8.

839. Discours, rapports et travaux inédits sur le concordat de 1801, par Jean-Etienne-Marie Portalis, précédés d'une introduction par Frédéric Portalis; Paris, Joubert, 1845, in-8.

840. De la nomination aux évêchés dans les circonstances actuelles, ou Recherches historiques et critiques sur les élections populaires, la pragmatique, le concordat, par Marie-Nicolas-Sylvestre Guillon; Paris, Laurens, 1801. in-8.

841. Correspondance authentique de la cour de Rome avec la France, suivie de pièces officielles; Paris, Egron, 1814, in-8.

842. Mémoire des évêques françois résidens à Londres, qui n'ont pas donné leur démission; Londres, Prosper, 1802, in-8.

843. Du pape et de ses droits religieux à l'occasion du concordat, par l'abbé Barruel; Paris, Crapart, 1803, 2 t. en 1 vol. in-8.

844. Observations philosophiques sur les principes adoptés par l'empereur dans les matières ecclésiastiques; Londres, Bossière, in-8.

845. Observations d'un ancien canoniste sur la convention conclue à Rome le 11 juin 1817 (par Tabaraud); Paris, Brajeux, 1817, in-8.

846. Les Vrais principes de l'Eglise gallicane sur le gouvernement ecclésiastique, la papauté, les libertés gallicanes, la promotion des évêques, les trois concordats, etc., etc., par l'abbé Frayssinous; Paris, Le Clere, 1818, in-8.

847. De la liberté religieuse, par A. V. Benoit; Paris, Ladvocat, 1819, in-8.

848. Examen de l'opinion de Son Eminence le cardinal de La Luzerne sur la publication du concordat (par Tabaraud); Paris, Brajeux, 1821, in-8.

849. Même ouvrage, même édition.

850. Circulaires, instructions et autres actes relatifs aux affaires ecclésiastiques, depuis le mois de septembre 1824 jusqu'au 1er juillet 1840; Paris, imprim. royale, 1841, in-8.

851. Du Pape, par J. de Maistre; Lyon, Rusand, 1830, 2 vol. in-8.

852. De l'Eglise gallicane dans ses rapports avec le souverain Pontife, pour servir de suite à l'ouvrage intitulé : Du Pape, par J. de Maistre; Lyon, Rusand, 1829, in-8.

853. De la liberté religieuse en France, ou Essai sur la législation relative à l'exercice de cette liberté, par J. Nachet; Paris, Landois, 1830, in-8.

854. Même ouvrage, même édition.
855. De la liberté religieuse en France, ou Essai sur la législation relative à l'exercice de cette liberté, par J. Nachet; Paris, Landois, 1833, in-8.
856. Libertés de l'Eglise gallicane, suivies de la déclaration de 1682, avec une introduction et des notes par Dupin (aîné); Paris, Baudouin, 1824, in-12.
857. Manuel de droit public ecclésiastique français, contenant les Libertés de l'Eglise gallicane, la Déclaration du Clergé de 1682, le Concordat et sa loi organique, par Dupin (aîné); Paris, 1844, in-12.
858. Consultation ni jésuitique, ni gallicane, ni féodale, en réponse à la Consultation rédigée par Me Dupin (par J. F. Dupont fils, V. Guichard, avocats); Paris, Duverger, 1826, in-8.
859. Question religieuse et politique, par J. B. Constantin (Sous l'empire de la législation française actuelle, peut-on nier l'existence des vérités révélées par les livres saints?); Paris, Decourchant, 1828, in-8.
860. De la liberté religieuse selon la charte, par A. Vervoort; Paris, Landois, 1830, in-8.
861. Traité de l'administration du culte catholique, par A. Vuillefroy; Paris, Joubert, 1842, in-8.
862. Essai sur la manifestation des convictions religieuses et sur la séparation de l'Eglise et de l'Etat, par A. Vinet; Paris, Paulin, 1842, in-8.
863. De l'Eglise catholique et de l'Etat, à l'occasion des attaques dirigées contre les articles organiques du concordat de 1801, par Ed. Laboulaye; Paris, Hennuyer et Turpin, 1845, in-8.
864. De l'appel comme d'abus, son origine, ses progrès et son état présent, suivi d'un écrit sur l'usage et l'abus des opinions controversées entre les gallicans et les ultramontains, par Mgr l'archev. de Paris (Denis-Auguste Affre); Paris, Le Clere, 1845, in-8.
865 Memorandum des libertés et des servitudes de l'Eglise gallicane, par M. Alexandre Guillemin; Paris, Périsse, 1847, in-8.
866. Condition civile et politique des prêtres, par N. M. Le Senne; Paris, Comon, 1847, in-8.
867. Même ouvrage, même édition.

868. De la liberté des cultes, par A. Delahaye; Paris, Bray, 1854, in-8.
869. La Révision du Code pénal dans ses rapports avec la liberté de la chaire, par Victor Jacobs; Bruxelles, Goemaere, 1863, in-8.

Empêchements du mariage. Mariage civil et Mariage religieux. Registres de l'état civil.
Sépultures. Sacrilége.

870. Traité du pouvoir de l'Eglise et des princes sur les empêchements du mariage, par Gerbais; Paris, Villery, 1698, in-4.
871. Même ouvrage, même édition.
872. Exposition des droits des souverains sur les empêchements dirimans de mariage et sur leurs dispenses (par P. Dufour); Paris, Leclère, 1787, in-12.
873. Examen de deux questions importantes sur le mariage : Comment la puissance civile peut-elle déclarer les mariages nuls? Quelle est l'étendue du pouvoir des souverains sur les empêchements dirimant le mariage? (par Le Ridant); 1753, in-4.
874. Examen des principes de Pothier sur la compétence des deux puissances relativement au mariage, par M. Delahaye, juge au tribunal de 1re instance de la Seine; Paris, bureau de l'Université catholique, 1855, in-8.
875. Du mariage, dans ses rapports avec la religion et avec les lois nouvelles de la France (par Agier); Paris, an IX, 2 vol. in-8.
876. Les Princes séculiers ont-ils le droit d'établir des empêchements dirimants de mariage? Versailles, Beau jeune, in-8.
877. Examen du pouvoir législatif de l'Eglise sur le mariage, avec une dissertation sur la réception du Concile de Trente dans l'Eglise de France (par l'abbé Boyer); Paris, Le Clere, 1847, in-8.
878. Principes sur la distinction du contrat et du sacrement de mariage, sur le pouvoir d'établir des empêchements

dirimants et d'en dispenser, par Tabaraud; Paris, Fortic, 1825, in-8.

879. Decretum illustr. et rever. episcopi Lemovicensis (Mariæ Joannis Philippi Du Bourg), quo damnatur liber cui titulus : *Principes sur la distinction du contrat et du sacrement de mariage;* 1816.

880. Lettre à Mgr Du Bourg, évêque de Limoges, sur son décret du 18 février de la présente année, portant condamnation du livre intitulé : *Principes sur la distinction du contrat et du sacrement de mariage*, par Tabaraud; s. d., in-8.

881. Réponse aux observations sur le décret de Mgr l'évêque de Limoges et sur la lettre de M. Tabaraud au sujet de ce décret; Limoges, Bargeas (1816), in-8.

882. Du droit de la puissance temporelle sur le mariage, par Tabaraud; Paris, Delaunay, 1818, in-8.

883. Lettre à M. Boyer, professeur de théologie au grand séminaire de Paris (par Mathieu-Mathurin Tabaraud); Paris, Brajeux, 1819, in-8.

884. Observations de M. Tabaraud sur deux articles qui le concernent dans l'Eloge anonyme de feu Mgr Du Bourg, évêque de Limoges; Limoges, Ardant, 1822, in-8.

885. Opinion de M. de Jumilhac sur la proposition de M. de La Chèze-Murel, tendant à faire rendre aux ministres de la religion les fonctions d'officiers de l'état civil; Paris, Leblanc, 1816, in-8.

886. Observations sur les refus de sépulture ecclésiastique, par M. Couturier; Paris, Warée, 1830, in-8.

887. Législation historique du sacrilége chez tous les peuples, avec la discussion des lois proposées aux Chambres, par B. Saint-Edme; Paris, 1825, in-8.

888. Esprit de la loi sur le sacrilége, par L. L. Charrier; Paris, 1825, in-8.

Droits utiles, ou honorifiques, du roi et des seigneurs dans les églises.
Dixmes et donations pieuses. Administration des paroisses.

889. La Régale, par Aubery; Paris, Mabre-Cramoisy, 1678, in-4.
890. Traité de la régale, imprimé par l'ordre de M. l'év. de Pamiers, pour la défense des droits de son église (par l'abbé Du Buisson); Cologne, Schouten, 1680, in-24.
891. Traité singulier des régales, ou des droits du roi sur les bénéfices ecclésiastiques, ensemble la conférence sur l'édit du contrôle et la déclaration des insinuations ecclésiastiques, par François Pinsson; Paris, Guignard, 1688, 2 vol. in-4.
892. Traité des bénéfices par fra Paolo Sarpi; Amsterdam, Wetstein, 1699, in-12.
893. Francisci Salgado de Somosa tractatus de Libertate Beneficiorum et capellaniarum recuperanda; Lugduni, Anisson, 1672, in-fol.
894. Institutions ecclésiastiques et bénéficiales suivant les principes du droit commun et les usages de France, par Jean Pierre Gibert; Paris, Mariette, 1720, in-4.
895. Traité des matières bénéficiales, par M. (Louis Fuet); Paris, Hochereau, 1721, in-4.
896. Traité des matières bénéficiales par François de Boutaric; 1762, 2 tom. en 1 vol. in-4.
897. Traité des droits du roy sur les bénéfices de ses états, et de plusieurs droits des évêques (par Simonel); 1752, 2 vol. in-4.
898. Traité de l'indult du Parlem. de Paris, ou du droit que le chancelier de France, les présidents, maîtres des requestes, conseillers, etc., ont sur les prélatures séculières et régulières du royaume, par Cochet de Saint-Valiers; Paris, Didot, 1747, 3 vol. in-4.
899. Traité des matières bénéficiales, dixmales et décimales, par G. Forget; Rouen, Ferrand, 1653, in-8.

900. Histoire de l'origine et du progrès des revenus ecclésiastiques, où il est traité, selon l'ancien et le nouveau droit, de tout ce qui regarde les matières bénéficiales, de la régale, des investitures, des nominations, et des autres droits attribués aux princes, par Jérôme a Costa (Richard Simon); Francfort, Arnaud, 1684, in-12.
901. Traicté des droicts honorifiques des seigneurs ès églises (par Mathias Mareschal); Paris, Mestais, 1623, in-8.
902. Traité des droits honorifiques des seigneurs dans les églises par Mareschal, et un Traité du droit de patronage par Simon, avec de nouvelles observations par Danty; Paris, Robustel, 1714, 2 vol. in-12.
903. Traité des droits honorifiques des patrons et seigneurs dans les églises par Maréchal, avec les autres traités qui y étaient joints. Nouv. édit. par J. A. Sérieux; Paris, Knapen, 1772, 2 vol. in-12.
904. Traité des droits honorifiques et utiles des patrons et curez primitifs, par Michel Du Perray; Paris, Du Mesnil, 1733, in-12.
905. Résolutions des plus importantes questions de la coutume et du barreau et de plusieurs cas de conscience touchant les droits et devoirs réciproques des seigneurs et des vassaux, des patrons et des curés, par Roger André de La Paluelle, licencié en théologie; Rouen, Le Boucher, 1746, in-8.
906. Mémoire sur le patronage et sur les droits vulgairement nommés honorifiques des patrons et des hauts-justiciers (par Rondelle de Feranville); Paris, Hérissant, 1768, in-8.
907. Paraphrase du droict des dixmes ecclésiastiques et inféodées, par François Grimaudet; Paris, Patisson, 1586, in-8.
908. De l'origine du droit d'amortissement, par Eusèbe de L. (Laurière); Paris, Robin, 1692, in-12.
909. Traité historique et chronologique des dixmes, par Michel Du Perray; nouv. édit. par J. Louis Brunet; Paris, Du Mesnil, 1748, 2 vol. in-12.
910. Principes et usages concernant les dixmes, par Louis François de Jouy; Paris, Durand, 1751, in-12.
911. Dixmes; lettre d'un membre du baillage de..... à son député; (1789), in-8.
912. Die rechtliche Natur der Zehnten, von J.-M.-F. Birnbaum; Bonn, Marcus, 1831, in-8.

JURISPRUDENCE.

913. Die Dienste, ihre Entstehung, Natur, Arten und Schicksale mit besonderer Rucksicht auf die Geschichtsquellen der ehemaligen Abtei Corvey, von Paul Wigant ; Hamm, 1828, in-8.

914. Die Geschichte des deutschen Zehntens, pragmatisch bearbeitet von Rühlenthal ; Heilbronn, 1837, in-12.

915. Étude historique sur le droit de réduction des libéralités faites aux établissements publics, par Paul Bernard ; Paris, Durand, 1864, in-8.

916. Code des donations pieuses, ou législation complète relative aux dons et legs faits aux établissements publics, religieux ou laïques, par Thibault Lefebvre ; Paris, Cosse, 1850, in-8.

917. Traité de la propriété des biens ecclésiastiques, par l'abbé Affre ; Paris, Le Clère, 1837, in-8.

918. Tratado de la regalia de amortizacion, escribiale Pedro Rodriguez Campomanes ; Madrid, 1765, in-fol.

919. Raccolta di leggi, decreti, avvisi ed instruzioni concernenti le mani-morte ed altri oggetti di suprema giurisdizione negli stati di Parma, di Piacenza et di Guastella ; Parma, 1803, in-8.

920. Considerazioni sopra l'alienazione de boni immobili appartenenti alle opere pie, per l'avvocato Raffaele Drago ; Genova, 1864, in-8.

921. Traité du gouvernement spirituel et temporel des paroisses, par J. (Jousse) ; Paris, Debure, 1769, in-8.

922. Traité du gouvernement des paroisses, où l'on examine tout ce qui concerne, dans leurs rapports avec les lois et les règlements, les fonctions, droits et devoirs des curés, etc., etc., par G.-L.-J. Carré ; Rennes, Duchesne, 1824, in-8.

923. Traité des réparations et reconstructions des églises et autres bastiments dépendans des bénéfices, par Piales ; Paris, Briasson, 1762, 4 vol. in-12.

924. Traité de l'administration temporelle des paroisses, par l'abbé Affre ; Paris, Le Clere, 1839, in-8.

925. Législation complète des fabriques des églises, par Le Besnier ; Rouen, Periaux, 1826, in-8.

926. Même ouvrage, même édition.

927. Journal des presbytères et des fabriques ; recueil mensuel de décisions législatives, administratives et judiciaires ; Paris, 1829-1830, 2 vol. in-12.

928. Journal des conseils de fabriques, des curés, desservants, etc., et du contentieux des cultes ; Paris, 1834-1852, 18 tom. in-8.

929. Nouveau Journal des conseils de fabriques et du contentieux des cultes ; Paris, 1852-1862, 10 tom. in-8.

930. Le Guide des curés, du clergé et des ordres religieux dans l'administration des paroisses, dans leurs rapports avec les fabriques, les communes, les écoles, etc., par Dieulin, augmenté par d'Arbois de Jubainville ; Lyon, A. Mothon, 1849, 2 vol. in-8.

Congrégations religieuses.

931. Dénonciation aux cours royales relativement au système religieux et politique signalé dans le Mémoire à consulter, par le comte de Montlosier ; Paris, Dupont, 1826, in-8.

932. Commentaire de la loi des congrégations religieuses de femmes, par L.-L. Charrier ; Paris, Chanson, 1825, in-8.

933. Discours prononcé par M. le vicomte de Conny, député de l'Allier, dans la discussion sur les pétitions relatives aux Jésuites ; séance du 21 juin 1828 ; Paris, Boucher, in-8.

934. Lettre de M. de Vatimesnil au R. P. de Ravignan, suivie d'un mémoire sur l'état légal en France des associations religieuses non autorisées ; Paris, Poussielgue-Rusand, 1844, in-8.

935. Extrait d'un mémoire de M. de Vatimesnil sur l'état légal, en France, des associations religieuses non autorisées, et en particulier de celle des Trappistes ; Paris, Poussielgue-Rusand, 1844, in-8.

936. Du pape et des jésuites (par Mathieu-Mathurin Tabaraud) ; Paris, Égron, 1814, in-8.

937. De l'existence de l'institut des Jésuites, par le R. P. Ravignan ; Mémoire de M. de Vatimesnil sur les associations religieuses non autorisées ; Paris, Poussielgue-Rusand, 1844, in-12.

938. Même ouvrage, même édition.

939. Mémoire à consulter au Roi et aux chambres, où l'on considère les congrégations comme le premier moyen

d'ordre ou de désordre dans l'État ; Paris, Dondey-Dupré, in-8.

940. Mémoire à consulter, adressé aux membres des deux chambres, par Augustin Cauchy ; Paris, Sirou, 1844, in-8.

941. La loi et les jésuites, par Henry de Riancey ; Paris, Poussielgue-Rusand, 1845, in-8.

942. Recueil des actes du pape Pie IX, et recueil des actes épiscopaux ; Paris, Lecoffre, 1845-1848, 3 tom. rel. en 1 vol. in-8.

(Manque le t. 2 de la collection.)

État civil des Protestants et des Juifs.

943. Du pouvoir des souverains et de la liberté de conscience, en deux discours traduits du latin de Noodt, par Jean Barbeyrac ; édition augmentée du discours de Jean-Frédéric Gronovius sur la Loi royale, et d'un discours du traducteur sur la Nature du sort ; Amsterdam, Humbert, 1714, in-4.

944. Traité des loix civiles et ecclésiastiques faites contre les hérétiques, avec un Discours contre la persécution ; Liège, Broncard, 1725, in-12.

945. Même ouvrage, même édition.

946. Apologie de Louis XIV et de son conseil sur la révocation de l'édit de Nantes, avec une Dissertation sur la journée de la Saint-Barthélemi (par l'abbé Novi de Caveirac) ; 1758, in-8.

947. Dissertation curieuse sur les naturalisations accordées aux protestants par la reine de la Grande-Bretagne, le roi de Prusse, et par les États de Hollande (par Amyrault) ; (1710), in-4.

948. Lettre d'un patriote sur la tolérance civile des protestants de France ; 1756, in-8.

949. Dialogue entre un évêque et un curé sur les mariages des protestants (par l'abbé Guidi), 1775, in-8.

950. Lettres de deux curés des Cevennes sur la validité des mariages des protestants et sur leur existence légale en France (par Gacon de Louancy) ; Londres, 1779, in-8.

951. Mémoire sur le mariage des protestants, fait en 1785 ; — Second mémoire sur le mariage des protestants ; Londres, 1787, in-8. (Par Lamoignon de Malesherbes.)
952. Mémoires sur les moyens de donner aux protestants un état civil en France, composé de l'ordre du roi Louis XV, par Gilbert de Voisins ; 1787, in-8.
953. Discours à lire au conseil en présence du roi, par un ministre patriote, sur le projet d'accorder l'état civil aux protestants (par l'abbé Bonneaud) ; (Paris), 1787, in-8.
954. Même ouvrage, même édition.
955. Réclamation du parlement en faveur des protestants de France, par de Saint-Vincent ; 1787, in-8.
956. Lettre d'un bon catholique en réponse aux réflexions impartiales d'un philanthrope sur la situation présente des protestants ; Rome, s. d., in-8.
957. Lettre à un magistrat du parlement de Paris au sujet de l'édit sur l'état civil des protestants ; Avignon, Mérande, 1787, in-8.
958. Non-catholiques en France ; s. d., in-12.
959. Lettre d'un magistrat, dans laquelle on examine également ce que la justice du roi doit aux protestans et ce que l'intérêt de son peuple ne lui permet pas de leur accorder ; Avignon, Gattey, 1787, in-8.
960. Traité des mariages mixtes, par Athanase Coquerel ; Paris, Cherbuliez, 1857, in-12.
961. Adresse présentée à l'Assemblée nationale, le 26 août 1789, par les Juifs résidans à Paris ; in-8.
962. Nouvelle adresse des Juifs à l'Assemblée nationale, 24 décembre 1789 ; in-8.
963. Discours prononcé par M. Godard, avocat au parlement, en présentant à l'assemblée générale de la Commune une députation des Juifs de Paris ; (1790), in-8.
964. Pétition des Juifs établis en France adressée à l'Assemblée nationale le 28 janvier 1790 ; Paris, Prault, 1790, in-8.
965. Arrêté de l'assemblée générale des représentants de la Commune, du 30 janvier 1790 (État civil des juifs) ; in-8.
966. Rapport fait par M. Vion, conseiller-référendaire en la chancellerie du palais, sur les diverses adresses et pétitions des Juifs de Paris ; in-8.

967. Organisation civile et religieuse des Israélites de France et du royaume d'Italie, décrétée par sa majesté l'empereur et roi, le 17 mars 1808 ; suivie de la collection des actes de l'assemblée des Israélites de France et du royaume d'Italie, convoquée à Paris en 1806 ; et de celle des procès-verbaux et décisions du Grand-Sanhédrin, convoqué en 1807 ; Paris, Würtz, 1808, in-8.

968. Sur la proposition de M. le ministre de l'Instruction publique relativement au culte israélite, par un fils de pair ; Paris, Delaunay, 1830, in-8.

969. Des Juifs en France ; de leur état moral et politique depuis les premiers temps de la monarchie jusqu'à nos jours, par Théophile Hallez ; Paris, Dentu, 1845, in-8.

970. Même ouvrage, même édition.

971. Ricerche economiche sulle interdizioni imposte dalla legge civile agli Israeliti, di Carlo Cattaneo ; Milano, 1836, in-8.

972. Sammlung der im Groszherzogthum Baden in Bezug auf die Israeliten erschienenen Gesetze und Verordnungen ; Karlsruhe, Muller, 1837, in-8.

Droit particulier de différents peuples.

Peuples anciens.

973. Histoire des institutions de Moïse et du peuple hébreu, par F. Salvador ; Paris, Ponthieu, 1828, 3 vol. in-8.

974. Caroli Sigonii de republica Hebræorum libri VII ; Francofurti, hæred. And. Wecheli, 1585, in-8.

975. Caroli Sigonii de republica Hebræorum libri VII, cum annotationibus Johannis Nicolai ; Lugduni Batavorum, Bontestein, 1701, in-4.

976. Jus regium Hebræorum e tenebris rabbinicis erutum et luci donatum a Wilhelmo Schickardo ; Argentinæ, Zetzneri hæredes, 1625, in-4.

977. Wilhelmi Schickardi jus regium Hebræorum, cum animadversionibus et notis Jo. Benedicti Carpzovii ; Lipsiæ, hæredes Lanckischi, 1674, in-4.

978. Thomæ Godwini Moses et Aaron, seu civiles et ecclesiastici ritus antiquorum Hebræorum, cum notis, etc., Joh. Henrici Reizii, et Hermanni Witsii dissertationibus duobus, de theocratia Israelitarum et de Rechabitis; Ultrajecti, Lobé, 1698, in-8.

979. Barnabæ Brissonii de regio Persarum principatu libri III, cura et opera Joh. Henrici Ledelini; Argentorati, 1710, in-8.

980. La cité antique, étude sur le culte, le droit, les institutions de la Grèce et de Rome, par Fustel de Coulanges; Paris, Durand, 1864, in-8.

981. Antiquitates juris publici Græcorum delineavit Georg. Frid. Schoeman; Gryphitwaldiæ, Koch, 1838, in-8.

982. Idem opus, ejusd. edit.

983. Nic. Cragii Ripensis de republica Lacedemoniorum libri IV; (Heraclidæ Pontici de Politiis libellus, cum interpretatione Cragii; ex Nicolai Damascenæ Historia excerpta, quæ Cragius latina fecit;) Lugduni Batavorum, J. a Gelder, 1670, in-8.

984. Histoire philosophique et politique des Loix de Lycurgue, par l'a. de G. (de Gourcy); Nancy, 1768, in-8.

985. Histoire de la démocratie Athénienne, par A. Filon; Paris, Durand, 1854, in-8.

986. Dissertatio litteraria inauguralis de conditione domestica feminarum Atheniensium, quam pro gradu doctoratus consequendo publico examini submittit Diderius Janus van Stegeren; Zwollæ, D. van Stegeren, 1839, in-8.

987. Des anciens gouvernements fédératifs et de la législation de Crète (par de Sainte-Croix); Paris, Jansen, an VII, in-8.

988. Des anciens gouvernements fédératifs et de la législation de Crète, considérés sous les rapports et résultats de toutes les associations politiques (par de Sainte-Croix); Paris, Samson, 1804, in-8.

989. Caroli Sigonii de antiquo jure civium Romanorum, Italiæ, Provinciarum, etc., etc., libri XI; ejusdem de republica Atheniensium, et in S. Severi libros commentarii duo; Francofurti, Her. And. Wecheli, 1593, in-fol.

990. Du gouvernement de la république romaine, par A.-Ad. de Texier; Hambourg, Fauche, 1796, 3 vol. in-8.

991. Histoire critique du gouvernement Romain (par l'abbé Du Bignon); Paris, Guillyn, 1765, in-12.
992. La République Romaine, ou plan général de l'ancien gouvernement de Rome, par de Beaufort; La Haye, van Daalen, 1766, 2 vol. in-4.
993. La République romaine, ou plan général de l'ancien gouvernement de Rome, par de Beaufort; Paris, Saillant, 1767, 6 vol. in-12.
994. Jus publicum Romanorum, id est Fasciculus arcanorum status Reipublicæ romanæ, descriptorum opera L. Fenestellæ, Pomponii Læti, Nicolai Grucchii, Justi Lipsii, cum indice rerum et verborum cura Jo. Godeschalci Clausingii; Lemgoviæ, Meyerus, 1726-1737, 4 vol. in-12.
995. Joannis Henrici Christiani de Selchow Elementa Juris Romani publici et privati antejustinianei; Gottingæ, Vidua Ab. Vandenhoeck, 1778, in-8.
996. Grundlegung zu einer geschichtlichen Staats-Wissenschaft der Rœmer, von Christoph Ludwig Friedrich Schultz; Kœln am Rhein, Bachem, 1833, in-8.
997. Essai sur la politique et la législation des Romains (par Botton de Castellamonte), trad. de l'italien; Paris, Jansen, an III, in-12.
998. Traité des lois politiques des Romains du temps de la république, par de Pilati de Tassulo; Paris, Cussac, 1808, 2 vol. in-8.
999. Droit public et administratif romain, par D. Serrigny; Paris, Durand, 1862, 2 vol. in-8.
1000. Julii Cæsaris Bulengeri de Imperatore et Imperio Romano libri XII; Lugduni, hæred. G. Rouillii, 1618, in-fol.
1001. Julii Cæsaris Bulengeri Romanus imperator, ubi de insignibus imperii, purpura, diademate, etc., etc., abunde explicatur; Parisiis, Morellus, 1614, in-4.
1002. Disputatio juridico-politica inauguralis de Romanorum prudentia in populis sub imperium suum subjungendis conspicua, sive de conditione qua diversi populi, in imperium Romanum recepti, usi sunt, quam proponit Tjalling Petrus Tresling; Groningæ, Smit, 1834, in-8.
1003. Ad leges majestatis, sive perduellionis, Commentarius Fr. Balduini; Parisiis, Fremy, 1563, in-8.
1004. Disputatio de Delictis contra rempublicam admissis ac

.DROIT PUBLIC.

præcipue de horum maleficiorum conatu, quam scripsit W.-C.-K. Evertsen de Jonge; Trajecti ad Rhenum, Kemink, 1845, 2 vol. in-8.

1005. Essai sur les lois criminelles des Romains, concernant la responsabilité des magistrats, par Édouard Laboulaye ; Paris, Durand, 1845, in-8.

1006. Specimen historicum juris publici Romani de Defensoribus plebis, seu civitatum, quod pro gradu doctoratus consequendo publico examini submittit Joannes Guilielmus Rœmer; Trajecti ad Rhenum, Bosch, 1840, in-8.

1007. Recherches sur le droit de propriété chez les Romains, sous la république et sous l'empire, par Charles Giraud ; Aix, 1838, 2 vol. in-8.

1008. Histoire de la propriété, du domaine public et des lois agraires chez les Romains, par Antonin Macé ; Paris, Videcoq, 1851, in-8.

1009. Joannis Brantii Senator, sive de perfecti et veri senatoris officio libri duo ; Antuerpiæ, ex officina Plantiniana B. Moreti, 1633, in-4.

1010. Octaviani Gentilii de Patriciorum origine, varietate, præstantia et juribus libri quatuor ; Romæ, De Rubeis, 1736, in-4.

1011. De la noblesse et des récompenses d'honneur chez les Romains, par Naudet ; Paris, Durand, 1863, in-8.

1012. Recherches historiques sur la police des Romains, concernant les grands chemins, les rues et les marchés, etc., etc., par le C. Bouchaud; Paris, Langlois an VIII, in-8.

1013. Notitia dignitatum et administrationum omnium, tam civilium quam militarium, in partibus orientis et occidentis, ad codd. Mss. recensuit, tabulis depictis, commentariis illustravit Edvardus Bœcking; Bonnæ, 1839-1853, 2 vol. in-8.

1014. V. Cl. Petri Peckii in titt. Dig. et Cod. ad rem nauticam pertinentes commentarii, quibus nunc accedunt notæ beneficio Arnoldi Vinnii ; item jus navale Rhodiorum ; Lugduni Batavorum, Wyngaerden, 1647, in-8.

1015. De l'impôt du vingtième sur les successions, et de l'impôt sur les marchandises chez les Romains ; recherches historiques par Bouchand ; Paris, de Bure, 1772, 1 vol.

1016. Dissertationes inaugurales; litteraria, de M. Tullii Ciceronis de republica et de legibus libris; juridica qua exponuntur M. Tullii Ciceronis philosophiæ de jure, civitate et imperio principia, auctore Mennone Schaaff Gratama; Groningæ, Romelingh, in-8.

France ancienne.

Lois barbares. Capitulaires.

1017. Codex legum antiquarum, in quo continentur leges Wisigothorum, edictum Theodorici regis, lex Burgundionum, lex Salica, etc., etc., ex bibliotheca Frid. Lindenbrogii; Francofurti, 1613, in-fol.

1018. Barbarorum leges antiquæ, cum notis et glossariis; accedunt formularum fasciculi et selectæ constitutiones medii ævi; collegit et monumentis ineditis exornavit F. Paulus Cancianus; Venetiis, 1781, 5 tom. in 3 vol. in-fol.

1019. Lex Romana Visigothorum; edid. Gustavus Haenel; Berolini, Besserus, 1847, in-fol.

1020. Liber legis Salicæ; glossarium, sive interpretatio rerum et verborum obscuriorum quæ in ea lege habentur, ex biblioth. Fr. Pithoei; Lutetiæ, Gaillard, 1609, in-12.

1021. Leges francorum Salicæ et Ripuariorum, cum additionibus regum et imperatorum, notis perpetuis illustratæ; accedunt : 1° Formulæ veteres alsaticæ; 2° G. G. Leibnith lib. de origine Francorum, posterioribus curis auctior, cum responsione ad objectiones doctorum quorumdam virorum; 3° Annales francici regni, a Theodoro Ruinardo ex Gregorio Turonensi, Fredegario aliisque collecti; 4° Frederici Rostgaardi emendationes Otfridinæ, ex codice Palatino Vaticano; omnia opera Jo. Georgii Eccardi; Francof. et Lipsiæ, Foersterus, 1720, 1 vol. in-fol.

1022. Lois des Francs, contenant la loi Salique et la loi Ripuaire, avec une trad. et des notes, par J. F. A. Peyré, et une préface par Isambert; Paris, Didot, 1828, in-8.

1023. Loi Salique, ou Recueil contenant les anciennes rédactions de cette loi, et le texte connu sous le nom de *lex*

DROIT PUBLIC. 85

emendata, avec des notes et des dissertations par J. M. Pardessus; Paris, impr. roy., 1843, in-4.

1024. Mémoire lu à l'Institut historique sur cette question proposée : faire l'analyse comparée des législations mérovingienne, bourguignonne et visigothe, par P. Masson; Paris, A. René, 1846, in-8.

1025. Extrait du IXe congrès historique. Mémoire lu par M. Masson; Paris, René (1843), in-8. (De la loi salique.)

1026. Table chronologique des diplômes, chartes, titres et actes imprimés concernant l'Histoire de France, par de Bréquigny, continuée par Pardessus; Paris, imprimerie royale, 1769-1863, 7 vol. in-fol.

1027. Capitularia regum Francorum; additæ sunt Marculfi monachi et aliorum formulæ veteres, et notæ doctissimorum virorum; Stephanus Baluzius in unum collegit: nova editio auctior, curante Petro de Chiniac; Parisiis, Morin, 1780, 2 vol. in-fol.

1828. Diplomata, chartæ, epistolæ, et alia documenta ad res franciscas spectantia, diversis archivis ac bibliothecis, multorum eruditorum curis, plurimum ad id conferente Congregatione S. Mauri, eruta, notis illustrarunt et ediderunt L. G. O. Feudrix de Bréquigny, F. J. G. La Porte du Theil; Nyon, 1791, tomus primus, 2 vol. in-fol.

1029. Karoli magni et Ludovici Pii regum Francorum Capitula, sive leges ecclesiasticæ et civiles, ab Ansegiso abbate et Benedicto levita collectæ libris septem, adjectis aliis eorum regum et Karoli Calvi capitulis, cum glossario; Parisiis, 1540, in-8.

1030. Les Etablissements de Saint-Louis rendus dans le langage actuel, avec des notes, par de Saint-Martin; Paris, Nyon, 1786, in-8.

1031. Les Livres des Assises et usages dou réaume de Jérusalem; édit. E. H. Kausler; Stuttgardiæ, Krabbe, 1839, in-4 (t. I).

1032. Assises du royaume de Jérusalem (texte français et italien), conférées entre elles, ainsi qu'avec les lois des Francs, les Capitulaires, les Etablissements de Saint-Louis et le Droit Romain. T. Ier, 1re et 2e parties; Rennes, Blin, 1839-1841, 2 vol. in-8.

1033. Assises de Jérusalem, ou Recueil des ouvrages de jurisprudence, composés pendant le XIIIe siècle, dans les royaumes de Jérusalem et de Chypre, publiés par le comte Beugnot; Paris, imprimerie royale, 1841-1843, 2 vol. in-fol.

<small>Les faux titres portent : Recueil des historiens des croisades. T. Ier et IIe. Loix.</small>

1034. Dissertation sur les assises de Jérusalem, par A. Taillandier (Extr. de la *Thémis*); in-8.

Collections d'ordonnances.

1035. Ordonnances des rois de France de la troisième race (par de Laurière, Berroyer, Loger, Secousse, Pastoret, Pardessus); Paris, impr. roy., 1723-1849, 21 vol. in-fol. — Table chronologique des Ordonnances, suivie d'une table alphabétique, par Pardessus; Paris, 1847, in-fol.

1036. Table chronologique des Ordonnances faites par les rois de France de la troisième race, depuis Hugues Capet jusqu'en 1400 (par de Laurière, Berroyer et Loger); Paris, Imprimerie royale, 1706, in-4.

1037. Table générale et chronologique des neuf volumes du recueil des Ordonnances des rois de France, par de Villevault; Paris, Impr. roy., 1757, in-fol.

1038. Recueil général des anciennes lois françaises depuis l'an 420 jusqu'à la révolution de 1789, par Jourdan, Decrusy, Isambert; Paris, 29 vol. in-8 (avec la table).

1039. Manuel complémentaire des Codes français et de toutes les collections de lois, contenant les dispositions textuelles des ordonnances, édits, etc., etc., antérieurs à 1789 et restés en vigueur, par J. B. J. Pailliet; Paris, Delhomme, 1846, 2 vol. in-8.

1040. Collection complète, par ordre chronologique, des lois, édits, traités de paix, etc., etc., antérieurs à 1789, restés en vigueur, par Walker; Paris, Moessard, 1835, 5 vol. in-8.

1041. Les Ordonnances royaulx faictes par les feuz Roys de France, puis sainct Loys jusques au règne du roy Henry, deuxième du nom; Paris, de Roigny, 1548, in-fol.

1042. Ordonnances et édits royaux de France, depuis le roy S. Louis IX jusques au roy Charles IX, à présent regnant, par Pierre Rebuffi; Lyon, Senneton, 1566, 2 tom. en 1 vol. in-fol.

43. Les Edits et Ordonnances des rois de France depuis Louis VI, dit le Gros, jusques à présent, avec les vérifications, modifications et déclarations sur iceux, en IV livres, par Ant. Fontanon, augmentés, etc., par Gabriel Michel; Paris, 1611, 3 vol. in-fol.

44. La Grande conférence des ordonnances et édits royaux, en XII livres, par Pierre Guesnois, amplifiée par Charondas, Frerot, Michel, etc.; Paris, Thierry, 1678, 3 vol. in-fol.

1045. Compilation chronologique, contenant un recueil des ordonnances, édits, déclarations, etc., etc., des rois de France, par Mᵉ Guillaume Blanchard; Paris, Moreau, 1715, 2 tom. en 1 vol. in-fol.

1046. Commentarii in consuetudines, seu ordinationes regias, authore Petr. Rebuffo, cura D. Audomari Rebuffi, ejus nepotis; Lugduni, Rouillius, 1581, 3 tom. in 1 vol. in-fol.

1047. Recueil des édits, déclarations et ordonnances du roi, etc., etc., concernant l'ordre judiciaire et autres matières publiques (par Rodier), 1539-1784; Toulouse, 1782-1785, 7 vol. in-4.

1048. Tableau des successions, suivi du texte de la coutume de Paris, et des principales ordonnances du royaume en matière civile, criminelle, du commerce, des eaux et forêts, etc., etc. (par Boucher d'Argis et Camus); Paris, Leboucher, 1785, 16 vol. in-32.

Manquent les tomes 2 et 15.

1049. Les Ordonnances royaulx nouvellement publiées à Paris de par le roy Louis XII, le 20 avril 1512; Paris, J. Petit (1512), in-8.

1050. Les Ordonnances royaulx nouvellement publiées à Paris par le roy Louis douziesme, le 27 avril 1512; Paris, J. Petit, in-8.

1051. Ordonnances du roy Charles IX, faictes par S. M. en sa ville de Moulins, l'an 1566, adnotées par Pardoux du Prat; Lyon, Rigaud, 1572, in-8.

1052. Code du roy Henry III, rédigé en ordre par Barnabé Brisson, depuis augmenté des édicts du roi Henry IV et de très-notables observations et annotations, par L. Charondas le Caron; Paris, Morel, 1604, in-fol.

1053. Le Code du très-chrestien et très-victorieux roy de France et de Navarre Henri IV, par Thomas Cormier; 1603, in-fol.

1054. Le Code du très-chrétien roy de France et de Navarre Henri IV, du droit civil jadis décrit et à nous délaissé confusément par l'empereur Justinien et maintenant composé en bon et certain ordre avec le droit civil de la France, par Thomas Cormier; Genève, Pernet, 1613, in-4.

1055. Notables observations et singulières remarques sur le Code Henry, enrichies de décisions illustres recueillies par Louys Vrevin; Paris, Rousset, 1617, in-8.

1056. Recueil des arrêts, déclarations, lettres-patentes du roy, règlements, ordonnances et instructions de la cour des Grands-Jours tenus à Clermont en Auvergne, l'an 1665, et 66; Clermont, Jacquard, 1666, in-4.

1057. Recueil des édits, déclarations et arrests qui ont esté donnez sur diverses occurrences concernant la justice, depuis le 1er jour du mois de janvier de l'année 1678, jusques au dernier jour du mois de mars 1682; Paris, Sébastien Mabre-Cramoisy, 1682, 1 vol. in-4.

1058. Recueil chronologique des ordonnances, édits et arrêts de règlement cités dans les nouveaux commentaires sur les ordonnances des mois d'avril 1667, août 1669, août 1670 et mars 1673 (par D. Jousse); Paris, Debure, 1757, 3 vol. in-12.

1059. Ordonnances (diverses) de Louis XIV (1680-1687); in-24.

1060. (Edits et déclarations de Louis XIV, 1689-1704); 2 vol. in-4.

1061. Conférences des ordonnances de Louis XIV, roy de France et de Navarre, avec les anciennes ordonnances du royaume, le droit écrit et les arrests, par Philippe Bornier; Paris, 1744, 2 vol. in-4.

1062. Conférences des ordonnances de Louis XIV, roy de France et de Navarre, avec les anciennes ordonnances, etc., etc.; par Philippe Bornier; nouvelle édition, corrigée et augm. par M. (Bourdot de Richebourg); Paris, 1755, 2 vol. in-4.

1063. Recueil d'édits et d'ordonnances royaux sur le fait de la justice et autres matières les plus importantes, augmenté sur l'édition de MM⁰ˢ Pierre Néron et Etienne Girard d'un très-grand nombre d'ordonnances et de quantité de notes; Paris, Montalant, 1720, 2 vol. in-fol.

1064. Même ouvrage, même édition.

1065. Code de Louis XV, ou Recueil des principaux règlements et ordonnances de ce prince tant sur la justice, police et finances que sur la jurisdiction ecclésiastique; Grenoble, Giroud, 1778, 2 vol. in-12.

1066. Recueil des nouvelles ordonnances et règlements de Louis XV, sur les affaires qui sont de nature à être portées au conseil; Paris, Prault, 1769, in-16.

1067. Recueil d'édits, arrests, ordonnances et règlements du roy pendant l'année entière, 1727; Paris, Imprimerie royale, 1727, in-4.

1068. Recueil des édits, déclarations, lettres-patentes, arrests et règlements du roy registrés en la cour du parlement de Normandie, depuis 1643 jusqu'en 1718; Rouen, Lallemant, 1755, 5 vol. in-4.

1069. Suite du nouveau recueil des édits, déclarations, lettres-patentes, arrêts et règlements de Sa Majesté, enregistrez au parlement de Normandie, ensemble des arrêts et règlements et autres de ladite cour, depuis 1717 jusqu'en 1740; Rouen, Besongne, 1741-1743, 2 vol. in-4.

1070. Recueil des édits, déclarations, lettres-patentes, arrêts et règlements du roy, registrés en la cour du parlement de Normandie, depuis 1740 jusqu'en 1754; Rouen, Lallemant, 1755, in-4.

1071. Recueil des édits, déclarations, lettres-patentes, arrêts et règlements du roi, registrés en la cour de parlement de Normandie, depuis 1754 jusqu'en 1771; Rouen, Lallemant, 1774, 2 vol. in-4.

1072. Recueil des édits et déclarations du roi, lettres-patentes, arrêts du conseil de S. M.; vérifiés, publiés et registrés au parlement séant à Besançon, depuis la réunion de la Franche-Comté à la couronne jusqu'au mois de décembre 1775 (par F. N. E. Droz); Besançon, Declin, 1771-1778, 5 vol. in-fol.

1073. Recueil des édits, déclarations, lettres-patentes, etc., concernant l'administration des Etats de Bourgogne; Dijon, Defay, 1784-1787, 3 vol. in-4.

1074. Précis des ordonnances, édits, déclarations, etc., dont les dispositions sont le plus souvent en usage dans le ressort du parlement de Provence, par Barrigue de Montvalon; Aix, David, 1766, in-12.

1075. Recueil des édits, déclarations, arrests et règlements qui sont propres et particuliers aux provinces du ressort

du parlement de Flandres; Douay, Witterval, 1730, in-4.
1076. Même ouvrage, même édition.
1077. Recueil des édits, déclarations, lettres-patentes, etc., enregistrés au parlement de Metz, ensemble des arrêts de règlement rendus par cette cour, etc. (publiés par Emmery); Metz, Marchal, 1774-1788, 5 vol. in-4.
1078. Recueil d'ordonnances du roy et règlements du conseil souverain d'Alsace, depuis sa création jusqu'à présent, 1657-1737 (par Corberon); Colmar, Decker, 1738, in-fol.
1079. Recueil des édits, déclarations, lettres-patentes, arrêts du conseil d'Etat et du conseil souverain d'Alsace, ordonnances et règlements concernant cette province, avec des observations par De Bourg; Colmar, Decker, 1775, 2 vol. in-fol.
1080. Recueil des édits, déclarations, lettres-patentes et ordonnances du roy, arrêts des conseils de Sa Majesté et du parlement de Grenoble, concernant en général et en particulier la province de Dauphiné; Grenoble, Giroud, 1690, in-4.
1081. Table chronologique des édits, déclarations, lettres-patentes, registrés au parlement de Metz; Metz, Antoine, 1740, in-4.
1082. (Recueil de lettres-patentes, édits, déclarations du roy, arrêts du conseil et du parlement, ordonnances royales, etc., depuis 1560 jusqu'à 1785); 114 vol. in-4; (quatre vol. in-4 de tables manuscrites.)
    Les volumes 42 et 43 manquent.
1083. Edits, déclarations, lettres-patentes; 1752-1790; 32 vol. in-4.
1084. Recueil d'édits (1767-1788); 32 vol. in-4.
1085. (Recueil d'édits, déclarations, lettres-patentes; 1648-1712); 2 vol. in-4.
1086. Edits et arrêts; 1783, in-4.
1087. (Recueil de divers édits de suppression et autres; 1770-1771); 2 vol. in-4.
1088. (Lettres-patentes du roi, édits, arrêts du conseil d'Etat, extraits des registres du parlement, 1752-1768); in-4.

Gouvernement. Droits du roi.

1089. Französische Staatsgeschichte von L. A. Warnkœnig; Basel, 1846, in-8.
1090. Théorie des lois politiques de la monarchie française, par Mlle de Lezardière; Paris, 1844, 4 vol. in-8.
1091. Histoire des institutions mérovingiennes et du gouvernement des Mérovingiens, par J. M. Lehuërou; Paris, Joubert, 1842, in-8.
1092. Etudes sur l'histoire, les lois et les institutions de l'époque Mérovingienne, par M. J. De Pétigny; Paris, 1843-1851, 3 vol. in-8.
1093. Histoire des institutions carolingiennes et du gouvernement des Carolingiens, par J. M. Lehuërou; Paris, Joubert, 1843, in-8.
1094. Pouvoir législatif sous Charlemagne, par Bonnaire de Pronville; Brunswick, Fauche, 1800, in-8.
1095. Essai sur les institutions de S. Louis, par Arthur Beugnot; Paris, Levrault, 1821, in-8.
1096. La Grand monarchie de France, composée par Claude de Seyssel, lors évesque de Marseille; la loi Salicque, première loy des Françoys; Paris, Denys Janot, 1541, in-8.
1097. Histoire critique de l'établissement de la monarchie françoise dans les Gaules, par l'abbé Dubos; Paris, Osmont, 1734, 3 vol. in-4.
1098. Histoire critique de l'établissement de la monarchie françoise dans les Gaules, par Dubos; Paris, 1742, 2 vol. in-4.
1099. Abrégé des Révolutions de l'ancien gouvernement français; ouvrage élémentaire extrait de l'abbé Dubos et de l'abbé Mably, par Thouret; Paris, Didot, 1800, in-16.
1100. Variations de la monarchie françoise dans son gouvernement politique, civil et militaire, avec l'examen des causes qui les ont produites, ou Histoire du gouvernement de France, depuis Clovis jusqu'à la mort de Louis XIV, par Gautier de Sibert; Paris, Saillant, 1765, 4 vol. in-12.
1101. De la monarchie française depuis son établissement jusqu'à nos jours, par de Montlosier; Paris, Nicolle, 1814, 8 vol. in-8.

1102. Considérations sur le gouvernement ancien et présent de la France, par le marquis d'Argenson; Amsterdam, Rey, 1765, in-12.

1103. Les Origines, ou l'Ancien gouvernement de la France, de l'Allemagne et de l'Italie (par le comte de Bual); La Haye, 1789, 3 vol. in-8.

1104. Le Droit Public de France éclairci par les monuments de l'antiquité, par Bouquet; Paris, Desaint et Saillant, 1756, in-4; t. Ier et unique.

1105. Extrait du droit public de la France, par Louis de Brancas, comte de Lauraguais; Londres, 1771, in-18.

1106. Maximes du Droit Public françois (par Mey); seconde édit. (augmentée par Maultrot et autres); Amsterdam, Rey, 1775, 2 tom. en 1 vol. in-4.

1107. Analyse de l'ouvrage ayant pour titre: *Questions de droit public* (par de Goezmann); Amsterdam, 1770, in-12.

1108. (Premier et second) Traictés de la souveraineté du roy et de son royaume, par Jean Savaron; Paris, Chevalier, 1615, in-8.

1109. Traité historique de la souveraineté du roi et des droits en dépendant, par F. D. P. L. (François de Paule de La Garde); Paris, Durand, 1754, 2 vol. in-4.

1110. Même ouvrage, même édition.
    Manque le tome Ier.

1111. Traité historique des droits du souverain en France et principalement des droits utiles et domaniaux (par François de Paule de La Garde); Paris, 1767, 2 vol. in-4.

1112. Journal historique de la révolution opérée dans la constitution de la monarchie françoise par M. de Maupeou (par Pidansat de Mairobert et d'Angerville); Londres, 1765-1766, 7 vol. in-12.

1113. Journal historique de la révolution opérée dans la constitution de la monarchie françoise, par M. de Maupeou (par Pidansat de Mairobert et d'Angerville); Londres, 1766, 7 vol. in-12.

1114. Des assemblées nationales en France depuis l'établissement de la monarchie jusqu'en 1614, par Henrion de Pansey; Paris, Barrois, 1826, in-8.

1115. Mémoires au sujet d'un nouvel écrit contre le parlement intitulé: *Observations sur le refus que fait le Châ-*

telet de reconnoître la Chambre royale (Mémoires attribués à dom La Taste et à Le Paige); in-12.

1116. Examen des principes de gouvernement qu'a voulu établir l'auteur des *Observations sur le refus que fait le Châtelet de reconnoître la Chambre royale* (attribué à d'Alès de Corbet); (1753), in-12.

1117. Lettre d'un publiciste allemand à un jurisconsulte français; in-12.

1118. Seconde lettre d'un publiciste allemand à un jurisconsulte français; Amsterdam, 1770, in-12.

1119. Dissertation sur l'origine, les droits et les prérogatives des pairs de France (par Simonnel); 1753, in-12.

1120. Des pairs de France et de l'ancienne constitution française, par M. le président H. d. P. (Henrion de Pansey); Paris, Barrois, 1816, in-8.

1121. Geschichte der Rechtsverfassung Frankreichs, von Wilhelm Schaeffner; Frankfurt am Main, Saverlander, 1845, 4 vol. in-8.

1122. Renati Choppini de Domanio Franciæ libri tres; Parisiis, Sonnius, 1621, in-fol.

1123. Recueil des anciens édits et ordonnances du Roi concernant les domaines et droits de la couronne, avec les commentaires de Louis Carondas le Caron; Paris, Charpentier, 1690, in-4.

1124. Traité de la majorité de nos rois et des régences du royaume, avec les preuves, ensemble un traité des prééminences du parlement de Paris, par Dupuy (Pierre); Paris, veuve Dupuis, 1654, in-4.

1125. Traité de la connoissance des droits et des domaines du roi, et de ceux des seigneurs particuliers qui relèvent de S. M., par Berthelot Du Ferrier; Paris, Collombat, 1719, in-4.

1126. Même ouvrage, même édition.

1127. Dictionnaire raisonné des domaines et droits domaniaux (par Bosquet); Rouen, le Boulenger, 1762, 3 vol. in-4.

1128. Mémoires sur les matières domaniales, ou Traité du Domaine, ouvrage posthume de Lefèvre de La Planche; Paris, Desaint, 1764-1765, 3 vol. in-4.

1129. Essai sur les apanages, ou Mémoire historique de leur établissement (par Louis François Du Vaucel); s. d., 2 tomes en 1 vol. in-4.

1130. Même ouvrage, même édition.

1131. Jo. Schilteri de Paragio et Apanagio succincta expositio, itemque de feudis juris francici dissertatio; accesserunt de successione lineari velitationes, necnon Justi Meieri de rei feudalis vindicatione disceptatio; Argentorati, Lerse, 1701, in-4.

1132. Maximes générales sur les droits domaniaux et seigneuriaux (par de Cabanel); Paris, Prault, 1755, in-12.

1133. Contre le Franc-Alleu sans tiltre, prétendu par quelques provinces au préjudice du roy (par Auguste Galland); Paris, R. Estienne, 1629, in-8.

1134. Du Franc-Alleu et origine des droicts seigneuriaux (par Galland); Paris, Richer, 1637, in-4.

1135. Même ouvrage, même édition.

Droits féodaux.

1136. De la féodalité, des institutions de saint Louis, et de l'influence de la législation de ce prince, par F. A. Mignet; Paris, L'Huillier, 1822, in-8.

1137. Histoire du gouvernement féodal, par A. P. Barginet; Paris, Raymond, 1825, in-12.

1138. Traité des fiefs et de leur origine, avec les preuves tirées de divers autheurs anciens et modernes, par Louis Chantereau Le Febvre, conseiller du roy; Paris, Billaine, 1662, in-fol.

1139. Même ouvrage, même édition.

1140. De origine et statu feudorum pro moribus Galliæ liber singularis, auth. Ant. Dadino Alteserra; Argentorati, Spoor, 1690, in-4.

1141. De l'usage des fiefs, par Denis de Salvaing; Grenoble, Faure, 1731, in-fol.

1142. Nouvel examen de l'usage général des fiefs en France pendant les xie xiie, xiiie et xive siècles, par Brussel; Paris, Leclerc, 1739, 2 vol. in-4.

1143. Même ouvrage, même édition.

1144. De la source des fiefs (par Clément Vaillant, avocat au Parlement); in-8.

1145. Institutes féodales, ou Manuel des fiefs et censives et droits en dépendant, par Germain-Antoine Guyot; Paris, Saugrain, 1753, in-12.

1146. Même ouvrage, même édition.

1147. Sommaire discours des fiefs et rierefiefs, par Jean de Basmaison Pougnet; Paris, Chaudière, 1579, in-8.

1148. Recherches et observations sur les loix féodales, sur les anciennes conditions des habitants des villes et des campagnes, leurs possessions et leurs droits, par Doyen; Paris, Valade, 1779, in-8.

1149. Notæ et restitutiones ad commentarium Caroli Molinæi de Feudis, opera Stephani R. (Rassicod); Parisiis, Le Clerc, 1739, in-4.

1150. Traité des fiefs suivant les coutumes de France et l'usage des provinces de droit écrit, par Claude de Ferrières; Paris, Cochart, 1680, in-4.

1151. Traité des fiefs, par Claude Pocquet de Livonière; Paris, Lemercier, 1741, in-4.

1152. Traité des fiefs, par Claude Pocquet de Livonière; Paris, Lemercier, 1756, in-4.

1153. Traité des fiefs, par Billecoq; Paris, Durand, 1749, in-4.

1154. Traité des fiefs, de Dumoulin, analysé et conféré avec les autres feudistes, par Henrion de Pensey; Paris, Valade, 1773, in-4.

1155. Traité des droits seigneuriaux et des matières féodales, par François de Boutaric; Toulouse, 1751, in-4.

1156. Dictionnaire des fiefs et autres droits seigneuriaux, utiles et honorifiques, par Laplace; Paris, Cellot, 1757, in-8.

1157. La Pratique universelle pour la rénovation des terriers et des droits seigneuriaux, par Edme de La Poix de Freminville; Paris, Gissey, 1752-1759, 5 vol. in-4.

1158. Les Vrais principes des fiefs, en forme de Dictionnaire, par (Edme de La Poix) de Freminville; Paris, Valleyre, 1769, 2 vol. in-4.

1159. Traité du droit commun des fiefs, par Gœtsmann; Paris, Des Ventes, 1768, 2 vol. in-12.

1160. Traité de la seigneurie féodale universelle et du franc-alleu naturel, par Furgole; Paris, Hérissant, 1767, in-12.

1161. Traité historique et pratique des droits seigneuriaux, par J. Renauldon; Paris, Cellot, 1765, in-4.
1162. Même ouvrage, même édition.
1163. Traité ou dissertations sur plusieurs matières féodales, tant pour le pays coutumier que pour les pays de droit écrit, par Germain-Antoine Guyot; Paris, Saugrain, 1738-1768, 7 vol. in-4.
1164. Théorie des matières féodales et censuelles, par Hervé; Paris, Knapen, 1785-1788, 7 tomes en 8 vol. in-12.
1165. Même ouvrage, même édition, 6 vol. in-12.
(Incomplet.)
1166. Code des seigneurs hauts-justiciers et féodaux, par Henriquez; Senlis, Des Rocques, 1771, in-12.
1167. Dissertations féodales, par Henrion de Pansey; Paris, Barrois, 1789, 2 vol. in-4.
1168. Mémoire sur le patronage et sur les droits vulgairement nommés honorifiques des patrons et des hauts-justiciers (par Feranville); Paris, Hérissant, 1768, in-8.
1169. Traité de la perfection et confection des papiers-terriers généraux du roy, des apanages des princes, seigneurs, etc., etc., par Bellami; Paris, Paulin Dumesnil, 1746, in-4.
1170. Code des terriers, ou Principes sur les matières féodales (par Ginet); Paris, Prault, 1761, in-12.
1171. Le Livre des seigneurs, ou Papier-terrier perpétuel (par Clément de Boissy); Paris, Cellot, 1775, in-4.
1172. Le Livre des seigneurs, ou le Papier-terrier perpétuel (par Clément de Boissy); Paris, Cellot, 1776, in-4.
1173. Les Terriers rendus perpétuels, ou Mécanisme de leur confection, par Aubry de Saint-Vibert; Paris, 1787, 2 t. en 1 vol. in-fol.
1174. Traité des justices de seigneur et des droits en dépendant, par Jacquet; Lyon, Reguilliat, 1764, in-4.
1175. Des droits de justice et des droits de fief, par H. L. Bordier; Paris, Didot, 1848, in-8.
1176. Traité des droits appartenant aux seigneurs sur les biens possédés en roture, par Preudhomme; Paris, Froullé, 1781, in-4.
1177. Traité des servis et devoirs seigneuriaux, par Spectable Gaspard Bailly; Dijon, de Fay, 1710, in-4.

1178. Traité des taillables ou mainmortables (par Spectable Gaspard Bailly); Dijon, de Fay, 1712, in-4.
1179. Traité des lods, par Spectable Gaspard Bailly; Dijon, de Fay, s. d., in-4.
1180. Traité des laods et trezeins, par Spectable Gaspard Bailly; Anneci, Burdet, s. d., in-12.
1181. Traité du retrait féodal et du retrait lignager, par François-Xavier Breye; Nancy, Leseure, 1737, 2 part. en 1 vol. in-4.
1182. Traités de la mainmorte et des retraits, par F. J. Dunod; Epinal, Vautrin, 1761, in-4.
1183. Traité des droits de quint, lods et ventes, requint, reventons, mi-lods, etc., etc., par Benoît-Léon Molieres Fonmaur; Carcassonne, Heirisson, 1778, 2 tom. en 1 vol. in-4.
1184. Des amortissements, nouveaux acquets et francs fiefs, depuis leur institution, par Jarry; Paris, veuve Lefebvre, 1717, in-12.
1185. Recherches sur les droits de gruerie, grairie, segrayrie, tiers et danger, et tiers-denier, par Angebault; Paris, an XI, in-8.
1186. Jurisprudence du conseil, ancienne, moderne et actuelle, sur la matière des amortissements, franc-fief, nouvel acquet et indemnité, par Dubost; Paris, Lamesle, 1759, 3 vol. in-4.
1187. Traité du droit de bâtir moulin et des bannalités en général, par L. C. M., avocat au Parlement de Douai (Manesse); Paris, Prault, 1775, in-12.
1188. Traité du droit de bâtir moulin et des bannalités en général, par L. C. M., avoc. au Parlement de Douai (Manesse); Paris, Prault, 1785, in-12.
1189. Recueil de jurisprudence féodale, à l'usage de la Provence et du Languedoc (par de La Touloubre); Avignon, 1765, 2 vol. in-8.
1190. De prerogativa allodiorum in provinciis quæ jure scripto reguntur, Narbonensi et Aquitanica, M. Antonii Dominicy historica disquisitio; Parisiis, Du Puys, 1645, in-4.
1191. De prærogativa allodiorum in provinciis quæ jure scripto reguntur, Narbonensi et Aquitanica, M. Antonii Dominicy historica Disquisitio; Argentorati, Spoor, 1697, in-4.
1192. Même ouvrage, même édition.

1193. De manu-mortua servisque liberæ Burgundiæ disputatio, quam propugnandam suscipiet Claudius Franciscus Talbert; Dolæ, Binart, 1667, in-4.

1194. Mémorial alphabétique des droits ci-devant seigneuriaux, supprimés et rachetables, conformément aux décrets de l'Assemblée nationale, par Ravaut; Paris, Nyon, 1790, in-12.

1195. Code féodal, ou Recueil chronologique de tous les décrets rendus par l'Assemblée nationale concernant les droits féodaux, la dîme, etc., etc., par un homme de loi; Paris, Prault, 1791, in-8.

1196. Le Droit du seigneur au moyen âge, par Louis Veuillot; Paris, Vivès, 1854, in-18.

États généraux. Procès-verbaux. Écrits relatifs à ces assemblées.

1197. Chronologie des états généraux où le tiers-état est compris, depuis l'an 1615 jusques à 422, par Jean Savaron; Paris, Chevalier, 1615, in-8.

1198. Mémoires sur les états généraux, leurs droits et la manière de les convoquer (par le comte d'Entraigues); 1788, in-8.

1199. Des états généraux et autres assemblées nationales (par de Mayer); La Haye, 1788-1789, 18 vol. in-8.

1200. Nouvelles observations sur les états généraux de France, par M. Mounier, 1789, in-8.

1201. Recueil de pièces originales et authentiques concernant la tenue des états généraux; Paris, Barrois, 1789, 9 vol. in-8.

1202. Recueil de pièces originales et authentiques concernant la tenue des états généraux; Paris, Barrois, 1789, 9 vol. in-8. — Forme générale et particulière de la convocation et de la tenue des assemblées nationales ou états généraux de France; Paris, Barrois, 1789, 2 vol. in-8.

1203. Recueil de pièces originales et authentiques concernant la tenue des états généraux; Paris, Barrois, 1789, 9 vol. in-8. — Recueil des cahiers généraux des trois ordres aux états généraux; Paris, Barrois, 1789, 4 vol. in-8.

1204. Forme générale et particulière de la convocation et de la tenue des assemblées nationales ou états généraux de France; Paris, Barrois, 1789, 2 vol. in-8.

1205. Mandement du roy pour la convocation des états généraux; Paris, Morel, 1588, in-8.

1206. L'Ordre des estats généraux tenus à Bloys l'an 1588; Lyon, Pillehotte, 1589, in-8.

1207. Discours véritable de ce qui est advenu aulx estats généraulx tenus à Bloys; 1589, in-8.

1208. Déclamation ou harangue faicte aux estats tenus à Bloys, par Mgr l'archevêque de Bourges; Lyon, Pillehotte, 1589, in-8.

1209. Harangue prononcée devant le roy, séant en ses estats généraux tenus à Bloys, par Charles de Cossé, comte de Brissac; Lyon, Pillehotte, 1589, in-8.

1210. Harangue prononcée devant le roy, séant en ses estats généraux, par Estienne Bernard, orateur du tiers-estat; Lyon, Pillehotte, 1589, in-8.

1211. Mandemant du roy sur la conclusion des estats tenus à Bloys; Lyon, Pillehotte, 1589, in-8.

1212. Auguste-Nicaise. Journal des estats tenus à Vitry-le-Français en 1744, rédigé par Bertin Du Rocheret; Châlons-sur-Marne, Martin, 1864, in-18.

1213. Journal des estats généraux convoqués par Louis XVI le 27 avril 1789, aujourd'hui assemblée nationale permanente, par Le Hodey de Saultchevreuil; Paris, 1790-1791, 34 vol. in-8.

1214. Etats généraux, ou Récit de ce qui s'est passé aux états généraux depuis le 5 mai 1789 jusqu'au 17 juin suivant; Paris, impr. nat., 1791, in-8.

1215. Récit des principaux faits qui se sont passés dans la salle de l'ordre du clergé depuis le commencement des états généraux, par Vallet, curé de Saint-Louis; Paris, impr. nationale, 1790, in-8.

1216. Procès-verbal des conférences sur la vérification des pouvoirs; Paris, Baudouin, 1789, in-8.

1217. Procès-verbal des séances de la chambre de l'ordre de la noblesse aux états généraux tenus à Versailles en 1789; Paris, impr. nationale, 1792, in-8.

1218. Récit des séances des députés des communes depuis le 5 mai 1789 jusqu'au 12 juin suivant; 1789, in-8.

1219. Procès-verbal de l'assemblée des communes et de l'assemblée nationale, imprimé par son ordre; Paris, Baudouin (1789-1790); 18 vol. in-8.

1220. Résumé général et exact des cahiers et pouvoirs remis par les bailliages et sénéchaussées du royaume à leurs députés aux états généraux, par une société de gens de lettres; Paris, 1789, 3 vol. in-8.

1221. Même ouvrage, même édition.

1222. Qu'est-ce que le tiers-état? (par Sieyes); 1789, in-8.

1223. Pétition des citoyens domiciliés à Paris, résultat du conseil d'Etat et très-humble adresse présentée au roi par les six corps de la ville de Paris; 1789, in-8.

1224. Qu'est-ce que la noblesse et que sont ses priviléges? (par le comte de Murat); Amsterdam, 1789, in-8.

1225. Essai sur les priviléges; 1789, in-8.

1226. L'abbé Raynal aux états généraux; Marseille, 1789, in-8.

1227. Idées sur le mandat des députés aux états généraux, par Servan; 1789, in-8.

1228. L'Orateur des états généraux pour 1789 (par Carra); (1789), in-8.

1229. Système sur la formation de l'assemblée des états généraux en France, par Pelletier; Paris, Barrois, 1789, in-8.

1230. Examen de cette question : Est-il utile de diviser une assemblée nationale en plusieurs chambres? par le marquis de Condorcet; (1789), in-8.

France moderne.

Droits individuels. Constitutions. Assemblées.

1231. Traité du droit public des Français, précédé d'une introduction sur les fondements des sociétés politiques, par Serrigny; Paris, Joubert, 1846, 2 vol. in-8.

1232. La Déclaration des droits de l'homme et du citoyen mise à la portée de tout le monde, par Morel de Vindé; Paris, Baudouin, 1790, in-8.

1233. Recherches sur les causes qui ont empêché les Français de devenir libres, et sur les moyens qui leur restent pour acquérir la liberté, par M. Mounier; Paris, Gattey, 1792, 2 vol. in-8.

1234. Essai sur les garanties individuelles que réclame l'état actuel de la société, par P. C. F. Daunou; Paris, Foulon, 1819, in-8.

1235. Traité de la liberté individuelle, à l'usage de toutes les classes de citoyens, par A. S. G. Coffinières; Paris, Moutardier, 1828, 2 vol. in-8.

1236. Théorie des garanties constitutionnelles, par A. Cherbuliez; Paris, Cherbuliez, 1838, 2 vol. in-8.

1237. De l'ordre et de la liberté, et de leurs rapports essentiels, par G. B. Battur; Paris, Beuf, 1829, in-8.

1238. Manuel des Français sous le régime de la charte, par Alexandre Goujon; Paris, Delaunay, 1818, in-8.

1239. Instruction civique des Français, par C. J. B. Amyot; Paris, Colas, 1845, in-32.

1240. Instruction civique des Français, par C. J. B. Amyot; Paris, Curmer, 1849, in-32.

1241. Le Livre du citoyen, par Les Fauris; Paris, Lacour, 1848, in-8.

1242. Chambre des députés. Opinion de M. Benjamin Constant sur le projet de loi relatif à la suppression de la liberté individuelle (13 mars 1820); in-8.

1243. Considérations sur les gouvernements et principalement sur celui qui convient à la France, par M. Mounier; Versailles, Pierres, 1789, in-8.

1244. De l'état de la France présent et à venir, par de Calonne; Londres, Spilsburg, 1790, in-8.

1245. Cours de législation gouvernementale et études scientifiques sur les gouvernements de la France depuis 1789 jusqu'à nos jours, par Gustave Albitte; Paris, Levrault, 1835, in-8.

1246. Du régime constitutionnel dans ses rapports avec l'état actuel de la science sociale et politique, par C. G. Hello; Paris, Durand, 1848, 2 tom. en 1 vol. in-8.

1247. Des assemblées représentatives, par l'auteur des Considérations sur une année de l'histoire de France (M. A. F. de Frénilly); Paris, Michaud, 1816, in-8.

1248. Des progrès du gouvernement représentatif en France, par M. de Pradt; Paris, Béchet, 1817, in-8.

1249. Des effets du gouvernement représentatif en France, par J. J. Bilhard; Paris, Ledoyen, 1839, in-12.

1250. De l'organisation politique, par L. D. Crousse; Paris, Hingray, 1841, in-8.

1251. Etudes sur la représentation nationale, par Edmond de Beauverger; Paris, Hennuyer, 1850, in-8.

1252. Constitutions de la nation française, avec un essai de traité historique et politique sur la charte. par Lanjuinais; Paris, Baudouin, 1819, in-8.

1253. Les Constitutions civiles de la France, considérées dans leurs principes, leur histoire, leurs analogies, par Edm. de Beauverger; Paris, Leiber, 1864, in-8.

1254. La Constitution française, présentée au roi le 3 septembre 1791 et acceptée par S. M. le 14 du même mois; Paris, imprimerie nationale, 1791, in-12.
(Impression sur parchemin.)

1255. La Constitution françoise décrétée par l'assemblée nationale le 3 septembre 1791 et acceptée par le roi le 14 du même mois; Orléans, Jacob, 1791, in-8.

1256. Rapports du comité de constitution présentés à l'assemblée nationale, par MM. le comte de Lally-Tollendal et Mounier; Versailles, Baudouin, in-8.

1257. Rapport de M. Mounier; Versailles, 1789, in-8.

1258. Projet de constitution de la république française, par H. Ruault; Paris, Belin, 1793, in-8.

1259. Recueil des pièces et actes relatifs à l'établissement du gouvernement impérial héréditaire; Paris, Didot, an XII, in-8.

1260. Dictionnaire des constitutions de l'empire français et du royaume d'Italie, par C. L. G. (Gillot); Paris, Gratiot, 2 tom. en 3 vol. in-8.

1261. Charte constitutionnelle, présentée par Louis XVIII au sénat et au corps législatif. Discours du roi et du chancelier; Paris, d'Hautel, 1814, in-8.

1262. Charte constitutionnelle, présentée par Louis XVIII au sénat et au corps législatif; Paris, Janet, 1814, in-8.

1263. De la constitution française de l'an 1814, par M. Grégoire; Paris, Egron, 1814, in-8.

1264. Du principe et de l'obstination des Jacobins, en réponse au sénateur Grégoire, par l'abbé Barruel ; (Paris, 1814), in-8.
1265. Réflexions sur la constitution nouvelle ; Angers, Mame, 1814, in-8.
1266. Défense de la constitution, par un ancien magistrat ; Paris, Dentu, 1814, in-8.
1267. Réflexions sur le projet de constitution du sénat et sur quelques articles de cette constitution en particulier, par Gaultier ; in-8.
1268. Faut-il une nouvelle constitution? par de S*** (de Sales); Paris, Cellot (1814), in-8.
1269. Lettre à Sa Majesté l'empereur de Russie sur le projet de nouvelle constitution, par Marignié ; Paris, 1814, in-8.
1270. Encore un mot sur la constitution, par un membre du corps législatif (Durbach); Paris, 1814, in-8.
1271. De la charte constitutionnelle, par une Française ; (1814), in-8.
1272. Le Censeur, ou Examen des actes et des ouvrages qui tendent à détruire ou à consolider la constitution de l'Etat, par MM. Comte et Dunoyer, avocats ; Paris, Marchant, 1814-1815, 7 vol. in-8.
1273. Réflexions sur les constitutions, la distribution des pouvoirs et les garanties dans une monarchie constitutionnelle, par Benjamin de Constant; Paris, Nicolle, 1814, in-8.
1274. Un mot sur la constitution, par un vicaire de Paris (Jean Labouderie); Paris, Moronval, 1814, in-8.
1275. Du droit de cité, des droits d'élection qui en dérivent, ou Recherches et propositions sur l'organisation locale, les droits civiques et les élections, par G. (Gillet); Paris, Delaunay, 1820, in-8.
1276. L'Edifice social, réforme électorale, ou de l'influence de la propriété territoriale, industrielle ou commerciale, par Hippolyte Alibert; Paris, 1839, in-8.
1277. Des moyens de mettre la charte en harmonie avec la royauté, par Cottu; Paris, Gosselin, 1828, in-8.
1278. Elections suivant la charte (par Lalèbre); Paris, Gaultier-Laguionie, 1829, in-8.

1279. La Charte telle qu'elle a été adoptée par la chambre des députés; Paris, Dehay, 1830, in-8.

1280. Chartes de 1830 et de 1814; Paris, Setier, 1831, in-8.

1281. Code des Codes, par Crémieux et Balson, tome I; Paris, 1835, in-4.

1282. Même ouvrage, même édition.

1283. Code politique, ou Charte constitutionnelle (par Rogron); Troyes, Cardon, in-4.

1284. Tableau de la constitution politique de la monarchie française selon la charte, par A. Mahul; Paris, Desauges, 1830, in-8.

1285. Révolution de juillet 1830; caractère légal et politique du nouvel établissement fondé par la charte constitutionnelle (par Dupin, aîné); Paris, Fanjat, 1833, in-8.

1286. Commentaire sur la charte constitutionnelle (par F. Berriat Saint-Prix); Paris, Videcoq, 1836, in-8.

1287. Lettres à M. le curé de .... (par l'abbé Labouderie); 1830, in-8.

1288. Traité de la confection des lois, ou Examen raisonné des règlements suivis par les assemblées législatives françaises, comparés aux formes parlementaires de l'Angleterre, des États-Unis, de la Belgique, de l'Espagne, de la Suisse, etc., par Ph. Valette et Benat Saint-Mars; Paris, 1839, in-8.

1289. Mécanisme des grands pouvoirs de l'Etat et des formes réglementaires de l'assemblée nationale, suivi de textes tant réglementaires que législatifs, par Ph. Valette; Paris, imprim. nationale, 1850, in-8.

1290. Manuel financier, contenant le texte des dispositions législatives et autres documents qu'il importe de connaître pour éclairer le vote des lois de finances (par Valette); Paris, Henry, 1837, in-18.

1291. Jurisprudence parlementaire, par Alphonse Grün; Paris, Hingray, 1842, in-8, tome 1.

1292. Recueil complet des actes du gouvernement provisoire (février, mars, avril, mai 1848), avec des notes explicatives, par Emile Carrey; Paris, Durand, 1848, in-12.

1293. Déclaration préparatoire proposée à l'assemblée nationale pour faire connaître immédiatement l'esprit, les constitutions et les lois de la république française, par M. J. Forfelier; Paris, Maulde et Renou, 1848, in-8.

1294. Même ouvrage, même édition.

1295. Rappel aux simples principes de l'organisation de la France en bonne république, par J. Forfelier; Alençon, Bonnet, 1848, in-8.

1296. Guide de l'électeur à l'assemblée constituante, ou Principes constitutifs d'une république, par N. M. Le Senne; Paris, Bry, 1848, in-12.

1297. Projet de constitution, par L. D. Crousse; Paris, Hingray, in-12.

1298. Constitution de la république française, accompagnée de notes sommaires explicatives du texte, par Dupin; Paris, Videcoq, 1849, in-18.

1299. Considérations sur la constitution, par Ed. Laboulaye; Paris, Durand, 1848, in-12.

1300. La Révision de la constitution, lettres à un ami, par Ed. Laboulaye; Paris, Durand, 1851, in-8.

1301. Révision de la constitution, par Auguste Nougarède de Fayet; Paris, Amyot, 1849, in-8.

1302. De la présidence de la république, par Alex. Laya; Paris, Martinon, 1848, in-12.

1303. De la légalité dans la prorogation des pouvoirs présidentiels, par B. J. Legat, avocat; Paris, Maulde et Renou, 1851, in-8.

1304. De l'inviolabilité des représentants du peuple; Paris, Thunot, in-8.

1305. De la démocratie en France, par M. Guizot; Paris, Masson, 1849, in-8.

1306. Des constitutions de la France et du système politique de l'empereur Napoléon, par Edmond de Beauverger; Paris, Franck, 1852, in-8.

1307. Lettres à un membre du parlement d'Angleterre sur la constitution de 1852, par C. Latour Du Moulin; Paris, Amyot, 1861, in-8.

1308. Sénat; rapport de la commission chargée d'examiner le projet de sénatus-consulte portant interprétation de la constitution du 14 janvier, par M. le premier président Troplong; Paris, 1852, in-8.

1309. Les Droits politiques dans l'élection, par Edouard de Sonnier; Paris, Dumineray, 1861, in-18.

1310. De l'indépendance civile chez les Français en 1862, par Tessier de Rauschenberg ; Paris, P. Dupont, 1862, in-8.

Questions diverses de droit public.

1311. Dernier mot de la science et de l'histoire sur le pouvoir social (par de This); 1836, in-8.
1312. De la régence, par Gand; Paris, 1842, in-8.
1313. Des apanages en général, et en particulier de l'apanage d'Orléans, par Dupin; Paris, Everat, 1827, in-16.
1314. Chambre des députés, session 1832; exposé des motifs et projet de loi sur la responsabilité des ministres et des agents du gouvernement, présentés par M. le garde des sceaux; in-8.
1315. Des conspirations et de la justice politique, par F. Guizot; Paris, Ladvocat, 1821, in-8.
1316. Histoire critique et législative de l'instruction publique et de la liberté de l'enseignement en France, par Henri de Riancey; Paris, Saguier et Bray, 1843, 2 vol. in-8.
1317. Recueil de lois et règlements concernant l'instruction publique, depuis l'édit de Henri IV, de 1598 (jusqu'au 1er janvier 1828); Paris, Brunot-Labbe, 1814-1828, 8 vol. in-8.
1318. Code universitaire, ou lois et statuts de l'Université royale de France, par Ambroise Rendu; Paris, Hachette, 1827, in-8.
1319. Code universitaire, ou lois, statuts et règlements de l'Université royale de France, par Ambroise Rendu; Paris, Hachette, 1835, in-8.
1320. Recueil de proclamations, lois, décrets concernant l'instruction publique, les écoles, les corps savants, de 1790 à l'an IV; in-4.
1321. Travail sur l'éducation publique trouvé dans les papiers de Mirabeau l'aîné, publié par P. J. G. Cabanis; Paris, 1791, in-8.
1322. Rapport sur l'instruction publique, fait au nom du comité de constitution par de Talleyrand-Périgord; Paris, Baudouin, 1791, in-4.
1323. Observations sur le projet de loi concernant l'instruc-

tion primaire, par le recteur de l'académie de Nancy; Nancy, Hissette, 1831, in-8.

1324. Examen critique du projet de loi sur l'instruction secondaire, par J. P. Gasc; Paris, 1836, in-8.

1325. De la liberté d'enseignement et du monopole universitaire, par Jules Jaquemet; Paris, Mansut, 1840, in-8.

1326. De l'instruction secondaire, et spécialement des écoles secondaires ecclésiastiques, par Ambroise Rendu; Paris, Hachette, 1842, in-8.

1327. Lettre sur les débats soulevés en France entre l'épiscopat et l'Université au sujet de la liberté de l'instruction publique, adressée à M. Isambert par M. Constantin; Namur, Hambursin, 1844, in-8.

1328. Très-humbles observations avec pétition au roi et aux chambres sur le projet de loi d'instruction secondaire, par Bole; Paris, Maulde, 1844, in-8.

1329. Même ouvrage, même édition.

1330. Mémoire à consulter adressé aux membres des deux chambres, par Augustin Cauchy; Paris, Sirou, 1844, in-8.

1331. Quelques réflexions sur la liberté d'enseignement, par Augustin Cauchy; Paris, Sirou, 1844, in-8.

1332. Essai sur l'éducation publique, par J. B. Barnouvin; Paris, Henry, 1848, in-8.

1333. Même ouvrage, même édition.

1334. Opinion de M. Bouhier de l'Ecluse sur le projet de loi sur l'instruction publique; Paris, Panckoucke, 1850, in-8.

1335. Même ouvrage, même édition.

1336. De la liberté des brochures, des pamphlets et des journaux considérée sous le rapport de l'intérêt du gouvernement, par Benjamin de Constant; Paris, Nicolle, 1814, in-8.

1337. Questions sur la législation actuelle de la presse en France et sur la doctrine du ministère public relativement à la saisie des manuscrits, par Benjamin de Constant; Paris, 1817, in-8.

1338. De la liberté de la presse, par Léon Vingtain; Paris, Levy, 1860, in-18.

1339. L'Administration et la presse, par Edouard Delprat; Paris, 1861, in-18.

1340. Opinion de M. Auguste Portalis, député du Var, sur le projet de loi contre les associations; Paris, Henry, 1834, in-8.

1341. Examen légal sur la question des recensements, par H. Tournadre de Noaillat; Paris, Delamotte, 1841, in-8.

Procès-verbaux des Assemblées législatives.

1342. Histoire parlementaire de la révolution française, par B. J. B. Buchez et P. C. Roux; Paris, Paulin, 1834-1838, 40 vol. in-8.

1343. Gazette nationale, ou Moniteur universel; 1789-1864, in-fol.

1344. Réimpression de l'ancien Moniteur, depuis la réunion des états généraux jusqu'au consulat; Paris, 1840-1845, 30 vol. in-8.

1345. Journal des débats et des décrets, ou Récit de ce qui s'est passé aux séances de l'assemblée nationale du 17 juin 1789 au 1er septembre; Paris, imprim. nationale, 1791, in-8.

1346. Collection générale des décrets rendus par l'assemblée nationale (du 6 mai 1789 au 30 septembre 1791); Paris, Baudouin, 19 tomes en 16 volumes in-8. — Manque le vol. 18.

1347. Procès-verbal de l'assemblée nationale (législative), imprimé par son ordre; Paris, imprim. nationale, 1791, 79 vol. in-8.

1348. Table générale des matières pour la collection complète des décrets de l'assemblée nationale, rendus en 1789 et 1790; Paris, Baudouin, 1791, in-8.

1349. Table générale des matières des décrets rendus par l'assemblée nationale constituante en 1791; Paris, Baudouin, 1792, in-8.

1350. Table des matières, des noms de lieux et des noms de personnes contenus aux procès-verbaux des séances de l'assemblée nationale depuis le 1er octobre 1791 jusqu'au 21 septembre 1792; Paris, imprim. nationale, an x, 2 vol. in-8.

1351. Procès-verbal de la convention nationale imprimé par son ordre; Paris, imprimerie nationale, 1792-an IV, 72 tomes en 62 vol. in-8.

1352. Feuilleton de la convention, du 20 septembre 1792 au 4 brumaire an IV; 18 vol. in-8.

1353. Procès-verbal des séances du conseil des anciens (du 4 brumaire an IV au 30 floréal an V); 19 tomes en 17 vol. in-8.

1354. Procès-verbal du conseil des anciens (du 1er prairial an V au 29 floréal an VI); 12 vol. in-8.

1355. Procès-verbal du conseil des anciens (ans IV, V, VI, VII, VIII); 36 vol. in-8.

1356. Procès-verbal des séances du conseil des cinq cents (du 4 brumaire an IV au 30 floréal an V); 19 tomes en 18 vol. in-8.

1357. Procès-verbal des séances du conseil des cinq cents (du 1er prairial an V au 29 floréal an VI); 13 vol. in-8.

1358. Procès-verbal du conseil des cinq cents (ans IV, V, VI, VII, VIII); 48 vol. in-8.

1359. Procès-verbal des séances du conseil des cinq cents et du conseil des anciens du 19 brumaire an VIII, ainsi que de la commission du conseil des anciens créée par la loi du 19 brumaire; 1 vol. in-8.

1360. Procès-verbal du tribunat (ans VIII, IX, X, XI, XII, XIII); 31 vol. in-8.

1361. Procès-verbal du tribunat, ans VIII, IX, X, XI; 6 vol. in-8.

1362. Rapports et discours (tribunat et corps législatif) de l'an VIII à l'an XII; 22 vol. in-8.

1363. Procès-verbal du corps législatif, ans VIII, IX, X, XI, XII, XIII; 1806, 18 vol. in-8.

1364. Procès-verbal du corps législatif, de l'an VIII à 1808; 15 vol. in-8.

1365. Procès-verbaux du corps législatif, session de 1813; 1 vol. in-8.

1366. Table des matières, des noms de lieux et des noms de personnes contenus aux procès-verbaux des séances des deux conseils, depuis le 4 brumaire an IV jusqu'au 30 floréal an V; Paris, imprim. nationale, an VII, 3 vol. in-8.

1367. Table des procès-verbaux des troisième, sixième, septième, huitième, neuvième, dixième, onzième et douzième législatures; 6 vol. in-8.

1368. Collection générale des décrets rendus par la convention nationale; Paris, Baudouin, 18 vol. in-8.
Manque le vol. 7.

1369. Collection générale des lois et actes du corps législatif et du directoire exécutif; Paris, Baudouin, 16 vol. in-8.
Manque le vol. 12.

1370. Messages, arrêtés et proclamations du directoire exécutif; Paris, Baudouin, 7 vol. in-8.

1371. Chambre des pairs, session de 1815; 1 vol. in-8.

1372. Annales de la session de 1817 à 1818, par Benjamin de Constant; Paris, 1817, in-8.

1373. Choix de rapports, opinions et discours prononcés à la tribune nationale depuis 1789 jusqu'à ce jour (1820), recueillis dans un ordre chronologique et historique; Paris, Eymery, 1818-1823, 22 vol. in-8.

1374. (Rapports, opinions, pièces diverses des assemblées législatives depuis 1789); 76 vol. in-8.
(Acheté à la vente de M. Bigot de Préameneu.)

1375. Annales historiques des sessions du corps législatif (années 1814 à 1822), par Gautier (du Var); Paris, 1816-1822, 10 vol. in-8.

1376. Annales du Parlement français, par une société de publicistes; Paris, Ponce Lebas, 1839-1849, 10 vol. in-8.

1377. Même ouvrage, même édit.

Angleterre.

1378. Les Institutions politiques, judiciaires et administratives de l'Angleterre, par Charles de Franqueville; Paris, Hachette, 1863, in-8.

1379. Histoire de la constitution anglaise depuis l'avènement de Henri VIII jusqu'à la mort de Charles Ier, par J. M. Le Huërou, précédée d'une introduction par A. de La Borderie; Nantes, Forest, 1863, in-8.

1380. Antiquæ constitutiones regni Angliæ sub regibus Joanne, Henrico III et Eduardo I, circa jurisdictionem et potestatem ecclesiasticam, collectæ per Gul. Prynne; Londini, 1672, 2 vol. in-fol.

1381. Constitution de l'Angleterre, par de Lolme; Genève, 1788, 2 vol. in-8.

1382. Recherches sur l'origine et l'accroissement de la prérogative royale en Angleterre, par John Allen; trad. par Paul Guillot; Paris, 1834, in-8.

1383. Observations upon the Statutes chiefly the more ancient from Magna Charta (by P. Hardwick); London, Baker, 1766, in-4.

1384. Observations on the more ancient Statutes from Magna Charta, to the twenty-first of James I, by Daines Barrington; London, Nichols, 1796, in-4.

1385. An historical essay on the Magna Charta king John : to whichare added, the Great Charter in latin and English; the charters of liberties and confirmations, granted by Henry III and Edward I; the original charten of the forests; and various authentic instruments connected with them, by Richard Thomson; London, Major, 1829, in-8.

1386. Examen du système électoral anglais depuis l'acte de réforme, comparé au système électoral français, par Ad. Jollivet; Paris, Guiraudet, 1835, in-8.

1387. Règlements observés dans la chambre des communes pour débattre les matières et pour voter, trad. de l'anglais, mis au jour par le comte de Mirabeau; 1789, in-8.

1388. Tactique des assemblées législatives, suivie d'un traité des sophismes politiques; ouvrage extrait des manuscrits de Jér. Benthan, par Et. Dumont; Genève, Paschoud, 1816, 2 vol. in-8.

1389. Droit anglais, ou Résumé de la législation anglaise sous la forme des Codes politique et administratif, civil, etc., etc., par Alexandre Laya; Paris, Comptoir des imprimeurs, 1845, 2 vol. in-8.

1390. The Cabinet Lawyer, a popular digest of the laws of England; London, Longman, 1850, in-12.

1391. The history of the Poor laws, with observations by Richard Burn; London, 1764, in-8.

1392. The law of retribution or a serious warning to Great Britain and her colonies, foundel on unquestionable examples of God's temporal vengeance against Tyrants, slave polders, and oppressors (by Grandville Sharp); London, Richardson, 1776, in-8.

1393. Considerations on the law of forfeitures, for high treason withan appendix concerning estates tail in Scotland (by Ch. Yorke); London, Williams, 1775, in-8.

1394. De la jurisprudence anglaise sur les crimes politiques, par de Montveran; Paris, Gosselin, 1829, 3 vol. in-8.

1395. An exact abridgment of all the statutes in force and use; London, 1730-1732, 7 vol. in-8.

1396. An abridgment of the publick statutes in force and use, by John Cay; London, 1739, 2 vol. in-fol.

1397. Même ouvrage, même édit.

1398. A Report of some proceedings on the commission for the trial of the rebels in the year 1746, by sir Michael Foster, with additional notes by Michael Dobson; London, Broocke, 1792, in-8.

1399. A brief account of some of the most important proceedings in parliament, relative to the defects in the administration of justice in the court of chancery, the house of lords, and the court of commissioners of bankrupt, by C. P. Cooper; London, Murray, 1828, in-8.

1400. A Manual of the law with regard to public meetings and political societies, by Thomas James Arnold; London, Maxwell, 1833, in-18.

1401. The parliamentary writs, and writs of military summons, together with the records and monuments relating to the suit and service due and performed to the king's high court of parliament and the councils of the realm, collected and edited by Francis Palgrave; 1834, in-fol.

1402. Les Manuscrits de Philippe de Geyt, écuyer, lieutenant-bailli de l'île de Jersey, sur la constitution, les lois et les usages de cette île; Jersey, 1846, 4 vol. in-8.

1403. Discussions importantes débattues au Parlement d'Angleterre par les plus célèbres orateurs, depuis trente ans; ouvrage traduit de l'anglais (par A. P. Lottin le jeune); Paris, Maradan, 1790, 4 vol. in-8.

1404. Recueil de discours prononcés au Parlement d'Angleterre, par J. C. Fox et W. Pitt, trad. par H. de J. (Janvry) et L. P. de Jussieu; Paris, Lenormant, 1819-1820, 12 vol. in-8.

Allemagne.

1405. Collectio consuetudinum et legum Imperialium; hoc est generales et receptæ in Imperio consuetudines ac leges, etc., etc., editæ studio Melchioris Goldasti; Francofordiæ ad Moenum, Kopffius, 1613, in-fol.

1406. Collectio constitutionum Imperialium, hoc est imperatorum, Cæsarum ac regum Imperii Germano-Romani, studio Melchioris Goldasti; Francofordiæ ad Moenum, 1615, 4 tom. in 2 vol. in-fol.

1407. Corpus constitutionum Imperialium, durch Franz Friederichen, Hern von Andlern; Franckfurt am Mayn, Andrea, 1700-1704, 2 tom. in 3 vol. in-fol.

1408. Corpus juris Germanici antiqui, ex optimis subsidiis collegit Ferd. Walter; Berolini, Reimerus, 1824, in-8.

1409. Codex epistolaris Rodulfi I, Romanorum regis, locupletior ac commentario illustratus, opera Martini Gerberti; typis San-Blasianis, 1772, in-fol.

1410. La Capitulation de l'empereur Charles VII, avec des remarques instructives touchant l'état et le gouvernement actuel de l'Empire (par J. Fr. baron de Spon); Francfort-sur-le-Mein, 1743, in-4.

1411. Capitulation harmonique de M. Müldener, continuée jusqu'au temps présent, ou Traduction et concordance générale de toutes les capitulations des empereurs depuis et compris l'empereur Charles-Quint (par N. P. Besset de La Chapelle); Paris, Guérin, 1750, in-4.

1412. Introductio in Jus publicum imperii Romano-Germanici novissimum, a Gabriele Schwedero; Tubingæ, Metzlerus, 1722, in-8.

1413. Dieter. Herm. Kemmerichii introductio ad jus publicum imperii Romano-Germanici; Francofurti, Gleditschius, 1744, 2 vol. in-8.

1414. Traité historique et politique du droit public de l'empire d'Allemagne (par Le Coq de Villeray); Paris, d'Houry, 1748, in-4.

1415. Institutions au droit public d'Allemagne (par de Rayneval); Leipsic, 1766, in-8.

1416. Grundsætze des heutigen deutschen Staatsrechts, von

Romeo Maurenbrecher; Frankfurt am Main, Varrentrapp, 1837, in-8.
1417. Joannis Stephani Pütteri elementa Juris Publici Germanici; Goettingæ, Bossiegel, 1766, 2 vol. in-8.
1418. Johann Stephan Putters Kurzer Begriff des Teutschen Staatsrechts; Gœttingen, 1768, in-8.
1419. Joannis Stephani Pütteri institutiones Juris Publici Germanici; Goettingæ, vidua Vanderhoeck, 1770, in-8.
1420. Joannis Stephani Pütteri institutiones Juris Publici Germanici; Goettingæ, Vanderhoeck, 1802, in-8.
1421. Joannis Stephani Pütteri specimen juris publici et gentium medii ævi, de Instauratione Imperii Romani sub Carolo M. et Ottone M. facta, ejusque effectibus; Goettingæ, Vanderhoeck, 1784, in-8.
1422. Johann Jacob Schmaussens corpus juris publici S. R. Imperii academicum, herausgegeben von Gottlieb Schumann und Heinrich Gottlieb Franken; Leipzig, 1794, in-4.
1423. Staats-Acten fur Geschichte, etc., etc.; Corpus juris Confederationis Germanicæ, von Philipp Anton Guido von Meyer; Frankfurt am Main, Boselli, 1833, 2 tomes en 1 vol. in-8.
1424. Jo. Jac. Mascovii principia Juris Publici imperii Romano-Germanici; Lipsiæ, Breitkopf, 1750, in-8.
1425. Jo. Jac. Mascovii principia Juris Publici imperii Romano-Germanici; Lipsiæ, Breitkopf, 1759, in-8.
1426. Fasciculus Juris Publici ex sac. Rom. imp. viridariis collectus, studio et opera Hermanni Hermes; Salisburgi, Mayr, 1663, in-4.
1427. Joan. Petri de Ludewig singularia juris publici Germanici imperii; Halæ Salicæ, 1730, in-8.
1428. Christiani Gottlieb Buderi Opuscula, quibus selectioris juris publici, feudalis, ecclesiastici Germanici, et historiæ patriæ ac litterariæ argumenta exhibentur; Ienæ, Cuno, 1745, in-8.
1429. Commentarii de origine et progressu legum juriumque Germanicorum, quos edidit Chr. Gottl. Bienerus; Lipsiæ, Beer, 1787, 3 part. in 1 vol. in-8.
1430. Die Grundlagen der fruhern Verfassung Teutschlands, von Julius Weiske; Leipzig, Goschen, 1836, in-8.

Tome 1er.

1431. Quellen-Sammlung zu dem deffentlichen Recht des teutschen Bundes, herausgegeben von Johann Ludwig Klüber; Erlangen, 1830, in-8.

1432. Fortsetzung der Quellen-Sammlung zu dem deffentlichen Recht des teutschen Bundes, herausgegeben von Johann Ludwig Klüber; Erlangen, 1833, in-8.

1433. OEffentliches Recht des teutschen Bundes und der Bundesstaaten, von Johann Ludwig Klüber; Frankfurt am Main, 1840, in-8.

1434. Staatsarchiv des teutschen Bundes, von Johann Ludwig Klüber; Erlangen, 1816-1817, 2 vol. in-8.

1435. Deutsche Staats-und-Rechtsgeschichte, von Heinrich Zoepfl; Stuttgart, 1844, in-8.

1436. Joannis Nicolai Hertii commentationum atque opusculorum de selectis et rarioribus ex jurisprudentia universali, publica, feudali et romana, nec non historia Germanica, argumentis; Francofurti ad Mœnum, 1737, 2 vol. in-4.

1437. Ueber den Ursprung des Lehnsverbandes, von L. Peters; Berlin, 1831, in-8.

1438. Ueber die Entstehung und ælteste Bearbeitung der Libri Feudorum, von Ernst Adolph Laspeyres; Berlin, Dümmler, 1830, in-8.

1439. Synopsis Juris Feudalis, cum semi-centuria quæstionum illustrium, a Benedicto Carpzov; Lipsiæ, Kuhns, 1647, in-4.

1440. Caspari Bitschii commentarius in consuetudines feudorum; Argentorati, Dolhopffius, 1673, in-4.

1441. Antonii Mincuccii de Prato Veteri de Feudis libri VI; Argentorati, Spoor, 1695, in-4.

1442. Libellus feudorum reformatus, et a Barthol. Baraterio ex omni vetere feudorum jure digestus, nunc vero cura Jo. Philippi Schmidii auctus et plurimis locis emendatus; Argentorati, Spoor, s. d., in-4.

1443. Burcardi Gotthelffii Struvii Jurisprudentia feudalis, ex jure Germanico, Longobardico, legis imperii, etc., etc., demonstrata; Ienæ, Bielckius, 1727, in-8.

1444. Ahasveri Fritschii Opuscula varia, de selectioribus quibusdam argumentis ad Jus publicum atque ecclesiasticum Mich. Henrici Gribneri; Norimbergæ, Stein, 1731, 2 vol. in-fol.

JURISPRUDENCE.

1445. Casparis Henrici Hornii Jurisprudentia feudalis Longobardo-Teutonica, aucta variis accessionibus, accurante Christiano Hanaccio; Wittebergæ, Zimmermann, 1741, in-4.

1446. Jo. Schilteri institutiones juris feudalis Germanici et Longobardici, observationibus Jo. Gottlieb Heineccii illustratæ; accedit ejusdem Schilteri comment. de Natura successionis feudalis; Berolini, Vossius, 1750, in-8.

1447. Samuelis Strykii, necnon Joan. Samuelis Strykii Opera omnia, una cum Joan. Frider. Rhetii binis volum. Disputationum; Francofurti, Wohler, 1744-1753, 14 vol. in-fol.

1448. Jo. Petri de Ludewig Observationes ad Samuelis Strykii examen Juris feudalis; accedit ejusd. Dissertatio de feudorum Germaniæ et Longobardiæ differentiis; Francofurti, 1751, in-8.

1449. Jo. Jac. Mascovii de jure Feudorum in imperio Romano-Germanico liber; Lipsiæ, Breitkopf, 1763, in-8.

1450. Idem opus, ejusd. edit.

1451. Georgii Ludovici (Boehmeri principia juris Feudalis, præsertim Longobardici, quod per Germaniam obtinet; Goettingæ, vid. Vandenhoeckii, 1782, in-8.

1452. Friderici Martini commentarius de jure censuum, seu annuorum redituum; hisce accedit Carolinarum constitutionum interpretatio; Coloniæ Agrippinæ, Kalcovius, 1660, in-4.

1453. Joachimi Potgiesseri commentariorum juris Germanici de statu Servorum, veteri perinde atque novo, libri V; Lemgoviæ, Meierus, 1736, in-4.

1454. Idem opus, ejusd. edit.

1455. Georgii Mundii a Rodach de Muneribus et honoribus tam personalibus quam realibus, sive de excubiis agendis, hospitibus recipiendis et contributionibus subeundis tractatus theorico-practicus; Norimbergæ, Dümlerus, 1645, in-4.

1456. Disputatio juridica de Antiquissima Germanicarum civitatum pensione, vulgo *Orbede*, quam placido eruditorum examini offert Mauritius Henricus de Wedel; Francofurti, Schrey, 1692, in-4.

1457. Disputatio Juridica de Feudis Clivensium, vel Zutphaniensium more concessis, quam doctorum examini exhibet Joannes Gerhardus de Morrien; Francofurti, Schrey, 1692, in-4.

1458. Tractatus singularis de Molendinis eorumque jure, quem in lucem nunc primum produxit Joannes Heringius; Francofurti, Kempfferus, 1663, in-4.

1459. Disputatio juridica de censu fundo cohærente, quam eruditorum disquisitioni exponit Christophorus Pincker; Francofurti, Schrey, 1692, in-4.

1460. Disputationem juridico-politicam, de Prærogativa inter familias illustres et prætentionibus, in Alma Viadrina in publicum exponit Joachim Fridrich von Schlaberndorff; Francofurti ad Viadrum, Schrey, 1686, in-4.

1461. Discursus juris feudalis de Judicio Feudali, quem in academia Francofurtana publico examini submittet Melchior Heinrich Katt; Francofurti ad Viadrum, Schrey, 1686, in-4.

1462. Disputatio politico-juridica de civitatensibus, quam in illustri ad Viadrum academia eruditorum examini sistit Eleasar Ulrici; Francofurti ad Viadrum, Schrey, 1686, in-4.

1463. Elementa juris publici Wirtembergici ac ducum privati, auct. Joanne Gottlieb Breyero; Tubingæ, Cotta, 1787, in-8.

1464. Das Recht der Steuerverwilligung, nach den Grundsaken der Wurtembergischen Verfassung, von P. A. Pfizer; Stuttgart, Liesching, 1836, in-12.

1465. Das Staatsrecht des Kœnigreiches Württemberg, von Robert von Mohl; Tubingen, 1840, 2 vol. in-8.

1466. Joannis Georgii Estoris Origines juris publici Hassiaci; Francofurti ad Mœnum, Garbe, 1752, in-8.

1467. Joannis Georgii Estoris Origines juris Publici Hassiaci, monimentis ineditis illustratæ; Francofurti ad Mœnum, Garbe, 1779, in-8.

1468. Disquisitio de origine juris municipalis Frisici, auct. J.-H. Beucker Andreæ; Trajecti ad Rhenum, Bosch, 1840, in-8.

1469. Geschichte der Westphalischen Femgerichte; ein Beitrag zur Geschichte des deutschen Reichs und Justiz-Verfassung in den mittleren Zeiten vor, unter und nach Carl dem Grossen, von Theodor Berck; Bremen, Kaiser, 1815, in-8.

1470. Versuch einer Geschichte des Bremischen Stadtrechts, von Ferd. Donandt; Bremen, Heyse, 1830, 2 tom. en 1 vol. in-8.

1471. Der Stadt Hamburg Statuten und Gerichts-Ordnung; Hamburg, Conrad Koenigs, 1771, in-fol.

1472. Wetzlar'sche Beiträge fur Geschichte und Rechtsalterthumer im Ramen des Vereins, herausgegeben von Paul Wigand; Wetzlar, Wigand, 1840, in-8.

1473. Dissertatio historico-juridica inauguralis, sistens animadversiones de Ordinibus Transisalaniæ, quam pro gradu doctoratus consequendo eruditorum examini submittit Joannes Christianus Bijsterbos; Schoonoviæ, E. van Nooten, 1839, in-8.

1474. Quatre questions résolues par un habitant de la Prusse Orientale (le Dr Jacobi); trad. de l'allem. par C.-T. Riva; Paris, Raymond Bocquet, 1842, in-8.

Russie.

Pologne. Suède. Norwége.

1475. Les plans et les statuts des différents établissements ordonnés par S. M. J. Catherine II pour l'éducation de la jeunesse et l'utilité générale de son empire, écrits en langue russe par M. Betzky, trad. par M. Clerc; Amsterdam, Rey, 1775, 2 tom. en 1 vol. in-4.

1476. Gosfridi Lengnich Jus publicum regni Poloni; Gedani, Wedel, 1765-1766, 2 tom. in 1 vol. in-12.

1477. Mémoires pour servir à l'histoire et au droit public de Pologne, contenant particulièrement les *Pacta Conventa* d'Auguste III, trad. du latin de Lengnisch par Formey; La Haye, Gosse, 1741, in-8.

1478. Sueciæ regni Leges Provinciales, a Carolo IX anno 1608 publicatæ; — Sueciæ regni Leges Civiles, aut civitatum, secundum Gustavi Adolphi mandatum publicatæ anno 1618; a Joanne Loccenio in linguam latinam traductæ; Holmiæ, Wankyf, 1672, in-fol.

1479. Johannis Loccenii Synopsis juris publici Suecani; Gothoburgi, Grefwe, 1673, in-12.

1480. Das Schwedische Reichs-Gesetz ; Stockholm, Lindh, 1807, in-8.
1481. Sweriges Rikes Lag ordnadt of Joh. Cabr. Carlen ; Stockholm, Norstedt, in-8.
1482. Jus aulicum antiquum Norvagicum lingua antiqua Norvagica, a Jano Dolmero in linguam danicam et latinam translatum, in lucem prodit cum notis Petri Joh. Resenii, a quo adjungitur Jus aulicum antiquum Danicum, cum versione prædicti Resenii ; Haffniæ, Godianus, 1673, in-4.

Italie. Espagne. Portugal.

1483. Histoire de la législation italienne. par Frédéric Sclopis, trad. en français par Charles Sclopis ; Paris, Didier, 1861, 2 vol. in-8.
1484. Codex Italiæ diplomaticus, quo non solum multifariæ investitutarum litteræ a Romanorum imperatoribus Italiæ principibus concessæ, verum etiam alia varii generis diplomata continentur ; quæ omnia collegit Joannes Christianus Lünig ; Francofurti, 1725-1726, 2 vol. in-fol.
1485. Constitutiones regum regni utriusque Siciliæ, mandante Frederico II, per Petrum de Vinea concinnatæ ; Neapoli, ex reg. typogr., 1786, in-fol.
1486. Gratiæ, immunitates et facultates, per summos Romanos Pontifices almæ urbi Romæ populoque Romano concessæ ; s. d., in-fol.
1487. Liber Statutorum Arretii ; Florentiæ, Marescoti, 1580, in-fol.
1488. Pracmaticæ, edicta, regiæque sanctiones Neapolitani regni, in unum congestæ per Prosperum Caravitam ; Venetiis, 1580, in-fol.
1489. Id. op., ejusd. edit.
1490. Baldi Perusini in Usus Feudorum Commentaria doctissima, quibus accesserunt Andr. Siculi adnotationes, una cum Joannis de Anania eleganti disputatione ; Augustæ Taurinorum, hered. Bevilaquæ, 1578, in-fol.

1491. Libri due delle Instituzioni civili accomodate all' uso del foro, opera postuma di Francesco Forti; Firenze, Vieusseux, 1840, 2 vol. in-8.

1492. Vicende della proprieta in Italia, dalla caduta dell' Imperio Romano fino allo stobilimento dei feudi, di Carlo Baudi di Vesme et di Spirito Fossati; Torino, stamp. reale, 1836, in-4.

1493. Scipionis Gentilis de conjurationibus libri duo; Hanoviæ, Wechel, 1602, in-8.

1494. Constitution de la république Romaine, traduite de l'Italien; Paris, imprim. de la République, an VI, in-8.

1495. Allegationes fiscales, auctore Joan.-Bapt. Larrea; Lugduni, Borde, 1699, 2 vol. in-fol.

1496. Antonii Fernandez de Otero tractatus de Officialibus reipublicæ, necnon oppidorum utriusque Castellæ; Venetiis, Fentius, 1753, in-fol.

1497. Joannis Garsiæ a Saavedra tractatus de Hispanorum nobilitate et exemptione, sive ad Pragmaticam Cordubensem, quæ est lib. VIII, t. 2, lib. 2 novæ Recopilationis; Calloniæ, 1737, in-fol.

1498. Coleccion de Memorias y noticias del gobierno general y politico del consejo, lo que observa en el despacho delos negocios, escritta por Antonio Martinez Salazar; Madrid, Sanz, 1764, in-fol.

1499. Las siete partidas del rey don Alfonso el Sabio; Madrid, en la imprenta real, 1807, 3 vol. in-4.

1500. Teoria de las Cortes o grandes juntes nacionales de los reinos de Leon y Castilla, por Francisco Martinez Marina; Madrid, 1820, 3 vol. in-4.

1501. Essais de Jérémie Bentham sur la situation politique de l'Espagne, sur la constitution et le nouveau code espagnol; Paris, Brissot-Thivars, 1823, in-8.

1502. Joannis de Solorzano Pereira de Indiarum jure, sive de justa Indiarum Occidentalium inquisitione, acquisitione et retentione, cui accessit alia ejusdem auctoris disputatio de Parricidii crimine; Lugduni, Anisson, 1672, 2 vol. in-fol.

1503. Jus succedendi in Lusitaniæ regnum dominæ Catharinæ, regis Emmanuelis ex Eduardo filio neptis, doctorum Conimbricensium sententiis confirmatum, nunc ab Lusitano anonymo latinitate donatum; Parisiis, Seb. Cramoisy, 1641, in-fol.

Pays-Bas.

1504. Pauli Christinæi, domini de Beyssem, Bueken et Assent, in Leges Municipales (provinciæ Mechliniensis) commentaria ac notæ ; Antuerpiæ, Verdussen, 1671, in-fol.
1505. Specimen historico-juridicum inaugurale, de Jure et Modo quo in urbe Rheno-Trajectina, ante ann. 1528, eligebantur duo quibus in regenda civitate partes erant, quod pro gradu doctoratus consequendo eruditorum examini submittit Ludovicus Henricus van Asch van Wijck ; Trajecti ad Rhenum, N. van der Monde, 1839, in-8.
1506. Disputatio historica juris publici, continens Ordinum generalium totius Belgii historiam ab obitu Requesentii usque ad expugnatam Antuerpiam (1576-1584), quam pro gradu doctoratus consequendo defendet Fredericus Guilielmus Adrianus van Knobelsdorff ; Lugduni Batavorum, Emeis, 1835, in-8.
1507. Specimen juris publici de Imperii formis quæ in patria nostra sive tentatæ, sive institutæ fuerunt, a conversa republica anno 1795 ad ejus cum Francia conjunctionem, quod pro gradu doctoratus consequendo publico examini submittit Guilielmus Folkertius Scholten tot Gansoijen ; Trajecti ad Rhenum, van der Post, 1836, in-8.
1508. Aux Bataves, sur le Stathouderat, par le comte de Mirabeau ; 1788, in-8.
1509. Constitution du peuple Batave décrétée par l'Assemblée constituante, et acceptée par le peuple le 23 avril 1798 ; Paris, Jansen, an VI, in-8.
1510. Des droits du citoyen d'aujourd'hui, lecture faite à l'Académie des sciences et des lettres de La Haye, par M. Thorbecke ; traduit du hollandais par MM. Bergson et Riva ; Paris, Joubert, 1848, in 8.
1511. Même ouvrage, même édition.

Suisse.

1512. Verfassungen der Kantone der Schweizerischen Eidgenossenschaft, von Thomas Bornhausser; Trogen, 1833, 2 vol. in-32.
1513. Handbuch des Schweizerischen Staatsrechts, von Ludwig Snell; Zurich, Fussli, 1844, 2 vol. en 4 tom. in-8.
1514. Constitution de la république et canton de Genève; Genève, Briquet, 1835, in-8.
1515. Staats-und Rechtsgeschichte der Stadt-und Landschaft Zürich, von J.-C. Bluntschli; Zürich, Orell, 1838, 2 vol. in-8.
1516. Species facti, und Rechts-Gutachten über das der Burgerschaft der Stadt Bern durch die Dotations-urkunde vom 20 Herbstmonat 1803 gewahrleistete vermœgen; Bern, 1835, in-8.
1517. Gutachten der in der Angelegenheit des herrn Paul Vital, Ignaz Troxler nidergesetzten Commission; in-8.

Amérique.

1518. The laws of the United-States of America; Philadelphia, 1796, 3 vol. in-8.
1519. Law of the United-States of America; 1815-1828, 8 vol. in-8.
1520. Constitutions des treize États-Unis de l'Amérique (par le duc de la Rochefoucauld-Liancourt); Philadelphie, (Paris), 1783, in-8.
1521. The American's Guide, comprising the declaration of independance; the articles of confederation; the constitution of the United-States, and the constitution of the several states composing the union; Philadelphia, Hogan et Thompson, 1833, in-12.

1522. The rights of an American citizen, with a commentary on state rights and on the constitution and policy, by Benjamin L. Oliver ; Boston, Marsh, 1832, in-8.

1523. Défense des constitutions américaines, ou de la nécessité d'une balance dans les pouvoirs d'un gouvernement libre, par John Adams ; Paris, Buisson, 1792, 2 vol. in-8

1524. The diplomatic Correspondance of the American revolution, edited by Jared Sparks ; Boston, Hale, 1829-1830, 12 vol. in-8.

1525. State papers and publick documents of the United-States ; Boston, 1819, 12 vol. in-8.

1526. Public Laws of the United-States of America, (1845-1849), edited by Georges Minot ; Boston, Little, 1849, in-8.

1527. The public statutes at large of the United-States of America, edit. by Richard Peters ; Boston, 1845-1846, 8 vol. in-8.

1528. A digest of the laws of the United-States, including an abstract of the judicial decisions relating to the constitutional and staturory law, by Thomas F. Gordon ; Philadelphia, 1827, in-8.

1529. Commentaries on American law, by James Kent ; New-York, Halsted, 1832, 4 vol. in-8.

1530. Acts passed at the first session of the Twenty-Fourth Congress of the United-States ; (Washington, 1836), in-8.

1531. Compilation of the public acts of the legislative council of the territory of Florida, by John P. Duval ; Tallahassee, Sibley, 1839, in-8.

1532. Acts of the governor and legislative council of the territory of Florida, 1836-1851 ; Tallahassee, 1836-1851, 3 vol. in-8.

1533. Constitution, or form of governement for the people of Florida ; Tallahassee, 1851, in-8.

1534. A Manual, or digest of the statute law of the state of Florida, by Leslie A. Thompson ; Boston, Little, 1847, in-8.

1535. A report of the proceeding in the cases of the bank of south Carolina and the bank of Charleston ; Charleston, Riley, 1844, in-8.

1536. The revised statutes of the state of New-York; Albany, 1829, 3 vol. in-8.
1537. Report of the commissioners appointed to revise the general statutes of the commonwealth : part. II-III-IV; Boston, 1834, in-8.
1538. The revised statutes of the commonwealth of Massachusetts; Boston, 1836, in-8.
1539. The statutes of the state of Connecticut; New-Haven, Stafford, 1854, in-8.
1540. The statutes at large; being a collection of all the laws of Virginia from the first session of the legislature in the year 1619, by William Waller Hening; New-Yorck, 1823, 3 vol. in-8.
1541. Laws of the state of New Hampshire; 1848-1849; Concord, Butterfield, 1849, 2 vol. in-8.
1542. Constitution of the state of Louisiana, adopted in convention; July, 31, 1852; New-Orleans, 1852, in-8.
1543. Acts passed at the second session of the Eighth Legislature of the state of Louisiana; New-Orleans, Gibson, 1828, 2 vol. in-8.
1544. Digeste général des actes de la législature de la Louisiane, passés depuis 1804 jusqu'en 1827, et en force de loi à cette dernière époque, par Le Morreau Lislet; Nouvelle-Orléans, Lévy, 1828, 2 vol. in-8.
1545. Eloquence of the United-States, conspiled by E. B. Williston; Middletown, 1827, 5 vol. in-8.
1546. Speches and forensic arguments by Daniel Webster; Boston, Perkings, 1830, in-8.
1547. Constituição politica do imperio do Brasil, seguida da lei das reformas constitucionaes; S. Paulo, Garraux, (1862), in-12.

États musulmans.

1548. Législation orientale, par Anquetil Duperron; Amsterdam, Rey, 1778, in-4.
1549. Recherches sur la constitution de la propriété territoriale dans les pays musulmans et subsidiairement en Algérie, par Worms; Paris, Franck, 1846, in-8.

DROIT ADMINISTRATIF

Traités généraux.

1550. Des sciences politiques et administratives, et de leur enseignement, par Émile Lenoel; Paris, Durand, 1865 (1864), in-8.

1551. Discours couronné en 1810 par l'académie de la Rochelle sur les questions suivantes : Quel est le genre d'éducation le plus propre à former un administrateur? A quel degré les lettres et les sciences lui sont-elles nécessaires? Quels secours l'administrateur et l'homme de lettres peuvent-ils et doivent-ils réciproquement se prêter? par M. P.-J. Sales; Paris, Pillet, 1842, in-8.

1552. De l'enseignement et du noviciat administratifs en Allemagne, par Édouard Laboulaye; Paris, 1843, in-8.

1553. Cours de législation administrative, par Portiez (de l'Oise); Paris, Garnery, 1808, 2 vol. in-8.

1554. Éléments de l'administration pratique, par Lalouette; Paris, Le Normant, 1812, in-4.

1555. Classification des lois administratives depuis 1789 jusqu'au 1er avril 1814, précédée d'un essai sur les principes et les règles de l'administration pratique, par Lalouette; Paris, Ant. Bavoux, 1817, in-4.

1556. Code administratif, par Fleurigeon; Paris, Bavoux, 1822-1823, 6 vol. in-8.

1557. Code administratif, ou recueil des lois, décrets et ordonnances sur l'administration communale et départementale, par Ernest de Lépinois; Paris, Michaud, 1825, in-8.

1558. Dictionnaire de droit public et administratif, par Albin Le Rat de Magnitot et Huard-Delamarre; Paris, Joubert, 1836, in-8.

1559. Éléments de droit public et administratif, par E.-V. Foucart; Paris, Videcoq, 1839, 3 vol. in-8.

JURISPRUDENCE.

1560. Questions de droit administratif, par Cormenin; Paris, Ridler, 1822, 2 vol. in-8.

1561. Droit administratif, par de Cormenin; Paris, G. Thorel et Pagnerre, 1840, 2 vol. in-8.

1562. Etudes administratives, par Vivien; Paris, Guillaumin, 1845, in-8.

1563. Principes et notions élémentaires de droit public administratif, par Bouchené-Lefer; Paris, Cosse, 1862, in-8.

1564. Droit public et administratif français, par Bouchené-Lefer; Paris, Joubert, 4 vol. in-8.

1565. De la justice administrative, par Bouchené-Lefer; Paris, Marescq, 1863, in-8.

1566. Programme du cours de droit public, positif et administratif, à la Faculté de droit de Paris, pour l'année 1819-1820, par M. le baron de Gérando; Paris, Baudouin, 1819, in-8.

1567. Institutes du droit administratif français, ou éléments du code administratif, par M. de Gérando; Paris, Nève, 1842, 4 vol. in-8.

1568. Éléments de jurisprudence administrative, par L. Macarel; Paris, Dondey-Dupré, 1818, 2 vol. in-8.

1569. Des tribunaux administratifs, ou introduction à l'étude de la jurisprudence administrative, par L.-A. Macarel; Paris, 1828, in-8.

1570. Même ouvrage, même édition.

1571. Cours de droit administratif, par Macarel; Paris, Thorel, 1844, 5 vol. in-8.

1572. Jurisprudence administrative, ou recueil complet et méthodique des arrêts du conseil d'Etat en matière contentieuse, par Théodore Chevalier; Paris; Dupont, 1836, 2 vol. in-8.

1573. Traité général de droit administratif appliqué, par G. Dufour; Paris, Delamotte, 1843-1845, 4 vol. in-8.

1574. Traité général de droit administratif appliqué, par Gabriel Dufour; Paris, Cotillon, 1854, 7 vol. in-8.

1575. Code administratif annoté, par V.-H. Solon; Paris, Durand, 1848, in-4.

1576. Précis de droit administratif, par Pradier-Fodéré; Paris, Moquet, 1854, in-12.

1377. Cours de droit public et administratif, par F. Laferrière; Paris, Joubert, 1841, in-8.

1578. Cours de droit public et administratif, par Laferrière; Paris, Cotillon, 1860, 2 vol. in-8.

1579. Principes de compétence et de juridiction administratives, par Chauveau Adolphe; Paris, Cotillon, 1841-1844, 3 vol. in-8.

1580. Journal de droit administratif, ou le droit administratif mis à la portée de tout le monde, par Chauveau Adolphe et Anselme Batbie; Toulouse, 1853-1862, 10 vol. in-8.

1581. Code d'instruction administrative, ou lois de la procédure administrative, par Chauveau Adolphe; Paris, Cosse, 1860, 2 vol. in-8.

1582. Traité théorique et pratique de droit public et administratif, par A. Batbie; Paris, Cotillon, 1861-1863, 4 vol. in-8.

1583. Principes d'administration, extraits des avis du conseil d'Etat et du comité de l'intérieur, des circulaires ministérielles, etc., etc., par Vuillefreux et Monnier (Léon); Paris, 1837, in-8.

1584. Journal du Palais. Jurisprudence administrative, par Ledru-Rollin, Steph. Cuënot, Th. Gelle, A. Fabre; Paris, 1842-1860, 13 vol. in-8.

1585. Journal du Palais. Lois, ordonnances, règlements et instructions d'intérêt général, par Ledru-Rollin, J.-A. Lévesque, etc., etc.; Paris, 1845-1858, 8 vol. in-8.

1586. Dictionnaire de l'Administration française, par Maurice Block; 1856, in-8.

1587. Lois sur la compétence des fonctionnaires publics de toutes les hiérarchies, par Dupin (aîné); Paris, Guillaume, 1825, 4 vol. in-8.

1588. Éléments de notre organisation gouvernementale administrative et judiciaire, par Coffinières; Paris, 1850, Simon, in-12.

1589. Études d'administration; de la division administrative de la France et de la centralisation, par Jules Chevillard; Paris, Durand, 1862, 2 vol. in-8.

1590. Traité d'administration départementale, par E. Herman; Paris, Dupont, 1855, 2 vol. in-8.

1591. Décentralisation, ou réforme administrative et judiciaire, par Obriot; Sainte-Menehould, Poignée, in-8.

1592. Décentralisation et régime représentatif; Metz, Rousseau-Pallez, 1863, in-8.

1593. Essai sur la centralisation administrative, par F. Béchard; Marseille, Olive, 1836, 2 vol. in-8.

1594. La centralisation, ses règles, son emploi, ses avantages. par Auguste Nougarède de Fayet ; Paris, Amyot, 1849, in-8.

1595. Même ouvrage, même édition.

1596. La province, ce qu'elle est, ce qu'elle doit être, par Élias Regnault; Paris, Pagnerre, 1861, in-8.

1597. (Recueil de pièces concernant l'administration, le commerce, etc., etc. de la France, de l'année 1669 à l'année 1813, reliées sous le titre de *Conseil d'État*); 30 vol. in-fol. et in-4.

1598. Code des préséances et des honneurs civils, militaires, maritimes, ecclésiastiques et funèbres, par G. Toussaint; Paris, Dumaine, 1845, in-8.

1599. Dictionnaire des formules, par Paul Dupont; Paris, Dupont, 1842, in-8.

Traités divers.

Justice. Conseil d'État. Conflits. Conseils de préfecture. Chambre et Cour des comptes.

1600. Dictionnaire universel, chronologique et historique de justice, police et finances, contenant tous édits, déclarations du roy, etc., etc., par François Jacques Chasles; Paris, Robustel, 1725, 3 vol. in-fol.

1601. Recueil des principaux édits, déclarations, ordonnances, arrêts, etc., etc., concernant la justice, police et finances, depuis le 29 septembre 1722 jusqu'au 4 juin 1726 (par Coquelay de Chaussepierre); Paris, Girard, 1758-1760, 12 vol. in-12.

1602. (Recueil d'édits, arrêts, concernant les fonctions des commissaires-enquêteurs); in-8.

1603. Lettres patentes portant règlement pour l'administration de la justice en Normandie; Rouen, 1769, in-16.

1604. Ordonnances royaux sur le faict de la justice et authorité d'icelle (François Ier — Henry IV); Paris, Binet, 1606, 2 vol. in-24.

1605. (Recueil d'édits, déclaratious du roi, arrêts du parlement de Paris, concernant divers objets et particulièrement les frais de justice, appointements, droits des procureurs); in-4.

1606. Table alphabétique et chronologique des instructions et circulaires émanées du ministère de la justice, depuis brumaire an IV jusqu'au 1er janvier 1837, par Jos. Fr. Louis Massabiau; Quimperlé, 1737, in-4.

1607. Analyse chronologique des circulaires, instructions et décisions émanées du ministère de la justice, depuis le 12 janvier 1791 jusqu'au 1er janvier 1840, suivie d'une table par Gillet; Paris, André, 1840, in-8.

1608. Compte général de l'administration de la justice civile et commerciale en France; 1820-1863, in-4.

Les années 1820 à 1833 manquent.

1609. Compte général de l'administration de la justice criminelle en France, présenté par le garde des sceaux; 1825-1863, in-4.

Les années 1832 à 1834 manquent.

1610. Rapport sur l'administration de la justice du tribunal de la Seine pendant l'année judiciaire 1835; in-8.

1611. Rapport des travaux du tribunal de la Seine pour l'année judiciaire 1835-1836, par M. Debelleyme, président; Paris, Guyot (1836), in-8.

1612. Etat des travaux du tribunal de première instance du département de la Seine, 1838-1839; Paris, A. Guyot, in-8.

1613. Etat des travaux du tribunal de première instance du département de la Seine, 1839-1840; Paris, Guyot, in-8.

1614. Même ouvrage, même édition.

1615. Histoire du conseil des rois depuis le commencement de la monarchie jusqu'à la fin du règne de Louis le Grand, par Guillard; Paris, Coustelier, 1718, in-4.

1616. Recherches sur l'origine du conseil du roi (par Lescalopier); Paris, Babuty, 1765, in-12.

1617. Règlement du conseil, précédé de l'explication des différents articles compris dans chacun des chapitres, avec les formules des procédures qu'on y suit, et celles des arrêts ou jugements qui s'y rendent (par de Tolosan); Paris, Moutard, 1786, in-4.

1618. Même ouvrage, même édition.

1619. Journal du Grand-Conseil, par Monssier; Paris, Knapen, 1765, in-4.

1620. Mémoire sur l'affaire du Grand-Conseil, ou Analyse raisonnée des prétentions élevées par le Grand-Conseil et des principes et monuments qui démontrent leur illégitimité; 1755, in-4.

1621. Histoire du Conseil d'Etat, depuis son origine jusqu'à ce jour, contenant sa composition, son organisation intérieure, ses attributions, etc., par A. Regnault; Paris, Cotillon, 1853, in-8.

1622. Du Conseil d'Etat selon la charte, ou Notions sur la justice d'ordre politique et administratif, par J. B. Sirey; Paris, 1818, in-4.

1623. Le Conseil d'Etat, par Vivien; extrait de la *Revue des Deux Mondes;* (1841), in-8.

1624. Du Conseil d'Etat, de son organisation, de son autorité, de ses attributions, par Alp. de Pistoye; Paris, Paul Dupont, 1845, in-8.

1625. Même ouvrage, même édition.

1626. Traité de l'organisation, de la compétence et de la procédure en matière contentieuse administrative, dans leurs rapports avec le droit civil, par Serrigny; Paris, 1842, 2 vol. in-8.

1627. Chambre des pairs, séance du 11 janvier 1834. Projet de loi relatif à l'organisation du Conseil d'Etat, avec l'exposé des motifs de M. le garde des sceaux; in-8.

1628. Recueil des arrêts du Conseil, ou Ordonnances royales rendues en Conseil d'Etat, par Macarel; Paris, Bavoux, 1821-1830, 12 vol. in-8.

1629. Recueil des arrêts du Conseil, ou Ordonnances royales, par Deloche; Paris, Renard, 1831-1837, 7 vol. in-8.

1630. Recueil général des arrêts du Conseil d'Etat, par Roche et Lebon; Paris, Dupont, 1839-1862, 33 vol. in-8.

1631. Compte général des travaux du Conseil d'Etat depuis le 25 janvier 1852 jusqu'au 31 décembre 1860, présenté par le ministre président le Conseil d'Etat; Paris, imprim. imp., 1862, in-fol.

1632. Jurisprudence du Conseil d'Etat, publiée par A. Sirey.; Paris, 1818-1823, 5 vol. in-4.

1633. Jurisprudence administrative, ou Recueil complet et méthodique des arrêts du Conseil d'Etat en matière contentieuse, par Théodore Chevalier; Paris, Dupont, 1836, 2 vol. in-8.

1634. Esprit de la jurisprudence inédite du Conseil d'Etat sous le Consulat et l'Empire, par Ed. Petit des Rochettes; Paris, Bechet, 1827, 2 vol. in-8.

1635. Des conflits, ou empiétements de l'autorité administrative sur le pouvoir judiciaire, par F. N. Bavoux; Paris, Aillaud, 1828, 2 vol. in-4.

1636. Commentaire sur l'Ordonnance des conflits, par H. Taillandier, ouvrage contenant le rapport de M. de Cormenin; Paris, Brière, 1829, in-8.

1637. Même ouvrage, même édition.

1638. Organisation, compétence, jurisprudence et procédure des conseils de préfecture, par Em. Dubois de Niermont; Paris, Thorel, 1841, in-8.

1639. Exposé pratique de la procédure devant les conseils de préfecture, par Alfred des Cilleuls; Paris, Cosse, 1836, in-8.

1640. (Ordonnances, édits, lettres-patentes, etc., concernant la Chambre des comptes, de 1272 à 1737) ; in-4.

1641. Recueil d'édits et lettres concernant les priviléges, exemptions et droits dont jouissent les officiers de la Chambre des comptes de Paris; Paris, Pierre Jean Mariette, 1728, in-4.

1642. Dissertation historique sur la Chambre des comptes en général et sur l'origine, l'état et les fonctions de ses différents officiers (par Le Chanteur); Paris, Lambert, 1765, in-4.

1643. Mémoire sur les conflits élevés contre la Chambre des comptes en 1779 (par Clément de Boissy); Paris, Cellot, 1780, in-4.

1644. Essai d'un projet de loi de réorganisation de la Cour des comptes, par Maffioli; Paris, Malteste, 1836, in-8.

1645. De la Cour des comptes et de son dernier rapport au roi (par J. P.). Extrait de la *Revue des Deux Mondes*, du 1er juin 1841.

1646. Observations critiques sur la partie du traitement des conseillers référendaires qui leur est distribuée chaque semestre par portions inégales, par M..., conseill. référ.; Paris, Malteste, 1841, in-8.

Armée. Marine. Garde nationale.

1647. Histoire de l'administration de la Guerre, par Xavier Audouin; Paris, Didot, 1811, 4 vol. in-8.

1648. Code militaire, ou Compilation des réglements et ordonnances de Louis XIV faites pour les gens de guerre, depuis 1651 jusques à présent, par le chev. de Sparre; Paris, Mariette, 1708, in-8.

1649. Réglement fait par le roi pour l'Ecole royale Militaire, du 9 oct. 1787; in-4.

1650. Réglement fait par le roi, portant établissement d'un conseil d'administration du département de la guerre, du 9 octobre 1787; in-4.

1651. Recueil des chartes, créations et confirmations des colonels, capitaines, majors, officiers, arbalestriers, archers, arquebusiers et fusilliers de la ville de Paris, avec les vérifications, arrêts et sentences concernant leurs priviléges, par Hay, colonel; Paris, Desprez, 1770, in-fol.

1652. Droit et législation des armées de terre et de mer, par Durat-Lasalle (Louis); Paris, 1842-1850, 9 vol. in-8.

1653. Lettre d'un citoyen du tiers-état à M. le lieutenant civil; (1789), in-8.

1654. De la maison militaire du roi et de la nouvelle garde royale; Paris, Bleuet, 1815, in-8.

1655. Etudes d'administration militaire. L'intendance militaire et les officiers d'administration, par Félix Le Ruste; Paris, Dentu, 1864, in-18.

1656. Code du Recrutement, ou Recueil complet et raisonné des lois concernant les engagements, les appels, les conseils de révision, etc., par MM. Paillard de Villeneuve et Syrot; Paris, Mansut, 1829, in-18.

1657. Chambre des députés, session 1830. Exposé des motifs et projet de loi sur le recrutement de l'armée, par M. le ministre secrétaire d'Etat de la guerre; in-8.

1658. Rapport fait au nom de la commission chargée de l'examen du projet de loi sur le recrutement de l'armée, par M. Passy (12 septembre 1831); in-8.

1659. Chambre des pairs, séance du 22 novembre 1831. Projet de loi sur le recrutement de l'armée, avec l'exposé des motifs; in-8.

1660. Chambre des députés. Exposé des motifs et projet de loi relatif au recrutement de l'armée, présentés par le ministre de la guerre (9 février 1832); in-8.

1661. Chambre des pairs, séance du 10 mars 1832. Projet de loi sur le recrutement de l'armée; in-8.

1662. Corps législatif, session de 1855. Projet de loi relatif à la création d'une dotation de l'armée, au rengagement, aux remplacements et aux pensions militaires; in-8.

1663. Corps législatif, session de 1855. Rapport fait au nom de la commission chargée d'examiner le projet de loi relatif à la création d'une dotation de l'armée, etc., etc., par M. Adolphe de Belleyme; in-8.

1664. Etudes sur le recrutement de l'armée, suivies d'un projet de loi, par Joffrès; Paris, Dumaine, 1843, in-8.

1665. Même ouvrage, même édition.

1666. Mémoire sur le recrutement de l'armée, par Eugène Yvert; Paris, Fournier (1843), in 8.

1667. Observations relatives au projet de loi sur le recrutement et la réserve de l'armée, par Hébert; Paris, Brière, 1849, in-12.

1668. Nouveau mémoire sur la position des anciens officiers en retraite; Paris, 1863, in-8.

1669. Album de la gendarmerie, ou Législation particulière à cette arme, par H. Berriat; Grenoble, 1835, in-8.

1670. De l'admission à l'Ecole polytechnique et des abus qu'il importe de signaler, par Philippon de La Madeleine, avocat; Paris, Dumont, 1833, in-8.

1671. Recueil d'édits, déclarations, ordonnances, arrests et réglements concernant l'hôtel royal des Invalides; Paris, Osmont, 1744, in-4.

1672. Recueil des édits, déclarations, ordonnances, arrêts et réglements concernant l'hôtel royal des Invalides; Paris, imprimerie royale, 1781, 2 vol. in-4.

1673. Ordonnance de la Marine du mois d'août 1681, commentée et conférée sur les anciennes ordonnances (par Pierre de Merville); Paris, Osmont, 1715, in-8.

1674. Nouveau commentaire sur l'ordonnance de la marine du mois d'août 1681, avec des explications et des notes historiques et critiques, par René-Josué Valin; La Rochelle, Legier, 1766, 2 vol. in-4.

1675. Commentaire sur l'ordonnance de la marine du mois d'août 1681, par René Josué Valin, avec des notes coordannant l'ordonnance, le commentaire et le code de commerce, par V. Becane; Poitiers, Saurin, 1829, in-4.

1676. Nouveau commentaire sur l'ordonnance de la Marine du mois d'août 1681, par M..., avoc. au parlement (Emerigon); Marseille, Mossy, 1780, 2 vol. in-12.

1677. Nouveau commentaire sur l'ordonnance de la marine du mois d'août 1681, par M..., avoc. au parl. (Emérigon); Paris, Bossange, 1803, 3 vol. in-12.

1678. Ordonnances de Louis XIV pour les armées navales et arsenaux de marine, du 15 avril 1689; Paris, Prault, 1764, in-12.

1679. Répertoire de l'administrateur de marine, ou Tables, par ordre de dates et de matières, des principales lois relatives à la marine et aux colonies, depuis leur origine jusqu'à ce jour, par Bajot; Paris, Didot, 1814, in-8.

1680. Ministère de la marine et des colonies; établissement des invalides de la marine; commission d'enquête; Paris, Everat, 1832, in-8.

1681. De la Cour des comptes, considérée dans ses rapports avec la marine et l'établissement des Invalides, par Lacoudrais; Paris, Everat, 1832, in-8.

1682. Code général des gardes nationales de France, expliqué par les motifs et par la discussion des deux chambres, avec des observations sur les articles; suivi d'un appendice alphabétique, par G. Benat; Paris, Paulin, 1831, in-12.

1683. Réflexions d'un citoyen sur le service de la garde nationale parisienne (par de Courtive); (1789), in-8.

1684. Réclamation de plusieurs citoyens, contre les délibérations de différents districts sur le fait des gardes; (1789), in-8.
1685. Réflexions sur l'art. du réglement militaire qui établit six chirurgiens-majors pour les six divisions de la garde nation. parisienne, par P. Sue; 1789, in-8.
1686. Observations sur plusieurs de nos institutions sociales, sur la garde nationale, etc., etc., par G. M. Dubignon; Paris, 1836, in-8.
1687. Observations sur le projet de loi relatif à la garde nationale du département de la Seine, par un maire-adjoint; Paris, Gratiot, 1837, in-8.

Domaine public.

1688. Augustini a Leyser meditationes de assentationibus jureconsultorum et doctrina de domaniis, varii generis notis auctæ; nec non meditationes de assentatione necessaria ut et notitia domaniorum maxime litteraria instructæ, auctore Henrico Gottlieb Francke; Helmstadii, Weygandus, 1741, in-4.
1689. Traité du domaine public, ou de la distinction des biens considérés principalement par rapport au domaine public, par Proudhon; Dijon, Lagier, 1833, 5 vol. in-8 (manque le 3e vol.).
1690. Traité du domaine public, ou de la distinction des biens considérés principalement par rapport au domaine public, par J. B. Victor Proudhon; 2e édition, mise en harmonie avec la législation actuelle, et augmentée d'un commentaire de la loi sur les chemins vicinaux, ainsi que des règles relatives à l'alignement, par Victor Dumay; Dijon, Lagier, 1843-1845, 4 vol. in-8.
1691. Thèse pour le doctorat. Du domaine public, du domaine de l'Etat et du domaine municipal, en droit romain et en droit français, par Charles-Marie-Edouard Gibert; Paris, Hennuyer, 1858, in-8.
1692. Du domaine public en droit romain et en droit français, avec une dissertation sur l'expropriation pour cause

d'utilité publique, en droit romain, par P. Garbouleau, docteur en droit; Paris, Durand, 1859, in-8.

1693. Même ouvrage, même édition.

1694. Traité du domaine, comprenant le domaine public, le domaine de l'Etat, le domaine de la couronne, le domaine public municipal, etc., etc., par Gaudry; Paris, Durand, 1862, 3 vol. in-8.

1695. De l'aliénation et de la prescription des biens de l'Etat, des départements, des communes et des établissements publics, dans le droit ancien et moderne, par Arthur Desjardins; Paris, Durand, 1862, in-8.

1696. Dissertatio juridica inauguralis de Dominio agrorum inundatorum e jure Romano et patrio, quam pro gradu doctoratus consequendo defendet Carolus Clemens Elias d'Engelbronner; Amstelodami, Spin, 1839, in-8.

Établissements d'instruction publique.

1697. Priviléges de l'Université de Paris, supposts, officiers et serviteurs d'icelle, donnez et octroyez par les roys de France; Paris, de La Perrière, 1629, in-8.

1698. Statuta palatii Ravenna Patavii a Thoma Philologo Ravennate, physico equite, conditi et fundati, Paduæ, anno 1552; Venetiis, Gryphius, 1569, in-fol.

1699. Observationes de privilegiis Studiosorum ad Petrum Rebuffum de Montepessulano, auct. Jac. Frid. Ludovici; Halæ Magdeburgicæ, Zeitler, 1705, in-8.

1700. Rapport sur l'état de l'instruction publique dans quelques pays de l'Allemagne et particulièrement en Prusse; 2ᵉ partie, royaume de Prusse, par V. Cousin; Paris, imprim. royale, 1832, in-4.

1701. De l'instruction intermédiaire et de son état dans le midi de l'Allemagne, par Saint-Marc-Girardin; Paris, Levrault, 1835, in-8.

1702. Statuta facultatis Medicinæ Parisiensis, supremi senatus authoritate confirmata, anno 1751; Parisiis, Quillau, 1751, in-12.

1703. Mémoire sur les faits relatifs à la révocation de M. Bouillaud des fonctions de doyen de la Faculté de médecine de Paris, par M. J. Bouillaud; Paris, J. B. Baillière, 1849, in-8.

1704. Recueil de règlements concernant la discipline des Facultés de droit depuis 1679 jusqu'à présent, avec un recueil des anciens règlements concernant les mêmes Facultés; Angers, Barrière, 1745, in-4.

1705. Recueil de lois, décrets, ordonnances, arrêtés, circulaires, etc., etc., concernant l'enseignement du droit, publié par ordre du ministre de l'instruction publique; Paris, impr. royale, 1838, in-8.

1706. Réflexions soumises à M. le ministre de l'instruction publique sur l'enseignement du droit en général, et plus particulièrement sur la nécessité de créer des écoles secondaires; 1838, in-8.

1707. Rapport adressé à M. le ministre de l'instruction publique, sur l'organisation de l'enseignement du droit et des sciences politiques et administratives dans quelques parties de l'Allemagne, et particulièrement en Prusse et en Wurtemberg, par C. Vergé; Paris, 1846, in-4.

1708. Discours sur l'enseignement du droit en France avant et depuis la création des écoles actuelles, par Berriat Saint-Prix; Paris, Langlois, 1838, in-8.

1709. Pétition à la chambre des députés (par C. Delzers); Paris, Pihan de la Forest (1833), in-8.

1710. A M. le ministre de l'instruction publique. Requête et conclusions motivées du sieur Bole (Jean-Baptiste), professeur suppléant du recteur de l'Académie de Toulouse; Paris, Pillet, 1830, in-8.

1711. A M. Barthe, ministre, grand maître de l'instruction publique, conclusions itératives motivées du sieur Bole (Jean-Baptiste), professeur adjoint en la Faculté de Toulouse; Paris, Duverger, in-8.

1712. A MM. les pairs de France. Réclamation du droit d'appel devant les cours de justice contre le conseil de l'Université, par M. Bole; Paris, Duverger, 1831, in-8.

1713. Pétition nouvelle à MM. les membres de la chambre des pairs, par le sieur Bole (Jean-Baptiste), professeur suppléant en la Faculté des lettres de Toulouse; 1835, in-8.

1714. Mémoire sur la nécessité de créer une chaire spéciale de droit rural à l'Institut royal agronomique de Grignon, par M. Jacques de Valserres; Paris, Guiraudet et Jouaust, in-8.

1715. Notice sur l'Université d'Oxford en 1823. (Extrait de la Revue Encyclopédique), par A. Taillandier; in-8.

Élections.

1716. Les lois et les mœurs électorales en France et en Angleterre, par A. Lefèvre-Pontalis; Paris, Levy, 1864, in-8.

1717. Opinion de M. Bellart sur la proposition relative à l'organisation des collèges électoraux; 1815, in-8.

1718. Code électoral, contenant la charte électorale annotée, les lois, ordonnances relatives aux élections, un traité des droits électoraux, par M. de N. (Isambert); Paris, veuve Houzé, 1829, in-8.

1719. Questions électorales, suivies du commentaire de la loi du 22 juillet 1828 sur la révision annuelle des listes électorales et du jury, par Moureau (de Vaucluse); Paris, Moutardier, 1829, in-8.

1720. Même ouvrage, même édition.

1721. Législation électorale, avec l'analyse des principes et de la jurisprudence sur cette matière, par le président Favart de Langlade; Paris, Firmin Didot, 1830, in-8.

1722. Manuel complet de l'électeur, par C. B. Merger; Paris, Chamerot, 1838, in-12.

1723. Des divers systèmes électoraux en France depuis 1789 jusqu'à nos jours, par O. Des Baux; Paris, Gosselin, 1840, in-8.

1724. Jurisprudence électorale parlementaire, recueil des décisions de l'assemblée nationale en matière de vérifications de pouvoirs, par Alph. Grün; Paris, Guillaumin, 1850, in-8.

1725. Même ouvrage, même édition.

1726. Manuel électoral. Guide pratique pour les élections au corps législatif, aux conseils généraux, etc., etc., par J. J. Clamageran, A. Dréo, E. Durier, J. Ferry, Ch.

Floquet, E. Hamel et F. Hérold ; Paris, Poulet-Malassis, 1861, in-18.

1727. Même ouvrage; Paris, Pagnerre, 1862, in-18.

1728. Même ouvrage; Paris, Pagnerre, 1863, in-32.

1729. De la fixation du nombre des députés au corps législatif; consultation, adhésions, documents; Paris, Dentu, 1862, in-8.

1730. Réponse à la consultation publiée par les pétitionnaires sur l'élection de M. de Bully, député du Nord (par Hennequin); Paris, Pillet, 1829, in-8.

1731. Elections de Fougères et de Vitré. Protestation de M. Le Beschu de Champsavin; Paris, Jouaust, 1863, in-8.

1732. Protestation adressée au corps législatif contre l'élection de la 2e circonscription du Var, par Adalbert Philis; Paris, Jouaust, 1863, in-8.

1733. Septième section électorale du Nord; M. Edouard Boitelle, député élu; Réponse au Mémoire pour servir à l'appui d'une protestation; Paris, Boucquin, 1863, in-8.

1734. Lettre à M. le président et à MM. les députés du corps législatif, par Louis Passy; Paris, Ledoyen, 1863, in-8.

Impôts divers. Domaines engagés. Pensions.

1735. Mémorial alphabétique des choses concernant la justice, la police et les finances de France (par Bellet-Verrier); Paris, Saugrain, 1724, 2 tom. en 1 vol. in-8.

1736. Mémorial alphabétique des choses concernant la justice, la police et les finances de France sur le fait des tailles (par Bellet-Verrier); Paris, Prault, 1742, in-4.

1737. Dictionnaire des Aydes, par Pierre Brunet de Granmaison; Paris, Prault, 1730, 2 tom. en 1 vol. in-12.

1738. Table alphabétique des règlements des aydes, par Brunet de Granmaison; Paris, veuve Saugrain, 1727, in-4.

1739. Même ouvrage, même édition.

1740. Ordonnance de Louis XIV sur le fait des aides et autres droits dans la province de Normandie, du mois de juin 1680; Paris, impr. royale, 1750, in-4.

1741. Même ouvrage, même édition.

1742. Ordonnance de Louis XIV sur le fait des gabelles, donnée à Saint-Germain au mois de mai 1680; Paris, impr. royale, 1750, in-4.

1743. Même ouvrage, même édition.

1744. Ordonnance de Louis XIV servant de règlement sur plusieurs droits de ses fermes et sur tous en général, donnée à Versailles le 22 juillet 1681; Paris, imprim. royale, 1750, in-4.

1745. Même ouvrage, même édition.

1746. Ordonnance de Louis XIV sur le fait des cinq grosses fermes, du mois de février 1687; Paris, impr. royale, 1750, in-4.

1747. Même ouvrage, même édition.

1748. Recueil des tarifs des droits d'aydes, arrêtés en conseil en 1687 et 1688; Paris, Saugrain, 1724, in-4.

1749. Mémoires pour servir à l'histoire du droit public de la France en matière d'impôts, ou Recueil de ce qui s'est passé de plus intéressant à la cour des Aides, depuis 1756 jusqu'au mois de juin 1775 (par Auger, avocat); Bruxelles, 1779, in-4.

1750. Traité général des droits d'aides, par Lefebvre de La Bellande; Paris, Prault, 1760, in-4.

1751. Recueil des règlements des aydes (de l'année 1360 à l'année 1729); Paris, Saugrain, 1725-1729, 7 vol. in-4.

1752. Recueil des ordonnances, édits, déclarations et arrests de S. M. sur le fait des aides de Normandie; Rouen, Besongne, 1733, 2 vol. in-12.

1753. Tarif général des droits des sorties et entrées du royaume, arrêté au conseil royal le 18 septembre 1664, avec l'édit du roy portant réduction des droits; Paris, impr. royale, 1750, in-4.

1754. Même ouvrage, même édition.

1755. Conférences de l'ordonn. de Louis XIV sur le fait des entrées, aides et autres droits, avec celles des rois prédécesseurs de S. M.; Paris, impr. royale, 1751, in-4.

1756. Même ouvrage, même édition.

1757. Bail des fermes royales unies, fait à Me Jacques Forceville le 16 septembre 1738; Paris, impr. royale, 1739, in-4.

1758. Même ouvrage, même édition.

1759. Tarif des droits d'entrée et de sortie des cinq grosses fermes, ordonnés pour être perçus par l'édit de 1664 sur toutes les marchandises; Rouen, 1758, 2 vol. in-4.

1760. Instruction sur les droits des fermes générales du roi dans les provinces de Flandre et du Haynault, du mois de septembre 1753; Paris, impr. royale, 1753, in-4.

1761. Traité sur les tailles et les tribunaux qui connaissent de cette imposition, par M. Auger; Paris, Barrois, 1788, 3 vol. in-4.

1762. Nouveau Code des tailles; Paris, Prault, 1761-1783, 6 vol. in-12.

1763. Recueil des édits, déclarations, ordonnances, arrests et règlements rendus depuis 1629, concernant la ferme générale du tabac; Paris, veuve Saugrain, 1730, 2 vol. in-4.

1764. Recueil des édits, déclarations, arrests et règlements concernant la ferme générale du tabac de Lorraine et Barrois; Nancy, Leseure, 1752, in-4.

1765. Recueil d'édits, déclarations, arrests et autres pièces concernant la régie du droit sur les cartes; Paris, imprimerie royale, 1771, in-4.

1766. Recueil des édits, déclarations, arrêts, tarifs, règlements et instructions concernant les greffes; Paris, veuve Saugrain, 1727, in-4.

1767. Explication des tarifs du contrôle des actes et de l'insinuation, suivant la jurisprudence du conseil, par de Contramont; Paris, Pissot, 1780, 2 vol. in-8.

1768. Edit du roi, de révocation, tant de celui du mois d'août portant suppression des deux vingtièmes, que de la déclaration concernant le timbre, du mois de septembre 1787; in-4.

1769. Arrêt du conseil du roi, qui casse les arrêtés du Parlement de Paris des 7, 13, 22 et 27 août 1787; du 2 septembre 1787; in-4.

1770. Nouvelle législation de l'impôt et du crédit public, par G. D. (Goujet-Deslandes); Paris, Delaunay, 1816, in-8.

1771. Leçon sur l'amortissement, par P. Bravard-Veyrières; Paris, Dupuy, 1833, in-8.

1772. Lois et règlements des douanes françaises; collection publiée avec l'agrément de l'administration; Lille, Danel, 1818-1819, 13 vol. in-8.

1773. Lois et règlements des douanes françaises; circulaires transmises par l'administration; Paris, Egron, 1820-1827, 3 vol. in-8.

1774. Code des douanes de l'empire français, par Magnier-Grandprez; Strasbourg, Levrault, 1806, 2 vol. in-8.

1775. Dictionnaire de la législation des droits de douane, par Magnien; Paris, Bailleul, 1807, in-8.

1776. Traité de la jurisprudence des douanes, par Savin Dumoni; Paris, Dondey-Duprey, 1812, 2 vol. in-8.

1777. Code des douanes de France, formé de toutes les dispositions en vigueur en 1818, par Dujardin-Sailly; Paris, Vincent, 1818, in-4.

1778. Nouveau Dictionnaire de la législation des douanes, par Marie Du Mesnil; Paris, 1830, in-8.

1779. Recueil d'édits et d'arrêts concernant les marchandises transportées sur la Loire et ses affluents; in-8.

1780. Règlement général des péages qui se lèvent le long de la rivière de Saône, tant par eau que par terre; Lyon, Jullieron, 1672, in-12.

1781. Traité de la perception des droits de navigation et de péage sur les fleuves, rivières et canaux navigables ou flottables, par Ernest Grangez; Paris, Mathias, 1840, in-8.

1782. Mémoire pour les propriétaires de bois; Paris, Selligue, 1829, in-8 (avec un Supplément).

1783. Instructions sur les droits de messageries établis par la loi du 9 vendémiaire an VI, par une société d'employés supérieurs; Paris, an VII, in-8.

1784. Disputatio de Jure circa Frumentum, præcipue de taxatione Frumenti et vectigalibus de Frumento solvendis, deque Agricolis ac ipsorum privilegiis, quam respondendo tuebitur Bernard Christoph Solter; Francofurti, Schrey, 1692, in-4.

1785. Essai historique et critique sur la législation des grains jusqu'à ce jour, par M. le chev. Chaillou des Barres; Paris, Didot, 1820, in-8.

DROIT ADMINISTRATIF. 143

1786. Manuel du percepteur et du contribuable; Paris, Guillaume, in-8.
1787. Code des contributions directes (par Dumont); Paris, Garnery, 1811, 2 vol. in-8.
1788. Poursuites en matière de contributions directes, par E. Durieu; Paris, 1838, 2 vol. in-8.
1789. Code des contributions indirectes, par Ch. d'Agar; Paris, 1816, in-8.
1790. Traité du contentieux des contributions indirectes, par d'Agar; Paris, Bailleul, 1819, 2 vol. in-8.
1791. Mémorial du contentieux des droits réunis et des octrois; Paris, Stone, 1807-1838, 14 vol. in-8.
1792. Manuel des contributions indirectes et des octrois, formé des dispositions sur la perception et le contentieux en vigueur au 1er janvier 1826, par D. Girard; Paris, Renard, 1834, in-8.
1793. Tableaux des contraventions et des peines en matière de contributions indirectes, par D. Girard; édit. augm. par J. B. Fromage; Paris, Renard, 1835, in-12.
1794. Manuel des contributions indirectes et des octrois, par Girard et Fromage; édit. augm. sous la direct. de R. Dareste; Paris, Dupont, 1860, in-8.
1795. Exposé aux chambres sur la nécessité et les moyens de changer les droits et le mode de perception des contributions indirectes, par Auguste Seguin; Paris, Mongie, 1829, in-8.
1796. Table des matières contenues dans les expéditions des décrets transmises par la secrétairerie d'État et distribuées aux divisions du ministère du trésor chargées de concourir à l'exécution; 1811-1823, 10 vol. in-8.
1797. Instructions générales du directeur général de l'administration de l'enregistrement et des domaines; Paris, 1803-1852, 50 vol. in-8.
1798. Journal de l'enregistrement et des domaines; an VII-1862, 64 vol. in-8. (Les 7 premiers vol. sont intitulés: Instructions.)
1799. Recueil des édits, déclarations, arrests et règlements concernant l'usage de la formule et l'établissement du droit de timbre sur le papier et parchemin, pour la validité des actes qui s'expédient dans le royaume; Paris, Prault, 1753, 2 vol. in-4.

1800. Recueil alphabétique et raisonné des lois sur le timbre des actes, et celui des cartes à jouer, affiches et papier de musique, par une société d'employés supérieurs de l'enregistrement; Paris, an VII, in-8.

1801. Traité des droits de timbre et d'enregistrement, avec un appendice sur les droits de greffe et d'ypothèque ; Paris, bureau des annales du notariat, 1818, tome Ier, in-8.

1802. Traité des droits d'enregistrement, de timbre et d'hypothèque, par Championnière et Rigaud ; Paris, 1835-1851, 6 vol. in-8.

1803. Dictionnaire des droits d'enregistrement, de timbre, de greffe et d'hypothèques, par les rédacteurs du journal de l'enregistrement et des domaines ; Paris, Hayet, 1823, 2 vol. in-4.

1804. Dictionnaire des droits d'enregistrement, de timbre et greffe, des hypothèque, domaine et de manutention, par L. Roland et E. Trouillet; Paris, Nève, 1823, 1 vol. in-4.

1805. Dictionnaire général de l'enregistrement, des hypothèques et des domaines, par MM. Roland et Edme Trouillet ; Paris, Videcoq, 1835, in-4.

1806. Code et dictionnaire d'enregistrement, de greffe, d'hypothèque, partie supplémentaire, par Joseph Camps ; Paris, 1857, in-8.

1807. Lois du timbre et de l'enregistrement extraites du bulletin des lois, par Tardif ; Paris, Guillaume, 1826, 2 vol. in-8.

1808. Table générale alphabétique des circulaires et instructions concernant l'administration de l'enregistrement et des domaines (1791-1834) ; Paris, Hayet, 1836, in-8.

1809. Le contrôleur de l'enregistrement, par Rigaud, Championnière et de S.-Malo ; Paris, 1821-1841, 22 vol. in-8 (plus une table des 10 prem. vol.).

1810. Exposition raisonnée des principes de l'enregistrement en forme de commentaire de la loi du 22 frimaire an VII, per Gabriel Demante ; Paris, Durand, 1857, in-8.

1811. Exposition raisonnée des principes de l'enregistrement, par Gabriel Demante ; Paris, Durand, 1862, 2 vol. in-8.

1812. Loi du 5 juin 1850 sur le timbre, par F.-M. Sellier ; Paris, Cotillon, 1850, in-8.

1813. Loi du 5 juin 1850 sur le Timbre, annotée et commentée, par F.-M. Sellier ; Paris, Cotillon, 1853, in-8.

1814. Instructions sur la perception des droits de garantie des matières d'or et d'argent, par une société d'employés supérieurs ; Paris, an vii, in-8.

1815. Dispositions de la loi sur les patentes de l'an vii, présentées par ordre alphabétique, par une société d'employés supérieurs de l'enregistrement ; Paris, an vii, in-8.

1816. Proposition de rejet du projet de loi sur les patentes, par A. Quentin ; Paris, Vassal, 1844, in-8.

1817. Nouveau code des patentes ; Paris, Dupont, 1858, in-8.

1818. Traité de la législation spéciale du trésor public en matière contentieuse, par J. Dumesnil ; Paris, Charpentier, 1846, in-8.

1819. Des ouvriers des houillères et de leur droit à l'exemption de la contribution personnelle et mobilière et de la prestation en nature (par Ernest Cretté de Palluel) ; Paris, Guyot, 1861, in-8.

1820. Lois et règlements de la caisse des dépôts et consignations, dans ses rapports avec les particuliers, les officiers ministériels et les administrations publiques, par J. Dumesnil ; Paris, Videcoq, 1839, in-8.

1821. Loi sur les contributions publiques dans le canton de Genève, du 8 juin 1838 ; Genève, Fick, 1838, in-8.

1822. Essai sur la taxe des gardes, par Jules F.-J.-M. Vuy ; Genève, Pelletier, 1838, in-8.

1823. Dictionnaire analytique des arrêts de la cour de cassation en matière d'enregistrement, amendes, domaines, domaines engagés, timbre, etc., etc., par J. Teste-Lebeau ; Paris, Delalande, 1833, in-8.

1824. Rapport fait au comité des domaines de l'Assemblée Nationale, le 13 nov. 1789, par M. Enjubault de La Roche ; Paris, imprim. nat., 1789, in-8.

1825. Analyse des lois anciennes et modernes sur les domaines engagés, précédée de la copie textuelle des nouvelles lois rendues depuis 1790, par une société d'employés supérieurs de l'enregistrement ; Paris, an vii, in-8.

1826. Traité sur les domaines engagés et sur la loi du 14 ventôse an vii, par A.-G.-G. Boudet ; Paris, Rondonneau, an viii, in-8.

1827. Chambre des pairs ; séance du 11 juin 1829 ; développement d'une proposition faite à la chambre par M. le comte Daru, et relative aux domaines engagés, échangés ou aliénés par l'Etat; (1829), in-8.

1828. Code des pensions civiles, par Louis de La Roque; Paris, Marescq, 1854, in-18.

1829. Encore quelques mots sur les pensions; Paris, Cosson, 1835, in-8.

Indemnité des Émigrés.

1830. Opinion d'un jurisconsulte concernant la confiscation, la vente des biens des émigrés et la confirmation de la vente de ces biens; Paris, Pelicier, 1821, in-8.

1831. Addition à l'opinion d'un ancien publiciste sur l'indemnité qui doit être accordée aux émigrés, par l'auteur du Moraliste du xixe siècle; Paris, Corby, 1825, in-8.

1832. De l'indemnité intégrale en faveur des anciens propriétaires fonciers dépossédés pendant les orages de la révolution, prouvée nécessaire par l'opinion de Falconnet; nouvelle édit. publiée par F. Delarue (du Puy-de-Dôme); Paris, 1825, in-8.

1833. Objections contre le système de liquidation adopté pour l'exécution de la loi sur l'indemnité, par Leboucher de Courson; Paris, Petit, 1825, in-8.

1834. L'émigration indemnisée par l'ancien régime et depuis la Restauration, par Isidore Lebrun; Paris, Delaunay, 1825, in-8.

1835. Chambre des pairs de France, session de 1825 : développements d'un amendement proposé par M. le vicomte de Chateaubriand à l'art. 5 du projet de loi d'indemnité; (1825), in-8.

1836. Observations sur la liquidation de l'indemnité; Paris, Pelicier, 1825, in-8.

1837. Même ouvrage, même édition.

1838. Lettre d'un émigré à son curé, par F. de B.....; (1825), in-8.

1839. Avis aux chambres, aux émigrés, par Coubé (Charles-Jean); Paris, Le Normant, 1825, in-8.

1840. Observations sur les confiscations révolutionnaires et le projet de loi d'indemnité présenté aux chambres, par M. le vicomte Félix de Conny ; Paris, Audrivreau, 1825, in-8.

1841. Essai sur la loi d'indemnité, conférée avec la loi du 5 décembre 1814, par P.-J. Charpentier ; Paris, Nève, 1825, in-8.

1842. Reducis post res placatas patris conscripti de bonis damnatorum et proscriptorum in senatu Romano sententia ; recensuit Charpentier ; Parisiis, Didot, 1825, in-8.

1843. Esprit de la loi de l'indemnité, tiré de la discussion de cette loi dans les deux chambres, par P. Baratier et L.-L. Charrier ; Paris, Chanson, 1825, in-8.

1844. Nouveau code des émigrés, par Naylies ; Paris, Guillaume, 1825, in-16.

1845. Jurisprudence administrative et judiciaire contenant la loi sur l'indemnité, etc., pour faire suite au Nouveau Code des Émigrés, par Naylies ; Paris, imprim. roy., 1827-1828, 3 tom. rel. en 2 vol. in-16.
(Incomplet.)

1846. Loi de l'indemnité expliquée par les motifs et la discussion, par N. Carré et C. Vanufel ; Paris, Roux-Dufort, 1825, in-8.

1847. La loi de l'indemnité, dans ses rapports avec le droit civil et administratif, par L.-A. Bruzard ; Paris, Eymery, 1826, in-8.

1848. Dictionnaire de l'indemnité, par Aug.-Ch. Guichard ; Paris, 1827, in-8.

1849. Manuel de l'émigré, ou choix de lois, décrets, ordonnances, etc., etc., rendus depuis 1791 jusqu'à 1825, sur l'émigration et la déportation, par Allier et Cerclet ; Paris, Delaforest, in-8.

1850 Recueil général des lois et arrêts concernant les émigrés, déportés, condamnés, leurs héritiers, créanciers et ayants cause, depuis 1791 jusqu'à 1825, par Taillandier et Mongalvy ; Paris, Pichard, 1825, 2 vol. in-8.

1851. Même ouvrage, même édition.

Départements et Communes.

1852. Répertoire raisonné pour les préfets, sous-préfets, maires, adjoints, juges de paix, commissaires de police, par Julien-Michel Dufour; Paris, Collin, 1808, 2 vol. in-12.

1853. De l'organisation et des attributions des conseils généraux de département et des conseils d'arrondissement, par J. Dumesnil; Paris, 1838, in-8.

1854. Opinion de M. le vicomte de Conny, député de l'Allier, sur le projet de loi concernant les conseils d'arrondissement et de département; séance du 2 avril 1829; Paris, Henry, in-8.

1855. Manuel de l'archiviste des préfectures, des mairies et des hospices, par M. Aimé Champollion-Figeac; Paris, Dupont, 1860, in-8.

1856. Essai sur les municipes dans le droit romain, par Georges Dubois; Paris, de Mourgues, 1862, in-8.

1857. Du municipe romain et de son administration. De la commune au moyen âge et de la municipalité moderne. Thèse pour le doctorat, par Louis Quinion; Paris, Thunot, 1859, in-8.

1858. Dissertio inauguralis de regiminis municipalis origine, progressu et præsenti conditione in Francia, Germania et patria nostra, quam pro gradu doctoratus consequendo publico ac solemni examini submittit Petrus Philippus van Bosse; Amstelodami, de Grebber, 1834, in-8.

1859. Des Communes et de l'aristocratie, par de Barante; Paris, Ladvocat, 1821, in-8.

1860. Des communes et de l'aristocratie, par de Barante; Paris, Ladvocat, 1829, in-8.

1861. Dissertation historique sur les communes de France, leur origine, leurs progrès, leur régime, leurs diversités et vicissitudes, par G. (Guichard); Paris, Delaunay, 1819, in-8.

1862. Même ouvrage, même édition.

1863. Histoire critique du pouvoir municipal, de la condition des cités, des villes et des bourgs, depuis l'origine de la monarchie jusqu'à nos jours, par C. Leber; Paris, Audot, 1828, in-8.

1864. Droit municipal au moyen âge, par Ferdinand Béchard; Paris, Durand, 1861, in-8.

1865. Histoire du droit municipal en France, par Raynouard; Paris, Sautelet, 1829, 2 vol. in-8.

1866. Traité général du gouvernement des biens et affaires des communautés d'habitants, des villes, bourgs, villages et paroisses, par Edme de La Poix de Fréminville; Paris, Gissey, 1760, in-4.

1867. (Règlements faits par le roi sur la formation et la composition des assemblées qui auront lieu dans les généralités d'Orléans, de Lyon, province du Roussillon); 1787, in-4.

1868. Code municipal, ou analyse des règlements concernant les officiers municipaux; Paris, Prault, 1761, in-12.

1869. Traité des communes, ou observations sur leur origine et état actuel, d'après les anciennes ordonnances de nos rois, etc., etc. (par le comte d'Essuille); Paris, Colombier, 1779, in-8.

1870. Introduction au droit des communes, par Dupin (aîné); Paris, Guillaume, 1823, in-8.

1871. Lois des Communes, par Dupin (aîné); Paris, Guillaume, 1823, 2 vol. in-8.

1872. Répertoire de l'administration municipale des communes, par Pechart; Paris, 1820, 2 vol. in-8.

1873. État du pouvoir municipal et de ses variations depuis la restauration jusqu'au 28 février 1828, par Cronier; Paris, Delaforest, 1829, in-8.

1874. Du pouvoir municipal, de sa nature et de ses attributions et de ses rapports avec l'autorité judiciaire (par Henrion de Pansey); Paris, Barrois, 1820, in-8.

1875. Du pouvoir municipal et des biens communaux, par Henrion de Pansey; Paris, Barrois, 1822, in-8.

1876. Du pouvoir municipal et de la police intérieure des communes, par Henrion de Pansey, avec une introduction par E.-V. Foucart; Paris, 1840, in-8.

1877. Introduction (sur l') au traité du pouvoir municipal de

M. Henrion de Pansey, par Parent-Réal (Extrait de la *Revue Encyclopédique*, 1829) ; in-8.

1878. Des biens communaux et de la police rurale et forestière, par Henrion de Pansey ; Paris, Barrois, 1825, in-8.

1879. Le régulateur judiciaire des maires et adjoints, d'après la nouvelle législation criminelle, par J. Ad. de Podenas ; Agen, Grenier, 1811, in-8.

1880. Lois municipales, rurales, administratives et de police, par Duquenel ; Paris, chez l'auteur, 1830-1831, 2 vol. in-8.

1881. Lois municipales, rurales, administratives et de police, et Dictionnaire municipal, rural, etc., etc., par Duquenel ; Paris, 1835, 2 vol. in-8.

1882. Exposé des motifs et projet de loi d'attributions municipales, présentés par le ministre du commerce le 14 septembre 1831 ; in-8.

1883. Observations sur la loi du 21 mars 1831, par un ancien conseiller municipal ; in-8.

1884. Chambre des députés, session 1832 ; Exposé général des motifs et projets de lois sur les attributions communales, l'organisation départementale et sur les attributions départementales, présentés par M. le ministre du commerce ; in-8.

1885. Chambre des pairs, séance du 14 déc. 1832 ; développement d'une proposition faite à la chambre, par M. le comte Cornudet, relativement au régime et à la conservation des biens communaux ; 1832, in-8.

1886. Des institutions locales et municipales en France, et spécialement de la nouvelle organisation et des attributions des conseils généraux et d'arrondissement, par L. Langlois ; Paris, Paulin, 1833, in-8.

1887. Même ouvrage, même édition.

1888. Code des municipalités, collection des lois sur l'administration des communes et des départements, par M.-J.-L. Gillon et Stourm ; Paris, Moutardier, 1833, in-8.

1889. Du partage, de l'aliénation, du régime des biens communaux ; Rouen, Periaux, 1833, in-8.

1890. Régime administratif et financier des communes, ou résumé pratique des règles de la législation et de la jurisprudence en matière d'administration communale, par H.-J.-B. Davenne ; Paris, Carilian-Gœury, 1840, in-8.

1891. Code municipal annoté, par C. Leber et A. de Puibusque ; Paris, Dupont, 1840, 2 vol. in-8.
1892. Dictionnaire municipal, ou nouveau manuel des maires, par A. de Puibusque ; Paris, 1843, in-8.
1893. Traité de la police municipale ou de l'autorité des maires, de l'administration et du gouvernement en matières réglementaires, par Nap. de Champagny ; Paris, Videcoq, 1844-1847, 3 vol. in-8.
1894. Le corps municipal, ou guide théorique et pratique des maires, adjoints et conseillers municipaux, par Jules Le Berquier; Paris, Dupont, 1845, in-8.
1895. Le corps municipal, ou guide théorique et pratique des maires, etc., etc., par Jules Le Berquier; Paris, Paul Dupont, 1856, in-8.
1896. Le corps municipal, ou guide théorique, etc., etc., par Jules Le Berquier; Paris, Dupont, 1858, in-8.
1897. Echo des Communes, des gardes nationales et des électeurs de France, par Adolphe Chauveau et J.-B. Duvergier; Paris, 1830-1831, in-8.
1898. Journal des conseillers municipaux, journal des communes, etc., etc., par E. Rigaud, R. de S. Malo, A. Leroux, etc., etc.; Paris, 1833-1858, in-8.
1899. Traité de la responsabilité des communes, ou commentaire de la loi du 10 vendémiaire an IV, par Amb. Rendu ; Paris, Tetu, 1847, in-8.
1900. De la commune en France et des biens communaux, par Jules Le Berquier (Extrait de la Revue des Deux-Mondes (1859); in-8.
1901. Principes d'administration communale, par P. Braff ; Paris, Durand, 1860, 2 vol. in-18.
1902. Traité de l'administration communale, par L. Smith ; Paris, Berger-Levrault, 1861, in-18.
1903. Des droits des communes sur les biens communaux, par Latruffe-Montmeylian ; Paris, Delaforest, 1825, 2 vol. in-8.
1904. Traité des droits d'usage, servitudes réelles, du droit de superficie et de la jouissance des biens communaux et des établissements publics, par Proudhon, édit. augmentée par Curasson ; Dijon, Lagier, 1836, 3 vol. in-8.
1905. Des autorisations de plaider nécessaires aux communes

et établissements publics, par E. Reverchon; Paris, Cotillon, 1841, in-8.

1906. De l'aliénation et de la prescription des biens de l'État, des communes et des établissements publics, dans le droit ancien et moderne, par Anatole Des Glajeux ; Paris, Durand, 1859, in-8.

1907. Des droits de propriété des communes et des sections de communes sur les biens communaux, par Caffin; Paris, Durand, 1860, in-8.

1908. Traité des règlements et des arrêtés administratifs et municipaux, de leur effet et de leur sanction, etc., etc., par N.-A. Guilbon ; Paris, Durand, 1859, in-8.

1909. Journal des communes, recueil périodique des décisions administratives et judiciaires, par plusieurs jurisconsultes; Paris, 1828 à 1862, 35 vol. in-8.

1910. Le Courrier des Communes, par une société de jurisconsultes (1829 à 1844); 16 vol. in-8.

1911. De l'administration de la ville de Paris et des anciens documents inédits, par A.-J. Meindre; Paris, Dubuisson, 1857, in-8.

1912. Administration de la commune de Paris et du département de la Seine, ouvrage précédé d'une étude historique sur les institutions municipales de la ville de Paris, par Jules Le Berquier; Paris, Dupont, 1861, in-8.

1913. Comptes et Budgets de la ville de Paris; 1818-1853, 14 vol. in-4.

1914. Comptes et Budgets du département de la Seine; 1829-1855, 9 vol. in-4.

1915. Arrests, ordonnances, règlements et délibérations expédiées sur les principales affaires de la ville et communauté de Nantes ; Nantes, Verger, 1726, in-8.

Travaux publics. Mines. Ponts et Chaussées.
Voirie.

1916. Dictionnaire des travaux publics, civils, militaires et maritimes, considérés dans leurs rapports avec la législation, l'administration et la jurisprudence, par M. Tarbé de Vauxclairs; Paris, Carilian-Gœury, 1835, 1 vol. in-4.

1917. Cours de droit administratif appliqué aux travaux publics, par M. Cotelle; Paris, Carilian-Gœury; 1838, 3 vol. in-8.

1918. Traité de la législation des travaux publics et de la voirie en France, par M. Armand Husson; Paris, Hachette, 1841, 2 vol. in-8.

1919. Examen des conditions du mode d'adjudication des travaux publics, suivi de considérations sur l'emploi de ce mode et de celui de régie, par Favier; Paris, Bachelier, 1824, in-8.

1920. Edits, ordonnances, arrêts et règlements sur le faict des mines et minières de France; Paris, Prault, 1764, in-12.

1921. Même ouvrage, même édition.

1922. De la législation minérale sous l'ancienne monarchie, ou recueil méthodique et chronologique des lettres-patentes, édits, etc., etc., par E. Lamé Fleury; Paris, Durand, 1857, in-8.

1923. Recueil méthodique et chronologique des lois, décrets, ordonnances, arrêtés, circulaires, etc., concernant le service des ingénieurs au corps des mines, dressé par M. Lamé Fleury; Paris, impr. impér., 1856-1857, 2 vol. in-8.

1924. Législation sur les mines et sur les expropriations pour cause d'utilité publique, par le baron Locré; Paris, Treuttel et Würtz, 1828, in-8.

1925. Code des ponts et chaussées et des mines, par Th. Ravinet; Paris, Carilian-Gœury, 1829-1840, 8 vol. in-8.

1926. Rapport fait au nom de la commission chargée de l'examen du projet sur le dessèchement et l'exploitation des mines, par Sauzet, député du Rhône; Paris, Henry, 1837, in-8.

1927. Traité sur la législation des mines, minières et carrières, par A. Delebecque; Paris, Carilian-Gœury, 1836, 2 vol. in-8.

1928. Législation française sur les mines, minières, carrières, tourbières, salines, etc., etc., par A. Richard; Paris, 1838, in-8.

1929. Texte annoté de la loi du 21 avril 1810, concernant les mines, les minières, les tourbières, les carrières et les usines minéralurgiques, par Lamé Fleury; Paris, Impr. imp., 1857, in-8.

1930. Dictionnaire de législation, de jurisprudence et de doctrine en matière de mines, minières, carrières, forges, etc., lois et ordonnances y relatives, rendues en France et en Belgique, depuis 1810 jusqu'en 1857, par un avocat à la cour d'appel de Liége; Liége, Renard, 1857, in-8.

1931. Traité pratique de la jurisprudence des mines, minières, forges et carrières, par Etienne Dupont; Paris, Dunod, 1862, 3 vol. in-8.

1932. Jurisprudence générale des mines en Allemagne, trad. de Franz Ludwig von Cancrin, avec des annotations par Blavier; Paris, Egron, 1825, 3 vol. in-8.

1933. Thèse pour le doctorat. Du pacte de constitut. Des mines, par Gaston Charles Fourcade-Prunet; Paris, Bonaventure et Ducessois, 1858, in-8.

1934. Essais sur les ponts et chaussées, la voirie et les corvées (par Ch. Pinot, sieur Duclos); Amsterdam, Chatelain, 1759, in-12.

1935. Réflexions sur la corvée des chemins, ou supplément à l'Essai sur la Voirie (par Ch. Pinot, sieur Duclos); Paris, Nyon, 1762, in-12.

1936. Chambre des députés, session de 1836. Opinion de M. Henequin sur le prolongement du canal de Roubaix; Paris, Bourgogne, in-8.

1937. Recueil de règlements sur les eaux de Paris; Paris, de Mourgues, 1857, in-8.

1938. Examen du budget des ponts et chaussées pour l'année 1830, par L. Jousselin; Paris. Carilian-Gœury, 1829, in-8.

1939. Exposition des Coutumes sur la largeur des chemins, sur la destination des péages, sur la question: Si la voyerie est une suitte de la haute justice, et sur la durée de la garantie des ouvrages publics (par Fremin); Paris, Saugrain, 1686, in-12.

1940. Même ouvrage, même édition.

1941. Code de la voyerie, contenant le traité du droit de la voyerie, par M. Mellier, l'exposition des coutumes sur la largeur des chemins, etc., etc. (par Mellier); Paris, Prault, 1735, 2 vol. in-12.

DROIT ADMINISTRATIF.

1942. Dictionnaire de Voierie, par Perrot; Paris, Prault, 1782, in-4.
1943. Code des chemins vicinaux, par un avocat à la cour de Paris (Jourdan); Paris, Fanjat, 1825, in-8.
1944. Même ouvrage, même édition.
1945. Code des chemins vicinaux, par Ath. J. L. Jourdan; Paris, Fanjat, 1829, in-8.
1946. Journal de la voirie grande et petite, par L. J. M. Daubanton; Paris, 1833, in-8.
1947. Traité de la voirie rurale et urbaine, par Isambert; Paris, Constantin, 1825, 2 tom. rel. en 1 vol. in-12.
1948. Même ouvrage, même édition.
(Incomplet).
1949. Traité des chemins de toute espèce, par F. X. P. Garnier; Paris, 1824, in-8.
1950. Supplément à la quatrième édition du Traité des chemins, par F. X. P. Garnier; Paris, 1842, in-8.
1951. Des chemins vicinaux, des chemins ruraux, par V. H. Solon; Paris, Durand, 1850, in-8.
1952. Dissertation sur la propriété des arbres des grandes routes et des chemins vicinaux, par A. C. Guichard, père; Paris, 1834, in-8.
1953. Même ouvrage, même édition.
1954. Everardi Ottonis de Tutela Viarum publicarum liber singularis; Trajecti ad Rhenum, Hofmans, 1731, in-8.
1955. Idem op., ejusd. edit.
1956. Thèse pour le doctorat. De viis, itineribus et locis publicis et de exercitoribus et nautis. De la législation des chemins de fer en général, par Anthony Bresson; Paris, Chaix, 1858, in-8.
1957. Thèse pour le doctorat. De la voirie, par Jean-Baptiste-Gabriel-François Baylet; Paris, Remquet, 1860, in-8.

Droit rural.

1958. Auctores finium regundorum; Nicolai Rigaltii observationes et notæ, item glossæ agrimensoriæ; Lutetiæ, Libertus, 1614, in-4.

1959. Rei agrariæ auctores legesque variæ, cura Wilelmi Goesii, cujus accedunt indices, antiquitates agrariæ et notæ; una cum Nicolai Rigaltii notis et observationibus; Amsteledami, Janssonius à Waesberge, 1674, 3 tom. in 1 vol. in-4.

1960. Godofredi Christiani Leiseri jus Georgicum, sive tractatus de prædiis; Lipsiæ, sumptibus hæredum Lanckisianorum, 1741, in-fol.

1961. Antonio Fernandez de Otero tractatus de Pascuis et jure pascendi, cum notis Vincentii Bondeni; Venetiis, Fentius, 1733, in-fol.

1962. Code rural, ou maximes et règlements concernant les biens de campagne, notamment les fiefs, franc-aleux censives, etc., etc., par Boucher d'Argis; Paris, Prault, 1774, 3 vol. in-12.

1963. Observations des commissions consultatives sur le projet de Code Rural, recueillies, mises en ordre et analysées, avec un plan de révision du même projet, par Deverneilh; Paris, imprim. impér., 1810-1814, 4 vol. in-4.

1964. Le droit rural français, par J. F. Vaudoré; Paris, Eymery, 1823, 2 vol. in-8.

1965. Les lois rurales de la France rangées dans leur ordre naturel, par Fournel; édit. revue par L. Rondonneau; Paris, Bossange, 1823, 2 vol. in-12.

1966. Cours de droit rural, par Aug. Ch. Guichard; Paris, 1826, in-8.

1967. Manuel de droit rural et d'économie agricole, par P. Jacques de Valserres; publié par Macarel; Paris, Thorel, 1846, in-8.

1968. Dialogues populaires sur le droit rural, par P. Jacques de Valserres; Paris, Comptoir des imprimeurs-unis, 1848, in-16.

1969. Confection du Code rural, par Jacques de Valserres; Paris, Gustave Thorel, 1850, in-8.

1970. Code-manuel des propriétaires de biens ruraux et d'usines, des fermiers, des colons, etc., etc., par Emile Agnel; Paris, Mansut, 1848, in-12.

1971. Commentaire sur les lois rurales françaises, par E. J. A. Neveu-Derotrie; Paris, Cosse, 1845, in-8.

1972. Traité complet de droit rural appliqué, par Auguste Bourguignat; Paris, Bouchard-Huzard, 1852, in-8.

1973. Traité de la vaine pâture et du parcours, par J. L. Jay, avec le concours de Alex. Beaume; Paris, Durand, 1863, in-8.

Eaux et Forêts.

1974. Des eaux courantes en droit Romain, des rivières en droit français, par Marcel Roulleaux; Versailles, Beau jeune, 1857, un vol. in-8.
1975. Jus fluviaticum Romano-Germanicum, complectens variorum auctorum tractatus, etc., etc., de jure fluminum, fontium, piscationum, navigationis, etc., etc.; opus editum studio Ahasveri Fritschii; Ienæ, Hertelus, 1672, in-4.
1976. Les édicts et ordonnances des roys, coustumes des provinces, reglements, arrests et jugemens notables des eaux et forets, recueillis par le s. de Saint Ion; Paris, veuve Langelier, 1610, in-fol.
1977. Même ouvrage, même édition.
1978. Edicts et ordonnances, arrests et règlements des eaux et forests, avec annotations, par Claude Rousseau, sieur de Bazoches; Paris, Loyson, 1649, in-4.
1979. Instruction sur le faict des eaues et forests, par Jacques de Chauffourt; Rouen, Du Petit Val, 1618, in-8.
1980. Instruction sur le faict des eaues et forests, par Jacques de Chauffourt; Rouen, Du Petit Val, 1642, in-12.
1981. Ordonnance de Louis XIV sur le fait des eaux et forêts, du mois d'août 1669, augmentée de l'édit de may 1716; Besançon, Alibert, 1717, in-12.
1982. Conférence de l'ordonnance de Louis XIV, du mois d'août 1669, sur le fait des eaux et forets, avec les édits, déclarations, coutumes, etc., etc. (par Gallon), contenant les lois forestières de France; édition augm. des observations de Simon et Segauld; Paris, Mouchet, 1752, 2 vol. in-4.
1983. Commentaire sur l'ordonnance des eaux et forets, d'août 1669 (par Jousse); Paris, Debure père, 1772, in-12.
1984. Lois forestières de France, commentaire historique et raisonné sur l'ordonnance de 1669, auquel on a joint

une bibliothèque des auteurs qui ont écrit sur les matières d'eaux et forests, etc., par Pecquet; Paris, Prault, 1753, 2 vol. in-4.

1985. Mémorial alphabétique des matières des eaux et forets, pesches et chasses, avec les édits, ordonnances, etc., etc. (par Noel); Paris, Rollin, 1737, in-4.

1986. Dictionnaire raisonné des eaux et forêts, par Chailland; Paris, Ganeau, 1769, 2 vol. in-4.

1987. Mémoire sur le droit des rivières, par Charles-Jules Rousseau; Sulzbach, Seidel, 1812, in-8.

1988. Pratique des cours d'eau, avec un appendice et un dictionnaire technologique, par A. Daviel; Paris, Fanjat, 1824, in-8.

1989. Traité de la législation et de la pratique des cours d'eau, par A. Daviel; Paris, Hingray, 1837, 2 vol. in-8.

1990. Traité de la législation et de la pratique des cours d'eau, par A. Daviel; Paris, Ch. Hingray, 1845, 3 vol. in-8.

1991. Régime des eaux, par F. X. P. Garnier; Paris, 1839, 4 vol. in-8.

1992. Du régime des eaux, et particulièrement de celles qui servent aux irrigations, par Jacques Giovanetti; Paris, Imprimerie royale, 1844, in-8.

1993. Analyse raisonnée de la législation sur les eaux, par Joseph Dubreuil; Aix, Pontier, 1817, in-4.

1994. Analyse raisonnée de la législation sur les eaux, par Dubreuil; édit. mise en rapport avec l'état de la législation, par Tardif et Cohen, avec des notes de J. J. Estrangin, et précédée d'une notice sur Dubreuil, par Ch. Giraud; Aix, Aubin, 1842, 2 vol. in-8.

1995. Des usines sur les cours d'eau, développements sur les lois et règlements qui régissent cette matière, par Nadault de Buffon; Paris, Carilian-Gœury, 1840, 2 vol. in-8.

1996. Même ouvrage, même édition.

1997. Codes des irrigations, par Bertin; Paris, Dusacq, in-8.

1998. De la propriété du cours et du lit des rivières non navigables et non flottables, par M. Rives; Paris, Joubert, 1844, 1 vol. in-8.

1999. De la propriété des eaux courantes, par Championnière; Paris, Hingray, 1846, in-8.

2000. De la législation des cours d'eau dans le droit français ancien et dans le droit moderne, par Raymond Bordeaux ; Paris, Delhomme, 1849, in-8.

2001. Specimen historico-juridicum inaugurale, de jure circa aggerum aquarumque curam in insula Walacriæ constituto, quod pro gradu doctoratus consequendo publico ac solemni examini submittit Guilielmus Adrianus Snouck Hurgronje ; Trajecti ad Rhenum, van der Post, 1837, in-8.

2002. Tractatus de fluviorum alluvionibus, deque iis quæ ex alluvione nascuntur commodis et incommodis, Baptista Aymo auct.; Venetiis, Ziletti, 1581, in-fol.

2003. Tractatus singularis de universo Alluvionum jure, auct. Baptista Aymo, edit. et audauct. opera Ahasveri Fritschii; Ienæ, Hertelius, 1675, in-4.

2004. Traité du droit d'alluvion, par Chardon ; Avallon, Cominet, 1830, in-8.

2005. Code des desséchements, ou recueil des règlements rendus sur cette matière depuis le règne de Henry IV, jusqu'à nos jours, par Poterlet jeune ; Paris, 1817, in-8.

2006. Desséchement des marais ; supplément au rapport et au décret ; (1790), in-8.

2007. Des landes, friches, bruyères, marais et autres terres vaines et vagues, des défrichements et desséchements, par Aug. Ch. Guichard ; Paris, veuve Porthmann, 1831, in-8.

2008. Della condotta delle acque secondo le vecchie intermedie legislazioni dei diversi paesi d'Italia, trattato de G. D. Romagnosi ; Milano, Silvestri, 1835, 1 vol. in-12.

2009. Institutiones juris forestalis Germanorum, auct. Friderico Adamo Georg; Francofurti ad Mœnum, 1802, in-8.

2010. Dictionnaire forestier, par Ch. Dumont; Paris, Garnery, an XI, in-8.

2011. Traité général des eaux et forêts, chasses et pêches, par Baudrillart ; Paris, Huzard, 1821, 9 vol. in-4, avec atlas.

2012. Lois forestières, avec les lois sur la chasse et la pêche, par Dupin (aîné); Paris, Guillaume, 1822, in-8.

2013. Des forêts de la France considérées dans leurs rapports avec la marine militaire, à l'occasion du projet de Code Forestier, par Bonard ; Paris, Huzard, 1826, in-8.

JURISPRUDENCE.

2014. Chambre des pairs, séance du 11 avril 1827; projet de Code Forestier, présenté par le ministre des finances, avec l'exposé des motifs de M. le vic. de Martignac; in-8.

2015. Chambre des pairs, séance du 8 mai 1827; rapport par M. Roy, au nom d'une commission spéciale chargée de l'examen du projet de Code Forestier; in-8.

2016. Chambre des députés; Exposé des motifs du projet de Code Forestier, par le vicomte de Martignac; 1827, in-8.

2017. Code Forestier, suivi de l'ordonnance d'exécution et de la jurisprudence forestière, annoté par Dupin aîné; Paris, P. Ledoux, 1828, in-12.

2018. Code Forestier, suivi de l'ordonnance d'exécution et de la jurisprudence forestière, annoté par Dupin (aîné); Paris, Joubert, 1834, in-18.

2019. Code Forestier, publié par Brousse; Paris, Béchet, 1827, in-8.

2020. Code Forestier, conféré avec la législation et la jurisprudence, par L. Gagneraux; Paris, 1827, 2 vol. in-8.

2021. Code Forestier, avec un commentaire par Baudrillart; Paris, Arthus Bertrand, 1827, 2 vol. in-12.

2022. Commentaire sur le Code Forestier, par Coin-Delisle et Frédérich; Paris, Pelicier, 1827, 2 vol. in-8.

2023. Code Forestier annoté, par Charles de Vaulx et Jacques Fœlix; Paris, L'Huillier, 1827, in-8.

2024. Vocabulaire du Code Forestier, par Biret; Paris, Tournachon-Molin, 1828, in-8.

2025. Le Code Forestier conféré et mis en rapport avec la législation qui régit les différents propriétaires et usagers dans les bois, par Curasson; Dijon, Lagier, 1836, 2 vol. in-8.

2026. Commentaire du Code Forestier, par E. Meaume; Paris, Delamotte, 1843-1846, 33 vol. in-8.

2027. Les Codes de la législation forestière, par Charles Jacquot; Paris, Durand, 1861, in-12.

2028. Des droits d'usage dans les bois de l'État, dans ceux des particuliers, et notamment dans les forêts de l'ancien comté d'Évreux, par d'Avannes; Paris, 1837, in-8.

2029. Des droits d'usage dans les forêts, de l'administration des biens communaux et de l'affouage, par E. Meaume; Paris, Durand, 1851, 2 vol. in-8.

Chasse et Pêche.

2030. Code des chasses, ou nouveau traité du droit des chasses suivant la jurisprudence de l'ordonn. du mois d'août 1669 (par Saugrain); Paris, 1765, 2 vol. in-12.
2031. Principes généraux de jurisprudence sur les droits de chasse et de pêche, suivant le droit commun de la France (par J. Henriquez); Paris, Berton, 1775, in-12.
2032. Code de la chasse et de la pêche; Paris, Warée, 1828, in-32.
2033. Traité complet du droit de chasse, par Petit; Paris, Thorel, 1838, 3 vol. in-8.
2034. *Vade mecum* du chasseur, par Brody; Chambon, Farre, 1840, in-18.
2035. Code de la chasse, par Juste Houel; Paris, Allouard, 1843, in-32.
2036. Même ouvrage, même édition.
2037. Nouveau code des chasses, par MM. J. L. Gillon et G. Villepin; Paris, Paul Dupont, 1844, in-12.
2038. Code de la police de la chasse, commenté par Camusat-Busserolles, revu par Franck-Carré; Paris, Cosse, 1844, in-8.
2039. Législation de la chasse et de la louveterie, commentée par Ch. Berriat S.-Prix; Paris, Cosse, 1845, in-8.
2040. Dommages aux champs causés par le gibier; de la responsabilité des propriétaires de bois et locataires de chasses, par Alexandre Sorel; Paris, Aubry, 1861, in-8.
2041. Chasse à tir et à courre; du droit de suite et de la propriété du gibier tué, blessé ou poursuivi, par Alexandre Sorel; Paris, Aubry, 1862, in-8.
2042. Corpus juris venatorio-forestalis Romano-Germanici tripartitum, opera et studio Ahasveri Fritschii, cum præfatione Samuelis Strykii; Lipsiæ, Gleditschius, 1702, 2 vol. in-fol.
2043. A treatise on the Game laws: in which it is fully proved, that, except in particular cases, game is now, and has always been by the law of England, the property of

the occupier of the land upon which it is found and taken, by Edw. Christian ; London, Clarke, 1817, in-8.
2044. Code sur la pêche fluviale, par Brousse; Paris, Bechet, 1829, in-8.
2045. Loi sur la pêche fluviale, expliquée par la discussion législative et par ses rapports avec le Code Forestier, par Coin-Delisle et Frédérich ; Paris, La Grange, 1829, in-8.

Expropriation.

2046. Traité des servitudes d'utilité publique et des modifications apportées par les lois et par les règlements à la propriété immobilière en faveur de l'utilité publique, par J. Jousselin; Paris, Videcoq, 1850, 2 vol. in-8.
2047. Exposé des motifs et projet de loi sur l'expropriation pour cause d'utilité publique, présentés par le ministre du commerce, le 12 mars 1832 ; in-8.
2048. De l'expropriation forcée considérée dans son origine et dans ses résultats, par Raybaud de Favas ; Paris, Bechet, 1829, in-8.
2049. Même ouvrage, même édition.
2050. Traité de l'expropriation pour cause d'utilité publique, par Ch. Delalleau, t. I ; Paris, Gobelet, 1828, in-8.
2051. Traité de l'expropriation pour cause d'utilité publique, par de Lalleau ; Paris, Alex. Gobelet, 1836, in-8.
2052. Supplément au traité de l'expropriation pour cause d'utilité publique, par de Lalleau ; Paris, Thorel, 1842, in-8.
2053. Traité de l'expropriation pour cause d'utilité publique, par de Lalleau ; Paris, Carilian-Gœury, 1845, 2 vol. in-8.
2054. Traité de l'expropriation pour cause d'utilité publique, par de Caudaveine et Thery ; Paris, Guyot, 1839, in-8.
2055. Loi sur l'expropriation pour cause d'utilité publique, accompagnée d'un commentaire, par Ramond de La Croisette ; Paris, 1841, in-8.
2056. De l'expropriation pour cause d'utilité publique, par A. Herson ; Paris, 1843, in-8.

2057. Code complet de l'expropriation pour cause d'utilité publique, par F. Malapert et L. Protat; Paris, Cotillon, 1857, in-12.

2058. Même ouvrage, même édition.

2059. Les lois de l'expropriation pour cause d'utilité publique expliquées par la jurisprudence, par Léon Daffry de La Monnoye; Paris, Durand, 1859, in-8.

2060. Commentaire théorique et pratique des lois d'expropriation pour cause d'utilité publique, par de Perrony et Delamarre; Paris, Marescq, 1859, in-8.

2061. Thèse de doctorat. Action publicienne. Loi du 3 mai 1841 sur l'expropriation pour cause d'utilité publique, par Marie Augustin Léon Deltheil; Paris, Gros, 1855, in-8.

Bâtiments. Etablissements industriels. Salubrité.

Marchés. Servitudes militaires.

2062. Les loix des bâtimens, suivant la coutume de Paris, enseignées par Desgodets, avec les notes de Goupy, 1748; in-8.

2063. Les loix des bâtiments, suivant la coutume de Paris, enseignées par M. Desgodets; Paris, De Burc, 1776, in-8.

2064. Les lois des bâtiments, suivant la coutume de Paris, par Desgodets, avec les notes de Goupy; nouv. édit., mise en rapport avec les lois et la jurispr. modernes, par Hugues Destrem; Paris, 1845, in-8.

2065. Lois des Bâtiments, ou le nouveau Desgodets, par P. Lepage; Paris, Jonet, 1843, 2 tom. en 1 vol. in-8.

2066. Lois des Bâtimens, par Ramelet; Besançon, Daclin, 1822, in-8.

2067. Recueil méthodique et raisonné des lois et règlements sur la voirie, les alignements et la police des constructions, par H. J. B. Davenne; Paris, Huzard, 1821, in-8.

2068. Traité de la législation des bâtiments et constructions, par Frémy-Ligneville; Paris, Carilian-Gœury, 1848, 2 vol. in-8.

2069. Mémoire sur la police et la juridiction des bâtiments à Paris, pour MM. les entrepreneurs de maçonnerie, de charpenterie, etc., etc., par Amyot; Paris, 1829, in-8.
2070. Même ouvrage, même édition.
2071. De l'administration des constructions en général, considérées comme ouvrages d'art et comme propriétés; ou exposition des principes qui constituent le système administratif spécial de toutes constructions publiques ou particulières, par F. L. L. Desar; Paris, Carilian-Gœury, 1832, in-8.
2072. Tableaux détaillés des prix de tous les ouvrages de bâtiment, par J. M. Morisot; Paris, 1820, 7 vol. in-8.
2073. Prix de base et de règlement des travaux de bâtiment; 1843, 1847, 1857, 3 vol. in-4.
2074. Traité de la législation concernant les manufactures et ateliers dangereux, insalubres et incommodes, par A. H. Taillandier; Paris, Nève, 1827, in-8.
2075. Manuel des ateliers dangereux, insalubres ou incommodes, ou recueil de la législation et de la jurisprudence en cette matière, par Macarel; Paris, 1827, in-18.
2076. Code administratif des établissements dangereux, insalubres ou incommodes, par Adolphe Trébuchet; Paris, 1832, in-8.
2077. Lectures relatives à la police médicale, par Étienne Sainte-Marie; Paris, Baillière, 1829, in-8.
2078. Des obstacles que les préjugés médicaux apportent dans quelques circonstances à l'assainissement des villes et à l'établissement de certaines manufactures, par Parent-Duchatelet; in-8.
2079. Code des établissements industriels concédés et autorisés sur demandes directes, par Mirabel-Chambaud; Paris, Videcoq, 1841, 2 vol. in-8.
2080. Traité pratique de droit industriel, ou exposé de la législation et de la jurisprudence sur les établissements industriels, les brevets d'invention, etc., etc., par Ambroise Rendu; Paris, Cosse, 1855, in-8.
2081. Législation appliquée des établissements industriels, par Auguste Bourguignat; Paris, Dalmont, 1858, 2 vol. in-8.
2082. Disputationem juridicam de Nundinis solemnibus in Viadrina academia publice ventilandam exhibet Bartho-

lomæus Eckhardt; Francofurti ad Viadrum, Schrey, 1686, in-4.
2083. Traité des servitudes légales établies pour la défense des places de guerre et de la zone des frontières, par Ch. Delalleau ; Paris, Anselin, 1833, in-8.

Postes. Voitures. Voies ferrées.

2084. Usage des postes chez les anciens et les modernes (par Lequien de La Neuville); Paris, Delatour, 1730, in-12.
2085. Code voiturin, ou recueil des édits, déclarations, lettres patentes, arrêts et règlements concernant les fonctions, droits, priviléges, etc., etc., tant des messagers royaux que de ceux de l'université de Paris, et autres voituriers publics ; Paris, Prault, 1748, 2 vol. in-4.
2086. Code voiturin, ou recueil des édits, déclarations, etc., concernant les fonctions, droits, priviléges, etc., des messagers royaux, universitaires et autres voituriers publics; Paris, 1763-1784, 3 vol. in-4.
2087. Nouveau code voiturin, par P. C. Lafargue; Paris, Moreau, 1827, in-8.
2088. Code des maîtres de poste, des entrepreneurs de diligence et de roulage et des voituriers en général par terre et par eau, par A. Lanoe; Paris, Roret, 1827, in-8.
2089. Le code des postes et relais de France, par Bole ; Paris, Warée, 1839, in-12.
2090. Même ouvrage, même édition.
2091. Chambre des pairs ; séance du 12 décembre 1832; projet de loi relatif à la police du roulage, avec l'exposé des motifs ; 1832, in-8.
2092. De l'institution comparée des postes en France et à l'étranger et des innovations soumises par l'administration à une commission, par Jouhaud avocat ; Paris Thomassin et C*e*, 1838, in-8.
2093. Des postes menacées par les chemins de fer, par Jouhaud ; Paris, Firmin Didot, 1840, in-8.
2094. Les chemins de fer et les postes, dans leurs rapports comparés de progrès et de conservation, en France et à

l'étranger, par Jouhaud; Paris, Charpentier, 1841, in-8.

2095. Deux projets sur le maintien des postes en France, l'un présenté par la commission instituée par l'ordonnance royale du 4 mai 1842, l'autre soumis à M. le ministre des finances, par Jouhaud; Versailles, Dufaure, 1843, in-8.

2096. Les maîtres de poste du royaume à MM. les membres de la commission des crédits extraordinaires; Versailles, Dufaure, 1844, in-8.

2097. Les postes seront-elles sacrifiées aux chemins de fer? Observations sur le projet de loi des crédits extraordinaires, par Jouhaud; Paris, Charpentier, 1844, in-8.

2098. Lettres sur les embarras ministériels, à l'occasion d'un projet de loi sur les postes, par Jouhaud; Paris, Firmin Didot, 1845, in-8.

2099. Répertoire méthodique de la législation des chemins de fer, indiquant les dispositions législatives et réglementaires insérées au Bulletin des lois; Paris, Impr. impér., 1864, in-4.

2100. De la législation des rail-routes, ou chemins de fer, en Angleterre et en France, par Achille Guillaume; Paris, Carilian-Gœury, 1838, in-8.

2101. Traité de la législation et de la jurisprudence des chemins de fer, par H. Nogent-Saint-Laurens; Paris, Colomb de Bastines, 1841, in-8.

2102. Même ouvrage, même édition.

2103. Traité théorique et pratique de la législation et de la jurisprudence des chemins de fer, par Rebel et Juge; Paris, Cosse, 1847, in-8.

2104. Traité juridique de la construction, de l'exploitation et de la police des chemins de fer, commentaire des lois et règles de l'expropriation pour cause d'utilité publique, etc., par Eugène Paignon; Paris, Chaix, 1853, in-12.

2105. Législation des chemins de fer par rapport aux propriétés riveraines, par L. J. D. Féraud-Giraud; Paris, Carilian-Gœury, 1853, in-8.

2106. Code annoté des chemins de fer en exploitation, par E. Lamé Fleury; Paris, Imprim. impér., 1861, in-8.

2107. Des chemins de fer, considérés comme voies de communication commerciale, et particulièrement du chemin

de fer projeté de Paris à Orléans, en concurrence avec le canal de l'Essonne; Paris, 1831, in-8.
2108. Législation française des chemins de fer, par Cotelle; Paris, Dunod, 1864, in-8.
2109. Canaux et chemins de fer, par Eugène Delattre; Paris, Guillaumin, 1864, in-18.
2110. Manuel ou traité pratique de l'exploitation des chemins de fer, par Victor Emion, précédé d'une préface par Jules Favre; Paris, Lacroix, 1864, in-18.
2111. Annuaire officiel des chemins de fer, par A. Pinel; Paris, Chaix, 1864, in-18.

Police. Théâtres.

2112. Die Polizei-Wissenschaft nach den Grundsaken des Rechtstaates, von Robert Mohl; Tubingen, Laupp, 1832, 2 vol. in-8.
2113. Traité de la police, avec l'histoire de son établissement, les fonctions et les prérogatives de ses magistrats, toutes les lois et tous les règlements qui la concernent, par Delamare; Paris, Brunet, Hérissant, 1722-1738, 4 vol. in-fol.
2114. Dictionnaire, ou Traité de la police générale des villes, bourgs, paroisses et seigneuries de la campagne, par Edme de La Poix de Freminville; Paris, Gissey, 1758, in-4.
2115. Dictionnaire universel de police, contenant l'origine et les progrès de cette partie importante de l'administration civile en France, etc., etc., par Des Essarts; Paris, Moutard, 1786-1790, 8 vol. in-4.
  Ouvrage non terminé.
2116. Même ouvrage, même édition.
  Manquent les cinq derniers volumes.
2117. Code de la police, ou Analyse des règlements de police, par (D. Duchesne); Paris, Prault, 1767, 2 vol. in-12.
2118. Edits du roy, arrêts du conseil et du parlement d'Aix, sur l'établissement et juridiction des lieutenants généraux de police en Provence; Aix, veuve David, 1742, in-4.

JURISPRUDENCE.

2119. Manuel judiciaire criminel, ou Recueil complet et méthodique des décrets rendus par les assemblées Constituante et Législative et par la Convention sur l'institution et les fonctions des officiers de police et de sûreté, des jurés et des juges; Paris, Rondonneau, an II, in-8.

2120. Collection des lois, ordonnances et règlements de police (seconde série, de 1667 à 1772), par Peuchet; Paris, Lottin de Saint-Germain, 1818-1819, 8 vol. in-8.

2121. Code de police, par A. C. Guichard; Paris, Didot, 1792, in-12.

2122. Dictionnaire de police moderne, pour toute la France, par Allez; Paris, 1820, 4 vol. in-8.

2123. Nouveau dictionnaire de police, avec une introduction historique sur la police, par MM. Elouin, A. Trébuchet et E. Labat; Paris, Béchet, 1835, 2 vol. in-8.

2124. Manuel de police judiciaire, à l'usage des juges de paix, officiers de gendarmerie, commissaires de police et surtout des maires et adjoints, par Ch. Berriat Saint-Prix; Paris, Dupont, 1841, in-12.

2125. Traité de la police administrative générale et municipale, par Alphonse Grün; Paris, Berger-Levrault, 1862, in-18.

2126. Circulaires, instructions, etc., du ministère de l'intérieur de 1797 à 1821; Paris, Impr. roy, 1821-1829, 6 vol. in-8. Nouvelle série, 1831 à 1839, et les circulaires, etc., émanées du ministère du commerce et des travaux publics; Paris, Dupont, 1848-1849, 3 vol. in-8.

2127. Bulletin officiel du ministère de l'intérieur; Paris, Paul Dupont, 1838-1862. 25 vol. in-8. — Table générale et analytique du Bulletin, 1838 1861; Paris, Dupont, 1862, in-8.

2128. Collection officielle des ordonnances de police, depuis 1800 jusqu'à 1850, imprimée par ordre de MM. Delessert et Piétri; Paris, Dupont, 1844-1852, 5 vol. in-8.

2129. De la Police de Paris, de ses abus, et des réformes dont elle est susceptible, avec documents anecdotiques et politiques pour servir à l'histoire judiciaire de la Restauration, par A. G. Claveau; Paris, Pillot, 1831, in-8.

2130. Sammlung der Gesetze und Beschlüsse wie auch der Polizeiverordnungen des Kantons Basel, welche seit Anfangs 1823 bis Ende 1827, gegeben und publizirt worden nebst angehängten General-Register über sammtliche bis jetzt erschicneneschs Bande der Sammlung, auf Befehl der Regierung gesammelt; Basel, 1828, 1 vol. in-8.

2131. Sammlung der Gesetze und Beschlüsse wie auch der Polizeiverordnungen, welche seit 26 August 1833 bis Ende 1835, fur den Kanton Basel-Stadttheil erlassen vorden; Basel, 1839, in-8.

2132. Histoire de la législation sur les femmes publiques et les lieux de débauche, par Sabatier; Paris, Gagniard, 1830, in-8.

2133. De la prostitution dans la ville de Paris considérée sous le rapport de l'hygiène publique, de la morale et de l'administration, par A. J. B. Parent Du Châtelet; Paris, 1836, 2 vol. in-8.

2134. Code des théâtres, par A. Vulpian et Gauthier; Paris, Warée, 1829, in-12.

2135. Même ouvrage, même édition.

2136. Traité de la législation des théâtres, par Vivien et Edmond Blanc; Paris, Brissot-Thivars, 1830, in-8.

2137. Traité de la police administrative des théâtres de la ville de Paris, par Simonet; Paris, Thorel, 1850, in-8.

2138. Traité de la législation et de la jurisprudence des théâtres, par Adolphe Lacan et Charles Paulmier; Paris, Durand, 1853, 2 vol. in-8.

2139. Compte rendu au ministre de l'intérieur, par Francœur, Denesles et Baco, ex-administrateurs du théâtre de la République et des Arts; (an VIII), in-4.

2140. Les citoy. Francœur et Denesles aux cit. Devismes et Bonnet (organisat. du théâtre de la Républ. et des Arts); in-4.

2141. Marseille, notice historique sur les théâtres privilégiés, en réponse aux questions posées par M. le ministre d'Etat, par un ancien amateur; Marseille, Camoin, 1863, in-8.

2142. Recueil d'édits, arrêts du conseil du roi, lettres-patentes, mémoires et arrêts du parlement en faveur des musiciens du royaume; Paris, Ballard, 1774, in-8.

2143. Code-Manuel des artistes dramatiques et des artistes musiciens, par Emile Agnel; Paris, Mansut, 1851, in-8.

Arts, Métiers, Poids et Mesures.

2144. Systema jurisprudentiæ Opificiariæ in formam artis redactæ, ubi rerum mechanicarum principia, etc., conclusiones variaque theoremata secundum usum et praxin Imperii hodiernam omnia deducuntur, additis documentis e scriptis Adriani Beieri, cura et studio Friderici Gottliebii Struvii; Lemgoviæ, Meyerus, 1738, 3 tom. in 2 vol. in-fol.

2145. Recueil des règlements généraux et particuliers concernant les manufactures et fabriques du royaume ; Paris, imprimerie royale, 1730, 4 vol. in-4.

2146. Recueil de règlemens pour les corps et communautés d'arts et métiers, commençant au mois de février 1776 ; Paris, Simon, 1779, in-4.

2147. Règlements sur les arts et métiers de Paris, rédigés au xiii° siècle, et connus sous le nom du Livre des Métiers d'Estienne Boileau, publiés par G. B. Depping ; Paris, Crapelet, 1837, in-4.

2148. Les ordonnances royaux sur le faict et juridiction de la prévosté des marchands et eschevinage de la ville de Paris ; Paris, Jeanne Leroy, 1582, in-4.

2149. Les ordonnances royaux sur le faict et juridiction de la prévosté des marchands et échevinage de la ville de Paris ; Paris, Rocolet, 1644, in-fol.

2150. Ordonnance de Louis XIV, du mois de mars 1669, concernant la juridiction des prévost des marchands et eschevins de la ville de Paris ; Paris, Léonard, 1676, in-fol.

2151. Guide des corps des marchands et des communautés des arts et métiers tant de la ville et fauxbourgs de Paris que du royaume (par Pary) ; Paris, veuve Duchesne, 1766, in-12.

2152. Recueil contenant l'édit du roy sur l'establissement de la juridiction des consuls en la ville de Paris, divisé en deux parties ; Paris, B. Ballard, 1668, 2 vol in-4. La seconde partie est intitulée : Recueil de ce qui s'observe en la justice des juges et consuls.

2153. Recueil contenant les édits et déclarations du roy sur l'establissement et confirmation de la jurisdiction des consuls en la ville de Paris; Paris, D. Thierry, 1705, in-4.

2154. Recueil des édits, déclarations, arrests et règlemens concernant les arts et métiers de Paris et autres villes du royaume ; Paris, Saugrain, 1701, in-8.

2155. Code-manuel des ouvriers, des contre-maîtres et apprentis, par Louis Bellet ; Paris, Martinon, 1847, in-16.

2156. Code de l'ouvrier, par Mollot; Paris, Cotillon, 1856, in-18.

2157. Même ouvrage, même édition.

2158. Le contrat d'apprentissage, expliqué aux maîtres et aux apprentis, par Mollot; Paris, Videcoq, 1845, in-18.

2159. Le contrat d'apprentissage, expliqué aux maîtres et aux apprentis, par Mollot ; Paris, Colas, 1847, in-18.

2160. De la justice industrielle des prud'hommes expliquée aux ouvriers et à ceux qui les emploient, par Mollot ; Paris, Chaix, 1846, in-18.

2161. La jurisprudence particulière de la chirurgie en France, ou traité historique et juridique des établissements, règlements, police, devoirs, etc., etc., des sociétés de chirurgie et de leurs suppôts, par Verdier; Paris, d'Houry, 1764, 2 vol. in-12.

2162. Principes de jurisprudence sur les visites et rapports judiciaires des médecins, chirurgiens, apothicaires et sages-femmes, par Prevost; Paris, Desprez, 1753, in-12.

2163. Code des médecins et des pharmaciens ; Paris, Rondonneau, 1804, in-16.

2164. Code des pharmaciens, par A. Laterrade ; Paris, Moreau, 1826, in-12.

2165. Code expliqué des pharmaciens, par Laterrade ; Paris, Crochard, 1834, in-18.

2166. Même ouvrage, même édition.

2167. Jurisprudence de la médecine, de la chirurgie et de la pharmacie en France, par Adolphe Trebuchet ; Paris, Baillière, 1834, in-8.

2168. Même ouvrage, même édition.

2169. Dictionnaire des altérations et falsifications des substances alimentaires, médicamenteuses et commerciales, par M. A. Chevallier ; Paris, Béchet, 1852, 2 vol. in-8.

2170. Traité des fraudes en matière de marchandises, par Charles Million; Paris, Cosse, 1858, in-8.

2171. Des délits et des peines en matière de fraude commerciale, denrées alimentaires et boissons, par Victor Emion; Paris, Dentu, 1857, in-18.

2172. Code de la librairie et imprimerie de Paris, ou conférence du règlement arrêté au conseil d'état du roy le 28 février 1723 avec les anciennes ordonnances (par Saugrain); Paris, 1744, in-12.

2173. Mémoires sur la librairie et sur la liberté de la presse, par de Lamoignon de Malesherbes; Paris, Agasse, 1809, in-8.

2174. Lettres à un ami, sur les arrêts du Conseil du 30 août 1777, concernant la librairie et l'imprimerie, par Pluquet; Paris, 1778, in-8.

2175. Mémoire présenté à l'assemblée nationale pour le corps des libraires et imprimeurs de l'université, par Grangé; Paris, Grangé, 1790, in-8.

2176. Sur la liberté de l'imprimerie et du commerce, par le c^{en} C. S. Camus; Paris, Camus, an VIII, in-8.

2177. Commentaire et éclaircissements sur quelques passages des observations et du projet de décret de MM. Bonnet de Treiches et Catineau-la-Roche, sur l'imprimerie et la librairie, par Ravier; Paris, Petit, 1808, in-8.

2178. Projet de décret relatif à l'imprimerie et à la librairie; R. de St Jean d'Angely, rapporteur; Paris, Impr. impériale, 1809, in-4.

2179. Observations et projet de décret sur l'imprimerie et la librairie (par Fiévée); Paris, Imp. impér., 1809, in-4.

2180. Observations sur les articles du projet du nouveau code criminel qui concernent la librairie, par A. Costes; s. d., in-8.

2181. Esquisse d'un projet de règlement pour l'imprimerie, la librairie et autres professions y relatives, par F. J. Baudouin; Paris, Baudouin, 1810, in-4.

2182. Mémoire adressé à sa majesté l'empereur et roi par les imprimeurs de Paris; Paris, Impr. impér., 1812, in-4.

2183. Code des imprimeurs, libraires, écrivains et artistes, par A. Pic; Paris, Corby, 1826, 2 vol. in-8.

2184. Mémoire et projet de règlement concernant l'administration de l'Imprimerie impériale, par F. J. Baudouin ; Paris, Baudouin, 1808, in-4.

2185. Projet relatif à l'organisation d'une nouvelle administration pour l'Imprimerie impériale de France ; Paris, Baudouin, 1808, in-4.

2186. Articles, statuts, ordonnances et privilèges, accordez par le roy Charles IX aux jurez et gardes de la communauté des fondeurs, mouleurs en terre, sable, et bossetiers de la ville et faubourgs de Paris ; Paris, Gonichon, 1743, in-8.

2187. Traité des bois servans à tous usages, contenant les ordonnances du roy touchant le règlement des bois, etc., etc., par Claude Caron ; Paris, 1676, 2 vol. in-8.

2188. Code du commerce de bois et de charbon pour l'approvisionnement de Paris, par Dupin (aîné) ; Paris, Guillaume, 1817, 2 tom. en 1 vol. in-8.

2189. Code du commerce des bois carrés, charpente, sciage et charronnage réunis, pour l'approvisionnement de Paris, par Frédéric Moreau ; Paris, Dauvin, 1840-1847, 2 vol. in-8.

2190. Recueil d'ordonnances, statuts et règlemens du Corps de la Mercerie ; Paris, Chardon, 1767, in-4.

2191. Statuts et ordonnances des maistres rotisseurs de la ville et fauxbourgs de Paris ; Paris, Bouillerot, 1705, in-8.

2192. Réclamation des platriers et chaux-fourniers de Paris contre les dispositions de l'arrêté du comité de police de la municipalité, du 20 octobre (1789) ; Paris, Nyon, 1789, in-4.

2193. Examen des inexactitudes au procès-verbal fait par le s. Quinquet, pour servir de suite à la réclamation des plâtriers de Paris ; 1788, in-4.

2194. Code des orfèvres, bijoutiers, horlogers, et autres marchands d'or et d'argent, par Jules Fontainne ; Paris, Jules, 1845, in-8.

2195. Traité de la garantie des matières et ouvrages d'or et d'argent, par B. L. Raibaud ; Paris, Carrière, 1825, in-8.

2196. Matières d'or et d'argent, suite du traité de la garantie, par B. L. Raibaud ; Paris, Hivert, 1838, in-8.

2197. Des règlements de la halle aux blés et farines de Paris, par A. D. Desprez ; Paris, Johanneau, 1832, in-8.

2198. Guide des experts et code du propriétaire-foncier, par Abric; Paris, Durand, 1839, in-8.
2199. Nouveau manuel des experts, par Ch.; septième édit., par Charles Vasserot; Paris, Bertand, 1845, in-8.
2200. Manuel des marchands et des acheteurs de chevaux et de bestiaux, par B. J. Legat; Paris, Garnot, 1828, in-32.
2201. Code-Manuel des propriétaires et locataires de maisons, hôteliers, aubergistes et logeurs, par Emile Agnel; Paris, Mansut, 1846, in-12.
2202. Code manuel des propriétaires et locataires de maisons, hôteliers, etc., etc., par Emile Agnel; Paris, Cosse, 1863, in-18.
2203. Code des hôteliers et aubergistes, des logeurs et des locataires en garni, par P. Bicquant; Paris, Gallois, 1830, in-12.
2204. Traité pratique des locations en garni en général, et particulièrement de la profession d'hôtelier, par P. Masson; Paris, Marescq, 1847, in-8.
2205. Dissertatio antiquaria juridica inauguralis de Romanorum ponderibus et mensuris, quam, pro gradu doctoratus consequendo, publico examini submittit Bernardus van Laar; Lugduni Batavorum, van Laar, 1810, in-8.
2206. Recueil officiel des ordonnances et instructions publiées sur la fabrication et la vérification des poids et mesures; Paris, Dupont, 1839, in-8.
2207. Ministère de l'Agriculture et du Commerce. Atlas des Poids et Mesures, dressé en exécution de l'ordonnance du 16 juin 1839; 1839, in-4.

Établissements de bienfaisance.

2208. Recueil d'édits, déclarations, arrests et ordonnances, etc., concernant l'hôpital-général, les enfants trouvez, le Saint-Esprit, et autres maisons y unies; Paris, Thiboust, 1745, in-4.
2209. Recueil de mémoires sur les établissemens d'humanité, traduits de l'allemand et de l'anglais, publiés par ordre

du ministre de l'intérieur; Paris, Agasse, 1799-1804, 15 vol. in-8.

2210. Traité des établissements de bienfaisance, par Jules de Lamarque; Paris, Berger-Levrault, 1862, in-18.

2211. Code des bureaux de bienfaisance, fabrique des églises, hospices, hôpitaux, par J. G. Molineau; Châteauroux, Migné, 1855, in-8.

2212. Même ouvrage, même édition.

2213. Législation charitable, ou recueil des lois, arrêtés, décrets, ordonnances, avis du Conseil d'état, etc., qui régissent les établissements de bienfaisance, mis en ordre et annoté, par Ad. de Watteville; Paris, Cotillon, 1847, in-8.

2214. Répertoire de l'administration et de la comptabilité des établissemens de bienfaisance, hôpitaux, bureaux de bienfaisance, asiles d'aliénés, etc......, par E. Durieu et Germain Roche; Paris, 1842, 2 vol. in-8.

2215. Code administratif des hôpitaux civils, hospices et secours à domicile de la ville de Paris, avec un supplément pour les années 1822-1824 (par Valdruche); Paris, v^e Huzard, 1824-1825, 3 vol. in-4.

2216. Manuel des commissions administratives des hôpitaux et hospices civils, et des membres des bureaux de charité, par Péchart; Paris, 1826, in-8.

2217. Mémoire sur les hôpitaux civils de Paris, par Clavareau; Paris, Prault, 1805, in-8.

2218. Mémoires sur les hôpitaux de Paris, par Tenon; Paris, Pierres, 1788, in-4.

2219. Discours contre la loi sur les hospices, par M. Dupin; Paris, Panckoucke, 1831, in-8.

2220. Rapport fait au conseil représentatif, au nom de la commission nommée pour l'examen du projet de loi sur le placement et la surveillance des aliénés, par Édouard Mallet; Genève, Pelletier, 1838, in-8.

2221. Coup d'œil sur les bureaux de bienfaisance de Paris, et réflexions sur la distribution des secours à domicile, par Napoléon Adolphe Sedillon; Paris, Dumesnil, 1840, in-8.

2222. Revue du patronage des apprentis et des jeunes ouvrières de Paris, compte rendu des travaux (par M. de Melun); Paris, Rignoux, 1853, in-8.

2223. OEuvre des Petits Savoyards, documents sur la fondation de cette œuvre, par J. P. Ducros (de Sixt), précédés d'une introduction par Octave Ducros (de Sixt); Paris, Vrayet de Surcy, 1845, in-18.

2224. Fondation d'un établissement de bienfaisance pour les jeunes filles de la commune d'Ivry, autorisé sur le projet de A. Bonjour, avocat; Paris, Rignoux, 1862, in-8.

2225. Même ouvrage, même édition.

2226. Des monts-de-piété et des banques de prêt sur nantissement en France, en Angleterre, en Belgique, en Italie, en Allemagne, etc., par A. Blaize; Paris, Pagnerre, 1843, in-8.

2227. Des commissionnaires au Mont-de-Piété de Paris et des bureaux auxiliaires, par A. Blaize; Paris, Pagnerre, 1844, in-8.

2228. Notice historique sur la société philanthropique de Paris fondée en 1780; Paris, Henry, 1846, in-8.

2229. Rapports et comptes rendus pour l'année 1838 (Société Philanthropique de Paris); Paris, Henry, 1839, in-8.

2230. Annuaires de la société Philanthropique de Paris; 1845, 1847, 1849, 3 vol. in-8.

2231. Société philanthropique. Annuaire de 1848. Rapports et comptes rendus pour l'exercice 1847; Paris, Wittersheim, 1848, in-8.

2232. Mémoire adressé à M. le ministre de l'agriculture et du commerce par les délégués de la caisse des retraites pour les classes laborieuses des deux sexes; Paris, René et Cie, 1846, in-8.

Sépultures. Cimetières.

2233. Résumé de la législation et de la jurisprudence sur les lieux de sépulture et les inhumations, par Nigon de Berty; Versailles, Beau, 1863, in-8.

2234. Réclamation de tombes et de mausolées par les curé et administrateurs de l'église de S. Germain-des-Prés de Paris, et observations sur l'emplacement le plus convenable aux monuments funèbres (par de Keravenant, curé, etc., etc.); Paris, Michaud, 1817, in-8.

2235. Observations sur la circulaire de M. le sous-préfet de S. Denis, touchant les tarifs des convois, par l'abbé Hugony; Paris, Pillet, in-8.

DROIT CIVIL ET DROIT PÉNAL

Traités généraux.

Des lois civiles et des lois pénales.

2236. Les loix civiles dans leur ordre naturel, le droit public et Legum delectus, par M. Domat; nouvelle édition, revue et augmentée des troisième et quatrième livres du droit public, par de Héricourt, des notes de Bouchevret et de celles de Berroyer et Chevalier; Paris, Saugrain, 1745, 2 tomes en 1 vol. in-fol.

2237. Supplément aux loix civiles dans leur ordre naturel, par Louis François de Jouy; Paris, Knapen, 1756, in-fol.

2238. Les lois civiles, le droit public et Legum delectus, par M. Domat; édition augmentée des troisième et quatrième livres du droit public, par M. de Héricourt, des notes de MM. de Bouchevret, Berroyer et Chevalier, et d'un supplément aux lois civiles par M. de Jouy; Paris, Samson, 1777, 2 tom. en 1 vol. in-fol.

2239. Examen de quelques-unes des opinions de Domat. Discours prononcé à la séance de rentrée, le 29 novembre 1857, par Antoine Leligois, d^r en droit; Paris, Gros et Donnaud, 1857, in-8.

2240. Collectanea decisionum, omnes fere casus in tribunalibus Italiæ, præsertim sacri concilii Neap., Hispaniæ, Galliæ, Germaniæ et Poloniæ decisos complectens, authore Jo. Aloysio Riccio; Coloniæ Allobrogum, Albert, 1620, in-4.

2241. Théorie des lois civiles, ou Principes fondamentaux de la société (par Linguet); Londres, 1767, 2 vol. in-12.
2242. Nouvelle théorie des lois civiles, par J. E. D. Bernardi; Paris, Garnery, 1801, in-8.
2243. Collatio juris civilis et canonici, maximam afferens boni et æqui cognitionem, per Joannem Oldendorpium. Ejusdem Disputatio forensis de Jure et æquitate; Lugduni, Gryphius, 1547, in-8.
2244. Idem opus, ejus edit.
2245. Civilis doctrinæ analysis philosophica, auctore Joan. Olivier; Romæ, Salomon, 1777, in-4.
2246. Ludovici Augusti Würffel Jurisprudentia civilis definitiva, exhibens definitiones in juris civilis complexu obvias ad normam logicæ formatas; recensuit et adnotation. auxit Jo. Henr. Christian. de Selchow; Francofurti ad Mœnum, Andreas, 1768, in-8.
2247. Traité des loix civiles, par P. de T. (Pilati de Tassulo); La Haye, Gosse, 1774, 2 part. en 1 vol. in-8.
2248. Traité des droits civils, par J. Guichard; Paris, Nève, 1821, in-8.
2249. An introduction to the study of the civil law, by David Irving; London, Maxwell, 1837, in-8.
2250. Lehrbuch des gemeinen Civilrechtes, nach Heise's Grundriss, von J. N. v. Wening-Ingenheim; Munchen, Fleischmann, 1837, 3 vol. in-8.
2251. Theorie des gemeine Civilrechts von J. F. Kierulff; Altona, Hammerich, 1839, in-8.
2252. Aperçu historique sur les origines du droit civil moderne de l'Europe, par Bergson; in-8.
2253. De la non-rétroactivité des lois, par Jean Kalindéro; Paris, Noblet, 1864, in-8.
2254. Genesi del diritto penale di G. D. Romagnosi; Milano, Silvestri, 1836, 2 vol. in-12.
2255. Théorie des loix criminelles, ou discours sur cette question : Si l'extrême sévérité des lois diminue le nombre et l'énormité des crimes, par P. J. B. Chaussard; Auxerre, Fournier, 1789, in-8.
2256. Théorie des lois criminelles, par Brissot de Warville; Paris, Aillaud, 1836, 2 vol. in-8.
2257. De l'humanité dans les lois criminelles, et de la juris-

prudence sur quelques-unes des questions que les lois font naître, par de Molènes ; Paris, Locquin, 1830, in-8.

2258. Histoire du droit criminel des peuples anciens, depuis la formation des sociétés jusqu'à l'établissement du christianisme, par Albert Du Boys ; Paris, Joubert, 1845, in-8.

2259. Institutes au droit criminel, ou principes généraux sur ces matières, suivant le droit civil, canonique et la jurisprudence du royaume ; avec un traité particulier des crimes, par Pierre François Muyard de Vouglans ; Paris, Cellot, 1757, in-4.

2260. Des Délits et des Peines, par Beccaria ; Paris, Brière, 1822, in-8.

2261. Traité de droit pénal, par P. Rossi ; Paris, Sautelet, 1829, 3 vol. in-8.

2262. Traité du droit pénal, par P. Rossi, précédé d'une introduction par Faustin Hélie ; Paris, Guillaumin, 1855, 2 vol. in-8.

2263. De la répression pénale, de ses formes et de ses effets, par Bérenger ; Paris, Cosse, 1855, 2 vol. in-8.

2264. Des lois pénales considérées comme moyens de répression, par Jean Louis Sevestre ; Bruxelles, de Mat, 1827, in-8.

2265. Le droit pénal étudié dans ses principes, dans les usages et les lois des différents peuples du monde, par J. Tissot ; Paris, Cotillon, 1860, 2 vol. in-8.

2266. Des lois pénales, par de Pastoret ; Paris, Buisson, 1790, 2 tom. en 1 vol. in-8.

2267. De l'organisation de la justice répressive aux principales époques historiques, par J. Bécot ; Paris, Durand, 1860, in-8.

2268. Discours sur l'administration de la justice criminelle, prononcé par M. S..... (Servan), avocat-général ; Genève, 1767, in-12.

2269. Essai de jurisprudence criminelle, par Julien Dentand, de Genève ; Lausanne, 1785, 2 tomes en 1 vol. in-8.

2270. Application de la théorie de la législation pénale, par Scipion Bexon ; Paris, Courcier, 1807, in-fol.

2271. Théorie des peines et des récompenses, ouvrage extrait des manuscrits de Jérémie Bentham, par Et. Dumont ; Paris, Bossange, 1818, 2 vol. in-8.

JURISPRUDENCE.

2272. Traités de législation civile et pénale, par Jérémie Bentham; trad. par Et. Dumont; Paris, Bossange, 1820, 3 vol. in-8.
(Manque le tom. 2.)

2273. Traités de législation civile et pénale, extraits des manuscrits de Jérémie Bentham, par Et. Dumont; Paris, Rey, 1830, 3 vol. in-8.

2274. Philippi M. Renazzi elementa juris criminalis; Bononiæ, Cardinalus, 1826, 5 vol. in-12.

2275. Cours de législation pénale comparée, par Ortolan (Extrait de la *Revue étrangère et française*); Paris, Joubert, 1838, in-8.

2276. Cours de législation pénale comparée, introduction philosophique, par Ortolan; Paris, Joubert, 1839, in-8.

2277. Considérations sur les moyens de prévenir les crimes et de réformer les criminels, par Augustin Cauchy; Paris, Vrayet de Surcy, s. d., in-8.

2278. Ecole des condamnés; conférences sur la moralité des lois pénales, par L. A. A. Marquet-Vasselot; Paris, Joubert, 1837, 2 vol. in-8.

2279. Des peines et des prisons, par le prince Oscar de Suède, traduit de l'allemand, par Adrien Picot; Paris, Guillaumin, 1842, in-8.

2280. Réflexions sur les lois pénales de France et d'Angleterre, par A. H. Taillandier; Paris, Warée, 1824, in-8.

2281. Même ouvrage, même édition.

2282. Réflexions sur les lois pénales de France et d'Angleterre, par A. H. Taillandier; Paris, Warée, 1827, in-8.

2283. De la peine de mort en matière politique, par F. Guizot; Paris, Bechet, 1822, in-8.

2284. Traité de la peine de mort, traduit de l'italien de Paolo Vergani, par Cousin; Paris, 1782, in-12.

2285. De la suppression de la peine de mort, par J. P. Brissot; Lille, Leleux, 1849, in-8.

2286. De la peine de mort et du système pénal dans ses rapports avec la morale et la politique, par J. B. Salaville; Paris, Huzard, 1826, in-8.

2287. De la peine de mort, par Edouard Ducpétiaux; Bruxelles, Tarlier, 1827, in-8.

2288. Nécessité de la peine capitale dans l'intérêt de l'ordre social, par Emm. L^r de M^y ; Paris, Pihan Delaforest, 1828, in-8.

2289. Du système pénal et du système répressif en général et de la peine de mort en particulier, par Charles Lucas ; Paris, Bechet, 1827, in-8.

2290. Même ouvrage, même édit.

2291. Recueil des débats des assemblées législatives de la France sur la question de la peine de mort, par Charles Lucas ; Paris, Bechet, 1831, in-8.

2292. Des Droits de l'homme et de la peine de mort, par Rouchier ; Paris, 1830, in-8.

2293. Dissertation sur la peine de mort, suivie de Réflexions sur le même sujet et sur les inconvénients de la marque ; Paris, Fain, 1830, in-8.

2294. Observations d'un ancien magistrat sur ces deux questions : La société, pour sa sûreté et punir un coupable, a-t-elle le droit de le priver de la vie, et, si ce droit lui appartient, est-il dans son intérêt d'en user? Paris, Pissin, 1830, in-8.

2295. Même ouvrage, même édition.

2296. Réflexions sur la peine de mort, le supplice de la marque et les travaux forcés à temps ; Caen, Lecrène, 1831, in-8.

2297. Dissertation sur la peine de mort, ouvrage dont la lecture doit précéder la révision du Code Pénal, par J. P. Maffioli ; Paris, Carpentier-Méricourt, 1831, in-8.

2298. Nécessité du maintien de la peine de mort, tant pour les crimes politiques que pour les crimes privés, par M. Urtis ; Paris, Le Vavasseur, 1831, in-8.

2299. Même ouvrage, même édition.

2300. Quelques observations de M. de Sellon sur l'ouvrage intitulé : *Nécessité du maintien de la peine de mort, tant pour les crimes politiques, que pour les crimes privés ;* Genève, Gruar, 1831, in-8.

2301. Récapitulation sommaire des observations de M. de Sellon, sur l'ouvrage de M. Urtis, intitulé : Nécessité du maintien de la peine de mort, pouvant servir de table raisonnée des matières ; Genève, 1831, in-8.

2302. Plus d'échafauds ! ou de l'abolition immédiate et absolue de la peine de mort, par J. Cyprien Roumieu ; Paris, Pissin, 1833, in-8.

2303. Du maintien de la peine de mort, par F. A. Silvela ; Paris, Delaunay, 1832, in-8.
2304. Même ouvrage, même édition.
2305. Des crimes et des peines capitales, par Ad. Bossange; Paris, Bechet, 1832, in-8.
2306. Même ouvrage, même édition.
2307. Méditations d'un criminel de la jeune France sur la peine capitale, par M. F. Ponchon ; Paris, Dentu, 1833, in-8.
2308. Essai sur la transportation comme récompense et la déportation comme peine, par Charles Montlinot; Paris, Gratiot, an V, in-8.

Prisons.

2309. Réflexions d'un citoyen sur les prisons, par Alph. Michau ; Paris, Comte, 1819, in-8.
2310. De la colonisation des condamnés, par Benoiston de Châteauneuf; Paris, Martinet 1827, in-8.
2311. Du système pénitentiaire en Europe et aux États-Unis, par M. Charles Lucas; Paris, Bossange, 1828, 2 vol. in-8.
2312. Conclusion générale de l'ouvrage sur le système pénitentiaire en Europe et aux États-Unis, suivie de la deuxième pétition aux chambres, par Charles Lucas; Paris, Dehay, 1830, in-8.
2313. De la réforme des prisons, ou de la théorie de l'emprisonnement, de ses principes, de ses moyens et de ses conditions pratiques, par M. Charles Lucas; Paris, Legrand, 3 vol. in-8.
2314. Des moyens et des conditions d'une réforme pénitentiaire en France, par Charles Lucas; Paris, bureau de la Revue de législation et de jurisprudence, 1840, in-8.
2315. Académie des Sciences Morales et Politiques. Communication de Ch. Lucas sur les prisons d'Amérique ; Paris, 1840, in-8.
2316. Académie des sciences morales et politiques. Exposé de l'état de la question pénitentiaire en Europe et aux

Etats-Unis, par Ch. Lucas; suivi d'observations de MM. de Tocqueville, Ch. Lucas et Bérenger; Paris, Panckoucke, 1844, in-8.

2317. Académie des sciences morales et politiques. Communication de Charles Lucas sur les détenus cellulés dans les maisons centrales de Clermont, de Gaillon, du Mont-Saint-Michel et de Beaulieu ; Paris, bureau de la Revue de legislation et de jurisprudence, 1839, in-8.

2318. Leçons sur les prisons, présentées en forme de cours au public de Berlin, en 1827, par N. H. Julius, ouvrage traduit de l'allemand par H. Lagarmitte, avec des notes du traducteur et de Mittermaier ; Paris, Levrault, 1831, 2 vol. in-8.

2319. Examen historique et critique des diverses théories pénitentiaires, par L. A. A. Marquet-Vasselot ; Lille, Vanackere, 1835, 3 vol. in-8.

2320. De l'amélioration des prisonniers dans les maisons centrales de détention, par Marquet-Vasselot; Paris, Letellier, 1831, in-8.

2321. Des maisons centrales de détention, par Marquet-Vasselot ; Agen, Quillot, s. d., in-8.

2322. Observations sur les maisons centrales de détention, par de La Ville de Mirmont; Paris, Crapelet, 1833, in-4.

2323. Du système pénitentiaire aux Etats-Unis et de son application en France, suivi d'un appendice sur les colonies pénales, par G. de Beaumont et A. de Tocqueville; Paris, Fournier, 1833, in-8.

2324. Des moyens propres à généraliser en France le système pénitentiaire, par M. Bérenger; Paris, imprim. roy., 1836, in-8.

2325. Du progrès et de l'état actuel de la réforme pénitentiaire, par Ed. Ducpetiaux ; Bruxelles, Hauman, 1837, 3 vol. in-12 et un atlas.

2326. De l'introduction du système pénitentiaire en France, par V. Balson; Paris, 1838, in-8.

2327. Lettre sur le système pénitentiaire à MM. les membres du Conseil général de la Seine, par Demetz, suivie de la délibération du Conseil ; Paris, Fournier, 1837, in-8.

2328. Lettre sur le système pénitentiaire à MM. les membres des Conseils généraux des départements, par Demetz, avec notes ; Paris, imprimerie royale, 1838, in-8.

2329. Résumé du système pénitentiaire, par M. Demetz; Paris, imprim. royale, 1844, in-8.

2330. Sur la réforme des prisons, par Victor Foucher; Rennes, Blin, 1838, in-8.

2331. Du régime cellulaire préventif, répressif et pénitentiaire, à substituer au système pénal actuel, par J. Doublet de Boisthibault; Paris, Joubert, 1839, in-8.

2332. Même ouvrage, même édition.

2333. Coup d'œil sur le régime répressif et pénitentiaire des principaux états de l'ancien et du nouveau monde, par F. de La Farelle; Paris, Dupont, 1844, in-8.

2334. Examen de la théorie et de la pratique du système pénitentiaire, par le m^{is} de La Rochefoucauld-Liancourt; Paris, Delaunay, 1840, in-8.

2335. Même ouvrage, même édition.

2336. Documents relatifs au système pénitentiaire, extraits du journal de la Société de la morale chrétienne, par le m^{is} de La Rochefoucauld-Liancourt; Paris, Henry, 1844, in-8.

2337. Rapport à la société philotechnique sur les documents relatifs au système pénitentiaire, extraits du journal de la Société de la morale chrétienne, sous la présidence de M. de La Rochefoucauld-Liancourt, par Coffinières; Paris, Henry, in-8.

2338. Examen du rapport du 5 juillet 1843 sur le projet de loi de la réforme des prisons, par le m^{is} de La Rochefoucauld-Liancourt; Paris, Henry, 1844, in-8.

2339. De la mortalité cellulaire, dernier document présenté à la chambre des députés, par le m^{is} de La Rochefoucault-Liancourt; in-8.

2340. Mémoire sur la réforme des prisons et contre le projet de loi présenté aux chambres législatives par le ministre de l'intérieur en 1840, par Vénuste Gleizes; Brest, Proux, 1840, in-8.

2341. Préfecture de Police; rapports au ministre de l'intérieur, au sujet des modifications introduites dans le régime du pénitentier des jeunes détenus; 1839-1843, in-8.

2342. Chambre des députés, 1842; rapport au nom de la commission chargée d'examiner le projet de loi tendant à introduire une réforme dans le régime des prisons, par Alexis de Tocqueville ; Paris, Henry, 1842, in-8.

2343. Chambre des députés, 1843 (17 avril); projet de loi sur les prisons, précédé de l'exposé des motifs présenté par le ministre secrétaire d'état de l'intérieur, T. Duchâtel ; Paris, Henry, 1843, in-8.

2344. Chambre des députés, 1843 (5 juillet); rapport fait au au nom de la commission chargée d'examiner le projet de loi sur les prisons, par de Tocqueville; Paris, Henry, 1843, in-8.

2345. Chambre des députés, 1844 (23 avril); discours prononcé par M. Carnot, dans la discussion du projet de loi sur les prisons; in-8.

2346. Chambre des députés, 1844 (24 avril); discours de M. de Peyramont dans la discussion du projet de loi sur les prisons; in-8.

2347. Chambre des députés, 1844 (12 mai); discours de M. de Peyramont dans la discussion du projet de loi sur les prisons ; in-8.

2348. Chambre des députés, 1844 (6 et 9 mai); discours de M. le m^{is} de La Rochejaquelein dans la discussion du projet de loi sur les prisons ; in-8.

2349. Opinion de M. le m^{is} de La Rochejaquelein sur le projet de loi relatif à la réforme des prisons ; Paris, René, 1844, in-8.

2350. Chambre des députés, 1844 (7 mai) ; discours de M. de Lamartine dans la discussion du projet de loi sur les prisons; in-8.

2351. Lettre d'Achille Bégé à MM. les pairs et à MM. les députés, sur le projet de loi des prisons, mars 1844 ; in-8.

2352. La vérité sur les prisons, lettres à M. de Lamartine, par Cerfbeer de Médelsheim ; Paris, Mansut, 1844, in-8.

2353. Chambre des pairs, 10 juin 1844; projet de loi sur les prisons, avec l'exposé des motifs, par le ministre de l'intérieur; in-8.

2354. De la réforme des prisons en France, par M. L. M. Moreau-Christophe ; Paris, Mme Huzard, 1838, in-8.

2355. De la mortalité et de la folie dans le régime pénitentiaire et spécialement dans les pénitentiers de Philadelphie, Auburn, Genève et Lausanne ; mémoire présenté, à l'académie de médecine, par L. M. Moreau-Christophe; Paris, Baillière, 1839, in-8.

2356. Documents officiels sur le pénitentier de l'Est, ou de Cherry-Hill à Philadelphie, extraits des rapports annuels lus au sénat et à la chambre des représentants de l'état de Pensylvanie, depuis l'ouverture du pénitentier en 1829 jusqu'en 1843 ; traduits par Moreau-Christophe ; in-8.

2357. Défense du projet de loi sur les prisons contre les attaques de ses adversaires, par Moreau-Christophe, avec un appendice ; Paris, bureau de la Revue pénitentiaire, 1844, in-8.

2358. Code des prisons, par Moreau-Christophe ; Paris, Dupont, 1856, 2 vol. in-8.

2359. De l'emprisonnement individuel sous le rapport sanitaire, et des attaques dirigées contre lui par MM. Charles Lucas et Léon Faucher, à l'occasion du projet de loi sur la réforme des prisons présenté par le Gouvernement, par George Varrentrapp ; Paris, Guillaumin, 1844, in-8.

2360. Le Botany-Bay français, ou colonisation des condamnés aux peines afflictives et infamantes et des forçats libérés, par T. Ginouvier ; Paris, Béchet, 1826, in-8.

2361. Colonies pénales ; Lettre à M. le ministre de l'intérieur, faisant suite aux publications du même auteur sur la matière, par Lacoudrais ; Paris, Charpentier, 1849, in-8.

2362. Même ouvrage, même édition.

2363. Histoire de la colonisation pénale et des établissements de l'Angleterre en Australie, par le marquis de Blosseville ; Paris, Guillaumin, 1859, in-8.

2364. La réforme des prisons, par Fernand Desportes ; Paris, Leclerc, 1862, in-8.

2365. Mémoire sur la question suivante, mise au concours par la société d'agriculture de Mâcon : « Indiquer, en remplacement des travaux forcés, une peine qui, sans cesser de satisfaire aux besoins de la justice, etc., etc., » par Quentin ; Paris, Fayolle, 1828, in-8.

2366. Observations sur les votes de 41 Conseils généraux concernant la déportation des forçats libérés ; Paris, Sautelet, 1828, in-8.

2367. Considérations qui démontrent la nécessité de fonder des maisons de refuge, d'épreuves morales, pour les condamnés libérés, par R. Fresnel (de Foulbec), avec des notes par Appert ; Paris, Locquin, 1831, in-8.

2368. Fondation d'une colonie agricole de jeunes détenus à Mettray (Indre-et-Loire), avec un appendice ; Paris, Duprat, 1839, in-8.

2369. Colonie agricole de Mettray. Assemblée générale des fondateurs, tenue le 12 mars 1843; Paris, Fournier, 1843, in-8.

2370. Même ouvrage, même édition.

2371. Colonie agricole et pénitentiaire de Mettray ; huitième assemblée des fondateurs ; Paris, Claye, 1847, in-8.

2372. Notice sur la maison paternelle fondée par M. Demetz ; Tours, Ladevèze, 1863, in-8.

2373. Société pour le patronage des jeunes détenus et des jeunes libérés du département de la Seine ; Assemblée générale tenue à l'hôtel de ville le 14 juillet 1844 ; Paris, Henry, 1844, in-8.

2374. Société pour le patronage des jeunes détenus et des jeunes libérés du département de la Seine ; Assemblée générale tenue le 1er août 1858 ; Paris, Henri Noblet, 1858, in-8.

2375. Tableau de l'intérieur des prisons de France, par J. F. T. Ginouvier ; Paris, Baudouin, 1824, in-8.

2376. Rapport sur l'état actuel des prisons, des hospices et des écoles des départements de l'Aisne, du Nord, du Pas-de-Calais et de la Somme, par B. Appert ; Paris, 1824, in-12.

2377. (Observations sur l'état de quelques prisons, par Appert) ; 1827, in-8.

2378. Aperçu de la maison d'arrêt de Roanne, à Lyon, etc., etc., par Huré, jeune ; Lyon, Durval, 1827, in-8.

2379. La petite Roquette, étude sur l'éducation correctionnelle des jeunes détenus, par A. Corne ; Paris, Durand, 1864, in-8.

2380. Observations d'un voyageur anglais sur la maison de force appelée Bicêtre, suivies de Réflexions sur les effets de la sévérité des peines, et sur la législation criminelle de la Grande-Bretagne, imité de l'anglais, par le comte de Mirabeau, avec une lettre de Benjamin Franklin ; 1788, in-8.

2381. De l'intérieur des prisons militaires en France, par de Brachet Ferrières ; Paris, L'Ecrivain, 1820, in-8.

2382. Ordonnance du roi sur le service des maisons militaires centrales de détention; Paris, Anselin, 1832, in-8.
2383. Discours prononcé à l'ouverture des séances de la commission instituée pour l'amélioration des prisons militaires, par F. Balson; Paris, Demonville, 1833, in-8.
2384. Même ouvrage, même édition.

Droit des anciens peuples, autres que les Romains.

2385. Essai historique sur la législation de la Perse, précédé de la traduction du Jardin des Roses de Sady, par l'abbé Gaudin; Paris, Le Jay, 1789, in-8.
2386. A digest of Hindu law on contracts and succession, with a commentary by Jagannatha Tercapanchanana, translated by H. T. Colebrooke; Calcutta, 1801, 3 vol. in-8.
2387. Concordance des lois hindoues et du code civil français. par Gibelin; Paris, imprimerie royale, 1843, in-8.
2388. Mischna, sive totius Hebræorum juris, rituum, antiquitatum ac legum oralium systema, cum clarissimorum rabbinorum Maimonidis et Bartenoræ commentariis; ed. Guillelmo Surenhusio; Amstelodami, Borstius, 1698-1703, 6 vol. in-fol.
2389. De legibus Hebræorum ritualibus et earum rationibus libri tres, auctore Johanne Spencero; Hagæ Comitum, Leers, 1686, 2 tom. en 1 vol. in-4.
2390. Johann David Michaelis Mosaisches Recht; Francfurt am Mayn, Garbe, 1775, 6 vol. in-8.
2391. Joannis Seldeni uxor ebraica, seu de Nuptiis et Divortiis ex jure civili, id est divino et talmudico veterum Ebræorum libri tres; Londini, Bishopius, 1646, in-4.
2392. Joannis Seldeni de Successionibus ad leges Ebræorum in bona defunctorum liber singularis, in Pontificatum libri duo; Lugduni Batavorum, ex offic. Elziviriana, 1638, in-16.
2393. Juris Hebræorum leges 261, juxta Νομοθεσιας Mosaïcæ ordinem, ductu Rabbi Levi Barzelonitæ, auctore Joh. Henrico Hottingero; Tiguri, Bodmer, 1655, in-4.

2394. De legibus Ebræorum forensibus liber singularis, ex Ebræorum pandectis versus et commentariis illustratus, per Constantinum L'Empereur ab Opwyck; Lugduni Batavorum, Elzeverii, 1637, in-4.

2395. Legum Mosaicarum forensium explanatio, ubi quæstio an et quatenus abolitæ illæ sint ventilatur, authore Wilhelmo Zeppero; Herbornæ Nassoviorum, Corvinus, 1604, in-8.

2396. Ricerche economiche sulle interdizioni imposte dalla legge civile agli Israeliti, di Carlo Cattaneo; Milano, 1836, in-8.

2397. Sammlung der im Grossherzogthum Baden in Bezug auf die Israeliten erschienenen Gesetze und Verordnungen; Karlsruhe, Muller, 1837, in-8.

2398. Jésus devant Caïphe et Pilate; réfutation du chapitre de M. Salvador, intitulé Jugement et condamnation de Jésus, par Dupin aîné; Paris, Le Doux, 1828, in-18.

2399. Cuzary libro de grande sciencia y mucha doctrina. Fue compuesto este libro en la lengua Arabiga por el doctissimo R. Yeuda Levita, y traduzido en la lengua santa por R. Yeuda Aben Tibon en el año de 4927 a la criacion del mundo, y traduzido del Ebrayco en Espanol por el Hacham, R. Jaacob Abendana; Amsterdam, 5423 (1663), in-4.

2400. Nomologia, o discursos legales, compuestos por el virtuozo H H. Imanuel Aboad; edicion coregida y emendada por Raby Ischak Lopes; Amsterdam, 5487 (1727), in-4.

2401. Apparatus historico-criticus antiquitatum sacri codicis et gentis Hebrææ; uberrimis annotationibus in Thomæ Goodwini Mosen et Aaronem subministravit Joh. Gottlob. Carpzow; Lipsiæ, Gleditschius, 1748, in-4.

2402. Mosaicarum et Romanarum legum collatio, ex integris Papiniani, Pauli aliorumque veterum juris auctorum libris ante tempora Justiniani desumpta; accesserunt P. Pithœi notæ; Basileæ, Guarinus, 1574, in-4.

2403. Jurisprudentia antiqua, continens opuscula et dissertationes quibus leges antiquæ, præsertim Mosaicæ, Græcæ et Romanæ illustrantur, curante Dan. Fellenberg; Bernæ, 1760-1761, 2 vol. in-4.

2404. Jurisprudentia vetus; Draconis et Solonis leges, Pardulpho Prateio Augustobuconiate collectore et interprete; Lugduni, Rouillius, 1559, in-8.

2405. Leges Atticæ, quas Sam. Petitus collegit, digessit et libro commentario illustravit; accesserunt animadversiones Jac. Palmerii a Grantemesnil, A. M. Salvinii, et C. A. Dukeri, quibus suas et præfationem addidit Petrus Wesselengius; Lugduni Batavorum, Verbech, 1742, in-fol.

2406. Joannis Meursii Themis Attica, sive de legibus Atticis; Trajecti ad Rhenum, J. van de Water, 1685, in-4.

2407. Miscellæ defensiones pro Cl. Salmasio, de variis observationibus et emendationibus ad jus Atticum et Romanum pertinentibus; Lugduni Batavorum, Maire, 1645, in-8.

2408. Henrici Godofredi Scheidemantel legum quarumdam Ægyptiorum cum Atticis, Spartanisque comparatio; Ienæ, Croekerus, 1766, in 8.

2409. Georg. Christi. Gebaueri vestigia juris Germanici antiquissima, in C. Cornelii Taciti Germania obvia; Goettingæ, vid. Vandenhoeck, 1766, in-8.

2410. Das Strafrecht der Germanen, von Wilhem Eduard Wilda; Halle, Schwelschke, 1842, in-8.

Droit romain.

Histoire du droit romain.

2410 bis. (Meletemata historiæ juris Romani); 20 vol. in-4°.

2411. Tableau synoptique du droit Romain, par Gustave Boutry; Paris, 1854, in-fol.

2412. De l'influence du Christianisme sur le droit civil des Romains, par Troplong; Paris, 1843, in-8.

2413. Einleitung in die Rechts-Wisssenschaft und Geschichte des Rechts bei dem rœmischen Volk, von G. F. Puchta; Leipzig, 1841, in-8.

2414. Christ. Henr. Eckhardi Hermeneutica juris recensuit notisque illustravit Car. Frid. Walchius: editio auctior curante Carolo Wilhelmo Walch; Lipsiæ, Weidmann, 1802, in-8.

2415. Valentini Forsteri de historia juris civilis Romani libri III; Aureliæ Allobrogum, Arnoldus, 1609, in-8.

2416. Francisci Polleti Historia fori Romani restituta, illustrata et aucta per Philippum Broidæum; Duaci, 1573, in-8.

2417. Jani Vincentii Gravinæ Originum juris civilis tomi III; Lipsiæ, Gleditschius, 1717, 2 vol. in-4.

2418. Jani Vincentii Gravinæ Opera, seu Originum juris civilis libri tres: recensuit et adnotationibus auxit Gotfridus Mascovius; Neapoli, Raymundus, 1756, 2 tom. in 1 vol. in-8.

2419. Jani Vincentii Gravinæ Opera, seu originum juris civilis libri III, quibus accedunt de Romano imperio liber, Orationes et opuscula latina, Institut. J. Recept. lib. IV, Dissert. de censura Romanorum et Instit. Canonic. libri III. Gotefridus Mascovius recensuit; Venetiis, Pitterus, 1758, 2 tom. in 1 vol. in-4.

2420. Esprit des lois Romaines de Gravina, traduit par Requier; Paris, Videcoq, 1821, in-8.

2421. Histoire du droit romain, contenant son origine, ses progrès, l'usage que l'on fait en France du droit romain, par Claude Joseph de Ferrière; Paris, Warin, 1718, in-12.

2422. Histoire du droit romain contenant son origine, ses progrès, l'usage que l'on fait en France du droit romain, par Claude Joseph De Ferrière; Paris, Saugrain, 1743, in-12.

2423. The history of the roman or civil law shewing its origin and progress, written originally in french by Claude Joseph de Ferrière; to which is added Duck's treatise of the use and authority of the civil law in England; London, Browne, 1724, 2 tom. in one vol. in-8.

2424. Histoire de la jurisprudence romaine, par Antoine Terrasson; Paris, Cavelier, 1758, in-fol.

2425. Frederici Platner historia juris scientiæ civilis Romanæ et Byzantinæ; Lipsiæ, Fritsch, 1760, in-8.

2426. Même ouvrage, même édit.

2427. Caroli Antonii de Martini Ordo historiæ juris civilis; Viennæ, de Trattnern, 1770, in-8.

2428. Jo. Augusti Bachii historia jurisprudentiæ Romanæ, IV libris comprehensa; Lipsiæ, Junius, 1775, in-8.

2429. Précis historique et chronologique sur le droit romain, trad. de l'anglais d'Alexandre Schomberg, par A. M. H. Boulard ; Paris, Maradan, 1808, in-12.

2430. Même ouvrage, même édition.

2431. Jus romanum privatum idque purum, scripsit J. Christ. Frider. Meister; volumen prius ; Zuellichaviæ, Darnmann, 1813, in-8.

2432. Disputatio de antiquis juris principiis in excolenda jurisprudentia romana constanter servatis, auctore Cornelio Anne den Tex ; Trajecti ad Rhenum, van Schoonhoven, 1817, in-8.

2433. Rœmische Staats-und-Rechtsgeschichte, von N. Dabelow ; Halle, Rummel, 1818, in-8.

2434. Handbuch der Rœmischen Rechtsgeschichte, von Carl August Grundler ; Bamberg, Kuns, 1821, in-8.

2435. Histoire du Droit Romain, par Gustave Hugo, trad. de l'allemand par Jourdan, revue par Poncelet ; Paris, Corby, 1822, 2 vol. in-8.

2436. Grundzuge des Rechtssystems der Rœmer, von G. Chr. Burchardi ; Angehangt ist eine Abhandlung uber die Beschrankungen des Intestat-Erbrechts der Weiber bei den Rœmern, von M. J. Euler ; Bonn, Weber, 1822, in-8.

2437. Histoire du Droit Romain, suivie de l'histoire de Cujas, par Berriat Saint-Prix ; Paris, Fanjat, 1821, in-8.

2438. Même ouvrage, même édition.

2439. Geschichte der Alterthümer und Institutionen des Rœmischen Rechts, von Ludwig Pernice ; Halle, Gebauer, 1824, in-8.

2440. Lehrbuch der Geschichte des Rœmischen Rechts bis auf Justinian, vom Geheimen Justiz-Rath Ritter Hugo in Gœttingen ; Berlin, Mylius, 1826, in-8.

2441. Theorie der logischen Auslegung des Rœmischen Rechts, von A. F. J. Thibaut ; Altona, Hammerich, 1806, in-8.

2442. System des Pandekten-Rechts von Anton Friedrich Justus Thibaut ; Jena, 1828, 2 tom. en 1 vol. in-8.

2443. System des Pandekten-Rechts, von Anton Friedrich Justus Thibaut ; Iena, Manke, 1834, 2 tom. en 1 vol. in-8.

2444. Erœrterungen uber die bestrittensten Materien des Rœmischen Rechts in zusætzen zu Thibaut's Pandecten-

System, herausgegeben von J. R. Braun; Stuttgard, Henne, 1831, in-8.
2445. System des heutigen Rœmischen Rechts, von Friedrich Carl von Savigny; Berlin, Veil, 1840-1841, 5 vol. in-8.
2446. Traité de droit Romain, par F. C. de Savigny, trad. par Ch. Guenoux; Paris, Didot, 1840-1851, 8 vol. in-8.
2447. Histoire des sources du droit romain, trad. de l'allem. de F. Macheldey, et augmentée de notes par F. F. Poncelet; Paris, Alex-Gobelet, 1829, in-12.
2448. Même ouvrage, même édition.
2449. Rœmische Rechtsgeschichte und Rechtsalterthümer, von Albrecht Schweppe; Gœttingen, 1826, in-8.
2450. Albrecht Schweppe, Rœmische Rechtsgeschichte und Rechtsalterthumer, dritte Auflage von Carl. Aug. Grundler; Gœttingen, 1832, in-8.
2451. Antiquitatis Romanæ monumenta legalia extra libros Juris Romani sparsa, quæ in ære, lapide, aliave materia, vel apud veteres auctores, etc., etc., supersunt, variarum lectionum adnotatione usui expeditiori accommodavit Christ. Gottl. Haubold; opus ex Adversariis defuncti autoris restituit Ernestus Spangenberg; Berolini, Reimerus, 1830, in-8.
2452. Studien des Rœmischen Rechts, von Ph. Eduard Huschke; Breslau, Korn, 1830, in-8.
2453. Das Rœmische Recht nach seinen allgemeinen grundsachen dargerstellt und erlautert an der hand der Geschichte und Rechtsalterthumer im Grundrisse zum Gebrauche bei Vorlesungen, von M. S. Mayer; Stuttgard, Mekler, 1831, in-8.
2454. Lehrbuch für Institutionen und Geschichte des Rœmischen privatrechts, von Friedrich Adolp Schilling; Leipsig, Barth, 1834-1837, 2 tom. en 1 vol. in-8.
2455. Das Rœmische Privatrecht und der Civilprozess, von Wilhelm Rein; Leipzig, Koehler, 1836, in-8.
2456. Historiæ juris Græco-Romani delineatio, auct. C. E. Zachariæ; Heidelbergæ, Winter, 1839, in-8.
2457. Histoire de la législation romaine depuis son origine jusqu'à la législation moderne, par Ortolan; Paris, Joubert, 1842, in-8.
2458. Histoire du droit civil de Rome et du droit français, par F. Laferrière; Paris, Joubert 1846, 6 vol. in-8.

JURISPRUDENCE.

2459. Histoire de la procédure civile chez les Romains, par Ferdinand Walter, trad. par Edouard Laboulaye ; Paris, Durand, 1841, in-8.

2460. Histoire du droit criminel chez les Romains, par Ferdinand Walter, trad. par J. Picquet-Damesme ; Paris, Durand, 1863, in-8.

2461. Traité des Actions, ou exposition historique de l'organisation judiciaire et de la procédure civile chez les Romains, par L. B. Bonjean ; Paris, Videcoq, 1841, 2 vol. in-8.

2462. Traité des actions, ou théorie de la procédure privée chez les Romains, exposée historiquement depuis son origine jusqu'à Justinien, par Zimmern, trad. par L. Etienne ; Paris, Toussaint, 1843, in-8.

2463. Essai sur l'histoire du droit privé des Romains, par A. Guérard ; Paris, Videcoq, 1841, in-8.

2464. Cours d'histoire du droit romain, par F. F. Poncelet ; Paris, Videcoq, 1843, in-8.

2465. Précis d'un cours sur l'ensemble du Droit privé des Romains, par Théodore Marezoll, traduit et annoté par C. A. Pellat ; Paris, Durand, 1852, in-8.

2466. Wan der Muelen in Historiam Pomponii de Origine juris Exercitationes ; Trajecti ad Rhenum, Halma, 1691-1693, 2 vol. in-8.

2467. Histoire du droit Romain, ou *Enchiridion* de Sextus Pomponius, contenant l'origine et les progrès du droit, de la magistrature, et la succession des prudents, traduit par Eugène Dubarle ; Paris, Videcoq, 1825, in-8.

2468. Analyse d'une leçon de M. Daunou sur le droit Papirien, par A. Taillandier ; in-8.

2469. Essai sur les sources du droit romain, par Jean Kalindéro ; Paris, Noblet, 1864, in-8.

2470. De originibus et natura juris emphyteutici Romanorum scripsit C. F. Alphons. Vuy ; Heidelbergæ, Mohr, 1838, in-8.

2471. Histoire du régime dotal chez les Romains, par Homberg ; Rouen, Nicetas Periaux, 1841, in-8.

2472. Histoire du droit Byzantin, ou du droit Romain dans l'empire d'Orient, depuis la mort de Justinien jusqu'à la prise de Constantinople en 1453, par Jean-Anselme-Bernard Mortreuil ; Paris, Gilbert et Thorel, 1843-1844, 2 vol. in-8.

2473. De usu et authoritate juris civilis Romanorum per dominia principum christianorum libri II, authore Arthuro Duck; Londini, Dring, 1689, in-12.

2474. De l'usage et de l'autorité du droit civil dans les états des princes chrétiens, traduit du latin d'Arthurus Duck; Paris, Guignard, 1689, in-12.

2475. Jo. Salom. Brunquelli Historia juris Romano-Germanici: accessit Dissertatio de linguarum, Philosophiæ, antiquitatum, et historiarum studio cum jurisprudentia jungendo; Amstelædami, L'honoré, 1749, in-8.

2476. Historia juris civilis Romani ac Germanici, auct. Jo. Gottl. Heineccio, editio emendata studio Joan. Dan. Ritteri; Argentorati, Bauer, 1751, 2 vol. in-8.

2477. Histoire du droit romain au moyen âge, par F. C. de Savigny, trad. par Charles Guenoux; Paris, Mesnier, 1830, 2 vol. in-8.

2478. Histoire du droit romain au moyen âge, par de Savigny, trad. par Charles Guenoux; Paris, Hingray, 1839, 4 tom. en 3 vol. in-8.

2479. Christ. Adolphi Klotzii Opuscula nummaria, quibus juris antiqui historiæque nonnulla capita explicantur; Halæ Magdeburgicæ, Curtius, 1772, in-8.

2480. Observations sur les citations des auteurs profanes et surtout d'Homère dans les lois Romaines, par Berriat-Saint-Prix; Paris, Langlois, 1839, in-8.

2481. Etudes sur les classiques latins appliquées au droit civil romain, par Benech; Paris, Franck, 1853, in-8.

2482. Opuscula varia de latinitate jurisconsultorum veterum junctim edidit Carolus Andreas Dukerus; Trajecti ad Rhenum, Visch, 1761, in-8.

2483. Caroli Ferd. Hommelii Jurisprudentia numismatibus illustrata, necnon sigillis, gemmis aliisque picturis vetustis varie exornata; Lipsiæ, Wendlerus, 1763, in-8.

2484. De usu Inscriptionum Romanorum veterum, maxime sepulchralium, in jure, liber singularis, auct. Joanne Wunderlich; Quedlinburgi, Schwan, 1750, in-4.

2485. Joannis Friderici Eisenharti de auctoritate et usu Insscriptionum in jure commentatio; Helmstadii, Weygang, 1750, in-4.

2486. Jo. Gottlieb Heineccii antiquitatum romanarum Jurisprudentiam illustrantium Syntagma, secundum ordinem Institutionum Justiniani Digestum ; edidit Christ. Gottl. Haubold ; Francofurti ad Mœnum, Broennerus, 1822, in-8.

Glossaires de droit romain.

2487. Enchiridion, sive titulorum aliquot juris, videlicet de verborum et rerum significatione, de regulis juris, etc., etc.; Parisiis, 1560, in-8.
2488. De nominibus propriis του Πανδεκτου Florentini, cum Antonii Augustini notis; Tarracone, Mey, 1579, in-fol.
2489. Dictionnaire du Digeste, par Thévenot-Dessaules, revu par Lesparat, revu de nouveau par Dussans ; Paris, Garnery, 1808, 2 vol. in-4.
2490. Manuale latinitatis fontium juris civilis Romanorum, auct. Henrico Eduardo Dirksen ; Berolini, Dunckerus, 1837, in-4.
2491. Repertorium sententiarum et regularum, itemque definitionum, divisionum, formularum, etc., juris civilis, tributum in tomos duos, quarum prior Promptuarii et locorum communium, alter Lexici vicem sustinere potest, a Pet. Corn. Brederodio, editione hac locupletatus a Franc. Modio ; Lugduni, Frellon, 1607, 2 tom. in 1 vol. in-fol.
2492. Index legum omnium quæ in Pandectis continentur; additur postremo ejusdem indicis usus per Jacobum Labittum ; Lugduni Batavorum, Johannes a Gelder, 1674, in-8.
2493. Caroli Ferdinandi Hommelii palingenesia librorum juris veterum, sive Pandectarum loca integra ad modum indicis Labitti et Wielingi oculis exposita et ab exemplari Taurellii florentino accuratissime descripta ; Lipsiæ, Georgus, 1767-1768, 3 vol. in-fol.
2494. Clarissimi ac utilissimi bini tituli de Rerum et Verborum significatione et de Regulis juris in libris Digestorum positi, cum legum repertorio eorumdem titulorum secundum ordinem litterarum (edente Bernardo Brunswicensi) ; Erffordiæ, 1499, in-4.
2495. Barnabæ Brissonii de verborum quæ ad jus pertinent significatione libri XIX ; Parisiis, Seb. Nivellius, 1596, in-fol.

2496. Barnabæ Brissonii de Verborum quæ ad jus pertinent significatione opus præstantissimum prodit locupletatum cura Jo. Gottliebii Heineccii, præmissa præfatione Justi Henningii Bohmeri; Halæ Magdeburgicæ, imp. Orphanotrophei, 1743, 2 vol. in-fol.

2497. Andreæ Alciati, Joannis Brechæi, Radulphi Fornerii de Verborum significatione commentariorum corpus absolutissimum; Genevæ, de Tournes, 1659, in-fol.

2498. De l'origine du droit des magistrats et des jurisconsultes; les lois des XII Tables; de la signification des mots, et les titres des cinquante livres du Digeste; traduction de B. D. F. A. E. P. (Bonaventure de Fourcroy, avocat en parlement); Paris, Piget, 1674, in-12.

2499. Ad titulum Digestorum de verborum significatione commentarius secundum alphabeticum ordinem digestus, auctore Claudio de Ferrière; Parisiis, Cochart, 1686, 2 vol. in-12.

2500. Brocardica juris, seu verius communes jurium sententiæ serie alphabetica digestæ; Parisiis, Desboys, 1566, in-8.

2501. Breve totius jurisprudentiæ Examinatorium curavit Herrmannus Barth; Lipsiæ, Poletus, 1837, in-12.

Avant Justinien. Textes et Commentaires.

2502. Antonii Augustini, archiepiscopi Tarraconensis, de Legibus et Senatus-consultis liber, cum notis Fulvii Ursini; Parisiis, Richerius, 1554, in-fol.

2503. De lege regia, seu tabula ænea Capitolina, notis illustrata per Leopoldum Metastasium; Romæ, Salomonus, 1757, in-4.

2504. Vaticana juris Romani fragmenta, Romæ nuper ab Angelo Maio detecta et edita, gallicis typis mandaverunt ephemeridum quæ Themidis nomine publicantur editores; Parisiis, Fanjat, 1823, in-8.

2505. Jurisprudentia vetus ante-Justinianea, ex recensione et cum notis Antonii Schultingii, Joh. filii; præfatus est Georgius Henricus Ayrer; Lipsiæ, Weidmannus, 1737, in-4.

2506. Antonii Clari Sylvii commentarius ad leges tam regias quam XII tabularum; Parisiis, Orry, 1603, in-4.

2507. Catalogus legum antiquarum, una cum adjuncta summaria interpretatione, per Joannem Ulricum Zasium Brigantinum diligenter collectus, cum annotationibus Ludovici Charondæ; Luteliæ, Gourbin, 1555, in-12.

2508. Commentaire sur la loi des douze Tables, par Bouchaud; Paris, Moutard, 1787, in-4.

2509. Commentaire de la loi des douze Tables, par Bouchaud; Paris, Imprimerie de la République, 1803, 2 vol. in-4.

2510. Conclusion sur les lois des XII Tables, imprimée par ordre de la société académique du département de de l'Aube (par Boulage); Troyes, Sainton, 1804, in-8.

2511. Uebersicht der bisherigen Versuche zur Kritik und Herstellung des Textes der Zwœlf-Tafel-Fragmente, von Heinrich Eduard Dirksen; Leipzig, Heinrich, 1824, in-8.

2512. De origine et progressu juris civilis Romani authores et fragmenta veterum jurisconsultorum, cum notis Arn. Vinnii et variorum; auctore et collectore S. Leewio; Lugduni Batavorum, Doude, 1677, in-8.

2513. Lois romaines sous la République, par A. Laya; Genève, Gruaz, 1854, in-8.

2514. Francisci Balduini Commentarius de Jurisprudentia Muciana, cum præfatione Nicolai Hieron. Gundlingii; Halæ, Crugius, 1729, in-8.

2515. Barnabæ Brissonii de Formulis et solemnibus populi Romani verbis libri VIII, ex recensione Francisci Caroli Conradi; Halæ et Lipsiæ, Krugius, 1731, in-fol.

2516. B. Brissonii selectarum ex jure civili antiquitatum libri IV; ejusdem ad legem Juliam de adulteriis liber singularis; de solutionibus et liberationibus libri III; Lugduni, Tornæsius, 1558, in-4.

2517. Selectarum ex jure civili antiquitatum libri IV, a Barnaba Brissonio; Heidelbergæ, Wyngaerden, 1664, in-8.

2518. De iis partibus librorum Ciceronis rhetoricorum quæ ad jus spectant scripsit Eduardus Platnerus; Marburgi, Elwert, in-8.

2519. Explication des passages de droit privé contenus dans les œuvres de Cicéron, par G. de Caqueray; Paris, Durand, 1857, in-8.

2520. Jo. Gottl. Heineccii ad legem Juliam et Papiam Poppæam commentarius; Amstelædami, Waesbergii, 1731, in-4.
2521. Joannis de Carvalho novus et methodicus tractatus de una et altera quarta deducenda, vel non legitima, Falcidia et Trebellianica; Coloniæ Allobrogum, Bousquet, 1746, in-fol.
2522. Hermanni Noordkerk specimen lectionum, seu disquisitio de lege Petronia; Amstelodami, Jansonio-Waesbergii, 1731, in-8.
2523. Ueber die Tendenz des prætorischen Rechts und über das Verhæltniss desselben zum Civilrechte, von Johann Konrad Eugen Franz Rosshirt; Erlangen, Hilpert, 1812, in-8.
2524. Die prætorischen Edicte der Rœmer auf unsere Verhæltnisse ubertragen, von Eduard Schrader; Weimar, 1815, in-8.
2525. Etude sur la règle Catonienne en droit romain, par E. Machelard; Paris, Durand, 1862, in-8.
2526. De Jurisprudentia apud Romanos sub primis imperatoribus. Dissertatio loci Suetoniani interpretationem exhibens, auctore J. F. H. Abegg; Vratislaviæ, Max, 1827, in-8.
2527. Institutes de Gaius, récemment découvertes dans un palimpseste de Vérone, et trad. en français par J. B. E. Boulet; Paris, Mansut, 1827, in-8.
2528. Gerardi Noodt Julius Paulus, sive de partus expositione et nece apud veteres liber singularis; Lugduni Batavorum, van der Linden, 1740, in-4.
2529. Julii Pauli Receptarum Sententiarum ad filium libri V, cum interpretatione Visigothorum; recognovit Ludovicus Arndts; adjecit scripturæ varietatem ex Codd. Mss. Gust. Haenelius; Bonnæ, Marcus, 1833, in-12.
2530. Tituli XXIX ex corpore Ulpiani ad veterem manuque scriptum Philippi Gervasii codicem restituti. In eosdem titulos Ludovici Charondæ et Jacobi Cujacii notæ; Parisiis, in-12.
2531. T. Flavii Syntrophi instrumentum donationis ineditum. Edidit et illustravit Ph. Eduardus Huschke; Vratislaviæ, Hirt, 1838, in-4.
2532. Dosithei magistri Interpretamentorum liber tertius; ad fidem codicum manuscriptorum nunc primum integrum

edidit, commentariis indicibusque instruxit Eduardus Bocking; Bonnæ, Marcus, 1832, in-12.

2533. D. Trajanus, sive de legibus Trajani imperatoris commentarius, auctore Jo. Augusto Bachio; Lipsiæ, Vendlerus, 1747, in-8.

2534. Singularia M. Aurelii Antonini jurisprudentiæ capita; sistit auctor ac respondens Quirinus Gottfried Schacher; Lipsiæ, Langhenemius, 1732, in-4.

2535. Joannis Ortwini Westenbergii Divus Marcus, seu dissertationes ad Constitutiones Marci Aurelii Antonini imperatoris; Lugduni Batavorum, Janssonii, 1736, in 4.

2536. Bruchstücke aus den Schriften der rœmischen Juristen, gesammelt von Heinrich Eduard Dirksen; Kœnigsberg, Nicolovius, 1814, in-8.

2537. Jus civile antejustinianeum, codicum et optimarum editionum ope a societate jurisconsultorum curatum; præfatus est Gustavus Hugo; Berolini, Mylius, 1815, 2 vol. in-8.

2538. Corpus juris Romani antejustinianei, consilio E. Bœckingii, A. Bethmann-Hollwegii et E. Puggæi institutum; curaverunt iidem assumptis sociis L. Arndtsio, A. F. Barkovio, F. Blumio, I. F. L. Goeschenio, G. Haenelio, C. Lachmanno aliisque; Bonnæ, Marcus, 1831, 2 vol. in 3 tom. in-4.

2539. Codex Theodosianus, cum perpetuis commentariis Jacobi Gothofredi, opus posthumum ex recognitione Antonii Marvillii; Lugduni, Huguetan, 1665, 6 tom. in 4 vol., in-fol.

2540. Codex Theodosianus, cum perpetuis commentariis Jacobi Gothofridi, editio nova, variorum observationibus aucta, quibus adjecit suas Joan. Dan. Ritter; Lipsiæ, Weidmannus, 1736-1745, 6 tom. in 4 vol. in-fol.

2541. Hermanni Conringii dissertatio ad leg. 1 cod. Theodosiani de studiis liberalibus urbis Romæ et Constantinopolis; Helmestadii, Mullerus, 1655, in-4.

2542. Leges Novellæ V. Anecdotæ imper. Theodosii Junioris et Valentiniani III, cum cæterarum etiam Novellarum titulis et variis lectionibus, ac tandem Lex Romana, seu responsum Papiani, opera et studio Joannis Christophori Amadutii; Romæ, Monaldinus, 1767, in-fol.

2543. Das Criminalrecht der Rœmer von Romulus bis auf Justinianus, von Wilhelm Rein; Leipzig, Kœhler, 1844, in-8.

DROIT CIVIL ET DROIT PÉNAL. 201

2544. Observations sur le divorce et l'adoption, et sur l'usage ou l'abus qu'en faisaient à Rome les grandes familles et surtout celles des premiers Césars, par Berriat-Saint-Prix ; Paris, Duverger, 1833, in-8.

Justinien. Texte et Gloses.

2545. Tables synoptiques du Droit Romain, par Durand Prudence ; in-fol.
2546. Huberti Griphanii OEconomia juris, sive dispositio methodica omnium librorum ac titulorum totius juris civilis Justinianei ; Francofurti, Zetznerus, 1606, in-4.
2547. Jurisprudentia restituta, ad modum Jac. Labitti, Ant. Augustini et Wolfg. Freymonii. Accesserunt opuscula IV : 1° Usus Pandectarum per Jac. Labittum, cum notis Wilh. Schmuccii ; 2° Henrici Hahnii oratio de usu chronologiæ in jure ; 3° Henrici Brencmanni dissertatio de legum inscriptionibus ; 4° Bern. Henrici Reinoldi oratio de inscriptionibus legum Dig. et Cod.; animadversiones passim adjecit Abraham Wieling ; Amstelodami, Waesbergius, 1727, 3 tom. in 1 vol. in-8.
2548. Corpus juris civilis Justinianei, cum commentariis Accursii, scholiis-Contii et Dionysii Gothofredi lucubrationibus ad Accursium ; quibus accessere Jacobi Cujacii notæ, præterea ejusdem paratitla in Pandectas et Codicem ; auctore Stephano Daoys ; Lugduni, Landry, 1618, 6 vol. in-fol.
2549. Corpus juris civilis, a Dio. Gothofredo recognitum ; G. Lasmarius, 1598, 2 vol. in-8.
2550. Corpus juris civilis, quo jus universum Justinianeum comprehenditur, cum notis Dionysii Gothofredi ; Lutetiæ Parisiorum, Vitray, 1628, 2 vol. in-fol.
2551. Corpus juris civilis, cum notis integris Dionysii Gothofredi ; præter Justiniani edicta, Leonis et aliorum imperatorum Novellas, ac Canones Apostolorum, Feudorum libros, huic editioni accesserunt Pauli Receptæ Sententiæ cum selectis notis J. Cujacii, et sparsim ad universum Corpus Antonii Anselmo observationes, denique lectiones variæ et notæ aliorum ; opera et studio Simonis van Leeuwen ; Amstelodami, Elzeverii, 1663, 2 tom. in 1 vol. in-fol.

2552. Corpus juris civilis Romani, cum notis integris Dionysii Gothofredi, quibus et Pauli Receptæ Sententiæ cum selectis notis J. Cujacii et sparsim ad universum Corpus Antonii Anselmo observationes singulares accesserunt, opera et studio Simonis van Leeuwen; præmissa est historia et chronologia juris civilis Romani; Antuerpiæ, Verdussen, 1726, 2 vol. in-fol.

2553. Corpus juris civilis; Amstelodami, vidua Danielis Elsevirii, 1681, 2 tom. in 1 vol. in-8.

2554. Corpus juris civilis; recensuerunt Georgius Christianus Gebauer et Georgius Augustus Spangenberg; Gœttingæ, Dieterich, 1776, 2 vol. in-4.

2555. Corpus juris civilis academicum, auctore Christoph. Henr. Freisleben; Coloniæ Munatianæ, Thurneysen, 1789, 2 tom. in 1 vol. in-4.

2556. Juris civilis ecloga, qua cum justinianeis Institutionibus, Novellisque 118 et 127, continentur Gaii Institutionum commentarii IV, Ulpiani Regularum liber singularis, Pauli Sententiarum libri V; Parisiis, 1822, in-4.

2557. Corpus juris civilis academicum Parisiense, opera et cura C. M. Galisset; Lutetiæ Parisiorum, Janet, 1839, 2 tom. in 1 vol. in-4.

2558. Corpus juris civilis; recognovit et brevi annotatione instructum edidit Joan. Lud. Guil. Beck; Lipsiæ, C. Cnobloch, 1825-1836, 2 tom. in 5 vol. in-8.

2559. Das Corpus juris civilis in's Deutsche übersetzt von Carl Eduard Otto Bruno Schilling, und Carl Friedrich-Ferdinand Sistenis; Leipzig, 1839, 7 vol. in-8.

2560. Hermanni Vultcii jurisprudentiæ Romanæ a Justiniano compositæ libri duo; Marpurgi, Egenolphus, 1618, in-8.

2561. Justiniani Institutionum juris civilis libri IV, antea ab Haloandro contra vetustatis fidem castigati, nunc vero ex antiquissimis exemplaribus repræsentati per Ant. Contium; Parisiis, 1560, in-8.

2562. Joachimi Mynsingeri a Frundeck Apotelesma, hoc est corpus perfectum scholiorum ad Institutiones Justinianeas pertinentium, ex recognitione Arnoldi de Reyger; Lugduni, Rouillius, 1616, in-4.

2563. Joachimi Mynsingeri a Frundeck, auctoris damnati, Apotelesma, hoc est corpus perfectum scholiorum ad Institutiones Justinianeas pertinentium; ex ultima recognitione Arnoldi de Reyger, auctoris pariter damnati, prohibita, sed cum expurgatione permissa; Lugduni, Larjot, 1623, in-4.

2564. Joachimi Mynsingeri a Frundeck scholia in libros Institutionum Justiniani; in-4.
(Le titre manque.)

2565. Justiniani Institutionum libri IV, cum notis perpetuis Arnoldi Vinnii; 2 vol. in-12.
(Manque le Ier vol.)

2566. Georgii Christiani Gebauer ordo Institutionum Justinianearum brevibus positionibus comprehensus; Accedunt prolegomena historiam Institutionum adumbrantia; Gottingæ, Schmidt, 1752, in-8.

2567. Institutionum Fl. Justiniani Cæsaris libri IV; Parisiis, Robertus Stephanus, 1534, in-8.

2568. Imperatoris Justiniani Institutionum libri IV annotationibus ac notis illustrati, quibus accesserunt Leges XII tab. explicatæ, Ulpiani tit. XXIX adnotati, Caii libri II Institut., Tituli tractatusque juris, studio J. Crispini et J. Pacii; Amstelodami, Blaeu, 1642, in-12.

2569. Justiniani Institutionum libri IV, cum notis Georgii Davidis Locameri et additionibus Johann. Rebhanii, accurante Ulrico Obrechto; Argentorati, Dulssecher, 1711, in-12.

2570. Id. op., ejusd. edit.

2571. Justiniani Institutionum, sive elementorum libri IV, ex editione Jacobi Cujacii; in eosdem Jani a Costa commentarius; accedunt notæ Theodori Marcilii et Marci Antonii Mureti, ut et M. Tatii Alpini dissertatio de furto per lancem et licium concepto; curante Joanne Van de Water; Lugduni Batavorum, Linden, 1719, in-4.

2572. Fl. Justiniani Institutionum libri IV. Justus Henningius Boehmer recensuit, atque Theophili paraphrasin subjunxit; Halæ Magdeburgicæ, 1728, in-4.

2573. Justiniani Institutionum libri IV; recensuit G. M. Rossberger; Berolini, Voss, 1829, in-8.

2574. Justiniani Institutionum libri IV, cum commentario Eduardi Schrader, adjuvantibus Tafel, Clossio, Maier; Berolini, Reimerus, 1832, in-4.

2575. L'interprétation des Institutes de Justinien, ouvrage inédit d'Etienne Pasquier, publié par le duc Pasquier, avec une introduction par Ch. Giraud ; Paris, Videcoq, 1847, in-4.

2576. Même ouvrage, même édition.

2577. Nouvelle traduction des Institutes de l'empereur Justinien, avec des observations pour l'application du droit français au droit romain et la conférence de l'un avec l'autre, par Claude Joseph de Ferrière ; Paris, Saugrain, 1750, 6 vol. in-12.

2578. Les Institutes de Justinien, traduites en français par Hulot ; Metz, Behmer, 1806, in-4.

2579. Institutes de Justinien ; Traité des actions, traduit de Vinnius, par L. J. Horace de Gouy et J. B. Tixier de La Chapelle ; Paris, Barrois, 1830, in-8.

2580. Même ouvrage, même édition.

2581. Institutes de l'empereur Justinien, traduites sur le texte de Cujas par A. M. Du Caurroy, avec le texte en regard ; Paris, Gobelet, 1837, in-8.

2582. Justiniani Institutionum libri quatuor, translated into english, with notes by Georges Harris ; Oxford, Collingwood ; 1811, in-4.

2583. The Institutes of Justinian, with notes by Cooper ; Philadelphia, Byrne, 1812, in-4.

2584. Difesa secunda dell' uso antico delle Pandette et del ritrovamento del famoso manoscritto di esse in Amalfi, di Bernardo Tanucci da Stia ; in Firenze, 1729, in-4.

2585. Guidonis Grandi, et S. Michaelis in Burgo Abbatis epistola de Pandectis ; Florentiæ, Franchius, 1727, in-4.

2586. Henrici Brencmanni historia Pandectarum, seu fatum exemplaris Florentini. Accedit gemina dissertatio de Amalphi ; Trajecti ad Rhenum, Water, 1722, 2 tom. in 1 vol. in-4.

2587. Historia Pandectarum authentica, sive Justiniani de Pandectis epistolæ III, ex emendatione Laur. Theod. Jo. Fr. F. Gronovii novaque opera Francisci Caroli Conradi ; Halæ, Crugius, 1730, in-8.

2588. Leopoldi Andreæ Guadagni de Florentino Pandectarum exemplari : an sit Justiniani archetypum, et an ex eo ceteri qui supersunt Pandectarum libri manaverint dissertatio ; Romæ, Palearinus, 1752, in-8.

2589. Friderici Guil. de Tigerstrom, de ordine et historia Digestorum libri II ; Berolini, Reimerus, 1819, in-8.

2590. De origine partitionis Digestorum in Digestum vetus, Infortiatum cum tribus partibus, et Digestum novum; quam commentationem scripsit Henricus Kaulen; Gœttingæ, Dieterichus, 1839, in-4.

2591. Digestum vetus; Venetiis, J. Baptista de Tortis, 1494, in-fol.

2592. Digestorum, seu Pandectarum libri L, ex Florentinis Pandectis repræsentati; Florentiæ, Torrentinus, 1553, 2 vol. in-fol.

2593. Idem opus, ejusd. edit.

2594. Digestorum, seu Pandectarum libri L, ex Pandectis Florentinis, adjectis Fr. Hotomanni summariis; Parisiis, Merlin, 1562, 7 tom. in 4 vol. in-8.

2595. Pandectæ Justinianeæ in novum ordinem digestæ, cum legibus Codicis et Novellis quæ jus Pandectarum confirmant, explicant aut abrogant; Parisiis, Saugrain, 1748, 3 vol. in-fol.

2596. Pandectæ Justinianeæ in novum ordinem digestæ cum legibus Codicis et Novellis, quæ jus Pandectarum confirmant, explicant, aut abrogant, auctore Roberto Josepho Pothier; Parisiis, Belin Lepricur, 1818-1821, 3 vol. in-fol.

2597. Pandectes de Justinien mises dans un nouvel ordre par R. J. Pothier, traduites par de Bréard-Neuville; Paris, Dondey-Dupré, 1818-1823, 24 vol. in-8.

2598. Même ouvrage, même édition.
(Manque le vol. 2.)

2599. Les cinquante livres du Digeste, traduits par Hulot pour les quarante-quatre premiers livres, et par Berthelot pour les six derniers; Metz, Behmer, 1803-1805, 7 vol. in-4.

2600. Geschicte der Novellen Justinian's, von Friedrich August Biener; Berlin, Dummler, 1824, in-8.

2601. Codicis Justiniani libri IX; Nurembergæ, Kobergers, 1488, in-fol.

2602. Codicis Justiniani libri XII, Antonii Contii emendationibus repurgati; Parisiis, Merlin, 1562, 2 vol. in-8.

2603. Novellarum constitutionum Justiniani volumen, Gregorio Haloandro interprete; Parisiis, Merlin, 1562, in-8.

2604. Codicis Justiniani libri XII, permultis constitutionibus aucti studio Jul. Pacii; accesserunt chronici canones, etc., etc., collecti ab Ant. Contio : Authenticæ, seu Novellæ ; Justiniani Edicta ; Justiniani Institutiones ; Vignon, 1580, in-fol.

2605. Petri et Francisci Pithoœi observationes ad Codicem et Novellas Justiniani per Julianum translatas ; accedit legum romanarum et mosaicarum collatio notis illustrata, cura Francisci Desmares ; Parisiis, Typographia regia, 1689, in-fol.

2606. Code et Novelles de Justinien avec une traduction revue par Godefroy, et une table générale par ordre alphabétique des matières contenues dans le Corps de droit, par Tissot ; Metz, Behmer, 1806-1807, 4 vol. in-4.

2607. Les Novelles de Justinien traduites par Bérenger, suivies des Novelles de l'empereur Léon traduites par Tissot ; Metz, Behmer, 1807-1810, 2 vol. in-4.

Après Justinien.

2608. Juris Græco-Romani tam canonici quam civilis tomi II, Johannis Leunclavii Amelburni studio ex variis Bibliothecis eruti, latineque redditi ; nunc primum editi cura Marquardi Freheri, cum chronologia juris ab excessu Justiniani ad amissam Constantinopolim et præfatione ; Francofurti, hæred. Fischeri, 1696, 2 tom. in 1 vol. in-fol.

2609. Sexaginta librorum Basilicon, id est universi juris Romani, auctoritate principum Romanorum græcam in linguam traducti, Ecloga sive synopsis, per Joan. Leunclavium ; Basileæ, 1575, in-fol.

2610. Libri VIII Basilicon, id est imperialium constitutionum, in quibus continetur totum jus civile a Constantino Porphyrogeneta in LX libros redactum, Guetiano Herveto interprete ; accessit liber LX Jacobo Cujacio interprete, cum præfatione Dionysii Gothofredi ; Hanoviæ, typis Wechelianis, 1606, in-fol.

2611. Basilicon libri LX, in VII tomos divisi ; Carol. Ann. Fabrotus latine vertit, et græce edidit ; Parisiis, Cramoisy, 1647, 7 vol. in-fol.

2611 *bis*. Operis Basilici Fabrotiani supplementum, continens libros IV Basilicorum græce et latine cum notis Gul.

Otton. Reitz; Lugduni Batavorum, Wetstenius, 1765, in-fol.

2612. Basilicorum lib. LX, post Annibalis Fabroti curas, ope codd. mss. a Gust. Ern. Heimbacho aliisque collatorum, integriores cum scholiis edidit, editos denuo recensuit, deperditos restituit, translationem latinam et annotationem criticam adjecit Car. Guillelm. Heimbach; Lipsiæ, Barth, 1833-1850, 5 vol. in-4.

2613. Josephi Mariæ Suaresii Notitia Basilicorum; recens. et observat. auxit Christianus Fridericus Pohlius; Lipsiæ, Hinrichs, 1804, in-8.

2614. De Basilicorum origine, fontibus, scholiis atque nova editione adornanda scripsit Carol. Guilielm. Ernest. Heimbach; Lipsiæ, Tauchnitius, 1825, in-8.

2615. Caspari Achatii Beck de Novellis Leonis Augusti earumque usu et auctoritate; adjectis animadversionibus edidit Carolus Fred. Zepernick; Halæ, Hendel, 1779, in-8.

2616. Imperatorum Basilii, Constantini et Leonis Prochiron, nunc primum edidit, prolegomenis, annotationibus et indicibus instruxit C. E. Zachariæ; accedit commentatio de Bibliotheca Bodleiana ejusque codicibus ad jus græco-romanum spectantibus; Heidelbergæ, Mohr, 1837, in-8.

2617. Collectio librorum juris græco-romani ineditorum; Ecloga Leonis et Constantini, Epanagoge Basilii, Leonis et Alexandri; edit. Carolus Eduardus Zachariæ a Lingenthal; Lipsiæ, Barthius, 1852, in-8.

2618. Epitome juris civilis Constantini Hermenopuli, a Bernardo a Rey fideliter reddita ac in latinam linguam conversa; Lugduni, Mirallietus, 1549, in-8.

2619. Constantini Harmenopuli promptuarium juris civilis, latine redditum per Joannem Mercerum; Lugduni, Bonhomme, 1556, in-4.

2620. Const. Harmenopuli manuale legum, sive Hexabiblos, cum appendicibus et legibus agrariis; edid. Gustavus Ernestus Heimbach; Lipsiæ, Weigel, 1851, in-8.

2621. Constantini Harmenopuli Promptuarium juris civilis, latine redditum a Joan. Mercero; Lausannæ, Le Preux, 1580, in-8.

2622. Michaelis Pselli synopsis legum versibus iambis et politicis, cum latina interpretatione et notis Francisci Bosqueti, selectisque observationibus Cornelii Siebenii; emendatius edidit Ludovicus Henricus Teucherus; Lipsiæ, Sommerus, 1789, in-8.

2623. Joannis Jensii Stricturæ Juris Romani redintegratæ; Rotterodami, Dan. Bemannus, 1740, in-4.

2624. J. Jensii ad Romani juris Pandectas et Codicem stricturæ; Lugduni Batavorum, Lutchmans, 1764, in-4.

Commentateurs.

2625. Theophili Institutionum libri IV. Carolus Annibal Fabrotus recensuit, idemque Jacobi Curtii interpretationem emendavit; Parisiis, Du Puis, 1638, in-4.

2626. Paraphrase de Théophile sur les Institutes de l'empereur Justinien, traduite en français par Me F. C., avocat au parlement; Paris, Le Gras, 1689, 2 vol. in-12.

2627. Theophili paraphrasis græca Institutionum Cæsarearum cum notis P. Nannii, J. Curtii, D. Gothofredi, H. Ernstii et C. A. Fabroti; edit. Gul. Otto Reitz; Hagæ comitis, Thollii, 1751, 2 vol. in-4.

2628. Divi Flavii Justiniani Institutionum ex Theophili Paraphrasi illustratarum libri IV; Francofurti, 1746, in-8.

2629. Les Institutes de Théophile, trad. par B. J. Legat; Paris, Leclerc, 1847, in-12.

2630. Des antecessor Theophilus Paraphase der Institutionen Justinian's, aus dem Griechischen ubersetzt von Karl Wustemann; Berlin, Mylius, 1823, 2 vol. in-8.

2631. Athanasii de Novellis Justiniani Justinique commentarium, item fragmenta commentariorum a Theodoro, Philoxeno, Symbatio de Novellis Justiniani conscriptorum, in latinum sermonem transtulit, adnotationibus instruxit Heimbach. Accedunt Novellæ imperatorum Byzantinorum a Witte editæ; Lipsiæ, Barth, 1838-1840, 2 vol. in-4.

2632. Dissensiones dominorum, sive controversiæ veterum juris Romani interpretum qui glossatores vocantur; edidit Gustavus Haenel; Lipsiæ, 1834, in-8.

2633. Antiqua versio latina fragmentorum e Modestini libro de excusationibus in Digestorum lib. XXVI, tit. 3, 5.

6, et lib. XXVII, t. 1 obviorum in integrum restituta. Scripsit Albertus Kriegel; Lipsiæ, Baumgaertnerus, 1830, in-4.

2634. Jurisprudentia Romana et Attica, continens varios commentatores qui jus Romanum et Atticum emendarunt (scilicet Franciscum Balduinum, Bartolomæum Chesium, Guidum Pancirolum, Samuelem Petitum, J. Palmerium a *Grentemesnil*, A. M. Salvinium, etc., etc.), cum præfationibus Joan. Gott. Heineccii et Petri Wesselingii ; Lugduni Batavorum, Kallewier, 1738-1741, 3 vol. in-fol.

2635. Azonis ad singulas leges Codicis Justinianei commentarius et magnus apparatus ; Parisiis, Nivellius, 1577, in-fol.

2636. Tractatus Dini super (regulis) juris, una cum assessionibus et correctionibus Petri Caponis necnon Rogerii Barmæ ; Parisiis, Petit, 1512, in-8.

2637. Angeli de Gambilionibus, Aretini, commentaria, seu lectura super IV Institutionum libros ; Lugduni, 1540, in-fol.

2638. Excellentissimi juris utriusque doctoris Christophori Porci insignis lectura super I, II et III Institutionum, cum additionibus Jasonis de Mayno et apostillis Nicolai Superantii ; 1543, in-fol.

2639. Egregii ac profundissimæ scientiæ viri Joannis Fabri in IV libros Institutionum Justiniani lectura, novis additionibus ac summariis illustrata, nunc demum majori diligentia purgata per Dominicum de Rabacinis ; Lugduni, Berion, 1543, in-fol.

2640. Joannis Fabri in Institutiones Justinianeas commentarii ; Lugduni, Tinghus, 1580, in-fol.

2641. Pauli Castrensis in Infortiatum Commentaria ; Lugduni, 1583, in-fol.

2642. Pauli Castrensis in Codicem commentaria, illustrata Franc. Curtii, Bernardi Landriani aliorumque additionibus ; Lugduni, 1583, in-fol.

2643. Pauli Castrensis in Digestum novum commentaria ; Lugduni, 1583, in-fol.

2644. Pauli Castrensis in Digestum vetus commentaria ; Lugduni, 1583, in-fol.

2645. Baldi Ubaldi commentaria in primam et secundam Infortiati partes; Augustæ Taurinorum, hered. Bevilaquæ, 1576, in-fol.

2646. Baldi Ubaldi commentaria in Digestum vetus; Augustæ Taurinorum, hered. Bevilaquæ, 1576, 2 vol. in-fol.

2647. Baldi Ubaldi commentaria ad IV Institutionum libros; Augustæ Taurinorum, hered. Bevilaquæ, 1576, in-fol.

2648. Baldi Ubaldi commentaria in Codicem; Augustæ Taurinorum, hered. Bevilaquæ, 1576, 4 vol. in-fol.

2649. Annotationes Gulielmi Budæi, Parisiensis, in quatuor et viginti Pandectarum libros; Parisiis, J. Parvus, 1536, in-fol.

2650. Andreæ Alciati commentaria et tractatus; Lugduni, 1560, 6 tom. in 3 vol. in-fol.

2651. Bartolus super Digestum vetus, cum apostillis Andreæ Barbatiæ et Andreæ de Pomate de Basignana; Lugduni, 1510, 2 vol. in-fol.

2652. Bartolus super Infortiatum; Lugduni, 1511, in-fol.

2653. Bartolus super Digestum novum; Lugduni, Nic. de Benedictis et Fr. Fradin, 1511, in-fol.

2654. Bartolus super Codicem; Lugduni, Nic. de Benedictis, Fradin, 1510-1511, in-fol.

2655. Bar. (toli) super Autenticis, cum nonnullis additionibus et apostillis Benedicti de Vadis de Forosempronii. Consilia, quæstiones et tractatus Bartoli. Quæstiones aureæ disputatæ per Bar. de Saxoferrato. Tractatus Bart. de Saxoferrato; Lugduni, Nic. de Benedictis, 1511, in-fol.

2656. Bartholi commentaria, Petri Pauli Parisii Cardinalis non paucis additionibus illustrata; Lugduni, 1547, 5 vol. in-fol.

2657. Bartoli a Saxoferrato omnia quæ extant Opera, Jacobi Anelli de Bottis et Petri Mangrellæ adnotationibus illustrata, cum compendio aureo propositionum quas Bartolus in operibus suis reliquit, alphabetica serie disposito a Luciano Bassano; Venetiis, apud Juntas, 1590-1615, 7 vol. in-fol.

Manque le tome V.

2658. Jacobi Cujacii commentarii; Lugduni, Tornæsius, 1559, in-fol.

2659. Jasonis Mayni in Digestum vetus commentaria, quibus,

præter adnotationes Purpurati, Bellæcombæ, Panciroli, Trotti, Masueri, accesserunt additiones Jacobi Menochii; Venetiis, 1589, in-fol.

2660. Jasonis Mayni in Digestum novum commentaria, quibus, præter adnotationes Purpurati, Bellæcombæ, Panciroli, Trotti, Masueri, accesserunt additiones Jacobi Menochii; Venetiis, 1589, in-fol.

2661. Jasonis Mayni in Infortiatum commentaria, quibus, præter adnotationes Purpurati, Bellæcombæ, Panciroli, Masueri, accesserunt additiones Jacobi Menochii; Venetiis, 1589, in-fol.

2662. Jasonis Mayni in Codicem commentaria, quibus, præter adnotationes Purpurati, Bellæcombæ, Panciroli, Masueri, accesserunt additiones Jacobi Menochii; Venetiis, 1589, in-fol.

2663. Udalrichi Zasii Responsorum juris civilis libri II; Intellectuum in varia jurisconsultorum veterum responsa libri II, et tractatus aliquot; Lugduni, Vincentius, 1545, in-8.

2664. Paraphrase des Institutions de l'empereur Justinien, par Pelisson; Paris, 1564, in-12.

2665. Jacobi Gothofredi in titulum Pandectarum de diversis regulis juris antiqui commentarius; Genevæ, Chouët, 1653, in-4.

2666. Philippus Decius in tit. ff. de Regulis juris, cum additionibus Hieronymi Cuchalon, unaque adnotationibus Gabrielis Saraynæ; Lugduni, Vincentius, 1568, in-8.

2667. Antinomiæ. De diversis regulis juris antiqui nova antinomiarum explicatio, per Joannem Oldendorpium; Francofordiæ, apud hæredes Egenolphi, 1568, in-8.

2668. Antonii de Padilla y Meneses in quædam imperatorum Rescripta et nonnulla jurisconsultorum responsa commentaria; Venetiis, Zilettus, 1580, in-fol.

2669. Mercerii conciliator, sive ars conciliandorum eorum quæ in jure contraria videntur, utendique iis quæ vere contraria sunt; Biturigis, Lauverjatius, 1587, in-16.

2670. Barbosæ commentarii ad interpretationem tituli de Judiciis; Lugduni, Rouille, 1622, in-4.

2671. Marci Antonii Caimi in aliquot Justinianei Codicis titulos, eos præcipue qui ad cognitionem jurisdictionis et imperii meri mixtique imprimis facere videntur, summariæ Annotationes; Francoforti, Egenolphus, 1544, in-4.

2672. Francisci Connani Commentaria juris civilis, cum Bartholomæi Faii præfatione; Lutetiæ, Vascosan, 1553, 2 vol. in-fol.

2673. Joannis Oinotomi in quatuor Institutionum Justiniani libros commentarii; Aureliæ Allobrogum, Gamonetus, 1609, in-4.

2674. Matthæi Wesenbecii in Codicem D. Justiniani commentarius; Coloniæ Agrippinæ, Hieratus, 1612, in-4.

2675. Mathæi Wesenbecii in Pandectas juris civilis commentarius; Coloniæ Agrippinæ, Hieratus, 1612, in-4.
Titulus deest.

2676. Antonii Fabri Rationalia in Pandectas, opus quinque tomis divisum; Lugduni et Aureliæ, 1659-1626, 4 vol. in-fol.

2677. Ant. Fabri Conjecturarum juris civilis libri viginti; Lugduni, Rigaud, 1661, in-fol.

2678. Antonii Fabri de Erroribus pragmaticorum et interpretum juris tomi duo; Lugduni, Rigaud, 1658, 2 vol. in-fol.

2679. Ant. Fabri jurisprudentiæ Papinianeæ scientia, ad ordinem Institutionum efformata; Lugduni, Rigaud, 1658, in-fol.

2680. Hieronymi Treutleri selectarum disputationum ad jus civile Justinianeum, L libris Pandectarum comprehensum, resolutiones absolutissimæ, auctore Helfrico Ulrico Hunnio; Francofurti, Porsius, Hoffmannus, 1624-1640, 3 vol. in-4.

2681. Notæ et animadversiones ad disputationes Hieronymi Treutleri, quibus omnia a Treutlero proposita evolvuntur et explicantur, auctore Reinhardo Bacovio Echtio; Heidelbergæ, Lancellotus, 1617-1619, 3 vol. in-4.

2682. Reinhardi Bachovii Echtii in Institutionum juris Justiniani libros IV Commentarii; Francofurti, Schonwetter, 1643, in-4.

2683. Justi Meieri Collegium Argentoratense, totius jurisprudentiæ absolutum systema exhibens, cum adnotationibus Joannis Ottonis Taboris, stud. Joan. Bechtoldi; Argentorati, Zetznerus, 1657, 3 vol. in-4.

2684. Joannis Borcholten in IV Institutionum juris ci-

vilis libros commentaria; Parisiis, Guillemot, 1646, in-4.
2685. Joannis Borcholten in IV Institutionum juris civilis libros commentaria; Genevæ, Joan. Ant. de Tournes, 1663, in-4.
2686. Idem opus, ejusd. edit.
2687. Antonii Perezii commentarius in XXV Digestorum libros; Amstelodami, Elzeverius, 1669, in-4.
2688. Antonii Perezii prælectiones in XII libros Codicis Justiniani; Amstelodami, Lugduni, Elzeverius, 1653, in-fol.
2689. Ant. Perezii Prælectiones in XII libros Codicis Justiniani; Antuerpiæ, 1695, 2 vol. in-4.
2690. Wilhelmi Ludwel commentarii in imperatoris Justiniani Institutionum libros IV; Altdorfii Noricorum, Hagen, 1656, in-4.
2691. Ars Digestorum Tribonianica et Anticujaciana, auct. Claudio Gendreo; Parisiis, Delaulne, 1644, in-16.
2692. Joannis Philippi Treiberi genuina perspicuitas Institutionum Justiniani; Erfurti, Spies, 1725, in-4.
2693. Pauli Voët in IV libros Institutionum commentarius; Ultrajecti, Ribius, 1668, 2 vol. in-4.
2694. Huberti Griphanii explanatio difficiliorum et celebriorum legum Codicis Justiniani; Coloniæ Plancianæ, 1614, 2 tom. in 1 vol. in-4.
2695. Huberti Giphanii Antinomiarum juris civilis libri IV, additis objectionibus, solutionibus, etc., etc., a Conrado Olemanno; Francofurti, Zunnerus, 1666, in-4.
2696. Antonii Matthæi collegia juris sex: I Fundamentorum juris; II, III et IV Institutionum; V Pandectarum; VI Codicis, et disputationes quædam extraordinariæ; Franekeræ, Deuringius, 1647, in-4.
2697. Cunradi Rittershusii commentarius novus in IV libros Institutionum Justiniani, cui præfixa est ipsius auctoris oratio inauguralis de Charonda et Zaleuco; ad finem adjecta collatio legum Atticarum et Romanarum; Argentorati, hæredes Zetzneri, 1649, in-4.
2698. Petri Fabri ad titulum Pandectarum de diversis regulis juris antiqui commentarius; Parisiis, Beysius, 1585, in-fol.
2699. Ever. Bronchorstii in tit. Digestorum de regulis juris commentarius, recognitus et auctus a J. L. Blasio; Parisiis, Bobin, 1672, in-12.

2700. Everardi Bronchorst Ἐναντιοφανῶν centuriæ sex, et conciliationes eorumdem ; accedit ejusdem tractatus de privilegiis studiorum, tum professorum et doctorum ; Hadervici, Tollius, 1652, in-8.

2701. Hugonis Donelli commentarii de jure civili; Norimbergæ, Bauer, 1822, 16 vol. in-8.

2702. Cypriani Regneri ab Oosterga commentaria et novæ animadversiones in omnes et singulas leges quæ continentur in XII libris Codicis. Accedunt ejusdem disputationes juridicæ ad singulas fere leges difficiliores Codicis ; Trajecti ad Rhenum, Gilb. a Zyll, 1666, in-4.

2703. Cypriani Regneri ab Oosterga Censura Belgica, seu novæ notæ et animadversiones quibus omnes et singulæ Authenticæ, seu Novellæ Constitutiones Justiniani, ut et Consuetudines Feudorum confirmantur, illustrantur, refutantur ; Trajecti ad Rhenum, Gisb. a Zyll, 1669, in-4.

2704. Arnaldi Vinnii in IV libros Institutionum commentarius. Jo. Gottl. Heineccius recensuit et præfationem notulasque adjecit ; Lugduni, de Tournes, 1777, 2 vol. in-4.

2705. Joh. Gottlieb Heineccii in Arnoldi Vinnii commentarium in IV libros Institutionum annotationes ; Lovanii, Haert, 1758, in-4.

2706. Andreæ Fachinei controversiarum juris libri XII ; Coloniæ Agrippinæ, Demen, 1678, in-4.

2707. Observationes Petri et Francisci Pithœorum ad Codicem et Novellas Justiniani per Julianum translatas ; accedit legum Romanorum et Mosaicarum collatio notis illustrata ; Parisiis, typ. regia, 1689, in fol.

2708. In IV libros Institutionum juris civilis commentarius academicus simul et pragmaticus (in Digesta, ad Codicem Justinianeum, de civili regimine libri VIII), authore Diodoro Tuldeno ; Lovanii, Denique, 1702, 4 vol. in-fol.

2709. Antonii Mornacii observationes in omnes libros Digestorum et Codicis ; Lutetiæ Parisiorum, Montalant, 1721, 4 vol. in-fol.

2710. Conciliatio cunctarum legum, quæ in toto corpore juris civilis sibi contrariari videbantur, auctore Nicolao de Passeribus a Genoa ; Francofurti, Boetius, 1685, in-4.

2711. D. Gothofredi conciliatio legum in speciem pugnantium, quas in notis ad Pandectas juris civilis D. Gothofredus indicaverat, in concordiam adduxit D. G. A. Struvius; recensuit P. Pinel-Grandchamp; Parisiis, Videcoq, 1821, 2 vol. in-8.

2712. Guillelmi Prousteau recitationes ad legem XXIII contractus ff. de regulis juris; Aurelianis, Borde, 1684, in-4.

2713. Joannis Brunnemanni commentarius in codicem Justinianeum; Friburgi, Smidt, 1715, 2 vol. in-fol.

2714. Joannis Brunemanni commentarius in Codicem Justinianeum; Coloniæ Allobrogum, de Tournes, 1771, 2 tom. in 1 vol. in-fol.

2715. Joannis Brunnemanni commentarius in leges Pandectarum; Francofurti ad Viadrum, Meyerus, 1683, 2 vol. in-fol.

2716. Joannis Brunnemanni commentarius in L libros Pandectarum, opus legum plurimarum interpretatione adauctum, et, autore vivis erepto, ejus mandato publici juris factum a Samuele Strykio. Accessit ejusdem auctoris commentatio ad Codicem; Lugduni, Thenet, 1714, 2 vol. in-fol.

2717. Joannis Brunemanni commentarius in L. libros Pandectarum, opus publici juris factum a Samuele Strykio; Coloniæ Allobrogum, Cramer, 1762, 2 tom. in 1 vol. in-fol.

2718. Samuelis Strykii specimen usus moderni Pandectarum; Halæ Magdeburgicæ, 1722-1723, 4 vol. in-4.

2719. Siegm. Reich. Jauchii meditationes criticæ de negationibus Pandectis Florentinis partim recte vel male jam adjectis, aut detractis, vel circumscriptis, partim etiamnum adjiciendis, aut tollendis; Amstelædami, Janssonio-Waesbergii, 1728, in-8.

2720. Jac. Frider. Ludovici doctrina Pandectarum, ex ipsis fontibus Legum Romanarum deprompta; accessit Historia Pandectarum, necnon Jo. Jac. Wissenbachii Emblemata Triboniani denuo revisa; Halæ Magdeburgicæ, 1734, in-8.

2721. Augustini Leyseri meditationes ad Pandectas; Lipsiæ, Meisnerus, 1733, 9 tom. in 7 vol. in-4.
Incomplet.

2722. Van de Water observationum juris Romani libri tres; Trajecti Batavorum, Van de Water, 1743, in-4.

2723. Henrici Zoesii commentarius ad Digestorum, seu Pandectarum juris civilis, libros L; edente Valerio Andrea; Bruxellis, Foppens, 1718, in-fol.

2724. Henrici Jacobi Zoesii commentarius in Institutionum juris civilis libros IV, cum addit. Valerii Andreæ Desselii; Lugduni, Deville, 1738, in-4.

2725. Emundi Merillii in IV libros Institutionum commentarii, quibus adjecta est earumdem Institutionum synopsis, opera et studio Claudii Mongin, cum præfatione C. H. Trotz; Trajecti ad Rhenum, Broedelet, 1739, in-4.

2726. Johannis Nicolai Hertii commentationes atque opuscula de selectis ex jurisprudentia universali argumentis; ex manuscriptis auctoris edidit et insigniter locupletavit J. Hombergk; Francofurti ad Mœnum, Andreæ, 1737, 2 vol. in-4.

2727. Justiniani Institutionum expositio methodica, Lorry opus; Parisiis, Desaint et Saillant, 1757, in-4.

2728. D. Justiniani imperat. Institutionum juris civilis expositio methodica Francisci Lorry; accessit Ever. Ottonis de legibus XII tabul. dissertatio; Parisiis, vid. Desaint, 1777, 2 vol. in-12.

2729. De apicibus juris civilis libri V, auct. Hieronymo de Oroz; Lugduni, Deville, 1733, in-fol.

2730. Corpus juris controversum, frequentissimas legum oppositiones, earumque succinctas ex ipsis legibus resolutiones nova methodo exhibens, ad ordinem Digestorum in VII redegit partes Philippus Adamus Ulrich; cujus partem primam publica disputatione discutiendam exposuit Joannes Jacobus Josephus Sündermahler; Wirceburgi, Kleyer, 1737, in-4.

2731. Joannis Schneidewini in IV Institutionum D. Justiniani libros commentarii; Coloniæ Agrippinæ, Metternich, 1740, in-4.

2732. Idem opus, ejusd. edit.

2733. Adnotationes practicæ Antonii Mendes Arouca, Lusitani, in librum fere primum Pandectarum, (et) allegationes juris civilis; Ulyssipone, Alves, 1742, 3 vol. in-fol.

2734. Les règles du droit civil dans le même ordre qu'elles sont disposées au dernier titre du Digeste, traduites en français avec des explications et des commentaires, par J. B. Dantoine; Bruxelles, Stryckwant, 1742, in-4.

2735. Commentarius ad Justiniani Institutionum IV libros a Joan. Georgio Kees compositus; Viennæ Austriæ, Kraus, 1744, 2 tom. in 1 vol. in-4.

2736. Commentarius ad Justiniani Institutionum IV libros, a Joanne Georgio Kees; Lausannæ Helvetiorum, Grasset, 1769, in-4.

2737. Gulielmi Best ratio emendandi leges Pandectarum Florentinarum; accedunt orationes auctoris duæ; recensuit Jo. Wendelinus Neuhaus; Lipsiæ, Schoenermarck, 1745, in-8.

2738. Joannis Harpprechti commentarius in IV libros Institutionum juris civilis divi Justiniani; Lausanæ, Bousquet, 1748, 4 tom. in 2 vol. in-fol.

2739. R. Drapier accurata Institutionum explanatio; accedunt nonnulla de jure gallico, ut quomodo jus romanum et gallicum consentiant, vel dissentiant, facile dignoscatur; Pictavii, Faulcon, 1754, in-8.

2740. Joannis Ortwini Westenbergii principia juris secundum ordinem Digestorum, seu Pandectarum; Viennæ Austriæ, Trattner, 1755, 2 vol. in-8.

2741. Everardi Ottonis ad Justiniani Institutionum libros IV a Cujacio emendatos notæ criticæ et commentarius; accedit Theophili paraphrasis Institutionum interpretatio latina cura Joh. Rudolphi Iselii; Basileæ, Rudolphus filius, 1760, in-4.

2742. Johannis Voët commentarius ad Pandectas; Coloniæ Allobrogum, de Tournes, 1769, 2 vol. in-fol.

2743. Gregorii Maiansii, generosi Valentini, ad triginta jurisconsultorum omnia fragmenta quæ exstant in juris civilis corpore commentarii; Genevæ, de Tournes, 1764, 2 vol. in-4.

2744. Ulrici Huber Eunomia Romana, sive censura censuræ juris Justinianei, posthumum opus quod in lucem edidit Zacharias Huber; Franequeræ, Strickius, 1700, in-4.

2745. Ulrici Huberi Prælectionum juris civilis tomi III, secundum Institutiones et Digesta Justiniani. Accedunt Christiani Thomasii additiones et Luderi Menckenii remissiones ad jus Saxonicum; Lipsiæ, Jo. Fr. Gleditschius, 1735, 3 vol. in-4.

2746. Ulrici Huberi Prælectionum juris civilis tomi III, secundum Institutiones et Digesta Justiniani; accedunt Christiani Thomasii additiones et Luderi Menckenii remissiones ad jus Saxonicum; quam editionem variis annotationibus instruxit Judocus Le Plat; Lovanii, Van Overbeke, 1766, 3 vol. in-4.

2747. Jani a Costa Prælectiones ad illustriores quosdam titulos locaque selecta juris civilis. Notis illustravit B. Voorda; Lugduni Batavorum, Luchtmans, 1773, in-4.

2748. Joachim Hoppii commentatio succincta ad Institutiones Justinianeas; recensuit, notas adjecit et cum introductione et indice edidit Carolus Fridericus Walchius; Francofurti ad Mœnum, Warrentrapp, 1772, in-4.

2749. Recitationes in quinquaginta libros Digestorum, ex lectionibus tam publicis quam privatis variorum professorum depromptæ et usibus Belgiæ accommodatæ, cum relatione ad recitationes Heinneccii in titulis Digestorum; Lovani, Urbain, 5 vol. in-8.

2750. Wolfgangi Adami Lauterbachii collegium Pandectarum theoretico-practicum, studio filii Ulrici Thomæ Lauterbachii; Tubingæ, Cotta, 1784, 3 vol. in-4.

2751. Antonii Schultingii notæ ad Digesta, seu Pandectas; edid. atque animadversiones suas adjecit Nicolaus Smallenburg; Lugduni Batavorum, Luchtmans, 1804-1835, 8 vol. in-8.

2752. Jacobi Gothofredi Manuale juris, cujus prima pars ad Institutiones pertinens scripta est a J. F. Berthelot; Parisiis, Metier, 1806, in-8.

2753. Institutes de Justinien. nouvellement expliquées par A. M. du Caurroy de La Croix; Paris, Fanjat, 1822-1835, 4 vol. in-8.

2754. Institutes de Justinien, nouvellement expliquées par M. A. Du Caurroy de La Croix; Paris, Fanjat, 1822-1823, 2 vol. in-8.

2755. Institutes de Justinien, nouvellement expliquées par A. M. Du Caurroy; Paris, Thorel, 1841, 2 vol. in-8.

2756. Institutes de Justinien, traduites et expliquées par A. M. Du Caurroy; Paris, Thorel, 1851, 2 vol. in-8.

2757. Explication historique des Institutes de Justinien, précédée d'une généralisation du droit romain, par Ortolan; Paris, Joubert, 1840-1843, 2 vol. in-8.

758. Jus Romanum privatum idque purum secundum fontes

et interpretationes optimorum jurisperitorum scripsit A. Haimberger; Leopoli, Millikowski, 1829, 4 tom. in 2 vol. in-8.

2759. Traduction-commentaire des Institutes de Justinien, avec le texte latin, précédé d'une introduction par J. B. C. Picot; Paris, Fromont-Pernet, 1845, in-8.

2760. Précis d'un cours sur l'ensemble du droit privé des Romains, par Théodore Marezoll, trad. par C. A. Pellat; Paris, Durand, 1852, in-8.

2761. Textes du Digeste pour le premier examen de licence, traduits et commentés par Loriol, avocat; Paris, Dauvain, 1856, in-8.

2762. Même ouvrage, même édition.

Abréviateurs.

2763. Theodori Scholastici Breviarium Novellarum, versione latina et adnotationibus illustratum a Carol. Eduard. Zachariæ; Lipsiæ, Barth, 1843, in-4.

2764. Compendiariæ titulorum Codicis Justiniani exegeses, auctore Christophoro Hegendorphino; Haganoæ, Secerius, 1529, in-8.

2765. Paratitla in libros novem Codicis Justiniani repetitæ prælectionis, opus Jacobi Cujacii, cum notis Alex. Chassanei et Caroli Annibalis Fabroti ad ea enarrationibus; Tolosæ, Salabert, 1686, 4 vol. in-12.

2766. Communes jurium Sententiæ, quibus additæ sunt contrariorum oppositiones et solutiones per Joannem Bellonem; Lugduni, Arnolletus, 1549, in-8.

2767. Legum Flosculi, nunc demum suæ integritati restituti; Parisiis, Desboys, 1566, in-8.

2768. Joannis Arn. Corvini Elementa juris civilis, juxta ordinem Institutionum erotematice exposita, additis Germani Cousinii partitionibus; Amstelodami, Elzevirius, 1664, in-12.

2769. Arnoldi Vinnii jurisprudentiæ contractæ, sive partitionum juris civilis, libri IV; Roterodami, Leers, 1664, in-8.

2770. Arn. Vinnii jurisprudentiæ contractæ, sive partitionum juris civilis lib. IV, variis observationibus illustrati; Lugduni, P. Bruisset, 1748, in-4.

2771. Juris civilis universi, hoc est Institutorum, Digestorum, Codicis, paratitla nova ad mores accommodata gallicos, auctore Antonio Menilio; Carolopoli, Poncelet, 1651, 3 tom. 1 vol. in-4.

2772. Antonii Perezii Institutiones imperiales erotematibus distinctæ; Vesaliæ, 1670, in-16.

2773. Julii Pacii analysis ad Instituta, D. Bernardi Schotani erotematibus, argumentis, axiomatibus nonnullis illustrata; Lugduni Batavorum, Abrahamus a Geervliet, 1649, in-8.

2774. Julii Pacii a Beriga Isagogicorum in Institutiones, Digesta, Pandectas, Codicem, Decretales, libri; edit. noviss., accurante Gerardo a Wassenaer, cum excerptis Abrahami de Wyckersloot; Trajecti ad Rhenum, Rud. a Zyll, 1680, in-8.

2775. Arnoldi Corvini a Belderen Digesta per aphorismos explicata; Amstelodami, Elzevirius, 1662, in-12.

2776. P. Pithœi comes juridicus; Parisiis, Mariette, 1711, in-12.

2777. Comes juridicus, seu compendiarius legum Romanarum delectus; edid. unus ex antecessoribus universitatis Divionensis (Jacquinot Pampelune); Divione, Defay, 1789, in-8.

2778. Abrégé de la jurisprudence romaine, divisé en sept parties, à l'imitation des Pandectes de Justinien, par Claude Colombet; Paris, Bienfaict, 1663, in-4.

2779. Abrégé de la jurisprudence romaine, divisé en sept parties, par Claude Colombet; Paris, Le Gras, 1682, in-4.

2780. Cl. Colombet in quinquaginta libros Pandectarum, seu Digestorum paratitla; Parisiis, Pocquet, 1682, in-12.

2781. Cl. Colombet in libros Pandectarum, seu Digestorum paratitla; Tolosæ, Caranove, 1701, in-12.

2782. A. A. Pagenstecheri Aphorismi ad Institutiones juris Justinianeas; Groningæ, Lens, 1696, in-16.

2783. Legum delectus ex libris Digestorum et Codicis ad usum scholæ et fori, opera Joannis Domat; Parisiis, Coignard, 1700, in-4.

2784. Joach. Hopperi Isagoges in veram jurisprudentiam ad filium libri octo, nempe paratitlôn juris civilis, sive de divinarum atque humanarum rerum principiis libri IV; Culmbaci Francorum, Lumscherus, 1718, in-8.

2785. Nova et methodica juris civilis tractatio, seu nova et methodica Paratitla in quinquaginta libros Digestorum, auctore Claudio Josepho de Ferrière; Parisiis, Saugrain, 1734, 2 vol. in-12.

2786. Joannis Voet Compendium juris juxta seriem Pandectarum, adjectis differentiis juris civilis et canonici; Coloniæ, Simon, 1734, in-8.

2787. Johannis van Muyden compendiosa Institutionum Justiniani tractatio, cum additionibus Everardi Ottonis; Trajecti ad Rhenum, Jacobus a Poolsum, 1737, in-8.

2788. Georgii Adami Struvii syntagma jurisprudentiæ, secundum ordinem Pandectarum concinnatum, cum additionibus Petri Mulleri; Francofurti, Hoffmanni hæredes, 1738, 3 vol. in-4.

2789. Georgii Adami Struvii evolutiones controversiarum in syntagmate juris civilis, nec non resolutiones dubiorum et textuum obstantium ibi allegatorum; Francofurti, Bircknerus, 1684, in-4.

2790. Justi Henningi Bœhmeri introductio in jus Digestorum, sensum pariter ac usum singularum materiarum succincte exhibens; Halæ Magdeburgicæ, 1704, in-8.

2791. Justi Henningii Boehmeri introductio in jus Digestorum; accesserunt tituli de verborum significatione et regulis juris; Halæ Magdeburgicæ, 1791, 2 vol. in-8.

2792. Samuelis de Cocceii jus civile controversum, opus ad illustrationem compendii Lauterbachiani, cujus seriem quoque sequitur, compositum; Francofurti, Weidmannus, 1753, 2 vol. in-4.

2793. Bertochii promptuarium juris; post Car. Ferd. Hommelium curavit Chr. August. Gunther; Lipsiæ, Fritsch, 1788, 2 vol. in-8.

2794. Alexandri Chassanæi paratitla Institutionum juris civilis; accedunt anonymi protheoria Institutionum, Alex. Chassanæi index et epitome obligat. et actionum, anonymi flores sententiarum juris, accurante Abrahamo Wieling; Trajecti ad Rhenum, Mulder, 1758, in-8.

2795. Hugonis Grotii Florum sparsio ad jus Justinianeum, cum præfatione Christiani Gebaveri; Neapoli, Manfredius, 1777, in-8.

JURISPRUDENCE.

2796. Epitome juris et legum Romanarum frequentioris usus, juxta seriem Digestorum, auctore D. Andrea Barriga de Montvalon; Gandavi, de Goesin, 1773, in-8.

2797. Principes du droit civil romain, par Olivier; Paris, Mérigot, 1776, 2 vol. in-8.

2798. Jo. Gottl. Heineccii Recitationes in elementa juris civilis, secundum ordinem Institutionum; Lovanii, 1785, 2 vol. in-8.

2799. Jo. Gottlieb. Heineccii Recitationes in elementa juris civilis secundum ordinem Institutionum, opera et cura A. M. J. J. Dupin; Parisiis, Wárée, 1810, 2 vol. in-8.

2800. Idem op. ejusd. edit.

2801. Eléments de droit romain, par Heineccius, traduits, annotés, corrigés et précédés d'une introduction historique par Ch. Giraud; t. 1er; Paris, Goblet, 1835, in-8.

2802. J. F. Bœckelmanni compendium Institutionum Justiniani; accedunt tituli Pandectarum de verborum significatione et de regulis juris cum præfatione Jo. Gottl. Heineccii; Amstelædami, Petrus den Hengst, 1802, in-8.

2803. Epitome juris Romani alterno sermone distincta, cum versione gallica in conspectu posita, auctore Aug. Menestrier, accedente juris regularum collectione, quam ex optimis hausit fontibus J. C. Jourdain; Parisiis, Garnery, 1812, in-8.

2804. Henrici Rudolphi Brinemann Institutionum juris Romani libri V; Gottingæ, Vandenhoeck, 1818, in-12.

2805. Institutionum juris Romani privati historico-dogmaticarum lineamenta in usum prælectionum adumbravit Christ. Gottlieb Haubold; Lipsiæ, Hinrichs, 1814, in-8.

2806. Institutionum juris Romani privati historico-dogmaticarum denuo recognitarum epitome adumbravit Christ. Gottlieb Haubold; Lipsiæ, Hinrichs, 1821, in-8.

2807. Doctrinæ Pandectarum lineamenta; in usum prælectionum adumbravit Christ. Gottlieb Haubold; Lipsiæ, Hinrichsius, 1820, in-8.

2808. Institutionum seu elementorum juris Romani privati libri IV, auct. Leopoldo Augusto Warnkœnig; Leodii, Collardin, 1819, in-8.

2809. Institutiones juris Romani privati, auct. L. A. Warnkœnig; Bonnæ, Marcus, 1834, in-8.

2810. System des gemeinen Civilrechts, zum Behuf der Pandekten-Vorlesungen, von W. M. Rossberger; Berlin, Rücker, 1826, in-12.
2811. Analyse des Pandectes de Pothier, par Moreau de Montalin; Paris, Warée, 1827, 2 vol. in-8.
2812. Corpus legum, sive Brachylogus juris civilis, cum inedita incerti scriptoris Epitome juris civilis, edente Eduardo Bœcking; Berolini, Dummlerus, 1829, in-8.
2813. Chrestomathie, ou Choix de textes pour un cours élémentaire du droit privé des Romains, précédé d'une introduction à l'étude du droit, par Blondeau; Paris, 1830, in-8.
2814. Manuel de droit romain, contenant la théorie des Institutes, par F. Mackeldey, trad. de l'allemand par Jules Beving; Bruxelles, Wahlen, 1837, in-8.
2815. Même ouvrage, même édition.
2816. Theoretisch-praktischer Commentar uber die Heineccischen Institutionen, von Ludwig Julius Friedrich Hopfner; Frankfurt am Main, Varrentrapp, 1833, in-4.
2817. Jus romanum secundum ordinem Institutionum Justiniani, auctore V. Quinon; Gratianopoli, Baratier, 1834, 2 tom. en 1 vol. in-8.
2818. Lehrbuch des Justinianisch-rœmischen Rechts zum Gebrauche bei Institutionen-Vorlesungen von Johann Jacob Lang; Stuttgart, Cotta, 1837, in-8.
2819. Doctrina Pandectarum. Scholarum in usum scripsit C. F. Mühlenbruch; Bruxellis, Hauman, 1838, in-8.
2820. Lehrbuch der Institutionen des Rœmischen Rechts von C. F. Mühlenbruch; Halle, Schwetschke, 1842, in-8.
2821. Lehrbuch der Institutionen des Rœmischen Rechtes, von Theodor Marezoll; Leipzig, Barth, 1841, in-8.
2822. Juris civilis Enchiridium ad usum prælectionum rursus prodit; Parisiis, Thorel, 1851, in-18.
2823. Traité élémentaire de droit romain, par R. de Fresquet; Paris, Marescq, 1845, 2 vol. in-8.

Traités spéciaux.

2824. Singularia omnium clarissimorum doctorum qui hactenus de jure responderunt a Gabriele Sarayna, quibus accessit lectura Matthæi Matthesilani in septim. libr. Codicis; Lugduni, hered. Jac. Juntæ, 1560, in-fol. (Nomina auctorum : Dinus de Moxello, Reinerius de Forlivio, Bartholus a Saxoferrato, Baldus de Perusio, Paulus de Castro, Bartholomæus de Capua, Andreas de Ysernia, Andreas de Capua, Franciscus de Calesia, Joannes de Petrucia, Abbas Assaldi, Nicolaus Rufus, Blasius de Murcone, Pamphilus Mollus, Joannes Baccan, Joannes Grillus, Marcellus Bonus, Innocentius, Ludovicus Romanus, Matthæus Matthesilanus, Henricus Boverius, Guido Papa, Franciscus Cremensis, Petrus Ravenna, Petrus Gueraldus de Petrasancta, Antonius Corsetus, Hippolytus de Marsiliis, Guillelmus de Ludo, Amanellus de Claris Aquis, Joannes de Arnono, Paulus Anton. del Bene, Albertus de Albertis, Marcus Mantua, Joan. Anton. Trigona, Antonius Columbetus).

2825. Syntagma communium opinionum sive receptarum J. V. sententiarum ad instar Codicis Justiniani in titulos redactum, in quo varia prudentum selecta responsa J. V. quæstiones, quæ ex usu sunt communi, et sparsim et confuse apud diversos auctores legebantur, decisæ ex communi doctorum et digestæ habentur (a Joan. Bap. Regnauld). Nomina jurisconsultorum : Anton. Maria Coratius, Macagnanus Azzoguidas, Joan. Nevisanus, Joan. Bellonus Tholosanus, Francisc. Vivius ab Aquila Perusinus, Joan. Bapt. Villabosos Toletanus, Joan Fichardus, Franc. Tursanus ab Incisia, Emanuel Suares a Ribeira, Mathæus Chærianus, Julius Clarus Alexandrinus, Marianus Socinus junior, Benedictus Capra, Pius Fichardus, Erasmus Musculus, Hippolytus Bonacossa, Laurent. Kirchovius Megalopolensis, Michael Grassus Pomeranus, Rolandus a Valle Casalensis, Francisc. Bursatus Mantuanus, Joan. Bapt. Vezcius, Joan. Franc. Bellacomba, Joan. Donatus a Finasangrensis, Anton. Gabriellius, Joseph. Ludovicus, Jodocus Damhouderius); Lugduni, apud Joannem, Jacobi Juntæ filium, 1584, 3 vol. in-fol.

2826. Tractatus universi juris duce et auspice Gregorio XIII in unum congesti; Venetiis, Ziletus, 1584, 22 vol. in-fol.

2827. Thesaurus juris Romani, continens rariora meliorum interpretum opuscula, cum præfatione Everardi Ottonis; Trajecti ad Rhenum, Broedelet, 1733-1735, 5 vol. in-fol.

2828. Novus thesaurus juris civilis et canonici, continens varia et rarissima optimorum interpretum, imprimis Hispanorum et Gallorum, opera; ex collectione et museo Gerardi Meerman; Hagæ-Comitum, de Hond, 1751-1753, 7 vol. in-fol.

2829. Aureæ Quæstiones disputatæ per Bartolum de Saxo Ferrato; Vendelinus, s. d., in-fol.

2830. Jacobi Cujacii opera quæ de jure fecit, opera et studio Caroli Annibalis Fabroti; Lutetiæ Parisiorum, impensis typographiæ librorum officii ecclesiastici; 1658, 10 vol. in-fol.

2831. Jacobi Cujacii opera omnia in X tomos distributa, a Carolo Annibale Fabroto disposita; accesssere dissertatio Emundi Merillii, postremo controversiæ Joannis Roberti ejusdemque notæ in responsiones a Cujacio; Neapoli, Mutio, 1722-1727, 10 vol. in-fol.

2832. Jacobi Cujacii operum omnium in decem tomos distributorum index, ordine alphabetico elaboratus; Neapoli, Mutio, 1727, in-fol.

2833. Promptuarium universorum operum Jacobi Cujacii, accommodatum cura Dominici Albanensis; Neapoli, Simon, 1763, 2 vol. in-fol.

2834. Petri Rebuffi, juris utriusque doctoris, Repetitiones variæ; Lugduni, Rouillius, 1483, in-fol.

2835. Hugonis Donelli opera omnia, cum notis Osvaldi Hilligeri; Romæ, Salviucci, 1828-1833, 12 vol. in-fol.

2836. Francisci Duareni opera omnia; Lucæ, Rocchius, 1765-1768, 4 vol. in-fol.

2837. Francisci Duareni omnia quæ quidem hactenus edita fuerunt opera; Aureliæ Allobrogum, 1608, 2 tom. in 1 vol. in-fol.

2838. Franc. Hotmani Opera; excudebant heredes Eustathii Vignon et Jacobus Stœr; 1599, 3 vol. in-fol.

2839. Variarum lectionum libri ad juris civilis interpretationem, per Joannem Oldendorpium ; Lugduni, Gryphius, 1546, in-8.

2840. Id. opus, ejusd. edit.

2841. Antonii Contii opera omnia quæ exstant, studio et diligentia Emundi Merillii ; Parisiis, Buon, 1616, in-4.

2842. Pauli Busii Subtilium juris, id est Dissertationum academicarum de jure theorico subtiliore, libri VII ; Franecaræ Frisiorum, Balck, 1612, in-8.

2843. Barnabæ Brissonii Opera minora varii argumenti, quæ omnia recensuit Albertus Dietericus Trekell; Lugduni Batavorum, Bonk, 1749, in-fol.

2844. Arnoldi Vinnii selectarum juris quæstionum libri II, quibus additæ sunt Simonis Vinnii orationes II et alia quædam ; Roterodami, Leers, 1672, in-12.

2845. Ægidii Menagii juris civilis amœnitates; Lutetiæ Parisior., Martinus, 1677, in-8.

2846. Petri Gudelini opera omnia juridica; Antuerpiæ, Verdussen, 1685, in-fol.

2847. Gerardi Noodt Opera omnia, quibus inter alia accessit Joannis Barbeyracii historica vitæ auctoris narratio; Lugduni Batavorum, Langerak, 1735, 2 vol. in-fol.

2848. Jacobi Gothefredi opera juridica minora, sive libelli, tractatus, orationes et opuscula rariora et præstantiora ; cum icone auctoris, indice copiosissimo et præfatione Christiani Henrici Trotz ; Lugduni Batavorum, Langerak, 1733, in-fol.

2849. Christfriedi Wæchtleri Opuscula juridico-philologica rariora, cum præfatione Christiani Henrici Trotz; Trajecti ad Rhenum, van Lanckom, 1733, in-8.

2850. Guilielmi Marani opera omnia, seu paratitla Digestorum et varii tractatus juris civilis, cum auctoris vita, Bernardo Medonio scriptore. Omnia recensuit et præfationem adjecit Christianus Henricus Trotz; Trajecti ad Rhenum, Broedelet, 1741, in-fol.

2851. Joannis Pugæ et Feijoo Tractatus academici, sive Opera omnia posthuma, nunc primum in unum collecta a Gregorio Mayans ; Lugduni, Deville, 1735, 2 vol. in-fol.

2852. Jo. Gottlieb Heineccii opera omnia nunc denuo edita, multisque accessionibus locupletata a filio Jo. Christ. Gottlieb Heineccio; Genevæ, de Tournes, 1771, 9 vol. in-4.

2853. Jo. Grottlieb Heineccii opusculorum variorum sylloge ; Halæ Magdeburgicæ, Orphanotropheus, 1735, in-4.

2854. Jo. Gottl. Heineccii Opuscula minora, varii argumenti; Amstelodami, Janssonio-Waesbergii, 1738, in-8.

2855. Caroli Lundii selectiores Dissertationes juridicæ, quibus varia juris Romani argumenta ex antiquitatibus et legibus Suethicis illustrantur et explicantur. Edidit Christianus Nettelbladt; Gryphiswaldiæ, Loefflerus, 1743, in-4.

2856. Desiderii Heraldi de rerum judicatarum auctoritate libri II. Ejusdem observationum et emendationum liber unus; Parisiis, de Varennes, 1640, 2 tom. in 1 vol. in-8.

2857. Petri Bondam variarum lectionum libri duo, in quibus quædam juris civilis, plura vero aliorum scriptorum loca vel emendantur, vel ex cod. Mss. corriguntur; Zutphaniæ, I. van Hoorn, 1759, in-8.

2858. Jo. Salom. Brunquelli Opuscula ad historiam et jurisprudentiam spectantia ; collegit atque edidit Henricus Joannes Otto Kœnig ; Halæ Magdeburgicæ, Hendel, 1774, in-8.

2859. Joannis Ortwini Westenbergii opera omnia juridica, in tres tomos distributa, curante Joanne Henrico Jungio; Hanoveræ, Luneburgi et Bremæ, Schmidius et Forsterus, 1746-1758, 3 tom. in 2 vol. in-4.

2860. Joan. Ortwini Westenbergii opusculorum academicorum trias, cum animadversionibus Jos. Lud. Ern. Püttmanni; Lipsiæ, Feindius, 1795, in-8.

2861. Francisci Caroli Conradi scripta minora, cum præfatione et singularum commentationum epicrisi, edita a Ludovico Pernice (volumen primum); Halis, Antonius, 1823, in-8.

2862. Christiani Gottlieb Haubold Opuscula academica, ad exempla a defuncto recognita partim emendavit, partim auxit orationesque selectas adjecit Car. Frid. Christian. Wenck; Lipsiæ, Barth, 1825, 2 vol. in-8.

2863. Tractatus de viribus juramenti per Antonium de Petrucia; Helmstadii, Lucius, 1587, in-8.

2864. Commentaria in titul. ff. de Legatis secundo Petri Peraltæ ; Salmanticæ, J. M. a Terranova, 1563, in-fol.

2865. Antonii Cordubæ de Lara in l. Si quis a liberis atque

ejus §§ ff. de liberis agnoscendis commentarii ; Venetiis, Zilettus, 1580, in-fol.

2866. Andreæ Tiraquelli commentarii in legem *Si unquam*, de renovandis donationibus; Lugduni, L. Prost, 1622, in-fol.

2867. Idem op. ejusd. edit.

2868. Hermanni Vulteii tractatus de Judiciis, in libr. IV divisus; Cassellis, Sebald. Kolerus, 1654, in-4.

2869. Johann. Baptist. Pontani tractatus absolutissimus de Spolio, in IV libros distinctus; Coloniæ Agrippinæ, Schlebusch, 1727, in-4.

2870. De imputatione et detractionibus in legitima, Trebellianica et aliis quartis contingentibus bonorum hereditariorum tractatus, auct. Joanne Antonio Mangilio; Venetiis, 1618, in-fol.

2871. Wilhelmi Ludwell tractatus de Ultimis Voluntatibus. Adjectus est Commentarius ad libri sexti codic. tit. de Suis et Legitim. liber. ; Altdorphii, G. Hagen, 1659, in-4.

2872. Tractatus de perfectione voluntatis Testamento requisita et de Testamento perfecto ratione voluntatis, et imperfecto ratione solemnitatis, cœpto et non completo ob impedimentum testatori superveniens, ad Javoleni responsum in lege *Si quis cum testament.*, auth. Ferdinando de Escagno ; Hispali, de Blas, 1676, in-fol.

2873. Christiani Gotthelf Hubner ad titulum Digestorum de rebus dubiis commentarius; Lipsiæ, Goethe, 1802, in-8.

2874. Disputationum juris civilis liber primus. Insunt Disputationes testamentariæ. A Christiano Gotthelf Hubner; Ienæ, Crœker, in-8.

2875. Christiani Gotthelf Hubner de natura Obligationum, quæ quasi ex contractu et quæ quasi ex delicto nascuntur conjecturæ; Lipsiæ, Goethe, s. d., in-8.

2876. Tractatus de interdicto *Uti possidetis*, sive de manutentione in possessione, Verginii de Boccatiis a Cingulo; Romæ, Ruffinellus, 1600, in-4.

2877. Tractatus theoricus et practicus de Usucapionibus Arnoldi Rath; Ingolstadii, Haenlinus, 1651, in-4.

2878. Das Recht des Besikes, von Friedrich Carl von Savigny; 1818, in-8.

2879. Analyse du traité de la possession, d'après les principes du droit romain, par de Savigny, publiée par L. A. Warnkœnig; Liége, Desser, 1827, in-8.

2880. Traité de la possession, d'après les principes du droit romain, par Fr. Ch. de Savigny, trad. par Jules Beving; Bruxelles, Hauman, 1840, in-8.

2881. Même ouvrage, même édition.

2882. Traité de la possession en droit romain, par F. C. de Savigny, trad. par Ch. Faivre d'Audelange; Paris, Delamotte, 1841, in-8.

2883. La Possession, la revendication, la publicienne et les servitudes en droit romain, avec les rapports entre la législation romaine et le droit français : cours professé à l'Université de Gand par J. P. Molitor; Gand, Hebbelynck, 1851, in-8.

2884. Les Obligations en droit romain, avec l'indication des rapports entre la législation romaine et le droit français: cours professé à l'Université de Gand par J. P. Molitor; Gand, Hebbelynck, 1851-1853, 3 vol. in-8.

2885. Chr. Guil. Schweitzeri de Desuetudine; Lipsiæ, Klaubarthius, 1801, in-8.

2886. Quæstiones de jure criminum Romano, præsertim de criminibus extraordinariis, scripsit Eduardus Platnerus; Marburgi, Elwertus, 1842, in-8.

2887. Mariæ Peregrinæ Amoretti Onelicnsis, jur. utr. doct., de jure Dotium apud Romanos liber singularis; Mediolani, 1788, in-8.

2888. Textes du droit romain sur la dot, annotés par C. A. Pellat; Paris, Alex-Gobelet, 1836, in-8.

2889. Textes sur la dot, trad. et commentés par C. A. Pellat; Paris, Videcoq, 1853, in-8.

2890. Traduction du livre XX et du tit. 7 du livre XIII des Pandectes, suivie d'un traité succinct du droit de gage et d'hypothèque, par C. A. Pellat; Paris, Thorel, 1840, in-8.

2891. Traduction du livre VII des Pandectes, accompagnée d'un commentaire, précédée d'un exposé des principes du droit de propriété et particulièrement de l'usufruit, par C. A. Pellat; Paris, Alex-Gobelet, 1837, in-8.

2892. Exposé des principes généraux du droit romain sur la propriété et ses principaux démembrements, et particulièrement sur l'usufruit, par C. A. Pellat; Paris, Plon, 1853, in-8.

2893. Textes choisis des Pandectes, trad. et commentés par C. A. Pellat; Paris, Durand, 1859, in-8.

2894. Même ouvrage, même édition.

2895. Theodori Regneri de Bassenn de jurejurando veterum, imprimis Romanorum, liber singularis; Trajecti ad Rhenum, Charlois, 1728, in-8.

2896. Des obligations solidaires en droit romain, par Ch. Demangeat; Paris, Marescq, 1858, in-8.

2897. Des *nexi*, ou de la condition des débiteurs chez les Romains, par Ch. Giraud; Paris, Didot, 1847, in-4.

2898. Mémoire sur les différents rapports sous lesquels l'âge était considéré dans la législation romaine, par M. Pardessus; Paris, impr. royale, 1837, in-4.

2899. Veterum jurisconsultorum adversus Laurentii Vallæ reprehensiones defensio (Jacobo Cappello auctore); Parisiis, Houzé, 1583, in-8.

2900. Tribonianus, sive errores Triboniani de pœna parricidii; deinde lex 7 Inst. de publicis judiciis et academica analecta, auctore Joanne Francisco Ramos; (1659) in-4.

2901. Jo. Jac. Wissenbachii emblemata Triboniani, et Joannis Wybo Tribonianus ab emblematibus Wissenbachii liberatus. Præfactionem præmisit Jo. Gottl. Heineccius; Halæ, Orphanotropheus, 1736, in-8.

Ancien Droit français.

Histoire.

2902. De l'origine et des progrès de la législation française, ou Histoire du droit public et privé de la France, par Bernardi; Paris, Béchet, 1816, in-8.

2903. Histoire de la barbarie et des lois au moyen âge, par Toulotte et Ch. Théodore Riva; Paris, Durcuil, 1829, 3 vol. in-8.

2904. Histoire du droit français, par F. Laferrière; Paris, Joubert, 1836, 2 vol. in-8.

DROIT CIVIL ET DROIT PÉNAL. 231

2905. Essai sur l'histoire du droit français depuis les temps anciens jusqu'à nos jours, y compris le droit public et privé de la révolution française, par F. Laferrière; Paris, Guillaumin, 1859, 2 vol. in-18.
2906. Etudes sur l'histoire du droit français, par C. A. Chambellan; Paris, Durand, 1848, in-8.
2907. Introduction à l'histoire des sources du droit français, par A. Bertauld; Paris, Marescq, 1860, in-12.
2908. Sources et monuments du droit français antérieurs au xve siècle, ou Bibliothèque de l'histoire du droit civil français depuis les origines jusqu'à la rédaction des Coutumes, par Louis J. Kœnigswarter; Paris, Durand, 1853, in-12.
2909. Notice de manuscrits concernant la législation du moyen âge, par Tailliar; Douai, d'Aubers, 1845, in-8.
2910. Recherches pour servir à l'histoire du droit françois (par Grosley); 1752, in-12.
2911. Même ouvrage, même édition.
2912. Essai sur l'histoire du droit français au moyen âge, par Ch. Giraud; Paris, Videcoq, 1846, 2 vol. in-8.
2913. Origines du droit français, cherchées dans les symboles et formules du droit universel, par Michelet; Paris, Hachette, 1837, in-8.
2914. Même ouvrage, même édition.
2915. Précis historique du droit français, par Jules Minier; Paris, Marescq, 1854, in 8.
2916. Travaux sur l'histoire du droit français, par Henri Klimrath et L. A. Warnkœnig; Paris, Joubert, 1843, 2 vol. in-8.
2917. Mémoire sur les monuments inédits de l'histoire du droit français au moyen âge, par Henri Klimrath; Paris, Levrault, 1835, in-8.
2918. Même ouvrage, même édition.
2919. Mémoire sur les Olim et sur le Parlement, par Henri Klimrath; Paris, Levrault, 1837, in-8.
2920. Même ouvrage, même édition.
2921. Précis de l'histoire du droit civil en France, par F. F. Poncelet; Paris, Joubert, 1838, in 8.
2922. Même ouvrage, même édition.

2923. Recherches sur l'administration de la justice criminelle chez les Français avant l'institution des Parlements, par Le Grand de Laleu; Paris, Fantin, 1822, in-8.

2924. Mémoire sur l'origine du droit coutumier en France et sur son état jusqu'au XIIIe siècle, par Pardessus; Paris, Impr. royale, 1834, in-4.

2925. Histoire du droit. Etudes sur les coutumes, par Klimrath; in-8.
(Extrait de la Revue critique de législation.)

2926. Cours de droit coutumier français dans son rapport avec notre droit actuel, leçon d'ouverture, par C. Ginoulhiac; Paris, Durand, 1859, in-8.

2927. Histoire du droit de propriété foncière en Occident, par Edouard Laboulaye; Paris, 1839, in-8.

2928. Histoire de l'autorité paternelle en France, par Marie-Paul Bernard; Paris, Durand, 1864, in-8.

2929. Histoire du régime dotal et de la communauté en France, par Ch. Ginoulhiac; Paris, Joubert, 1842, in-8.

2930. Etudes historiques sur le développement de la société humaine : l'Achat des femmes; la Vengeance et les compositions; le Serment, les ordalies et le duel judiciaire; par Louis J. Kœnigswarter; Paris, Durand, 1850, in-8.

2931. De l'influence de la philosophie du XVIIIe siècle sur les réformes de la procédure criminelle; discours prononcé par L. C. Renault; Paris, Remquet, 1862, in-8.

2932. Rapport et recherches sur les procès et jugements relatifs aux animaux, par Berriat-Saint-Prix; Paris, Selligue, 1829, in-8.

2933. Curiosités judiciaires et historiques du moyen âge. Procès contre les animaux, par Émile Agnel; Paris, Dumoulin, 1858, in-8.

2934. Recherches sur la législation criminelle et la législation de police en Dauphiné au moyen âge, suivies d'une notice sur le prés. Valbonnais, et d'une description des repas d'Humbert II, par Berriat-Saint-Prix; Paris, Renouard, 1836, in-8.

2935. Même ouvrage, même édition.

2936. Etudes sur l'histoire du droit en Auvergne, par M. Bayle-Mouillard; Riom, Leboyer, 1842, in-8.

2937. Recherches sur le droit françois et sur la noblesse utérine de Champagne; Paris, Leboucher, 1781, in-12.

Coutumes.

2938. Bibliothèque des Coutumes, par Claude Berroyer et Eusèbe de Laurière ; Paris, Gosselin, 1699, in-4.
2939. Méthode générale pour l'intelligence des Coustumes de France, par Paul Challine ; Paris, Bobin, 1666, in-8.
2940. Précis de l'ancien droit coutumier français, par Charles Giraud ; Paris, Durand, 1852, in-8.
2941. Même ouvrage, même édition.
2942. Etudes de droit coutumier dans le nord de la France, par Jules Perin ; Paris, Durand, 1859, in-4.
2943. Les coutumes considérées comme lois de la nation dans son origine et dans son état actuel, par P. G. M. (Michaux, procureur au Châtelet); Paris, Mérigot le jeune, 1783, in-8.
2944. Preuves de la nécessité d'une seule loi, par Carpentier; Paris, 1790, in-8.
2945. Institutes coutumières (par Ant. Loisel); Paris, veuve L'Angelier, 1611, in-4.
2946. Institutes coutumières de Loisel, avec des notes nouvelles par Eusèbe de Laurière ; Paris, Gosselin, 1710, 2 vol. in-12.
2947. Même ouvrage, même édit.
2948. Institutes coutumières de Loisel, avec des notes d'Eusèbe de Laurière ; Paris, Durand, 1758, 2 vol. in-12.
2949. Institutes coutumières d'Antoine Loysel, avec les notes d'Eusèbe de Laurière, nouvelle édition, par Dupin (aîné) et Edouard Laboulaye ; Paris, Videcoq, 1846, 2 vol. in-18.
2950. Même ouvrage, même édition.
2951. Dissertations sur des questions qui naissent de la contrariété des loix et des coutumes, par Louis Boullenois ; Paris, Mesnier, 1732, in-4.
2952. Traité de la personnalité et de la réalité des lois, coutumes ou statuts, par formes d'observations, auquel on a ajouté l'ouvrage latin de Rodenburgh, intitulé : *De*

jure quod oritur e statutorum diversitate, par Louis Boullenois; Paris, Guill. Desprez, 1766, 2 vol. in-4.

2953. Nouvelle institution coutumière, par Claude de Ferrière; Paris, Jombert, 1692-1702, 3 vol. in-12.

2954. Questions et réponses sur les Coustumes de France, par Guy Coquille; Paris, veuve L'Angelier, 1611, in-4.

2955. Questions et Responses sur les Coutumes de France, par Guy Coquille, sieur de Romenay; Paris, Cramoisy, 1622, in-4.

2956. Mémoires concernans la nature et la qualité des statuts; diverses questions mixtes de droit et de coutume, et la plupart des arrêts qui les ont décidées, par Louis Froland; Paris, Le Mercier, 1729, 2 vol. in-4.

2957. Questions sur l'ordonnance de Louis XIV, d'avril 1667, relatives aux usages des cours de parlement, et principalement de celui de Toulouse, par Marc-Antoine Rodier; Toulouse, Birosse, 1761, in-4.

2958. Traité sur les questions mixtes, par Dumouchet du Bac; Bruxelles, 1787, in-12.

2959. Somme Rural très-utile en toutes cours, de practiques, procès et manières de playdoiries, corrigé par Jehan des Degrès; in-4.

2960. (Somme Rural, par Jean Boutillier); Abbeville, P. Gérard, 1486, in-fol.
Le titre manque.

2961. (Somme Rural, par Jean Boutillier); Paris, 1491, in-fol.
Le titre manque.

2962. Liber perutilis in curiis praticantibus cui nomen est Summa Ruralis, novissime per Joannem de Gradibus emendatus crebrisque locis, legibus et decretis exornatus; Paris, Michel Le Noir, 1509, in-fol.

2963. Somme Rural, ou le Grand coustumier général de practique civil et canon, par Jean Bouteiller, reveu par Louys Charondas Le Caron; Paris, Macé, 1612, in-4.

2964. Le Grant Coustumier de France et instruction de practique et manière de procéder et practiquer ès souveraines cours de parlement, etc., etc.; Paris, Regnault, s. d., in-4.

2965. Les grandes Coustumes génerales et particulières du royaume de France, selon lesquelles se reiglent toutes les cours et juridictions; coustumes establyes, confer-

DROIT CIVIL ET DROIT PÉNAL.   235

mées et par édit perpétuel roborées par la court de parlement; Paris, Paul de la Garde, 1517, in-4.

2966. Le grant Coustumier de France, où est contenu la vraye instruction de practique et la manière de procéder et practiquer ès souveraines cours de parlement, prévosté et vicomté de Paris, et aultres jurisdictions du royaulme; Paris, Janot, 1536, in-4.

2967. Le grant Coustumier de France, et instruction de pratique et manière de procéder et pratiquer ès souveraines cours de parlement, prévosté et vicomté de Paris, et autres juridictions du royaume de France, nouvellement reveu, corrigé; Paris, veuve Jeh. Trepperel et fils Jehannot, 1547, in-4.

2968. Le grand Coustumier de France, contenant tout le droict français et practique judiciaire, par L. Charondas Le Caron; Paris, J. Houzé, 1598, in-4.

2969. Les Coustumes et statuts particuliers de la pluspart des bailliages, seneschaussées et prévostez royaulx de France; Paris, 1540, in-fol.

2970. Les Coustumes générales et particulières de France et des Gaules, corrigées et annotées de plusieurs décisions, arrêts, etc., etc., par Charles du Moulin, augmentées et revues par Gabriel Michel (de La Roche Maillet), Angevin, avocat en parlement; Paris, J. d'Allin, 1664, 2 vol. in-fol.

2971. Les notes de M⁰ Charles Du Moulin sur les Coutumes de France, mises par matières (par Pierre de Merville); Paris, Pissot, 1715, in-4.

2972. Coutumier général, avec notes de Toussaint Chauvelin, Julien Brodeau, Jean-Marie Ricard, Charles Du Molin, François Ragueau, Gabriel Michel de La Roche Maillet, etc., par Charles de Bourdot de Richebourg; Paris, Claude Robustel, 1724, 8 tomes en 4 vol. in-fol.

973. La conférence des Coutumes tant générales que locales et particulières du royaume de France, par Pierre Guenois; Paris, Fouet, 1620, in-fol.

974. Abrégé du commentaire général de toutes les Coutumes et autres loix municipales en usage dans les différentes provinces du royaume, par Jacquet; Paris, Samson, 1764, 2 vol. in-4.

2975. Consuetudines Bituricenses a Nicolas Boerio decisæ; Aurelianenses a Pyrrho Englebermeo enucleatæ; Turonenses, a Joanne Sainson; Parisiis, Galeotus Pratensis, 1543, in-4.

2976. Contenta: Biturigum consuetudines a Nicolao Boerio plane decisæ; Aurelianorum item Consuetudines a Pyrrho Englebermeo enucleatæ; Turonum item Consuetudines a Joanne Sainson docte declaratæ; Parisiis, Boucher, 1547, in-4.

2977. Coûtumes de la ville et banlieue d'Aire, des 22 septembre 1507 et 30 juillet 1509; Arras, Duchamp, 1724, in-8.

2978. Recueil de plusieurs pièces concernant les priviléges, statuts, droits, usages et règlements de la ville d'Aix, etc.; Aix, David, 1741, in-4.

2979. Conférences sur les ordonnances, les principes du droit romain et la jurisprudence des arrêts du conseil souverain d'Alsace, par Ballet; Colmar, Decker, 1788, in-8.

2980. Coustumes, tant générales que locales et particulières, du bailliage d'Amiens, rédigées par escript par Christophe de Thou, Barthelemy Faye et Jacques Viole; Paris, Dallier, 1571, in-4.

2981. Coustumes, tant générales que locales et particulières, du bailliage d'Amiens, rédigées par Christophe De Thou, Barthelemy Faye et Jacques Viole; Amiens, Hubault, 1613, in-16.

2982. Coustumes, tant générales que locales et particulières, du bailliage d'Amiens, avec les notes de Charles du Molin et autres remarques de Jean Marie Ricard; Paris, Billaine, 1661, in-12.

2983. Observations et jugements sur les coutumes d'Amiens, d'Artois, de Boulogne et de Ponthieu, sur plusieurs matières de droit civil et coutumier, par de Calonne; Paris, 1784, in-4.

2984. Coutumes locales du bailliage d'Amiens rédigées en 1507, publiées par A. Bouthors; Amiens, Duval, 1845-1853, 2 vol. in-4.

2985. Rapport sur un ouvrage de M. Bouthors, intitulé: Coutumes locales du bailliage d'Amiens, par M. Dupin (ainé); Orléans, Coignet (1854), in-8. (Extrait du compte rendu de l'Académ. des Scienc. Mor.)

2986. Même ouvrage, même édition.

2987. Les coustumes du duché d'Angoulmois; Angoulesme, Olivier de Minières, 1586, in-8.

2988. Coutumes du pays et duché d'Angoumois, Aunis et La Rochelle, avec les commentaires de J. Vigier, édition augmentée par Jac. et Fr. Vigier, et Ph. Pigonnet. (La comparaison des coutumes d'Aunis et de La Rochelle avec celle d'Angoumois, par Jean Vigier, et l'explication sommaire sur la coutume d'Angoumois, par P. Gandillaud); Paris, Débats, 1738, in-fol.

2989. Coutume d'Angoumois, commentée et conférée avec le droit commun du royaume de France, par Étienne Souchet; Paris, 1780-1783, 2 vol. in-4.

2990. Anciens usages inédits d'Anjou, publiés par A. Marnier; Paris, Durand, 1853, in-8.

2991. Même ouvrage, même édition.

2992. Anciens usages inédits d'Anjou, publiés par A. Marnier; Appréciation de ce document par Laferrière; Paris, Cotillon, 1854, in-8.

2993. Coustumes, usages, et communes observances du pays d'Anjou contenant seize parties; sans titre, in-8.

2994. Coutumes du pays et duché d'Anjou, avec des notes par Pierre Touraille; La Flèche, Griveau, 1651, in-12.

2995. Même ouvrage, même édition.

2996. Coustumes du pays et duché d'Anjou, conférées avec les coutumes voisines, avec le commentaire de Gabriel Dupineau, les notes de Charles du Moulin, etc., etc.; édition revue, corrigée, augmentée par Claude Poquet de Livonnière; Paris, Coignard, 1725, 2 vol. in-fol.

2997. Coutume du pays et duché d'Anjou, conférée avec les coutumes voisines (par Durson); Angers, Barrière, 1751, in-12.

2998. Même ouvrage, même édition.

2999. Francisci Mingon commentaria in consuetudinem ducatus Andegavensis; Parisiis, Joannes Parvus, 1530, in-fol.

3000. Deux livres de la jurisprudence françoise, avec belles remarques et décisions notables tirées des lois françoises et romaines, etc., etc., le tout rapporté sur chacun article de la coustume d'Anjou, par Pierre Delommeau; Saumur, Portau, 1605, in-4.

3001. Principes des coutumes d'Anjou et du Maine, avec le

texte de ces deux coutumes, par Trottier; Angers, Mame, 1783, 2 vol. in-12.

3002. Renati Choppini de legibus Andium municipalibus libri III, cum prævio tractatu de summis Gallicarum consuetudinum regulis; Parisiis, Sonnius, 1611, in-fol.

3003. Code des Coutumes homologuées de la province d'Artois, savoir celles de Ham, du pays de Langle, de Béthune, de Hesdin, etc., etc.; Arras, veuve Duchamp, s. d.; in-12.

3004. Même ouvrage, même édition.

3005. Coustumes générales du comté d'Artois décrétées, avec celles de l'eschevinage d'Arras, bailliages de S. Omer, Bethune, etc., etc.; Arras, Bauduyn, 1598, in-16.

3006. Coustumes générales du pays et conté d'Artois décrétées, avec celles de l'eschevinage d'Arras, bailliages de S. Omer, Bethune, Aire, Lens, Bappalme, Hesdin, etc., etc.; Arras, Maudhuy, 1600, in-16.

3007. Coustumes générales du comté d'Artois, avec celles d'Arras, S. Omer, Béthune, Aire, Lens, etc., etc.; Arras, Du Til, 1679, in-12.

3008. Même ouvrage, même édition.

3009. Coutumes locales, tant anciennes que nouvelles, de la loy, banlieue et échevinage de la cité d'Arras, de la ville et du bailliage de Bapaume, du pays de l'Allœu, et de la ville, banlieue et échevinage de Lens; Paris, P. G. Simon, 1746, in-4.

3010. Même ouvrage, même édit.

3011. Coutumes générales d'Artois, avec des notes, par Adrien Maillart; Paris, Leclerc, 1756, in-fol.

3012. Coutumes générales d'Artois, rédigées dans un ordre didactique et méthodique, pour en faciliter l'intelligence, l'étude et l'usage, par Roussel de Bouret; Paris, Chenault, 1771, 2 vol. in-12.

3013. Observations notables sur les règles et principes du droit coutumier, touchant les matières les plus importantes des droits des seigneurs, des retraits féodal et lignager, des successions en général et particulièrement des successions des propres, comme aussi des droits réels et du louage (par Toussaint Brunel); S. Omer, Fertel, 1724, in-4.

3014. Les Coustumes du hault et bas pays d'Auvergne; Paris, Jean Petit, 1511, in-8.

3015. Les Coutumes du haut et bas païs d'Auvergne, conférées avec le droit civil et avec les Coutumes de Paris, de Bourbonnois, etc., etc., avec les notes de M° Charles du Moulin, des observations sur les coutumes générales et locales de la même province d'Auvergne, etc., etc., par Claude Ignace Prohet; Paris, Coignard, 1695, in-4.

3016. Coutumes d'Auvergne, paraphrasées par Aymon et Bessian, trad. du latin par George Durand; Clermont, Durand, 1640, in-4.

3017. Coutumes générales et locales d'Auvergne, avec les notes de Ch. Dumoulin, Toussaint Chevalier, Julien Brodeau, Jean Marie Ricard, des observations sur ces coutumes et sur le droit écrit qui régit une partie de la province, des notes historiques sur les coutumes locales et deux dissertations, par Chabrol; Riom, Dégoutte, 1784-1786, 4 vol. in-4.

3018. De diversis temporibus et terminis legis municipalis Arvernorum, cum jure civili, canonico, etc., etc., collatis, auth. Antonio Rigaltio; Parisiis, Huby, 1613, in-8.

3019. Coutume du comté et bailliage d'Auxerre, avec les notes, etc., etc., le tout recueilli par Edme Billon; Paris, Guignard, 1693, in-4.

3020. Commentaire sur la coutume du bailliage et comté d'Auxerre, par M° Jean-Baptiste Née de La Rochelle, avocat au parlement; Paris, Bauche, 1749, in-4.

3021. Même ouvrage, même édition.

3022. Statuta inclytæ civitatis Avenionensis, nuper facta et reformata; item conventio pridem inter dominos quosdam comites et cives ipsius inita; omnia a cardinali ab Arminiaco confirmata; Avenioni, Ruffus, 1570, in-4.

3023. Coustumes du balliage de Bar; S. Mihiel, Du Bois, 1114 (1614), in-4.

3024. Coutumes du bailliage de Bar, avec un commentaire tiré du droit romain, des coutumes de Paris, de Sens, et autres (par Jean Le Paige); Paris, Saugrain, 1698, in-12.

3025. Nouveau commentaire sur la coutume de Bar-le-Duc, conférée avec celle de S. Mihiel, dont le texte est joint, par Jean Le Paige; Bar-le-Duc, Lochet, in-8.

3026. La Coutume de Barége, conférée avec les usages du Lavedan, de la ville de Lourde, de la baronnie des Angles, marquisat de Benac, et autres endroits de la province de Bigorre, par M. G. Noguès; Toulouse, Desclassan, in-12.

3027. Los fors et costumas de Bearn; Pau, Desbaratz, 1715, in-4.

3028. Fors de Béarn, législation inédite du XIe au XIIIe siècle, avec traduction en regard, notes et introduction par MM. A. Mazure et J. Hatoulet; Pau, Vignancourt (1844), in-4.

3029. Les Coutumes du Beauvoisis, par Philippe de Beaumanoir, jurisconsulte français du XIIIe siècle ; nouvelle édition, publiée, d'après les manuscrits de la Bibliothèque royale, par le comte Beugnot; Paris, Renouard, 1842, 2 vol. in-8.

3030. Coustumes de divers bailliages observées en Beauvaisis, ascavoir de Senlis, Amiens, Clermont et Mondidier, conférées l'une à l'autre et à celle de Paris, par Pierre Louvet, advocat en parlement; Beauvais, 1618, in-4.

3031. Même ouvrage, même édition.

3032. Coustumes générales des pays et duché de Berry, tant de la ville et septaine de Bourges que des autres villes et lieux dudict pays et duché; Paris, L'Angelier, 1552, in-8.

3033. Coustumes générales des pays et duché de Berry, avec les annotations de Gabriel Labbé, sieur de Montveron ; Bourges, Bouchier, 1579, in-8.

3034. Les Coustumes générales des pays et duché de Berry, avec les annotations de Gabriel Labbé, sieur de Montveron; Paris, Buon, 1607, in-4.

3035. Même ouvrage, même édition.

3036. Les Coustumes générales des pays et duché de Berry, avec le commentaire et conférence des autres coutumes de France, par François Ragueau ; Paris, Chevalier, 1615, in-fol.

3037. Les anciennes et nouvelles Coutumes locales de Berry et celles de Lorris, commentées par Gaspard Thaumas de La Thaumassière; Bourges, Toubeau, 1679, in-fol.

3038. Décisions sur les Coutumes de Berry, par Gaspard Thaumas de La Thaumassière; Bourges, Toubeau, 1667, in-4.

3039. Décisions sur les Coutumes de Berry, livres V et VI, par Gaspard Thaumas de La Thaumassière; Bourges, Levez, 1675, in-4.

3040. Questions et responses sur les Coutumes de Berry, par Gaspard Thaumas de La Thaumassière; Bourges, Toubeau, 1691, in-4.

3041. Maxime du droit coutumier, pour servir à l'explication et réformation de la nouvelle Coutume de Berry, par Gaspard Thaumas de La Thaumassière; Bourges, Toubeau, 1691, in-4.

3042. Nouveaux commentaires sur les Coutumes générales du Berry, avec un traité du franc-aleu, par Gaspard Thaumas de la Thaumassière; Bourges, Cristo, 1701, in-fol.

3043. Le Franc-Aleu de la province de Berry, ou traité de la liberté des personnes et des héritages de Berry, par Gaspard Thaumas de la Thaumassière; Bourges, Toubeau, 1667, in-4.

3044. Joan. Migeonis liber singularis defensarum Quæstionum in leges Biturigum municipales; Avarici Biturigum, Toubeau, 1664, in-4.

3045. J. Migeonis liber singularis defensarum Quæstionum in leges Biturigum municipales; Avarici Biturigum, Toubeau, 1691, in-4.

3046. Coustumes générales du pays et comté de Bloys, ensemble les Coustumes locales des baronnies et chastellenies subjectes du ressort dudict bailliage, avec les notes de Charles Dumoulin, Denis Du Pont; reveu, corrigé et augmenté par H. F.. advocat en la Cour; Orléans, Nyon, 1622, in-12.

3047. Même ouvr., même édit.

3048. Coustumes générales du pays et comté de Blois, ensemble les Coustumes locales des baronnies et chastellenies subjectes du ressort dudict bailliage, avec les notes de Ch. Dumoulin; Blois, Collas, 1629, in-12.

3049. Coutumes générales du pays et comté de Blois, ensemble les Coutumes locales des baronnies et chatellenies sujettes du ressort de son bailliage, avec des notes étendues sur les articles qui diffèrent de la coutume de Paris et du droit commun, par Fourré; Blois, Masson, 1777, 2 vol. in-4.

3050. Dion. Pontani in Consuetudines Blesenses commentarii; Parisiis, Billaine, 1677, 2 tom. in 1 vol. in-fol.

3051. Les Coustumes générales de la ville de Bourdeaux, seneschaucée de Guyenne et païs de Bourdelois, avec celles de Saintonge, Saint-Jean d'Angely, d'Acs, Saint-Sever, Bayonne, La Bourt et Sole; Bordeaux, Millanges, 1576, in-4.

3052. Commentaire sur les Coutumes générales de la ville de Bordeaux et pays Bourdelois, par Bernard Automne, avec les arrêts notables d'Antoine Boé, et des observations, etc., etc., par Pierre Dupin; Bordeaux, Labottière, 1728, in-fol.

3053. Anciens et nouveaux statuts de la ville et cité de Bordeaux; Bordeaux, Boé, 1701, in-4.

3054. Réformations, statuts et Coustumes du duché de Bouillon; Liége, Barnabé, 1719, in-4.

3055. Coutumes générales de la sénéchaussée et comté du Boulonnois, avec les coutumes locales d'Etaples, Wissant, Herly, Quesque, Nédonchel; Boulogne, Battut, 1761, in-16.

3056. Même ouvrage, même édit.

3057. Coutumes du Boulonnois, conférées avec les coutumes de Paris, d'Artois, de Ponthieu, d'Amiens et de Montreuil, le droit commun de la France et la jurisprudence des arrêts, par Bertrand-Louis Le Camus d'Houlouve; Paris, Didot, 1777, 2 vol. in-4.

3058. Les Coustumes du pays et duché de Bourbonnoys; Paris, Galliot du Pré, s. d., in-4.

3059. Joannis Paponis in Burbonias Consuetudines commentaria; Lugduni, Tornæsius, 1550, in-fol.

3060. Les Coutumes du pays et duché de Bourbonnois, commentées par Jacques Potier; Paris, Loyson, 1654, in-4.

3061. Coutumes générales et locales du pays et duché de Bourbonnois, avec le commentaire dans lequel ces coutumes sont expliquées par Matthieu Auroux des Pommiers, docteur en théologie; Paris, Lebreton, 1732, 2 parties en 1 vol. in-fol.

3062. Même ouvrage, même édit.

3063. Coutumes générales et locales de Bourbonnois, commentées par Claude-Marie Rouyer; Moulins, Faure, 1779, in-4.

3064. Coutume générale et locale de Bourbonnais, avec notes par Ducher; Paris, au Palais, 1781, in-12.

DROIT CIVIL ET DROIT PÉNAL. 243

3065. Œuvres de jurisprudence de Bouhier, président au parlement de Dijon, recueillies et mises en ordre avec notes et additions par Joly de Bevy. — Supplément aux œuvres de jurisprudence du président Bouhier, ou remarques sur la coutume de Bourgogne, par Bernard Martin; recueillies par Joly de Bevy; Dijon, Frantin, 1787-1789, 3 vol. in-fol.

3066. Traités sur diverses matières du droit français à l'usage du duché de Bourgogne, par Gabriel Davot, avec des notes de Jean Bannelier et de nouvelles additions de François Petitot; Dijon, Causse, 1788-1789, 4 vol. in-4.

3067. Ancien Coutumier de Bourgogne, publié par A. J. Marnier; Paris, A. Durand, 1858, in-8.

3068. Le Grant Coustumier de Bourgogne; Bartholomæi a Chassaneo tertia recognitio commentariorum in Consuetudines ducatus Burgundiæ præcipue, imo et totius fere Galliæ; Parisiis, Regnault, 1534, in-4.

3069. In consuetudines ducatus Burgundiæ fereque totius Galliæ commentarii amplissimi, Bartholomeo Chassenæo authore; Parisiis, vidua Mauricii a Porta, 1552, in-fol.

3070. Barthol. a Chassenæo Commentarii in Consuetudines ducatus Burgundiæ fereque totius Galliæ; Lugduni, Vincentius, 1574, in-fol.

3071. Les Coutumes générales de la Franche-Comté de Bourgogne, avec les articles ajoutés aux anciens; Dole, 1619; Recueil des édits et ordonnances de la Franche-Comté, par Jean Petremand, Dole, 1619; Suite des édits et ordonnances de la Franche-Comté, publiés au parlement de Dole depuis l'impression du recueil fait en 1619 jusqu'en 1664, par Jobelot; Lyon, 1664, in-fol.

3072. Coustumes générales du pays et duché de Bourgogne; Dijon, Guyot, 1624, in-4.

3073. La Coutume générale de Bourgogne, commentée, abrégée et conférée avec toutes les autres coutumes de France, par J. Bouvot, avec un autre commentaire de Hugues Descousu et un troisième; Genève, Chouet, 1632, in-4.

3074. Coustumes générales du pays et duché de Bourgongne, avec arrêts, et un traité des limites du duché et comté de Bourgongne; Dijon, Grangier, 1642, in-4.

3075. Coutumes générales du pays et duché de Bourgogne, avec les annotations de Begat et de de Pringles, augmentées de plusieurs arrêts et des notes de Charles Du Moulin; Chalon, veuve Cusset, 1665, in-4.

3076. Instituts au droit coutumier du duché de Bourgogne, avec le texte de la coutume, les cayers contenant l'interprétation des articles les plus obscurs et les notes omises (par Bernard Durand); Dijon, Bessayre, 1697, in-12.

3077. Instituts au droit coutumier du duché de Bourgogne, (par Bernard Durand); Dijon, Sirot, 1735, in-12.

3078. La Coutume du duché de Bourgogne, enrichie des remarques de Philippe de Villers, Jean de Pringles et Jean-Guillaume; Procès-verbal des conférences, traités et arrêts recueillis par Jean Bégat; Essai de nouvelles observations sur le droit coutumier de cette province, et histoire de tous les commentateurs de la même coutume; Dijon, de Fay, 1717, in-4.

3079. Les Coutumes du duché de Bourgogne, avec les anciennes coutumes tant générales que locales de la même province, et les observations de M. Bouhier, président à mortier honoraire au parlement de Bourgogne; Dijon, 1742, 2 vol. in-fol.

3080. Sommaire explication des articles de la Coustume du pays et duché de Bourgogne, par Claude de Rubys, avec les anciennes coustumes du pays et duché de Bourgogne; Lyon, Rigaud, 1588, in-8.

3081. In Consuetudines generales comitatus Burgundiæ observationes, auct. Henrico Bogueto; Lugduni, Pillehotte, 1604, in-4.

3082. Observations sur les titres des droits de justice, des fiefs, des cens, des gens mariés et des successions de la Coutume du comté de Bourgogne, avec des traités à l'usage de la même province sur les institutions contractuelles, la puissance paternelle, les sociétés tacites, les baux à cheptel et une dissertation sur les incendies, par F. L. Dunod de Charnage; Besançon, Daclin, 1756, in-4.

3083. Traités sur diverses matières du droit français, à l'usage du duché de Bourgogne, par Gabriel Davot; Dijon, Sirot, 3 vol. in-12.

3084. Explication des statuts, coutumes et usages observés dans la province de Bresse, Bugey, Valromay et Gex, par Philibert Collet; Lyon, Carteron, 1698, in-fol.

3085. L'usage des pays de Bresse, Bugey, Valromey et Gex, leurs statuts, stil et édits, par Charles Revel; Bourg en

Bresse, Ravoux, 1729, in-4. — Mémoires touchant les impositions du clergé de Bresse et Bugey; Bourg en Bresse; Ravoux, 1728, in-4.

3086. Observations sur les usages des provinces de Bresse, Bugey, Valromey et Gex, et sur plusieurs matières féodales et autres, tant pour les pays de droit écrit que pour les pays coutumiers, par Perret; Dijon, Frantin, 1771-1772, 2 vol. in-4.

3087. Exposition abrégée des loix, avec des observations sur les usages des provinces de Bresse et autres régies par le droit écrit (par Damours); Paris, 1751, in-8.

3088. Même ouvrage, même édition.

3089. Traité des subhastations et discussions, suivant le statut de Bresse, par Jean Charbonnier; Dijon, de Fay, 1710, in-4.

3090. Les Coustumes générales des pays et duché de Bretagne; Rennes, Gaisne, in-32.

3091. Les loables Coustumes du pays et duché de Bretaigne, visitées, corrigées et revueues nouvellement par plusieurs discrets et vénérables juristes; Caen, Angier, 1521, in-16.

3092. Coustumes générales du pays et duché de Bretagne, réformées en l'an 1580. Aitiologia, sive ratiocinatio de reformandi causis, auctore B. d'Argentré; Paris, Buon, 1628, in-fol.

3093. Coustumes générales du pays et duché de Bretagne, réformées en l'an 1580; Aitiologia, sive ratiocinatio de reformandis causis, auct. B. d'Argentré; Paris, veuve Buon, 1646, in-fol.

3094. Coutumes générales de Bretagne, avec la paraphrase et amplication littérale et analogique des articles, par Pierre Belordeau; Rennes, Garnier, 1655, in-4.

3095. Coutumes générales du pays et duché de Bretagne, réformées en 1580, expliquées par un recueil d'arrêts, avec les usements de Rennes, Vennes, Nantes, Goëllo, Rohan, Cornouailles, Léon, Brouerech, Quevaise, etc.; tirés des mémoires de plusieurs célèbres avocats; Rennes, Garnier, 1659, in-4.

3096. Coutume générale réformée des pays et duché de Bretagne, avec les usances particulières, revues, corrigées et augmentées par P. Hevin; Rennes, Audran, 1715, in-18.

3097. Coutume de Bretagne et usances particulières de quelques villes et territoires de la même province, avec des observations (par M., Motais, avocat, et autres); Nantes, Verger, 1725, in-4.

<small>(Exemplaire enrichi de notes pour faire une réimpression qui n'a pas eu lieu.)</small>

3098. Coutume de Bretagne et usances de quelques villes et territoires, corrigée par P. Hevin, etc., avec arrêts, etc.; Rennes, Vatar, 1730, in-18.

3099. Coutume de Bretagne, corrigée par feu M. Hevin, avec arrests et conférences de la très-ancienne et de l'ancienne avec la nouvelle coutume; Rennes, Vatar, 1735, in-12.

3100. Coutumes générales de Bretagne et usements locaux de la mesme province, avec les notes de Pierre Hevin, les arrêts recueillis par le même, l'Aitiologie de Bertrand d'Argentré, la traduction de son commentaire sur l'ancienne coutume, par H. E. Poullain de Belair, et les notes de Charles Du Moulin, revu et augmenté, par A. M. Poulain Duparc; Rennes, Vatar, 1745-1748, 3 vol. in-4.

3101. Coutumes de Bretagne avec les commentaires, par Michel Sauvageau; Rennes, Remelein, 1771, in-12.

3102. Observations pour la réformation de la Coutume de Bretagne, avec un traité de l'Indult, par Michel Sauvageau; Nantes, Mareschal, 1710, 2 vol. in-4,

<small>(Le second volume a pour titre : La très-ancienne coustume de Bretaigne.)</small>

3103. B. d'Argentré commentarii in Consuetudines ducatus Britanniæ, aliique tractatus varii; Parisiis, Buon, 1628, in-fol.

3104. B. d'Argentré commentarii in patrias Britonum leges, seu Consuetudines generales ducatus Britanniæ, in lucem editi cura Caroli d'Argentré; Paris, veuve Buon, 1646, in-fol.

3105. Commentaires sur la Coutume de Bretagne, ou institution au droit français par rapport à la même coutume, par René de la Bigotière, sieur de Perchambault; Rennes, Garnier, 1702, in-4.

3106. Observations sur les ouvrages de feu M. de la Bigotière de Perchambault, par Poullain Duparc; Rennes, Vatar, 1766, in-8.

DROIT CIVIL ET DROIT PÉNAL.

3107. Observations sommaires sur la Coutume de Bretagne pour faire connaître le sens qu'elle avait dans son origine, et celui que l'usage lui a donné, par Pierre Abel; Laval, Ambroise, 1689, in-4.

3108. Sommaire instruction touchant les matières bénéficiales, selon l'usage et pratique de la province de Bretagne, par V. P. P.; Rennes, Vatar, 1664, in-4.

3109. La Coutume et la jurisprudence coutumière de Bretagne dans leur ordre naturel, par Poullain Du Parc; Rennes, veuve Vatar, 1778, in-12.

3110. Même ouvrage, même édition.

3111. Consultations et observations sur la Coutume de Bretagne, par Pierre Hevin; Rennes, Vatar, 1734, in-4.

3112. Principes du droit français suivant les maximes de Bretagne, par Poullain du Parc; Rennes, Vatar, 1767-1771, 12 vol. in-12.

3113. Institutions convenantières, ou traité raisonné des domaines congéables en général, et spécialement à l'usement de Treguier et Goëlo, par Baudouin de Maison-Blanche; Saint-Brieuc, Mahé, 1776, 2 vol. in-12.

3114. Mémoire sur les domaines congéables et usements de la Basse-Bretagne, par Besné; Saint-Brieuc, Beauchemin, 1790, in-8.

3115. Traité du domaine congéable, par A. Aulanier; Saint-Brieuc, Guyon, 1847, in-8.

3116. Questions et observations concernant les matières féodales par rapport à la Coutume de Bretagne, par Pierre Hevin; Rennes, Vatar, 1736, in-4.

3117. Précis méthodique des actes de notoriété du Parlement et du Barreau de Bretagne, avec des observations et corrections sur les principes du droit françois, par Poullain du Parc; Rennes, Vatar, 1779, in-12.

3118. Statuts dressés pour le lien du Camaret, sous le consulat de MM. Joseph Fabre et Jean-Baptiste Dianoux; Carpentras, Quenin, 1782, in-4.

3119. Coutumes générales de la ville et duché de Cambray, avec une explication succinte de ce qu'elles contiennent, fondée sur la théorie des lois, la pratique des coutumes, la réglementation des ordonnances et la décision des arrêts, par M. Pinault, sieur des Jaunaux; Douay, Mairesse, 1691, in-4.

3120. Coustumes générales de la cité et duché de Cambray, et du pays et comté de Cambresis, émologuées et décrétées par Louys de Berlaymont, archevêque et duc de Cambray; Cambray, Berthoud, 1776, in-12.

3121. Coustumes de Chaalons et ressort du siége dudit lieu, en ce qui est du bailliage de Vermandois, rédigées par Christofle de Thou, etc., etc.; Rheims, de Foigny, 1596, in-4.

3122. Les Coustumes de Chaalons, avec commentaires et recherches curieuses sur icelles, par Louis Godet, sieur de Thilloy; Chaalons, Nobily, 1615, in-12.

3123. Même ouvrage, même édition.

3124. Coustumes de Chaalons, avec les commentaires de Louis Billecart; Paris, de Sercy, 1676, in-4.

3125. Les Coutumes de Charroux, publiées pour la première fois, traduites et annotées par A. D. La Fontenelle de Vaudoré; Poitiers, 1847, in-8.

3126. Coutumes du duché de Chartres et pays chartrain, avec les notes de C. Du Molin, et le règlement de la taxe des dépens; Chartres, Estienne Massot, in-16, sans date.

3127. Les Coustumes du duché et bailliage de Chartres, comté de Dreux et Perche-Gouet, avec les annotations et apostilles de Ch. Du Moulin; Chartres, Cottereau, 1600, in-8.

3128. Les Coustumes du duché et bailliage de Chartres, pays Chartrain, Perche-Gouet, etc., etc., avec les commentaires, apostilles et annotations de Charles Du Moulin, Gilles Tuloue, Nicolas Frérot; Paris, Huby, 1604, in-4.

3129. Les Coustumes du duché et bailliage de Chartres, pays Chartrain, Perche-Gouet, baronnies et chastellenies d'Alluye, etc., etc., avec les notes de J. Couart; Paris, Moreau, 1630, in-8.

3130. Coutumes du duché, bailliage et siége présidial de Chartres, pays Chartrain, Perche-Goüet, etc., etc., par J. Couart; Chartres, Massot, 1687, in-8.

3131. Nouveau commentaire sur la Coutume de Chartres, par Pierre de Merville; Paris, Charpentier, etc., 1714, in-4.

3132. Même ouvrage, même édition.

3133. Traictez de paix entre les comtes de Chartres et les évêques de Chartres, doyen et chapitre, abbé et religieux de Saint-Père, avec les arrêts donnés en interprétation d'iceux (par J. Couart); Paris, 1630, in-8.

3134. Les trois Coustumes voisines de Chasteau Neuf, Chartres et Dreux, avec les notes de Charles Du Moulin et les annotations de Du Lorens; Chartres, Georges, 1645, in-4.

3135. Même ouvrage, même édition.

3136. Les Coustumes du bailliage de Chaulmont en Bassigny; Paris, Jean Petit, 1511, in-8.

3137. Coutume de Chaumont en Bassigny, nouvellement commentée par Jules Delaistre; Paris, Beugnié, 1723, in-4.

3138. Les loix municipales et Coutumes générales du bailliage de Chaumont en Bassigny et ancien ressort d'iceluy, par Jean Gousset, sieur de Bussières; Chaumont, Briden, 1722, in-8.

3139. Même ouvrage, même édition.

3140. Coutume du gouvernement, bailliage et prévoté de Chauni, avec des notes et observations par Asselin; Noyon, Devin, 1780, in-12.

3141. Même ouvrage, même édition.

3142. L'usement du domaine congéable de l'evesché et comté de Cornoaille, commenté par maistre Julien Furic, sieur du Run, advocat au parlement de Bretagne; Rennes, Vatar, 1664, in-4.

3143. Même ouvrage, même édition.

3144. Beaux à ferme. Recueil des usages du canton de Crécy, par R. Bruneau; Meaux, Blondel, 1859, in-18.

3145. Commentaria (Guidonis Papæ) in statutum Delphinale, *Si quis per litteras*, cum notis Joannis a Cruce; Lugduni, J. de Gabiano, 1619, in-fol.

3146. Coustumes de la ville et eschevinage de Douay, confirmées et décretées par le roy, notre sire, comte de Flandres, etc., en l'an de grâce 1627; Douai, Taverne, 1720, in-12.

3147. Règlement pour la ville et eschevinage de Douay, concernant les mesurages de la maçonnerie, charpente, etc.; Douay, Witterval, 1734, in-12.

3148. Recueil des ordonnances politiques de la ville de Douay; Douay, veuve Taverne, 1721, in-12.

3149. Recueil des ordonnances du roy et de MM. du magistrat de la ville de Douay, touchant le règlement de toutes les fermes de la ville; Douay, veuve Taverne, 1724, in-12.

3150. Coutumes des baillage et prévosté du duché d'Etampes, commentées par Marc Antoine Lamy; Paris, Charpentier, 1720, in-8.

3151. Mémoires concernans le Comté-Pairie d'Eu, et ses usages prétendus locaux, avec les arrêts du parlement de Paris qui les ont condamnés, par Louis Froland; Paris, Le Mercier, 1729, in-4.

3152. Priviléges et libertés octroyées par S. E. à ses sujets et habitans du lieu de Gigondas, le 13 octobre 1611; Orange, 1785, in-4.

3153. Anciens statuts de la communauté du lieu de Gigondas, dressés le 14 novembre 1591; Orange, Nicolau, 1785, in-4.

3154. Nouveaux statuts de la communauté du lieu de Gigondas, dressés le 2 octobre 1780; Orange, Nicolau, 1785, in-4.

3155. Coutumes du ressort du parlement de Guienne, avec un commentaire pour l'intelligence du texte, et les arrests rendus en interprétation, par deux avocats au même parlement (MM. de Lamothe); Bordeaux, Labottière, 1768-1769, 2 vol. in-8.

3156. Même ouvrage, même édit.

3157. Le livre des usaiges et anciennes Coustumes de la conté de Guysnes, avec une introduction et des notes par Tailliar, et un aperçu historique sur le comté de Guines, par Courtois; Saint-Omer, Chanvin, fils, 1856, in-8.

3158. Même ouvrage, même édition.

3159. Les Chartes nouvelles du pays et comté de Haynnau, augmentées par Fortius de la table des chapitres, d'un sommaire, etc., etc.; Mons, veuve de La Roche, 1666, in-4.

3160. Les Chartes nouvelles du pays et comté de Haynau; Mons, 1700, in-12.

3161. Recueil de plusieurs placarts fort utiles au pays de Haynau, et qui conduisent à l'éclaircissement de plusieurs chartes du dit pays, avec le décret de l'an 1601, l'édit perpétuel, le règlement de la navigation, etc., etc.; Mons, de La Roche, 1701, in-4.

DROIT CIVIL ET DROIT PÉNAL.

3162. La jurisprudence du Haynaut français, contenant les coutumes de la province et les ordonnances de nos rois, dans leur ordre naturel, etc., par Antoine-François-Joseph Dumées; Douay, Willerval, 1750, in-4.
3163. Le franc-alleu de la province de Languedoc establi et défendu (par Caseneuve); Tolose, Boude, 1645, in fol.
3164. Le Coustumier général du païs, ville et gouvernement de La Rochelle; La Rochelle, Charruye, 1639, in-16.
3165. Commentaires sur la Coutume de La Rochelle et pays d'Aunis, composés par Etienne Huet; La Rochelle, de Nancel, 1688, in-4.
3166. Nouveau commentaire sur la Coutume de La Rochelle et du pays d'Aunis, par René Josué Valin; La Rochelle, Desbordes, 1756, 3 vol. in-4.
3167. Même ouvrage, même édition.
3168. Roisin; franchises, lois et Coutumes de la ville de Lille; ancien manuscrit à l'usage du siége échevinal de cette ville, publié avec notes et glossaire, par Brun-Lavainne; Lille, Vanackère, 1842, in-4.
3169. Les Coustumes et usages de la ville, taille, banlieu et eschevinage de Lille, avec les commentaires de recœuils de Jean Le Bouck; Douay, Bellere, 1626, in-4.
3170. Coustumes et usages de la ville, taille, banlieue et eschevinage de Lille; Lille, de Rache, 1665, in-4.
3171. Coustumes et usages généraux de la salle, bailliage et chastellenie de Lille augmentée des coustumes locales de Haubourdin et Ammerin; Lille, de Rache, 1673, in-4.
3172. Coustumes et usages de la ville, taille, banlieue et eschevinage de Lille; Lille, Henry, 1723, in-4.
3173. Coutumes et usages généraux de la salle, bailliage et chastellenie de Lille, augmentées des coutumes locales de Haubourdin et Ammerin; Lille, Henry, 1723, in-4.
2174. Observations et notes des anciens jurisconsultes sur le titre 1er de la coutume de la chastellenie de Lille; Lille, Henry, 1774, in-4.
3175. Commentaire sur les Coutumes de la ville de Lille et de sa châtellenie, et conférences de ces coutumes avec celles voisines et le droit commun, par Patou; Lille, Dumortier, 1788-1790, 3 vol. in-fol.
    Le 3e vol. manque.

3176. Règlement des salaires des procureurs royaux et héréditaires de la gouvernance, bailliage, ville et autres sièges de Lille ; in-4.

3177. Essai historique sur la rédaction officielle des principales Coutumes, et sur les assemblées d'états de la Lorraine ducale et du Barrois, accompagnée de documens inédits et d'une bibliographie de ces coutumes, par Beaupré ; Nancy, Grimblot, 1845, in-8.

3178. Dictionnaire historique des ordonnances et des tribunaux de la Lorraine et du Barrois, par Pierre-Dominique-Guillaume de Rogéville ; Nancy, veuve Leclerc, 1777, 2 vol. in-4.

3179. Justice criminelle des duchés de Lorraine et de Bar, du Bassigny et des Trois Evêchés, par Dumont ; Nancy, Dard, 1848, 2 vol. in-8.

3180. Recueil authentique des anciennes ordonnances de Lorraine, etc., par François de Neufchateau ; Nancy, Lamort, 1784, in-4.

3181. Les remarques d'Abraham Fabert, sur les Coustumes générales du duché de Lorraine, ès bailliages de Nancy, Vosges, etc., etc.; Metz, Bouchard, 1657, in-fol.

3182. Anciennes ordonnances des ducs de Bouillon pour le règlement de la justice de ses terres et seigneuries de Sedan, Jametz, Raucourt, etc., etc., avec les coutumes générales des dites terres ; Sedan, Thesin, 1717, in-4.

3183. Ordonnance de Léopold Ier, duc de Lorraine et de Bar, donnée au mois de juillet 1701 ; Nancy, Barbier, 1701, in-12.

3184. Ordonnance de S. A. R. pour l'administration de la justice, donnée à Lunéville au mois de novembre 1707 ; Nancy, Cusson, 1725, in-12.

3185. Même ouvrage, même édition.

3186. Dissertation sur le titre X des Coutumes générales, anciennes et nouvelles du duché de Lorraine, des donations entre-vifs, simples, mutuelles et à cause de noces (par Bréyé) ; Nancy, Cusson, 1725, in-12.

3187. Commentaires sur les Coustumes du pays de Loudunois, par Pierre Le Proust, sieur de Beaulieu ; Saumur, Portau, 1612, in-4.

3188. Catacrise de l'opinion de ceux qui tiennent le droit romain pour loi, ou coustume, en Lyonnois et autres pays de France, abusivement appelés de droit escript, par P. Allard, sieur de Sardon ; Lyon, Roussin, 1597, in-4.

3189. Coutumes du Maine ; Paris, Gillet Couteau, 1509, in-8.
   Le titre manque.

3190. Ce sont les Coustumes du pays et conté du Maine, publiées par maistres Thibault Baillet et Jehan Le Lièvre ; Paris, 1519, in-8.

3191. Le Grand Coustumier du pays et comté du Maine, par Guillaume Le Rouille ; Paris, Regnault, 1535, in-fol.

3192. Même ouvrage, même édition.

3193. Les Coutumes du païs et comté du Maine, avec les commentaires de Julien Bodreau ; Paris, Alliot, 1645, in-fol.

3194. Remarques et notes sommaires sur la Coutume du Maine, par Mathurin Louis, sieur Des Malicottes ; au Mans, Olivier, 1657, in-fol.

3195. Commentaire sur les Coutumes du Maine et d'Anjou, ou extrait raisonné des autorités, édits et déclarations, arrêts et règlements qui ont rapport à ces deux coutumes, par Louis Olivier de Saint-Vast ; Alençon, Malassis, 1778-1779, 4 vol. in-8.

3196. Coutumes du comté et bailliage de Mante et Meulant, les notes de Charles Du Moulin, ensemble des observations par Germain Antoine Guyot ; Paris, Saugrain, 1739, in-12.

3197. Même ouvrage, même édition.

3198. Les Coutumes de la Marche expliquées et interprétées par Barthélemy Jabely ; nouvelle édition, revue par Germain Antoine Guyot ; Paris, Brunet, 1744, in-12.

3199. Même ouvrage, même édition.

3200. Coutumes de la province et comté-pairie de la Marche, ressort du parlement de Paris, par Couturier de Fournoue ; Clermont-Ferrand, 1744, in-8.

3201. Même ouvrage, même édition.

3202. Supplément au Nouveau Commentaire de la Coutume de la comté-pairie de la Marche, par Couturier de Fournoue ; Clermont-Ferrand, 1748, in-8.

3203. Coutume du bailliage de Meaux, avec les notes de Du Moulin, ensemble les observations faites sur ladite coutume et ses locales, par J. Champy ; Paris, Guignard, 1668, in-12.

3204. Coustumes du bailliage de Meaux et anciens ressorts d'iceluy, avec les notes de C. Du Moulin, seconde édition, augmentée de plusieurs décisions, etc., etc., par J. Champy; Paris, Journel, 1682, in-12.

3205. Même ouvrage, même édition; Paris, Pépingué, 1682, in-12.

3206. Commentaire sur les coutumes générales du bailliage de Meaux, avec des notes sur la coutume de Paris, par Jean Bobé; Paris, Journel, 1683, in-4.

3207. Même ouvrage, même édition.

3208. Coustumes du bailliage de Melun, anciens ressorts et enclaves d'iceluy, avec notes, décisions, etc., etc., par J. Champy; Paris, Morel, 1687, in-12.

3209. Même ouvrage, même édition.

3210. Coutumes du bailliage de Melun, anciens ressorts et enclaves d'icelui, par Gennay; Provins, Menissel, 1677, in-16.

3211. Même ouvrage, même édition.

3212. Coutume du bailliage de Melun, avec des observations nouvelles, et conférence des coutumes voisines et spécialement de celle de Paris, par Louis-Alphonse Sevenet; Sens, Tarbé, 1768, in-4.

3213. Coutumes générales de la ville de Metz et pays Messin, avec les procès-verbaux de correction enrichies d'un commentaire (par Dilange); Metz, Brice, 1730, in-4.

3214. Coutumes générales de l'évêché de Metz, commentées par Dilange; La Haye, 1772, in-8.

3215. Même ouvrage, même édition.

3216. Observations détachées sur les Coutumes et les usages anciens et modernes du ressort du parlement de Metz, par Gabriel; Bouillon, 1787-1788, 2 vol. in-4.

3217. Traité de la différence des biens meubles et immeubles, de fonds et de gagières, dans la coutume de Metz, avec un sommaire du droit des offices dans la même coutume (par Ancillon); Metz, Brice, 1698, in-8.

3218. Lois, chartres, coutumes du chef-lieu de la ville de Mons et des villes et villages y ressortissans, avec décrets en dépendans, et les chartes et coutumes de Binch, Nivelles, Landrechies, Lessines, Chimay, Valenciennes, Cambray, Douay, Tournay, La Bassée, Namur, Liége; Mons, de La Roche, 1700, in-4.

3219. Loix, chartres et coutumes du chef-lieu de la ville de Mons, et des villes et villages de son ressort, etc., etc., et augmentées d'une première édition de la modération des dites chartes, vulgairement nommée *chartre préavisée* ; Mons, Wilmet, 1761, 2 tom. en 1 vol, in-12.

3220. Les priviléges, franchises et libertez des bourgeois et habitans de la ville et faux-bourgs de Montargis Le Franc ; (1621), in-8.

3221. Les Coustumes anciennes de Lorris, de bailliage et prévosté de Montargis-le-Franc, de S. Fergeau, etc., avec les annotations et commentaires de Antoine Lhoste et les notes de Charles du Moulin ; Paris, Blaise, 1617, in-4.

3222. Les Coustumes anciennes de Lorris, des bailliage et prévosté de Montargis-le-Franc, S. Fargeau, etc., etc., commentées par Antoine Lhoste, avec les notes de Charles Du Moulin ; Paris, Guillemot, 1629, in-4.

3223. Les Coutumes de Montargis, appelées anciennement de Lorris, avec les notes de Charles du Moulin, et la conférence des coutumes de Paris, Orléans, etc., suivant les mémoires de E. Durand ; Montargis, Bottier, 1676, in-32.

3224. Coutumes de Lorris-Montargis, S. Fargeau, pays de Puisaye, Châtillon-sur-Loing, Sancerre, Gien, Nemours, Château-Landon et autres lieux, commentées par Lhoste, avec les notes de M. du Moulin ; Montargis, Robin, 1758, 2 vol. in-12.

3225. Même ouvrage, même édition.

3226. Les Coustumes du comté et bailliage de Montfort Lamaulry, Gambais, Neaufle-le-Chastel, S. Liger en Iveline, avec les annotations de Ch. Du Moulin ; Chartres, Cottereau, 1608, in-8.

3227. Coutumes du comté et bailliage de Montfort-Lamaulry, Gambais, Neauphle-le-Chastel, S. Liger et Yveline, avec le commentaire de Claude Thourette ; Paris, Bobin, 1693, in-8.

3228. Thalamus parvus ; le petit *Thalamus* de Montpellier, publié par la société archéologique de Montpellier ; Montpellier, Martel, 1840, in-4.

3229. Coutumes et ordonnances du pays et comté de Namur, avec le stile et manière de procéder au conseil provincial et es cours subalternes (par Jean-Philippe Gramme); La Haye, Pierre de Hondt, 1736, in-4.

3230. Même ouvrage, même édition.

3231. Lox fors et costumas deu royaume de Navarre, decaports avec l'estil et aranzel deu dit royaume; Pau, Dupoux, 1722, in-8.

3232. Mémoire à consulter et consultation sur le franc-aleu du royaume de Navarre (par Polveren); Paris, Knapen et fils, 1784, in-4.

3233. Les Coutumes du pays et duché de Nivernois, avec les annotations et commentaires de Guy Coquille; Paris, Le Gras, 1635, in-4.

3234. La Coutume du Nivernais accompagnée d'extraits du commentaire de Guy Coquille, nouvelle édition avec une introduction, une notice, etc., etc., par Dupin (aîné); Paris, Plon, 1864, in-8.

3235. Recherches sur l'origine de la Coutume de Normandie, par Daviel; Caen, Chalopin, 1834, in-8.

3236. Même ouvrage, même édition.

3237. Institution au droit de Normandie, ou conférence des principes des Institutes de Justinien avec le droit français, et, en particulier, avec le droit de Normandie, par J. H. de Roussel de La Bérardière; Caen, Pyron, 1782, in-8.

3238. Principes généraux du droit civil et coutumier de la province de Normandie, par Charles Routier; Rouen, Le Boucher, 1742, in-4.

3239. Principes généraux du droit civil et coutumier de la province de Normandie, par Charles Routier; Rouen, Le Boucher, 1748, in-4.

3240. Etablissements et coutumes, assises et arrêts de l'échiquier de Normandie au XIIIe siècle, par A. J. Marnier; Paris, Techener, 1839, in-8.

3241. Même ouvrage, même édition.

3242. Coutume, style et usage au temps des échiquiers de Normandie; Caen, Hardel, 1847, in-4.

3243. Lois et établissements de Normandie; imprimé à Rouen pour Michel Anger et Jehan Macé; in-8.
Le titre manque.

3244. Le Grant Coustumier de Normendie, euquel est le texte d'iceluy en francoys, avec plusieurs additions, allégations et concordances, composées par Guillaume Le Rouille; Paris, Regnault, 1534, in-fol.

3245. Le Grand Coustumier du pays et duché de Normendie, avec plusieurs additions, allégations et concordances composées par Guillaume Le Rouille, etc., etc.; Rouen, Nic. Leroux, 1539, in-fol.

3246. Le Coustumier du pays et duché de Normendie, la chartre des privilèges et libertés d'iceluy pays, style et usage de procéder et juger en toutes courts et juridictions, avec ordonnances publiées et arrests notables donnés en icelle court; Rouen, Martin Le Mesgissier, 1577, in-8.

3247. Coustumes du pais de Normandie, anciens ressors et enclaves d'iceluy; Caen, Brenouzet, 1597, in-16.

3248. Les Coutumes du pays et duché de Normandie, anciens ressors d'iceluy, avec commentaires, etc.; Rouen, Raphael Du Petit Val, 1599, in-4.

3249. Coustumes du pays de Normandie, anciens ressorts et enclaves d'icelui; Rouen, Osmont, 1620, in-32.

3250. Texte de la Coutume de Normandie, avec des notes sur chaque article et observations sur les usages locaux, articles et placités du parlement de Rouen, par M. N... (Nupied); Paris, Durand, 1749, in-8.

3251. Coutumes du pays et duché de Normandie, anciens ressorts en enclaves d'iceluy; Rouen, Viret, 1753, in-32.

3252. Coutume de Normandie dans un ordre naturel, par Le Conte; Rouen, Lallemant, 1771, in-12.

3253. Même ouvrage, même édition.

3254. Coutume de Normandie, avec l'ordonnance de 1667 et celle de 1670, augmentée d'une instruction sur la marche de la procédure civile et criminelle; Bayeux, veuve Briard, 1773, in-18.

3255. Texte de la Coutume générale de Normandie, des placités et du règlement des tutelles, mis en ordre par M. Ducastel; Rouen, Oursel, 1783, in-8.

3256. De Consuetudine Normanniæ gallica et latina lib. I, auctore Tanigio Sorino Lessæo; Cadomi, Candelarius, 1568, in-4.

3257. Commentaires du droict civil, tant public que privé, observé au pays et duché de Normandie, par Guillaume Terrien; Paris, Du Puys, 1578, in-fol.

3258. Même ouvrage, même édition.

3259. Commentaires du droit civil, tant public que privé, observé au pays et duché de Normandie, par Guillaume Terrien; Rouen, Vaultier, 1654, in-fol.

3260. Commentaires sur la Coutume réformée du pays et duché de Normandie, par Jacques Godefroy; Rouen, Osmont, 1626, 2 tom. en 1 vol. in-fol.

3261. La Coutume réformée du païs et duché de Normandie, commentée par M° Henry Basnage, écuïer, sieur du Franquesney, avocat au parlement; Rouen, Maurry, 1694, 2 vol. in-fol.

3262. OEuvres de M° Henri Basnage, sieur du Franquesnei, contenant ses commentaires sur la Coutume de Normandie et son traité des hypothèques; Rouen, Knapen, 1778, 2 vol. in-fol.

3263. Coutume de Normandie expliquée par M. Pesnelle; Rouen, Besongne, 1727, in-4.

3264. Coutume de Normandie, expliquée par Pesnelle, avec les observations de Roupnel de Chenilly; Rouen, Lallemant, 1771, 2 vol. in-4.

3265. Coutume de Normandie, avec l'extrait des différents commentateurs, par Frigot; Coutances, Joubert, 1779, 2 vol. in-4.

3266. L'esprit de la Coutume de Normandie, avec un recueil d'arrêts (par Bertr. Hubin); Rouen, Besongne, 1720, in-4.

3267. Commentaires sur la Coutume de Normandie, par Berault, Godefroy et d'Aviron; Paris, Knapen, 1776, 2 vol. in-fol.

3268. Nouveau commentaire portatif de la Coutume de Normandie, à laquelle on a ajouté les usages locaux qui sont observés dans différens cantons de cette province, par Etienne Le Royer de La Tournerie; Paris, Valleyre, 1769, 2 vol. in-12.

3269. Nouveau commentaire portatif de la Coutume de Normandie, par Etienne Le Royer de La Tournerie; Rouen, 1778, 2 vol. in-12.

3270. Dictionnaire analytique, historique, étymologique, etc., de la Coutume de Normandie, par Houard; Rouen, Le Boucher, 1780-1782, 4 vol. in-4.

3271. Explication de la Coutume et de la jurisprudence de Normandie, dans un ordre simple et facile, par Jean Baptiste Flaust; Rouen, 1781, 2 vol. in-fol.

3272. Le Stille de procéder en Normandie ; imprimé à Rouen, par Jehan Mauditier, pour Pierre Regnault ; in-8.

3273. Le Coustumier des anciens droits deus au roy, qui se perçoivent au bureau de la grande et petite ferme de la vicomté de l'eau de Rouen, par Germain de La Tour ; Rouen, Nicolas Le Prevost, 1617, in-12.

3274. De Normannorum quiritatione quam *Haro* appellant liber, authore Tanigio Sorino Lessæo ; Cadomi, Candelarius, 1567, in-4.

3275. Méthode pour liquider les mariages avenans des filles dans la Coûtume générale de Normandie et dans la Coûtume particulière de Caux, par Etienne Everard ; Rouen, Besongne, 1734, in-8.

3276. Traité des actions, suivant les principes du droit français et du droit coutumier de la province de Normandie, par l'auteur du traité de *l'État des personnes* (P. Le Coq) ; Caen, Chalopin, 1777, in-8.

3277. Mémoire concernant le droit de tiers et danger sur les bois de la province de Normandie, par Louis Gréard, avec les preuves, notes et observations de Louis Froland ; Rouen, Viret, 1737, in-4.

3278. Même ouvrage, même édition.

3279. Mémoires concernant la prohibition d'évoquer les décrets d'immeubles situés en Normandie, par Louis Froland ; Paris, Brunet, 1722, in-4.

3280. Mémoires concernant la prohibition d'évoquer les décrets d'immeubles situés en Normandie, par Louis Froland ; Paris, Lemercier, 1729, in-4.

3281. Mémoires concernant l'observation du sénatus-consulte Velleien dans le duché de Normandie, et diverses questions mixtes qui en dépendent, avec les arrêts qui les ont décidées, par Louis Froland ; Paris, Brunet, 1722, in-4, veau.

3282. Décisions sur chaque article de la Coutume de Normandie et observations sur les usages locaux de la même Coutume, par Mᵉ P. D. (Pierre de Merville), ancien avocat au Parlement ; Paris, Pierre de Bats, 1738, in-fol.

3283. Même ouvrage, même édition.

3284. Observations sur le règlement des tutelles, arrêté par le parlement de Rouen le 7 mars 1673, par Cauvet ; Caen, Leroy, 1777, in-8.

3285. Traité des décrets d'immeubles suivant la Coutume et la jurisprudence de Normandie (par Le Comte); Rouen, Lallemant, 1769, in-12.

3286. Essai sur les obligations civiles des frères envers leurs sœurs suivant la Coutume de Normandie, par Vastel; Rouen, Dumesnil, 1783, in-12.

3287. Même ouvrage, même édition.

3288. Dissertations sur les aides chevels de Normandie, appelés aides coustumiers, par de Jort; Rouen, Besongne, in-8.

3289. Traité sur les droits des filles en Normandie, avec une méthode facile et sûre pour liquider leur légitime ou mariage avenant; Rouen, Leboucher, 1779, in-12.

3290. Traité du douaire en Normandie, par Biard; Evreux, Ancel, 1784, in-12.

3291. Résolutions de plusieurs cas de conscience sur la Coutume de Normandie, par M. . . . , prêtre; Caen, Leroy, 1764, in-12.

3292. Statuts et règlements des bans et tales de la claverie de la cité d'Orange, réformés en 1613, avec le cahier des réformations en 80 articles, dressés par les députés de la maison de ville en 1656; Orange, Raban, 1684, in-4.

3293. Privilèges et libertés octroyées à la cité et ville d'Orange par ses princes souverains, augmentées par Philippe Guillaume de Nassau, prince d'Orange; Orange, 1607, in-4.

3294. Coutumes des duché, bailliage et prévosté d'Orléans et ressorts d'iceux, avec les notes de Henry Fornier et de Charles Dumoulin; Orléans, veuve Boyer, 1711, in-12.

3295. Coutumes des duché, bailliage et prévosté d'Orléans, avec les notes de Henry Fornier et de Ch. Dumoulin et des observations nouvelles (d'Alph. Martin, Prévôt de La Jannès, Jousse et Pothier); Orléans, Rouzeau, 1740, 2 vol. in-12.

3296. Même ouvrage, même édition.

3297. Coutumes des duché, bailliage et prévôté d'Orléans et ressort d'iceux, par Pothier; Paris, Debure, 1772, in-4.

3298. Coutumes des duché, bailliage et prévôté d'Orléans et ressort d'iceux, par Pothier; Paris, 1776, 2 vol. in-12.

3299. Pyrrhi Anglebermei commentarius in Aurelianas Consuetudines; Disputationes aliquot civiles; Homo, seu philosophus; sermo de Fortuna in Plutarchum ; sermo de Pace ; sermo de Musica et saltatione ex Luciano; festivissimus Panegyricus Aureliæ; Aureliæ, Hoys, 1517, in-4.

3300. Coutume d'Orléans, commentée par Delalande, augmentée des mémoires de l'auteur et des notes de de Gyves, revue par Philippe-Auguste Perreaux ; Orléans, 1704-1705, 2 tom. en 1 vol. in-fol.

3301. Institution à la Coutume de Paris, par Nicolas Lemée; Paris, Rafflé, 1691, in-12.

3302. Principes généraux de la Coutume de Paris, par feu M. Langloix; Paris, Prault, 1742, in 18.

3303. Principes généraux de la Coutume de Paris, où les articles du texte et les ordonnances qui y ont rapport sont rangés dans un ordre méthodique, par feu M. Langloix, notaire; Paris, Prault, 1746, in-18.

3304. Les Coustumes générales de la prévosté et vicomté de Paris; Paris, G. Eustace, s. d., in-8.

3305. Coustume de la ville, prévosté et vicomté de Paris, par L. Charondas Le Caron ; Paris, L'Huillier, 1605, in-fol.

3306. Coutume de Paris mise en un nouvel ordre, avec des notes et conférences, par Alexandre Masson; Paris, Gosselin, 1703, in-12.

3307. Renati Choppini, de civilibus Parisiorum moribus ac institutis libri III; Parisiis, Sonnius, 1603, in-fol.

3308. Commentaire sur les Coutumes de la prévosté et vicomté de Paris, composé en latin par René Choppin, trad. en nostre vulgaire sur la dernière impression de l'an 1603 par Gabriel Michel de La Roche Maillet; Paris, Sonnius, 1614, in-4.

3309. Caroli Molinæi commentarii in Parisienses totius Galliæ supremi parlamenti Consuetudines, ad novam consuetudinem relati, opera Dionysii Gothofredi ; Coloniæ Allobrogum, Le Preux, 1613, in-fol.

3310. La Coustume de Paris conférée avec les autres coustumes des France et expliquée par les notes de Charles Du Molin; ensemble une recherche d'auteurs commencée par G. Fortin augmentée par R. (J. Marie Ricard), avocat; Paris, Guignard, 1666, in-fol.

3311. Même ouvrage, même édition.

3312. Coustumes de la prévosté et vicomté de Paris, avec les notes de C. Du Moulin restituées en leur entier, ensemble les observations de J. Tournet, Jacques Joly, Charles Labbé; Paris, de Luyne, 1678, in-12.

3313. Coutumes de la prévosté et vicomté de Paris, avec les notes de C. Du Moulin, les observations de J. Tournet, Jacq. Joly, Charl. Labbé, édition revue et augmentée de nouvelles remarques et nouveaux arrests, par M..., avocat; Paris, Jacq. Lefèvre, 1709, 2 vol. in-12.

3314. Le Droict françois et coustume de la prévosté et vicomté de Paris, par Jean Tronçon; Paris, Du Bray, 1626, in-fol.

3315. Coustume de Paris, commentée par Julien Brodeau; Paris, Guignard, 1669, 2 vol. in-fol.

3316. Corps et compilation de tous les commentateurs sur la Coutume de Paris, par Claude de Ferrière, édition augmentée par l'auteur et par Claude Joseph de Ferrière, son fils, avec les observations de Le Camus; Paris, Charpentier, 1714, 4 vol. in-fol.

3317. Texte des Coutumes de la prévosté de Paris, avec des notes, ou décisions sommaires sur chaque article, par Claude de Ferrière; Paris, compagnie des libraires, 1764, in-12.

3318. Même ouvrage, même édition.

3319. Nouveau commentaire sur la Coutume de la prévôté et vicomté de Paris, par Claude de Ferrière, nouvelle édition, revue, corrigée et augmentée par Sauvan d'Aramon; Paris, Legras, 1751, 2 vol. in-12.

3320. Nouveau commentaire sur la Coutume de la prévôté et vicomté de Paris, par Claude de Ferrière, augm. par Sauvan d'Aramon; Paris, libraires associés, 1770, 2 vol. in-12.

3321. Même ouvrage, même édition.

3322. Coutume de Paris, rédigée dans l'ordre naturel de la disposition de ses articles, par Pierre Le Maistre, avec des notes par Germain Ant. Guyot; Paris, Bauche, 1741, in-fol.

3323. Le droit commun de la France et la Coutume de Paris réduits en principes, par Me François Bourjon; Paris, Grangé, 1747, 2 vol. in-fol.

3324. Droit commun de la France et la Coutume de Paris réduits en principes, par François Bourjon; Paris, Grangé, 1770, 2 vol. in-fol.

3325. Traités de Duplessis sur la Coutume de Paris, avec des notes de Berroyer et de de Laurière; Paris, Savoye, 1754, 2 vol. in-fol.

(Le 2ᵉ vol. est de Paris, Gosselin, 1728.)

3326. Texte des Coutumes de la prévôté et vicomté de Paris, par Eusèbe de Laurière, avocat, avec notes nouvelles; Paris, Nyon, 1777, 3 vol. in-12.

3327. La conciliation des articles de la Coustume de Paris, par F. Des Maisons; Paris, de Luyne, 1663, in-18.

3328. Observation analytique sur les Coutumes de la prévôté et vicomté de Paris, par Pithou; Paris, de Sercy, 1680, in-16.

3329. Dissertation sur les articles 230 et 314 de la Coutume de Paris, en faveur des pères, mères, ayeuls et ayeules, par Bellet-Verrier; Paris, Cochart, 1715, in-4.

3330. Tractatus de propriorum successione secundum Consuetudinem Parisiensem, a Joan. Du Boys; Parisiis, Le Mire, 1642, in-8.

3331. La coutume de Paris, mise en vers, avec le texte à côté (par Garnier Deschesnes); Paris, Saugrain, 1768, in-12.

3332. Même ouvrage, même édit.

3333. Coustumes des pays, comté et bailliage du Grand-Perche, et des autres terres et seigneuries régies et gouvernées selon iceux, avec les apostilles de Mᵉ Charles Du Moulin et autres; Paris, Le Mur, 1621, in-4.

3334. Coustumes des pays, comté et bailliage du Grand-Perche, et des autres terres et seigneuries régies et gouvernées selon iceux, avec les apostilles de Mᵉ Charles Du Moulin et autres; Chartres, Doublet, 1737, in-8.

3335. Coustumes du gouvernement de Péronne, Montdidier et Roye; S.-Quentin, Lequeulx, 1621, in-12.

3336. Commentaire sur les Coutumes du gouvernement de Péronne, Montdidier et Roye, par Claude Le Caron; Paris, Barbin, 1660, in-8.

3337. Ancien coutumier inédit de Picardie, contenant les coutumes notoires, arrêts et ordonnances, publiés par A. J. Marnier; Paris, Techener, 1840, in-8.

3338. Même ouvrage, même édition.

3339. Coutumier de Picardie, contenant les commentaires de Heu, Dufresne et Ricard sur Amiens, de Gosset sur

Ponthieu, de Le Caron et La Villette sur Péronne, de Dubourgs sur Montreuil-sur-Mer, de Le Roy de Lozembrune sur Boulogne ; Paris, 1726, 2 vol. in-fol.

3340. D'un exemplaire de la très-ancienne coutume de Poitou, existant à la bibliothèque de la Cour de Cassation, par M. Nicias Gaillard (extrait de la Revue critique de législation et de jurisprudence); in-8.

3341. Principes généraux de la Coutume de Poitou, par Louis Marquet; Poitiers, Faulcon, 1764, in-12.

3342. Même ouvrage, même édition.

3343. Le Coustumier de Poictou, avecques la briefve déclaration et concordance de chascun chapitre et les ordonnances royaux, etc., etc.; Poictiers, J. de Marnef, s. d., in-8.

3344. Coustumier du pays de Poictou, réformé, publié et enjoinct estre gardé pour loix audit pays en l'an 1514, etc., etc.; à vendre à Poictiers, en la boutique de Jehan Le Gros, s. d., in-8.

3345. Coustumier du pays de Poictou, avec les sommaires et les concordances des articles; Poictiers, Les Bouchets frères (1514), in-8.

3346. Responsa Jo. Bosselli Borderii et Joan. Constantii ad várias quæstiones propositas in Consuetudinem Pictonum ; accesserunt multæ Constantiorum filii et nepotis additiones; Augustoriti Pictonum, Fleuriau, 1659, in-fol.

3347. Idem opus, ejusd. edit.

3348. Observations sur la Coustume du comté et pays de Poitou, anciens ressorts et enclaves d'iceluy, par Jean Lelet, avec les corrections et augment. de Jean Filleau, Joachim Thevenet, et Estienne Riffaut, recueillies et mises en leur ordre par Mathieu Braud; Poitiers, Courtois, 1683, 2 vol. in-4.

3349. Même ouvrage, même édition, les 2 vol. reliés en 1.

3350. Commentaires sur la Coutume du comté et pays de Poitou, anciens ressorts et enclaves d'icelui, avec le procès-verbal des commissaires de la réformation de la coutume, par Pierre Liège; Poitiers, Courtois, 1695, in-4.

3351. Coutumier général, ou corps et compilation de tous les commentateurs sur la Coutume de Poitou, avec de nou-

velles observations par Joseph Boucheul; Paris, Hérissant, 1727, 2 vol. in-fol.
3352. Andreæ Tiraquelli ex commentariis in Pictonum Consuetudines sectio de legibus connubialibus et jure maritali ; Lugduni, Guill. Rouillii hæred., 1616, in-fol.
3353. Idem opus, ejusdem editionis.
3354. Traité des fiefs sur la Coutume de Poitou, par Jean-Baptiste Louis Harcher, augmenté de remarques, qui contiennent en abrégé les dispositions et usages des autres coutumes et du droit commun sur les matières féodales, etc., par M...; Poitiers, Faulcon, 1762, 2 tom. en 1 vol. in-4.
3355. Traité de la nature et usage des marches séparantes les provinces de Poitou, Bretagne et Anjou, par Gabriel Hulin ; Rennes, Gaïsne, in-32.
3356. Traité de la représentation et du privilége du double lien, suivant l'ordre de succéder dans la coutume de Poitou, par Vincent Mignot; Paris, Demonville, 1777, in-12.
3357. Même ouvrage, même édition.
3358. Coutumes générales de la sénéchaussée de Ponthieu, et celles locales d'Abbeville, avec les notes de Duchesne et quelques additions de Délégorgue ; Amiens, veuve Godart, 1766, 2 vol. in-12.
3359. Coutumes générales du Ponthieu et d'Abbeville, commentées par Duchesne, avec plusieurs décisions relatives aux coutumes d'Artois et d'Amiens; mises en ordre et suivies de quelques additions par Delégorgue, avocat; Paris, Saugrain, 1779, 2 vol. in-12.
3360. Statuts et coustumes du pays de Provence, avec les gloses de L. Masse, le tout réduit de latin en français, illustré d'annotations nouvelles, etc., etc., par J. de Bomy; Aix, Tholosan, 1620, in-4.
3361. Recueil de quelques coutumes du pays de Provence, avec un petit traité de Mélanges, contenant plusieurs choses notables, rangé et composé respectivement par Jean de Bomy ; Aix, David, 1665.
3362. Les statuts et coustumes du pays de Provence, commentées par Jacques Morgues ; Aix, 1658, in-4.
3363. Nouveau commentaire sur les statuts de Provence, par Jean-Joseph Julien ; Aix, David, 1778, 2 vol. in-4.
3364. Même ouvrage, même édition.

JURISPRUDENCE.

3365. Coutumes de la cité et ville de Reims, avec les commentaires de Jean-Baptiste de Buridan; Paris, 1665, in-fol.

3366. Coustumes de la cité et ville de Reims, villes et villages régis selon icelles, rédigées par Christofle de Thou, etc., etc.; Reims, 1586, in-4.

3367. Coutumes de la cité et ville de Reims, villes et villages régis selon icelles, par Christophe de Thou, Barthélemy Faye et Jacques Viole; Reims, Ducandal, 1704, in-12.

3368. Coutumes municipales des villes et chatellenies de Remberviller, Baccarat et Moyen, commentées par Dilange; La Haye, 1771, in-8.

3369. Commentaire sur l'usement de Rohan, par Le Guevel; Rennes, Vatar, 1786, in-12.

3370. Paraphrasis ad consuetudinem Santangeliacam, auctore D. Jacobo Vigneo; Santonis, Bichon, 1638, in-4.

3371. Idem opus, ejusd. editionis.

3372. Coutume du siége royal de Saint-Jean-D'Angely, interprétée et commentée par Cosme Béchet; Saintes, Bichon, 1689, in-4.

3373. Commentaires sur la Coutume de Saint-Jean-d'Angely, par Maichin; Saintes, Delpech, 1708, in-4.

3374. Coutumes du bailliage de Saint-Mihiel; Nancy, 1762, in-8.

3375. Coutumes particulières et locales des bailliages, villes et banlieues de Saint-Omer et d'Aire, et des chatellenies d'Audruwicq et pays de Bredenarde, de Tournehem et du pays de Langle; Saint-Omer, Fertel, 1744, in-8.

3376. Coutumes locales, tant anciennes que nouvelles, des bailliage, ville et échevinage de Saint-Omer, d'Audruic et pays de Bredenarde, de la chatellenie de Tournehem, etc., etc.; Paris, Simon, 1744, in-4.

3377. L'usance de Saintonge, entre mer et Charente, colligée des anciens manuscrits, illustrée de notes, et confirmée par quantité d'enquêtes, avec deux traités des secondes noces et du droit de reversion, etc., etc., par Cosme Béchet; Bordeaux, Boe, 1701, in-4.

3378. Les Coustumes générales des bailliage de Senlis, comté de Clermont en Beauvoisis et duché de Vallois, avec les procès-verbaux et annotations de Charles Du Molin; Paris, Lamy, 1637, in-12.

3379. Coustumes générales des bailliage de Senlis, comté de Clermont en Beauvoisis et duché de Vallois, avec les annotations de Charles Du Molin; Paris, Villery, 1637, in-12.

3380. Coutumes du bailliage de Senlis et son ancien ressort, avec des remarques tirées de la conférence des coutumes de Paris, Vallois, Clermont, des commentaires de J. M. Ricard et Laurent Bouchel, avec un précis de droit françois, par de S. Leu; Paris, Villery, 1703, in-4.

3381. Esprit des coutumes du bailliage de Senlis et les textes, avec des notes par P. F. Pihan de La Forest; Paris, Butard, 1771, in-12.

3382. Même ouvrage, même édition.

3383. Coutumes du bailliage de Senlis, réformées en 1539, avec notes et trois extraits, par Bonhomme; Paris, Knapen, in-18.

3384. Coutumes du bailliage de Senlis, réformées en 1539, avec notes, par Bonhomme; Paris, Lamy, 1781, in-18.

3385. Coustumes du bailliage de Sens et anciens ressorts d'iceluy, rédigées et arestées au mois de novembre 1555; Sens, Richeboys, 1556, in-4.

3386. Coustumes du bailliage de Sens et anciens ressorts d'iceluy, avec les notes de Me Jean Penon; Sens, Prussurot, 1711, in-8.

3387. Même ouvrage, même édition.

3388. Coutume des baillages de Sens et de Langres, commentée et conférée avec les coutumes voisines, et spécialement avec celle de Chaumont en Bassigny, par Juste de Laistre; Paris, Osmont, 1731, in-4.

3389. Conférence de la Coutume de Sens avec le droit romain, les ordonnances du royaume et les autres coutumes, par Pelée de Chenouteau; Sens, Tarbé, 1787, in-4.

3390. Coutume générale de Thionville; Metz, Charles de Sercy, 1677, in-12.

3391. Observations des Coustumes de Tholose, conférées au droict romain et coustumier de France, par François Francois; Lyon, Ancelin, 1615, in-4.

3392. Coutumes de la ville et viguerie de Toulouse, en latin et en français, avec des observations, édits, ordonnances, etc., par Jean Antoine Soulatges; Toulouse, Dupleix, 1770, in-4.

3393. Coustumes du duché et bailliage de Touraine, anciens ressorts et enclaves d'iceluy, avec les annotations de Estienne Pallu, sieur de Periers; Tours, La Tour, 1661, in-4.

3394. Conférence de la rédaction de la Coutume de Touraine en 1460, et de ses deux réformations en 1507 et 1559, et nouveau commentaire sur la même coutume, par Jacques Dufrementel; Tours, Letourmy, 1786, in-4.

3395. Le droit général de la France et le droit particulier à la Touraine et au Lodunais; avec notes et décisions de Boullai, Pallu, Carré, Augeard, Poitevin, Dubois père et fils, Baudouin, Bouault, Bernard, Dufrementel, Cottereau père, par Cottereau fils; Tours, 1778-1781, 2 vol. in-4.

3396. Les Coutumes du bailliage de Troyes en Champagne, par Pierre Pithou. Sont ajoutés la conférence desdites coutumes de Troyes avec les autres coutumes de France, li droit et lis coutumes anciennes de Champagne et de Brie; Troyes, Cramoisy, 1609, in-4.

3397. Les coustumes du bailliage de Troyes en Champagne, avec annotations sur icelles, etc., etc., par Pierre Pithou; Troyes, Du Ruau, 1628, in-4.

3398. Coustumes du bailliage de Troyes en Champagne, conférées aux coustumes de France, par Pierre Pithou; Paris, Besongne, 1630, in-4.

3399. Coutume du bailliage de Troyes, avec les commentaires de Louis Le Grand; Paris, Montalant, 1737, in-fol.

3400. Coutumes générales du bailliage de Troyes en Champagne, avec un commentaire abrégé tiré des différents commentateurs, par Marcilly; Paris, Hérissant, 1768, in-12.

3401. Même ouvrage, même édition.

3402. L'Esprit de la Coutume de Troyes comparée à celle de Paris (par Thieriot); Troyes, Lefebvre, 1765, in-8.

3403. Coustumes de la ville, banlieue et chef-lieu de Valenciennes, avec l'édit perpétuel, etc.; Valenciennes, Henry, 1703, in-8.

3404. Coutumes générales de la ville de Verdun et pays Verdunois; Metz, Antoine, s. d., in-8.

405. Coutumes générales de la ville et cité, évêché et comté de Verdun; Nancy, Thomas, 1762, in-8.

3406. Coustumes du bailliage de Vermandois en la cité, ville, banlieue et prévosté foraine de Laon, rédigées par Christophe de Thou, etc., en 1556; Reims, Foigny, 1596, in-4.

3407. Les Coutumes générales du bailliage de Vermandois, en la cité, ville, banlieue et prévôté foraine de Laon, et les particulières de Ribemont, Saint-Quentin, Noyon et Coucy; où sont ajoutés les sommaires des articles et la conférence des mêmes coutumes avec celles de Paris et Reims sur chacun desdits articles, par Jean-Baptiste Buridan; Reims, Hécart, 1631, in-4.

3408. Coutumes générales et particulières du bailliage de Vermandois, conférées ensemble avec notes et observations, par Claude de La Fons; Metz, Bouchard, 1688, in-12.

3409. Le coutumier de Vermandois, contenant les commentaires de Buridan, de La Fons sur les coutumes de Vermandois, avec les nouvelles observations de d'Héricourt sur les mêmes coutumes, les commentaires de Godet et de Billecart sur celle de Châlons, de Buridan sur Reims, de Vrevin sur Chaulny; Paris, 1728, 2 vol. in-fol.

3410. Les Coustumes du bailliage de Vitry en Pertois, rédigées en 1509, revues et corrigées par Charles du Moulin; Reims, de Foigny, 1605, in-4.

3411. Coutumes du bailliage de Vitry en Perthois, avec un commentaire par Estienne Durand; Châlons, Bouchard, 1722, in-fol.

3412. Commentaire sur la Coutume de Vitry (le Français), pa Charles de Saligny; Vitry, 1660, in-8.

3413. Coutumes de Vitry le François, avec le commentaire de M⁰ Charles de Saligny, avocat au parlement; Châlons, Seneuze, 1676, in-4.

3414. Même ouvrage, même édition.

Bibliothèques, Dictionnaires.

3415. Remarques du droict françois confirmées par loix, ordonnances royaux, arrests recueillis des escrits, et mémoires de plusieurs hommes doctes, par un advocat au parlement de Tolose (Raymond de L'Eglise); Lyon, de L'Eglise, 1614, in-4.

3416. Remarques du droict françois, confirmées par loix, ordonnances royaux, par un advocat du parlement de Toloze (Raymond de L'Eglise); Rouen, de Préaultx, 1625, in 8.

3417. La Bibliothèque, ou Thrésor du droict françois, auquel sont traictées les matières civiles, criminelles et bénéficiales, par Laurens Bouchel; Paris, Petit-Pas, 1629, 3 vol. in-fol.

3418. La Bibliothèque, ou Thrésor du droit françois, par Laurens Bouchel; nouvelle édition par M⁰ Jean Bechefer; Paris, Dallin, 1667, 3 vol. in-fol.

3419. Indice des droits royaux et seigneuriaux, par François Rageau; Lyon, Rigaud, 1620, in-8.

3420. Glossaire du droit françois, donné cy-devant sous le nom d'Indice par François Rageau, revu, augmenté par Eusèbe de Laurière; Paris, Guignard, 1704, 2 vol. in-4.

3421. Même ouvrage, même édition.

3422. Nouveau recueil d'arrests et règlemens du parlement de Paris sur les plus belles questions de droit et de coutume, etc., dressé par ordre alphabétique par F. Des Maisons; Paris, Besongne, 1667, in-fol.

3423. Ordre alphabétique, ou dictionnaire contenant les principales maximes et décisions du palais, par Claude de La Ville; Paris, veuve Osmont, 1692, in-fol.

3424. Nouveau Dictionnaire civil et canonique de droit et de pratique, par un avocat au parlement; Paris, Besoigne, 1697, in-4.

3425. Décisions sommaires du Palais, par ordre alphabétique, illustrées de notes et de plusieurs arrests de la cour de parlement de Bordeaux, par Abraham Lapeyrere; Bordeaux, Boudé, 1706, in-fol.

3426. Décisions sommaires du palais, par ordre alphabétique, etc., etc., par Abraham Lapeyrere; Bordeaux, Lacornée, 1749, in-fol.

3427. Dictionnaire des arrêts, ou jurisprudence universelle des parlemens de France et autres tribunaux, contenant, par ordre alphabétique, les matières bénéficiales, civiles et criminelles, les maximes du droit ecclésiastique, du droit romain et du droit public, des coutumes, ordonnances, édits et déclarations, par Pierre-Jacques Brillon; Paris, Cavelier, 1727, 6 vol. in-fol.

3428. Dictionnaire de jurisprudence et des arrêts, ou nouvelle édition du Dictionnaire de Brillon, par Prost de Royer, continuée par Riolz; Lyon, de la Roche, 1781-1788, 7 vol. in-4.

3429. Décisions du droit civil, canonique et françois, par ordre alphabétique, avec des observations sur l'ancienne et la nouvelle jurisprudence des païs qui se régissent par le droit écrit, par Gabriel Berthon de Fromental; Lyon, Duplain, 1740, in-fol.

3430. Recueil par ordre alphabétique des principales questions de droit qui se jugent diversement dans les différents tribunaux du royaume, par Bretonnier; Paris, Martin, 1753, in-12.

3431. Recueil par ordre alphabétique des principales questions de droit qui se jugent diversement dans les différents tribunaux du royaume, par Bretonnier; édition augmentée de notes, etc., par Boucher d'Argis; Paris, Savoye, 1783, in-4.

3432. Questions de droit, de jurisprudence et d'usage des provinces de droit écrit du ressort du parlement de Paris, par Mallebay de La Mothe; Paris, Froullé, 1782, in-8.

3433. Questions de droit, de jurisprudence et d'usage des provinces de droit écrit du ressort du parlement de Paris, mises en ordre alphabétique par Mallebay de la Mothe, avec le tableau et arrondissement de la sénéchaussée de Bellac; Limoges, Dalesme, 1787, in-4.

3434. Dictionnaire de droit et de pratique, par Claude Joseph de Ferrière; Paris, Leclerc, 1755, 2 vol. in-4.

3435. Recueil de jurisprudence civile du pays de droit écrit et coutumier, par ordre alphabétique, par Guy du Rousseaud de la Combe; Paris, Demonville, 1769, in-4.

3436. Collection de décisions nouvelles et de notions relatives à la jurisprudence actuelle, par J. B. Denisart; Paris, veuve Desaint, 1771, 4 vol. in-4.

3437. Collection de décisions nouvelles et de notions relatives à la jurisprudence, donnée par Me Denisart, mise dans un nouvel ordre, corrigée et augmentée par MM. Camus et Bayard; Paris, veuve Desaint, 1783-1790, 9 vol. in-4.

3438. Même ouvrage, même édition, avec la continuation de Calenge; Paris, Lamy, 1805-1807, 4 vol. in-4.

3439. Répertoire universel et raisonné de jurisprudence civile, criminelle, canonique et bénéficiale, ouvrage de plusieurs jurisconsultes, mis en ordre et publié par Guyot; Paris, Visse, 1784-1785, 17 vol. in-4.

Traités généraux de droit civil et de droit pénal.

3440. Li livres de jostice et de plet, publié d'après le manuscrit unique de la Bibliothèque nationale, par Rapetti, avec un glossaire des mots hors d'usage, par P. Chabaille; Paris, Firmin Didot, 1850, in-4.

3441. Speculum Gulielmi Durandi, una cum Joan. Andreæ ac Baldi theorematibus; Basileæ, Froben, 1563, in-fol.

3442. Le conseil de Pierre de Fontaines, ou traité de l'ancienne jurisprudence française; nouv. édit. par A. J. Marnier; Paris, Joubert, 1846, in-8.
(Avec des notes manuscrites de l'éditeur.)

3443. Même ouvrage, même édition.

3444. Institution au droit des français, par Guy Coquille; Paris, veuve L'Angelier, 1612, in-4.

3445. Les Institutions du droit français suivant l'ordre de celles de Justinien, accommodées à la jurisprudence moderne et aux nouvelles ordonnances, par Claude Serres; Paris, de Nully, 1753, in-4.

3446. Institution au droit françois, par Argou, édit. revue par A. G. Boucher d'Argis; Paris, Née de La Rochelle, 1787, 2 vol. in-12.

3447. Institution au droit françois, par Claude Fleury, publiée par Edouard Laboulaye et Rodolphe Dareste; Paris, Durand, 1858, 2 vol. in-8.

3448. Principes de la jurisprudence française, par Prévôt de La Jannès; Paris, 2 vol. in-12.
(Le tome 1er de l'édit. de 1759; le tome 2 de l'édit. de 1750.)

3449. Les principes de la jurisprudence françoise, par Prévôt de La Jannès; Paris, Briasson, 1759, 2 vol. in-12.

3450. Analyse historique des principes du droit françois (par Duchesne); Paris, Prault, 1757, in-12.

3451. Les Maximes générales du droict françois, par Pierre Delommeau, sieur du Verger; Rouen, Le Villain, 1629, in-8.

3452. Maximes générales du droict françois, par Pierre de

DROIT CIVIL ET DROIT PÉNAL.

L'Hommeau, sieur Du Verger, avec les notes de Paul Challine; Paris, Legras, 1657, in-4.

3453. Les Maximes du Palais, tirées des arrests de M. Louet (par A. de Sommaville et C. Besongne); Paris, Cardin Besongne, 1664, in-8.

3454. La jurisprudence du Palais réduite en maximes tirées et compilées du droit et des arrests, par Laurent Jovet; Paris, Guignard, 1676, in-4.

3455. Maximes journalières du droit françois, par A. L. (Laplace); Paris, Durand, 1749, in-4.

3456. Enchiridion, ou brief recueil du droict escrit, gardé et observé, ou abrogé, en France, par Jean Imbert, reveu, corrigé par P. Guenois, et depuis par B. Automne; Lyon, Rigaud, 1620, in-4.

3457. Enchiridion, ou brief recueil du droit escrit, etc., etc., par Jean Imbert, reveu, corrigé par Pierre Guénois et B. Automne; Paris, Feugé, 1627, in-4.

3458. Enchiridion, ou brief recueil du droit escrit, etc., etc., par Jean Imbert, reveu, corrigé par P. Guénois et B. Automne; (Genève, Chouet, 1644), in-4.

3459. Philiberti Bugnyon legum abrogatarum et inusitatarum in omnibus curiis, terris, jurisdictionibus et dominiis regni Franciæ tractatus; Bruxellis, Dobbeleer, 1702, in-fol.

3460. Idem opus, ejusd. edit.

3461. Traicté des lois abrogées et inusitées, réduit en cinq livres, par Philibert Bugnyon, édit. revue par Pierre Guenois; Paris, Chaudière, 1602, in-4.

3462. Règles du droit françois, par Claude Pocquet de Livonnière; Paris, Despilly, 1768, in-12.

3463. Mémorables, ou observations du droict français, par Louis Charondas Le Caron; Paris, 1601, in-4.

3464. Responses, ou décisions du droit françois, confirmées par arrests des cours souveraines de ce royaume et autres, par L. Charondas Le Caron; Paris, Du Fossé, 1605, in-fol.

3465. Les loix de la France, promulguées sur la nécessité des controverses par les arrests du parlement de Paris, par Jacques Corbin; Paris, Vitray, 1613, in-4.

3466. Julii Pacii a Beriga œconomia juris utriusque tam civilis quam canonici; Lugduni, vid. de Harsy, 1616, in-fol.

3467. Epitome, ou abbrégé des observations forenses, où sont contenues diverses questions tirées du droict civil, des ordonnances et des coutumes et confirmées par arrest du parlement de Bretagne, par Pierre Belordeau; Paris, Buon, 1617, in-4.

3468. Mémoires de droict et de pratique, par de La Chapperie Ourry; Caen, Cavelier, 1667, in-4.

3469. Commentaire sur les ordonnances contenant les difficultez meues entre les docteurs du droict canon et civil, et décidées par icelles ordonnances tant en matière bénéficiale que civile et criminelle, par Adam Théveneau; Lyon, Rigaud, 1647, in-4.

3470. Questions notables du droit, par Scipion Du Perier; Grenoble, Nicolas, 1668, in-4.

3471. Questions notables et maximes du droit tirées des textes de la doctrine et de la jurisprudence, par un avocat au parlement de Provence; Grenoble, Giroud, 1702, in-4.

3472. Recueil de jurisprudence du pays de droit écrit et coutumier, par Guy Du Rousseaud de La Combe; Paris, Mesnier, 1736, in-4.

3473. Procès-verbal des conférences tenues par ordre du roi pour l'examen des articles de l'ordonnance civile du mois d'avril 1667 et de l'ordonnance criminelle du mois d'avril 1670; Paris, 1757, in-4.

3474. La paraphrase de Gilles Bourdin sur l'ordonnance de l'an 1539, traduite du latin en français; Paris, Borel, 1578, in-8.

3475. Ordonnance de Louis XIV, donnée au mois d'avril 1667; Paris, 1741, in-24.

3476. Nouveau commentaire sur l'ordonnance civile de 1667 (par Dumont); Paris, Berton, 1783, in-12.

3477. Nouveau commentaire sur l'ordonnance civile du mois d'avril 1667 (par Jousse); Paris, Debure, 1757, 2 vol. in-12.

3478. Nouveau commentaire sur l'ordonnance civile du mois d'avril 1667, par Jousse; Paris, Debure, 1767, 2 vol. in-12.

3479. Code civil, ou commentaire sur l'ordonnance d'avril 1667, par François Serpillon; Paris, Delaguette, 1776, in-4.

3480. Ordonnance de Louis XIV pour les matières criminelles; août 1670, in-24.

3481. Explication des ordonnances de Louis XIV sur les matières civiles et les matières criminelles; Toulouse, Hénault, 1743, 2 vol. in-4.

3482. Commentaire sur les ordonnances de Louis XIV sur la procédure civile et criminelle, par un avocat au parlement de Toulouse; Toulouse, Birosse, 1763, in-4.

3483. Traité des matières criminelles suivant l'ordonnance du mois d'août 1670, et les édits, déclarations du roi, arrêts et règlements intervenus jusqu'à présent, divisé en IV parties, par Guy Du Rousseaud de La Combe: édition revue et augmentée sur les notes de l'auteur, par Nicolas Guy Du Rousseaud de La Combe, son fils; Paris, Le Gras, 1751, in-4.

3484. Traité des matières criminelles suivant l'ordonnance du mois d'août 1670, par Guy Du Rousseaud de La Combe; Paris, 1762, in-4.

3485. Nouveau commentaire sur l'ordonnance criminelle d'aoust 1670, avec abrégé de la justice criminelle (par Jousse); Paris, Debure, 1756, in-12.

3486. Traité de la justice criminelle de France, par Jousse; Paris, Debure, 1771, 4 vol. in-4.

3487. L'esprit des édits et déclarations de Louis XV, tant en matière civile et criminelle que bénéficiale, par Sallé; Paris, Savoye, 1754, in-12.

3488. L'Esprit des ordonnances et des principaux édits et déclarations de Louis XV, en matière civile, criminelle et bénéficiale, par Sallé; Paris, Savoye, 1771, in-4.

3489. Instruction criminelle suivant les lois et ordonnances du royaume, divisée en trois parties, par Muyart de Vouglans, pour servir de suite aux Institutes au droit criminel et au Traité des crimes, du même auteur; Paris, Cellot, 1762, in-4.

3490. Les lois criminelles de France dans leur ordre naturel, par Muyart de Vauglans; Paris, Barrois, 1783, in-fol.

3491. Code criminel, ou commentaire sur l'ordonnance de 1670, contenant les règles prescrites par les anciennes et nouvelles ordonnances pour l'instruction des procès criminels, par François Serpillon; Lyon, Périsse frères, 1767, 2 vol. in-4.

3492. Code pénal, ou recueil des principales ordonnances, édits et déclarations sur les crimes et délits (par de Laverdy); Paris, Desaint, 1752, in-12.

3493. Traité des crimes, par Jean Antoine Soulatges; Toulouse, 1762, 3 vol. in-12.

Œuvres de Jurisconsultes.

3494. Andreæ Alciati responsa nunquam antehac excusa; Lugduni, 1561, in-fol.
3495. Milleloquia juris, opus miscellaneum, Gasparis Caballini (Caroli scilicet Molinæi); Venetiis, Longus, 1575, 2 tom. in 1 vol. in-fol.
3496. Francisci Florentis opera juridica, studio J. Doujatii collecta. Adjecti sunt ad calcem duo tractatus, alter de officio Archidiaconi auctore Nic. Januario, alter de Absolutione ad cautelam auctore J. Tournet; Parisiis, de La Caille, 1679, 2 vol. in-4.
3497. Œuvres de René Choppin, divisées en cinq tomes; le 1er contient les commentaires sur la Coutume d'Anjou, en deux parties; le 2e, le traité du domaine de la couronne de France; le 3e, le commentaire sur la Coutume de Paris et le traité des priviléges des rustiques; le 4e, le traité de la police ecclésiastique; le 5e, le traité des religieux et monastères, avec la notice des archevêchés et évêchés de tout le monde; Paris, Billaine, 1662-1663, 5 vol. in-fol.
3498. Œuvres complètes de Michel L'Hospital, chancelier de France, ornées de portraits et de vues, et précédées d'un essai sur sa vie et ses ouvrages, par P. F. J. Dufey (de l'Yonne); Paris, Roulland, 1824-1826, 5 vol. in-8.
3499. De rebus dubiis et quæstionibus in jure controversis tractatus XX, Nicolao Valla authore; Parisiis, Borellus, 1567, in-4.
3500. Nicolai Vallæ de rebus dubiis et quæstionibus in jure controversis; Parisiis, Borellus, 1571, in-4.
3501. Petri Fabri semestrium libri II; Lutetiæ Parisiorum, Benenatus, 1570, in-4.
3502. Consiliorum, sive Responsorum Stephani Bertrandi variis gravissimarum difficiliumque, tam privatarum quam publicarum controversiarum, juris decisionibus refertum; Francofurti, 1603, 8 tom. in 6 vol. in-fol.

3503. Andreæ Tiraquelli tractatus varii; Lugduni, hæred. Guill. Rouillii, 1615, in-fol.
3504. Id. opus, ejusd. edit.
3505. Les Œuvres de Julien Peleus, advocat en parlement, contenant plusieurs questions illustres tant en matières bénéficiales, civiles et criminelles, que des coustumes de France, droict escrit et constitutions de l'Église gallicane; Paris, Besongne, 1631, in-fol.
3506. Même ouvrage, même édition.
3507. Œuvres de Simon d'Olive, questions notables du droit, actions forenses et lettres; Tolose, Bosc, 1639, 2 tomes en 1 in-fol.
3508. Les Œuvres de messire C. Le Bret, conseiller ordinaire du roy; Paris, T. Du Bray, 1635, in-fol.
3509. Œuvres de C. Le Bret, contenant son traité de la souveraineté du roi; ses décisions sur le domaine, sur les mariages, sur les testaments, sur les matières ecclésiastiques et criminelles; ses harangues faites aux ouvertures du parlement; ses plaidoyers sur la plus grande partie des droits du roi, et son traité intitulé: Ordo perantiquus judiciorum civilium; Paris, Osmont, 1689, in-fol.
3510. Œuvres de Louis Charondas Le Caron, contenant les quatre livres de Pandectes ou Digestes du droit français, les commentaires sur la Coutume de Paris; réponses et décisions du droit français; résolutions de plusieurs questions de droit; mémorables observations du droit français et le commentaire sur l'édit des tailles; Paris, Richer, 1637, 2 vol. in-fol.
3511. Les Œuvres de Guillaume Du Vair; Paris, Cramoisy, 1641, in-fol.
3512. Les Œuvres de M. Jacques Leschassier, parisien; Paris, 1649, in-4.
3513. Même ouvrage, même édition.
3514. Divers opuscules tirez des mémoires de M. Antoine Loisel, auxquels sont joints quelques ouvrages de MM. Baptiste Du Mesnil et Pierre Pithou; le tout recueilly par Claude Joly; Paris, Guillemot, 1652, in-4.
3515. Les Œuvres de Me Guy Coquille, sieur de Romenay, contenans plusieurs traitez touchant les libertez de l'Église gallicane, l'histoire de France et le droict françois; Paris, de Luyne, 1666, 2 vol. in-fol.

3516. Œuvres de M° Guy Coquille, contenant plusieurs traitez touchant les libertez de l'Église gallicane, etc., etc.; Bordeaux, Labottière, 1703, 2 vol. in-fol.

3517. Caroli Molinæi omnia quæ extant opera quinque tomis distributa; Parisiis, Pepingué, 1681, 5 vol. in-fol.

3518. Œuvres de Charles Loyseau, contenant les 5 livres du droit des offices, les traités des seigneuries, du déguerpissement, de la garantie des rentes et des abus des justices de village; Paris, Alliot, 1666, in-fol.

3519. Les Œuvres de M° Charles Loyseau; Lyon, compagnie des libraires, 1701, in-fol.

3520. Œuvres de François Grimaudet, contenant: du droit des dimes, du retrait lignager, des usures et contrats pignoratifs, des causes qui excusent le dol, des monnoies, opuscules politiques, commentarii ad edictum jurisdictionis judicum præsidialium, de la puissance royale et sacerdotale; Paris, Fouet, 1669, in-fol.

3521. Œuvres de Barthelemy Auzanet, contenant des notes sur la Coutume de Paris, ses mémoires, réflexions et arrêts sur les questions les plus importantes de droit et de coutume; Paris, Gosselin, 1708, in-fol.

3522. Œuvres de M. le chancelier d'Aguesseau; Paris, libraires associés, 1759-1789, 13 vol. in-4.

3523. Extrait des Œuvres de d'Aguesseau; 23° plaidoyer du 15 juin 1693, dans la cause du sieur Bouillerot de Vinantes; in-8.

3524. Œuvres de Jean Bacquet, augmentées de plusieurs questions, décisions et arrêts des cours souveraines de France, par Claude de Ferrière et par Claude Joseph de Ferrière; Lyon, Duplain frères, 1744, 2 vol. in-fol.

3525. Recueil de mémoires, factums et harangues, par M. de Sacy; Paris, Mouchet, 1724, 2 vol. in-4.

3526. Même ouvrage, même édition.

3527. Recueil de consultations sur diverses matières, par François de Cormis; Paris, Montalant, 1735, 2 vol. in-fol.

3528. Même ouvrage, même édition.

3529. Œuvres de Mathieu Terrasson, contenant plusieurs de ses discours, plaidoyers, mémoires et consultations; Paris, Jean de Nully, 1737, in-4.

3530. Même ouvrage, même édition.

DROIT CIVIL ET DROIT PÉNAL. 279

3531. Œuvres de M. Antoine d'Espeisses, où toutes les plus importantes matières du droit romain sont méthodiquement accommodées au droit français; édition augm. par Guy Du Rousseaud de La Combe; Lyon, Bruyset, 1750, 3 vol. in-fol.

(Avec des notes manuscrites très-nombreuses.)

3532. Même ouvrage, même édition.

3533. (Œuvres diverses de M° Clément Vaillant, avocat au parlement); in-8.

3534. Œuvres de feu Cochin, contenant le recueil de ses mémoires et consultations; Paris, de Nully, 1751-1757, 6 vol. in-4.

2535. Œuvres de Cochin, contenant le recueil de ses mémoires et consultations; Paris, Hérissant, Delalain, Saillant, 1764-1776, 6 vol. in-4.

3536. Œuvres complètes de Cochin, nouv. édit., classée par Cochin, avocat à la Cour de cassation; Paris, 1821-1822, 8 vol. in-8.

3537. Traité des donations entre-vifs et testamentaires, par Jean-Marie Ricard, avec la Coutume d'Amiens commentée par le mesme auteur, le traité de la révocation des donations, par M..., et les nouvelles additions aux œuvres de Ricard, par Michel Du Chemin; Paris, veuve Cavelier, 1754, 2 vol. in-fol.

3538. Même ouvrage, même édition.

3539. Œuvres posthumes de M. de (Gabriel de Glatigny), contenant ses harangues au palais, ses discours académiques, etc., etc.; Lyon, Duplain, 1757, in-12.

3540. Œuvres de Scipion Du Perier; Avignon, Joly, 1759, 3 vol. in-4.

3541. Œuvres posthumes de Louis d'Héricourt, contenant ses consultations et ses mémoires sur des questions de droit civil et canonique; Paris, Desaint, 1759, 4 vol. in-4.

3542. Œuvres de Claude Henrys, contenant son recueil d'arrêts, vingt-deux questions posthumes, ses plaidoyers et ses harangues, avec des observations sur les changements de la jurisprudence depuis la mort de l'auteur, par B. J. Bretonnier; Paris, chez les libraires associés, 1772, 4 vol. in-fol.

3543. Même ouvrage, même édition.

3544. Œuvres de M. de Renusson, sçavoir : 1° Traité de la

communauté de biens; 2° Traité du douaire; 3° Traité de la garde noble et bourgeoise; 4° Traité des propres réels, réputés réels et conventionnels; 5° Traité de la subrogation: édition augmentée d'observations et de dissertations sur les questions de droit les plus difficiles, par M. J. A. Sérieux; Paris, Lebreton, 1760, in-fol.

3545. Œuvres de M. de Renusson, nouvelle édition, revue, corrigée et augmentée, par J. A. Sérieux; Paris, chez les libraires associés, 1780, in-fol.

3546. Œuvres de Pothier, mises dans un nouvel ordre, revues et corrigées par Dupin aîné, augmentées d'une dissertation sur la vie et les ouvrages de Pothier; Paris, Bechet, 1824-1825, 11 vol. in-8.

3547. Traités sur différentes matières de droit civil appliquées à l'usage du barreau, et de jurisprudence française, par Pothier; Paris, Debure, 1781, 4 vol. in-4.

3548. Œuvres posthumes de Pothier; Orléans, Massot, 1776-1778, 8 vol. in-12.

3549. Œuvres posthumes de Pothier; Orléans, Massot, 1777-1778, 3 vol. in-4.

3550. Pothier, analysé dans ses rapports avec le code civil et mis en ordre sous chacun des articles de ce code, par P. A. Fenet; Paris, 1829, in-8.

3551. Recueil de consultations de Roland-François Waymel du Parcq; Lille, Henry, 1775, in-4.

3552. Œuvres choisies de Servan, nouv. édit., par X. de Portets; Paris, 1825, 5 vol. in-8.

3553. (Œuvres diverses de Servan: Discours sur les mœurs, 1769; Réflexions sur quelques points de nos loix, 1781; Idée sur le mandat des députés aux Etats-Généraux; Adresse aux amis de la liberté; Adresse aux amis de la paix, 1790; Discours au collége électoral de Tarascon, 1804); in-8.

Traités divers.

Pratique civile et criminelle.

3554. Subtilissimi et acutissimi legum interpretis Petri Jacobi aurea et famosissima Practica; Lugduni, Moylin, 1511, in-4.

3555. Aureus ac per utilis tractatus Masuerii, judiciorum praxim (haud contemnendas fore consuetudines) curiæque Parlamenti supremæ ac aliarum curiarum stylum continens; Parisiis, Eug. de Marnef, 1549, in-8.

3556. Masuerii Practica forensis, cui adjectus est libellus de Exceptionibus M. Nepotis a Monte Albano, cum explicationibus annotat. a Matthia Castritio Darmstatino; Lugduni, Baudin, 1577, in-8.

3557. Practica forensis Masuerii, cui adjectus est libellus de Exceptionibus in utroque foro Nepotis a Monte Albano, quem Librum Fugitivum vulgo vocant, cum notis Matthiæ Castritii; Francofurti, Bassæus, 1587, in-8.

3558. La Practique de Masuer, ancien jurisconsulte et practicien de France, mise en françois par Antoine Fontanon; Paris, Nivelle, 1581, in-4.

3559. Practica singularis ac perutilis conspicui domini Joannis Petri de Ferrariis, una cum additionibus Francisci de Curte; Lugduni, de La Place, 1527, in-4.

3560. Le Guidon des Praticiens, contenant tout le faict de pratique; Paris, Longis, 1547, in-8.

3561. Forme et ordre de plaidoirie en toutes les cours royales et subalternes de ce royaume (par J. Bouchet); Poictiers, J. Bouchet, 1542, in-8.

3562. Praxis criminalis persequendi a Joanne Millæo, Boio Sylvigniaco; accessit explanatio in legem *Respiciendum ff. de pœnis*, auth. Justino Goblero, Goarino jureconsulto; Parisiis, Galeotus a Prato, 1551, in-8.

3563. De Jurisdictione commentarii, via, arte et ratione docendi discendique confecti, auctore Tanigio Sorino Lessæo; Cadomi, Candelarius, 1567, in-4.

3564. Briefve Practique et manière de procéder tant l'institution et décision des causes criminelles que civiles, par P. Lisset; Paris, Bonfons, 1584, in-16.

3565. La Pratique civile et criminelle des cours souveraines et présidiaux de France, par Pierre Liset, enrichie d'annotations, par Claude Bernard; Paris, Robin, 1659, in-8.

3566. La Practique judiciaire, tant civile que criminelle, reçue et observée par tout le royaume de France, par Jean Imbert, illustrée de plusieurs doctes commentaires, par Pierre Guenois; Lyon, Bigaud, 1620, in-4.

3567. La practique judiciaire, civile et criminelle, receue et observée par tout le royaume de France, par Jean Imbert, illustrée et enrichie par Pierre Guénois et Bernard Automne ; Paris, Feugé, 1627, in-4.

3568. La practique judiciaire, tant civile que criminelle, receue et observée par tout le royaume de France, par Jean Imbert, illustrée et enrichie par Pierre Guenois ; Genève, Chouet, 1641, in-4.

3569. Renati Choppini de sacra politia forensi libri III ; Parisiis, Sonnius, 1621, in-fol.

3570. Le style de procéder en tous les bailliages, seneschaussées et siéges présidiaux de ce royaume, par Sardier ; Lyon, Guillermet, 1652, in-8.

3571. Le vray et nouveau practicien françois, par Vincent Tagereau ; Lyon, La Rivière, 1652, in-8.

3572. Le parfait praticien français divisé en trois parties ; à la fin sont ajoutées les Coutumes de la ville et viguerie de Tolose, par Gabriel Cairon ; Tolose, Michon, 1655, in-4.

3573. Les manières admirables pour découvrir toutes sortes de crimes et sortiléges, avec l'instruction solide pour bien juger un procez criminel, par Bouvet ; Paris, de La Caille, 1659, in-8.

3574. Les procez civils et criminels, plus l'élection, ou de la juridiction des élus, sous un bref discours des finances et officiers d'icelles, par Claude Le Brun de La Rochette ; Rouen, Viret, 1661, in-4.

3575. Les procez civil et criminel, contenant la méthodique liaison du droict et de la pratique judiciaire, par Claude Le Brun de La Rochette ; Rouen, Cabut, 1666, in-4.

3576. Formules d'actes et de procédures pour l'exécution des ordonnances de Louis XIV des mois d'août 1669 et août 1670 ; Paris, Hénault, 1671, in-4.

3577. La nouvelle pratique civile, criminelle et bénéficiale, ou le Nouveau praticien françois, par L'Ange, troisième édition, augmentée d'un traité de l'indult, etc., etc., et de notes, par Pimont ; Paris, Girard, 1687, in-4.

3578. La nouvelle pratique civile, criminelle et bénéficiale, ou le nouveau praticien françois, par Lange, avec un traité du droit d'indult, du même auteur, et un nouveau style des lettres de la chancellerie, par Pimont ; Paris, Knapen, 1755, 2 vol. in-4.

3579. Stile universel de toutes les cours et jurisdictions du royaume pour l'instruction des matières civiles et criminelles, par Gauret; Paris, 1693-1695, 2 vol. in-4.

3580. Stile universel de toutes cours et jurisdictions du royaume (matières civiles), par Gauret; Paris, 1715, in-4.

3581. De la manière de poursuivre les crimes dans les différents tribunaux du royaume, avec les lois criminelles depuis 1256 jusqu'à présent. Sur la compétence des juges royaux, celle des juges des seigneurs, et des prévôts des maréchaux (par Prévost); Paris, Mouchet, 1739, 2 vol. in-4.

3582. Règlemens sur les scellés et inventaires en matière civile et criminelle (par Cl. Joseph Prévost); Paris, Leclerc, 1756, in-4.

3583. Nouveau stile du châtelet de Paris et de toutes les jurisdictions ordinaires du royaume; Paris, veuve Prudhomme, 1739, in-8.

3584. Le praticien universel, ou le droit françois et la pratique de toutes les jurisdictions du royaume, par Couchot, édition augmentée, par de La Combe; Paris, Mesnier, 1747, 2 vol. in-4.

3585. La procédure civile du Châtelet de Paris et de toutes les jurisdictions ordinaires du royaume, par Pigeau; Paris, Desaint, 1779, 2 vol. in-4.

3586. Instructions sur les procédures civiles et criminelles du parlement et autres jurisdictions qui en dépendent: Paris, Rouy, 1751, in-12.

3587. Nouveau style civil et universel de toutes les cours et juridictions ordinaires et extraordinaires du royaume, par l'auteur du Nouvel style criminel (Dumont); Paris, Berton, 1787, 5 vol. in-12.

3588. Cours raisonné de pratique civile, ou la procédure civile du palais, par Ravaut; Paris, Nyon, 1788, in-4.

3589. La pratique judiciaire de Lorraine, selon l'ordonnance du duc Léopold de l'année 1707; Nancy, 1771, in-12.

3590. Essais sur le droit et le besoin d'être défendu quand on est accusé, et sur le rétablissement d'un conseil, ou défenseur, après la confrontation, par M., avocat au parlement (Desgranges); Boston, (Paris), 1785, in-12.

3591. L'arbitre charitable, par Alexandre de La Roche, prieur de Saint-Pierre; Paris, Raveneau, 1668, in-4.

3592. Tractatus de Præventione judiciali, seu de contentione Jurisdictionum, authore Petro Francisco de Tonduti, domino *de S. Legier*; Lugduni, Deville, 1729, in-fol.

3593. Traicté général des criées, ventes et adjudications par décret des immeubles, par Germain Forget; Paris, Douceur, 1604, in-8.

3594. Traicté général des criées et décrets, hypothèques et nantissements, par Nicolas Goujet; Paris, de La Ruelle, 1629, in-8.

3595. Nouveau traité des criées, par A. Bruneau; Paris, Guignard, 1678, in-12.

3596. Supplément (au Nouveau traité des criées), contenant en abrégé l'institution et fondation des vingt universités de France, etc., etc. (par A. Bruneau); Paris, Billaine, 1686, in-12.

3597. Nouveau traité des criées, par A. Bruneau; Paris, Lefebvre, 1704, in-4.

3598. Traité des criées, ventes des immeubles et des offices par décret, principalement suivant l'usage du duché de Bourgogne, par Jean Alexis Thibault; Dijon, Desventes, 1746, 2 vol. in-4.

3599. Même ouvrage, même édition.

3600. Traité de la vente des immeubles par décret, par Louis de Héricourt; Paris, Leclerc, 1771, 2 tom. en 1 vol. in-4.

3601. Traité de l'apposition et levée des scellés, par de La Croix; Paris, Charpentier, 1720, in-12.

3602. Traité de la crue des meubles au-dessus de leur prisée par Boucher d'Argis; Paris, Brunet, 1741, in-12.

3603. Mémoire sur la législation relative à la vente du mobilier des mineurs, par Berriat Saint-Prix; Paris, Langlois, 1837, in-8.

3604. Traité des péremptions des instances, par Jean Menclet, revu et augmenté par J. F. Bridon; Dijon, de Fay, 1750, in-8.

Personnes, Tutelles, Curatelles.

3605. Andreæ Tiraquelli commentarii de nobilitate et jure primigeniorum; Lugduni, hæred. Guill. Rouillii, 1617, in-fol.

3606. Idem opus, ejusd. edit.
3607. Renati Choppini, de privilegiis rusticorum libri III; Parisiis, Sonnius, 1621, in-fol.
3608. Renati Choppini Monasticon, seu de jure cœnobitarum libri II; Parisiis, Sonnius, 1616, in-fol.
3609. Les nobles dans les tribunaux, traité de droit enrichi de plusieurs curiositez utiles et de l'histoire du blazon, par Herman François de Malte; Liége, Streel, 1680, in-fol.
3610. Traité de la mort civile, par François Richer; Paris, Ganeau, 1755, in-4.
3611. Hypotyposis, sive summaria delineatio juris furiosorum singularis, opera et studio, Joh. Andreæ Frommanni; Argentinæ, Stædelius, 1656, in-4.
3612. P. Ærodii de Patrio jure ad filium pseudo-Jesuitam; Parisiis, Perier, 1694, in-12.
3613. Traité des minoritez, des tutelles et des curatelles, des gardes, des gardiens, de la puissance paternelle, etc., par M. M.... (Meslé), avocat en parlement; Paris, Mouchet, 1735, in-4.
3614. Traité des minorités, tutelles et curatelles, des gardes, des gardiens, etc., etc., par Jean Meslé; Paris, Guillaume, 1785, in-4.
3615. Traités des tutelles et curatelles, par Louis Astruc; Avignon, Giroud, 1755, in-12.
3616. Traité des tutelles, par Jean Antoine Ferriére; Toulouse, Birosse, 1766, in-4.
3617. Traité du droit de garde noble et bourgeoise, par Merveilleux; Angers, Dubé, s. d., in-12.
3618. Traité du douaire et de la garde-noble et bourgeoise, qu'on appelle bail en plusieurs coutumes, par Philippe de Renusson; Paris, 1743, in-4.

Mariages, Conventions matrimoniales, Divorces.

3619. Traité des contrats de mariage (par Guérin de Tubermont); Paris, Beugnié, 1708, in-12.
3620. Traité du mariage, de la puissance paternelle, des usucapions et des prescriptions, par Louis Astruc; Avignon, Giroud, 1755, in-8.

3621. Code matrimonial (par Le Ridant); Paris, Hérissant, 1770, 2 tom. en 1 vol. in-4.

3622. Traité du contrat de mariage, par l'auteur du traité des Obligations (Pothier); Paris, Debure, 1771, 2 vol. in-12.

3623. Des origines de la communauté de biens entre époux, par Adolphe Tardif; Paris, A. Durand, 1850, in-8.

3624. Traité de la communauté de biens entre l'homme et la femme conjoints par mariage, par Philippe de Renusson; Paris, 1723, in-4.

3625. Même ouvrage, même édition.

3626. Traité de la communauté entre mari et femme, avec un traité des communautés ou sociétés tacites, par Denis Le Brun; ouvrage posthume donné au public par les soins de Me Louis Hideux; Paris, de Nully, 1734, in-fol.

3627. Traité de la communauté, auquel on a joint un Traité de la puissance du mari sur la personne et les biens de la femme, par l'auteur du traité des Obligations (Pothier); Paris, Debure, 1770, 2 vol. in-12.

3628. Traité du douaire, par l'auteur du traité des Obligations (Pothier); Paris, Debure, 1770, in-12.

3629. Traité du droit d'habitation, pour servir d'appendice au traité du douaire; traité des donations entre mari et femme et du don mutuel, par l'auteur du traité des obligations (Pothier); Paris, Debure, 1771, in-12.

3630. Traité du droit de retour des dots, des donations, des institutions contractuelles, etc., etc., par Arnaud de La Rouvière; Paris, Huard, 1737, 2 vol. in-12.

3631. Traité de la dot, par Roussilhe; Clermont-Ferrand, Delcros, 1785, 2 vol. in-12.

3632. Traité de la dot, à l'usage du pays de droit écrit et de celui de coutume, par Rousilhe, annoté et mis en corrélation avec le Code Napoléon (par F. Sacaze); Paris, Durand, 1856, in-8.

3633. Traité des gains nuptiaux et de survie qui sont en usage dans les pays du droit écrit, par Antoine Gaspard Boucher d'Argis; Lyon, Duplain, 1738, in-4.

3634. Traité des propres réels, réputez réels et conventionnels, par Dernusson (de Renusson); Paris, Clouzier, 1714, in-4.

3635. Recueil chronologique de diverses ordonnances, et autres actes, pièces et extraits concernant les mariages clandestins; Paris, Martin, 1660, in-8.

3636. Traité de l'autorité des parents sur le mariage des enfants de famille, par V. J. R. A. E. P. (Valentin Renoul) ; Londres, 1773, in-8.

3637. Traité des peines des secondes noces, par Louis Astruc; Galembrun, Wangeth, 1752, in-12.

3638. Discours sur le divorce qui se fait par l'adultère, et s'il est permis à l'homme de se remarier, par J. L. P. J. C. D. ; Paris, Richer, 1586, in-8.

3639. Même ouvrage, même édition.

3640. Traité du divorce fait par l'adultère ; sçavoir s'il est permis à l'homme ou à la femme en ce cas de se remarier ; Paris, Pépingué, 1655, in-8.

3641. Législation du divorce (par de Cerfvol); Londres, 1769, in-8.

3642. La question du divorce, discutée sous les rapports du droit naturel, de la religion, de l'histoire, de la morale et de l'ordre social (par de Plasson); Paris, Prevost, 1790, in-8.

3643. Franc. Hotmanni de castis incestisve nuptiis disputatio : in qua de sponsalibus et matrimonio ex jure civili, pontificio et orientali disseritur, itemque de gradibus et nominibus cognatorum et adfinium; opus posthumum, cui adjectus est ejusdem Hotmanni libellus de spuriis et legitimatione ; Basileæ, Foilletus, 1594, in-8.

3644. Traicté de la dissolution du mariage par l'impuissance et froideur de l'homme ou de la femme (par Antoine Hotmann); Paris, Patisson, 1581, in-8.

3645. Traicté de la dissolution du mariage pour l'impuissance ou froideur de l'homme ou de la femme (par Antoine Hotmann); Paris, Rousset, 1610, in-8. — Second traicté de la dissolution du mariage, etc., etc. (par le même); Paris, Millot, 1650, in-8.

3646. Discours sur l'impuissance de l'homme et de la femme, auquel est déclaré que c'est qu'impuissance empeschant et séparant le mariage, et ce qui doit estre observé aux procès de séparation pour cause d'impuissance, par Vincent Tagereau ; Paris, Jean du Brayet, 1612, in-8.

3647. Essai de dissertations ou recherches sur le mariage, en sa qualité de contrat et de sacrement, à l'effet de prouver que, dans le mariage des fidèles, on ne peut séparer le contrat du sacrement (par Paul Charles Lorry); Paris, Martin, 1760, in-12.

3648. Lettres théologiques, historiques et politiques sur la forme des mariages; Paris, 1765, in-12.

Successions, Donations, Substitutions.

3649. Andreæ Tiraquelli commentarii de utroque retractu et municipali et reconventionali, ex integris in Pictonum Consuetudines commentariis; Parisiis, Audoenus Parvus, 1543, in-fol.

3650. Andreæ Tiraquelli de utroque retractu commentarii duo; Lugduni, Rouillius, 1571, in-fol.

3651. Andreæ Tiraquelli de utroque retractu commentarii duo; Lugduni, hæred. Guill. Rouillii, 1618, in-fol.

3652. Paraphrase du droict de retraict lignager, recueillie des coustumes de France et glosateurs d'icelles, par François Grimaudet; avec une préface, par Pierre Ayrault; Paris, Le Jeune, 1571, in-8.

3653. Paraphrase du droict de retraict lignager, recueillie des coustumes de France, etc., etc., par François Grimaudet; avec une préface, par Pierre Ayrault; Paris, Marnef, 1586, in-8.

3654. De arte Testandi et cautelis ultimarum voluntatum tractatus Joannis Dilecti Durantis, Gualdensis; Lugduni, Rouillius, 1572, in-8.

3655. Gulielmi Ranchini tractatus de successionibus ab intestato, in quo jus gallicum cum romano edocetur; Lugduni, H. a Porta, 1594, in-8.

3656. Traité des successions testamentaires et à intestat, par Charles de Bouques et Antoine Despeisses; Tolose, Bosc, 1636, in-8.

3657. De jure præcipuo duplicis vinculi, sive liber secundus autumnalium subsecivorum (a Joan. Umeau); Pictavii, Fleuriau, 1665, in-8.

3658. Francici de Barry de successionibus testati ac intestati; Lugduni, Huguetan, 1670, in-fol.

3659. Tractatus de substitutionibus, Vincentio Fusario auctore; Coloniæ Allobrogum, de Tournes, 1674, in-fol.

3660. Traittez de la représentation, du double lien et de la règle *Paterna paternis, Materna maternis*, par rapport à toutes les coutumes de France, par François Guyné; Paris, Langlois, 1698, in-4.

3661. Même ouvrage, même édition.

3662. Traité des conventions de succéder, ou successions contractuelles, par Joseph Boucheul; Poitiers, Faulcon, 1727, in-4.

3663. Questions sur les démissions de biens, par Louis Boullenois; Paris, Quillau, 1727, in-8.

3664. Traité de la révocation et nullité des donations, legs, institutions, fidéicommis, etc., etc., par D. L. R. (de La Rouvière); Toulouse, Caranove, 1738, in-4.

3665. Traité de la subrogation de ceux qui succèdent au lieu et place des créanciers, par Philippe Dernusson (de Renusson); Paris, 1743, in-4.

3666. Traité des élections d'héritier, contractuelles et testamentaires, par Vulson, augmenté (par Sudre); Toulouse, Forest, 1753, in-4.

3667. Même ouvrage, même édition.

3668. Traité des donations entre-vifs et testamentaires, par Jean Marie Ricard, et de la révocation des donations par la naissance et survenance des enfants, par M^e ***, avec des notes, par Bergier; Riom, Dégoutte, 1783, 2 vol. in-fol.

3669. Traité des testaments, codicilles, donations à cause de mort et autres dispositions de dernière volonté, par Jean-Baptiste Furgole; Paris, de Nully, 1747-1748, 2 vol. in-4.

(Incomplet, t. III et IV.)

3670. Traité des testaments, codicilles, donations à cause de mort et autres dispositions de dernière volonté, par Jean-Baptiste Furgole; Paris, Collot, 1766-1768, 2 vol. in-4. (Incomplet, t. I et II.)

3671. Traité des testaments, codicilles, donations à cause de mort et autres dispositions de dernière volonté, par Jean-Baptiste Furgole; Paris, libraires associés, 1777, 4 vol. in-4.

3672. Ordonnances de Louis XV concernant les donations, les insinuations, les testaments, etc., etc.; Paris, 1740, in-24.

3673. Explication de l'ordonnance de Louis XV, de février 1731, concernant les donations, par François de Boutaric; Avignon, Girard, 1744, in-4.

3674. Ordonnance de Louis XV, pour fixer la jurisprudence sur la nature, la forme, les charges et les conditions des donations, avec des observations, par Jean-Baptiste Furgole; Toulouse, Forest, 1733, in-fol.

3675. Ordonnance de Louis XV, pour fixer la jurisprudence sur la nature, la forme, les charges et les conditions des donations, avec des observations, par Jean-Baptiste Furgole; Toulouse, Birosse, 1761, 2 vol. in-4. — Le second volume a pour titre : Questions remarquables sur la matière des donations.

3676. Même ouvrage, même édition.

3677. L'esprit des ordonnances de Louis XV sur les donations et les testaments (par Sallé); Paris, veuve Rouy, 1752, in-12.

3678. Commentaires sur les nouvelles ordonnances concernant les donations, les testaments, le faux principal, etc., etc., par Guy Du Rousseaud de La Combe; Paris, de Nully, 1753, in-4.

3679. Observations sur les donations, par Pajon; Paris, Knapen, 1761, in-16.

3680. Traité des institutions et des substitutions contractuelles, par Eusèbe de Laurière; Paris, Guignard, 1715, 2 vol. in-12.

3681. L'esprit des deux ordonnances de Louis XV sur les substitutions et sur le faux, par Sallé; Paris, Savoye, 1754, in-12.

3682. Explication de l'ordonnance de Louis XV, donnée au mois d'août 1747, concernant les substitutions, par Serres; Avignon, Girard, 1756, 3 vol. in-8.

3683. Explication de l'ordonnance de Louis XV, d'août 1747, concernant les substitutions, par M^e . . . . . ., avocat au parlement de Toulouse; Avignon, Girard, 1754, in-4.

3684. Commentaire de l'ordonnance de Louis XV sur les substitutions (août 1747), par Furgole; Paris, Hérissant, 1767, in-4.

3685. Commentaire de l'ordonnance de Louis XV sur les substitutions, du mois d'août 1747, par Jean-Baptiste Furgole; Paris, Cellot, 1775, in-4.

3686. Questions concernant les substitutions, avec les réponses de tous les parlements et cours souveraines, et des observations de M. le chancelier d'Aguesseau sur lesdites réponses (recueillies par Vaquier); Toulouse, Dalles, 1770, in-4.

3687. Même ouvrage, même édition.

3688. Traité des successions divisé en quatre livres, par Denis Le Brun, avec de nouvelles décisions et des remarques critiques, par François Bernard Espiard de Saulx; nouvelle édition, augmentée par M^e . . . . . ., avocat au parlement (Jean Adrien Sérieux); Paris, Moutard, 1775-1777, 2 tom. en 1 vol. in-fol.

3689. Même ouvrage, même édition.

3690. Traité des substitutions fidéicommissaires, avec des notes sur l'ordonnance de 1747, par Thevenot d'Essaule de Savigny; Paris, Moutard, 1778, in-4.

3691. Même ouvrage, même édition.

3692. Les institutions au droit de légitime, ou recueil de la jurisprudence actuelle concernant la légitime et supplément d'icelle, par Pierre Roussilhe; Avignon, Delaire, 1770, 2 vol. in-12.

3693. La jurisprudence des donations entre-vifs, par Pierre Roussilhe; Avignon, Chaillot, 1785, 2 vol. in-12.

3694. Traité des successions conformément au droit romain et aux ordonnances du royaume, par de Montvalon; Aix, Volland, 1786, 2 vol. in-4.

Contrats et Obligations.

3695. Traité sur les cessions et banqueroutes, et les causes qui ont meu le sage et souverain sénat et parlement de Paris de confirmer le jugement du juge de Laval, etc., par Gabriel Bounyn; Paris, Chevillot, 1586, in-8.

3696. Traité de la garantie des rentes, par Charles Loyseau; Paris, 1620, in-4.

3697. Traité des moyens d'acquérir en général, avec les formes et solemnités anciennement usitées ès exécutions et contraintes des débiteurs, etc., etc., par Nicolas Gouget; Paris, Buon, 1611, in-8.

3698. Traité des obligations selon les règles tant du for de la conscience que du for extérieur (par Pothier); Paris, Debure, 1768, 2 vol. in-12.

3699. Traité du contrat de louage, selon les règles tant du for de la conscience que du for extérieur, par l'auteur du traité des Obligations (Pothier); Paris, Debure, 1764, in-12.

3700. Supplément au traité du contrat de louage, ou traité des contrats de louage maritime, par l'auteur du traité des Obligations (Pothier); Paris, Debure, 1765, in-12.

3701. Traité du contrat de louage, selon les règles tant du for de la conscience que du for extérieur, par l'auteur du traité des Obligations (Pothier); Paris, Debure, 1778, in-12. A la suite : Traité du contrat de bail à rente (par le même).

3702. Traité des contrats de bienfaisance, selon les règles tant du for de la conscience que du for extérieur, par l'auteur du traité des obligations (Pothier); Paris, Debure, 1766, 2 vol. in-12.

3703. Traité du contrat de bail à rente, par l'auteur du traité des Obligations (Pothier); Paris, Debure, 1764, in-12.

3704. Traité du contrat de vente, selon les règles tant du for de la conscience que du for extérieur (par Pothier) ; Paris, Debure 1762, in-12.

3705. Traité des retraits, pour servir d'appendice au traité du contrat de vente (par Pothier); Paris, Debure, 1762, in-12.

3706. Traités des contrats aléatoires, selon les règles tant du for de la conscience que du for extérieur, par l'auteur du traité des Obligations (Pothier); Paris, Debure, 1767, in-12.

3707. Traité du contrat de constitution de rente, par l'auteur du traité des Obligations (Pothier); Paris, Debure, 1768, 2 tom. en 1 vol. in-12.

3708. Instruction facile sur les conventions, ou notions simples sur les divers engagements qu'on peut prendre dans la société (par Jussieux de Montluel); Paris, Leclerc, 1766, in-12.

3709. Instruction facile sur les conventions (par Montluel); Paris, Leclerc, 1779, in-12.

Traités de droit criminel.

3710. Traité des peines et amendes, tant pour les matières criminelles que civiles, diligemment extraict des anciennes loix des douze tables, de Solon et Draco, constitutions canoniques, loix civiles, etc., etc., par Jean Duret; Lyon, L'Angelier, 1583, in-8.
3711. Traité des injures dans l'ordre judiciaire, par J. Dareau, avec observations, par Fournel; Paris, Nyon, 1785, 2 vol. in-12.
3712. Même ouvrage, même édition.
3713. Discours des parricides, par Guillaume Du Blanc; Lyon, Ancelin, 1606, in-8.
3714. Recueil des édits, déclarations, arrêts et autres pièces concernant les duels et rencontres; Paris, Léonard, 1689, in-12.
3715. Traitez et advis de quelques gentils-hommes françois sur les duels et gages de bataille, assçavoir de MM. Olivier de La Marche, Jean de Villiers, Hardouin de La Jaille; Paris, Richer, 1586, in-8.
3716. Traicté contre les duels, par Jean Savaron; Paris, Chevalier, 1614, in-8.
3717. Discours abrégé, avec l'ordonnance du roy S. Loys contre les duels, par Jean Savaron; Paris, Chevalier, 1614, in-8.
3718. Des causes qui excusent de dol, livre unique, de François Grimaudet; Paris, Marnef, 1585, in-8.
3719. Des causes qui excusent de dol, livre unique, de François Grimaudet; Paris, Marnef, 1586, in-8.
3720. Code du faux, ou commentaire sur l'ordonnance du mois de juillet 1737, par François Serpillon; Lyon, Regnault, 1774, in-4.
3721. Traité de la séduction, considérée dans l'ordre judiciaire, par Fournel; Paris, Demonville, 1781, in-12.
3722. Traité de l'adultère, considéré dans l'ordre judiciaire, par Fournel; Paris, Bastien, 1778, in-12.
3723. Recueil tiré des procédures criminelles faites par plusieurs officiaux et autres juges du royaume, par Pierre de Combes; Paris, Legrand, 1700, in-4.

3724. Observations sur un manuscrit intitulé *Traitté du péculat* (par Levayer de Boutigny); 1666, in-12.

Matières diverses.

3725. De fictionibus juris tractatus quinque, quibus accessit solemnis prælectio ad l. Cum societas, ff. pro socio; auctore Antonio Dadino Alteserra; Parisiis, Lamy, 1659, in-4.

3726. Antonii Dadini Alteserræ de fictionibus juris tractatus VII, edit. nov., accurante Joanne Friderico Eisenhart; Halæ, Hemmerde, 1769, in-8.

3727. Jacobi Gothofredi diatriba de jure præcedentiæ repetitæ prælectionis; Genevæ, Chouët, 1664, in-4.

3728. Essai sur la prestation des fautes, par Lebrun, avec une dissertation de Pothier sur cet essai et des notes indicatives des lois nouvelles concernant les fautes (par Loiseau); Paris, Bayoux, 1813, in-12.

3729. Traité du droit de domaine et de propriété; traité de la possession et de la prescription, par Pothier; Paris, Debure, 1772, 2 vol. in-12.

3730. Traité politique et économique des chetels (par Colas); Dijon, Causse, 1765, in-12.

3731. Traité des évictions et de la garantie formelle, par Berthelot; Paris, Lottin, 1781, 2 vol. in-12.

3732. Traité du déguerpissement et délaissement par hypothèque, par Charles Loyseau; Paris, de Varennes, 1720, in-4.

3733. Traité des servitudes réelles, par Lalaure; Paris, Hérissant, 1777, in-4.

3734. Essai sur la nature, les différentes espèces et les divers degrés de force des preuves, par Gabriel; Bouillon, imprim. ducale, 1790, 2 tom. en 1 vol. in-12.

3735. Essai sur la nature, les différentes espèces et les divers degrés de force des preuves, par Gabriel, nouvelle édition précédée d'un essai historique, par Solon; Toulouse, Caunes, 1824, in-8.

3736. Essai sur la nature, les différentes espèces et les divers degrés de force des preuves, par Gabriel, nouvelle édi-

DROIT CIVIL ET DROIT PÉNAL.

tion, revue et mise en harmonie avec les nouveaux codes, par Solon; Paris, Durand, 1845, in-8.

3737. Traité des inscriptions en faux, et reconnaissances d'écritures et signatures, par Ragueneau; Luxembourg, 1673, in-12.

3738. Traité contenant la manière de procéder à toutes vérifications d'écritures contestées en justice, par de Blegny; Paris, Cavelier, 1698, in-12.

3739. Traité contenant la manière de procéder à toutes vérifications d'écritures, par de Blégny; Paris, Cavelier, 1700, in-12.

3740. Traité de la preuve par témoins en matière civile, contenant le commentaire de Jean Boiceau, sieur de La Borderie, sur l'article 54 de l'ordonnance de Moulins, avec plusieurs questions nouvelles et des observations, etc., etc., par Danty, et le Traité de la preuve par comparaison d'écritures de Le Vayer; Paris, Montalant, 1727, in-4.

3741. Lettres sur la vérification des écritures arguées de faux, par d'Autrèpe; Paris, Lottin, 1770, in-12.

3742. Joannis Copi de Fructibus libri IV; Parisiis, Wechel, 1535, in-4.

3743. Josephi Francisci Boneti de Sanbonetis, Carpentoractensis, tractatus de animalibus, curribus et plaustris; Avenione, Fez, 1761, 2 tom. in 1 vol. in-fol.

3744. Paraphrase des droits des usures et contracts pignoratifs, par François Grimaudet; Paris, Marnef, 1585, in-8.

3745. Paraphrase des droits des usures et contracts pignoratifs, par François Grimaudet; Paris, Marnef, 1586, in-8.

3746. Traité des intérêts des créances, suivant les lois et usages observés tant en pays coutumier qu'en pays de droit écrit, par Bertrand Louis Le Camus d'Houlouve; Paris, Didot, 1774, in-12.

3747. Même ouvrage, même édition.

3748. Traité des dépôts volontaires, nécessaires, judiciaires, par Aublet de Maubuy; Paris, Cellot, 1782, in-12.

3749. Jurisprudence des rentes, ou Code des rentiers par ordre alphabétique, par Debeaumont; Paris, Guillyn, 1766, in-8.

3750. Questions sur l'édit du mois de juin 1771 et autres lois postérieures concernant les hypothèques, par François de Corail de Sainte-Foy; Toulouse, Broulhiet, 1785, in-8.

3751. Observations sur l'édit des hypothèques du mois de juin 1771, par Brohard; Lyon, Grabit, 1780, in-12.

3752. Instrument du premier notaire; Trias judiciel du second notaire; Secrets du troisième et dernier notaire, par Jean Papon; Lyon, Roussin, 1598-1600, 3 vol. in-fol.

3753. Traité des droits, privilèges et fonctions des notaires, avec recueil de leurs chartres et titres, par Simon François Langloix; Paris, Coignard, 1738, in-4.

3754. La science parfaite des notaires, ou le parfait notaire, revue, corrigée sur celle de Claude Joseph de Ferrière, par le sieur F. B. de Visme; Paris, Saugrain, 1752, 2 vol. in-4.

3755. Le jurisconsulte cartulaire, ou explication sommaire des principales clauses des actes, par E. B . . . , avocat au parlement; Paris, Mazuel, 1698, in-12.

Plaidoyers.

3756. Barreau français, collection des chefs-d'œuvre de l'éloquence judiciaire en France, recueillie par Clair et Clapier; Paris, Panckoucke, 1823-1824, 16 vol. in-8.
(Manque 1 vol.)

3757. Annales du Barreau Français, ou choix de Plaidoyers, mémoires et discours les plus remarquables, tant en matière civile qu'en matière criminelle, depuis Le Maistre et Patru jusqu'à nos jours, avec une notice sur la vie et les ouvrages de chaque orateur, par une société de jurisconsultes et de gens de lettres; Paris, Warée, 1823-1847, 20 vol. in-8.
(Manque 1 vol.)

3758. Leçons et modèles d'éloquence judiciaire, par M. Berryer; Paris, L'Henry, 1838, in-8.

3759. Recueil de plaidoyers notables de plusieurs anciens et fameux advocats de la cour de Parlement, faicts en causes célèbres, dont aucunes plaidées en présence des roys, et divers arrêts; Paris, veuve Du Brayet, 1611, in-8.

3760. Recueil de plaidoyers faits par les plus fameux advocats du Parlement de Paris; Paris, Guignard, 1687, in-4.

3761. Plaidoyers et actions graves et éloquentes de plusieurs fameux advocats du Parlement de Bourdeaus; Bourdeaus, Vernoy, 1615, in-4.

8762. Plaidoyer de Simon Marion, advocat au Parlement, baron de Druy, avec les arrests donnez sur iceux; Paris, Sonnius, 1594, in-8.

3763. Les reliefs forenses de M⁰ Sébastien Rouillard; Paris, de La Ruelle, 1610, in-4.

3764. Même ouvrage, même édition.

3765. Plainte sur rapt, pour damoiselle F. G. D. D. B., contre F. C., sieur de La J., par Sébastien Rouillard; in-8.

3766. Le divorce, pour Philippe de Danneval, dame de La L., contre F. D., son mary, par Sébastien Rouillard; in-8.

3767. Plaidoyez de Jacques Corbin, ensemble les arrêts intervenus sur iceux; Paris, Millot, 1611, in-8.

3768. Les plaidoyers faits en la cour du Parlement, par M. Ayrault, lieutenant-criminel au siège d'Angers; Rouen, Besongne, 1614, in-8.

3769. Plaidoyez de Claude Expilly; Paris, L'Angellier, 1619, in-4.

3770. Plaidoyé de Mᵉ Robert Robin, avec l'ampliation du plaidoyé de Mᵉ Simon Hardy, sur la question sçavoir si un enfant, qu'on prétendoit avoir été monstre, avoit été capable de recueillir la succession de son père; Paris, Villery, 1620, in-8.

3771. Actions notables et plaidoyez de Louis Servin, à la fin desquels sont les arrests intervenus sur iceux; Paris, Richer, 1640, in-fol.

3772. Plaidoyers de Jean Boné; Paris, Le Gras, 1657, 2 part. en 1 vol. in-4.

3773. Nouveau recueil de divers plaidoyers de Mᵉ A. Galland; Paris, 1656, in-4.

3774. Nouveau recueil de divers plaidoyers de feus MM. Auguste et Thomas Gallands et autres fameux advocats de la cour de Parlement; Paris, Loyson, 1656, in-8.

3775. Plaidoyez de Jean Guy Basset, ensemble divers arrests et règlements de la cour de Parlement, aydes et finances de Dauphiné, divisé en deux parties; Grenoble, Petit, 1668, in-fol.

3776. Œuvres d'Omer et de Denis Talon, publiées sur les manuscrits autographes, par D. B. Rives; Paris, Egron, 1821, 6 vol. in-8.

3777. Arrest de la cour de parlement intervenu dans la cause des Daubriots de Courfraut, avec les plaidoyers de M. Talon, advocat-général, et de M. Pousset, sieur de Montauban, et quelques autres plaidoyers dudit sieur de Montauban; Paris, Lamy, 1660, in-4.

3778. Les Plaidoyers et Harangues de Le Maistre, donnés au public par Jean Issali; Paris, Le Petit, 1673, in-4.

3779. Plaidoyez de M. (Errard), avocat au parlement; Paris, Lefebvre, 1696, in-8.

3780. Plaidoyez de M. Erard, avec les arrêts du Parlement donnés en interprétation des articles 282 et 283 de la Coutume de Paris, touchant les avantages indirects faits par l'un des conjoints à l'autre; Paris, Ménissier, 1734, in-8.

3781. Œuvres diverses de Patru, contenant les plaidoyers, harangues, lettres et vies de quelques-uns de ses amis; Paris, David, 1732, 2 vol. in-4.

3782. Les Plaidoyez de Gaultier; Paris, Girard, 1688, 2 vol. in-4.

3783. Plaidoyez de Nicolas de Corberon, seigneur de Torvilliers, ensemble les plaidoyers de M. Abel de Sainte-Marthe; Paris, de Sercy, 1693, in-4.

3784. Plaidoyers et autres œuvres de Gillet; Paris, Boudot, 1696, in-4.

3785. Défense de messire André de Brun de Castellane contre Anne Le Gouche, par Silvain; Aix, 1704, in-4.

3786. Plaidoyez de M. Lenoble, et les arrest rendus sur les questions qui y sont traitées; Rouen, Maurry, 1704, in-8.

3787. Plaidoié pour Girard Vanopstal, un des recteurs de l'Académie royale de la peinture et de la sculpture (par Chrétien François de Lamoignon); in-4.

3788. Discours prononcés au parlement de Provence, par un de MM. les avocats-généraux (Gueydan); Paris, Quillau, 1739-1742, 5 vol. in-12.

3789. Plaidoyer de M. Freydier, avocat à Nismes, contre l'introduction des cadenats ou ceintures de chasteté; Montpellier, Rochard, 1750, in-8.
3790. Discours publics et éloges, par M..., avocat-général (Guyton-Morveau); Paris, Simon, 1775, 2 tom. en 1 vol. in-12.
3791. Plaidoyers sur plusieurs questions importantes de droit canonique et civil, par Guyton de Morveau; Dijon, Mailly, 1785, in-4.
3792. (Collection des mémoires, plaidoyers et consultations de Simon Nicolas Henri Linguet); 9 vol. in-4.
3793. Mémoires et Plaidoyers de Linguet; Amsterdam, Joly, 1773, 7 vol. in-12.
3794. Les mêmes; Liége, 1776, 11 vol. in-12.
    (Incomplet.)
3795. Plaidoyers et mémoires de Loyseau de Mauléon; Londres, 1780, 3 vol. in-8.
3796. Œuvres choisies de Tronson Du Coudray, publiées par son fils et son gendre, avec notice bibliographique, par Edmond Blanc; Paris, Pelicier, 1829, 2 vol. in-8.
3797. Plaidoyer pour le marquis de Soyecourt contre la princesse de Nassau-Saarbruch (par Tronson Du Coudray); 1788, in-4.

Mémoires, Consultations.

3798. (Collection de mémoires, factums, etc., etc., achetée à la vente de Pierre Gilles Chanlaire); 312 vol. in-fol. et in-4; plus 46 vol. de tables.
3799. (Collection de mémoires, factums, etc., etc., recueillie par Gautier Du Breil, avec une table de cette collection, par Fr. Marie Jos. Boullanger Demontcavrel); 162 vol. in-4 et in-fol.
3800. (Collection de mémoires, factums, etc., etc., léguée par M. Ferey); 10 vol. in-fol. et 30 vol. in-4.
3801. (Collection de mémoires, factums, etc., etc., achetée à la vente d'Ange François Pantin); 30 vol. in-4.
3802. (Mémoires de Louis Simon Martineau); 18 vol. in-4.
3803. Factum pour Marie Marguerite d'Aubray, marquise de

Brinvilliers, avec le mémoire du procez extraordinaire contre ladite dame et l'arrest de la cour de Parlement; Paris, Tompère, 1676, in-12. — Factum du procez extraordinairement fait à La Chaussée, valet de Sainte-Croix ; Paris, Tompère, 1676, in-12.

3804. (Recueil de pièces concernant le procès du surintendant Nicolas Fouquet) ; 9 vol. in-4.

3805. Nouveau recueil des factums du procez d'entre défunt M. l'abbé Furetière, l'un des quarante de l'Académie françoise, et quelques-uns des autres membres de la même Académie; Amsterdam, Desbordes, 1694, 2 vol. in-12.

3806. Requête du précenteur de l'église de S. Pons (Jean Paul Royer), demandeur en réparation de calomnies contre le syndic des PP. Recollets de S. Pons; in-4.

3807. Requête présentée au parlement pour Marguerite Catherine Turpin (par Lequeux); Paris, Lottin, 1735, in-4.

3808. Requête présentée au Parlement par Charlotte de La Porte, dont les jambes et les pieds ont grandi dans le cours de ses convulsions (par Lequeux); Paris, Lottin, 1735, in-4.

3809. Précis pour le marquis de Fortia contre mademoiselle d'Urban; in-4.

3810. Factum pour Paul Hercule Catherine de Fortia contre J. B. Deurre de Brotin; (1749), in-4.

3811. Réflexions pour M. de Fortia sur les observations signifiées de la part de M. de Montanègues; (1749), in 4.

3812. Mémoire pour le sieur de La Bourdonnais, avec les pièces justificatives ; Paris, Delaguette, 1750, in-4.

3813. Mémoire pour le sieur Dupleix contre la compagnie des Indes, avec les pièces justificatives; Paris, Leprieur, 1759. — Réponse à un article du Mémoire du sieur Dupleix. — Réponse du sieur Dupleix à la lettre du sieur Godcheu ; in-4.

3814. Plaidoyers et mémoires, contenant des questions intéressantes tant en matières civile, canonique et criminelle, que de police et de commerce, avec les jugements, et leurs motifs sommaires et plusieurs discours sur différentes matières, soit de droit public, soit d'histoire, par Louis Mannory; Paris, Hérissant, 1759, 18 vol. in-12.

3815. Mémoire pour P. A. I. de Peglion, contre le duc de Duras et autres; Roussel, avocat, 1760, in-4.

3816. (Affaire Calas. Mémoire à consulter pour les enfants de Jean Calas; de Lambon, Mallard, Elie de Beaumont, etc., etc., avocats; 1765. — Mémoire de Fr. Alex. Gualbert Lavaysse. — Mémoire pour Anne Rose Cabibel, veuve Calas; Elie de Beaumont, avocat. — Jugement souverain des requêtes de l'Hôtel du roi, 1765. — Mémoire de David Lavaysse pour Fr. Al. Gaubert Lavaysse. — Mémoire du sieur Gaubert Lavaysse. — Déclaration de Louis Calas. — Mémoire justificatif pour Louis Calas; Sudre, avocat. — Suite pour les sieurs et demoiselle Calas; Sudre, avocat; 1762. — Pièces originales concernant la mort des sieurs Calas; 1762. — Mémoire de Donat Calas pour son père; 1762. — Mémoire à consulter et consultation pour Anne Rose Cabibel; Elie de Beaumont, Stuart, L'Herminier, etc., avocats; 1762. — Mémoire pour A. R. Cabibel et ses fils; Mariette, avocat. — Mémoire pour Donat, Pierre et Louis Calas; Loiseau de Mauléon, avocat. — Réflexions pour A. R. Cabibel; Mariette, avocat. — Observations pour la dame Calas; Mariette, avocat. — Mémoire pour la veuve Calas; Mariette, avocat; 1765); 2 vol. in-8.

3817. Réponse pour Esprit René de Mellet, contre M⁰ Courlesvaux; Legouvé, avocat, 1766, in-4.

3818. Mémoire pour les sieurs Berth et La Pierre contre le chevalier de La Tremblaye; de La Borde, avocat; (1766), in-4.

3819. Mémoire signifié pour Esprit René de Mellet, sieur de La Tremblaye, contre M⁰ Courlesvaux; Legouvé, avocat; 1766, in-4.

3820. Précis pour J. B. Hannen, N. Breban et autres, contre les maîtres brasseurs de Paris; 1767, in-4.

3821. Mémoire pour M⁰ Parent, curé de S. Pierre de Pontoise, et M⁰ Desvignes, notaire, contre le sieur Pioger; Pihan de La Forest, avocat; 1767, in-4.

3822. Cause d'état sur une réclamation de vœux (pour J. H. Quoinat, contre les prieur et religieux de Dilo); Paris, 1769, in-4.

3823. Consultation servant de réponse à la consultation donnée pour MM. de La Chalotais et de Caradeuc; 1770. — Lettres patentes du roi (27 juin 1770). — Arrêt du Conseil d'Etat (3 juillet 1770). — Mémoire à consulter et consultation pour M. le duc d'Aiguillon (17 mai 1770). — Mémoire à consulter pour le duc d'Aiguillon (16 juin 1770). — Mémoire à consulter pour le sieur Clemenceau ; (1769), in-4.

3824. Mémoire pour le duc d'Aiguillon ; Linguet, avocat; 1770, in-4.

3825. Mémoire pour Marie Elisabeth Veron, contre Prévot, Forestier, etc., etc.; Tronsson, avocat; 1772, in-4.

3826. Mémoire pour le sieur Jean Barthelemy Granier de Pradines, contre le sieur Aubineau ; Vermeil, avocat; 1772, in-4.

3827. Mémoire pour Audineau contre J. B. Granier; Tronsson, avocat; 1773, in-4.

3828. A M. le lieutenant-général du bailliage de Falaise, supplie François Louis René Gouhier, sieur de La Provotière ; 1772, in-4.

3829. Consultation sur une question d'impuissance (Gouhier de La Provotière contre sa femme); Tronsson, avocat; 1772, in-4.

3830. Mémoire pour Pannier contre Jullienne ; Tronsson, avocat ; 1773, in-4.

3831. Mémoire pour Antoine Devaux contre les maîtres marchands de vins de Paris; Tronsson, avocat; 1773, in-4.

3832. Mémoire signifié sur délibéré pour le sieur Desplanches contre le sieur Delaunay ; Tronsson, avocat; 1773, in-4.

3833. Précis sur délibéré pour N. Ferré contre G. Godard; Tronsson, avocat; 1773, in-4.

3834. Mémoire pour Jeanne Desaint contre Leduc ; Anjollet, avocat; 1773, in-4.

3835. Mémoire à consulter et consultation pour C. Leclerc de Lesseville contre le prieur d'Authon ; Lesueur, avocat ; 1773, in-4.

3836. Addition importante au délibéré entre M. le président de Lesseville et le prieur d'Authon ; Lesueur, avocat ; 1773, in-4.

3837. Mémoire pour la dame veuve Aymonnier contre le sieur Guénin; Tronsson, avocat; 1773, in-4.

3838. Mémoire pour le sieur Guénin contre le sieur Aymonier; Le Prestre, avocat ; in-4.

DROIT CIVIL ET DROIT PÉNAL. 303

3839. Mémoire sur délibéré pour François Ducoin contre Joseph Bourlémont; Tronsson, avocat; 1773, in-4.

3840. Observations pour l'archevêque de Lyon contre le sieur Berthier, prêtre; Carré, avocat; 1774, in-4.

3841. Réflexions sur les trois écrits du prince de Turenne contre le comte de La Tour d'Auvergne; Turpin, avocat; 1774, in-4.

3842. Mémoire pour Edme Petit contre Nicolas Morot; Tronsson, avocat; in-4.

3843. Mémoire pour Pierre Louis Champenois Rocourt contre Louis Joseph Turpin; de Lasaudade, avocat; in-4.

3844. Mémoire pour les sieur et dame Jussy de Meriel, contre H. J. Archambaux; Jussy de Meriel, avocat; 1773, in-4.

3845. Mémoire pour le sieur Archambault contre Jussy de Meriel; Tronsson, avocat; 1773, in-4.

3846. Précis pour de La Poisse et autres contre Hubert Lebocq; de Bonnières, avocat; 1773, in-4.

3847. A Nos seign. de parlement en la Tournelle supplie L. F. Constant; Tronsson, avocat; in-4.

3848. Mémoire pour Daniel Patron contre Fr. Girodz, son épouse; Tronsson, avocat; 1773. — Mémoire pour le même contre la même; Gervais, procureur; 1773, in-4.

3849. Précis pour le sieur Guibourg contre la dame Breville; Aujollet, avocat; 1773, in-4.

3850. Mémoire signifié pour la dame Bréville contre le sieur Guibourg; Tronsson, avocat; 1773, in-4.

3851. Mémoire à consulter et consultation pour le comte de Coubert, contre J. B. Sevené; Chantreau, Delagoutte, Gerbier, Racine, avocats; 1773, in-4.

3852. Mémoire à consulter et consultation pour les habitants de Coubert contre J. B. Sevené; Tronsson, avocat; 1773, in-4.

3853. Précis pour le sieur Sevené, contre les habitants de Coubert; Guiard, avocat; 1773. — Addition au mémoire du sieur Sevené; Guiard, avocat; 1773, in-4.

3854. Mémoire sur délibéré pour C. R. J. B. P. A. Lefebre, abbé de La Brulaire, contre le sieur Montabon; Tronsson, avocat; 1774, in-4.

3855. Précis sur délibéré pour le sieur Montabon contre le sieur abbé Lefevre de La Brul re; Marmotant, avocat; 1774, in-4.

3856. Mémoire sur délibéré pour Charles Senneville contre Le Clerc de Bussy; Tronsson, avocat; 1774, in-4.

3857. Précis pour Nic. J. Veron de Bussy contre Nic. Henrion; Thacussios, avocat; 1773, in-4.

3858. Précis de la cause en délibéré pour Nic. Henrion contre N. J. F. Veron de Bussy; Roy Du Vivier, avocat; (1773), in-4.

3859. Précis pour J. B. Meunier contre H. M. Pasquier; Fernand, avocat; 1774, in-4.

3860. Réponse pour H. M. Pasquier contre J. B. Meusnier; Tronsson, avocat; 1774, in-4.

3861. Mémoire pour les maire et habitants d'Audigny contre les fermiers du Grand-Chaulieu ; Perrin, avocat; 1774, in-4.

3862. Mémoire signifié pour les maire et habitants de Chaulieu contre les maire et habitants d'Audigny; Tronsson, avocat; 1774, in-4.

3863. Mémoire pour Antoine Vieville contre les habitants d'Audigny; Tronsson, avocat; 1774, in-4.

3864. Réponse sommaire pour Edmond Connelly et Patrice Arthur, contre Edouard Gardner ; Chappron, avocat; 1774, in-4.

3865. Résumé du procès pour le sieur Gardner, contre les sieurs Gibs et Connelly ; Tronsson, avocat; 1774, in-4.

3866. Mémoire pour le sieur Tillier, contre le sieur Delmas; Tronsson, avocat; 1774, in-4.

3867. Mémoire sur délibéré pour le sieur Lefort de La Morinière contre le comte de Ténézin; Tronsson, avocat; 1774, in-4.

3868. Précis sur délibéré pour d'Ossolin de Ténézin contre le sieur Lefort de La Morinière ; Perrin, avocat; (1774), in-4.

3869. Mémoire signifié pour la demoiselle de La Chaize contre le sieur Thierry ; Tronsson, avocat; 1774, in-4.

3870. Mémoire à consulter (pour le marquis de Fortia contre madame de Gadagne, 1774); in-4.

3871. Mémoire pour Paul Hercule Catherine de Fortia contre

Marie Philippe Guillaume de Grammont de Cadart, duc de Caderousse ; Lacroix, avocat; in-4.

3872. (Recueil de pièces diverses concernant le procès entre le duc de Richelieu et dame Julie de Villeneuve de Vence, épouse de Jules Fauris de S. Vincent; 1775-1777); 5 vol. in-4.

3873. Mémoire pour les administrateurs de l'hôpital de la ville d'Aurillac contre le sieur Guillaume Laval; Blondel, avocat; 1780, in-4.

3874. (Mémoires, plaidoyers, arrêts, extraits de journaux et autres pièces concernant le procès entre Jacques César Riston et Pierre Nicolas Albert Riston); in-4.

3875. Réponse au premier mémoire de MM. les avocats-généraux pour les substituts de M. le procureur-général ; 1760, in-4.

3876. Réponse au second mémoire de MM. les avocats-généraux pour les substituts de M. le procureur-général ; 1760, in-4.

3877. Réponse signifiée au mémoire et à la consultation pour les substituts du substitut de M. le procureur-général au Châtelet ; 1781, in-4.

3878. Mémoire signifié pour les substituts du substitut de M. le procureur-général au Châtelet de Paris contre MM. les lieutenant civil et substitut de M. le procureur-général au Châtelet ; 1781, in-4.

3879. Mémoire pour les substituts de M. le procureur-général; in-4.

3880. Mémoire pour J. G. Dagoty contre l'abbé Rozier; Lemembre, avocat; 1778, in-4.

3881. Mémoire pour l'abbé Rozier contre Jacques Gautier Dagoty ; 1778, in-4.

3882. Point essentiel de la cause d'entre le sieur Camus contre l'adjudicataire des fermes ; 1779, in-4.

3883. Réfutation signifiée du mémoire de l'adjudicataire des fermes, pour le sieur Camus ; 1779, in-4.

3884. Pièces justificatives et observations pour le sieur Rochefort contre le procureur-général ; Clermont-Ferrand, 1780, in-4.

3885. Plaidoyer du sieur Rochefort contre le procureur du roi ; 1779, in-4.

3886. Mémoire pour Jean François Brayer contre Laurent David; 1780, in-4.

3887. Donation et testament attaqués pour cause de démence, suggestion et captation, pour Jean-Baptiste Le Gouche contre Louis Henri de Villeneuve-Trans et consors (premier mémoire); Blondel, avocat; 1780, in-4.

3888. Donation et testament attaqués pour cause de démence, suggestion et captation (second mémoire); Blondel, avocat; 1781, in-4.

3889. Résultat des enquêtes pour le marquis de Villeneuve-Trans et le chevalier de Villeneuve-Flayosc contre le sieur de S. Etienne et le comte de Sade; de Lacroix de Frainville, avocat; 1781, in-4.

3890. Principes dans la cause pour le comte de Sade contre le marquis de Trans et le chevalier de Villeneuve; Martineau, avocat; 1781, in-4.

3891. Faits dans la cause pour le comte de Sade contre le marquis de Trans et le chevalier de Villeneuve; Martineau, avocat; 1781, in-4.

3892. Cause en la cour sur l'inexécution par MM. les lieutenant civil et criminel au Châtelet de l'arrêt contradictoire du 6 mai 1780; 1783, in-4.

3893. Mémoire pour le sieur Rousseau contre l'adjudicataire des fermes; 1781, in-4.

3894. (Mémoires, observations, procès-verbaux, arrêts et autres pièces relatives au procès entre la communauté des boulangers de Rochefort et le maire de cette ville); Prevost de S. Lucien, avocat; 1783-1785, in-4.

3895. Mémoire à consulter pour la demoiselle Saint-Val, cadette, contre la dame Vestris; 1784, in-4.

3896. Réponse du comte de Courcy à M. le comte de Sanois; in-4.

3897. Mémoire pour Marie Françoise Victoire Salmon contre M. le procureur-général; Lecauchois, avocat. — Supplément au mémoire de la fille Salmon; 1785; Lecauchois, avocat. — Justification de M. F. V. Salmon, par M⁰ Lecauchois; Paris, Cailleau, 1786. — Consultation pour une jeune fille condamnée à être brûlée vive; Fournel, avocat; 1786. — Addition à la justification de M. F. V. Salmon; Lecauchois, avocat. — Arrêt de la cour de parlement qui décharge M. F. V. Salmon de toutes les charges et accusations. — Bouquet présenté à madame la comtesse de G. par l'innocente fille Salmon. — Lettres manuscrites de Linguet et autres à M⁰ Lecauchois. — Mémoire à consulter pour le sieur Abbatucci ; Delacroix, avocat ; 1786, in-4.

3898. Consultation pour la communauté de Châteauneuf contre le sieur Cappeau ; Balze, avocat ; 1785, in-4.

3899. Mémoires, consultations et arrêts dans la cause entre les notaires au châtelet de Paris et les notaires au châtelet d'Orléans ; (1786-1787), in-4.

3900. (Plaidoyers et mémoires relatifs à l'affaire Lally-Tollendal) ; 4 vol. in-4.

3901. Lettre circulaire de M. le comte de Lally à MM. du conseil ; 1786, in-4.

3902. Lettres et mémoires adressés à M. le garde des sceaux, par M. d'Eprémesnil ; 1786, in-8.

3903. Lettre circulaire de M. d'Eprémesnil à tous les membres du conseil du roi, au sujet d'une prédiction du sieur Tollendal ; seconde lettre circulaire de M. d'Eprémesnil ; 1785-1786, in-4.

3904. Seconde partie du mémoire pour M. Smith, médecin anglois, contre le procureur du roi au Châtelet ; Tronson du Coudray, avocat ; 1786, in-4.

3905. Mémoire pour le sieur de Boisville-Rousselet contre le sieur Cromot ; 1786, in-4.

3906. (Affaire du Collier. Mémoires divers) ; 5 vol. in-4.

3907. Mémoire pour le comte de Cagliostro contre M. le procureur-général ; Paris, Lottin, 1786, in-4.

3908. Requête au parlement par le comte de Cagliostro, signifiée le 24 février 1786 ; in-4.

3909. Mémoire pour le sieur Baradelle l'aîné contre la communauté des maîtres tapissiers, miroitiers, lunetiers ; Salivet, avocat ; in-4.

3910. Résumé du mémoire justificatif de Bradier, Simare et Lardoise ; 1787, in-4.

3911. Justification du mémoire contre les imputations de faux (affaire Bradier, etc., etc.) ; in-4.

3912. Réplique au réquisitoire du 11 août 1786 (affaire Bradier, etc., etc.) ; 1787, in-4.

3913. Réponse au mémoire apologétique des officiers de la prévôté de Troyes contre Bradier, Simare et Lardoise ; in-4.

3914. Nouveaux moyens de cassation contre la procédure prévôtale dans le procès de Bradier, Simare et Lardoise; in-4.

3915. Justification de sept hommes condamnés par le parlement de Metz en 1769, sur les seules dépositions de juifs plaignants; Paris, Lottin, 1787, in-4.

3916. (Mémoires et consultations de Raimond Romain de Seze); in-4.

3917. Requête au parlement de Paris, par le marq. de Saint-Huruge; 1787, in-4.

3918. Mémoire sur une question d'adultère, de séduction et de diffamation pour le sieur Korman, contre la dame Korman, le sieur Daudet de Jossan, etc., etc.; 1787, in-4.

3919. Même ouvrage, même édition.

3920. Mémoire de Pierre Augustin Caron de Beaumarchais, en réponse au libelle diffamatoire signé Guill. Korman; in-4.

3921. Même ouvrage, même édition.

3922. Mémoire du sieur Kornmann en réponse au mémoire du sieur de Beaumarchais; in-4.

3923. Même ouvrage, même édition.

3924. Observations du sieur Kormann en réponse au mémoire de M. Lenoir; Paris, 1787, in-4.

3925. Même ouvrage, même édition.

3926. Nouvelles observations pour le sieur Kormann contre M. Lenoir; in-4.

3927. Observations du sieur Kormann sur un écrit signé Seguin et Dubois; in-4.

3928. Même ouvrage, même édition.

3929. Mémoire pour la dame Kormann contre le sieur Guillaume Kormann, son époux (par Suard); 1787, in-4.

3930. Même ouvrage, même édition.

3931. Lettre de M. Daudet de Jossan à M. Bergasse; Strasbourg, 1787, in-4.

3932. Même ouvrage, même édition.

3933. Observations du sieur Kormann sur une lettre du sieur Daudet à l'imprimeur Muller; in-4.

3934. Mémoire pour le sieur Bergasse dans la cause du sieur

Kornmann contre le sieur de Beaumarchais et contre le prince de Nassau ; juin 1788, in-4.

Journaux, Arrêts.

3935. Journal de législation et de tout ce qui y a rapport, par Desprez (année 1769); Paris, Desprez, 1769, 1 tome en 2 vol. in-4.
3936. Journal du Palais, ou recueil des principales décisions de tous les parlements et cours souveraines de France, de 1660 à 1700, par Claude Blondeau et Gabriel Guéret ; Paris, Guignard, 1713, 2 vol. in-fol.
3937. Journal des principales audiences du parlement, avec les arrêts qui y ont été rendus, de 1622 à 1722, par Jean Dufresne, François Jamet de La Guessière, Nicolas Nupied, et Michel Duchemin ; Paris, Legras, 1733-1754, 7 vol. in-fol.
3938. Journal du Palais, ou recueil de plusieurs arrêts remarquables du parlement de Toulouse, depuis 1690 jusqu'en 1753 ; Toulouse, Forest, 1758-1759, 6 vol. in-4.
3939. Journal du palais de Provence, ou recueil des arrêts rendus depuis les derniers journalistes, par le parlement et la cour des aides de cette province, par Janety; années 1775-1776 ; Aix, Adibert, 1784, in-4.
3940. Journal du palais de Provence, ou recueil des arrêts rendus depuis les derniers journalistes, par le parlement et la cour des aides de cette province, par Janety, années 1775-1782 ; Aix, Adibert, 1782-1785, 4 vol. in-4.
3941. Journal du palais de Provence, par Janety (années 1779-1781); Aix, Adibert, 1782-1784, 3 vol. in-4.
3942. Journal des audiences et arrests du parlement de Bretagne, rendus sur les questions les plus importantes, de 1735 à 1778, avec les actes de notoriété jusqu'en 1777, par Poullain Du Parc ; Rennes, Vatar, 1737-1778, 5 vol. in-4.
3943. Gazette des Tribunaux, par Mars ; Paris, Lejay, 1775-1787, 24 tomes in-8.
    Incomplet.
3944. Annæi Roberti Rerum judicatarum libri IV ; Genevæ, 1610, in-8.

3945. Quatre livres des arrests et choses jugées par la court, œuvre composé en latin par Anne Robert, mis en françois par J. Tournet; Paris, Byllaine, 1622, in-4.

3946. Le code des décisions forenses et des choses jugées, par Pierre de Brosses; Genève, 1618, in-4.

3947. Recueil de règlements notables, tant généraux que particuliers, auxquels sont ajoustées cent rares et singulières questions de droict, décidées par arrests mémorables, le tout extraict des ordonnances royaux, arrests du conseil privé et autres cours souveraines de France, par Jean Chenu; Paris, Foüet, 1606, in-4.

3948. Recueil d'arrests notables des cours souveraines de France, ordonnez par titres en 24 livres par Jean Papon; édition augmentée par Jean Chenu et plus méthodiquement disposée par La Faye; Paris, Buon, 1621, 2 vol. in-4.

3949. Arrests notables donnez dans les conseils du roy, et par les cours souveraines de France, sur toutes sortes de questions en matières bénéficiales et causes ecclésiastiques, recueillis et mis en ordre alphabétique par Jean Tournet; Paris, Soly, 1631, 2 vol. in-fol.

3950. Recueil général des édits, arrests et règlements notables, concernant les ecclésiastiques, universités, officiers de justice et du domaine, etc., etc., par Jean Filleau; Paris, Richer, 1631, 2 vol. in-fol.

3951. Recueil des arrêts, déclarations, lettres patentes du roi, règlements, ordonnances et instructions de la cour des grands jours tenus à Clermont en Auvergne, en 1665 et 1666; Clermont, Jacquard, 1666, in-4.

3952. Arrêts et règlements notables du parlement de Paris et autres cours souveraines, rendus de 1737 à 1741, sur questions notables de droit et de coutume, civiles, criminelles, bénéficiales, sommaire des plaidoyers, moyens, conclusions des avocats généraux, motif des principales questions, par Nicolas Guy Du Rousseaud de La Combe; Paris, Paulus du Mesnil, 1743, in-4.

3953. Arrests notables des différents tribunaux du royaume, par Matthieu Augeard; Paris, Huart, 1756, 2 vol. in-fol.

3954. Placitorum summæ apud Gallos curiæ libri XII, multis a postrema editione placitis insignibus adaucti, et commodiss. indicibus illustrati, per Joannem Lucium Parisiensem; Lutetiæ, Stephanus, 1559, in-fol.

3955. CCXXXII arrests célèbres et mémorables du parlement de Paris, recueillis par Barnabé Le Vest, et reveus par Barnabé Le Vest, fils du premier; Paris, Foüet, 1612, in-4.
3956. Décisions notables de feu messire Gilles Le Maistre, premier président en la cour du parlement de Paris; Lyon, Pierre Rigaud, 1612, in-12.
3957. Remonstrances, ouvertures de palais et arrests prononcez en robes rouges, par André de Nesmond; Poictiers, Mesnier, 1617, in-4.
3958. Remonstrances, ouvertures de palais et arrests prononcez en robes rouges, par André de Nesmond; Lyon, Cusset, 1656, in-4.
3959. Arrests de la cour prononcez en robbes rouges, depuis le parlement commençant à la Sainct Martin 1580, jusques à Noël 1621, recueillis par Jacques de Montholon; Paris, Cramoisy, 1622, in-4.
3960. Arrests de la cour décisifs de diverses questions tant de droict que de coustume, par Jean Bouguier; Paris, Cramoisy, 1629, in-4.
3961. Arrests de la cour décisifs de diverses questions, tant de droict que de coustume, par Jean Bouguier; Paris, Pepingué, 1647, in-4.
3962. Décisions de plusieurs questions notables, traitées en l'audience du parlement de Paris, par C. Le Bret; Paris, Du Bray, 1630, in-8.
3963. Anciens arrests du parlement concernans le Berry, tirés des originaux et des registres olim (par Gaspard Thaumas de La Thaumassière); Bourges, Levez, 1665, in-4.
3964. Questions notables de droit, décidées par plusieurs arrests de la cour de parlement, et divisées en quatre centuries, par Claude Le Prestre; avec un traité des mariages clandestins, les arrestez de la cinquième chambre des enquestes et des autres chambres du parlement de Paris, remarques et additions de Gueret; Paris, Coignard, 1679, in-fol.
3965. Nouveau recueil de plusieurs questions notables tant de droit que de coutume, jugées par arrests d'audiences du parlement de Paris, depuis 1640 jusques à présent, divisé par centuries, par Lucien Soefve; Paris, de Sercy, 1682, 2 tomes en un volume in-fol.

3966. Recueil d'arrests du parlement de Paris, pris des mémoires de Pierre Bardet, avec notes de Claude Berroyer; Paris, Girard, 1690, 2 vol. in-fol.

3967. Recueil de plusieurs notables arrests du parlement de Paris, pris des mémoires de Georges Louet, avec un grand nombre d'arrests et de notables décisions, recueillis par Julien Brodeau; Paris, Thierry, 1693, 2 vol. in-fol.

3968. Recueil de plusieurs arrêts notables du parlement de Paris, pris des mémoires de George Louet, contenant un grand nombre d'arrêts et de décisions recueillis par Julien Brodeau, édition revue et augmentée par Guy Du Rousseaud de La Combe; Paris, de Nully, 1772, 2 vol. in-fol.

3969. Arrests de règlement, recueillis et mis en ordre par Louis-François de Jouy; Paris, Durand, 1752, in-4.

3970. Recueil d'arrests rendus sur plusieurs questions jugées dans des procès de rapport en la quatrième chambre des enquêtes (par Lespine de Grainville); Paris, Quillau, 1750, in-4.

3971. Recueil d'arrêts rendus sur plusieurs questions jugées dans les procès de rapport en la quatrième chambre des enquêtes, par de Grainville; Paris, Cellot, 1758, in-4.

3972. Recueil des arrêtés de M. le premier président de Lamoignon; Paris, Merlin, 1777, in-4.

3973. Recueil des arrêtés de M. le premier président de Lamoignon, édition revue et augmentée par Richer; Paris, Nyon, 1783, 2 vol. in-4.

3974. Arrest notable donné en l'audience de la Grand' Chambre, le 10 décembre 1603, avec les plaidoyers de MM. Marion et Clément Vaillant; Paris, de Heuqueville, 1603, in-8.

3975. Arrests et réglements concernant les fonctions des procureurs (par P. Gillet); Paris, J. Lefebvre, 1694, in-4.

3976. Arrests et règlemens concernant les fonctions des procureurs tiers referendaires du parlement de Paris (par P. Gillet); Paris, Lefebvre, 1717, in-4.

3977. Actes de notoriété donnés au Châtelet de Paris, par J. B. Denisart; Paris, Desaint, 1769, in-4.

3978. Même ouvrage, même édition.

3979. Arrêt de la cour du parlement, du 2 septembre 1732, qui ordonne qu'un libelle intitulé : *Mémoire touchant l'origine et l'autorité du Parlement*, sera lacéré et brûlé; in-12.

3980. Arresté du Châtelet de Paris, du 28 septembre 1753; in-12.

3981. Règlements sur les scellés et inventaires en matière civile et criminelle; Paris, 1756, in-4.

3982. Arrêt de la cour du parlement concernant les reconnoissances et levées de scellés, etc., du 6 mai 1780; in-4.

3983. Arrêt de la cour du parlement qui blâme Louis-Jean Armand, ci-devant avocat ès conseils du roi, du 19 juillet 1773; in-4.

3984. Arrêt de la cour du parlement qui condamne un imprimé ayant pour titre : *Almanach des honnêtes gens* (par Sylvain Maréchal), du 7 janvier 1788; in-4.

3985. Arrêsts notables du parlement de Toulouse, recueillis des mémoires de Bernard de La Roche-Flavin, avec les observations de François Graverol et les décisions notables sur diverses questions du droit jugées par arrêts du parlement de Toulouse, recueillies par Jean de Cambolas; Toulouze, Colomiers, 1682, in-fol.

3986. Arrests de la cour du parlement de Toulouse, recueillis par Jean Albert; Toulouse, Hénault, 1731, in-4.

3987. Arrests remarquables du parlement de Toulouse, recueillis par Jean de Catellan; édition augmentée par François et Jacques de Catellan; Toulouse, Caranove, 1730, 2 vol. in-4.

3988. Arrests remarquables du parlement de Toulouse, recueillis par Jean de Catelan; Toulouse, Caranove, 1739, 2 vol. in-4.

3989. Observations sur les arrêts remarquables du parlement de Toulouse, recueillis par Jean de Catellan, enrichies d'arrêts nouveaux rendus sur les mêmes matières, par Gabriel de Vedel; Toulouse, Forest, 1758, 2 vol. in-4.

3990. Notables et singulières questions de droit écrit, jugées au parlement de Toulouse, conférées avec les préjugés des autres parlements de France, par Geraud de Maynard; Toulouse, Hénault, 1751, 2 vol. in-fol.

3991. Recueil d'arrêts notables, ou supplément au Journal du Palais de Toulouse, avec des observations, par Aguier, de 1687 à 1778; Nismes, Belle, 1782, 2 vol. in-4.

3992. D. N. Boerii decisiones Burdegalenses, cum ejusdem tractatibus de statu et vita heremitarum, de seditiosis, de custodia clavium portarum civitatis et additionibus in tractatum Joan. Montani de auctoritate magni consilii, collatis vetustissimis exemplaribus a Guill. Nepote, cum decisionibus D. Ægidii Magistri; Lugduni, 1593, in-fol.

3993. Décisions et autres œuvres de Boerius, paraphrasées et traduites par Jacques Corbin; Paris, Millot, 1611, in-4.

3994. Jurisprudence du parlement de Bordeaux, avec un recueil de questions importantes et les arrêts qui les ont décidées en cette cour, par de Salviat; Paris, Buisson, 1787, in-4.

3995. Arrests notables de la cour du parlement de Provence, cour des comptes, aydes et finances du même païs, recueillis par Hyacinthe Boniface; Lyon, Molin, 1689-1708, 5 vol. in-fol.

3996. Recueil d'arrêts de la cour de parlement de Provence, concernant la compétence des juges et consuls des marchands, par Joseph Bonnet; Aix, Paquet, 1733, in-4.

3997. Recueil d'arrêts de la cour de parlement de Provence, concernant la compétence des juges en général, par Joseph Bonnet; Aix, Paquet, 1734, in-4.

3998. Recueil d'arrêts notables du parlement de Provence, rendus sur diverses matières et questions de droit, ou suite des Arrêts de Boniface, par Joseph Bonnet; Aix, Paquet, 1737, in-4.

3999. Arrêts notables de la cour du parlement de Provence, recueillis par Balthasar Debézieux, ouvrage divisé en IX livres, qui serviront de continuation aux deux compilations de Boniface; le tout par les soins de Sauveur Eiriés; Paris, Le Mercier, 1750, in-fol.

4000. Arrêts de règlement rendus par le parlement de Provence, avec des notes, par un président à mortier du même parlement (de Grimaldi); Aix, veuve David, 1744, in-4.

4001. Arrêts notables rendus par le parlement de Provence, avec les motifs de leurs décisions, par un président à mortier du même parlement (de Grimaldi); Aix, veuve David, 1746, in-4.

4002. Actes de notoriété donnés par les avocats et procureurs généraux au parlement de Provence, avec des observations (par de La Touloubre); Avignon, veuve Girard, 1772, in-8.

4003. Recueil d'arrêts de règlement et autres arrêts notables, donnés au parlement de Normandie, sur toutes sortes de matières civiles, bénéficiales et criminelles, par M. Louis Froland; Paris, Mesnier, 1740, in-4.

4004. Même ouvrage, même édition; Rouen, veuve Jore.

4005. Francisci Marci decisiones aureæ in sacro Delphinatus senatu jampridem discussæ ac promulgatæ; Lugduni, Joanna, Juntæ F., 1579, 2 vol. in-fol.

4006. Notables arrests de la cour de parlement, aydes et finances de Dauphiné, recueillis par Jean Guy Basset; Grenoble, Gibert, 1676, in-fol.

4007. Decisiones celeberrimi Sequanorum senatus Dolani, authore Joanne Grivello; Divione, Augé, 1731, in-fol.

4008. Nouveau recueil des arrests de Bourgongne, où sont contenues diverses notables questions de droict proposées à Me J. Bouvot, décidées par jugements et arrests de la cour souveraine du parlement de Dijon; Genève, Chouët, Stoer, 1624-1628, 2 vol. in-4.

4009. Arrests notables du parlement de Dijon, recueillis par François Perrier, avec des observations sur chaque question, par Guillaume Raviot; Dijon, Augé, 1738, 2 vol. in-fol.

4010. Arrests et règlements du parlement de Bretagne, avec les observations et remarques de Michel Sauvageau; Nantes, Mareschal, 1712, in-4.

4011. Les plus solemnels arrests et règlemens du parlement de Bretagne, recueillis par Noel Dufail, avec les annotations de Mathurin et de Michel Sauvageau, et le recueil d'arrêts de Chapel; Nantes, Mareschal, 1715-1716, 2 vol. in-4.

4012. Recueil d'arrests rendus au parlement de Bretagne sur plusieurs questions célèbres, par Paul Devolant, avec un recueil des actes de notoriété donnez au parquet de ce parlement; Rennes, Devaux, 1722, in-4.

4013. Arrêt de la cour des comptes, aides et finances de Montpellier qui décharge M. Salzard de toutes plaintes sur le fait du tabac ; Paris, Lamesle, 1787, in-4.

4014. Recueil d'arrêts notables du parlement de Tournay, par Mathieu Pinault; Valenciennes, Henri, 1703, 2 vol. in-4.

4015. Suite des arrests notables du parlement de Flandres, recueillis par Mathieu Pinault ; Douay, Mairesse, 1715, 2 vol. in-4.

4016. Arrests du parlement de Flandre sur diverses questions de droit, de coutume et de pratique, recueillis par Jacques Pollet ; Lille, Danel, 1716, in-4.

4017. Arrest portant règlement des procédures près la cour de parlement de Flandres ; Douay, Taverne, 1716, in-4.

4018. Recueil d'arrêts du parlement de Flandres, par Dubois d'Hermaville, de Baralle, de Blye et de Flines, avec un commentaire sur la coutume de la salle de Lille, par de Blye ; Lille, Henry, 1773, 2 vol. in-4.

4019. Décisions de plusieurs notables questions traitées en l'audience du parlement de Metz, séant à Toul, par Louis Fremin ; Toul, Belgrand, 1644, in-4.

4020. Arrests choisis de la cour souveraine de Lorraine et Barrois, avec divers actes publics concernant les duchés de Lorraine et de Bar (recueillis par Léonard Bourcier); Nancy, Cusson, 1717, in-8.

Causes célèbres.

4021. Causes amusantes et connues (par Rob. Estienne) ; Berlin, 1769, in-12.

4022. Causes célèbres et intéressantes, avec les jugements (recueillies par Gayot de Pitaval) ; Paris, 1734-1757, 20 vol. in-12.

4023. Causes célèbres et intéressantes, avec les jugements, recueillies par Gayot de Pitaval, et rédigées de nouveau par Richer; Amsterdam, 1772-1788, 22 vol. in-12.
Manque le t. I.

4024. Causes célèbres, curieuses et intéressantes de toutes les cours souverains du royaume, avec les jugements qui les ont décidées (par Desessarts) ; Paris, 180 tom. in-12.

4025. Même ouvr., même édit.; 64 tom. en 32 volumes.
Incomplet.

4026. Abrégé des causes célèbres et intéressantes, avec les jugements, par P. F. Besdel; Paris, Quillan, 1787, 3 vol. in-12.
Incomplet.

4027. Essai sur l'histoire générale des tribunaux des peuples, tant anciens que modernes, ou dictionnaire historique et judiciaire, contenant les anecdotes piquantes et les jugements fameux des tribunaux de toutes les nations, par Desessarts; Paris, 1778-1780, 6 vol. in-12.
Incomplet.

4028. Procès fameux, extraits de l'essai sur l'histoire générale des tribunaux, par Desessarts; Paris, 1786-1790, 10 vol. in-12.
Incomplet.

4029. Même ouvrage, même édition.
Incomplet.

4030. Les grands criminels jugés avant et pendant la révolution, par Desessarts; Paris, 1795-1796, 2 vol. in-12.
Incomplet.

4031. Même ouvr., même édit.
Egalement incomplet.

4032 Procès de Charles de Gontaut, duc de Biron; Paris. 1815, in-8.

4033. Procès du très-méchant et détestable parricide Fr. Ravaillac, publié par P. D.; Paris, Aubry, 1858, in-18.

4034. Petit discours des parties et office d'un bon et entier juge, de l'arrest mémorable du parlement de Tolose, de l'édict des mariages clandestins, etc., etc., par Jean de Coras; Lyon, Vincent, 1596, in-8.

4035. Discours des parties et office d'un bon juge, des douze règles de J. Pic de la Mirandole, de l'arrest mémorable, etc., etc., par Jean de Coras; Lyon, Vincent, 1605, in-8.

4036. Histoire tragique et arrest de la cour de Parlement de Tholose contre Pierre Arrias Burdeus, religieux augustin, maître François Gairaud, conseiller au seneschal de Tholose, etc., avec 131 annotations, par Guillaume de Segla, s^r de Cairas; Paris, Robinot, 1613, in-8.

4037. Factum pour Madame la duchesse Mazarin contre M. le duc Mazarin, son mari, par de Saint-Evremont; — Plaidoyer de Hérard pour le duc de Mazarin contre son épouse, et le factum pour la duchesse contre le duc, par de Saint-Evremont; Paris, 1698, in-8.

4038. La fille désavouée, où sont décrites les intrigues et cas fortuits les plus extraordinaires du siècle, et où sont traitées diverses questions de fait et de droit, incidentes à la matière, par Le Masier; Paris, 1672, in-8.

4039. Une cause célèbre à Metz (par Ch. Abel); Metz, Pallez, in-8.

4040. Recueil général des pièces contenues au procès du marquis de Gesvres et de Mademoiselle de Mascranni, son épouse; Rotterdam, Leers, 1714, 2 vol. in-12.

4041. Recueil général des pièces concernant le procès entre la demoiselle Cadière, de la ville de Toulon, et le père Girard, jésuite, recteur du séminaire royal de la marine de ladite ville; 1731, 2 vol. in-fol.

4042. Mandrin, par Paul Simian; Grenoble, 1860, in-8.

4043. Pièces originales et procédures du procès fait à Robert François Damiens; Paris, Simon, 1757, in-4.

4044. Les mêmes, 4 vol. in-12.

4045. Recueil important, sur la question de sçavoir si un juif, marié dans sa religion, peut se remarier après son baptême, lorsque sa femme juive refuse de le suivre et d'habiter avec lui; Amsterdam, Cellot, 1759, 2 vol. in-12.

4046. Marie-Antoinette et le procès du Collier, d'après la procédure instruite devant le parlement de Paris, par Émile Campardon; Paris, Plon, 1863, in-8.

Droit français moderne.

Répertoires, Collections des lois, Journaux de droit.

4047. Etude historique et comparative sur la législation civile de la France, par Edm. de Beauverger; Paris, 1862, in-8.

4048. Le livre de tous les citoyens, ou éléments de législation usuelle, par L. M. Le Senne; Paris, Durand, 1846, in-12.

4049. Répertoire universel et raisonné de jurisprudence, par Merlin; Paris, Garnery, 1812-1815, 17 vol. in-4.
(Manquent les tom. 10, 16 et 17.)

4050. Annotations, sur chaque article des cinq codes, de toutes les questions de droit traitées dans le nouveau Répertoire, et les 15e, 16e et 17e vol. de supplément, avec renvoi aux différentes éditions; Paris, Warée, in-4.

4051. Répertoire universel et raisonné de jurisprudence, par Merlin; Bruxelles, Tarlier, 1825, 18 vol. in-4.

4052. Répertoire universel et raisonné de jurisprudence, par Merlin; Paris, Remoissenet, 1827-1830, 18 vol. in-4.

4053. Recueil alphabétique des questions de droit qui se présentent le plus fréquemment dans les tribunaux, par le cit. Merlin; Paris, Danet, an XI — an XIII, 9 vol. in-4.

4054. Recueil alphabétique des questions de droit, par Merlin; Paris, Garnery, 1810-1820, 6 vol. in-4.

4055. Recueil alphabétique des questions de droit, par M. Merlin; Paris, Garnery, Remoissenet, 1827-1830, 8 vol. in-4.

4056. Table générale des matières contenues dans le Répertoire de jurisprudence et les Questions de droit de Merlin, par L. Rondonneau; Paris, Boret, 1829, in-4.

4057. Même ouvrage, même édition.

4058. Dictionnaire raisonné des matières de législation civile, criminelle, de finance et administrative, par C. P. D. (Désormeaux); Paris, Peronneau, an XI — an XIV, 10 tom. en 5 vol. in-8.

4059. Dictionnaire raisonné, ou exposition par ordre alphabétique des lois sur les transactions entre particuliers, par F. Fournel; Paris, Richard, an VI, in-8.

4060. Dictionnaire des arrêts modernes en matière civile et criminelle, de procédure et de commerce, ou recueil des arrêts rendus par la cour de cassation et les cours impériales, divisé en deux parties, par Loiseau, Dupin et Laporte; Paris, Nève, 1814, 2 vol. in-4.

4061. Répertoire de la nouvelle législation civile, commerciale et administrative, par Favard de Langlade; Paris, Didot, 1823-1824, 5 vol. in-4.

4062. Dictionnaire du droit civil, commercial, criminel, et de procédure civile et criminelle, par M. J. L. Crivelli; Paris, Bavoux, 1825, in-8.

4063. Recueil général des lois et arrêts, par J. B. Sirey, Devilleneuve et Carette; an X-1864, 64 vol. in-4.

4064. Recueil général des lois et des arrêts, fondé par Sirey, revu et complété par Devilleneuve et Carette, 1789-1863; Paris, 1840-1862, 16 vol. in-4.

4065. Table alphabétique et raisonnée des lois et arrêts de Sirey, ou notice décennale de législation et de jurisprudence, de 1800 à 1810, par J. B. Sirey; Hacquart, 1811, in-4.

4066. Table alphabétique et raisonnée du recueil général des lois et des arrêts, 1800-1820, par F. B. Sirey, F. B. Duvergier, L. M. Devilleneuve; Paris, 1821, in-4.

4067. Table décennale alphabétique, ou arrêts sommaires, par J. B. Sirey, 1821-1830; Paris, 1831, in-4°.

4068. Jurisprudence du xixe siècle, ou table décennale, de 1831 à 1840, par L. M. Devilleneuve; Paris, Pouleur, 1841, in-4.

4069. Jurisprudence du xixe siècle, ou table tricennale, par L. M. Devilleneuve; Paris, 1834, in-4.

4070. Jurisprudence du xixe siècle, ou table générale du recueil des lois et arrêts, par L. M. Devilleneuve et P. Gilbert; Paris, 1851-1862, 5 vol. in-4.

4071. Journal des audiences de la cour de cassation, par Denevers, Duprat, Jalbert, Seligny, Dalloz et Tournemine; an VI-1824, 22 vol. in-4.

4072. Jurisprudence générale du royaume, en matière civile et commerciale, ou Journal des audiences de la cour de cassation, par Dalloz; 1825-1864, 40 vol. in-4. Plus un vol. de tables.

4073. Même ouvrage, même édition.

4074. Journal des audiences de la cour de cassation et des cours royales, ou jurisprudence générale du royaume, par Dalloz; Paris, Smith, 1824-1830, 12 vol. in-4.

4075. Dictionnaire général et raisonné de législation, de doctrine et de jurisprudence, par Armand Dalloz; Paris, 1835-1841, 5 vol. in-4.

4076. Répertoire méthodique et alphabétique de législation, de doctrine et de jurisprudence, par D. Dalloz aîné et Armand Dalloz; Paris, 1845-1863, 42 vol. in-4.

4077. Même ouvrage, même édition.

4078. Encyclopédie du droit, ou répertoire raisonné de législation et de jurisprudence, par Sebire et Carteret; Paris, Videcoq, 1841-1846, 6 vol. in-8.

4079. Dictionnaire des justices de paix et des tribunaux de simple police, par E. Lonchampt; Paris, Legrand, 1842, in-8.

4080. Dictionnaire des temps légaux, de droit et de procédure, ou répertoire de législation, de doctrine et de jurisprudence, par J. B. Souquet; Paris, Hingray, 1844, 2 vol. in-4.

4081. Même ouvrage, même édition.

4082. Dictionnaire de procédure civile et commerciale, par Bioche et Goujet; Paris, Videcoq, 1839-1840, 5 vol. in-8.

4083. Dictionnaire de procédure civile et commerciale, par Bioche; Paris, Videcoq, 1845, 6 vol. in-8.

4084. Dictionnaire de procédure civile et commerciale, par Bioche; Paris, Durand, 1864, 6 vol. in-8.

4085. Dictionnaire du notariat, précédé d'un recueil des édits, lois, etc., fréquemment utiles aux notaires, par les notaires et les jurisconsultes rédacteurs du Journal des notaires et des avocats; Paris, 1829-1832, 6 volumes in-8.

4086. Dictionnaire des huissiers, par Urbain Loiseau et Ch. Vergé; Paris, Cosse, 1845, 2 vol. in-8.

4087. Bulletin des Lois; du 22 prairial an II à l'année 1864, 216 vol. in-8 et 8 de tables.

4088. Bulletin annoté des lois, décrets, depuis le mois de juin 1789, jusqu'au mois d'août 1830, avec des notices, par MM. Odilon Barrot, Vatimesnil, Ymbert, mis en ordre et annoté par Le Pec; Paris, Dupont, 1834, 18 volumes in-8.

4089. Bulletin annoté des lois, décrets, arrêtés, par Napoléon Bacqua de Labarthe et Paul Dupont; Paris, 1857-1862, 6 vol. in-8.

4090. Collection complète des lois, décrets, ordonnances, règlements et avis du Conseil d'Etat, par J. B. Duvergier; Paris, Guyot, 1824-1860, 60 vol. in-8.

4091. Table générale des lois, décrets, ordonnances, depuis 1788 jusques et y compris 1830, ouvrage faisant suite à la Collection complète des lois, composé pour servir de table particulière à tous les recueils de lois, et surtout au Bulletin officiel, par J. B. Duvergier; Paris, Scribe, 1834-1838, 2 vol. in-8.

4092. Corps du droit français, ou recueil complet des lois, décrets, ordonnances, arrêtés, sénatus-consultes, etc., etc., publiés depuis 1789, par C. M. Galisset; Paris, Malher, 1828-1845, 5 vol. in-8.

4093. Lois civiles intermédiaires, ou collection des lois rendues sur l'état des personnes et la transmission des biens, depuis le 4 août 1789 jusqu'au 30 ventôse an XII, par J. B. S. (Sirey) et G. S. L.; Paris, Garneray, 1806, 4 vol. in-8.

4094. Répertoire général de la législation française, depuis 1789 jusqu'au 1er janvier 1812; Paris, Rondonneau, 1812-1813, 2 vol. in-8.

4095. Répertoire général de la législation française pour les années 1812-1815, par L. Rondonneau; Paris, Rondonneau, 1816, in-8.

4096. Dictionnaire de législation, ou table alphabétique des lois rendues depuis l'an 1789 jusqu'à l'an VI; Paris, Baudoin, an VIII, 4 vol. in-8.

4097. Même ouvrage, même édition.

4098. Tables générales des lois, arrêtés, décrets, ordonnances, etc., etc., depuis 1789; Paris, Ménard, 1824, 2 volumes in-8.

4099. Collection complète des lois promulguées sur les décrets de l'Assemblée nationale; Paris, imprim. nation., 1791, 15 vol. in-8.
   Manque le volume 5.

4100. Collection générale des décrets rendus par la première Assemblée nationale législative; Paris, Baudoin, 5 vol. in-8.

4101. Recueil chronologique des lois et actes de l'autorité publique, du 5 juillet 1788 à l'an XIII; Paris, impr. du Dépôt des Lois, 39 vol. in-4.

4102. Code universel et méthodique des lois qui régissent la France depuis 1789; Paris, (1790-1791), 11 volumes in-8.

4103. Collection de lois françaises sur le droit civil, disposées dans l'ordre alphabétique par un ancien jurisconsulte de Bordeaux; Bordeaux, Pinard, an VIII, 2 tomes reliés en un vol. in-4.

4104. Lois sur lois, ou recueil des dispositions législatives concernant la date, l'intitulé, le préambule, etc., etc., des lois, par Dupin (aîné); Paris, Guillaume, 1817, in-12.

4105. Thémis, ou Bibliothèque des jurisconsultes, par une société de magistrats, de professeurs et d'avocats; Paris, 1820-1830, 10 vol. in-8, bas.

4106. Revue étrangère de législation et Revue du droit français et étranger, par Fœlix, Duvergier, etc., etc.; 1834-1850, 17 vol. in-8.

4107. Revue de législation et de jurisprudence, publiée sous la direction de L. Wolowski, etc.; Paris, 1834 à 1854, 46 vol. in-8.

4108. Revue critique de législation et de jurisprudence, par Marcadé, etc.; Paris, Cotillon, 1851-1864, 24 volumes in-8.

4109. Revue pratique de droit français, jurisprudence, doctrine, législation, par Ch. Demangeat, etc.; Paris, 1856-1864, 16 vol. in-8.

4110. Revue historique de droit français et étranger, publiée sous la direction de MM. E. Laboulaye, E. de Rozière-R. Dareste, C. Ginoulhiac; Paris, A. Durand, 1855, 1864, 10 vol. in-8.

4111. Tables analytiques de la Revue critique, de la Thémis, de la Revue de droit français et étranger, par Coin-Delisle, Ch. Million, suivies d'une liste des principaux travaux de droit contenus dans les séances de l'Académie des sciences morales par Ch. Vergé, avec une introduction hist., par Laferrière; Paris, Cotillon, 1860, in-8.

4112. Revue bibliographique et critique de droit français et étranger, par une société de jurisconsultes et de savants, sous la direction de M. Ch. Ginoulhiac, avocat; Paris, Durand, 1853, in-8.

Numéros divers et fragments.

4113. Bibliothèque, ou journal du barreau et des écoles de droit, par MM. Mauguin et Dumoulin; seconde partie; Paris, 1809-1811, 7 vol. in-8.

Incomplet.

4114. Le légisconsulte français, par L. Rondonneau; Paris, Decle, 1817, in-8.

4115. Galerie de littérature, de législation et de morale, par Grouard; Paris, Testu, 1818, 3 vol. in-8.

4116. Courrier des tribunaux, journal de jurisprudence, avril 1827 à août 1828; 2 vol. in-8.

4117. La Revue judiciaire; 1830-1831, in-8 et in-fol.

4118. Le Consultant, journal encyclopédique de droit usuel, et de jurisprudence commerciale et industrielle; Paris, 1838-1839, in-8.

4119. L'Observateur des tribunaux français et étrangers, journal des documents judiciaires, par Eugène Roch; Paris, 1833-1844, 30 vol. in-8.

4120. La Tribune judiciaire, recueil des plaidoyers et des réquisitoires les plus remarquables des tribunaux français et étrangers, par J. Sabbatier; Paris, Borrani, 1855-1861, 10 vol. in-8.

4121. Gazette des nouveaux tribunaux, depuis le 1er janvier 1791 (par Drouet); Paris, Desaint, 1791-an V, 14 tom. in-8.

4122. Gazette des Tribunaux, journal de jurisprudence et des débats judiciaires; 1825-1864, in-fol.

4123. Journal général des Tribunaux; 1836-1837, in-fol.

4124. Le Droit, journal des tribunaux, etc.; 1835-1864, in-fol.

4125. Journal du Palais, de l'an X à 1807; Paris, an XIII-1806, 11 vol. in-8.

4126. Journal du Palais, du 5 germinal an IX à l'année 1833; Paris, an IX-1833, 112 vol. in-8 et in-4.

4127. Journal du Palais; Paris, 1837-1864, 75 vol. in-8.

4128. Journal du Palais; répertoire général, supplément au répertoire et table chronologique; Paris, 1845-1857, 15 vol. in-8.

4129. L'Audience, bulletin des tribunaux, du 2 août 1857 au 29 avril 1859; in-fol.

4130. Journal de la magistrature et du barreau, recueil d'arrêts et d'opinions contraires sur les plus importantes questions du droit civil, criminel et commercial, fondé par Victor Augier et continué par Jules Jolly; Paris, 1834-1840, 8 vol. in-8.

4131. Journal des lois, par MM. Franque et Delattre; Paris, 1837, in-8.

4132. L'Investigateur, journal judiciaire, par Billard et Masson de S. Mard; Paris, 1838, in-4.

4133. Le Législateur (par MM. H. Cellier et Th. Dulau); in-8.

4134. Moniteur des Tribunaux, recueil de doctrine et de jurisprudence, par Joseph Camps, Alexis Leroux, etc.; 1856-1864, 7 vol. in-fol. et in-4.

4135. Bulletin des Tribunaux; 1863, in-fol.

4136. Jugements du tribunal de cassation; 1793, in-4.

4137. Bulletin des jugements du tribunal de cassation rendus en matière criminelle (an IV - an VI); Paris, 3 vol. in-8.

4138. Bulletin des jugements du tribunal de cassation, rendus en matière civile; Paris (an IV - an VI), 4 vol. in-8.

4139. Bulletin des jugements du tribunal de cassation; (an VII - an XIV), 7 tom. en 5 vol. in-8.

4140. Bulletin des jugements du tribunal de cassation (en matière civile), (an VII-1864); Paris, 66 vol. in-8, plus 1 vol. de table.

4141. Bulletin des arrêts de la Cour de cassation rendus en matière criminelle; an IV-1864, 69 vol. in-8.

4142. Table analytique des arrêts de la Cour de cassation en matière criminelle (an VII-1856), par M. Emile Duchesne, avocat; Paris, 5 vol. in-8.

4143. Table alphabétique, par ordre de matières, de tous les arrêts rapportés dans la partie criminelle du Bulletin officiel de la Cour de cassation de 1798 à 1823, publié sous la direction de M. Rives par M. Lonchamp; (Paris) 1823, 1 vol. in-8.

4144. Journal de procédure civile et commerciale, par Bioche; Paris, 1835-1847, 13 vol. in-8.
(Manque le tome 3.)

4145. Journal spécial des justices de paix considérées sous le double rapport de la juridiction, et des tribunaux de simple police, rédigé par Julhe de Foulan; Paris, 1821-1834, 14 vol. in-8.

4146. Table alphabétique et chronologique de la collection des Annales des justices de paix, par Alex. Beaume; Paris, 1863, in-8.

4147. Journal des avoués, par A. Chauveau; Paris, 1825-1864, 89 vol. in-8.

4148. Dictionnaire général de procédure, ou table du Journal des avoués, par Chauveau Adolphe; Paris, Delamotte, 1837, in-8.

4149. Annales de législation et de jurisprudence du notariat, par une société de jurisconsultes et de notaires; Dageville, éditeur; Paris, bureau des annales du notariat, 1803-1824, 23 vol. in-8.

4150. Annales de législation et de jurisprudence du notariat, par une société de jurisconsultes et de notaires; Dageville, éditeur; table générale et alphabétique des 20 premiers volumes; Paris, bureau des annales du notariat, 1824, in-8.

4151. Répertoire de la jurisprudence du notariat, par une société de magistrats, de jurisconsultes et de notaires, sous la direction de M. Rolland de Villargues; Paris, Decourchant, 1827-1831, 7 vol. in-8.

4152. Répertoire de la jurisprudence du notariat, par une réunion de magistrats, de jurisconsultes, de notaires et de chefs de l'administration de l'enregistrement, sous la direction de Rolland de Villargues; Paris, 1840-1845, 9 vol. in-8.

4153. Jurisprudence du notariat, par une société de magistrats, de jurisconsultes et de notaires, sous la direction de Rolland de Villargues, journal continué après lui par la même société; Paris, 1841-1862, t. XIV-XXXV, 22 vol. in-8.

4154. Journal de l'école théorique et pratique du notariat, par L. Feuilleret et C. T. Riva; Paris, 1845, in-8.

4155. Archives du notariat et des officiers ministériels, par Coisnon, Rigault, Havard et les rédacteurs du Journal du notariat et des officiers ministériels; Paris, 1844-1862, 19 vol. in-8.

4156. Journal des notaires et des avocats, par une société de jurisconsultes et de notaires; Paris, 1808-1862, 93 t. en 51 vol. in-8.

4157. Tables générales chronologique, analytique et de concordance des matières contenues dans la collection du Journal des notaires et des avocats, de 1808 à 1834, et dans le Dictionnaire du notariat, 3º édition, par les rédacteurs du journal; Paris, 1834, in-8.

4158. Répertoire des huissiers, par P. Leglize aîné; Paris, Roret, 1832, 5 vol. in-8.

4159. Jurisprudence des huissiers, par MM. A. Loiseau et Derains; Paris, 1831-1843, 12 vol. in-12 et in-8.

4160. Journal des huissiers, par Chauveau Adolphe et A. Billequin ; Paris, 1831-1848, 30 vol. in-8, avec table.
4161. Annales de la propriété industrielle, artistique et littéraire, par J. Pataille et A. Huguet ; Paris, 1856-1864, 10 vol. in-8.
4162. Journal des audiences de la Cour royale de Paris, rédigé par M. le greffier en chef; Paris, Dufart, 1825, 2 vol. in-8.
4163. La Revue judiciaire du Midi; 1864-1865, in-4.
4164. Jurisprudence complète de la Cour royale de Nismes, par Devèze-Biron et Masseran, avocats; Nismes, Durand-Belle, 1829, in-8.
4165. Jurisprudence de la Cour royale de Grenoble, ou recueil général des arrêts rendus depuis l'an VIII jusqu'en 1821, par A. D. Villars; Grenoble, Falcon, 1823, in-4.
4166. Journal de jurisprudence civile et commerciale, ou recueil des arrêts de la Cour de Colmar, par Jourdain; Colmar (an XIII-1815), 11 vol. in-8.
4167. Journal des arrêts des Cours royales de Rouen et de Caen, par une société d'avocats et MM. les greffiers en chef près ces deux Cours; Rouen, Baudry, 1824, 6 tom. en 3 vol. in-8.
4168. Revue de Riom, recueil des arrêts de la Cour royale; Riom, 1842, 2 vol. reliés en 1, in-8.

Corps de Droit français.

4169. Les Pandectes françaises, ou recueil complet de toutes les lois en vigueur, contenant les Codes civil, criminel, de commerce, de marine, et les dispositions des autres lois, édits, etc., que ces codes laissent subsister, par J. B. Delaporte et P. N. Riffé-Caubray ; Paris, Perlet, 1803-1809, 22 vol. in-8.
4170. Les Pandectes françaises, ou commentaires raisonnés sur les Codes Napoléon, de procédure civile, de commerce, etc., formant un traité de chaque matière, par J. B. Delaporte; Paris, d'Hautel, 1812-1813, 6 vol. in-8.
(Incomplet.)

4171. Corps de droit français, civil, commercial et criminel, par L. Rondonneau; Paris, Garnery, 1810-1811, 3 vol. in-4.

4172. Additions aux cinq Codes, ou texte des lois, sénatus-consultes, décrets impériaux, avis du Conseil d'état, décisions des ministres et arrêts de la Cour de cassation, rendus jusqu'au 22 novembre 1811, par Julien Michel Dufour; Paris, Bertrand, 1812, 2 vol. in-8.

4173. Jurisprudence du droit français, ou application aux cinq Codes des lois, des arrêtés, sénatus-consultes, décrets, ordonnance du roi, avis du Conseil d'état, décisions des ministres, arrêts de la Cour de cassation, jusqu'en janvier 1822, par Julien Michel Dufour; Paris, Bavoux, 1822, in-8.

4174. Manuel du droit français, par J. B. J. Pailliet; Paris, Desoer, 1819, in-4.

4175. Manuel de droit français, par J. B. J. Pailliet; Paris, Desoer, 1832, in-4.

4176. Conférence des cinq Codes, par Bourguignon; Paris, Corby, 1823, in-8.

4177. Les cinq Codes annotés, par J. B. Sirey et L. M. de Villeneuve; Paris, 1824, in-4.

4178. La législation civile, commerciale et criminelle de la France, par M. le baron Locré; Paris, Treuttel, 1827-1832, 31 vol. in-8.

4179. Les six Codes, avec la concordance des articles de ces Codes; Paris, Aimé André, 1828, in-16.

4180. Codes annotés des dispositions interprétatives, modificatives et applicatives, 1800-1832, par J. B. Sirey et L. M. de Villeneuve; Paris, Pouleur, 1833, in-4.

4181. Les Codes annotés de Sirey, édition refondue par P. Gilbert, Faustin Hélie et Cuzon; Paris, 1847-1851, 2 t. en 1 vol. in-8.

4182. Même ouvrage, même édition.

4183. Codes de la législation française, par Napoléon Bacqua; Paris, 1840, in-8.

4184. Codes français, expliqués par Rogron; Paris, Thorel, 1841, in-4.

4185. Les Codes français, annotés par Teulet, d'Auvilliers et Sulpicy; Paris, 1843, 2 vol. in-4.

4186. Les Codes tenus toujours au courant des changements de la législation, par Teulet et Loiseau; Paris, 1844, 1 vol. in-8.
4187. Précis historiques sur les Codes français, par C. Seruzier; Paris, Videcoq, 1845, in-8.
4188. Code général des lois françaises, par Emile Durand; Paris, Cosse, 1857, in-8.

Code civil.

Textes, Commentaires sur l'ensemble.

4189. Code civil, édition originale et seule officielle; Paris, imprimerie impériale, 1811, in-4.
4190. Même ouvrage, même édition; rel. en 3 vol. interfoliés avec des notes manusc. de Poncelet.
4191. Code civil, précédé de la charte constitutionnelle; Paris, Ledentu, 1819, in-16.
4192. Code Napoléon conforme à l'édition originale, avec la traduction allemande, par L. Spielmann; Strasbourg, Treuttel et Würtz, 1808, in-8.
4193. The Code Napoléon verbally translated from the french, by Bryant Barrett; London, Reed, 1811, 2 tom. en 1 vol. in-8.
4194. The civil Code, book the first of persons, translated from the french by Theobald Mac Kenna; London, Saunders, 1833, in-8.
4195. Lois civiles, par Dupin (aîné); Paris, Guillaume, 2 tom. en 1 vol. in-8.
4196. Lois concernant les droits des tiers, par Dupin (aîné); Paris, Guillaume, 1820, in-8.
4197. Tables synoptiques du Code civil, par Durand Prudence; Paris, s. d., in-fol.
4198. Synopsis du Code civil, par Brossard; Paris, Myot, 1841, in-fol.
4199. Institutes, ou principes des lois civiles, par C. J. B. Amyot; Paris, 1833, in-8.
4200. Essais critiques sur le Code Napoléon, première partie, le portique du Code, étude sur le texte préliminaire, par Th. Imbert; Paris, Cosse, 1860, in-8.

4201. Code Napoléon, annoté des dispositions ultérieures de la législation et de la jurisprudence, par J. B. Sirey; Paris, Lacroix, s. d., in-4.

4202. Code civil, annoté des dispositions et décisions de la législation et de la jurisprudence, avec renvoi, pour l'indication des matières, aux principaux recueils de jurisprudence, par J. B. Sirey; Paris, 1821, in-4.

4203. Code civil des Français, avec les sources où toutes les dispositions ont été puisées; différences et rapports des lois civiles nouvelles avec les anciennes, des lois romaines avec les françaises, etc., etc., par Julien Michel Dufour; Paris, Lenormant, 1806, 4 vol. in-8.

Manque le tome 3.

4204. Code civil, avec des notes indicatives des lois romaines, coutumes, ordonnances, édits et déclarations qui ont rapport à chaque article, par H. J. B. Dard; Paris, Warée, 1827, in-4.

4205. Code civil expliqué par ses motifs et par des exemples, avec la solution sous chaque article des difficultés ainsi que des principales questions que présente le texte, par J. A. Rogron; Paris, Gobelet, 1833, in-12.

4206. Recueil complet de travaux préparatoires du Code civil, par P. A. Fenet; Paris, 1827, 15 vol. in-8.

4207. Discours, rapports et travaux inédits sur le Code civil, par Jean-Etienne-Marie Portalis; Paris, Joubert, 1844, in-8.

4208. Procès-verbaux du Conseil d'état, contenant la discussion du projet du Code civil; Paris, imprimerie de la République, an XII (1803-1804), 5 vol. in-4.

4209. Observations des tribunaux d'appel sur le projet de Code civil; Paris, imprimerie de la République, an X, 3 vol. in-4.

Incomplet.

4210. Conférence des observations des tribunaux d'appel sur le projet du Code civil; Paris, imprimerie de la République, ans IX et X, 4 parties en 2 vol. in-4.

4211. Opinion de J. C. M. Gillet (de Seine-et-Oise) sur le second projet de loi du Code civil; Paris, imprimerie nationale, an X, in-8.

4212. Observations du citoyen Olivier sur le projet de Code civil; Carpentras, Proyet, in-8.

4213. Lettre sur le projet de Code civil; Paris, Lenfant, an IX, in-8.
4214. Seconde lettre sur le projet de Code civil; Paris, Lenfant, an IX, in-8.
4215. Observations sur le nouveau projet de Code civil, par Julien Michel Dufour; Paris, Courcier, s. d., in-8.
4216. Même ouvrage, même édition.
4217. Analyse critique du projet de Code civil; Paris, Garnery, an IX, in-8.
4218. Code civil, avec des notes explicatives rédigées par des jurisconsultes qui ont concouru à la confection du Code; Paris, Guilleminet, 1803-1807, 8 vol. in-8.
4219. Explication du Code civil, d'après les motifs exprimés dans les discours prononcés par les orateurs du gouvernement et du tribunat, avec les solutions des questions tant de droit que de forme qui peuvent naître du texte des articles, par M. Bousquet, docteur en droit; Avignon, Niel, 1804-1806, 5 vol. in-4.
4220. Code civil des Français, suivi de l'exposé des motifs sur chaque loi, des rapports faits au tribunat, des opinions émises, etc., etc. (par Favard de Langlade); Paris, Didot, 1804, 8 vol. in-12.
4221. Code civil, suivi de l'exposé des motifs (par Favard de Langlade); Paris, Didot, 1819-1821, 11 vol. in-12.
4222. Esprit du Code Napoléon tiré de la discussion, par J. G. Locré; Paris, imprimerie Impériale, 1805-1806, 3 vol. in-4.
Incomplet.
4223. Esprit du Code Napoléon, tiré de la discussion du Conseil d'état, par J. G. Locré; Paris, imprimerie royale, 1807-1814, 7 vol. in-8.
4224. Conférence du Code civil, par un jurisconsulte; Paris, Didot, 1805, 2 vol. in-8.
4225. Jurisprudence du droit, par Julien Michel Dufour de Saint-Pathus; Paris, Bavoux, 1822, in-12.
4226. Le Code Napoléon expliqué par les décisions de la Cour de cassation et du Conseil d'état, par A. S. G. Coffinières; Paris, Garnery, 1809, in-4.
4227. Même ouvrage, même édition.
4228. Questions transitoires sur le Code Napoléon, par Cha-

JURISPRUDENCE.

bot de l'Allier ; Paris, Garnery, 1809, 2 tom. en 1 vol. in-4.

4229. Cours de droit français, première partie, par Proudhon; Dijon, Bernard-Defey, 1810, 2 vol. in-8.
Le premier volume manque.

4230. Conférences sur le Code Napoléon, suivies d'une analyse raisonnée, par ordre alphabétique, par Hua; Paris, 1812, 5 vol. in-12.

4231. Cours de droit français, par Cotelle; Paris, Nève, 1813, 2 vol. in-8.

4232. Jurisprudence du Code civil, par Bavoux et Loiseau; Paris, 1803-1814, 22 vol. in-8.

4233. Analyse raisonnée de la discussion du Code civil, par Jacques de Maleville; Paris, Nève, 1822, 4 vol. in-8.

4234. Cours de Code civil, par Delvincourt; Paris, Delestre-Boulage, 1824, 3 vol. in-4.

4235. Cours de droit français, par Duranton; Paris, Nève, Thorel, 1825-1842, 22 vol. in-8.

4236. Cours de droit français, par Duranton; Paris, G. Thorel, 1844, 22 vol. in-8.

4237. Etudes du droit français, par Nicolas Villemartin; Paris, Maurice, 1829, 2 vol. in-8.

4238. Programme du cours de droit civil français, fait à la Faculté de droit de Paris par A. M. Demante; Paris, Al. Gobelet, 1830-1833, 3 vol. in-8.

4239. Cours analytique de Code civil, par A. M. Demante, continué par A. Colmet de Santerre; Paris, Thorel, 1849-1858, 4 vol. in-8.

4240. Commentaire approfondi du Code civil, par M. A. Mailher de Chassat; Paris, Nève, 1832, 2 vol. in-8.

4241. Question sur le Code civil, avec leurs solutions, par A. Mazerat; Paris, Videcoq, 1835, 3 tomes reliés en 1 vol in-8.

4242. Même ouvrage, même édition.

4243. Handbuch des Französischen Civilrechts, von Karl Salomo Zachariæ; Heidelberg, Mohr, 1837, 4 t. en 2 vol. in-8.

4244. Cours de droit civil français, traduit de l'allemand de C. S. Zachariæ, par C. Aubry et C. Rau; Strasbourg, Lagier, 1843-1846, 5 vol. in-8.

4245. Cours de droit civil français, d'après l'ouvrage allemand de C. S. Zachariæ, par C. Aubry et C. Rau; Paris, Cosse, 1856-1858, 6 vol. in-8.

4246. Le droit civil français, par K. S. Zachariæ, traduit et annoté par G. Massé et Ch. Vergé; Paris, Durand, 1854-1860, 5 vol. in-8.

4247. Même ouvrage, même édition.

4248. Traité de législation et de jurisprudence suivant l'ordre du Code civil, par Hennequin; Paris, Videcoq, 1838, 2 vol. in-8.

4249. Commentaire sur le Code civil, par J. M. Boileux; Paris, Joubert, 1838, 3 vol. in-8.

Incomplet.

4250. Commentaire sur le Code civil, par J. M. Boileux, précédé d'un précis de l'histoire du droit civil, par F. F. Poncelet; Paris, Joubert, 1843-1844, 2 vol. in-8.

Manque le tome premier.

4251. Le droit civil français, par C. B. M. Toullier; Paris, Jules Renouard, 1830-1834, 15 vol. in-8.

4252. Le droit civil français, par C. B. M. Toullier, continué par J. B. Duvergier; Paris, Renouard, 1835-1843, 6 vol. in-8.

4253. Le droit civil français suivant l'ordre du Code, par C. B. M. Toullier, continué par J. B. Duvergier; Paris, Cotillon, 1846-1852, 7 vol. in-8.

4254. Théorie raisonnée du Code civil, par J. Frédéric Taulier; Grenoble, Prudhomme, 1840-1843, 7 vol. in-8.

4255. Eléments du droit civil français, par V. Marcadé; Paris, Cotillon, 1844-1852, 6 vol. in-8.

Le tome 6 est de la cinquième édition, et porte le titre de : *Explication théorique et pratique du Code Napoléon.*

4256. Opinion des jurisconsultes sur le cours élémentaire de droit civil français de Marcadé; Paris, 1850, in-8.

4257. Législation et jurisprudence française, par L. J. Faverie; Paris, Langlois, 1846, in-8.

4258. Cours de Code civil, par C. Demolombe; Paris, Durand, 1845-1863, 20 vol. in-8.

4259. Commentaire théorique et pratique du Code civil, par A. M. Du Courroy, E. Bonnier, J. B. P. Roustain; Paris, Thorel, 1848-1851, 2 vol. in-8.

4260. Le Code Napoléon, expliqué par J. J. Delsol; Paris, Durand, 1854-1855, 3 vol. in-8.

4261. Répétitions écrites sur les premier, deuxième, troisième examens du Code Napoléon, contenant l'exposé des principes généraux, leurs motifs et la solution des questions théoriques, par Fr. Mourlon; Paris, Marescq, 1858-1859, 3 vol. in-8.

4262. Le Code civil commenté dans ses rapports avec la théologie morale, ou explication du Code civil tant pour le for intérieur que pour le for extérieur, par l'abbé Th. Gousset; Paris, 1842, in-12.

4263. Le droit privé, administratif et public, dans ses rapports avec la conscience et le culte catholique, par l'abbé P. H. Corbière; Paris, 1841, 2 vol. in-8.

Traités sur diverses questions de droit civil.

4264. Explication sommaire du livre premier du Code Napoléon et des lois accessoires, par Valette; Paris, Marescq, 1859, in-8.

4265. De la législation en matière d'interprétation des lois en France, par Victor Foucher; deuxième édition, in-8.

4266. Même ouvrage, même édition.

4267. Essai sur ce qu'on appelle l'effet rétroactif des lois (par Blondeau); in-8.

4268. Traité sur l'état des personnes, par Proudhon, édition augmentée par Valette; Dijon, Lagier, 1842, 2 vol. in-8.

4269. Traité de la mort civile en France, par A. T. Desquiron de Saint-Agnan; Paris, Guien, 1822, in-8.

4270. Le casier de l'état civil, par Lionel d'Albiousse; Uzès, Malige, 1860, in-8.

4271. Code de l'état civil des citoyens (par Vermeil); Paris, an VII, in-12.

4272. Manuel des officiers de l'état civil, par A. E. Le Molt; Paris, Warée, 1827, in-8.

4273. De l'état civil et des améliorations dont il est susceptible, par Hutteau-d'Origny; Paris, Demonville, 1823, in-8.

4274. Traité des actes de l'état civil, par Henri Majorel et Coffinières; Paris, Trouvé, 1826, in-8.
4275. Nouveau manuel des officiers de l'état civil, par J. A. Garnier Dubourgneuf; Paris, Tournachon, 1827, in-12.
4276. Commentaire analytique du Code civil, actes de l'état civil, par Coin-Delisle et Royer; Paris, 1835, in-4.
4277. Commentaire sur la loi des actes de l'état civil, par C. Rieff; Colmar, Reiffeinger, 1837, in-8.
4278. Commentaire analytique du Code civil; Jouissance et privation des droits civils, par Coin-Delisle; Paris, 1835, in-4.
4279. Traité des absents, par A. G. de Moly; Paris, Egron, 1822, in-8.
4280. Traité de l'absence et de ses effets, par Biret; Riom, Salles, 1824, in-8.
4281. Code, ou traité des absents, par L. C. Plasman; Paris, Delamotte, 1841, 2 vol. in-8.
4282. Explication, par ordre de matières, des lois nouvelles sur le mariage et le divorce, par Vermeil; Paris, Rondonneau, an VII, in-12.
4283. Histoire des loix sur le mariage et sur le divorce, par André Nougarède; Paris, Lenormant, 1803, 2 volumes in-8.
4284. Traité des empêchements du mariage, ou commentaire sur le chapitre Ier du tit. 5 du Code civil, par J. A. Pezzani; Paris, 1838, in-8.
4285. Jurisprudence de mariage, sous le rapport moral; traité tendant à concilier les lois du Code Napoléon, de l'organisation des cultes et de l'enregistrement public, par Jean-Baptiste Ferrero; Turin, 1808, 2 vol. in-8.
4286. Traité du mariage, de la puissance maritale et de la puissance paternelle, par F. B. Vazeille; Paris, Bavoux, 1825, 2 vol. in-8.
4287. Traité du mariage et de ses effets, par Allemand; Paris, Thorel, 1846-1847, 2 vol. in-8.
4288. Recherches sur l'origine de l'autorité maritale en France, par P. Masson; Paris, A. René, in-8.
4289. Essai sur l'histoire et la législation des formes requises pour la validité du mariage, par A. de Richecour; Paris, Douniol, 1860, in-8.

4290. Traité des trois puissances, maritale, paternelle et tutélaire, par Chardon; Paris, Cotillon, 1841-1842, 3 vol. in-8.

4291. De la puissance maritale, considérée sous les rapports historique, philosophique et juridique, par I. Viaud; Paris, Durand, 1855, in-8.

4292. Même ouvrage, même édition.

4293. Jurisprudence sur la capacité personnelle et sur l'effet des contrats des femmes mariées, par J. B. M. Robert; Paris, Arthus Bertrand, 1813, in-8.

4294. Traité des droits des femmes en matière civile et commerciale, par R. Cubain; Paris, Joubert, 1842, in-8.

4295. De la séparation de corps et de ses effets quant aux personnes et quant aux biens, par Henri Massol; Paris, Joubert, 1841, in-8.

4296. Du divorce, considéré au XIXe siècle, relativement à l'état domestique et à l'état public de société, par de Bonald; Paris, 1805, in-8.

4297. Rétablissement de la loi du divorce, par Antonin; Paris, 1844, in-16.

4298. Traité des enfants naturels, par Rolland de Villargues; Paris, Garnery, 1811, in-8.

4299. Traité des enfants naturels, adultérins, incestueux et abandonnés, par Loiseau; Paris, Antoine, 1811, in-8.

4300. Traité des enfants naturels, par Loiseau; Paris, Bavoux, 1819, in-8.

4301. Mémoire en faveur des enfants naturels, par Jean Henry; Paris, Guiraudet, in-8.

4302. Nouveau traité de l'adultère et des enfants adultérins, selon les lois civiles et pénales, par A. Bedel; Paris, Warée, 1826, in-8.

4303. Traité des enfants naturels mis en rapport avec la doctrine et la jurisprudence, par Emile Cadrès; Paris, Videcoq, 1846, in-8.

4304. Même ouvrage, même édition.

4305. De l'illégalité de l'adoption des enfants naturels, par Benech; 1845, in-8.

4306. Essai sur la puissance paternelle, par J. P. Chrestien de Poly; Paris, Egron, 1820, 2 vol. in-8.

4307. Traité de l'état des familles légitimes et naturelles et des successions irrégulières, par A. B. Richefort ; Limoges, Blondel, 1842, 3 vol. in-8.

4308. Essai historique et critique sur l'âge de la majorité, par Louis Amiable ; Paris, Durand, 1861, in-8.

4309. Code de la tutelle et de la curatelle, par A. Lebrun ; Paris, Garnery, 1810, in-12.

4310. Etudes du Code Napoléon, considéré particulièrement en ce qui intéresse les tutelles et curatelles, par Delahaye ; Paris, Desmarest, 1810, in-8.

4311. Des conseils de famille, avis de parents, tutelles et curatelles, par Bousquet ; Paris, Garnery, 1813, 2 vol. in-8.

4312. Traité des minorités, tutelles et curatelles, de la puissance paternelle, des émancipations, conseils de famille, interdictions et généralement des capacités et incapacités qui naissent des diverses situations, suivant la nouvelle législation, par A. Magnin ; Paris, Nève, 1833, 2 vol. in-8.

4313. Code de la minorité et de la tutelle, par C. Marchant; Paris, Delamotte, 1839, in-8.

4314. Traité de la minorité et de la tutelle, par de Fréminville; Clermont, Thibaud-Landriot, 1845, 2 volumes in-8.

4315. Tableau par ordre alphabétique des interdictions et nominations de conseils notifiées aux notaires du département de la Seine, depuis le 1er germinal an XI (22 mars 1803) jusqu'au 1er janvier 1849, dressé en exécution de l'article 18 de la loi du 25 ventôse an XI (16 mars 1803); Paris, Boucquin, 1849, in-fol.

4316. Traité du domaine de propriété, ou de la distinction des biens considérés principalement par rapport au domaine privé, par Proudhon ; Dijon, Lagier, 1839, 3 volumes in-8.

4317. Aux industriels. Lettres sur la législation dans ses rapports avec l'industrie et la propriété, par A. Decourdemanche ; Paris, bureau du Globe, 1831, in-8.

4318. Traité des rentes foncières, suivant l'ordre de Pothier et d'après les principes de la législation nouvelle, par Fœlix et Henrion ; Paris, Blaise, 1828, in-8.

4319. Du rétablissement des rentes foncières, mélangées de féodalité, abolies sans indemnité par les lois de 1792 et 1793, et de la jurisprudence de la Cour de cassation et du Conseil d'état sur ces lois, par H. Dard; Paris, Le Normant, 1814, in-8.

4320. Examen du régime de la propriété mobilière en France, par H. F. Rivière; Paris, Durand, 1854, in-8.

4321. Questions possessoires, par Aug. Ch. Guichard; Paris, 1827, in-8.

4322. Même ouvrage, même édition.

4323. Traité des actions possessoires, par A. Aulanier; Nantes, Mellinet-Malassis, 1829, in-8.

4324. Traité des actions possessoires, par F. X. P. Garnier; Paris, chez l'éditeur, 1833, in-8.

4325. Traité de la possession et des actions possessoires et pétitoires, par F. X. P. Garnier; Paris, 1847-1853, 2 vol. in-8.

4326. Principes, ou traité théorique et pratique des actions possessoires, par J. M. Caron; Paris, Thorel, 1838, in-8.

4327. Traité du droit de possession et des actions possessoires, par W. Belime; Paris, Joubert, 1842, in-8.

4328. Etudes historiques et critiques sur les actions possessoires, par Esquirou de Parieu; Paris, Joubert, 1850, in-8.

4329. Traité des actions possessoires, par Bioche; Paris, Durand, 1865 (1864), in-8.

4330. La propriété littéraire au XVIIIe siècle, recueil de pièces et de documents, avec une introduction et des notes, par Ed. Laboulaye et G. Guiffrey; Paris, Hachette, 1859, in-8.

4331. Lettre à Monsieur de. . . (Néville, par Leclerc); Paris, 1778, in-8.

4332. Réflexions d'un ancien prote d'imprimerie sur un prospectus ayant pour titre : Editions stéréotypes; Paris, an VII, in-8.

4333. Essai sur la garantie des propriétés littéraires, par Goujon; Paris, Goujon, an IX, in-8.

4334. Réflexion sur les contrefaçons en librairie, suivie d'un mémoire sur le rétablissement de la communauté des imprimeurs de Paris, par Stoupe; Paris, Stoupe, an XII. in-8.

4335. Réflexions sur les lois concernant la propriété littéraire, par J. Q. Beuchot; Paris, Pillet, 1817, in-8.

4336. Commission de la propriété littéraire, collection des procès-verbaux; Paris, Pillet, 1826, in-4.

4337. Traité des droits d'auteur dans la littérature, les sciences et les arts, par Augustin Charles Renouard; Paris, Renouard, 1838, 2 vol. in-8.

4338. Droits civils des auteurs, artistes, inventeurs, par Alfred Nyon; Paris, Joubert, 1846, in-8.

4339. Du droit de perpétuité de la propriété intellectuelle, par Adolphe Breulier; Paris, Durand, 1855, in-8.

4340. De la propriété et de la contrefaçon des œuvres de l'intelligence, par Edouard Calmels; Paris, Cosse, 1856, in-8.

4341. De la propriété des œuvres de l'esprit et des dangers qu'elle recèle, par Ed. Calmels (Extrait de la *Revue Contemporaine*, mars 1862); in-8.

4342. Législation de la propriété littéraire et artistique, suivie des conventions internationales, par Jules Delalain; Paris, Delalain, 1858, in-8.

4343. De la concurrence entre la librairie française et la librairie belge, par A. Bobée; Paris, Lenormant, in-8.

4344. Proposition de loi sur la propriété intellectuelle, par le comité de la Société des gens de lettres; Paris, au siège de la Société, 1861, in-8.

4345. Dialogue des morts sur la propriété littéraire, publié et annoté par Alex. Beaume et Adr. Huard; Paris, Castel, 1862, in-8.

4346. Un projet de loi sur la propriété littéraire et artistique, par C. Casati; Paris, Marescq, 1862, in-8.

4347. Du principe des droits d'auteur et de la perpétuité, par Ach. Gournet; Paris, Dentu, 1862, in-8.

4348. Sur la perpétuité de la propriété littéraire, par Ferd. Hérold; Paris, Marescq, 1862, in-8.

4349. Examen du projet de loi sur la propriété littéraire, par Adolphe Guillot; Paris, Jousset, 1863, in-8.

4350. Société pour l'instruction élémentaire; rapport sur le projet de loi relatif à la propriété littéraire, par Malapert; 1863, in-8.

4351. Du droit de propriété des artistes sur leurs œuvres et de la reproduction des objets d'art, par J. Pataille; Paris, Lange-Levy, 1841, in 8.

4352. Examen du projet de loi sur la propriété des ouvrages d'art en ce qui concerne le droit de reproduction, par Etienne Blanc; Paris, Gratiot, 1841, in-8.

4353. Traité des brevets d'invention, de perfectionnement et d'importation, par Augustin Charles Renouard; Paris, Renouard, 1825, in-8.

4354. Traité des brevets d'invention, par Augustin Charles Renouard; Paris, Guillaumin, 1844, in-8.

4355. Des brevets d'invention, par A. Ch. Renouard (*Encyclopédie progressive*, 1826); in-8.

4356. Même ouvrage, même édition.

4357. Du droit industriel dans ses rapports avec les principes du droit civil, par Renouard; Paris, Guillaumin, 1860, in-8.

4358. De la législation et de la jurisprudence concernant les brevets d'invention, de perfectionnement et d'importation, par Théodore Regnault; Paris, 1825, in-8.

4359. Code général progressif, brevets d'invention, par A. de Courdemanche et T. Regnault; Paris, Roret, 1828, in-8.

4360. Traité théorique, pratique et complet des brevets d'invention, de perfectionnement et d'importation, par Giraudeau et Goetschy; Paris, 1837, in-18.

4361. Guide pratique des inventeurs et des brevetés, contenant le texte ou l'analyse des lois en vigueur sur les brevets d'invention, par H. Truffaut; Paris, 1844, in-8.

4362. Guide de l'inventeur, ou commentaire de la loi du 5 juillet 1844 sur les brevets d'invention, par Th. Homberg; Paris, Belhomme, 1844, in-18.

4363. Mémoire présenté par les dessinateurs sur le projet de loi concernant les modèles et dessins de fabrique, et rédigé par H. Dieu et E. Blanc; Paris, Chaix, 1846, in-8.

4364. Le livre des nations, ou traité philosophique, théorique et pratique des droits d'auteur et d'inventeur, par N. M. Le Senne; Paris, Durand, 1846, in-8.

4365. Brevets d'invention. Traité des droits d'auteur et d'inventeur, par N. M. Le Senne; Paris, 1849, in-8.

4366. Code des brevets d'invention, dessins et marques de fabrique ou de commerce, en France et à l'étranger, par N. M. Le Senne; Paris, Lacroix-Comon, 1858, in-8.

4367. Même ouvrage, même édition.

4368. Traité théorique et pratique des contrefaçons en tout genre, par Adrien Gastambide; Paris, Legrand, 1837, in-8.

4369. De la contrefaçon des œuvres artistiques, des modèles et des dessins de fabrique, par E. Calmels; Paris, Roret. 1852, in-8.

4370. Même ouvrage, même édition.

4371. De la contrefaçon des inventions brevetées, des modèles et des dessins, etc., etc.; par Edouard Calmels; Paris, Roret, 1852, in-8.

4372. Des noms et marques de fabrique et de commerce, de la concurrence déloyale, par Edouard Calmels; Paris, Durand, 1858, in-8.

4373. Législation industrielle. Des dessins et modèles de fabrique, par Edouard Calmels; Paris, Guillaumin, 1861, in-8.

4374. Du projet de loi relatif aux brevets d'invention, par Ed. Calmels; Paris, Durand, in-8.

4375. Traité pratique de droit industriel, par Ambroise Rendu, avec la collaboration de Charles Delorme; Paris, Cosse, 1855, in-8.

4376. Même ouvrage, même édition.

4377. Traité pratique des marques de fabrique et de commerce et de la concurrence déloyale, par Ambroise Rendu; Paris, Cosse, 1858, in-8.

4378. Guide-manuel de l'inventeur et du fabricant, ou de la propriété industrielle en France et à l'étranger, par Ch. Armengaud; Paris, 1853, in-8.

4379. L'inventeur breveté, code des inventions et des perfectionnements, par Etienne Blanc; Paris, Cosse, 1845, in-8.

4380. Code général de la propriété industrielle, littéraire et artistique, par Etienne Blanc et Alexandre Beaume; Paris, Cosse, 1854, in-8.

4381. Traité de la contrefaçon et de sa poursuite en justice, par Etienne Blanc; Paris, Raymond, 1838, in-8.

4382. Même ouvrage, même édition.

4383. Traité de la contrefaçon en tous genres, par Etienne Blanc; Paris, Plon, 1855, in-8.

4384. Code international de la propriété industrielle, artistique et littéraire, par J. Pataille et A. Huguet; Paris, Marescq, 1855, in-8.

4385. Des brevets d'invention et de la contrefaçon, par Louis Nouguier; Paris, Cosse, 1856, in-8.

4386. Examen du projet de loi sur les brevets d'invention soumis à la sanction du Corps législatif, par Théodore Regnault; Paris, Lacroix et Baudry, 1859, in-8.

4387. Même ouvrage, même édition.

4388. Du régime de l'invention, à propos du nouveau projet de loi sur les brevets, par Adolphe Breulier et Ch. Desnos-Gardissal; Paris, Durand, 1862, in-8.

4389. Répertoire de législation et de jurisprudence en matière de brevets d'invention, par Adrien Huard; Paris, Cosse, 1863, in-18.

4390. Traité de l'usufruit, de l'usage et de l'habitation, par M. Salviat; Limoges, Bargeas, 1816, 2 vol. in-8.

4391. Traité des droits d'usufruit, d'usage et de superficie, par Proudhon; Dijon, Douillier-Lagier, 1823-1827, 9 vol. in-8.

4392. Traité des droits d'usufruit, d'usage personnel et d'habitation, par Proudhon; Dijon, Lagier, 1836, 5 vol. in-8.

4393. Traité de l'usufruit, de l'usage et de l'habitation, par Genty; Paris, Durand, 1859, in-8.

4394. Des servitudes foncières d'après le Code Napoléon, réduites en autant de cas pratiques, gravés en taille-douce, avec des remarques puisées des lois romaines et de quelques auteurs classiques, par Louis Picoli, traduit en français, par Camille Ugoni; Brescia, Bettoni, 1808, in-4.

4395. Traité des servitudes, ou services fonciers, par J. M. Pardessus; Paris, Nève, 1829, in-8.

4396. Traité des servitudes, ou services fonciers, par J. M. Pardessus; Paris, Nève, 1838, 2 vol. in-8.

4397. Commentaire sur les servitudes, ou services fonciers, par Brady, 1836, in-8.

4398. Traité des servitudes réelles, par V. H. Solon; Paris, Videcoq, 1837, in-8.

4399. Traité du voisinage considéré dans l'ordre judiciaire, et administratif, par Fournel; Paris, Warée, 1812, 2 vol. in-8.

4400. Traité du voisinage, par Fournel, édition augmentée par Tardif; Paris, Warée, 1827, 2 vol. in-8.

4401. Traité du bornage et de la compétence des actions qui en dérivent, par Millet; Paris, Cosse, 1846, in-8.

4402. Principes du bornage, par A. S. Morin; Paris, Marescq, 1860, in-8.

4403. Code des constructions et de la contiguïté, ou législation complète des bâtiments et constructions, des servitudes et du voisinage, par L. Perrin; Paris, Fillion, 1854, in-8.

4404. Perrin. Code des constructions et de la contiguïté; édition refondue par Ambroise Rendu; Paris, Cosse, 1863, in-8.

4405. Dictionnaire des prescriptions en matière civile, commerciale, criminelle, en matière de délits et de contraventions, en matière administrative et fiscale, par J. Bousquet; Paris, Pissin, 1838, in-8.

4406. Code des successions, ou recueil des décrets des Assemblées nationales, constituante et législative, et de la Convention nationale, sur les successions, les testaments, etc., etc.; Paris, Imprimerie nationale, an II, in-16.

4407. Code des successions, par Vermeil; Paris, an III, in-12.

4408. Traité méthodique et complet sur la transmission des biens par successions, donations et testaments, suivant les lois anciennes, intermédiaires et nouvelles, par Tissandier; Paris, Rondonneau, 1805-1806, 8 vol. in-8.

4409. Traité des successions ab intestat, d'après les dispositions du Code civil, par A. M. J. J. Dupin; Paris, Delafolie, 1804, in-12.

4410. Dissertation sur les rapports entre cohéritiers, par A. M. J. J. Dupin (aîné); Paris, Durand, 1810, in-12.

4411. Darstellung der Lehre von der Intestaterbfolge nach dem Franzosischen Civilrechte, von F. X. Krull; Landshut, Krull, 1811, in-8.

4412. Traité élémentaire des successions ab intestat, par Malpel; Toulouse, Corne, 1824, in-8.

4413. Die Erbfolge nach dem Code Napoléon in systematischen Zusammenhange ausfürlich dargestellt, von Heinrich Rudolf Brinkman, mit einer Vorrede von Ritter Hugo ; Gœttingen, Dieterich, 1812, in-8.

4414. Commentaire de la loi sur les successions, par Chabot (de l'Allier); Paris, Nève, 1818, 3 vol. in-8.

4415. Commentaire de la loi sur les successions, par Chabot (de l'Allier); Paris, Nève, 1832, 3 vol. in-8.

4416. Commentaire sur la loi des successions, par Chabot de l'Allier, édité par Belost-Jolimont ; Dijon, Lagier, 1839, 2 vol. in-8.

4417. Commentaire de la loi sur les successions, par Chabot (de l'Allier) ; Paris, Warée, 1839, in-8.

4418. Chambre des pairs. Séance du 28 mars 1826. Opinion de M. le comte de S. Roman sur le projet de loi relatif aux successions et aux substitutions ; 1826, in-8.

4419. Traité des successions, par Poujol; Colmar, Reiffinger, 1837, 2 vol. in-8.

4420. Résumé et conférence des commentaires du Code civil sur les successions, donations et testaments, par F. A. Vazeille; Clermont-Ferrand, Landriot, 1837, 3 vol. in-8.

4421. Traité des majorats ; parallèle des majorats français et espagnols ; Paris, Collin, 1808, in-8.

4422. Lois et actes sur les majorats, par Dupin (aîné) ; Paris, Guillaume, 1820, in-8.

4423. Esprit de la jurisprudence sur les principales dispositions du Code civil (des successions), par Fouet de Conflans ; Paris, 1838, in-8.

4424. Même ouvrage, même édition.

4425. Traité de la représentation suivant le Code Napoléon, par Brunnetière aîné ; Paris, 1812, in-12.

4426. Traité du droit de retour légal et conventionnel suivant le Code civil, par Maret ; Lyon, Cabin, 1816, in-12.

4427. Traité du retrait successorial, par Xavier Benoît ; Grenoble, Prudhomme, 1838, in-8.

4428. Traité de la séparation des patrimoines, considérée spécialement à l'égard des immeubles, par Blondeau ; Paris, Videcocq, 1840, in-8.

4429. Traité du bénéfice d'inventaire et de l'acceptation des successions, par Bilhard; Paris, Delamotte, 1838, in-8.

4430. Traité du partage de succession, et les opérations et formalités qui s'y rattachent, par Gustave Dutruc; Paris, Cosse, 1855, in-8.

4431. Traité des partages d'ascendants, par Genty; Paris, Durand, 1850, in-8.

4432. Partage d'ascendant, par Dubernet de Boscq; Paris, Cotillon, 1860, in-8.

4433. Quelques questions au sujet des trois derniers arrêts de la Cour de cassation en matière de partage d'ascendant, par Dubernet de Boscq; Paris, Cotillon, 1861, in-8.

4434. Histoire et théorie de la saisine héréditaire dans les transmissions de biens par décès, mémoire couronné par la Faculté de droit de Paris, par J. Simonnet; Paris, Durand, 1852, in-8.

4435. Même ouvrage, même édition.

4436. Des liquidations judiciaires, et spécialement de celles qui intéressent les mineurs et autres incapables en matière de succession et de communauté de biens entre époux, par Mollot; Paris, Cosse, 1858, in-18.

4437. Des liquidations judiciaires et spécialement de celles qui intéressent les mineurs et autres incapables, par Mollot; Paris, 1863, in-8.

4438. Du cumul des deux quotités, par Alphonse Bloch; Paris, Cotillon, 1863, in-8.

4439. Avancement d'hoirie, renonciation à succession, effets de la renonciation quant au donataire renonçant, etc., par M. C. Aubry; Paris, Cosse, 1857, in-8.

4440. Tableau général sur les degrés de parenté et sur l'ordre des successions régulières, par Charles Martin; Paris, Alex. Gobelet, 1828, in-8.

4441. Les planches généalogiques composées selon les divers ordres de successions, avec application des principes du droit civil par le système décimal, par J. C. Desvaux; Paris, imprimerie royale, 1838, in-4.

4442. Formulaire pour inventaire, par M. ..., notaire à Paris; Paris, Durand, 1852, in-4.

4443. Manuel des déclarations de succession et des droits de mutation par décès, par B. Molineau; Paris, 1865, in-8.

4444. Des substitutions prohibées par le Code civil, par Rolland de Villargues; Paris, Bavoux, 1821, in-8.
4445. Des substitutions prohibées par le Code civil, par Rolland de Villargues; Paris, Videcoq, 1833, in-8.
4446. Mémoire sur la révocation des donations par survenance d'enfants, par Berriat-Saint-Prix; (1844), in-8.
4447. De la portion de biens disponible et de la réduction, par G. J. Beautemps-Beaupré; Paris, Durand, 1855-1856, 2 vol. in-8.
4448. Commentaire analytique du Code civil; Donations et testaments, par Coin-Delisle; Paris, 1841, in-4.
4449. Théorie de la rétention et de l'imputation des dons faits à des successibles, par C. F. Ragon; Paris, Durand, 1862, 2 vol. in-8.
4450. Du droit de rétention, par E. D. Cabrye; Paris, Durand, 1860, in-8.
4451. Droit civil expliqué. Des donations entre-vifs et des testaments, par Troplong; Paris, Hingray, 1855, 4 vol. in-8.
4452. Traité des donations entre-vifs, par C. G. Guilhou; Toulouse, Bellegarigue, 1818, 3 vol. in-8.
4453. Traité des donations et des testaments, par Poujol; Paris, Nève, 1836, 2 vol. in-8.
4454. Traité des donations, des testaments et de toutes autres dispositions gratuites, suivant les principes du Code Napoléon, par Grenier; Clermont-Ferrand, Landriot, 1812, 2 vol. in-4.
4455. Traité des donations, des testaments, par Grenier; Clermont-Ferrand, Thibaud-Landriot, 1826, 2 vol. in-4.
4456. Traité des donations, des testaments et de toutes autres dispositions gratuites, par Grenier, édition augmentée par Bayle-Mouillard; Clermont-Ferrand, Thibaud-Landriot, 1844-1847, 4 vol. in-8.
4457. Limite du droit de rétention par l'enfant donataire renonçant, par Coin-Delisle; Paris, Cotillon, 1852, in-8.
4458. Des donations entre-vifs et des testaments, par E. Saintespès-Lescot, avec une introduction par Isambert; Paris, Maurice, 1849-1861, 5 vol. in-8.
4459. Le nouveau Furgole, ou traité des testaments, des donations entre-vifs et de toutes autres dispositions à titre

gratuit, par A. T. Desquiron; Paris, Clament, 1810, 2 vol. in-4.

4460. Portion disponible, par Levasseur; Paris, Gilbert, 1805, in-8.

4461. De la quotité disponible entre époux d'après l'art. 1094 du Code civil, par Benech ; Toulouse, 1841, in-8.

4462. De la quotité disponible entre époux, par Benech; Paris, Videcoq, 1842, in-8.

4463. De la quotité disponible entre époux, par Eugène Lauth; Paris, Durand, 1862, in-8.

4464. Code des donations pieuses, ou législation complète relative aux dons et legs faits aux établissements publics, religieux et laïques, et aux associations de toute nature, par Thibault Le Febvre ; Paris, Cosse, 1850, in-8.

4465. Traité des contrats et des obligations en général suivant le Code civil, par Duranton; Paris, Bavoux, 1821, 4 vol. in-8.

4466. Etude sur la novation en matière d'enregistrement, précédée d'une introduction historique et du développement de la doctrine romaine sur la novation, par Ernest Boulanger; Bar-le-Duc, Rolin, in-8.

4467. De la solidarité et de l'indivisibilité en matière civile, en matière de procédure et en matière criminelle, par A. Rodière; Paris, Durand, 1852, in-8.

4468. Explication théorique et pratique du Code Napoléon; commentaire-traité des petits contrats, par Paul Pont; Paris, Cotillon, 1863, in-8.

4469. Traité théorique et pratique des subrogations personnelles, par Frédéric Mourlon ; Paris, Joubert, 1848, in-8.

4470. Traité de la subrogation de personnes, par Gauthier; Paris, Cotillon, 1853, in-8.

4471. Dictionnaire des contrats et obligations en matière civile et commerciale, par J. Bousquet; Paris, 1840, 2 vol. in-8.

4472. Dictionnaire général des actes sous seing privé et conventions verbales en matière civile, commerciale et administrative, par Frémy-Ligneville: Paris, Durand, 1850, 2 vol. in-8.

4473. Théorie et pratique des obligations, par L. Larombière; Paris, Durand, 1857, 5 vol. in-8.

4474. Traité théorique et pratique des preuves en droit civil et en droit criminel, [par E. Bonnier; Paris, Joubert, 1843, in-8.

4475. Même ouvrage, même édition.

4476. Traité théorique et pratique des preuves en droit civil et en droit criminel, par Edouard Bonnier; Paris, Durand, 1862, 2 vol. in-8.

4477. Traité du dol et de la fraude en matière civile et commerciale, par Chardon; Avallon, Comynet, 1828, 3 vol. in-8.

4478. Traité du dol et de la fraude en matière civile et commerciale, par J. Bédarride; Paris, Durand, 1852, 3 vol. in-8.

4479. Traité des nullités de droit en matière civile, par J. B. Perrin; Lons-le-Saulnier, Gauthier, 1816, in-8.

4480. Traité des nullités de tous genres admises en matière civile par les nouveaux Codes et par la jurisprudence des cours, par Biret; Paris, Arthur Bertrand, 1821, 2 vol. in-8.

4481. Théorie de la nullité des conventions et des actes de tout genre en matière civile, par V. H. Solon; Paris, Videcoq, 1835, 2 vol. in-8.

4482. Traité des fins de non-recevoir, par L. L. F. Lemerle; Nantes, 1819, in-8.

4483. De la révocation des actes faits par le débiteur en fraude des droits du créancier, par Charles Capmas; Paris, Videcoq, 1847, in-8.

4484. Traité général de la responsabilité, ou de l'action en dommages-intérêts en dehors des contrats, par A. Sourdat; Paris, Cosse, 1852, 2 vol. in-8.

4485. Recherches sur la responsabilité du fait d'autrui, par Etienne Recamier; Paris, Thunot, 1859, in-8.

4486. Traité du contrat de mariage et des lettres de change, des billets à ordre et autres effets de commerce, par Pardessus; Paris, Nicolle, 1809, 2 vol. in-8.

4487. Traité de la dot, par Xavier Benoit; Grenoble, Prud'homme, 1829, 2 vol. in-8.

4488. Traité de la dot, par H. Tessier; Paris, Nève, 1835, 2 v. in-8.

4489. Traité du contrat de mariage, par A. Rodière et P. Pont; Paris, Cotillon, 1847, 2 vol. in-8.

4490. Traité du contrat de mariage, par Pierre Odier; Paris, Cherbuliez, 1847, 3 vol. in-8.
4491. Le Droit civil expliqué. Du Contrat de mariage et des droits respectifs des époux, par Troplong; Paris, Hingray, 1850, 4 vol. in-8.
4492. (Le Droit civil expliqué, par Troplong); table des matières contenues dans les 4 volumes du Contrat de mariage; in-8.
4493. Traité du contrat de mariage, par M. P.-H. Bellot des Minières; Poitiers, Catineau, 1824-1825, 4 vol. in-8.
    Incomplet.
4494. Le contrat de mariage considéré en lui-même, par Bellot des Minières; Paris, Durand, 1855, in-8.
4495. Des dispositions par contrat de mariage et des dispositions entre époux, par Armand Bonnet; Paris, Durand, 1860, 3 vol. in-8.
4496. Systematische Darstellung der Rechtslehre von der Gemeinschaft der Guter unter Eheleuten nach Anleitung des napoleonischen Gesetzbuches, von R. F. Terlinden; Munster, Waldeck, 1810. in-8.
4497. Traités sur les engagements qui se forment sans convention et sur le contrat de mariage, par J.-B. Carrier; Dijon, Defay, 1818, in-8.
4498. Traité de la communauté de biens entre époux, par J.-B. Battur; Paris, Barrois, 1830, 2 vol. in-8.
4499. Traité de la séparation de biens, par J. M. Dufour de S.-Pathus; Paris, Longchamps, 1812, in-12.
4500. Traité de la séparation de biens judiciaire, par Gustave Dutruc; Paris, Cosse, 1853, in-8.
4501. Du régime dotal suivant le droit écrit, pour faire suite à l'histoire du régime dotal sous le droit romain, par Homberg; Rouen, Péron, 1844, in-8.
4502. Abus du régime dotal au point de vue des intérêts du pays et de ceux de la famille, par Th. Homberg; Rouen, Péron, 1849, in-8.
4503. Traité du régime dotal, sous la forme d'un commentaire sur les articles du Code civil qui gouvernent ce régime, par Henri Seriziat; Lyon, Dorier, 1843, in-8.
4504. Régime dotal et communauté d'acquêts sous forme de commentaire, par Bellot (des Minières); Paris, Durand, 1853, 4 vol. in-8.

JURISPRUDENCE.

4505. De l'emploi et du remploi de la dot sous le régime dotal, par Benech ; Paris, Leclère, 1847, in-8.

4506. Traité des biens paraphernaux, par Xavier Benoît; Paris, Durand, 1856, in-8.

4507. Des actes dissolutifs de communauté, ou des actes de partage et de licitation et de leurs variétés, par Léon Tillard; Paris, Durand, 1851, in-8.

4508. Cour impériale de Paris, première et troisième chambres; audience solennelle du 4 août 1855. Reprises de la femme commune, nature de son droit sur les biens de la communauté; in-8.

4509. Du remploi des rentes immobilisées, par A. Grindon; Lyon, Mougin-Rusand, 1864, in-8.

4510. Formulaire pour contrats de mariage, par de Madre, notaire ; Paris, Cosse et Marchal, 1859, in-4.

4511. Des contre-lettres, par L. C. Plasman; Paris, Delamotte, 1839, in-8.

4512. Même ouvrage, même édition.

4513. Le droit civil expliqué. De la vente, par Troplong; Paris, Hingray, 1834, 2 vol. in-8.

4514. Le droit civil expliqué. De la vente, par Troplong; Paris, Hingray, 1837, 2 vol. in-8.

4515. Traité des offices désignés dans l'article 91 de la loi du 28 avril 1816, par Dard; Paris, Hingray, 1838, in-8.

4516. Du droit des officiers ministériels de présenter leurs successeurs à l'agrément de S. M. (par Dard); Paris, Le Normant, 1836, in-8.

4517. De la nécessité de maintenir la limitation du nombre des officiers ministériels, la vénalité et l'hérédité de leurs offices et de l'inutilité d'une loi particulière sur le mode de transmission, par E. Bourcaud; Paris, Jeulin, 1839, in-8.

4518. Opinion sur la vénalité des offices ministériels, par J. Sarget ; Paris, Goulet, 1839, in-8.

4519. Réforme notariale et vénalité des offices, par N. H. Cellier; Paris, Videcoq, 1840, in-8.

4520. Du droit de propriété et de transmission des offices ministériels, par Ch. Bataillard; Paris, Thoisnier-Desplaces, 1840, in-8.

4521. Offices et officiers ministériels, par Victor Bellet; Paris, Cosse, 1850, in-8.

4522. Du notariat et des offices, par A. Jeannest S.-Hilaire; Paris, Durand, 1858, in-8.
4523. Le Droit civil expliqué. De l'échange et du louage, par Troplong; Paris, Hingray, 1840, 3 vol. in-8.
4524. L'ami des ouvriers, ou guide théorique des architectes, des maîtres en tous états, métiers ou professions, par L. Perrin; Bordeaux, Faye, 1844, in-18.
4525. Le contrat de louage d'ouvrage et d'industrie, expliqué aux ouvriers et à ceux qui les emploient, par Mollot; Paris, Chaix, 1846, in-18.
4526. Code pratique des propriétaires, fermiers, locataires, par A. Laterrade; Paris, Moreau, 1827, in-8.
4527. Les propriétaires et les loyers à Paris, par Victor Bellet; Paris, Dentu, 1857, in-32.
4528. Les locataires et la loi du 3 mai 1841, par G. Bogelot; Paris, Morris, 1862, in-8.
4529. Traité du contrat de transport par terre en général, et spécialement par chemins de fer, par D. Ch. Duverdy; Paris, Chaix, 1861, in-8.
4530. Des transports à prix réduits sur les chemins de fer, par Edouard Boinvilliers; Paris, Hachette, 1859, in-8.
4531. Tribulations des voyageurs et des expéditeurs en chemin de fer; conseils pratiques, par Eugène Delattre; Paris, Taride, 1858, in-12.
4532. Traité du contrat de commission, par Delamarre et Le Poitvin; Paris, Joubert, 1840-1856, 6 vol. in-8.
4533. Traité du contrat de louage et de dépôt appliqué aux voituriers, entrepreneurs de messageries, etc., etc., par Vanhuffel; Paris, 1841, in-8.
4534. Le messagiste, traité théorique, pratique et législatif de la messagerie, par J. Hilpert; Paris, André, 1840, in-8.
4535. Le Droit civil expliqué. Du contrat de société civile et commerciale, par Troplong; Paris, Hingray, 1843, 2 vol. in-8.
4536. Considérations sur le prêt à intérêt, par un jurisconsulte (Ambroise Rendu); Paris, Eberhart, 1806, in-8.
4537. De l'usure dans l'état actuel de la législation, par Chardon; Paris, Bavoux, 1823, in-8.
4538. Le Droit civil expliqué. Du prêt, par Troplong; Paris, Hingray, 1845, in-8.

JURISPRUDENCE.

4539. Traité de l'usure, contenant le commentaire de la loi du 3 septembre 1807, par Petit; Douai, Obez, 1840, in-8.

4540. Du prêt à intérêt, de l'usure et de la loi du 3 septembre 1807, par M. Romiguière; Paris, Guillaumin, 1857, in-8.

4541. De l'abrogation de la loi du 3 septembre 1807 sur l'usure, par Romiguière; Paris, Castel, 1862, in-8.

4542. Essai sur l'histoire et la législation de l'usure, par Jules Liégeois; Paris, Durand, 1863, in-8.

4543. Le Droit civil expliqué. Du nantissement, du gage et de l'antichrèse, par Troplong; Paris, Hingray, 1847, in-8.

4544. Le Droit civil expliqué. Du dépôt et du séquestre et des contrats aléatoires, par Troplong; Paris, Hingray, 1845, in-8.

4545. De la Bourse et des spéculations sur les effets publics, par A. S. G. Coffinières; Paris, Belin Le Prieur, 1824, in-8.

4546. Même ouvrage, même édition.

4547. Mémoire sur les engagements de bourse dit marchés à terme; Paris, Ladvocat, 1826, in-8.

4548. Mémoire sur le commerce des effets publics à la Bourse et le droit de l'engagement, par un agent de change honoraire; Paris, Fain, 1833, in-8.

4549. Examen des écrits publiés sur la proposition de M. Harlé fils et observations sur cette proposition, par Coffinières, avocat; Paris, Dupont, in-8.

4550. Explications sur le crédit public et les opérations qui se font à la Bourse de Paris, à l'occasion de la proposition de M. Harlé fils; Paris, Everat, in-8.

4551. Des reports à la Bourse, considérés au point de vue de la pratique et de la légalité, par Mollot; Paris, Durand, 1861, in-8.

4552. Même ouvrage, même édition.

4553. Traité de l'assurance contre l'incendie, suivi des statuts, des polices et des tarifs des compagnies d'assurance, par P. A. Boudousquié; Paris, Desauges, 1829, in-8.

4554. Note sur le projet d'impôt soumis au Conseil d'Etat en ce qui concerne les compagnies d'assurances à primes fixes contre l'incendie (par Thomas, de Colmar); Paris, Chaix, 1864, in-8.

4555. Interprétation légale des traités d'assurances contre le recrutement militaire, par M. F. Dechezelle; Paris, Durand, 1854, in-8.

4556. Le Droit civil expliqué; du Mandat, par Troplong; Paris, Hingray, 1846, in-8.

4557. Code des transactions, ou Recueil complet des lois relatives aux obligations entre particuliers, dans leur rapport avec le papier, aux rentes, pensions, fermages, loyers, marchés, remboursements, dépôts, consignations, etc., par Vermeil; Paris, Rondonneau, an VI, in-8.

4558. Recueil des lois concernant les transactions pendant le cours du papier-monnaie, les remboursements et l'action en rescision pour cause de lésion; in-4.

4559. Traité des transactions, d'après les principes du Code civil, suivi de la discussion du projet de loi sur les transactions, de l'exposé des motifs et des principaux discours prononcés sur cette matière au Corps législatif et au Tribunat, par J. B. F. Marbeau; Paris, Nève, 1832, in-8.

4560. Traité des transactions, suivant les principes du droit français, d'après les lois anciennes et le Code civil, par F. Rigal; Paris, 1834, in-8.

4561. Le Droit civil expliqué; du Cautionnement et des Transactions, par Troplong; Paris, Hingray, 1846, in-8.

4562. Traité du cautionnement en matière civile et commerciale, par D. A. Ponsot; Paris, Guilbert, 1844, in-8.

4563. Traité de la contrainte par corps, considérée par rapport avec les lois des 15 germinal et 4 floréal an VI, par F. Fournel; Paris, Rondonneau, an VI, in-12.

4564. Même ouvrage, même édition.

4565. Traité de la contrainte par corps, par Maugeret; Paris, Maugeret fils, 1808, in-8.

4566. De la nécessité, dans l'intérêt du commerce, de l'industrie et de la morale, de l'abolition de la contrainte par corps, par Victor Primé, suivi du travail présenté en 1828 à la Chambre des députés, par M. Amyot; Paris, Delaunay, 1829, in-8.

4567. Examen du nouveau projet de loi sur la contrainte par

corps, par Coffinières; Paris, Gaultier-Laguionie, 1829, in-8.

4568. Même ouvrage, même édition.

4569. De la contrainte par corps, considérée sous les rapports de la morale, de la religion, etc., etc., par J. L. Crivelli; Paris, Pissin, 1830, in-8.

4570. Traité de la contrainte par corps en matière civile et commerciale, par J. T. Ginouvier; Paris, Houdaille, 1832, in-12.

4571. De l'emprisonnement pour dettes, par J. B. Bayle-Mouillard; Paris, Imprimerie royale, 1836, in-8.

4572. Code-manuel de la contrainte par corps et de l'emprisonnement pour dettes, par Emile Cadrès; Paris, 1841, in-12.

4573. Code-manuel de la contrainte par corps et de l'emprisonnement pour dettes, par Emile Cadrès; Paris, 1842, in-12.

4574. Commentaire analytique du Code civil; Contrainte par corps, par Coin-Delisle; Paris, 1843, in-4.

4575. Le Droit civil expliqué; de la Contrainte par corps en matière civile et de commerce, par Troplong; Paris, Hingray, 1847, in-8.

4576. Le Droit civil expliqué; de la Contrainte par corps, par Troplong, appendice; Paris, Hingray, 1858, in-8.

4577. Commentaire de la loi du 13 décembre 1848 sur la contrainte par corps, et du tarif du 24 mars 1849, par Hip. Durand; Paris, Videcoq, 1851, in-8.

4578. Dissertation sur la contrainte par corps, par Denis Charles Duverdy; Paris, Guyot, 1852, in-8.

4579. Traité de la contrainte par corps, par Lassime; Paris, Durand, 1863, in-8.

4580. Collection générale des rapports et opinions relatifs au régime hypothécaire, de 1792 à l'an VII; Paris, Rondonneau, 1799, 4 vol. in-8.

4581. Documents relatifs au régime hypothécaire publiés par ordre de M. Martin (du Nord); Paris, Imprimerie royale, 1824, 3 vol. in-8.

4582. Traité élémentaire, méthodique et complet sur le régime hypothécaire, conformément aux lois des 11 brumaire an VII et 28 ventôse an XII, par Tissandier; Paris, Rondonneau, 1805, in-8.

4583. Législation hypothécaire, ou Recueil méthodique et complet des lois, décrets impériaux, avis du Conseil d'état, et instructions législatives sur le nouveau système hypothécaire, par A. C. Guichard; Paris, Clament, 1810, 3 vol. in-8.

4584. Jurisprudence hypothécaire, ou Recueil alphabétique de questions et décisions sur les points les plus importants de la matière des priviléges, hypothèques, nantissements, etc., par A. C. Guichard ; Paris, Clament, Garnery, 1810-1813, 4 vol. in-8.

4585. Traité des priviléges et hypothèques, avec le rapprochement des lois, des décrets impériaux, des avis du Conseil d'état et des arrêts de la Cour de cassation rendus sur cette matière, depuis la publication du Code Napoléon jusqu'au mois de mai 1812, par Favard de Langlade ; Paris, Didot, 1812, in-8.

4586. Manuel, ou Guide des acquéreurs d'immeubles et des prêteurs de deniers sur hypothèque conformément aux dispositions du Code Napoléon, par Rolland ; Paris, chez l'auteur, 1813, in-12.

4587. Des priviléges et hypothèques, ou Explication du titre 18 du livre III du Code civil, par Cotelle ; Paris, Desoer, 1820, in-8.

4588. Régime hypothécaire, par J. C. Persil; Paris, Warée, 1820, 2 vol. in-8.

4589. Questions sur les priviléges et hypothèques, par Persil ; Paris, Nève, 1829, 2 vol. in-8.

4590. Traité des priviléges et hypothèques, par G. B. Battur; Paris, Guillaume, 1824, 4 vol. in-8.

4591. Traité des hypothèques, par Grenier ; Clermont-Ferrand, Thibaud-Landriot, 1824, 2 vol. in-4.

4592. Code progressif des priviléges et hypothèques, contenant les dispositions textuelles des lois et actes du gouvernement, qui se sont succédé depuis 1789 jusqu'en 1828, et de ceux antérieurs non abrogés, par A. Decourdemanche ; Paris, 1828, in-8.

4593. Du danger de prêter sur hypothèques et d'acquérir des immeubles, ou Vues d'amélioration du régime hypothécaire et du cadastre combinés entre eux, par A. Decourdemanche; Paris, Moreau, 1829, in-8.

4594. Du danger de prêter sur hypothèque et d'acquérir des immeubles, ou Vues d'amélioration du régime hypothécaire et du cadastre, par A. Decourdemanche; Paris, Bechet, 1830, in-8.

4595. Même ouvrage, même édition.

4596. Traité des formalités hypothécaires, par J. F. Baudot; Paris, Videcoq, 1835, 2 vol. in-8.

4597. Traité des formalités hypothécaires, par J. F. Baudot; Paris, Durand, 1845, 2 vol. in 8.

4598. Le Droit civil expliqué; des Priviléges et Hypothèques, par Troplong; Paris, Hingray, 1835, 4 vol. in-8.

4599. Droit civil expliqué; des Priviléges et des Hypothèques (avec le commentaire de la loi sur la transcription), par Troplong; Paris, Hingray, 1854-1856, 5 vol. in-8.

4600. Examen critique et pratique du commentaire de M. Troplong sur les priviléges, par F. Mourlon; Paris, Marescq, 1855, in-8.

4601. Résumé de jurisprudence sur les priviléges et hypothèques, et sur les poursuites en matière d'ordre et de surenchère, par L. E. Hervieu; Paris, Gobelet, 1837, in-4.

4602. Du régime hypothécaire, par Buretey; Paris, Videcoq, 1838, in-8.

4603. Etude analytique, raisonnée et critique du Code civil, considéré spécialement en ce qu'il intéresse les priviléges et hypothèques, par J. B. Collas; Paris, Videcoq, 1839, in-8.

4604. Dictionnaire général des hypothèques, par Despréaux; Paris, 1841, in-8.

4605. Traité des priviléges et des hypothèques, par A. Valette; Paris, Joubert, 1846, in-8; première livraison du tome Ier.

4606. Explication théorique et pratique du Code Napoléon, par V. Marcadé. Commentaire, traité théorique et pratique des priviléges et hypothèques, par Paul Pont; Paris, Cotillon, 1856, 2 vol. in-8.

607. Purge hypothécaire, par B. Molineau; Bruxelles, Mortier, 1855, in-8.

608. Du droit de préférence, en matière de purge des hypothèques légales dispensées d'inscription et non inscrites, par Benech; Paris, Leclère, 1853, in-8.

4609. Même ouvrage, même édition.

4610. Traité de l'ordre entre créanciers et de la purge préalable des hypothèques, par C. Houyvet; Caen, Bouchard, 1859, in-8.
4611. De l'inscription des hypothèques légales par le procureur impérial, par Marie Paul Bernard ; Montdidier, Radenez, 1862, in-8.
4612. De l'hypothèque légale des femmes mariées sur les conquets de la communauté, par A. Berthauld; Paris, Durand, 1852, in-8.
4613. De la subrogation à l'hypothèque légale des femmes mariées, par A. Berthauld ; Paris, Durand, 1853, in-8.
4614. De la réforme hypothécaire : examen analytique des observations présentées par les cours et par les facultés de droit du royaume sur le projet de réforme, par Fouet de Conflans ; Paris, Joubert, 1848, in-8.
4615. Proposition relative à la création d'une banque nationale hypothécaire sans cours forcé, par le citoyen Langlois ; Paris, Henry, 1848, in-8.
4616. Assemblée nationale; proposition relative à la réforme et à la réorganisation du régime hypothécaire, par le citoyen Langlois (de l'Eure) ; Paris, 1849, in-8.
4617. Même ouvrage, même édition.
4618. Congrès central d'agriculture, session de 1851. Réforme hypothécaire et crédit foncier. Rapport de J. B. Josseau; Paris, Thunot, in-8.
4619. Réforme hypothécaire. Etat de la question, par J. B. Josseau ; Paris, Guyot, in-8.
4620. Des priviléges sur les meubles, par A. Taillefer; Paris, Durand, 1852, in-8.
4621. De la réforme hypothécaire en France et en Prusse, par Jules Levita ; Paris, Videcoq, 1852, in-8.
4622. Exposé complet d'un système général d'immatriculation des personnes, des immeubles et des titres, par J. B. Hébert; Paris, Brière, 1847, in-8.
4623. Mémoire adressé à M. le garde des sceaux, ministre de la justice et à MM. les membres de la commission hypothécaire, réunis sous sa présidence, par J. B. Hébert; Paris, Brière (1847), in-8.
4624. De l'utilité d'un système général d'immatriculation des hommes, des immeubles et des titres et de quelques

points se rattachant au notariat, par Hébert; Rouen, Brière, in-8.

4625. Projet de cautionnement hypothécaire national, par J. B. Hebert; Paris, Comon et Cⁱᵉ, 1848, in-8.

4626. Projet du cautionnement hypothécaire national adressé aux membres du Gouvernement provisoire, par Hebert; Paris, Brière (1848), in-8.

4627. Crédit foncier. Projet de loi sur les priviléges et hypothèques, par Amyot; Paris, Maulde et Renou, in-8.

4628. Régime hypothécaire et crédit foncier, par Aug. Nougarède; Paris, Crapelet, 1850, in-8.

4629. Explication de la loi du 23 mars 1855 sur la transcription en matière hypothécaire, par H. F. Rivière et Auguste François; Paris, Marescq, 1855, in-8.

4630. Questions théoriques et pratiques sur la transcription en matière hypothécaire, par H. F. Rivière et A. Huguet; Paris, Marescq, 1856, in-8.

4631. Commentaire théorique et pratique de la loi du 28 mars 1855 sur la transcription en matière hypothécaire, par N. M. Lesenne; Paris, Cosse, 1856, in-8.

4632. De la transcription en matière hypothécaire, par Flandin; Paris, Cosse, 1861, 2 vol. in-8.

4633. Traité théorique et pratique de la transcription et des innovations introduites par la loi du 23 mars 1855 en matière hypothécaire, par Frédéric Mourlon; Paris, Marescq. 1862, in-8.

4634. Traité de la vente des immeubles par expropriation forcée, par Gabriel Lachaize; Paris, Béchet, 1829, 2 vol. in-8.

4635. Traité des prescriptions suivant les nouveaux codes français, par F. A. Vazeille; Paris, Bavoux, 1824, in-8.

4636. Traité des prescriptions, par F. A. Vazeille; Paris, Videcoq, 1832, 2 vol. in-8.

4637. Le nouveau Dunod, ou Traité des prescriptions de ce célèbre auteur mis en concordance avec la législation actuelle, par J. B. de Laporte; Paris, Clament, 1810, in-8.

4638. Dictionnaire des prescriptions en matière civile, commerciale, criminelle, et en matière de délits et de contravention, par J. Bousquet; Paris, 1838, in-8.

4639. Le Droit civil expliqué; de la Prescription, par Troplong; Paris, Hingray, 1835, 2 vol. in-8.
4640. Mémoire sur la durée et la suspension de la prescription, par Berriat Saint-Prix; Paris, Langlois, 1841, in-8.
4641. Explication du titre 20, livre VIII du Code Napoléon, ou commentaire-traité de la prescription, par V. Marcadé; Paris, Cotillon, 1854, in-8.
4642. Dialogues, ou Questions de droit; discussion approfondie de toutes les questions de droit qui sont encore controversées, par J. I. B. Coulon; Dijon, Décailly, 1838, 3 vol. in-8.
4643. Questions de droit, examen et discussion des questions les plus controversées entre les auteurs et les tribunaux, par J. I. B. Coulon; Paris, Cotillon, 1853, in-8.
4644. Dissertations juridiques sur quelques-uns des points les moins éclaircis ou les plus controversés en doctrine et en jurisprudence, par C. Le Gentil; Paris, Durand, 1855, in-8.
4645. Trilogie juridique, par M. Vielle, avocat; Paris, Delhomme, 1854, in-8.

Code de Procédure civile.

Texte et Commentaires.

4646. Projet de Code de procédure civile, présenté par la commission nommée par le Gouvernement (avec les Observations des diverses cours sur ce projet); 2 vol. in-4.
4647. Code de procédure civile; Paris, Garnery, 1806, in-12.
4648. Code de procédure civile, suivi du tarif des frais et dépens, avec l'exposé des motifs, pour faire suite et servir de commentaire; Paris, Imprimerie impériale, 1810, in-4.
4649. Code de procédure civile; Paris, 1816, in-8.
4650. Code de procédure civile, avec le rapprochement du texte des articles du Code qui y ont rapport (par Favard de Langlade); Paris, Didot, 1808, 2 tom. en 1 vol. in-12.

4651. Code de procédure civile, avec des notes explicatives rédigées par des jurisconsultes qui ont concouru à sa confection; Paris, Gratiot, 1810-1815, 6 vol. in-8.

4652. Code de procédure civile, annoté des dispositions et décisions de la législation et de la jurisprudence, par J. B. Sirey; Paris, 1821, in-4.

4653. Codes annotés de Sirey, par P. Gilbert, avec le concours, pour la partie criminelle, de M. Faustin-Hélie et de M. Cuzon. Code de procédure criminelle et Code de commerce; Paris, Cosse, 1852, in-4.

4654. Code de procédure expliqué par ses motifs et par des exemples, par J. A. Rogron; Paris, Videcoq, 1831, in-12.

4655. Code de procédure civile expliqué, par Rogron; Paris, Thorel, 1842, in-4.

4656. Annales des Codes de procédure civile, de commerce, d'instruction criminelle, etc., etc., par Charles Rocca et Gaspard Coller; Turin, Orgeas, 1807 et ann. suiv., 6 vol. in-8.

4657. Esprit du Code de procédure civile, par Locré; Paris, Didot, 1816, 5 tom. en 4 vol. in-8.

4658. Nouveau traité de la procédure civile; Paris, Commaille, 1807, 3 vol. in-8.

4659. Questions sur le Code de procédure civile, par P. Lepage; Paris, Buisson, 1807, in-4.

4660. Conférence du Code de procédure civile avec les lois précédentes, par Julien-Michel Dufour; Paris, Arthus Bertrand, 1808, 2 vol. in-8.

4661. La Procédure civile des tribunaux de France, démontrée par Pigeau; Paris, Garnery, 1811, 2 vol. in-4.

4662. La Procédure civile des tribunaux de France, par Pigeau, augm. par J. L. Crivelli; Paris, Gallois, 1829, 2 vol. in-4.

4663. Commentaire sur le Code de procédure civile, par Pigeau, revu par Poncelet et Lucas-Championnière; Paris, Brière, 1827, 2 vol. in-4.

4664. Le Code de procédure civile expliqué par la jurisprudence des tribunaux, par Loret; Paris, Gratiot, 1811-1815, 6 vol. in-8.

4665. Éléments du droit et de la pratique, ou Instruction sur la procédure, par J. P. A. Demiau-Crouzilhac; Paris, Vanraest, 1811, in-4.

4666. Explication sommaire du Code de procédure civile, par Demiau-Crouzilhac; Paris, Corby, 1828, in-8.
4667. Traité de procédure civile et commerciale, par Hautefeuille; Paris, Lefèvre, 1812, in-4.
4668. Jurisprudence des cours souveraines sur la procédure, par A. S. G. Coffinières; Paris, 1812, 5 vol. in-8.
4669. Lois de procédure civile, par Dupin (aîné); Paris, Guillaume, 1821, in-8.
4670. Cours de procédure civile fait à la Faculté de droit de Paris, par Berriat Saint-Prix; Paris, Nève, 1821, 3 vol. in-8.
4671. Analyse raisonnée et conférence des opinions des commentateurs et des arrêts des cours sur le Code de procédure civile, par Carré; Rennes, 1811-1812, 2 volumes in-4.
    Le premier volume manque.
4672. Les Lois de la procédure civile, par Carré; Rennes, Duchesne, 1824, 3 vol. in-4.
4673. Les Lois de la procédure civile, par G. L. J. Carré, troisième édition, par Chauveau Adolphe; Paris, Delamotte, 1840-1846, 7 vol. in-8.
4674. Les Lois de la procédure civile, par G. L. J. Carré, troisième édition, par Chauveau Adolphe; Paris, Delamotte, 1843, 7 vol. in-8.
4675. Lois de la procédure civile et administrative, par G. L. J. Carré et Chauveau Adolphe, quatrième édition; Paris, Cosse, 1862-1863, t. V-IX, en 7 vol. in-8.
4676. Manuel de procédure civile, par Emile Renard; Paris, Delaforest, 1828, in-8.
4677. Traité élémentaire de procédure civile, par L. F. Auger; Paris, Pichon-Béchet, 1828, in-8.
4678. Commentaire sur le Code de procédure civile, par Thomine-Desmazure; Caen, Mancel, 1832, 2 vol. in-4.
4679. Cours de procédure civile française, fait à la Faculté de Strasbourg, par Rauter; Paris, Levrault, 1834, in-8.
4680. Code de procédure civile; leçons de feu Boitard, professeur suppléant de la Faculté de droit de Paris, publiées par Gustave de Linage; Paris, Thorel, 1837, 3 vol. in-8.
4681. Leçons sur le Code de procédure civile, par G. Colmet-Daage, formant le complément des leçons de procédure civile de Boitard; Paris, Cotillon, 1852, in-8.

4682. Leçons sur le Code de procédure civile, par Boitard, publiées par Gustave de Linage; Paris, Thorel, 1844, 2 vol. in-8.

4683. Leçons sur toutes les parties du Code de procédure civile, par Boitard, publiées par Gustave de Linage, continuées et complétées par G. F. Colmet-Daage; Paris, Cotillon, 1854, 2 vol. in-8.

4684. Leçons de procédure civile, par Boitard, revues, annotées et complétées par G. F. Colmet-Daage; Paris, Cotillon, 1858, 2 vol. in-8.

4685. Leçons de procédure civile, par Boitard, publiées par Gustave de Linage, revues par G. F. Colmet-Daage; Paris, Cotillon, 1865, 2 vol. in-8.

4686. Cours de procédure civile et criminelle, par C. Delzers; Paris, Videcoq, 1843, 2 tom. en 1 vol. in-8.

4687. Commentaire de la procédure civile, par Pascal Bonnin; Paris, 1845, in-8.

4688. Cours de procédure civile, par A. Rodière; Paris, Cotillon, 1850, 3 vol. in-8.

4689. Répétitions écrites sur le Code de procédure civile, contenant l'exposé des principes généraux, leurs motifs et la solution des questions théoriques, suivies d'un formulaire, par Fréd. Mourlon; Paris, Marescq, 1857, in-8.

Traités divers sur la Procédure civile.

4690. Le Praticien français, par les rédacteurs de la Jurisprudence du Code civil (Bavoux et Loiseau); Paris, 1806-1807, 5 vol. in-8.
Manque la seconde partie.

4691. Nouveau praticien français, ou Instructions pratiques, par T. (Tenneson); Paris, Rousseau, an V, in-8.

4692. Traités élémentaires de législation et de procédure. Premier traité, des Actions (par Poncet); Dijon, Bernard-Defay, 1817, in-8.

4693. Même ouvrage, même édition.

4694. Traités élémentaires de législation et de procédure. Second traité, des Jugements (par Poncet); Dijon, Lagier, 1821, in-8.

4695. Traité des Jugements, par Poncet; Dijon, Lagier, 1822, 2 vol. in-8.

4696. Théorie de la procédure civile, par Boncenne et O. Bourbeau; Paris, Videcoq, 1837-1863, 7 vol. in-8.

4697. Éléments d'organisation judiciaire et de procédure civile, par Edouard Bonnier; Paris, Joubert, 1847, 2 vol. in-8.

4698. Choix de dissertations sur des questions de procédure civile et de droit pénal, par Hercule Bourdon; Paris, Cotillon, 1861, in-8.

4699. Quelles sont, au point de vue juridique et au point de vue philosophique, les réformes dont notre procédure civile est susceptible, par Seligman; Reims, Regnier (1855), in-8.

4700. Jurisprudence des Cours de cassation et d'appel sur la procédure civile et commerciale, par Bavoux et Loiseau; Paris, Perronneau, 1809, 3 vol. in-8.

4701. Revue doctrinale des variations et des progrès de la jurisprudence de la Cour de cassation, par H. F. Rivière; Paris, Cosse, 1862, in-8.

4702. Formulaire général et complet, ou Traité pratique de procédure civile et commerciale, par Chauveau Adolphe, revu par Glandaz; Paris, Cosse, 1854, 2 vol. in-8.

4703. Traité général de l'arbitrage en matière civile et commerciale, par Goubeau de La Billennerie; Paris, 1827, 2 vol. in-8.

4704. Traité de l'arbitrage en matière civile et commerciale, par Mongalvy; Paris, Dupont, 1827, in-12.

4705. Traité pratique et complet de l'arbitrage, par L. Giraudeau et Ch. Gœtschy; Paris, 1835, in-24.

4706. Commentaire sur l'arbitrage volontaire et forcé, par Bellot des Minières; La Réole, Pasquier, 1838, 3 vol. in-8.

4707. Traité des exceptions en matière de procédure civile, par Goubeau de La Billennerie; Paris, Bavoux, 1823, in-8.

4708. Aperçu sur les procès d'ordre, par Fr. Toscan; Turin, Appiano, 1812, in-8.

4709. Commentaire, ou Explication au point de vue pratique de la loi du 21 mai 1858 sur la procédure d'ordre, par

Grosse et Ch. Rameau ; Paris, 1858, 2 tom. en 1 vol. in-8.

4710. De la procédure d'ordre, par Chauveau Adolphe ; Paris, Cosse, 1860, in-8.

4711. Traité de la péremption d'instance en matière civile, par J. E. Reynauld, revu par Dalloz ; Paris, 1837, in-8.

4712. Traité de la vente des immeubles par expropriation forcée, avec des observations de Grenier, par Gabriel La Chaise ; Paris, Béchet, 1829, 2 vol. in-8.

4713. Commentaire de la loi du 2 juin 1841 sur les ventes judiciaires de biens immeubles, par Eugène Persil ; Paris, Joubert, 1841, in-8.

4714. Commentaire théorique et pratique sur les ventes judiciaires de biens immeubles, par Eugène Paignon ; Paris, Cotillon, 1841, 2 tom. en 1 vol. in-8.

4715. Même ouvrage, même édition, avec la date de 1851.

4716. Traité de la procédure sur saisie immobilière telle qu'elle est prescrite par les Codes civil et de procédure, par J. B. Huet ; Paris, Emery, 1818, in-8.

4717. Titre de la saisie immobilière, annoté des décisions depuis 1800 jusqu'en 1829, contenant des observations critiques, le rapprochement de notre législation des législations des Pays-Bas et du canton de Genève, par A. Chauveau ; Paris, Gobelet, 1829, in-8.

4718. Commentaire sur la saisie immobilière et autres ventes de biens immeubles et de l'ordre, par C. Jacob ; Paris, Marescq, 1842, 2 vol. in-8.

4719. Traité de la saisie-arrêt, par F. Roger ; Paris, Delamotte, 1837, in-8.

4720. Traité de la saisie-arrêt, par Fr. Roger, édité par Augustin Roger ; Paris, Durand, 1860, in-8.

4721. Commentaire de la loi portant modification des articles du Code de procédure civile sur les saisies immobilières et sur les ordres, par Emile Olivier et F. Mourlon ; Paris, 1858, in-8.

4722. Traité des surenchères, par Petit ; Douai, Crepeaux, 1843, in-8.

4723. Essai de réforme de la procédure de contribution judiciaire, par V. Boursy ; Paris, Durand, 1862, in-8.

4724. Formulaire de tous les actes tant civils que commerciaux que l'on peut passer sous seing privé avec des observations, des notes et une instruction sur tous les actes, par Léopold; Paris, Maison, 1839, in-12.

4725. Formulaire général, ou Modèles d'actes rédigés sur chaque article du Code de procédure civile, par A. P. P. Péchart et J. B. H. Cardon; Paris, Martin, 1842, 2 vol. in-8.

4726. De l'influence des lois de procédure civile sur le crédit foncier, par J. Piogey. Première partie. Paris, Guillaumin, 1853, in-8.

4727. Du droit d'appel limité à quinze cents francs, surtout en matière d'assurances maritimes, par Negrin; Paris, Maresq, 1860, in-8.

4728. Haro sur le papier timbré. Etude sur quelques réformes, par J. F. Néel; Paris, Guillaumin, 1862, in-8.

4729. Lettre à un magistrat sur la question de savoir si le jour *a quo* doit être compté dans un délai légal, et spécialement dans le délai fixé pour la prescription du délit de chasse, par Berriat Saint-Prix; Paris, Fournier, 1843, in-8.

4730. De la discipline judiciaire, par C. (Carnot); Paris, Baudouin, 1825, in-8.

4731. Manuel du tribunal de cassation, ou Règles de la justice civile, criminelle, correctionnelle et de police, dans ses rapports avec l'institution du tribunal de cassation, par Lavaux; Paris, Fauvelle, 1797, in-12.

4732. Code et Mémorial du tribunal de cassation, publié par le cit. G.; Paris, Rousseau, an VI, 2 vol. in-8.

4733. Cour de cassation. Lois et règlements à l'usage de la Cour de cassation, recueillis et annotés par A. P. Tarbé; Paris, Roret, 1840, in-4.

4734. Manuel des pourvois et des formes de procéder devant la Cour de cassation en matière civile, par Bernard; Paris, Duprat, 1858, in-8.

4735. Chambre du conseil en matières civile et disciplinaire; jurisprudence du tribunal de la Seine, par Bertin, avec une introduction par de Belleyme; Paris, 1853, 2 vol. in-8.

4736. Chambre du conseil en matières civile et disciplinaire; jurisprudence de la cour et du tribunal de Paris, par Bertin, avec une introduction par de Belleyme; Paris, Durand, 1856, 2 vol. in-8.

4737. Traité de l'appel en matière civile, par Talandier; Paris, Cotillon, 1839, in-8.

4738. Traité de l'appel et de l'instruction sur l'appel, par Rivoire; Paris, Joubert, 1844, in-8.

4739. Traité des référés en France, tant en matière civile qu'en matière de commerce, ou Moyen de prévenir ou d'abréger les procès, par Billard; Paris, Videcoq, 1834, in-8.

4740. Ordonnances du président du tribunal de première instance du département de la Seine, suivies d'observations pratiques (par de Belleyme); Paris, Guyot et Scribe, 1837, in-8.

4741. Ordonnances sur requêtes et sur référés, par de Belleyme; Paris, Joubert, 1844, 2 vol. in-8.

4742. Ordonnances sur requêtes et sur référés, par de Belleyme; Paris, Cosse, 1855, 2 vol. in-8.

4743. Les Tarifs en matière civile, commerciale et criminelle, expliqués et commentés par A. Vervoort; Paris, Renduel, 1829, in-18.

4744. La Taxe en matière civile, par N. Carré; Paris, Renouard, 1839, in-8.

4745. Même ouvrage, même édition.

4746. La Taxe en matière civile, par N. Carré, avec un supplément par Tripier; Paris, Renouard, 1851, in-8.

4747. Commentaire du Tarif en matière civile, par Adolphe Chauveau; Paris, Nève, 1832, 2 vol. in-8.

4748. Commentaire du Tarif en matière civile, par Chauveau Adolphe et Ambroise Godoffre; Paris, Durand, 1864, in-8.

4749. Manuel des frais de justice, par M***; Paris, Beaucé, 1818, in-16.

4750. Dictionnaire raisonné du tarif des frais et dépens en matière civile, par Rivoire; Dijon, Lagier, 1838, in-8.

4751. Manuel du juge taxateur, par Sudraud-Desisles; Paris, Alex. Gobelet, 1827, in-8.

4752. Tableau des frais et dépens en la Cour royale de Paris; Paris, Leblanc, 1823, in-4.

4753. Instruction sur la taxe des frais et dépens devant le tribunal de première instance de la Seine; Paris, Henry, 1832, in-4.

4754. Régulateur et indicateur judiciaire, civil, criminel et commercial des délais à observer à raison des distances de tous les tribunaux entre eux, par A. Chaffin; Paris, 1842, in-8.

4755. Traité du tribunal de famille, contenant une instruction détaillée sur la compétence et les fonctions de ce tribunal, par Augustin Charles Guichard; Paris, 1793, in-12.

4756. Manuel des juges de paix, maires, adjoints, commissaires de police, comme officiers de police judiciaire, juges de police et officiers du ministère public, par Jul. Mich. Dufour; Paris, Patris, 1810, in-12.

4757. Manuel des justices de paix, par Levasseur; Paris, Roret, 1824, in-8.

4758. Traité de la juridiction civile judiciaire du juge de paix, par Brossard; Paris, Nève, 1824, in-8.

4759. Recueil pénal et raisonné de la jurisprudence et des attributions des justices de paix, par Biret; Paris, Bertrand, 1819, 2 vol. in-8.

4760. Code des justices de paix, annoté par Biret; Paris, Tournachon, 1825, in-8.

4761. Code des justices de paix, annoté par J. B. Lépine; Paris, Legrand, 1839, in-8.

4762. Manuel des justices de paix, par M. Julhe de Foulan; Paris, 1826-1828, 2 vol. in-8.

4763. Lois et formules nécessaires en justice de paix, par J. de Foulan; Paris, 1836, in-8.

4764. De la compétence des juges de paix, par P. P. N. Henrion de Pansey; Paris, Duprat, 1839, in-8.

4765. Commentaire de la loi sur les justices de paix, par Marc Deffaux; Paris, Cotillon, 1838, in-8.

4766. Examen critique et commentaire de la loi sur les justices de paix, par Moureau (de Vaucluse); Paris, Crochard, 1838, in-12.

4767. Traité de la compétence des juges de paix, par Curasson; Dijon, Lagier, 1839, 2 vol. in-8.

4768. Le Droit français, dans ses rapports avec la juridiction des justices de paix, par G. L. Carré, édition augmentée par Victor Foucher; Paris, Delamotte, 1839, 4 vol. in-8.

4769. Commentaire des lois des 25 mai et 11 avril 1838, relatives aux justices de paix et aux tribunaux de première instance, par Victor Foucher; Paris, Delamotte, 1839, in 8.

4770. Même ouvrage, même édition.
4771. Traité des justices de paix et des tribunaux de première instance, par Benech; Paris, Leclère, 1843, 2 vol. in-8.
4772. De la jurisprudence des juges de paix, par J. M. Carou, édition augmentée par Bioche; Paris, Thorel, 1843, 2 vol. in-8.
4773. Le Droit civil des juges de paix et des tribunaux d'arrondissement, par J. F. Vaudoré; Paris, Joubert, 1844, 3 vol. in-8.
4774. Traité pratique de la compétence civile des juges de paix en matière contentieuse, précédé d'une introduction par A. Valette, par N. A. Guilbon; Paris, Durand, 1864, in-8.
4775. Instruction sur l'organisation des huissiers, sur leurs devoirs, la taxe des frais, la formation et le partage de leur bourse commune, par un magistrat (Favard de Langlade); Paris, Nève, 1813, in-8.
4776. Code et Manuel du commissaire-priseur, ou Traité des prisées et ventes mobilières, par G. Renou; Paris, d'Ocagne, 1835, 2 vol. in-8.
4777. Traité de la prisée et de la vente aux enchères des meubles et marchandises, par L. Le Hir; Paris, Durand, 1855, 2 tom. en 1 vol. in-8.

Notariat.

4778. Code du notariat et des droits de timbre, d'enregistrement, d'hypothèque et de greffe, par Rolland de Villargues; Paris, 1836, tome Ier, in-8.
4779. Manuel théorique et pratique, et formulaire du notariat, par Edouard Clerc; suivi du Code des notaires, expliqué par Armand Dalloz, et d'un traité abrégé de la responsabilité des notaires, par Ch. Vergé; Paris, Cosse, 1863, 2 vol. in-8.
4780. La Philosophie du notariat, ou Lettres sur la profession de notaire, adressées à M. Chardel par H. Cellier; Paris, Videcoq, 1832, in-8.
4781. Cours de rédaction notariale, ou Nouveau recueil de modèles des actes et contrats, par N. H. Cellier; Paris, Joubert, 1840, in-8.

4782. Cours de notariat ; discours prononcé le 7 novembre 1853 par Charles Abel ; Metz, Lamort, 1853, in-8.
4783. Ecole théorique et pratique de notariat, par L. Feuilleret ; Paris, Joubert, 1840, in-8.
4784. Ecole théorique et pratique de notariat, par L. Feuilleret ; Paris, 1842, in-8.
4785. Nouveau formulaire du notariat, augmenté d'un supplément, précédé d'un recueil complet des édits, lettres-patentes, etc., etc., par les rédacteurs du Journal des notaires et des avocats ; Paris, 1839, in-8.
4786. Le Parfait notaire, ou la Science des notaires, par A. J. Massé, notaire à Paris ; Paris, Mame, 1813, 3 volumes in-4.
4787. Le Parfait notaire, ou la Science des notaires, par A. J. Massé ; Paris, Garnery, 1827, 3 vol. in-4.
4788. Le Manuel des notaires, contenant un nouveau dictionnaire des formules de tous les actes des notaires, et un commentaire avec des chiffres correspondant à ceux du dictionnaire, par F. M. Sellier ; Paris, Cotillon, 1841, 3 vol. in-4.
4789. Le Journal du manuel du notaire, ou Recueil de législation, de jurisprudence et de doctrine, faisant la suite et le complément du Manuel des notaires, par F. M. Sellier ; Paris, Cotillon, 1844, tome Ier, in-4.
4790. La Taxe du notariat, par J. B. Chanu ; Gournay, Vielle. 1835, 1 vol. in-8.
4791. Législation du notariat, ou Commentaire des lois du 25 ventôse an XI et 31 juin 1843, etc., etc., par Ch. Favier-Coulomb ; Paris, 1848, in-8.
4792. Traité de l'admission au notariat et commentaire de l'ordonnance du 4 janvier 1843, par Favier-Coulomb ; Paris, 1843, in-8.
4793. Des contraventions notariales sur la loi organique du 25 ventôse an XI, etc., etc., par B. Molineau ; Bruxelles, Labroue, 1853, in-8.
4794. De la responsabilité des notaires, d'après les lois, la doctrine, la jurisprudence et les circulaires ministérielles, par Henry Eloy ; Paris, Durand, 1863, 2 vol. in-8.

Code pénal.

De la loi cri(mi)nelle; Devoirs des magistrats.

4795. De la justice criminelle en France, d'après les lois permanentes, les lois d'exception et les doctrines des tribunaux, par Bérenger; Paris, L'Huillier, 1818, in-8.

4796. Même ouvrage, même édition.

4797. Traité de la législation criminelle en France, par J. M. Le Graverend; Paris, Béchet, 1823, 2 vol. in-4.

4798. Traité de la législation criminelle en France, par J. M. Le Graverend, édition revue par J. B. Duverger; Paris, Béchet, 1829-1830, 2 vol. in-4.

4799. Dictionnaire raisonné des lois pénales de France, par Bourguignon; Paris, Garnery, 1811, 3 vol. in-8.

4800. Corps de droit criminel, ou Recueil complet, méthodique et par ordre de matières, des Codes, lois, décrets, arrêtés, avis du Conseil d'État, etc., etc., en vigueur sur la matière, par A. J. Mars; Paris, Ménard, 1821, 2 vol. in-4.

4801. Traité théorique et pratique du droit criminel français, ou Cours de législation criminelle, par Rauter; Paris, Hingray, 1826, 2 vol. in-8.

4802. Dictionnaire du droit criminel, par Achille Morin; Paris, Durand, 1842, in-4.

4803. Répertoire général et raisonné de droit criminel, par Achille Morin; Paris, Durand, 1851, 2 vol. in-4.

4804. Journal du droit criminel, ou Jurisprudence criminelle du royaume (matière criminelle, correctionnelle et de police), par Adolphe Chauveau, Faustin Hélie et Achille Morin; Paris, 1829-1864, 36 vol. in-8.
Manquent les tomes 2, 3, 4, 5.

4805. Éléments de droit pénal, par Ortolan; Paris, Plon, 1855, in-8.

4806. De l'amélioration de la loi criminelle, par Bonneville de Marsangy; Paris, Cosse, 1855-1864, 2 vol. in-8.

4807. Discours d'Adrien Duport sur l'établissement des jurés, la police de sûreté et la justice criminelle; Paris, Verdière, 1827, in-8.

4808. Le Guide des jurés, par Fleurigeon; Paris, Fantin, 1811, in-8.

4809. Réflexion sur l'état actuel du jury, de la liberté individuelle et des prisons, par C. (Cottu); Paris, Nicolle, 1818, in-8.

4810. Un mot sur le projet de loi relatif à l'organisation du jury, sur le projet de Code militaire et sur l'article 11 de la loi du 21 octobre 1814, par un magistrat (de Berny); Paris, dépôt des lois, 1827, in-8.

4811. Manuel du juré et commentaire de la loi du 2 mai 1827 sur l'organisation du jury, par Guichard et Dubochet; Paris, Sautelet, 1827, in-8.

4812. Manuel du juré, par Bourguignon; Paris, Moreau, 1827, in-8.

4813. Nouveau manuel du juré, par C. B. Merger; Paris, Malteste, 1838, in-18.

4814. Code du jury et des élections, par Persin; Paris, Firmin Didot, 1828, in-8.

4815. Théorie du jury, ou Observations sur le jury et sur les institutions judiciaires criminelles, anciennes et modernes, par C. F. Oudot; Paris, Joubert, 1843, in-8.

4816. Discours de M. Hennequin, dans la discussion du projet de loi sur le jury, 14 août 1835; Paris, Pinard, 1835, in-8.

4817. Manuel du juge d'instruction, par Delamorte-Felines; Valence, Marc Aurel, 1836, in-8.

4818. Manuel des juges d'instruction, par Duverger; Paris, Videcoq, 1839, 2 vol. in-8.

4819. Manuel des juges d'instruction, par Duverger; Paris, Thorel, 1844, 3 vol. in-8.

4820. Manuel criminel des juges de paix, considérés comme officiers de police judiciaire, par M. F. Duverger; Paris, Videcoq, 1841, in-8.

4821. La Cour d'assises, traité pratique, par Charles Nouguier; Paris, Cosse, 1860, 2 vol. in-8.

4822. Des qualités et des devoirs d'un président de Cour d'assises, et des améliorations à introduire dans l'administration de la justice criminelle, par Gaillard; Paris, Pihan de la Forest, 1834, in-8.

4823. Devoirs des présidents de Cours d'assises, des jurés, des témoins et des experts, par Gaillard; Paris, Pihan Delaforest, 1835, in-8.

4824. Considérations sur l'institution du ministère public dans le système de l'accusation judiciaire, d'après les législations anciennes, le droit criminel actuel et la charte, par C. J. Robillard; Paris, Seignot, 1821, in 8.

4825. Le Ministère public en France, par J. L. E. Ortolan et L. Ledeau; Paris, Fanjat, 1831, 2 vol. in-8.

4826. Manuel du procureur du roi et du substitut, ou Résumé des fonctions du ministère public, par Jos. F. Louis Massabiau; Paris, Roret, 1837-1840, 4 vol. in-8.

4827. Manuel du procureur du roi, par Jos. Fr. Louis Massabiau; Paris, Joubert, 1843-1844, 3 vol. in-8.

4828. Traité pratique des fonctions de procureur du roi, suivi d'une discussion sur la question du duel, par de Molènes; Paris, Delamotte, 1843, 2 vol. in-8.

4829. Philosophie de la Cour d'assises, par Eugène Lambert; Paris, Plon, 1861, in-8.

Code pénal, Texte et Commentaires.

4830. Code criminel de la République française, par Sagnier; Paris, Fauvelle, an VII, in-8.

4831. Code correctionnel et de simple police, rédigé et mis en ordre par Sagnier; Paris, Fauvelle, an VII, in-8.

4832. Projet de code criminel, correctionnel et de police, présenté par la commission nommée par le gouvernement; (1804), in-4.

4833. Même ouvrage, même édition.

4834. Observations des tribunaux d'appel sur le projet de code criminel; Paris, Imprim. impériale, an XIII. 2 vol. in-4.

4835. Observations des tribunaux criminels sur le projet de code criminel; Paris, Imprim. impériale, an XIII, 6 tom. en 3 vol. in-4.

4836. Même ouvrage, même édition.

4837. Code pénal, édition originale et seule officielle; Paris, Impr. impériale, 1810, in-4.

4838. Exposé des motifs du Code pénal, présenté au Corps législatif par MM. les orateurs du gouvernement; Paris, Galland, 1810, in-4.
4839. Code pénal, suivi de l'Exposé des motifs des rapports faits au Corps législatif, d'une table méthodique, et d'une table alphabétique et raisonnée (par Favard de Langlade); Paris, Didot, 1810, 2 vol. in-12.
4840. Code pénal, suivi de l'Exposé des motifs (par Favard de Langlade); Paris, Didot, 1812, in-12.
4841. Codes annotés de Sirey, par P. Gilbert, avec le concours, pour la partie criminelle, de M. Faustin Hélie et de M. Cuzon. — Codes d'instruction criminelle, pénal et forestier, suivis des lois sur la contrainte par corps et de celle sur le notariat; Paris, Cosse, 1854, in-4.
4842. Code criminel, avec instructions et formules, par Julien-Michel Dufour; Paris, Arthus Bertrand, 1809, 2 vol. in-8.
4843. Code criminel, avec instructions, par Julien-Michel Dufour; Paris, Arthus Bertrand, 1810-1811, 2 vol. in-8.
4844. Le Code criminel et le Code pénal, mis en harmonie avec la charte, la morale publique, les principes de la raison, etc., etc. (par Jos. Fr. Cl. Carnot); Paris, Plancher, 1819, in-8.
4845. Commentaire sur le Code pénal, contenant la manière d'en faire une juste application, l'indication des améliorations dont il est susceptible, etc., etc., par Carnot; Paris, Warée, 1823-1824, 2 vol. in-4.
4846. Lois criminelles, par Dupin (aîné); Paris, Guillaume, 1821, in-8.
4847. Cours de droit criminel, par Berriat Saint-Prix; Paris, Nève, 1821, in-8.
4848. Cours de droit criminel fait à la Faculté de droit de Paris, par Berriat Saint-Prix; Paris, Nève, 1825, in-8.
4849. Cours de droit criminel, par Berriat Saint-Prix; Paris, Nève, 1836, in-8.
4850. Leçons de droit criminel de feu M. Boitard, par Gustave de Linage; Paris, Cosson, in-8. (Prospectus.)
4851. Leçons de droit criminel, par feu Boitard, publiées par Gustave de Linage; Paris, Gobelet, 1836, in-8.
4852. Leçons sur les Codes pénal et d'instruction criminelle, par Boitard, publiées par Gustave de Linage; Paris, 1842, in-8.

4853. Leçons sur les Codes pénal et d'instruction criminelle, par Boitard, publiées par Gustave de Linage; Paris, Thorel, 1844, in-8.

4854. Leçons sur les Codes pénal et d'instruction criminelle, par Boitard, publiées par Gustave de Linage; Paris, Cotillon, 1856, in-8.

4855. Code pénal progressif, commentaire sur la loi modificatrice du Code pénal, par Ad. Chauveau; Paris, 1832, in-8.

4856. Théorie du Code pénal, par Chauveau Adolphe et Faustin Hélie; Paris, Gobelet, 1836-1842, 8 vol. in-8.
   Manque le deuxième.

4857. Théorie du Code pénal, par Chauveau et Faustin Hélie; Paris, Legrand, 1843, 6 vol. in-8.

4858. Théorie du Code pénal, par Chauveau Adolphe et Faustin Hélie; Paris, Cosse, 1852, 6 vol. in-8.

4859. Théorie du Code pénal; appendice; commentaire de la loi du 13 mai 1863, par Faustin Hélie; Paris, Cosse, 1863, in-8.

4860. Traité et Manuel des Codes pénal et d'instruction criminelle, par Benoid; Paris, Videcoq, 1845, in-8.

4861. Cours élémentaire de droit criminel, par E. Trébutien; Paris, Durand, 1854, 2 vol. in-8.

4862. Les Codes criminels interprétés par la jurisprudence et la doctrine, par Rolland de Villargues; Paris, Plon, 1861, in-8.

4863. Le Code pénal français, progressif et comparé, par J. S. G. Nypels; Paris, Durand, 1864, in-8.

4864. Etudes pratiques sur le Code pénal, par Antoine Blanche; Paris, Cosse, 1861-1864, 2 vol. in-8

Traités sur diverses questions de droit pénal.

4865. Traité de l'action publique et de l'action civile en matière criminelle, par Mangin; Paris, Nève, 1837, 2 vol. in-8.

4866. Traité du droit criminel appliqué aux actions publique et privée qui naissent des contraventions, des délits et des crimes, par Achille François Le Sellier; Paris, Thorel, 1842-1844, 6 vol. in-8.

4867. De la répression pénale et des circonstances atténuantes, par Bertin, avocat; Paris, Durand, 1859, in-8.

4868. Des contraventions, des délits et des peines, par E. M. Miroir; Grenoble, Prudhomme, 1835, 2 vol. in-8.

4869. Législation et jurisprudence des tribunaux de simple police, par Bost et Daussy; Paris, Joubert, 1841, in-8.

4870. Observations sur plusieurs points importants de notre législation criminelle, par Dupin (aîné); Paris, Baudouin, 1821, in-8.

4871. Du faux en matière criminelle, par un président de cour d'assises; Paris, Durand, 1865, in-8.

4872. De la récidive, par Bonneville; Paris, Cotillon, 1841, in-8.

4873. Des conséquences des condamnations pénales relativement à la capacité des personnes, par J. Hanin; Paris, Joubert, 1848, 1 vol. in-8.

4874. Du système des circonstances atténuantes, par C. P. Collard; Paris, Hingray, 1840, 1 vol. in-8.

4875. Du vol et des circonstances atténuantes, ou Essai sur la statistique criminelle, par Eugène Prestat; Paris, Delaunay, 1840, in-8.

4876. Le Code pénal modifié par la loi du 18 avril 1863, par Gustave Dutruc; Paris, Cosse, 1863, in-8.

4877. Tableau des peines et de leurs réductions en matière criminelle, par C. C. G. de Berny; 1832, in-8.

4878. Des lacunes et des besoins de la législation française en matière politique et en matière criminelle, par J. M. Le Graverend; Paris, Béchet, 1824, 2 tom. en 1 vol. in-8.

4879. Essai sur la complicité, par Gabriel-Bernard Benoit-Champy; Paris, de Mourgue, 1861, in-8.

4880. Même ouvrage, même édition.

4881. Conseil des anciens. Rapport fait par Portalis au nom d'une commission, sur la résolution du 30 pluviôse sur les délits de presse; Paris, Imprim. nationale, an V, in-8.

4882. Rapport au Cercle constitutionnel sur la répression des abus de la presse, par le citoyen Lauraguais; Paris, Lemaire, an VI, in-8.

4883. Conseil des anciens. Opinion de M. L. E. Sedillez sur les abus de la presse; Paris, Impr. nationale, an VII, in-8.

4884. Le Pour et le Contre sur la liberté de la presse, par un impartial; Paris, Perlet, in-8.

4885. Rapport fait au nom de la commission centrale sur le projet de loi relatif à la liberté de la presse, par M. le chevalier Raynouard; Paris, Hacquart, 1814, in-8.

4886. Lettre à M. le chevalier Raynouard, rapporteur de la commission centrale, sur le projet de loi relatif à la liberté de la presse, par M. le comte de Montgaillard; Paris, Charles, 1814, in-8.

4887. Réflexions rapides sur quelques articles du projet de loi concernant la liberté de la presse, par Beuchot; Paris, veuve Perroneau, in-8.

4888. Observations sur le projet de loi relatif aux cris, discours, écrits séditieux, par A. M. P., avocat (Alexandre Marie Petit); 1815, in-8.

4889. Opinion de M. Camille Jordan sur la loi relative à la répression des abus de la presse; Paris, Hacquart, 1817, in-8.

4890. Examen des lois des 17 mai, 9 juin 1819 et 31 mars 1820, relatives à la répression des abus de la liberté de la presse, par Carnot; Paris, Nève, 1820, in-8.

4891. Jurisprudence des Codes criminels et des lois sur la répression des crimes et délits commis par la voie de la presse et par tous autres moyens de publication, par Bourguignon; Paris, Bavoux, 1825, 3 vol. in-8.

4892. Observations sur le projet de loi relatif à la liberté de la presse, par C. (Coffinières), avocat; Paris, Mongie, 1817, in-8.

4893. Examen du projet de loi sur la presse périodique, par A. S. G. Coffinières; Paris, Delaforest, 1828, in-8.

4894. Nouvelles observations sur le projet de loi relatif à la presse périodique, considéré dans son ensemble et dans chacun de ses articles, par A. S. G. Coffinières; Paris, Gaultier-Laguionie, 1828, in-8.

4895. Même ouvrage, même édition.

4896. Code progressif de la presse et autres moyens de publication, par A. Decourdemanche; Paris, chez l'auteur, 1828, in-8.

4897. Lois de la presse en 1834, ou Législation actuelle sur l'imprimerie et la librairie, par Parant; Paris, Didot, 1834, in-8.
4898. Lois sur la presse en 1836, ou Législation actuelle sur l'imprimerie et la librairie, par Parant; Paris, Didot, 1836, in-8.
4899. Lois sur la presse depuis le 24 février 1848; in-8.
4900. Même ouvrage, même édition.
4901. Commentaire sur les lois de la presse, par Ad. de Grattier; Paris, Videcoq, 1839, 2 vol. in-8.
4902. Traité des délits et contraventions de la parole, de l'écriture et de la presse, par Chassan; Paris, Videcoq, 1846, 2 vol. in-8.
4903. Observations préliminaires (par M. de Grattier, sur l'ouvrage de M. Chassan intitulé : *Traité des délits de la parole*); Paris, Claye, 1847, in-8.
4904. Traité des délits et contraventions de la parole, de l'écriture et de la presse, par Chassan; Paris, Videcoq, 1857, 3 vol. in-8.
4905. Nouveau code annoté de la presse, pour la France, l'Algérie et les colonies, ou Concordance synoptique et annotée de toutes les lois sur l'imprimerie, la librairie, la propriété littéraire, la presse périodique, le colportage, l'affichage, le criage, les théâtres et tous autres moyens de publication, depuis 1789 jusqu'à 1856, par Gust. Rousset; Paris, Cosse, 1856, in-4.
4906. Question de droit. Du droit de plainte en matière de diffamation, par Berville; Paris, Malteste, 1860, in-8.
4907. Essai historique et critique sur le duel, par J. A. Brillat de Savarin; Paris, Caille, 1819, in-8.
4908. Mémoire sur le duel, par Loiseau; Paris, Bavoux, 1819, in-8.
4909. Discours contre le duel, par S. Victor; Paris, Dalibon, 1820, in-8.
4910. Le Duel en jurisprudence et en législation, par Pinet; Paris, Warée, 1829, in-12.
4911. Du duel considéré sous le rapport de la morale, de l'histoire, de la législation et de l'opportunité d'une loi répressive, par Ch. Bataillard; Paris, Lecointe, 1829, in-8.
4912. Essai sur le duel, par de Chateauvillard; Paris, Proux, 1836, in-8.

4913. Du duel et de sa législation, par Jules Jolly; Paris, Wittersheim, 1838, in-8.
4914. Du duel, considéré dans ses origines et dans l'état actuel des mœurs, par Eugène Cauchy; Paris, Hingray, 1846, 2 vol. in-8.
4915. Des circonstances atténuantes en matière capitale, par Paul Huot; Reims, Regnier, 1847, in-8.
4916. Du pouvoir accordé aux cours et tribunaux de connaître directement du compte rendu de leurs audiences par les journaux et écrits périodiques, par Victor Foucher; Paris, Dupont, 1834, in-8.
4917. Du renvoi sous la surveillance de la haute police de l'état, par M. Chatagnier; Paris, Cosse, 1849, in-8.
4918. De la répression du vagabondage, par Th. Homberg; Paris, Durand, 1862, in-8.

Procédure criminelle.

4919. Traité de la procédure des tribunaux criminels, par Ch. Berriat Saint-Prix; Paris, Cosse, 1851-1857, 3 vol. in-8.
4920. Code d'instruction criminelle; édition originale et seule officielle; Paris, Imprim. impériale, 1810, in-4.
4921. Code d'instruction criminelle et Code pénal; Paris, Imprim. impériale, 1810, in-32.
4922. Code d'instruction criminelle et Code pénal; Paris, Imprim. royale, 1832, in-8.
4923. Même ouvrage, même édition.
4924. Exposé des motifs du Code d'instruction criminelle présenté au Corps législatif par les orateurs du gouvernement; Paris, Galland, 1809, in-4.
4925. Décret impérial contenant règlement pour l'administration de la justice en matière criminelle, de police correctionnelle et de simple police, et tarif général des frais; Paris, Galland, 1812, in-4.
4926. Code d'instruction criminelle, avec l'Exposé des motifs et les rapports, et une table alphabétique et raisonnée des matières, par un jurisconsulte qui a concouru à la confection du Code (Favard de Langlade); Paris, Didot, 1809, 2 tom. en 1 vol. in-12.

4927. Manuel d'instruction criminelle, par Bourguignon; Paris, Garnery, 1811, 2 vol. in-8.
4928. De l'instruction criminelle, considérée dans ses rapports généraux et particuliers avec les lois nouvelles, par M. Carnot, conseiller à la Cour de cassation; Paris, Nève, 1812-1817, 2 vol. in-4.
   Incomplet.
4929. De l'instruction criminelle, considérée dans ses rapports généraux et particuliers avec les lois nouvelles et la jurisprudence de la Cour de cassation, par Carnot; Paris, Nève, 1829-1830, 3 vol. in-4.
4930. Code d'instruction criminelle, annoté par J. B. Duvergier; Paris, Guyot et Scribe, 1833, in-8.
4931. Commentaire du Code d'instruction criminelle, par Pascal Bonnin et E. Lagrange; Paris, 1845, in-8.
4932. Traité de procédure criminelle, correctionnelle et de police, suivi de l'analyse du Code pénal, par Hautefeuille; Paris, Hacquart, 1811, in-4.
4933. Lois d'instructions criminelle et pénale, ou Appendice aux Codes criminels, par J. A. Garnier Dubourgneuf et J. S. Chanoine; Paris, Tournachon-Molin, 1826, 3 vol. in-8.
4934. Traité de l'instruction criminelle, ou Théorie du Code d'instruction criminelle, par Faustin Hélie; Paris, Hingray, 1845-1860, 9 vol. in-8.
4935. Traité des procès-verbaux en matière de délits et de contraventions, par Mangin, précédé d'une introduction par Faustin Hélie; Paris, Nève, 1839, in-8.
4936. Observations critiques sur la procédure criminelle d'après le code qui régit la France, par M. J. N. B. (Berton); Paris, Emery, 1818, in-12.
4937. Essai sur l'organisation du jury de jugement et sur l'instruction criminelle, par Oudart; Paris, chez l'auteur, 1819, in-8.
4938. Aux chambres et aux ministres de la justice; modifications au Code d'instruction criminelle, par Théodore Perrin; Paris, Maulde, 1842, in-8.
4939. Traité de la procédure devant les Cours d'assises, par Cubain; Paris, Durand, 1851, in-8.
4940. De l'instruction écrite et du règlement de la compétence en matière criminelle, par Mangin, revu par Faustin Hélie; Paris, Hingray, 1847, 2 vol. in-8.

4941. Des dangers que présentent les instructions criminelles, par Paul Dupont, député au Corps législatif; Paris, P. Dupont, 1855, in-8.
4942. Traité de la compétence générale des tribunaux de simple police, suivi d'un formulaire, par J. L. Jay; Paris, Durand, 1864, in-8.
4943. De la détention préventive et de la célérité dans les procédures criminelles en France et en Angleterre, par Ernest Bertrand; Paris, Cosse, 1862, in-8.
4944. Des réformes de l'instruction criminelle, par Bertin; Paris, Durand, 1863, in-8.
4945. Recherches sur la mise en liberté sous caution, par Georges Picot; Paris, Cotillon, 1863, in-8.
4946. Traité théorique et pratique de la prescription en matière criminelle, par E. Brun de Villeret; Paris, Durand, 1863, in-8.
4947. Les précédents de la Cour des pairs, recueillis et mis en ordre par E. Cauchy; Paris, Imprim. royale, 1839, in-8.
4948. Des frais de justice en matière criminelle, correctionnelle et de police, ou Commentaire du règlement du 18 juin 1811, par de Dalmas; Paris, Renouard, 1834, in-8.
4949. Notes d'un juge d'instruction sur la taxe et le paiement de tous les frais de justice en matière criminelle, correctionnelle et de simple police, par Sudreaud-Desisles; Paris, Alex.. Gobelet, 1834, in-8.

Législation des colonies françaises.

4950. Le Code Noir, ou Recueil des règlements rendus concernant le gouvernement, l'administration de la justice, la police, la discipline et le commerce des nègres dans les colonies françaises; Paris, Prault, 1767, in-16.
4951. Loix et Constitutions des colonies françoises de l'Amérique sous le vent, par Moreau de S.-Méry, avocat au parlement; Paris, chez l'auteur, 6 vol. in-4.
4952. Recueil de règlements concernant le commerce des

isles et colonies françoises de l'Amérique; Paris, chez les libraires associez, 1744, in-18.

4953. Recueils de règlements, édits, déclarations et arrêts concernant le commerce, l'administration de la justice et la police des colonies françaises de l'Amérique, avec le Code Noir; Paris, libraires associés, 1765, in-12.

4954. Code de la Martinique, par Durand-Molard et Dufresne de S.-Cergues; Saint-Pierre, Thounens, 1807, 5 vol. in-8.

4955. Code civil d'Haïti; Port-au-Prince, 1826, in-4.

4956. Code des colons de Saint-Domingue, par Ch. Vanufel et A. Champion de Villeneuve; Paris, Vergne, 1826, in-8.

4957. Même ouvrage, même édition.

4958. Législation de l'île Bourbon, par Delabarre de Nanteuil; Paris, Gros, 1844, 3 vol. in-8.

4959. Des droits politiques des colons et des hommes de couleur, par B. J. Legat; Paris, 1831, in-8.

4960. Des hommes de couleur (par Mondésir-Richard); Paris, Mie, 1830, in-8.

4961. Examen des deux projets de loi sur l'organisation des colonies et sur les droits civils et politiques des hommes de couleur, par Mondésir Richard; Paris, veuve Porthmann, 1831, in-8.

4962. Observations sur le projet de loi relatif aux droits civils et politiques des hommes de couleur des colonies françaises (par Mondésir-Richard); Paris, Mie, 1833, in-8.

4963. Colonies. Des articles 1 et 64 de la charte (par Adolphe Crémieux); Paris, Mie, 1831, in-8.

4964. Observations sur les projets de lois coloniales présentés à la Chambre des députés, par Bissette; Paris, Mie, 1832, in-8.

4965. Lettre à M. Jollivet, candidat aux collèges de Rennes et de Saint-Malo, et délégué des colons de la Martinique, par Bissette, le 25 juin 1842; Paris, Bailly, 1842, in-8.

4966. Régime des esclaves aux colonies, ou Commentaire de la loi du 18 juillet 1845, par J. B. L. Thinon; Paris, Cosse et N. Delamotte, 1845, in-8.

4967. Emancipation immédiate et complète des esclaves, par G. de Félice; Paris, Delay, 1846, in-8.

4968. Coup d'œil sur les institutions coloniales algériennes.

Chambres de commerce et tribunaux de commerce algériens, par E. Personnaux; Oran, Perrier, 1861, in-8.

4969. Même ouvrage, même édition.

4970. Dictionnaire de la législation algérienne, Code annoté et Manuel raisonné, par P. de Ménerville; Alger, Philippe, 1860, in-8.

Mémoires, plaidoiries, procès, arrêts.

4971. Barreau français. Annales de l'éloquence judiciaire en France, par Aylies et Clair; Paris, Panckoucke, 1826, 1827, 2 vol. in-8.

4972. Recueil des causes célèbres et des arrêts qui les ont décidées, rédigé par Maurice Méjan; Paris, 1808, 21 vol. in-8.

Le septième volume manque.

4973. Œuvres judiciaires, ou Recueil contenant les plaidoyers du procureur général près la Cour d'appel de Paris. Discours et réquisitoires. Réponses à divers magistrats. Par Mourre; Paris, Patris, 1812, in-4.

4974. Œuvres judiciaires du prés. Henrion de Pansey; Paris, Cosse, 1844, in-8.

4975. Questions de droit, tirées des consultations, des mémoires et des dissertations de Duport-Lavillette, ancien jurisconsulte à Grenoble, par Duport-Lavillette fils; Grenoble, 1829-1832, 7 vol. in-8.

4976. Réquisitoires, plaidoyers et discours de rentrée prononcés par M. Dupin aîné; Paris, Everat, in-8.

Prospectus.

4977. Réquisitoires, plaidoyers et discours de rentrée, prononcés par M. Dupin, avec le texte des arrêts; Paris, 1836-1852, 11 vol. in-8.

4978. Mémoires, plaidoyers et consultations d'André-Marie-Jean-Jacques Dupin; Paris, 1808-1830, 21 vol. in-4.

4979. Plaidoyers choisis et œuvres diverses de Delamalle; Paris, Renouard, 1827, 4 vol. in-8.

4980. Œuvres de M. F. Bellart; Paris, Brière, 1827-1828, 6 vol. in-8.

DROIT CIVIL ET DROIT PÉNAL. 383

4981. (Recueil de mémoires et consultations de Bellart); in-4.
4982. (Consultations et mémoires sur procès, par Coffinières); 11 vol. in-4.
4983. Discours, plaidoyers et mémoires, par L. F. Bonnet; Paris, Rignoux, 1822, in-8.
4984. Discours, plaidoyers et mémoires de L. F. Bonnet; Paris, Warée, 1839, 2 vol. in-8.
4985. Même ouvrage, même édition.
4986. Discours et plaidoyers de M. Chaix d'Est-Ange, publiés par Ed. Rousse; Paris, Didot, 1862, 2 vol. in-8.
4987. Le procureur général Cordoën. Discours et réquisitoires recueillis et publiés par les soins de ses amis; Paris, Imprim. impér., 1864, in-8.
4988. (Mémoires, consultations, plaidoyers, pièces diverses, de 1824 à 1864); 44 vol. in-4.
4989. (Recueil de mémoires, factums sur procès, réunis par M. Hennequin); 20 vol. in-4.
4990. Rapport fait à la Cour des pairs, le 15 mai 1820, par M. de Bastard, l'un des pairs commis pour l'instruction du procès contre Louis-Pierre Louvel; Lyon, 1820, in-8.
4991. Cour des pairs. Procès-verbal des séances relatives au jugement de Louis-Pierre Louvel; Paris, Didot, 1820, in-8.
4992. Histoire du procès de Louvel, assassin du duc de Berry, par Maurice Méjan; Paris, Dentu, 1820, 2 vol. in-8.
4993. (Cour des pairs. Procès du 19 août 1820); 3 vol. in-4.
4994. (Cour des pairs. Procès des ministres); 1830, in-8.
4995. Cour des pairs. Procès des ministres. Rapport au roi et ordonnances insérés au *Moniteur* du 26 juillet 1830. Discours de M. Madier de Montjau, commissaire. Rapport fait à la Cour par M. le comte de Bastard; 1830, in-8.
4996. Défense de M. le comte de Peyronnet devant la Cour des pairs, par M. Hennequin; Paris, Pinard, 1830, in-8.
4997. Défense de M. le prince Jules de Polignac, prononcée devant la Cour des pairs, le 18 décembre 1830, par le vicomte de Martignac; Paris, Pinard, 1830, in-8.
4998. Réplique pour M. le prince Jules de Polignac, par M. le vicomte de Martignac; Paris, Pinard, 1830, in-8.

4999. Procès de M. le comte Florian de Kergorlay à la Cour des pairs; Paris, Dentu, 1830, in-8.

5000. Même ouvrage, même édition.

5001. Cour des pairs. Affaire du mois d'avril 1834. Réquisitoires présentés à la Cour par MM. Martin (du Nord), Chégaray, Franck-Carré, Plougoulm et de La Tournelle; Paris, Imprim. royale, 1836, in-4.

5002. Cour des pairs. Affaire du mois d'avril 1834. Réquisitoire de M. le procureur-général, présenté à la Cour le 8 décembre 1834; Paris, Imprim. royale, 1834, in-4.

5003. Cour des pairs. Affaire du mois d'avril 1834. Arrêt du vendredi 6 février 1835. Acte d'accusation; Paris, Impr. royale, 1835, in-4.

5004. Cour des pairs. Affaire du mois d'avril 1834. Rapport fait à la Cour par M. Girod (de l'Ain), et annexes; Paris, Imprim. royale, 1834, 4 vol. in-4.

5005. Cour des pairs. Affaire du mois d'avril 1834. Procédure. Dépositions de témoins; Paris, Imprim. royale, 1835, 3 vol. in-4.

5006. Cour des pairs. Affaire du mois d'avril 1834. Procédure. Interrogatoires des accusés; Paris, Imprim. royale, 1835, in-4.

5007. Cour des pairs. Affaire du mois d'avril 1834. Procès-verbaux d'arrestation et autres; Paris, Imprim. royale, 1835, in-4.

5008. Cour des pairs. Affaire du mois d'avril 1834. Procès-verbal des séances relatives au jugement de cette affaire; Paris, Crapelet, 1835, 3 vol. in-4.

5009. Mémoire sur les événements de la rue Transnonain, dans les journées des 13 et 14 avril 1834, par Ledru-Rollin; Paris, Guillaumin, 1834, in-8.

5010. Procès des accusés d'avril devant la Cour des pairs; Paris, Pagnerre, 1834, 4 tom. en 3 vol. in-8.

5011. Réflexions contre la compétence de la Chambre des pairs dans l'affaire d'avril 1834, par le comte de Sesmaisons; Paris, Béthune, 1834, in-8.

5012. Chambre des pairs. Affaire de la *Tribune* et du *Réformateur*. Procès-verbal des séances relatives au jugement de cette affaire; 1835, in-4.

5013. Cours des pairs. Attentat du 28 juillet 1835. Interrogatoires des accusés; Paris, Imprim. royale, 1835, in 4.

DROIT CIVIL ET DROIT PÉNAL.

5014. Cour des pairs. Attentat du 28 juillet 1835. Procédure, déposition des témoins; Paris, Imprim. royale, 1836, in-4.

5015. Cour des pairs. Attentat du 28 juillet 1835. Rapport fait à la Cour par M. le comte Portalis; Paris, Imprimerie royale, 1835, in-4.

5016. Cour des pairs. Attentat du 28 juillet 1835. Arrêt du jeudi 19 novembre 1835. Acte d'accusation; Paris, Imprim. royale, 1836, in-4.

5017. Plaidoyer de M⁰ Parquin pour l'accusé Fieschi, à l'audience de la Cour des pairs du 13 février 1836; Paris, Ducessois, 1836, in-8.

5018. Procès de Fieschi et de ses complices devant la Cour des pairs, précédé des faits préliminaires et de l'acte d'accusation; Paris, Bourdin, 1836, 3 vol. in-8.

5019. Cour des pairs. Attentat du 25 juin 1836. Rapport fait à la Cour par M. le comte de Bastard. Arrêt. Acte d'accusation. Réquisitoire et réplique de M. Martin (du Nord). Procès-verbal des séances; Paris, Imprim. royale, 1836, in-4.

5020. Procès de Alibaut devant la Cour des pairs; Paris, Pagnerre, 1836, in-8.

5021. Procès de Armand Laity, accusé, devant la Cour des pairs, du crime d'attentat contre la sûreté de l'Etat, recueilli par Saint-Edme; Paris, Landois, 1838, in-8.

5022. Cour des pairs. Attentat du mois d'août 1840. Rapport fait à la Cour par M. Persil. Interrogatoires des inculpés, Procédure; Paris, Imprim. royale, 1840, in-4.

5023. Procès de Darmès devant la Cour des pairs. Attentat contre la vie du roi; Paris, Pagnerre, 1840, in-8.

5024. Procès des accusés des 12 et 13 mai devant la Cour des pairs; Paris, Pagnerre, 1839-1840, 2 part. en 1 vol. in-8.

5025. Procès de Napoléon-Louis Bonaparte et de ses coaccusés devant la Cour des pairs; Paris, Pagnerre, 1840, in-8.

5026. Cour des pairs. Attentat du 13 septembre 1841. Réquisitoires prononcés par M. Hébert, procureur général et par M. Boucly, avocat général, réplique et arrêt; Paris, Imprim. royale, 1841, in-4.

5027. Cour des pairs. Attentat du 13 septembre 1841; plaidoyer pour Alexis Fougeray (par Gustave Réal); Paris, Vinchon, 1841, in-8.

5028. Cour des pairs. Affaire des mines de Gouhenans. Arrêt. Acte d'accusation. Correspondances et pièces diverses; Paris, Imprim. royale, 1847, 2 tomes en 1 vol. in-4.

5029. Chambre des députés. Session 1835. Procès-verbaux des séances relatives à l'affaire du journal le *Réformateur*; in-8.

5030. Rapport de la commission d'enquête sur l'insurrection qui a éclaté dans la journée du 23 juin et sur les événements du 15 mai (1848); in-4.

5031. (Mémoires, consultations, jugement et autres pièces dans le procès de Joseph-Henri Desinard contre ses frères); 1788-an VI, in-4.

5032. Procès de J. P. Brissot et complices; Paris, Clément, an II, in-8.

5033. Histoire du procès de Louis XVI, par J. Cordier; Paris, Onfroy, 1793, in-8.

5034. Procès de Fouquier-Tinville et autres membres du tribunal du 22 prairial; an III, in-4.

5035. (Procès de Babeuf); 1796, 15 vol. in-8.

5036. Précis des moyens de défense des membres composant l'administr. du départ. de Vaucluse en l'an IV, contre le cit. Bruny; in-4.

5037. Copie d'un autographe de Joseph Lesurques, du 5 brumaire an V; in-8.

5038. Histoire et révision du procès Lesurques, suivis des rapports de MM. Zangiacomi, Laboulie et Canet, par Bertin; Paris, 1834, in-8.

5039. Procès d'outre-tombe. Joseph Lesurques contre le comte Siméon (par Henri d'Audigier); Paris, Dentu, 1861, in-8.

5040. Procès d'outre-tombe. Joseph Lesurques devant la Chambre des pairs et devant le Sénat (par Louis Méquillet); Paris, Dentu, 1862, in-8.

5041. Affaires Lesurques. Procès entre M. Marius Lardières et Louis Méquillet père; Paris, Dubuisson, 1863, in-8.

5042. Lesurques. Sa justification, par A. Jeandel; Paris, Dentu, 1864, in-8.

5043. (Pièces judiciaires relatives aux successions de Louis Degouy père et de Louis Marthe Degouy fils); (an VI), in-fol.

5044. Procès instruit par le tribunal criminel du département de la Seine contre S. Réjant, Carbon et autres, prévenus de conspiration contre la personne du premier consul; Paris, imp. de la République, an IX, 2 tom. en 1 vol. in-8.

5045. Procès instruit par le tribunal criminel du département de la Seine contre Demerville, Caracchi, Aréna et autres, prévenus de conspiration contre la personne du premier consul; Paris, an IX, in-8.

5046. Mémoire pour Psalmon contre Leroux; an X, in-4.

5047. Mémoire pour les héritiers Chéradame contre mesdemoiselles de Richelieu-Fronsac; Bonnet, défenseur; (an XI), in-4.

5048. Pièces judiciaires et historiques relatives au procès du duc d'Enghien, avec le journal de ce prince depuis l'instant de son arrestation, précédées de la discussion des actes de l'autorité militaire, etc., etc., par l'auteur de : *De la libre défense des accusés* (Dupin aîné); Paris, Baudouin, 1823, in-8.

5049. Procès instruit par la Cour de justice criminelle et spéciale contre Georges, Moreau et autres, prévenus de conspiration contre la personne du premier consul; Paris, Patris, 1804, 2 tom. en 1 vol. in-8.

5050. Recueil des interrogatoires subis par le général Moreau, des interrogatoires de quelques-uns de ses co-accusés; Paris, Imprim. impériale, an XII, in-8.

5051. Plaidoyer pour le général Moreau, prononcé devant la Cour de justice criminelle séante à Paris, par M. Bonnet, avocat; Paris, Patris, an XII, in-8.

5052. Opinion sur la conspiration de Moreau, Pichegru et autres, par M. Lecourbe; Paris, Warée, 1814, in-8.

5053. Mémoire concernant la trahison de Pichegru, dans les années III, IV et V, rédigé en l'an VI par M. R. de Montgaillard; Paris, impr. de la République, an XII, in-8.

5054. (Pièces relatives au procès entre Louis Marie Charle de Gestas et D. G. Th. Ch. de Gestas); an XIII, in-4.

5055. Plaidoyers pour le sieur Baudelocque contre A. Tardieu et autres, prononcés par M. Delamalle. Réplique pour le sieur Baudelocque, par M. Delamalle; Paris, Delance, 1804, in-4.

5056. De la propriété littéraire, ou les contrefacteurs et les plagiaires démasqués, par L. Prudhomme; Paris, Prudhomme, 1811, in-8.

5057. Mémoire pour les sieurs Michaud frères, éditeurs et propriétaires de la *Biographie universelle*, contre le sieur Prudhomme, éditeur du *Dictionnaire historique* (par Roux-Laborie); Paris, Michaud, in-8.

5058. Procès instruit par la Cour d'assises de Paris contre la veuve Morin, Ang. De La Porte, sa fille, Nicolas Lefèvre et Lucie Jacotin, accusés de tentative d'extorsion de signatures de billets à ordre et de tentative d'assassinat sur la personne du sieur Ragouleau, recueilli par Breton; Paris, Didot, 1812, in-8.

5059. L'Homme aux quarante jurés, ou Renouvellement des réclamations adressées au roi en 1814, par Etienne Pacot, ex-curé, à S. M. Louis XVIII; Besançon, veuve Metoyer, in-8.

5060. Histoire complète du procès du maréchal Ney, par Evariste D... (Dumoulin); Paris, Delaunay, 1815, 2 vol. in-8.

5061. Réponse de Fauche-Borel à M. Riffé, substitut de M. le procureur du roi, et en cette qualité ayant porté la parole dans l'affaire contre Perlet; Paris, Michaud, 1816, in-8.

5062. Procès des trois Anglais, Robert-Thomas Wilson, John-Ely Hutchinson, Michel Bruce et autres, accusés d'avoir facilité l'évasion de Lavalette; Paris, Guillaume, 1816, in-8.

5063. Procès des vingt-huit conspirateurs soi-disant patriotes de 1816, publié par A. S.; Paris, Tiger, 2 tom. en 1 vol. in-18.

5064. Cause célèbre. Procès des prévenus de l'assassinat de Fualdès; Paris, Pillet, 1817, 2 vol. in-8. (Le second vol. a pour titre : *Le Sténographe parisien*, ou Lettres écrites de Rodez et d'Alby.)

5065. Mémoires de madame Manson, explicatifs de sa conduite dans le procès de l'assassinat de Fualdès; Paris, Pillet, 1818, in-8.

5066. Madame Manson expliquée, ou Réfutation de ses Mémoires, par M. P. L.; Paris, Dentu, 1818, in-8.

5067. Plaidoyer prononcé par M. Mérilhou, avocat, pour MM. Comte et Dunoyer, auteurs du *Censeur européen*, prévenus d'écrits séditieux; Paris, au bureau du *Censeur*, 1817, in-8.

5068. Précis et Consultation pour les auteurs du *Censeur européen* (par Mérilhou); Paris, Renaudière; (1817), in-8.

5069. De la propriété littéraire, des lois qui la règlent, et de l'application de ces lois à la réclamation de M***, cessionnaire de MM. Anquetil et de V....., contre la réimpression de *l'Histoire de France*, annoncée par plusieurs imprimeurs. Consultation. Locré, avocat; Paris, Doublet, 1817, in-8.

5070. De l'appel en calomnie de M. le marq. de Blosseville contre Wilfrid-Regnault, par Benjamin Constant; Paris, Béchet, 1818, in-8.

5071. Deuxième lettre à M. Odilon Barrot, par M. Benjamin Constant, sur le procès de Wilfrid-Regnault; Paris, Béchet, 1818, in-8.

5072. Procès intenté par le Conseil municipal de Bordeaux à l'auteur de la *Tribune de la Gironde*; Périgueux, Dupont, 1820, in-8.

5073. Le Parricide jacobin, ou les Mémoires du marquis de La Coste-Pontbriant contre madame Philippine de La Coste et le sieur Cagniard, baron de La Tour; Paris, Baudouin, in-8.

5074. Procès de la souscription nationale, jugé par la Cour d'assises de Paris le 1er juillet 1820; Paris, Baudouin, 1820, in-8.

5075. Même ouvrage, même édition.

5076. Affaire de M. le chev. Desgraviers contre le roi, avec l'arrêt rendu par la Cour royale de Paris; Paris, 1821, in-8.

5077. Tribunal civil de la Seine. Plaidoyer de M. Dupin pour le chevalier Desgraviers; (1820), in-8.

5078. Réquisitoire de M. Bellart, procureur général, du 24 mars 1823, contre les journaux le *Courrier français* et le *Pilote*. Partie concernant le *Courrier français*, suivie des articles inculpés; Paris, Everat, 1823, in-8.

5079. Souvenirs d'audience, ou Résumé des plaidoiries prononcées devant la Cour d'Orléans, par M. Dupin jeune, pour madame veuve Desgraviers contre M. le marquis de Lauriston; Paris, Everat, 1824, in-8.

5080. Cour d'assises de Paris. Procès de Pierre-Louis Fort; (1825), in-8.

5081. Courte réponse de M. Avignon de Morlac, avocat à la Cour royale de Paris, à la plainte en diffamation que vient de porter contre lui le sieur Chalabre, des Jeux; Paris, Henry; (1825), in-8.

5082. Lettre du directeur du Vaudeville (Bérard) à M. Bavoux, suivie de pièces justificatives (Manque la lettre); (1825), in-8.

5083. Mémoire à consulter et consultations pour madame veuve Bertrand L'Hosdiesnière, contre M. Lucas Girarville, procureur du roi de Domfront (Mémoire par Dutrône); Paris, Guyot; (1825), in-8.

5084. Procès fait au *Constitutionnel*, comme prévenu de tendance à porter atteinte au respect dû à la religion de l'Etat; Paris, Baudouin, 1825, in-8.

5085. Plaidoyer de M. Lay de Laborde, avocat à la Cour royale de Paris, prononcé à l'audience de la Cour d'assises du département de la Seine, le 13 mai 1826, pour M. de Zaffiroff, contre M. le procureur général; Paris, Guyot, in-8.

5086. Mémoire à consulter, proposé à MM. les jurisconsultes de la Cour royale de Paris et des autres cours du royaume; Paris, chez M° Fouret, avoué, 1826, in-8.

5087. Consultation de M° Duverne, avocat, sur le procès de l'Evangile; Paris, 1826, in-8.

5088. Exposé et avis sur le procès de l'Evangile, par Auguste Chauvin; Paris, Coniam; (1826), in-8.

5089. Plaidoyer de M. de Broé, avocat-général, dans le procès du comté de Vertus; (1826), in-8.

5090. Plaidoyer de M. Hennequin dans l'affaire de l'*Etoile*, devant le Tribunal de première instance; Paris, Méquignon-Havard, 1826, in-8.

5091. Rapport fait à MM. les conseillers de la Cour royale séante à Paris, par M. de Prony, sur la nouvelle et l'ancienne machine à vapeur établies au Gros-Caillou, à l'occasion du procès entre Edwards et Lecour; Paris, veuve Huzard, 1826, in-8.

5092. Plaidoyer de M. Germain pour M. de Maubreuil devant la Chambre des appels de police correctionnelle, le 15 juin 1827; Paris, Guiraudet, 1827, in-8.

5093. Réplique de M° Pinet pour M. de Maubreuil, le 15 juin 1827, devant la Cour royale, section correctionnelle; Paris, Guiraudet, in 8.

5094. Défense du *Constitutionnel*. prononcée à l'audience de la Cour royale du 17 juillet 1827, par Me Dupin aîné; Paris, Baudouin, 1827, in-8.

5095. Extrait de la *Gazette des Tribunaux*. Analyse du plaidoyer de Me Dupin, avocat, pour LL. AA. RR. le duc d'Orléans et mademoiselle d'Orléans, sa sœur, contre les représentants du sieur Bouclier ; Paris, Boucher, 1827, in-8.

5096. Réponse de M. Dupin aîné, avocat, à M. le duc de Choiseul, et consultation sur un acte de la censure ; Paris, Mongie, 1827, in-8.

5097. Mémoire pour Son Excellence le président de la République d'Haïti contre Me Blanchet, avocat, sur la question morale de ce procès, par Me Isambert ; Paris, Duverger, 1827, in-8.

5098. Plaidoyer de Me Blanchet, avocat à la Cour royale de Paris, contre le président de la République d'Haïti, devant le Tribunal civil du Havre ; Paris, Gautier-Laguionie, 1827, in-8.

5099. Des arrestations arbitraires, ou débats du procès intenté à M. Isambert, avocat, et à la *Gazette des Tribunaux*, au *Journal du Commerce* et à l'*Echo du soir* ; Paris, Baudouin, 1827, in-8.

5100. Même ouvrage, même édition.

5101. Affaire Contrafatto. Protestation adressée au conseil de l'ordre des avocats à Paris, contre le refus de M. le président de la Cour d'assises d'admettre le barreau aux débats à huis-clos, le 13 octobre 1827 (par L. Caillé) ; Paris, Dupont, 1827, in-8.

5102. Annales du palais sous la République ; affaire de Me Charles Ledru devant le conseil de discipline pour sa lettre à Contrafatto et manœuvres du procureur-général Hébert ; Paris, 1848, in-8.

5103. Plaidoyer de M. Berryer fils pour M. l'abbé F. de Lamennais ; (1826), in-8.

5104. Théâtre du Vaudeville. Analyse des moyens développés par Me Couture aux audiences des 28 janvier et 4 février derniers (par C. Berard) ; Paris, Herhan, 1826, in-8.

5105. Mémoire pour le sieur Dubosc, capitaine en retraite, contre la dame son épouse (par Decourdemanche) ; Paris, Everat, 1826, in-8.

5106. Plaidoyer pour les administrateurs de la loterie de France (par Charrié); Paris, Henry, 1827, in-8.

5107. Plaidoyer de M⁰ Félix Liouville pour les héritiers Jacquinot contre MM. Chabaud, vice-président au Tribunal de la Seine, Gravier, docteur en droit, et Garilland, agent d'affaires; Paris, Guiraudet, 1827, in-8.

5108. Note justificative pour M. Courbon, négociant, par Mᵉ Sebire; Paris, Dondey-Dupré, 1828, in-8.

5109. Réponse à M. Hartley, avocat, à une plainte portée contre lui par la dame Whitmore; Paris, Everat, 1828, in-8.

5110. Extrait du plaidoyer prononcé pour les héritiers Martin devant la Cour royale de Paris (par Jules Bonnet); Paris, Demonville, 1828, in-8.

5111. Troisième plaidoyer de Mᵉ Dupin aîné pour madame Lemaire, épouse divorcée Vanderberghe; Paris, Boucher, (1828), in-8.

5112. Plaidoyer de M. Dupin aîné pour MM. Balguerie et Cⁱᵉ, contre le gouvernement espagnol et le sieur Aguado, banquier; Paris, Everat, 1828, in-8.

5113. Plaidoyer de M. Hennequin dans le procès de la *Gazette de France*; Paris, Blaise, 1828, in-8.

5114. Plaidoyer de Mᵉ Duverne, avocat, pour M. Dumonteil, sur cette question: Un prêtre peut-il contracter mariage? Paris, Ponthieu, 1828, in-8.

5115. Plaidoirie de Mᵉ Mermilliod pour le sieur Dumonteil, sur la question du mariage civil des prêtres, prononcé devant la Cour royale de Paris dans les audiences solennelles des 13 et 20 décembre 1828; Paris, Pihan Delaforest, 1828, in-8.

5116. Plaidoyer de M. de Broé, avocat-général, prononcé devant la Cour royale de Paris dans la cause relative au comté de Vertus, entre le préfet de la Marne et le prince de Condé; Paris, Imprimerie royale, 1829, in-8.

5117. Consultation pour M. Châtelain, gérant du *Courrier français*, par Isambert; Paris, Duverger, 1829, in 8.

5118. Liberté de la presse. Procès de M. Bertin aîné, rédacteur en chef du *Journal des Débats;* Paris, Lenormant, 1829, in-8.

5119. Liberté de la presse. Procès de M. Bertin aîné, gérant responsable du *Journal des Débats*, accusé d'offense à la personne du roi; Paris, Pihan-Delaforest, in 8.

5120. Fauche-Borel démasqué, ou Un mot de M. Pierre Grand, avocat à la Cour royale, à la jeune France, sur les *Mémoires de M. Fauche-Borel;* Paris, Lefevbre, 1829, in-8.

5121. Tentative d'enlèvement des papiers politiques de l'ex-directeur Paul Barras. Consultation à ce sujet par M. Pierre Grand, suivie des adhésions motivées de MM. Isambert, Barthe, etc., etc.; Paris, Delaforest, 1829, in-8.

5122. Consultation pour M° Pierre Grand, avocat à la Cour royale de Paris, appelant d'une décision rendue par le conseil de discipline des avocats, le 20 août 1829 (par Dupin jeune); Paris, Delaforest, 1829, in-8.

5123. Mémoire à consulter et consultation pour M. de Bully, député du département du Nord (par Hennequin); Paris, Pillet, 1829, in-8.

5124. Mémoire pour MM. les propriétaires de bois ; — Supplément au mémoire (par Dupin jeune); Paris, Selligue, 1829, in-8.

5125. Précis pour M. Hyrvoix, entrepreneur général des convois civils et militaires contre M. Bellée, huissier à Paris, par M° Sebire; Paris, Dondey-Dupré, (1829), in-8.

5126. Police correctionnelle. Audience du 30 mars 1830. Plaidoyer de M° Dupin jeune pour M. le duc Decazes contre le sieur Mac-Leane, se disant baron de S.-Clair; Paris, Pihan-Delaforest, 1830, in-8.

5127. Liberté de la presse. Plaidoyer de M° Dupin jeune pour M. Bohain, éditeur-gérant du *Figaro;* Paris, Setier, 1830, in-8.

5128. Plaidoirie et réplique de M° Mermilliod pour la *Gazette constitutionelle des cultes;* Paris, Pihan-Delaforest, 1830, in-8.

5129. Consultation pour MM. Grégoire, Chevillon, Moteau et la dame Parain, grainetiers (par Charles Lucas, Berville, Lanjuinais); Paris, Guiraudet, 1830, in-8.

5130. Consultation pour MM. Mazure, Mignan, Belan, Barnier, propriétaires du département de Seine-et-Oise (Charles Lucas, Berville, Lanjuinais, Mermilliod); Paris, Guiraudet, 1830, in-8.

5131. Plaidoyer de M° Félix Liouville pour les héritiers du professeur Chaussier contre le sieur Duvignau, pharmacien ; Paris, 1830, in-8.

5132. Plaidoyer de M° Fontaine pour la *Quotidienne,* dans

l'affaire des troubles du 18 octobre ; Paris, Decourchant, (1830), in-8.

5133. Plaidoyer prononcé par M° Berville en faveur de M. Achille Roche, éditeur des *Mémoires de Levasseur de la Sarthe*; Paris, Everat, (1830), in-8.

5134. Protestation de M. de Montbel contre la procédure instruite et suivie contre lui devant les pairs convoqués en cour de justice ; Paris, Dentu, 1831, in-8.

5135. Sub lege libertas. Réquisitoire de M. le procureur-général Dupin sur le pourvoi du bâtonnier de l'ordre des avocats à la Cour royale de Paris contre un arrêt de la même Cour du 5 décembre 1831 ; Paris, Ducessois, in-8.

5136. Mémoire pour les représentants de Mes de Pradel et Monfrabeuf de Razat, héritiers de M. l'abbé de Lubersac-Livron, par G. Roche ; Paris, Dupont, 1831, in-8.

5137. Plaidoyer de M. Mauguin pour le *National*, prononcé devant la Cour d'assises de Paris, audience du 13 mai 1831 ; Paris, Everat, in-8.

5138. De l'hérédité du trône et de la pairie. Plaidoyer de M° Moulin pour la *Tribune*, prononcé devant la Cour d'assises de la Seine, à l'audience du 15 décembre 1831; Paris, Mie, in-8.

5139. Procès de l'*Avenir*; Paris, Bethune, 1831, in-8.

5140. Plaidoirie de M° Marie pour M. de Roche ; (1831), in-8.

5141. Procès de dix-neuf citoyens accusés de complot tendant à remplacer le gouvernement royal par la république (avec une introduction d'Achille Roche); Paris, Prevot, 1831, in-8.

5142. Plainte en diffamation de M. Casimir Périer et de M. le maréchal Soult; plaidoirie de M° Dupin (Philippe); (1831), in-8.

5143. Plaidoirie et réplique de M° Mermilliod devant la Cour d'assises de la Seine, sur la poursuite intentée contre le citoyen Feutré ; Paris, Ledoyen, 1831, in-8.

5144. Conspiration républicaine. Plaidoyer de M° Marie pour Penard ; Paris, Tilliard, in-8.

5145. Plaidoyer pour l'Université contre MM. Loriol et Liévyns, par M. Hennequin; Paris, Pillet aîné, (1831), in-8.

5146. Observations sur la nouvelle demande du sieur Dumonteil fils (par Jules Bonnet, avocat); Paris, Demonville, 1831, in-8.
5147. Nouvelles observations sur l'affaire Dumonteil, par Me Bonnet, avocat; Paris, Demonville, 1831, in-8.
5148. Dernière plaidoirie de Me Mermilliod pour le sieur Dumonteil, sur la question du mariage civil des prêtres; Paris, Pihan-Delaforest, 1831, in-8.
5149. Cour royale de Paris. Grandes audiences solennelles des 24 et 31 décembre 1831 et 2 janvier 1832. Mariage civil des prêtres. Plaidoiries de Me Mermilliod pour le sieur Dumonteil; Paris, Pihan-Delaforest, in-8.
5150. Révision du procès du maréchal Ney (par Me Dupin aîné); Paris, Pihan-Delaforest, 1831, in-8.
5151. Mémoire sur la révision du procès du maréchal Ney, par G. Delmas; Paris, L. Janet, 1832, in-8.
5152. Consultation pour la veuve et les fils du maréchal Ney, par Marie et autres; Paris, Tilliard, 1832, in-8.
5153. Lettre de M. de Surval à Me Lavaux, sur son plaidoyer du 23 décembre 1831, en faveur de miss Dawes, baronne de Feuchères; Paris, Dentu, 1831, in-8.
5154. (Plaidoyers et mémoires de MM. Hennequin et Philippe Dupin dans l'affaire du testament du duc de Bourbon); 1832, 2 vol. in-8.
5155. (Plaidoyers et mémoires de MM. Hennequin et Philippe Dupin; affaire du testament du duc de Bourbon); 1832, in-8.
5156. Plaidoyer de M. Hennequin pour MM. les princes de Rohan, contre S. A. R. le duc d'Aumale et madame de Feuchères; Paris, Warée, 1832, in-8.
5157. Réplique de M. Hennequin pour MM. les princes de Rohan contre S. A. R. le duc d'Aumale et madame de Feuchères; Paris, Warée, 1832, in-8.
5158. Réponse pour MM. les princes de Rohan aux répliques entendues à l'audience du 27 janvier 1832; Hennequin, avocat; Paris, Decourchant, (1832), in-8.
5159. Procès relatif au testament du feu duc de Bourbon; réplique de M. Philippe Dupin pour S. A. R. le duc d'Aumale; Paris, Pihan-Delaforest, (1832), in-8.
5160. Examen de la procédure criminelle instruite à Saint-Leu, à Pontoise et devant la Cour royale de Paris sur

les causes et les circonstances de la mort de S. A. R. le duc de Bourbon, prince de Condé; Paris, Flassan, 1832, in-8.

5161. Mensonges et calomnies pour la baronne de Feuchères, par les avocats du suicidé (par l'abbé Pelier de La Croix, ancien aumônier du prince de Condé); Paris, Levasseur, 1832, in-8.

5162. Mémoire au roi (par Chicoisneau); Paris, in-8.

5163. Cri de détresse de l'innocent opprimé, par Martineau de Villeneuve, juge au Mans; 1832, in-8.

5164. Mémoire pour Catherine-Françoise Leneveu contre le sieur P. F. M. Salley (par M° Moulin); Paris, Dezauche, (1832), in-8.

5165. Procès à l'Histoire. *Tribune* du jeudi 12 avril 1832; Paris, Mie, 1832, in-8.

5166. Mémoire à consulter et consultation pour S. A. le duc Charles de Brunswick, sur les droits garantis aux étrangers par les lois françaises (par Charles Comte); Paris, Dezauche, 1832, in-8.

5167. De l'île Bourbon, depuis les premières nouvelles de la révolution de Juillet; Consultation, par M° Cordier; Paris, Delaunay, 1832, in-8.

5168. Plaidoyer de M° Couture, avocat, pour madame la marquise de Giac, demanderesse en séparation de corps, contre le marquis de Giac, défendeur; Paris, P. Dupont, (1832), in-8.

5169. Procès du charivari à grand orchestre, donné en l'honneur de M. Fossau-Colombel, chef de bataillon de la garde nationale des Batignolles. Plaidoirie de M° Dupont; Paris, Ladvocat, 1832, in-8.

5170. Plaidoyer de M° Fontaine pour M. Charbonnier de La Guesnerie; Paris, Auffray, 1832, in-8.

5171. Mémoire pour les représentants de madame de Monfrabeuf de Razat contre M. le comte de Lubersac, M. le marquis de Beauvoir et les héritiers de M. le vicomte de Segonzac (par G. Roche); Paris, Dupont, 1832, in-8.

5172. Cour d'assises du Nord (Douai). Présidence de M. Gravelle. Affaire du *Libér l.* M. Martin (du Nord), plaignant; Paris, Doyen, 1832, in-8.

5173. Religion saint-simonienne; procès en la Cour d'assises de la Seine, les 27 et 28 août 1832; Paris, Johanneau, 1832, in-8.

5174. Mémoire pour M. Trubert contre M. l'intendant de la liste civile (par Félix Liouville); Paris, Pihan-Delaforest, 1832, in-8.

5175. Mémoire pour madame veuve Huet et M. Oudin, contre M. Monthiers (par Félix Liouville); Paris, Ducessois, 1832, in-8.

5176. Plaidoyer de M. Hennequin pour M. le vicomte Siochan de Kersabiec, colonel en réforme, et M. Guilloré, accusés d'attentat et de complot; Blois, Dézairs, 1832, in-8.

5177. Défense et réplique devant la Cour d'assises pour M. de Verneuil, médecin, et M. Dutillet, par M⁰ Hennequin; Paris, Warée, 1832, in-8.

5178. Arrestations illégales des crieurs publics, poursuites du *Populaire* contre M. Gisquel, procès du crieur Delente et arrêt de la Cour royale contre l'appel du procureur du roi, par Cabet; (1833), in-8.

5179. Société des droits de l'homme. Procès du coup de pistolet, publié par deux sectionnaires; Paris, Lagarde, 1833, in-8.

5180. Affaire des commissionnaires de roulage de Paris; 1833, in-8. (Extrait de l'*Observateur des Tribunaux*)

5181. Cour d'assises du Loiret. Seconde session extraordinaire. Affaire de MM. Louis et Maxime de La Sorinière, Gaudin et autres; Orléans, Guyot, 1833, in-8.

5182. Mémoire à consulter et consultation. Délits de presse. (Mémoire par Moulin); Paris, Mie, (1833), in-8.

5183. L'Épée de Napoléon, mémoire à consulter; Patorni, Odil. Barrot, Philippe Dupin, Crémieux, etc., etc., avocats; Paris, Herhan, 1833, in-8.

5184. Réponse de M. Tardif aux calomnies répandues contre lui; Paris, Rignoux, 1833, in-8.

5185. Mémoire pour le sieur Ferluc, prévenu de complicité dans l'assassinat du sieur Guibbert, et arrêt de mise en liberté (par Mermilliod); Paris, Ducessois, 1833, in 8.

5186. Cour d'assises du Loiret. Session de juillet 1833. Affaire de MM. La Roche et Pascal Mornet du Temple relative aux troubles de l'Ouest; Orléans, Guyot, 1833, in-8.

5187. Mémoire à M. le président, à MM. les conseillers composant la chambre des mises en accusation de la Cour royale, par Petit-Jean, avocat, détenu politique à Sainte-Pélagie; Paris, Decourchant, 1833, in-8.

5188. Arrêt rendu par la Cour de cassation, sur le réquisitoire du procureur-général, dans l'affaire du sieur Baudouin, conseiller à la Cour royale de Rennes, le 14 janvier 1833; Paris, Demonville, 1833, in-8.

5189. Coalition des commissionnaires de roulage de Paris. Plaidoyer de M° Marie pour M. Durand; Paris, Ducessois, in-8.

5190. Mémoire pour les avocats du barreau de Paris sur l'arrêt de compétence du 5 décembre 1833, rendu dans le procès de M. Parquin, bâtonnier (signé: Parquin, bâtonnier, Archambault, Gairal, Thevenin, etc., etc.); 1834, in-8.

5191. Réquisitoire de M. le procureur-général Dupin sur le pourvoi du bâtonnier de l'ordre des avocats; Paris, Ducessois, 1834, in-8.

5192. Consultation de M. Remy, jurisconsulte, pour Jean Honoré Vandelle contre ses co-héritiers collatéraux; Paris, Bellemain, 1834, in-8.

5193. Des roulages accélérés de Paris sur Lyon, Saint-Etienne, Nîmes et Marseille. Mémoire par M° Cordier aîné; Paris, Beaudouin, 1834, in-8.

5194. Tribunaux français; procès instruit contre MM. Jauge, Tassin, de Messilly et autres, prévenus d'avoir favorisé l'entreprise de don Carlos contre l'Espagne; Paris, Dezauche, 1834, in-8. (Extrait de l'*Observateur des Tribunaux*.)

5195. Plaidoyer de M° Vervoort, pour Aug. Vattebault, accusé de meurtre; Paris, Guyot, 1834, in-8.

5196. Plaidoyer de M° Félix Liouville pour les demoiselles d'Hervas contre les sieurs Bonar, Aquilar et autres; Meudon, Delacour, 1834, in-8.

5197. Tribunal de première instance de la Seine; Rapport de M. Duret d'Archiac, juge d'instruction (troubles de février 1834); Everat, (1834), in-8.

5198. Exposé des droits et réclamations de MM. les membres de la Légion d'honneur, par le chevalier Salel; Paris, Everat, 1835, in-8.

5199. Affaire du monument élevé à la mémoire du duc de Berry. (Extrait de l'*Observateur des Tribunaux*, 1835); in-8.

5200. Barreau de Paris. Poursuites contre le bâtonnier de l'ordre, Me Philippe Dupin, comme représentant le conseil de l'ordre, à l'occasion de l'avis sur la demande des avocats nommés d'office aux accusés d'avril. Extrait de l'*Observateur des Tribunaux*; Paris, Dezauche, (1835), in-8.

5201. Défense du Barreau de Rouen (par A. Daviel, avocat); Rouen, Brière, 1835, in-8.

5202. Plaidoyer de Me Senard devant les chambres assemblées de la Cour; Rouen, Brière, (1835), in-8.

5203. Procès entre M. le baron et madame la baronne de Pontalba; plaidoiries et répliques de MM. Hennequin et Léon Duval; Paris, Duverger, (1835), in-8.

5204. De l'exercice de l'art de guérir et de la patente des médecins, par A. L. Louyer Villermay; Paris, Rouvier, 1835, in-8.

5205. Procès des accusés du complot de Neuilly devant la Cour d'assises de la Seine; Paris, Bourdin, 1836, in-8.

5206. Réquisitoire prononcé par M. Dupin (Cour de cassation; audience du 30 juin 1836); Paris, Everat, in-8.

5207. Cour d'assises de la Seine, 29 octobre 1836. Procès de la veuve Bouteiller, accusée de meurtre sur son petit-fils, contenant le procès-verbal des docteurs et la plaidoirie complète de Me Auguste Bonjour; Paris, Delaunay, 1836, in-8.

5208. Cour de cassation. Question des duels. Arrêt rendu par la Cour de cassation, le 15 décembre 1837, précédé du rapport de M. le conseiller Bérenger et du réquisitoire de M. le procureur-général Dupin; in-8.

5209. Plaidoyer de Me Félix Liouville pour la société anonyme de la papeterie d'Echarcon, contre M. le comte et madame la comtesse Friant; Paris, Dezauche, 1837, in-8.

5210. Rapport et considérations économiques sur les mines de houille de S. Bérain et de S. Léger, par Théodore Virlet, ingénieur civil; Paris, (1837), in-8.

5211. Rapport sur une question de responsabilité médicale, fait à la Société de médecine de Lyon, le 19 juin 1837, au nom d'une commission composée de MM. Janson, Rougier, Gensoul, Laroche, Montain et de Laprade, rapporteur; Lyon, Perrin, 1837, in-8.

5212. Discours de M. Chauvin-Beillard; Paris, Dezauche, (1837), in-8.

5213. Plaidoyer prononcé par Ph. Dupin pour la défense du général de Rigny devant le conseil de guerre de Marseille, le 1er juillet 1837; in-8.

5214. Insurrection de Strasbourg, le 30 octobre 1836, et procès des prévenus de complicité avec le prince Napoléon Louis, devant la Cour d'assises du Bas-Rhin; Paris, 1837, in-8.

5215. Plaidoyer et réplique de M. l'avocat Parquin pour M. le commandant Parquin, son frère. Cour d'assises du Bas-Rhin, 15 et 17 janvier 1837; Strasbourg, Silbermann, 1837, in-8.

5216. Procès de la *Mode*; 1837, in-8.

5217. Procès de la *Mode*; 1838, in-8.

5218. Procès de Huber et de ses coaccusés devant la Cour d'assises de la Seine; Paris, Pagnerre, 1838, in-8.

5219. Réquisitoire de M. Dupin, procureur-général à la Cour de cassation, prononcé devant les chambres réunies à l'audience solennelle du 12 mai 1838, avec l'arrêt de la Cour; Paris, Moreau, 1838, in-8.

5220. Pétition présentée à M. le ministre des travaux publics et aux chambres législatives par les actionnaires du chemin de fer de Versailles (rive gauche). Plaidoirie de Me Favre; Paris, Bruneau, 1838, in-8.

5221. Extrait de *l'Observateur des Tribunaux*. Affaire Terwangne; 1838, in-8.

5222. Mémoire pour les sieur et dame Adam contre le sieur Plisson (par Moulin); Paris, Cosson, (1838), in-8.

5223. Précis pour Estibal, Brous et Bouché contre Garnier (par Moulin); Paris, Delaschy, 1838, in-8.

5224. Procès de Gisquet contre le *Messager*. Plainte en diffamation, pour avoir accusé l'ancien préfet de police d'exaction, de concussion et d'immoralité publique; Paris, Pagnerre, 1839, in-8.

5225. La Vérité sur le procès Lafarge, par un avocat du barreau de Paris (Jules Forselier); Paris, Lavigne, 1840, in-8.

5226. Affaire Spontini. Cour royale de Paris, première chambre, juin 1840. Plaidoirie de M. Léon Duval pour Spontini; in-8.

5227. Procès T. Thoré, auteur de la brochure intitulée: *la Vérité sur le parti démocratique*; Paris, au bureau du *Journal du Peuple*, 1841, in-8.

5228. Réponse à la protestation de M. l'évêque de Chartres contre la condamnation de M. l'évêque d'Angers par le tribunal de police correctionnelle (par G. Bordillon); Angers, imprimerie du *Précurseur*, 1841, in-8.

5229. Cour de cassation. Chambres réunies, présidence de M. le premier président Portalis. Audiences des 14 et 15 mai 1841 ; Paris, Panckoucke, in-8.

5230. Procès de F. Lamennais devant la Cour d'assises, à l'occasion d'un écrit intitulé : *Le Pays et le Gouvernement*, avec une notice sur Lamennais, par Elias Regnault; Paris, Pagnerre, 1841, in-8.

5231. Histoire du procès de la *France*, par Auguste Johanet; Paris, 1841, in-8. — Procès de la *Gazette de France*. Cour d'assises de la Seine, audience du 21 mai 1841; in-8.

5232. Plaidoyer et réplique de M⁶ Marie pour M. le général Bachelu contre M. Higonnet, gérant et fondateur de la Société plâtrière; Paris, Ducessois (1841), in-8.

5233. Consultation de M. Philippe Dupin pour M. le général Bachelu, contre M. Higonnet, gérant de la Société plâtrière; Paris, Ducessois, 1841, in-8.

5234. Mémoire pour les sieurs François Outters, Philippe Outters et consorts, contre les petits enfants de Dominique Outters; Battur, avocat; Paris, Maulde (1842), in-8.

5235. De la vente des médicaments dans les hôpitaux. Affaire Bajot contre les sœurs de S. Charles; S. L. Lacoin, avocat; Paris, Locquin (1842), in-8.

5236. De l'état des prêtres en France, par Bouhier de L'Ecluse; Paris, Hivert, 1842, in-8. — De l'adoption par les prêtres (par le même). Affaire Garrido (plaidoyer du même); in-8.

5237. Mémoire et consultation pour le chev. Houel contre Gabriel Daguier; Bouhier de L'Ecluse, avocat; 1842, in-8.

5238. Plaidoyer de M⁶ Grévy pour M. Gauguier, ancien maître de forges et député des Vosges; Paris, Brière, 1843, in-8.

5239. Aux Barreaux de France, question : l'avocat inscrit au tableau d'une cour royale n'a-t-il pas le droit de plaider devant toutes les cours d'assises? signé : Cabet; Toulouse, Paya, 1843, in-8.

5240. Conclusions prises par M⁶ Gasc devant la Cour d'assises de Toulouse dans l'intérêt de l'avocat Cabet et de l'accusé Gouhenant; Toulouse, Paya (1843), in-8.

5241. Note à MM. les président et membres de la cinquième chambre du tribunal civil de la Seine, par Bole; Paris, Maulde (1844), in-8.

5242. Plaidoyer de M° Mayer, avocat, pour M. Th. Brodbeck, curé de Muttersholtz; Strasbourg, Leroux (1844), in-8.

5243. Affaire Donon-Cadot, extrait de *l'Observateur des Tribunaux;* Paris, Guiraudet (1844), in-8.

5244. Requête pour M. Gouache, étudiant en droit, à M. le grand maître de l'instruction publique; signé: Gouache; Paris, Duverger, 1844, in-8.

5245. Cour royale de Paris. Plaidoyer de M° Ed. Thureau pour le sieur Furcy, Indien; Paris, Delalain, 1844, in-8.

5246. Résumé pour M. et Mme Leroux contre M. Devieur, dit Robelin (par Henry Celliez); Paris (1844), in-8.

5247. Supplément au résumé pour M. et Mme Leroux contre M. Devieur, dit Robelin (par Henry Celliez); Paris, Schneider (1844), in-8.

5248. Défense pour Auguste Salneuve, avocat à Riom, contre les frères Jules et Louis Barse, par L. B. Bonjean; Paris, Lenormant (1844), in-8.

5249. Procès de l'abbé Combalot; Paris, Waille, 1844, in-8.

5250. Cour royale d'Amiens. Pour M. l'intendant-général de la liste civile contre M. le préfet du départ. de la Seine, en sa qualité d'administrateur du dépôt de mendicité de Villers-Cotterets; Léon Duval, avocat; Paris, Guyot, 1844, in-8.

5251. Plaidoyer pour Toussaint Michel, par Anténor Isambert; Paris, Duverger (1844), in-8.

5252. Procès Ponchon. Accusation d'empoisonnement par le plomb. Compte rendu des débats des Cours d'assises de la Haute-Loire et du Puy-de-Dôme, par H. Flandin (extrait de la *Revue scientifique et industrielle*); (1844), in-8.

5253. Consultation pour M. Busch, par M° Marie, suivie des adhésions de MM. Philippe Dupin, Paillet, etc., etc.; Paris, Gratiot, 1845, in-8.

5254. Breugnot (Claude Joseph) contre Guérin (Charles Auguste); Chicoisneau, avocat; Paris, Beaulé, 1845, in-8.

5255. Résumé succinct des moyens invoqués devant les tribunaux, par F. V. Raspail contre Levavasseur, libraire (par F. V. Raspail); Paris, Bourgogne (1845), in-8.

5256. Réplique de F. V. Raspail au sieur Léon Duval; Paris, Schneider, in-8.

5257. Procès entre MM. Lacordaire et Marle; Lyon, Marle, 1845, in-8.

5258. Seconds débats entre MM. Lacordaire et Marle; Lyon, Marle, 1845, in-8.

5259. (Factum contre une puissance mystérieuse, par Prosper Dumont, ex sous-bibliothécaire du palais de Fontainebleau); 1845, in-8.

5260. Procès de l'abbé Souchet; Paris, Sirou, 1845, in-16.

5261. Consultation donnée par Auguste Thomas, avocat, sur la réclamation présentée à la Chambre des députés par M. d'Aubignosc; Paris, Vrayet (1846), in-8.

5262. Note pour M. Fontaine, mouleur, contre M. Pradier; Pataille, avocat; 1847, in-8.

5263. A la Cour des pairs. (Plainte en forfaiture contre la Cour de Rennes), par Durand Vaugaron; Paris, Frey, 1847, in-8.

5264. Mémoire pour M. Trotard, maire de Jugon, contre MM. Fouché et Rouillé, demandeurs en concession d'usine; Legat, avocat; Paris, 1847, in-8.

5265. Mémoire de M. Legat, avocat, contre M. Conte, direct. de l'Administr. des postes; Paris, Maulde, 1847, in-8.

5266. Mémoire pour M. Sommé, de Nangis, contre M. le vicomte Dejean; Legat, avocat; Paris, Maulde, 1847, in-8.

5267. Mémoire pour M. Legat contre M. le comte Dejean, directeur des postes, et M. Dumon, ministre des finances; Paris, Maulde, 1848, in-8.

5268. Réponse de M. Libri au rapport de M. Boucly; Paris, 1848, in-8.

5269. Lettre à M. Naudet en réponse à quelques passages de sa lettre à M. Libri, par A. C. Cretaine; Paris, Durand, 1849, in-8.

5270. Cour d'assises de la Vienne. Affaire de Limoges (avril 1848); in-4.

5271. Notre procès en escroquerie, ou Poursuites dirigées contre les citoyens Cabet et Krolikowski, à l'occasion de la fondation d'Icarie; Paris, F. Malteste, 1849, in-8.

5272. Haute Cour de justice séant à Bourges. Affaire de l'attentat du 15 mai 1848. Réquisitoire et réplique de M. le procureur-général Baroche; Paris, Imprim. nationale, 1849, in-4.

5273. M. le comte Mortier, ancien ambassadeur à Turin, contre madame la comtesse Mortier, sa femme. Interdiction. Plaidoirie et réplique de M® Baroche; Paris, Duverger, 1849, in-8.

5274. Cour d'appel. Affaire Mortier; note en réponse au dernier mot pour M. Mortier; Chaix d'Est-Ange, avocat; Paris, Duverger, 1849, in-8.

5275. Plaidoyer pour M. Patras de Campaigne, par M. Nibelle; Paris, Maulde et Renou, 1850, in-8.

5276. Réquisitoire de M. Dupin, procureur-général, dans la question des clauses compromissoires appliquées aux ventes et à la fixation du prix des offices, et du pouvoir des chambres de discipline en cette matière, avec l'arrêt de la Cour; Paris, Panckoucke, 1850, in-8.

5277. Mémoire à consulter au sujet des réclamations de MM. Mathieu et Fournier contre MM. Doré et Dalmont, par M. Doré; Paris, Hennuyer, 1850, in-8.

5278. Note pour M. Eugène Bareste, rédacteur en chef du journal *la République*, contre le ministère public (par Henry Celliez); Paris, Dubuisson, 1851, in-8.

5279. Précis pour Vict. Cailliau et Dècle Thayer (par M® Legat); Paris, Maulde, 1851, in-8.

5280. Réponse de la Bibliothèque Nationale à M. Feuillet de Conches, par M. Naudet; Paris, Panckoucke, 1851, in-8.

5281. Conclusions et plaidoyer pour Edme Nicolas Eugène Millelot, demandeur en cassation d'un jugement du Conseil de guerre siégeant à Clamecy (par Victor Luro); Paris, Cosse, 1852, in-8.

5282. Ils demandent des juges. Question des apanages d'Orléans, par de Lestang, de Foix; Paris, Dentu, 1852, in-8.

5283. Ils sont jugés. Critique de l'avis des cinq, ou Réplique à la consultation orléaniste, par de Lestang, de Foix; Paris, Dentu, 1852, in-8.

5284. Décrets du 22 janvier. Biens de la maison d'Orléans. Plaidoiries de MM. Paillet et Berryer; Paris, 1852, in-8.

5285. Mémoire à consulter et consultation par MM. de Vatimesnil, Berryer, Od. Barrot, Dufaure, Paillet, sur les décrets du 22 janvier relatifs aux biens de la famille d'Orléans; Paris, 1852, in-8.

5286. Réponse à la protestation des exécuteurs testamentaires du feu roi Louis-Philippe contre le décret du 22 janvier; Paris, Chaix, 1852, in-12.

5287. Faits à l'appui de la défense du droit de propriété contre les décrets du 22 janvier 1852; in-8.

5288. Décrets du 22 janvier. Biens de la maison d'Orléans. Seule question : le 7 août 1830, une loi en vigueur ordonnait-elle la réunion à l'Etat des biens donnés, par Jules Leberquier; Paris, Noblet, 1852, in-8.

5289. Défense de M. le marq. de Vogué. Plaidoyer de M. Berryer; Paris, Bonaventure (1853), in-8.

5290. Mémoire pour M. G. Barba, libraire, contre M. V. Lecou, libraire (par Ed. Calmels); Paris, Plon, 1853, in-8.

5291. Mines. Exploitation interrompue. Question d'indemnité (par Jules Gendebien); Bruxelles, Slaghmosen, 1855, in-8.

5292. Cour impériale de Paris. Mémoire à consulter (par Victor Bellet et Hemerdinger) et consultation pour madame veuve Baillot; Paris, Chaix, 1856, in-8.

5293. Plaidoyer de M. Hébert pour M. le comte de Laurencel et autres contre MM. Mirès, Véron, le comte de Morny (1856); in-8.

5294. Réplique de Mᵉ Hébert pour M. le comte de Laurencel et autres, contre MM. Mirès, Véron, le comte de Morny (1856); in-8.

5295. Plaidoyer pour Baumann (Antoine), accusé de meurtre sur madame la comtesse de Caumont-Laforce, par Mᵉ Nibelle; Paris, Thunot, 1856, in-8.

5296. Très-humble supplique d'un paysan champenois, qui ne veut pas que sa fille paye les dettes de défunt son mari (par de Colmont); Paris, Cosse, 1856, in-8.

5297. Affaire de madame de Guerry contre la communauté de Picpus. Mémoire à consulter; Paris, Schiller, 1857, in-8.

5298. Consultation pour la commune de Gentilly, par A. Dussaux (1857); in-8.

5299. Mémoire pour les marchands français expulsés de Sébastopol, par Alfred Vellaud, avocat; Paris, Cosson, 1858, in-8.

5300. La médecine et l'homœopathie traditionnelles; procès intenté au journal *l'Union médicale*, par douze homœopathes, précédé de mémoires et de notes diverses publiés par les parties au cours des débats et recueillis par J. Sabbatier; Paris, 1858, in-8.

5301. Procès Orsini, recueilli par C. A. Dandraut; Paris, Dentu, 1858, in-8.

5302. Mémoire sur les prétendues violations des règles de la résidence des notaires, à l'occasion d'un procès pendant entre M. Lechevrel, notaire à Chanu, et L. Barbot, notaire à Tinchebray, par N. Damaschino, avocat; 1859, in-8.

5303. Du droit de plainte en matière de diffamation, par Berville; Paris, Malteste, 1860, in-8.

5304. De la liberté de l'histoire, par Amédée Lefèvre-Pontalis; Paris, Douniol, 1860, in-8.

5305. Mémoire à l'appui du pourvoi formé par M° Emile Ollivier contre deux arrêts rendus le 17 février 1860, par Gabriel Dufour; in-8.

5306. Plaidoyer de M° Berryer, recueilli par le sténographe. Procès fait par le journal *le Siècle* et les héritiers Rousseau à Mgr Dupanloup, év. d'Orléans; (1860), in-8.

5307. Procès de la Société des hauts-fourneaux, fonderies et forges de Franche-Comté. Plaidoirie et réplique de M° Freslon; 1860, in-8.

5308. Testament de M. le marquis de Villette. Question de fidéi-commis. M. de Montreuil contre Mgr de Dreux-Brézé, évêque de Moulins; Paris, A. Durand, 1860, in-8.

5309. Testament de M. le marquis de Villette. Plaidoirie de M° Marie pour M. A. de Montreuil; Amiens, Lenoel-Hérouart, 1861, in-8.

5310. Testament de M. le marquis de Villette. Réplique de M° Marie; Amiens, Lenoel-Hérouart, 1861, in-8.

5311. Affaire Villette. Réplique de M° Plocque aux plaidoiries de MM°⁵ Marie et Léon Duval; Paris, Chaix, 1861, in-8.

5312. Testament de M. le marquis de Villette. Conclusions de M. le procureur-général Louis Dufour; Amiens, Lenoel-Hérouart, in-8.

5313. Affaire Mirès. Plaidoirie de Me Marie pour M. le comte Léon de Chassepot ; Amiens, Jeunet, 1861, in-8.

5314. Défense de Jules Mirès par Me Crémieux; Paris, Lévy, 1861, in-18.

5315. Mémoire à consulter pour le sieur Foyatier, statuaire, contre les sieurs Pascal et Vignat. Consultation, mémoire à consulter pour le sieur Pascal. Deuxième plaidoyer pour le sieur Foyatier, et autres pièces ; in-8.

5316. Demande en liquidation de la succession de S. A. I. le prince Jérôme; conclusions du procureur-général Chaix d'Est-Ange ; Paris, Donnaud, 1861, in-8.

5317. Lettre sur l'histoire de France. Procès de Dumineray et Beau ; réquisitoire de M. Ducreux; plaidoiries de MM^{es} Dufaure et Hébert; Bruxelles, Rozez, 1861, in-18.

5318. Mariage contracté par erreur avec un forçat libéré. Plaidoirie de Me Ambroise Rendu, avocat de madame Zoé Herbin; Paris, Poupart-Davyl, 1861, in-8.

5319. Consultation pour MM. de Caix de Saint-Aymour en instance devant M. le ministre de la justice, par Nibelle ; Paris, Martinet, 1861, in-8.

5320. Affaire du marquis de Flers, conseiller référendaire à la Cour des comptes, procès recueilli par J. Sabbatier; Paris, A. Durand, 1861, in-8.

5321. Mémoire sur les irrégularités de la procédure criminelle suivie contre M. Libri et sur l'application de l'art. 441 du Code d'instruction criminelle pour la révision de cette procédure, par Me Henry Celliez; Paris, Lainé, 1861, in-8.

5322. Le prince Pierre Dolgoroukow contre le prince Woronzow, plaidoirie de Me Marie ; Paris, Tinterlin, 1861, in-18.

5323. Procès du prince Woronzow contre le prince Pierre Dolgoroukow et le *Courrier du Dimanche*. Tribunal civil de la Seine ; Paris, Poulet-Malassis, 1862, in-8.

5324. Mémoire pour M. et madame Roger, par C. A. Dandraut; Paris, Tinterlin, 1862, in-18.

5325. Lettre à M. Dupin, par J. Mirès ; Paris, Vallée, 1862, in-8.

5326. Affaire de l'abbé Daras. Plaidoirie de Me Edouard Dupont (de Longat) ; Paris, Malteste, 1862, in-8.

5327. Note pour Richard, veuve Grassal et ses enfants contre

Ozouf, Mondollot et consorts; G. Guiffrey, avocat; (1862), in-8.

5328. Tribunal civil de la Seine, audience du 1ᵉʳ juillet 1863, plaidoirie de Mᵉ Marie pour madame de Civry contre le duc de Brunswick; Paris, 1863, in-8.

5329. Mémoire adressé à MM. les membres du jury d'expropriation, par Blot-Leconte; Paris, Lainé, 1863, in-8.

5330. Procès complet de MM. Brodin-Collet; Paris et Dinan, 1863, in-8.

5331. Procès de MM. Brodin-Collet; prévention de port illégal de décoration; plaidoiries de Mᵉ Georges Guiffrey; Paris, 1864, in-18.

5332. Tribunal civil de la Seine; note pour M. Pestel contre M. Verdun et M. Monteaux; Delattre, avocat; 1864, in-8.

5333. Lettre à M. Denière par J. Mirès; Paris, Vallée, 1864, in-8.

5334. Caisse générale des chemins de fer; sentence arbitrale rendue par MMᵉˢ Berryer, Marie, Carré, entre M. Mirès et les commissaires des actionnaires; Paris, Vallée, 1864, in-8.

5335. Tribunal de la Seine. Plaidoiries de MMᵉˢ Hébert et Dufaure, pour Mgr le duc d'Aumale et M. Michel Lévy; 1864, in-8.

5336. Cour impériale de Paris. Plaidoiries de MMᵉˢ Dufaure et Hébert pour Mgr le duc d'Aumale et M. Michel Lévy; 1864, in-8.

5337. Le procès des Treize; Paris, Dentu, 1864, in-8.

5338. Même ouvrage, même édit.

5339. Le procès des Treize en appel; Paris, Lacroix (1865), in-8.

5340. Même ouvrage, même édition.

5341. Le procès des Treize en cassation; Paris, Lacroix (1865), in-8.

Discours de rentrée des cours. Installations.

5342. Discours sur la justice, prononcé par M. Taillandier, président du Tribunal civil de Sens, le 6 novembre 1817, jour de la rentrée de ce tribunal; in-8.

5343. Discours prononcé par M. Fournerat, le 5 novembre 1823, pour la rentrée du Tribunal de première instance; Paris, Hacquart, 1823, in-8.

5344. Discours prononcé à la rentrée de la Cour royale par M. de Vaufreland, le 5 novembre 1828; Paris, 1828, in-8.

5345. Discours prononcé à la rentrée de la Cour royale, le 3 novembre 1829, par Bérard des Glajeux; Paris, Agasse, 1829, in-8.

5346. Discours prononcé par M. Dupin aîné, procureur-général près la Cour de cassation, le 23 août 1830; in-8.

5347. Discours de M. Dupin aîné, procureur-général à la Cour de cassation, prononcé à l'audience de rentrée le 3 novembre 1830; (1830), in-8.

5348. Discours prononcé à la rentrée du Tribunal de la Seine, le 4 novembre 1830, par M. Comte; Paris, Henry, 1830, in-8.

5349. Discours prononcé à la rentrée de la Cour royale de Rennes, par M. H. Letourneux; Rennes, Marteville (1830), in-8.

5350. Discours prononcé par M. Persil, le 3 novembre 1831, à l'audience de rentrée de la Cour royale; in-8.

5351. Procès-verbal de rentrée de la Cour de cassation; discours de M. Dupin, 7 novembre 1833; in-8.

5352. Procès-verbal de rentrée de la Cour de cassation; discours de M. Dupin sur l'inauguration du tombeau de L'Hospital, 7 novembre 1836; in-8.

5353. Discours prononcé par M. Franck-Carré à l'audience de rentrée de la Cour royale de Paris, le 3 novembre 1836; in-8.

5354. Audience de rentrée de la Cour de Limoges, le 5 novembre 1836; discours de M. Dumont-Saint-Priest; in-8.

5355. Procès-verbal de rentrée de la Cour de cassation; discours prononcé par M. Dupin, procureur-général; Paris, Pihan Delaforest (1839), in-8.

5356. Cour royale de Paris; discours prononcé à l'audience solennelle de rentrée du 3 novembre 1840, par M. Partarieu-Lafosse; Paris, J. B. Gros, in-8.

5357. Procès-verbal de rentrée de la Cour de cassation; discours de M. Dupin; éloge de Lamoignon-Malesherbes; Paris, Cosson (1841), in-8.

5358. Cour royale de Paris; Audience de rentrée (1841); discours de M. Boucly; Paris, Guiraudet, in-8.

5359. Procès-verbal de rentrée de la Cour de cassation; Discours de M. Laplagne-Barris, 7 novembre 1842; in-8.

5360. Discours prononcé par M. le procureur-général Hébert à l'audience de rentrée, le 3 novembre 1842; Paris, Panckoucke, in-8.

5361. Tribunal de première instance de la Seine. Discours prononcé à l'audience de rentrée, le 3 novembre 1842, par M. Meynard de Franc; in-8.

5362. Procès-verbal de rentrée de la Cour de cassation; discours de M. Dupin; Eloge d'Et. Pasquier (6 novembre 1843); in-8.

5363. Cour royale de Paris. Discours de M. Nouguier à l'audience de rentrée, le 3 novembre 1843; Paris, Panckoucke, in-8.

5364. Discours prononcé par M. de Charencey, le 3 novembre 1843, à l'audience solennelle de rentrée du Tribunal de la Seine; Paris, Panckoucke (1843), in-8.

5365. Procès-verbal de rentrée de la Cour de cassation; discours de M. Pascalis, 11 novembre 1844; in-8.

5366. Cour royale de Paris. Discours de M. le procureur-général Hébert, à l'audience de rentrée, le 4 novembre 1844; in-8.

5367. Procès-verbal de rentrée de la Cour de cassation; discours de M. Dupin, 3 novembre 1845; in-8.

5368. Cour royale de Paris; discours de M. l'avocat-général Glandaz à l'audience de rentrée du 4 novembre 1845; in-8.

5369. Tribunal civil de la Seine. Audience de rentrée. Discours prononcé par M. Boucly; Paris, Gros, 1845, in-8.

5370. Procès-verbal de rentrée de la Cour de cassation. Discours de M. Delangle, le 4 novembre 1846; Paris, Crapelet, in-8.

5371. Discours prononcé par M. Berville, premier avocat-général, à l'audience de rentrée, le 3 novembre 1846; Paris, Panckoucke, 1846, in-8.

5372. Tribunal civil du département de la Seine. Audience de rentrée. Discours prononcé par M. Boucly, procureur du roi; Paris, Gros, 1846, in-8.

5373. Procès-verbal de rentrée de la Cour de cassation; discours de M. Dupin. Des améliorations et des progrès dans la législation criminelle depuis 1789; 3 novembre 1847; Paris, Crapelet, in-8.

5374. Cour royale de Paris. Discours de rentrée prononcé par M. Bresson, le 3 novembre 1847; in-8.

5375. Tribunal civil de la Seine; audience de rentrée; discours prononcé le 3 novembre 1847 par M. Mahou (des Devoirs du substitut); Paris, 1847, in-8.

5376. Discours de rentrée (Cour royale de Rouen), par M. Blanche; Rouen, Surville, 1847, in-8.

5377. Discours prononcé par M. Troplong à l'audience du 5 novembre 1849 pour l'institution de la cour; Paris, Wittersheim, 1849, in-8.

5378. Procès-verbal de la prestation de serment et installation de la magistrature au Palais de Justice, à Paris, dans la séance solennelle du 3 novembre 1849; Paris, Panckoucke, 1849, in-8.

5379. Discours de rentrée prononcé à l'audience solennelle du 4 novembre 1850, par M. Berville; Paris, Panckoucke, 1850, in-8.

5380. Cour d'appel de Bordeaux. Installation de M. Devienne, procureur-général; Bordeaux, Faye, 1850, in-8.

5381. Cour d'appel de Paris. Discours prononcé à l'audience de rentrée, le 4 novembre 1851, par M. Meynard de Franc; Paris, Guiraudet et Jouaust, 1851, in-8.

5382. Cour d'appel d'Agen. Discours sur le sentiment du devoir prononcé à la rentrée de la Cour, le 4 novembre 1851, par M. Sorbier; Agen, Noubel, 1851, in-8.

5383. Procès-verbal de rentrée de la Cour de cassation. Discours de M. Delangle, le 11 novembre 1852; Paris, Lahure, in-8.

5384. Discours prononcé par M. Mongis, à l'audience de rentrée de la Cour d'appel de Paris, le 3 novembre 1852; Paris, Guyot et Scribe, in-8.

5385. Procès-verbal de rentrée de la Cour de cassation. Discours de M. de Royer, sur la vie et les travaux de Tronchet, audience du 3 novembre 1853; Paris, Lahure, in-8.

5386. Cour impériale de Paris. Audience de rentrée du 3 novembre 1853. Discours prononcé par M. Rouland. Paris, Gros, 1853, in-8.

5387. Cour impériale de Lyon. Installation de M. Gilardin, premier président, et de M. Devienne, procureur-général ; Lyon, Perrin, 1853, in-8.

5388. Procès-verbal de rentrée de la Cour de cassation, audience du 3 novembre 1854. Discours de M. de Royer. Des origines et de l'autorité de la Cour de cassation; Paris, Lahure, 1854, in-8.

5389. Cour impériale de Paris. Audience solennelle de rentrée du 3 novembre 1854. Discours prononcé par M. Croissant, avocat-général ; Paris, Gros, 1854, in-8.

5390. Procès-verbal de rentrée de la Cour de cassation, audience du 3 novembre 1855, discours de M. Nicias Gaillard. De la part prise par le premier consul à la confection du Code civil; Paris, Lahure, 1855, in-8.

5391. Procès-verbal de l'installation de M. Goirand de La Baume, dans les fonctions de premier président à Montpellier ; Montpellier, 1855, in-8.

5392. Cour de cassation. Audience de rentrée du 4 novembre 1856. Discours prononcé par M. de Royer, procureur-général ; Paris, Lahure, 1856, in-8.

5393. Cour impériale de Paris. Audience de rentrée du 4 novembre 1856. Discours prononcé par M. Vaïsse, procureur-général ; Paris, Lahure, 1856, in-8.

5394. Cour de cassation. Audience de rentrée du 3 novembre 1857. Discours prononcé par M. de Marnas, premier avocat-général ; Paris, Cosse, 1857, in-8.

5395. Discours de rentrée prononcé par M. l'avocat-général J. Barbier. La restauration de l'ordre moral par le Code Napoléon ; Paris, Renou, 1857, in-8.

5396. Cour de cassation. Audience de rentrée du 3 novembre 1859. Discours prononcé par M. de Marnas, premier avocat-général. Le comte Portalis, sa vie, ses travaux ; Paris, Cosse, 1859, in-8.

5397. Cour impériale de Paris. Audience solennelle du 3 novembre 1859. Discours de rentrée prononcé par M. le premier avocat-général de Gaujal. Etude sur l'état actuel de la répression pénale en France ; Paris, Donnaud, 1859, in-8.

5398. Cour impériale de Paris. Audience solennelle du 5 novembre 1860. Discours de rentrée prononcé par M. Sapey, substitut du procureur-général ; Paris, Donnaud, 1860, in-8.

5399. Cour impériale de Pau. Installation de M. de Romeuf, premier président; Pau, 1860, in-8.

5400. Cour de cassation. Audience de rentrée du 4 novembre 1861. Discours prononcé par M. A. Blanche, avocat-général. De la loi commerciale; Paris, Cosse, 1861, in-8.

5401. Cour impériale de Paris. M. de Malesherbes. Discours prononcé à l'audience solennelle de rentrée, le 4 novembre 1861, par M. Oscar de Vallée, avocat-général; Paris, Donnaud, 1861, in-8.

5402. Cour de cassation. Audience de rentrée du 3 novembre 1863. Discours prononcé par M. Charrins; éloge de M. Romiguières; Paris, Cosse, 1863, in-8.

5403. Discours prononcé à l'audience solennelle de rentrée par M. Dupré Lasale; Paris, Donnaud, 1863, in-8.

5404. Discours prononcé à l'audience solennelle de rentrée par M. Lespinasse; Pau, Vignancour, 1863, in-8.

5405. Cour impériale de Metz. Audience de rentrée du 3 novembre 1863. Discours prononcé par M. C. Godelle : Etude historique sur le droit de remontrance des parlements; Metz, Nouvian, 1863, in-8.

5406. Cour impériale de Paris ; discours de rentrée, par M. Amédée Roussel, 1864; Paris, Donnaud, 1864, in-8.

5407. Cour impériale de Lyon ; audience de rentrée du 3 novembre 1864. Le serment en justice; discours par M. de Prandière; Lyon, Perrin, 1864, in-8.

5408. Audience de rentrée de la Cour de Grenoble, 1864; discours de rentrée par M. E. Berger; Grenoble, 1864, in-8.

Barreau de Paris. Discours prononcés dans les conférences.

5409. Discours prononcé le 14 novembre 1815, par A. L. Taillandier; Paris, 1815, in-8.

5410. Discours prononcé par M. Archambault, bâtonnier, le 10 novembre 1818 ; Paris, Delaguette (1818), in-8.

5411. Discours prononcé par M. Archambault, bâtonnier, le 16 novembre 1819; in-8.

5412. Discours prononcé par M. Delahaye, bâtonnier, le 14 novembre 1820; in-8.

5413. Discours prononcé le 13 novembre 1821, par M. Billecocq, bâtonnier; Paris, 1821, in-8.

5414. Eloge de Fournel, prononcé le 13 novembre 1821, par F. de Clugny; in-8.

5415. Dissertation sur le régime des hypothèques lue par Hennequin, le 20 novembre 1821; Paris, in-8.

5416. Discours prononcé le 12 novembre 1822, par M. Billecocq, bâtonnier; 1822, in-8.

5417. Discours prononcé le 8 août 1826, par M. Pantin, bâtonnier; in-8.

5418. Discours prononcé par M. Louis, bâtonnier, le 25 août 1829; Paris, 1829, in-8.

5419. Discours prononcé le 1er décembre 1829, par Dupin, aîné, bâtonnier; in-8.

5420. Discours prononcé le 26 novembre 1832, par M. Parquin, bâtonnier; in-8.

5421. Eloge de Delacroix-Frainville, prononcé le 26 novembre 1832, par Eugène de Goulard; Paris, Migneret, 1832, in-8.

5422. Discours prononcé par Alph. Baillehache; Paris, Guiraudet, 1832, in-8.

5423. Discours sur les devoirs civiques de l'avocat, prononcé le 18 novembre 1833, par Ad. Durand de S. Amand; Paris, Bacquenois, 1833, in-8.

5424. Discours de Philippe Dupin, bâtonnier, sur les rapports de la magistrature et du barreau (22 novembre 1834); Paris, Ducessois, 1834, in-8.

5425. Conseils et encouragements au jeune barreau; discours prononcé par M. Castiau, le 22 novembre 1834; in-8.

5426. Eloge de M. Delamalle, prononcé, le 22 novembre 1834, par J. E. Richomme; Paris, 1834, in-8.

5427. Discours prononcé par Philippe Dupin, bâtonnier, le 28 novembre 1835; in-8.

5428. Eloge de M. Gairal, prononcé le 28 novembre 1835, par Auguste Marie; in-8.

5429. Discours prononcé par Edouard Ternaux, le 28 novembre 1835; in-8.

DROIT CIVIL ET DROIT PÉNAL.

5430. Discours prononcé par M. Delangle, bâtonnier, le 24 novembre 1836; in-8.

5431. Discours prononcé par Eugène Migneron, le 24 novembre 1836; in-8.

5432. Eloge de Toullier, prononcé le 24 novembre 1836, par Ch. Paulmier; in-8.

5433. De l'influence du barreau sur nos libertés, par Ernest Falconnet; Paris, Cosson, 1837, in-8.

5434. Henrion de Pansey, éloge prononcé le 25 novembre 1837, par E. D. Forgues; in-8.

5435. Discours prononcé par M. Teste, bâtonnier, le 26 novembre 1838; Paris, 1838, in-8.

5436. Lanjuinais. Eloge prononcé le 26 novembre 1838, par Eug. Mourier; in-8.

5437. Discours prononcé par Me Loiseau, le 26 novembre 1838; in-8.

5438. Discours prononcé le 23 novembre 1839, par Me Paillet, bâtonnier; Paris, 1839, in-8.

5439. De la justice absolue. Discours prononcé le 23 novembre 1839, par J. Blot-Lequesne; in-8.

5440. Merlin. Eloge prononcé par Auguste Mathieu, le 23 novembre 1839; Paris, 1839, in-8.

5441. Discours prononcé le 21 novembre 1840, par Me Marie, bâtonnier; in-8.

5442. Hennequin. Eloge prononcé le 21 novembre 1840, par Nogent-Saint-Laurens; Paris, in-8.

5443. Eloge de Bonnet, prononcé le 21 novembre 1840, par Marc de Haut; Paris, E. Duverger, 1840, in-8.

5444. Discours par Me Marie, bâtonnier de l'ordre, à la séance d'ouverture des conférences, le 4 décembre 1841; Paris, Guiraudet, in-8.

5445. Conférence. Séance d'ouverture, 4 décembre 1841. Discours de Me Félix Tenaille; éloge de Proudhon; 1841, in-8.

5446. Eloge de Tripier, prononcé le 4 décembre 1841, par J. B. Josseau; in-8.

5447. Discours prononcé à l'ouverture des conférences, le 26 novembre 1842, par M. Chaix-d'Est-Ange, bâtonnier; in-8.

5448. Cochin. Eloge prononcé le 26 novembre 1842, par Emile Dupré-Lasale; Paris, 1842, in-8.

5449. Discours sur Domat prononcé le 26 novembre 1842, par Ernest Desmarest; Paris, 1842, in-8.

5450. Discours prononcé par M° Chaix-d'Est-Ange, bâtonnier, le 2 décembre 1843; in-8.

5451. Discours prononcé par C. A. Sapey, le 2 décembre 1843; in-8.

5452. Eloge de F. P. N. Férey, prononcé par Edouard Allou, le 2 décembre 1843; Paris, 1843, in-8.

5453. Discours prononcé par M. Duvergier, bâtonnier, le 4 janvier 1845; Paris, 1845, in-8.

5454. Discours sur le barreau moderne, prononcé à la séance d'ouverture des conférences, le 4 janvier 1845, par Eugène Avond; in-8.

5455. Discours sur Tronchet, prononcé par M. Goussard; Paris, Guyot, 1845, in-8.

5456. Discours prononcé par M. Duvergier, bâtonnier, le 13 décembre 1845; in-8.

5457. Le Barreau sous Louis XIV; discours prononcé le 13 décembre 1845, par Adolphe de Forcade La Roquette; Paris, Guyot, 1845, in-8.

5458. Portalis, éloge historique prononcé le 13 décembre 1845, par Félix Hacquin; Paris, Vinchon, 1845, in-8.

5459. Discours prononcé par M. Baroche, bâtonnier, le 28 novembre 1846; Paris, 1846, in-8.

5460. Le Barreau et la Liberté sous les Valois, discours prononcé le 28 novembre 1846, par M. Alfred Lévesque; Paris, 1846, in-8.

5461. Philippe Dupin. Eloge prononcé le 28 novembre 1846, par Auguste Avond; Paris, 1846, in-8.

5462. Discours prononcé par M. Baroche, bâtonnier, le 11 décembre 1847; Paris, 1847, in-8.

5463. Discours sur le barreau politique depuis 89 jusqu'à 1830, prononcé le 11 déc. 1847, par Ernest Adelon; Paris, Vinchon, 1848, in-8.

5464. Discours sur Dumoulin, prononcé le 11 décembre 1847, par M. F. Merville; Paris, Dondey-Dupré, 1848, in-8.

5465. Discours de M. Boinvilliers, bâtonnier, prononcé le 2 décembre 1848; Paris, 1848, in-8.

5466. Discours sur Cujas, prononcé le 2 déc. 1848, par D cous Lapeyrière; Paris, Dupont, 1848, in-8.

5467. Eloge du chancelier d'Aguesseau, prononcé le 2 déc. 1848, par Boinvilliers fils; Paris, 1848, in-8.

5468. Discours de M° Boinvilliers, bâtonnier, prononcé le 15 décembre 1849; Paris, 1849, in-8.

5469. Eloge du chanc. Michel Lhospital, prononcé le 15 déc. 1849, par Cresson; Paris, in-8.

5470. Discours sur Pothier, prononcé le 15 déc. 1849, par Henri Busson; Paris, 1850, in-8.

5471. Discours prononcé par M° Gaudry, bâtonnier, le 7 déc. 1850, à l'ouvert. des confér.; Paris, 1850, in-8.

5472. Discours prononcé le 7 déc. 1850, par Albert Grévy; Paris, 1851, in-8.

5473. Eloge d'Est. Pasquier, prononcé le 9 déc. 1850, par Charles de Manneville; Paris, 1850, in-8.

5474. Discours prononcé le 29 nov. 1851, par M° Gaudry, bâtonnier; Paris, 1851, in-8.

5475. Eloge d'Olivier Patru, prononcé le 30 nov. 1851, par Prosper Péronne; Paris, 1851, in-8.

5476. Discours prononcé le 9 déc. 1852, par M° Berryer, bâtonnier; Paris, 1852, in-8.

5477. Eloge d'Antoine Loysel, prononcé le 9 déc. 1852, par Ch. Truinet; Paris, 1852, in-8.

5478. Discours sur les établissements de saint Louis, prononcé le 9 déc. 1852, par M° Emion; Paris, 1852, in-8.

5479. Discours sur l'origine et le caractère du ministère public en France, prononcé le 5 janv. 1854, par Emile Durier; Paris, 1854, in-8.

5480. Eloge d'Antoine Lemaistre, par J. J. Delsol, prononcé le 5 janv. 1854; Paris, Vinchon, 1854, in-8.

5481. Discours prononcé le 30 nov. 1854, par Bethmont, bâtonnier; Paris, 1854, in-8.

5482. Eloge de Guill. Du Vair, par Paul Andral, prononcé le 30 nov. 1854; Paris, 1854, in-8.

5483. Discours sur l'esprit de la loi française relative aux successions testamentaires et ab intestat, prononcé le 30 nov. 1854, par Ach. Gournot; Paris, 1854, in-8.

5484. Discours prononcé le 13 déc. 1855, par Bethmont, bâtonnier; Paris, 1855, in-8.

JURISPRUDENCE.

5485. De l'influence de idées philosophiques sur le barreau au xviiie siècle. Discours prononcé le 13 déc. 1855, par J. Ferry; Paris, 1855, in-8.

5486. Eloge de P. Pithou, prononcé le 13 déc. 1855, par Elie Paillet; Paris, 1855, in 8.

5487. Devoirs, honneur, avantages et jouissances de la profession d'avocat, discours prononcé par Félix Liouville, bâtonnier, le 22 nov. 1856; Paris, 1856, in-8.

5488. De l'influence des institutions politiques sur la quotité disponible, discours prononcé le 22 nov. 1856, par Adalbert Philis; Paris, Bonaventure, 1856, in-8.

5489. Eloge de Guillaume de Lamoignon, prononcé le 22 nov. 1856, par A. C. Chevrier; Paris, 1856, in-8.

5490. Le Stage, discours prononcé par Félix Liouville, bâtonnier, le 17 août 1857; Paris, 1857, in-8.

5491. Profession d'avocat. La plaidoirie. Discours prononcé par Félix Liouville, bâtonnier, le 22 nov. 1857; Paris, 1857, in-8.

5492. De l'autorité de la jurisprudence et de son influence sur la législation. Discours prononcé le 28 nov. 1857, par L. Brésillion; Paris, 1857, in-8.

5493. Eloge de Paillet, prononcé le 28 nov. (1857), par Julien Larnac; Paris, 1857, in-8.

5494. Profession d'avocat. Lois et règlements depuis Charlemagne. Discours prononcé par Félix Liouville, bâtonnier, le 16 août 1858; Paris, 1858, in-8.

5495. Discours prononcé le 20 nov. 1858, par Me Plocque, bâtonnier; Paris, 1858, in-8.

5496. Des légistes et de leur influence au xiie et au xiiie siècle. Discours prononcé par F. E. Lefèvre (le 20 nov. 1858); Paris, 1859, in-8.

5497. Eloge de Billecocq, prononcé le 20 nov. 1858, par Ernest Guibourd; Paris, 1858, in-8.

5498. Discours prononcé par Me Plocque, bâtonnier, le 19 nov. 1859; Paris, 1859, in-8.

5499. Essai sur l'histoire du droit criminel en France. Discours prononcé le 19 nov. 1859, par Albert Laval; Paris, 1859, in-8.

5500. Eloge d'Antoine Arnaud, prononcé le 19 nov. (1859), par Henri Boissard; Paris, 1859, in-8.

5501. Discours prononcé par Me J. Favre, bâtonnier, le 3 déc. 1860; Paris, 1860.

5502. Barreau de Paris. Colbert, promoteur des grandes ordonnances de Louis XIV, discours par Alfred Aymé; Paris, Remquet, 1860, in-8.

5503. Des formes et du style de la procédure; discours prononcé le 3 déc. 1860, par François Beslay; Paris, 1860, in-8.

5504. Allocution prononcée par Me J. Favre, bâtonnier, le 5 août 1861; Paris, 1861, in-8.

5505. Discours prononcé par Me Jules Favre, bâtonnier, le 16 nov. 1861; Paris, 1861, in-8.

5506. Eloge de Bethmont, prononcé le 16 nov. 1861, par Henri Barboux; 1861, in-8.

5507. Parallèle entre l'éloquence du barreau, celle de la tribune et celle de la chaire, discours prononcé le 16 nov. 1861, par Alexis Ballot-Beaupré; Paris, 1861, in-8.

5508. Allocution de Me Jules Favre, bâtonnier, du 16 août 1862; Paris, 1862, in-8.

5509. Discours prononcé par Me Dufaure, bâtonnier, le 6 déc. 1862; Paris, 1862, in-8.

5510. De l'influence de la philosophie du XVIIIe siècle sur les réformes de la procédure criminelle, discours prononcé le 6 déc. 1862, par L. C. Renault; 1862, in-8.

5511. Eloge de Félix Liouville, prononcé le 6 déc. 1862, par Eugène Pouillet; Paris, 1863, in-8.

5512. Discours prononcé par Me Dufaure, bâtonnier, le 19 déc. 1863; Paris, 1863, in-8.

5513. Etude sur l'organisation de la juridiction civile en France, de 1789 à 1810, par Albert Martin, prononcé le 19 déc. 1863; Paris, 1864, in-8.

5514. Eloge de M. de Vatimesnil, prononcé le 19 déc. 1863, par Albert Decrais; Paris, 1864, in-8.

5515. Discours prononcé par Me Desmarest, bâtonnier, le 10 déc. 1864; Paris, 1864, in-8.

5516. Des avantages de la publicité judiciaire, discours prononcé le 10 déc. 1864, par Armand de Fallois; Paris, 1865, in-8.

5517. La biographie de M. de Martignac, discours prononcé le 10 déc. 1864, par Léopold Toussaint; Paris, 1865, in-8.

5518. Discours sur la profession d'avocat, prononcé à l'ouverture d'une conférence particulière, par Billecocq; Gueffier, 1812, in-8.

5519. Conférence des attachés. Etude sur Bellart, avocat et procureur-général, par Alfred Paisant; Paris, Claye, 1862, in-8.

5520. Conférence Paillet. Discours prononcés à la séance d'ouverture, le 8 décembre 1859, par MM. d'Herbelot, président, et Elie de Beaumont; Paris, Renou, 1859, in-8.

5521. Conférence Domat. Examen de quelques-unes des opinions de Domat. Discours prononcé à la séance de rentrée, le 29 novembre 1857, par Antoine Leligois, docteur en droit; Paris, Gros et Donnaud, 1857, in-8.

5522. Discours sur le barreau normand, prononcé à la séance d'ouverture des confér., le 19 décembre 1846, par M. Gustave Dupont; Caen, Poisson, 1846, in-8.

5523. Discours prononcé par Me F. Deschamps, bâtonnier de l'ordre des avocats près la Cour impériale de Rouen, à l'ouverture des conférences du 28 nov. 1854; Rouen, Brière, 1854, in-8.

5524. De l'état de prévention en droit français ancien et moderne, discours de rentrée (ordre des avocats de Bordeaux), par H. Barckhausen; Bordeaux, Gounouilhou, 1864, in-8.

Angleterre.

5525. The history of the common law of England, by Matthew Hale, with additionnal notes by Charles Runnigton; London, Butterworth, 1820, in-8.

5526. A history of English law, or an attempt to trace the rise, progress and successive changes of the common law, by George Grabb; London, Baldwin, 1829, in-8.

5527. Regiam Majestatem. Leges Scotiæ veteres, leges et constitutiones, ex archivis publicis, etc., etc., collectæ opera Joannis Skenæi; Edimburgi, Finlason, 1609, in-fol.

5528. Ancient Laws and institutes of England; 1840, 2 vol. in-8.

5529. Αρχαιονομια, sive de priscis Anglorum legibus libri, Gulielmo Lambardo interprete; Cantabrigiæ, Daniel, 1644, in-fol.

5530. Le liver des assises et plees del corone, moves et dependantz devant les justicez sy bien en lour circuitz comme aylours, en tempz le roy Edwarde le tierce, roy d'Engleterre; Londini, Tottelus, 1561, in-fol.

5531. Ascuns novell cases de les ans et temps le roy H. VIII, Ed. VI et la roygne Mary, composed per sir Robert Brooke; London, 1587, in-8.

5532. Ascuns novell cases de les ans et temps le roy H. VIII, Edw. VI, et la roygne Mary, composed per sir Robert Brooke; Londini, Jetsweirt, 1597, in-16.

5533. Les tenures de M. Littleton, ovesque certaine cases addes per auters de puisne temps; Londini, Wight, 1599, in-24.

5534. Les commentaries, ou reports de Edmund Plowden, un apprentice de le Common ley, de divers cases esteants matters en ley, etc., etc.; London, 1613, in-fol.

5535. Le table allieur des reportes del très reverend judge Ja. Dyer; Londini, Wight, 1600, in-16.

5536. La Somme appellé Miroir des Justices, vel Speculum Justiciariorum, factum per Andream Horne; London, Waibanke, 1642, in-12.

5537. Anciennes loix des Français, conservées dans les coutumes anglaises, recueillies par Littleton, avec des observations historiques et critiques, etc., par David Houard; Rouen, Lallemant, 1766, 2 vol. in-4.

5538. Traités sur les Coutumes anglo-normandes, publiées en Angleterre depuis le xie jusqu'au xive siècle, par Houard, avocat au parlement; Rouen, Le Boucher, 1776, 4 vol. in-4.

5539. A new Law-Dictionary, by Giles Jacob; Savoy, Lintot, 1744, in-fol.

5540. A new Law-Dictionary, by Giles Jacob; Dublin, Williams, 1773, in-fol.

5541. The Law-Dictionary, explainig the rise, progress and present state of the British law, by Thomas Edlyne Tomlins, with extensive additions by Thomas Colpitts Granger; Philadelphia, Small, 1836, 3 vol. in-8.

5542. An analysis of the civil law, in wrich a comparaison in occasionaly made between the Roman law and those of England, by Samuel Hallifax; Cambridge, Stevenson, 1836, in-8.

5543. Résumé de la législation anglaise en matière civile et commerciale, par W. A. S. Westoby; Bruxelles, Tircher. 1854, in-8.

5544. Lettres sur la cour de la chancellerie d'Angleterre, et sur quelques points de la jurisprudence anglaise, enrichies de notes et appendices par C. P. Cooper, et publiées avec une introduction par P. Royer-Collard; Paris, Treuttel et Wurtz, 1830, in-8.

5545. Analysis of the laws of England, by W. Blackstone; London, Sharpe, 1821, in-18.

5546. Commentaries on the laws of England, by the late W. Blackstone; to which is added analysis by Barron Field; a new edition, with notes by Christian, Archbold and Chitty; New-York, 1830, 2 vol. in-8.

5547. Commentaires sur les loix angloises de M. Blackstone, traduits de l'anglais par M. D. G. (de Gomicourt); Bruxelles, de Boubers, 1774-1776, 6 vol. in-8.

5548. Commentaire sur le code criminel d'Angleterre, traduit de Guillaume Blackstone par l'abbé Coyer; Paris, Knapen, 1776, 2 vol. in-12.

5549. Même ouvrage, même édition.

5550. Commentaires sur les lois anglaises, par W. Blackstone, avec des notes de Ed. Christian, trad. de l'anglais par N. M. Chompré; Paris, Bossange, 1822, 6 vol. in-8.

5551. W. Blackstone's Handbuch des englischen Rechts im Auszuge und mit Hinzufugung der neueren Gesetze und Entscheidungen von John Gifford, aus dem englischen von H. F. E. von Coldits mit einer Vorrede von N. Falck; Schleswig, 1822, 2 vol. in-8.

5552. New commentaries on the laws of England, by Henry John Stephen; London, Butterworths, 1858, 4 vol. in-8.

5553. The rights of persons, according to the text of Blackstone, incorporating the alterations down to the present time, by James Stewart; London, Spettigne, 1839, in-8.

5554. Outlines of law : or readings from Blackstone and other text writers; altered according to the present law : comprising injuries to persons and property, and their remedies, in the courts of law, equity, and Bankrptey, by Robert Mangham; London, Richards, 1837, in-12.

5555. A treatise on the principles of Pleading in civil actions, by Henry John Stephens; London, Saunders, 1838, in-8.

5556. De la propriété littéraire et du droit de copie en général, ou du droit de propriété dans ses rapports avec la littérature et les arts en Angleterre, trad. de l'anglais (de Richard Godson), par Théodore Regnault; Paris, Warée, 1826, in-8.

5557. The whole proceedings on the king's commissions of the peace, oyer and terminer, and goal delivery for the city of London, and also the goal delivery for the county of Middlesex, held at justice-hall in the Old-Bailey; London, Wilkie, in-4.

5558. Styles's practical register begun in the reign of King Charles I; London, Harper, 1707, in-8.

5559. The practick part of the law, shewing the office of an attorney, and a guide for solicitors in all the courts of Westminster; Savoy, J. Nutt, 1711, in-8.

5560. The Justice of the Peace and Parish officer, by Richard Burn; London, Richardson, 1762, 3 vol. in-8.

5561. Practice common-placed or the Rules and Cases of Practice in the courts of Ring's Bench and Common Pleas, by George Crompton; London, Uriel, 1783, 2 vol. in-8.

5562. A Treatise of the pleas of the Crown, by Edward Hyde East; London, Straha, 1803, 2 vol. in-8.

5563. The law of attornies, with practical directions in actions and proceedings, by and aguints them, and for the taxation and recovery of costs, also the law of costs, by John Merrifield; London, 1830, in-8.

5564. An Elementary view of the proceedings in an action at Law, by John William Smith; London, 1835, in-12.

5565. Oaths; their origin, nature and history, by J. Endel Tyler; London, Parker, 1834, in-8.

5566. Book of costs in the courts of Queen's bench, common pleas and exchequer, by Owen Richards; London, Owen Richards, 1844, in-8.

5567. Traité des preuves judiciaires, ouvrage extrait des manuscrits de Jérémie Bentham, par Et. Dumont; Paris, Bossange, 1823, 2 vol. in-8.

5568. A practical treatise on the criminal law, comprising the practice, pleadings, and evidence, by Joseph Chitty; London, Brooke, 1826, 4 vol. in-8.

5569. Rationale of judicial evidence specially applied to English practice, from the manuscripts of Jérémie Bentham; London, Hunt, 1827, 5 vol. in-8.

5570. A Digest of the law of Evidence, by Henry Roscoe, with notes by James Bayard; Philadelphia, Nicklin, 1832, in-8.

5571. A practical treatise on the law of evidence and digest of proofs, by Thomas Starkie, with references to American decisions by Theron Metlalf, Edward D. Ingraham, and Benjamin Gerhard; Philadelphia, Nicklin, 1834, 2 vol. in-8.

5572. The practice of the criminal courts, by George Bolton; London, Maxwell, 1835, in-12.

5573. A treatise on the law of Evidence, by S. March Phillipps and Andrew Amos; London, Saunders, 1838, 2 vol. in-8.

5574. A digest of the criminal law of England, by Edward E. Deacon, to which is added a supplement by W. M. Hindmarch; London, Butterworth, 1836, 2 vol. in-8.

5575. Archbold's summary of the law relative to pleading and evidence in criminal cases; sebenth edit., by John Jervis; London, Sweet, 1838, in-8.

5576. The Newgate Calendar comprising interesting memors of the most notorious characters vho have been convicted of outrages on the laws of England, by Andrew Knapp and Williams Baldwin; London, J. Robins and co., 1824-26, 4 tomes en 2 vol. in-8.

5577. Old Bailey experience. Criminal jurisprudence, and the actual Working of our penal code of laws, also an Essay on Prison discipline, by the author of The Schoolmaster experience in Newgate; London, Fraser, 1833, in-8.

5578. Des lois de police et criminelles de l'Angleterre, traduit de l'anglais de Blackstone, par Ludot; Paris, d'Hacquart, 1801, in-8.

5579. Des contraventions à Londres et de leur pénalité, par Charles Desmaze; Paris, Lévy, 1860, in-8.

5580. Code pénal de la marine anglaise, traduit de l'anglais et publié avec des additions et des notes par G. Laiguel; Paris, Anselin, 1837, in-8.

5581. Barreau anglais, ou Choix de plaidoyers des avocats anglais, traduit par MM. Clair et Clapier; Paris, Panckoucke, 1824, 3 vol. in-8.

5582. Causes célèbres étrangères, traduites de l'anglais, de l'espagnol, de l'italien, de l'allemand, etc., par une société de jurisconsultes et de gens de lettres; Paris, Panckoucke, 1827-1828, 5 vol. in-8.

5583. Procès et meurtre de Charles Ier, roi d'Angleterre, procès des vingt-neuf régicides mis en justice après la restauration de Charles II, traduit de l'anglais avec Précis historique du règne de Charles Ier (par Henry); Paris, Nicole, 1816, in-8.

5584. Report of the proceedings of the house of Lords on the claims to the barony of Gardner, by Denis Le Marchant; London, Butterworth, 1828, in-8.

5585. Cobbett's complets collection of State Trials and proceedings for high treason and other crimes and misdemeanors from the earliest period to the present time; London, 1809-1828, 34 vol. in-8 (avec la table).

Allemagne.

5586. Joannis Borcholten Consilia, sive Responsa Juris, nunc primum edita a Statio Borcholten, Rostochiensi; Helmæstadii, Lucius, 1600, in-fol.

5587. Joannis Stuckii Consiliorum, sive Juris Responsorum volumen, editum cura filiorum auctoris Joannis Justi et Christiani Danielis Stuckiorum; Francofurti ad Mœnum. Kohler, 1666, in-fol.

5588. Caspari Manzii Bibliotheca Aurea, juridico-politico-theoretico-practica, in qua variæ materiæ ex jure divino, naturali, canonico, Cæsareo, feudali, Bavarico explicantur et ad usum fori accommodantur, quibus accesserunt Ferdinandi Weizeneggeri Quæstiones Monetariæ, etc.; Francofurti ad Mœnum, Genschius, 1701, 2 vol. in-fol.

5589. Consilia Argentoratensia, vel illustria juris responsa, a Marco Ottone, operis antehac cœpti volumen novum cura Joan. Schilteri; Argentorati, Stædelius, 1701, in-fol.

5590. Joh. Friderici Polac systema jurisprudentiæ civilis Germanicæ antiquæ; Lipsiæ, hæred. Cankisiani. 1733. in-4.

5591. Justi Henningii Bœhmeri Consultationum et Decisionum juris tomi II; ex schedis paternis collegit filius Carolus Augustus Bœhmer; Halæ Magdeburgicæ, 1733, 2 tom. in 3 vol. in-fol.

5592. Joannis Ulrici L. B. de Cramer Opuscula, materias gravissimas ex omni jure demonstrativa ratione pertractatas continentia; Marpurgi, 1742-1756, 4 vol. in-4.

5593. Joannis Ulrici L. B. de Cramer Observationes juris universi, ex praxi recentiori supremorum imperii tribunalium haustarum; Darmstadii, 1789-1792, 6 vol. in-4.

5594. Wollstandiges Hauptregister uber Johann Ulrich Freyherrn von Cramers, quatuor tomos opusculorum juridicorum, etc., etc., mit einer Vorrede versehen durch J. M. Schneidt; Ulm, 1768, 2 tom. in-4.

5595. Elementa juris Germanici tum veteris, tum hodierni, eruit Jo. Gottl. Heineccius; Halæ, 1746, 2 vol. in-8.

5596. Historia juris civilis Romani ac Germanici, qua utriusque origo et usus in Germania ostenditur, auctore Jo. Gottl. Heineccio, cum observationibus Joan. Dan. Ritteri; Argentorati, Bauer, 1751, 2 vol. in-12.

5597. Jacob Friederich Ludovici Einleitung zum Civil Process; Halle, 1768, 6 vol. in-4.

5598. Joannis Stephani Putteri elementa juris Germanici privati hodierni; Gœttingæ, vid. Vandenhoeck, 1776, in-8.

5599. Johann. Heumanns von Teutschenbrunn Geist der Gesetze der Teutschen; Nuremberg, 1779, 1 vol.

5600. Methodus jurisprudentiæ ex propriis et peregrinis juribus Germaniæ receptæ, aliquibus monumentis anecdotis illustrata, opus Henrici Christiani de Senckenberg; Francofurti ad Mœnum, Varrentrap, 1756, in-4.

5601. Jo. Henr. de Berger OEconomia juris ad usum hodiernum accommodati, accurante Christoph. Henr. de Berger, cum annotat. Jo. Aug. Bachii et accessionibus Car. Godofredi Winckleri; Lipsiæ, Junius, 1771, in-4.

5602. Christiani Friderici Gluck introductio in studium historiæ legum positivarum Germanorum; Halæ, Orphanotropheum, 1781, in-8.

5603. Jo. Henr. Christiani de Selchow Elementa juris Germanici privati hodierni; Gœttingæ, vid. Vandenhoeck, 1787, in-8.

5604. Repertorium Jurisconsultatorium in præcipuas decisiones et responsa tam summorum per imperium Romano-Germanicum ejusque status provinciales tribunalium, quam scabinatuum et facultatum juridicarum, a Joanne Chr. Conr. Schroetero; Lipsiæ, Fritsch, 1793, 2 vol. in-8.

5605. Polemick des germanischen Rechts Land-und Lehnrecht (jus controversum Germanicum privatum et feudate), nach den systemen des herrn Geheimen Rath prof. Dr. Mittermaier und Geheimen Rath Dr. G. L. Boehmer, bearbektet von Carl. Aug. Grundler; Merseburg, 1838, 4 vol. in-8.

5606. Grundsetze des gemeinen deutschen Privatrechts, von C. J. A. Mittermaier; Regensburg, G. Jos. Manz, 1837-1838, 2 vol. in-8.

5607. Joh. Christ. Fried. Meister's Vor-Erkenntnisse und Institutionen des positiven Privat-Rechtes; Zullichan, Darnmann, 1810, in-8.

5608. Wissenschaftliche Bearbeitung des allgemeinen deutschen, Privatrechts, C. V. Wexhe; Gottingen, Vandenhoeck, 1815, in-8.

5609. Johann Friedrich Eisenhart's Grundsake der deutschen Rechte in Spruchworten, dritte vermehrte Ausgabe besorgt durch Carl. Eduard Otto; Leipzig, Weygand, 1823, in-8.

5610. Ueber das altdeutsche offentliche Gerichts-Verfahren, von M. von Freyberg; Landshut, Thomann, 1824, in-8.

5611. Deutsche Rechts Alterthümer, von Jacob Grimm; Gœttingen, Dieterich, 1828, in-8.

5612. Grundzüge eines systems des teutschen Privatrechts, von Friedrich Ortloff; Iena, 1828, in-8.

5613. Grundsetze des gemeinen deutschen Privatrechts von Justus Friedrich Runde; Goettingue, Dieterich, 1829, in-8.

5614. Einleitung in das gemeine teutsche Privatrecht, von Chr. Ernst. Weisse; Leipsik, Hartknoch, 1832, in-8.

5615. Lehrbuch des heutigen gemeinen deutschen Rechts, von Romeo Maurenbrecher; Bonn, Weber, 1832, in-8.

5616. Historisch-dogmatische Vorlesungen uber das deutsche Privatrecht, von Karl Turk; Rostork, Stiller, 1832, in-8.

5617. Einleitung in das deutsche Privatrecht mit Einschluz

des Lehenrechts, von Karl Friedrich Eichhorn; Gottingen, Ruprecht, 1836, in-8.

5618. Grundriss zu vorlesungen über das deutsche Privatrecht, von Wilhelm Theodor Kraut; Gottingen, Dieterich, 1839, in-8.

5619. Gemeines deutsches Civilrecht, von C. F. Rosshirt; Heidelberg, Groos, 1840, 3 vol. in-8.

5620. Lehrbuch des gesammten heutigen gemeinen deutschen Privatrechtes, von Romeo Maurenbrecher; Bonn, Weber, 1840, in-8.
Le premier volume seulement.

5621. Erganzungen und Erlauterungen der allgemeinen Gerichts-Ordnung, herausgegeben von H. Graff, C. F. Koch, L. V. Ronne, H. Simon, A. Wentzel; Breslau, Aderholz, 1843, 2 vol. in-8.

5622. Biga de Rebus sic stantibus diversi Juris, autore Johanne Friderico Rhetio; Francofurti, Schrey, 1692, in-4.

5623. Johannis Jacobi Wissenbachii Disputationes ad Instituta imperialia. Accedunt contradictiones juris canonici, Emblemata Triboniani, Diatribe de mutuo, Sylloge errorum Irnerianorum, Compendium juris feudalis, Notæ nomico-philologicæ in passionem Christi; Franckerd, Horreus, 1700, in-4.

5624. Joannis Strauchii Opuscula juridico-historico-philologica rariora XXV, cura Caroli Gottlieb Knorrii. Accessit Conradi Friderici Reinhardi præfatio; Halæ Magdeburgicæ, Krebsius, 1729, in-4.

5625. Wolffg. Adami Lauterbachii Dissertationes Academicæ de selectis nobilissimisque juris privati argumentis : accessere Lansii Dissertationes selectæ; Tubingæ, Cottarus, 1728, 4 vol. in-4.

5626. Joannis Friderici Eisenharti Opuscula Juridica varii argumenti; Halæ prope Salam, C. H. Hemmerde, 1771, in-4.

5627. Jo. Augusti Bachii Opuscula ad historiam et Jurisprudentiam spectantia collegit Christ. Ad. Klotzius; Halæ, Curtius, 1767, in-8.

5628. Godfridi Mascovii opuscula juridica et philologica, cum animadv. L. E. Puttmanni; Lipsiæ, her. Weidmanni, 1776, in-8.

5629. Georg. Henr. Ayreri Opuscula varii argumenti; edid. et præfatus est Joan. Henr. Jungius; Gœttingæ, Schmid, 1746, 2 tom. in 1 vol. in-8.

5630. Caroli Ferdinandi Hommelii Rhapsodia quæstionum in foro quotidie obvenientium, neque tamen legibus decisarum ; curavit et vitam auctoris adjecit Carolus Gottlob Roessig; Byruthi, her. Lubecci, 1782, 7 tom. in 2 vol. in-4.

5631. Civilistische Abhandlungen, von Anton. Friedrich Justus Thibaut; Heidelberg, Mohr, 1814, in-8.

5632. D. Burchardi Gotthelf Struvii Jurisprudentia heroica, seu jus quo illustres utuntur privatim; Ienæ, Melchior, 1743, 2 vol. in-4.

5633. Burchard. Gotthelf Struvii Jurisprudentia heroica, seu jus quo illustres utuntur privatim, quod ex auctoris schedis edidit simulque de fontibus juris, quo illustres utuntur præfatus est Jo. Augustus Hellfeld; Ienæ, Melchior, 1743-1747, 7 part. in 4 vol. in-4.

5634. Matthiæ Coleri tractatus de Processibus executivis, in causis civilibus et pecuniariis, ad practicam fori Saxonici passim accommodatus; accesserunt ejusdem auctoris de Exceptionibus, de Præscriptionibus, Oratio de origine, progressu et utilitate juris Saxonici; Ienæ, T. Steinmannus, 1595, in-fol.

5635. Eberhardi Christophori Canzii tractatio synoptica de probabilitate juridica, sive de præsumptione; Tubingæ, Cotta, 1751, in-4.

5636. Idem opus, ejusd. edit.

5637. Uber Vermuthungen vorzuglich mit Hinsicht auf burgerliche Rechtslehre, von Matthias Weindler; Landshut, Weber, 1801, in-8.

5638. Uber die Beweislast in Civilprocess, von Nepomuk Borst, mit einer Vorrede von Anselm Ritter von Feuerbach; Leipzig, Brockhaus, 1824, in-8.

5639. Uber die Verbindlichkeit zur Beweisführung im Civilprozess, von Adolph Dieterich Weber; Zweite Ausgabe mit Anmerkungen von August Wilhelm Heffter; Halle, 1832, in-8.

5640. Vortrage uber den gemeinen ordentlichen Civilprocess, mit Beziehung auf Martin's Lehrbuch, von Hieron. Bayer; München, 1835, in-8.

5641. Le Droit des obligations, par de Savigny, trad. par C. Gérardin et P. Jozon; Paris, Durand, 2 vol. in-8.

5642. Die Vormundschaft nach den Grundsetzen des deutschen Rechts, dargestellt von Wilh. Theod. Kraut; Goettingen, 1835, in-8.

5643. Tractatus Juridicus de juribus ac privilegiis viduitatis, et discursus de jure consiliariorum, Henrici Neuvenhani; Ienæ, Neuvenhanus, 1673, in-4.

5644. Georg. Henr. Ayreri specimen politico-juridicum de Gynæcocratia tutelari viduarum illustrium; Gottingæ, Schmid, 1746, in-4.

5645. Friderici Heusingeri commentatio de Jure Peculii adventitii extraordinarii, tam Romanis quam Germanicis legibus atque moribus constituto; Isenaci, Griesbachius, 1732, in-8.

5646. Tractatus de Fama publica Marquardi Freheri; Basileæ, Henricpetri, 1591, in-8.

5647. Tractatus de existimatione adquirenda, conservanda et amittenda, sub quo et de gloria et de infamia, a Marquardo Frehero; Basileæ, Henricpetri, 1591, in-8.

5648. Uber die burgerliche Ehre ihre ganzliche Entziehung und theilweise Schmalerung, von Theodor. Marezoll; Giessen, Hever, 1824, in-8.

5649. De mortis voluntariæ prohibitione ac poenis, commentatio juridica auctore Carolo Godofredo Wincklero. Accessit oratio de Martino Luthero jurisconsulto; Lipsiæ, Junius, 1775, in-8.

5650. Tractatus de cautelis Juramentorum in foro observandis propositus a Georgio Gerbet; Halæ, Magdeburgicæ, 1732, in-4.

5651. Reinhardi Bachovii tractatus de Actionibus; Francofurti, Wildius, 1657, in-4.

5652. Bartholomæi Leonhardi Schwendendorfferi tractatio theoretico-practica de Actionibus successoriis feudalibus; Lipsiæ, Tarnovius, 1703, in-4.

5653. Jeremiæ Setseri tractatus de Juramentis in libros V distributus; Coloniæ Agrippinæ, Meyner, 1736, in-4.

5654. Von der natur des Eides, von F. G. Leue; Leipzig, 1836, in-8.

5655. Henri Cluveri electa de Jure Canum, vom Hunde Recht, ubi præcipuæ controversiæ quæ circa canes accidere possunt explicantur et dissolvuntur; Stadæ, Brummerus, 1711, in-4.

5656. Geo. Jac. Frid. Meisteri principia Juris Criminalis Germaniæ communis; Gœttingæ, Dieterich, 1802, in-8.

5657. Scritti Germanici di Diritto criminale; Livorno, Nanni, 1846-1847, 4 vol. in-8.

5658. Entwickelung der Grundsatze des Strafrechts, von Conrad Franz Rosshirt; Heidelberg, Groos, 1828, in-8.

5659. Lehrbuch des gemeinen in Deutschland gültigen peinlichen Rechts, von Anselm Ritter von Feuerbach; Giessen, Heyer, 1832, in-8.

5660. Geschichte der deutschen Strafgesetze von Carl. Aug. Tittman; Leipsig, 1832, in-8.

5661. System der preventiv-Justiz oder Rechts-Polizei, von Robert Mohl; Tubingen, 1834, in-8.

5662. Beitrage zur Geschichte des deutschen Strafrechtes, von F. A. M. V. Woringen; Berlin, Nicolai, 1836, in-8.

5663. Geschichte und System des deutschen Strafrechts, von Konrad Franz Rosshirt; Stuttgart, Schweizerbart's, 1838-1839, 3 vol. in-8.

5664. Strafrechtsfalle bearbeitet, von Anton. Bauer; Gottingen, Bandenhoeck, 1835-1839, 4 vol. in-8.

5665. Anleitung zur Vertheidigungs Kunst im deutschen Strafprozesse und in dem auf Mundlichkeit und Offenlichkeit gebauten Strafverfahren, von C. J. A. Mittermaier; Regensburg, 1845, in-8.

5666. Compte rendu : Livre Ier du Code Napoléon, Régime Foncier, etc., et réforme de la procédure criminelle en Allemagne, Propriété littéraire, Droit public et administratif de l'Angleterre, par Jules Bergson, docteur en droit; Paris, Cotillon, 1860, in-8.

5667. Le Mircir de Souabe, d'après le manuscrit français de Berne, publié par G. A. Matile; Neuchâtel, Petitpierre, 1843, in-fol.

5668. Code criminel de l'empereur Charles V, vulgairement appelé la Caroline, contenant les loix qui sont suivies dans les juridictions criminelles de l'empire (par Vogel); Paris, Simon, 1734, in-4.

5669. Jo. Samuel. Frid. de Boehmer Meditationes in constitutionem criminalem Carolinam. Accessit vetus ordinatio criminalis Bambergensis, Brandenburgica, Hassiaca; Halæ Magdeburgicæ, Gebauer, 1770, in-4.

5670. Code Frédéric, ou Corps de droit pour les États de S. M. le roi de Prusse, traduit de l'allemand par A. A. de C. (Al. Aug. de Campagne), avec l'exposition abrégée du plan du roi pour la réformation de la justice, par Formay; 1751-1752, 3 vol. in-8.

5671. Code général pour les États prussiens, traduit par les membres du bureau de législation étrangère (MM. Brosselard, Weiss et Lemierre), et publié par ordre du ministre de la justice; Paris, Impr. de la Républ., ans IX et X, 5 tom. en 3 vol. in-8.

5672. Erganzungen und Erlauterungen des Preussischen Criminal-Rechts, herausgegeben von H. Graff, C. F. Koch, L. v. Ronne, H. Simon, A. Wentzel; Breslau, Aderholz, 1842, in-8.

5673. Erganzungen und Erlauterungen der Preussischen Rechtsbucher herausgegeben von G. Graff., C. F. Koch, L. v. Ronne, H. Simon, A. Wentzel; Breslau, 1843-1844, 6 vol. in-8.

5674. Erganzungen und Erlauterungen der Preussischen Rechtsbucher, herausgegeben von H. Graff, C. F. Koch, L. v. Ronne, H. Simon, A. Wentzel; Breslau, Aderholz, 1849-1850, 11 vol. in-8.

5675. Die Lehre von der ehelichen Gütergemeinschaft mit besonderer Rucksicht auf Preussisches Recht von George Phillips; Berlin, Dummler, 1830, in-8.

5676. Aperçu de la nouvelle législation de la Prusse en matière de procédure civile et criminelle, par Jules Bergson; Paris, Joubert, 1847, in-8.

5677. Sammlung der Gezetze, Verordnungen fur die Konigl. Preuss. Rheinprovinz seit dem Jahre, 1813, von F. A. Lottner; Berlin, Sander, 1834, 4 vol. in-8.

5678. Handbuch des rheinischen Particular-Rechts, von Wilh. von der Nahmer; Franckfurt a M., 1831, 3 vol. in-8.

5679. Allgemeines burgerliches Gesetzbuch; Wien, 1786, in-8.

5680. Code civil général de l'empire d'Autriche, traduit par A. de Clercq ; Paris, Imprimerie royale, 1836, in-8.

5681. Codice civile universale Austriaco; Venezia, Parolari, 1816, in-12.

5682. Codice ossia collezione sistematica di tute le leggi ed ordinanze de S. M. I. Giuseppe II. tradotta dal Tedesco da Bartolommeo Borroni; in Milano, Galeazzi, 1786-1787, 11 tom. en 6 vol. in-8.

5683. Commentario sopra il codice civile universale della monarchia Austriaca di Francesco Nobile de Zeiller, versione italiana; in Venezia, Picotti, 1815, 4 vol. in-4.

5684. Code pénal général de l'empire d'Autriche, avec des appendices, traduit par Victor Foucher; Paris, Imprimerie royale, 1833, in-8.

5685. Codice dei delitti; Venezia, Pinelli, 1804, in-8.

5686. Versuch einer Darstellung der Geschichte des Angelsæchsischen Rechts, von Georg Phillips; Gœttingen, Dieterich, 1825, in-8.

5687. Sachsenspiegel auffs newe ubersehen, mit summariis und newen Additionen durch Christoff Zobel; Leipsig, 1561, in-fol.

5688. Des Sachsenspiegels erster, zweiter Theil, von C. G. Homeyer; Berlin, Dummler, 1835-1844, 3 vol. in-8.

5689. Grundsætze des teutschen Privatrechtes nach dem Sachsenspiegel, von Julius Weiske; Leipzig, Gerig, 1826, in-8.

5690. Handbuch des grossherzoglichsachsischen Privatrechts, von Tnuiskon Friedrich Sachse; Weimar, 1824, in-8.

5691. Teutsche Denkmæler; herausgegeben und erklært von Batt, V. Babo, Eitenbenz, Mone und Weber; Heidelberg, Mohr, 1820, in-fol.

5692. Handbuch des im Kœnigreiche Sachsen geltenden Civilrechts, von Carl Friedrich Curtius; Leipzig, 1835-1838, 4 tom. en 6 vol. in-8.

5693. Codex juris Saxonici privati, oder Handbuch der gesammten, im Kœnigreiche Sachsen praktisch-gultigen privatrechtlichen sæchsischen Gesetze, von Schaffrath; Altenburg, 1840, in-8.

5694. Practica nova imperialis Saxonica rerum criminalium, in partes III divisa, autore Benedicto Carpzovio; Wittebergæ, hered. Mevii, 1684, in-fol.

5695. Benedicti Carpzovii Practica nova imperialis rerum criminalium; Lipsiæ, Gleditschius, 1739, in-fol.

5696. Joh. Sam. Frid. Boehmeri Observationes selectæ ad Bened. Carpzovii Practicam novam Rerum Criminalium imperialem Saxonicam; Froncofurti ad Mœnum, Varrentrapp, 1759, in-fol.

5697. Codex Maximilianeus Bavaricus civilis, oder Baierisches Landrecht; Munchen, 1821, in-8.

5698. Application de la théorie de la législation pénale, ou Code de la sûreté publique et particulière, rédigé en projet pour les états de Sa Majesté le roi de Bavière, par Scipion Bexon; Paris, Courcier, 1807, in-fol.

5699. Code pénal du royaume de Bavière, traduit de l'allemand par Ch. Vatel; Paris, Durand, 1852, in-8.

5700. Entwurf der Process-Ordnung in burgerlichen Rechtsstreitigkeiten fur das Grossherzogthum Baden; Karlsruhe, Groos, 1830, in-8.

5701. Uber die dinglichen Rechte an Liegenschaften, nach dem französischen und badischen Recht, von J. B. Bekk; Karlsruhe, 1831, in-8.

5702. Das badische Landrecht nebst Handelsgesetzen; Karlsruhe, Muller, 1836, in-8.

5703. Promptuarium der furstlichen Braunschweig-Wolfenbuttelschen Landes-Verordnungen in einen wesentlichen Auszuge, derselben von Leopold Friederich Fredersdorff; Braunschweig, 1777, in-4.

5704. Gesetz-und Verordnungs-Sammlung; (Braunschweig) (1832-1837); 2 vol. in-8.
(Incomplet.)

5705. Particulares Privatrecht des Herzogthums Braunschweig, bearbeitet von Adolf Steinacker; Wolfenbüttel, 1843, in-8.

5706. Entwurf eines Criminal-Gesetz-Buches fur das Herzogthum Braunschweig; in-4.

5707. Davidis Mevii Decisiones super causis præcipuis ad tribunal regium (Wismariense) delatis; Justus Henningus Boehmer præmisit proloquium de collectionibus, usu et auctoritate decisionum, præcipue Rotæ Romanæ et Mevianarum; Francofurti ad Moenum, Jungius, 1740, 2 vol. in-fol.

5708. Juristische Abhandlungen mit Entscheidungen des Oberappellations-Gerichts der vier freien Stædte Deutschlands, von A. Heise und F. Cropp; Hamburg, Perthes, 1827, 2 vol. in-8.

5709. Hamburgisches Privatrecht erlæutert von Christian Daniel Anderson; Hamburg, Bohn, 1782, 5 vol. in-8.

5710. Commentar zum hamburgischen Stadtrecht, von 1603, aus dem handschriftlichen Nachlasse von J. K. Gries, herausgegeben von N. A. Westphalen; Hamburg, 1837, in-8.

5711. Uber das bremische Güterrecht der Ehegatten mit besonderer Rucksicht auf die Schuldenzahlung, von Th. Berck; Bremen, Peyse, 1832, in-8.

5712. Handbuch des Würtembergischen Privatrechts, von Jakob Friederich von Weishaar; Stuttgart, 1831-1833, 3 vol. in-8.

5713. Geschichte, Quellen und Litteratur des Wurtembergischen Privatrechts, von Carl Georg Wachter; Stuttgart, Metzler, 1839, in-8.

5714. Hessen-Darmstædtische Civil-Prozessordnung vom Jahr 1724, und peinliche Gerichts-Ordnung vom Jahr 1726, mit Supplementen; Darmstadt, 1830, in-8.

5715. Der hessische Rechtsfreund: Ein gemeinnutziges Handbuch zur Kunde des Rechts und der Verwaltung im Grossherzogthum Hessen, herausgegeben von Philipp Bopp; Darmstadt, 1837, in-8.

5716. Nachtræge zur Hessen-Darmstædtischen Civil-Prozess-Ordnung, herausgegeben, von P. Bopp; Darmstadt, Leske, 1839, in-8.

5717. Leitfaden zum Studium des hannoverschen Privatrechts, von Fr. B. Grefe; Goettingen, Dietrich, 1835-1838, 2 t. en 1 vol. in-8.

5718. Lehrbuch des Privatrechts in den Herzogthümern Schleswig und Holstein, von P. D. Christian Paulsen; Altona, Ave, 1834, in-8.

5719. Consuetudines electoratus et marchiæ Branderburgensis, collectæ cura et studio Joachimi Scheplitz; Lipsiæ, Grosius, 1617, in-fol.

5720. Handbuch des mecklenburgischen Civilrechts, von Karl Albert von Kampts; Rostock, 1824, in-8.

5721. Die eheliche Gutergemeinschaft nach dem münsterischen Provinzialrechte, dem preussischen Landrechte, von P. Franz Deiters; Bonn, Marcus, 1831, in-8.

Russie, Pologne, Hongrie.

5722. Précis des notions historiques sur la formation du corps des lois Russes, traduit du russe; Saint-Pétersbourg, Pluchart, 1833, in-8.

5723. Coup d'œil sur la législation russe, suivi d'un léger aperçu sur l'administration de ce pays, par J. Tolstoy; Paris, Jaubert, 1839, in-8.

5724. Essai sur la législation russe, par Emile Jay; Paris, Durand, 1857, in-8.

5725. Historique de la codification russe comparée, par J. Duplan; Tours, Pornin, 1842, in-8.

5726. Instructions à la commission chargée de préparer la rédaction du nouveau code des lois (en russe); Moscou, 1767, in-8.

5727. Instruction de S. M. I. Catherine II pour la commission chargée de dresser le projet d'un nouveau code de lois, (trad. par Frey Des Landes); Saint-Pétersbourg, 1769, in-8.

5728. Instruction de S. M. I. Catherine II pour la commission chargée de dresser le projet d'un nouveau code de loix; Amsterdam, Rey, 1771, in-8.

5729. Εισήγησις της αυτοκρατορικής μεγαλειότητος Αικατερίνας πρὸς τὴν επιταχθεῖσαν επιτροπιαν επι τη εκθεσει τῶ προβλήματος ενος νεαρω νομικῶ Κώδικος, μεταφρασθεῖσα εἰς τὴν κοινὴν τῶν Ἑλλήνων διάλεκτον ὑπὸ Ἱεροδιακόνω Ευγενίου Βουλγάρεως; in-8.

5730. Code civil de l'empire de Russie, traduit par un jurisconsulte russe, et précédé d'un aperçu historique, par Victor Foucher; Rennes, Blin, 1841, in-8.

5731. Kurze Uebersicht der Vorarbeiten und Entwürfe Behufs Abfassung des neuen Strafgesetzbuchs; S. Petersburg, 1846, in-8.

5732. Gesetzbuch der Kriminal und Korrektionsstrafen nach dem russischen originale übersetzt in der zweiten Abtheilung seiner kaiserlichen Majestæt eigener Kanzellei; Saint-Petersburg, 1846, in-8.

5733. Slavische Rechtsgeschichte von Wenzel Alexander Macieciowski, aus dem Polnischen übersetzt, von F. J. Buss und von M. Nawrocki; Stuttgard, 1835, 4 tom. en 3 vol. in-8.

5734. Statuta regni Poloniæ, in ordinem alphabeti digesta, a Joanne Herburto de Fulstin; Samoscii, Lenscius, 1597, in-fol.

3735. Statuta regni Poloniæ, in ordinem alphabeti digesta, a Joanne Herburto de Fulstin; Dantisci, Andreas, 1620, in-fol.

5736. Concordance entre le Code civil du royaume de Pologne, promulgué en l'année 1825, et le Code civil français relativement à l'état des personnes, par Louis Lubliner; Bruxelles, Decq, 1846, in-8.
5737. Tripartitum opus juris consuetudinarii regni Hungariæ, Stephani Werbeuzi, additis regulis juris antiqui, edit. studio Joannis Sambuci; Viennæ Austriæ, Nassingerius, 1581, in-fol.
5738. Historia juris Hungarici per aphorismos reducta et in tabellas distributa, per Paulum Hajnik; Budæ, 1807-1808, 3 fasc., in-fol.

Danemarck, Suède, Norwége.

5739. Sommaire des législations des États du Nord, Danemarck, Norwége, Suède, Finlande et Russie, pour servir à l'étude de la législation comparée, avec notes par V. F. Angelot; Paris, Cotillon, 1834, 1 vol. in-8.
5740. Droit de marine de Danemarck, traduit en français du livre IV des loix danoises, avec le danois à côté; in-4.
5741. Codex juris Islandorum antiquissimus qui nominatur Gragas, ex duobus manuscriptis nunc primum editus à J. F. G. Schlegel; Hauniæ, Thiele, 1829, 2 vol. in-4.
5742. Codex juris Sudermannici, utgifven af C. J. Schlyter; Lund, 1838, in-4.
5743. Codex juris Ostrogotici, utgifven af H. S. Collin och C. J. Schlyter; Stockholm, 1830, in-4.
5744. Codex juris Vestrogotici, utgifven af H. S. Collin och C. J. Schlyter; Stockholm, 1827, 2 vol. in-4.
5745. Codex juris Uplandici, utgifven af C. J. Schlyter; Stockholm, 1834, in-4.
5746. Codex juris Vestmannici, utgifven af C. J. Schlyter; Lund, 1841, in-4.
5747. Codex juris Helsingici, codicis juris Smalandici pars de re ecclesiastica, et juris Urbici codex antiquior, utgifne af C. J. Schlyter; Lund, 1844, in-4.
5748. Regis Magni, legum reformatoris, leges Gula-Thingenses, sive jus commune Norvegicum; Hauniæ, 1817, in-4.

5749. Leges Suecorum Gothorumque per Ragualdum Ingemundi anno 1481 latinitate donatæ, nunc cura Joannis Messenii a multiplici librariorum errore vindicatæ; Stockholmiæ, Reusnerus, 1614, in-4.

5750. Codex legum Suecicarum receptus in comitiis Stockholmensibus anno 1734, ex suecico sermone in lat. versus a Christiano Koenig; Holmiæ, Nystroem, 1743, in-4.

5751. Joh. O. Stiernhook de jure Sueonum et Gothorum vetusto libri duo; Holmiæ, Wankiif, 1672, in-4.

5752. Lexicon juris Sueo-Gothici, collectore Joanne Loccenio; Upsaliæ, Curio, 1665, in-12.

5753. Joannis Loccenii Synopsis juris privati ad leges Suecanas accommodata; Gothoburgi, Grefwe, 1673, in-12.

5754. Dahle Lagen; then i forna tüder hafwer brukat warit ofwer alla Dalarna och them som in om Dala Rœmarken bodde; Stockolm, Eberdt, 1676, in-fol.

5755. Then hambla skane Lagh, som i forna Tüder hafwer brukat warit, och nu aff ett gammale pergamentz Ms^to med flye ochskrifwin, edid. Joan. Hadorphius; Stockholm, J. G. Eberdt, 1676, in-fol.

5756. Biœrhœa Rœtten, thet ar then aldsta Stadz Lagi Sweriges Rike. Konungs Stadtgar; edit Johan. Hadorphius; Stockholm, J. G. Eberdt, 1687, in-fol.

5757. Gothlandz-Laghen, pa gammal hœthiska, med en historisk Berœttelse wid aendan huruledes Both; edid. Joh. Hadorphius; Stockholm, J. G. Eberdt, 1687, in-fol.

5758. Wisby Stadzlag pa Gotland, sasom the i forma Tyder giord, och sedan af swenske konungar och Regenter, edidit Joh. Hadorphius; Stockholm, Eberdt, 1688, in-fol.

5759. Joh. Pet. Anchersen Opuscula minora, edita a Gerhardo OElrichs; Bremæ, Foersterus, 1775, in-4.

Italie.

5760. Statuta almæ urbis Romæ, auctoritate Gregorii papæ XIII a senatu populoque Romano reformata et edita; Romæ, in ædibus populi Romani, 1580, in-fol.

5761. Statuta ducatus Mediolanensis, ex legibus atque consti-

DROIT CIVIL ET DROIT PÉNAL. 439

tutionibus imperatorum, regum, etc., etc., commentariis illustrata ab Horatio Carpano; Francofordiæ, Kopffius, 1611, in-fol.

5762. (Statuta criminalia Mediolanensia); 1482, in-4.

5763. Caroli de Rosa Glossographia et scriptiones ad consuetudines Neapolitanas; Neapoli, Longus, 1677, in-fol.

5764. Statuta et decreta communis Genuæ (edente Antonio Maria Visdomino de Arcula); Bononiæ, Bazalerius, 1498, in-fol.

5765. Institutiones criminales, seu processus theorico-practicus ad tramites juris civilis Genuæ de re criminali; opus Ignatii Carbonara, additionibus instructum a Jo. Franc. Baptista Molini; Genuæ, 1790, in-4.

5766. Statutorum magnificæ civitatis Belluni libri IV; Venetiis, Tivanus, 1747, in-4.

5767. Leggi criminali del dominio Veneto; (Venezia), Pinelli, 1751, in-4.

5768. Même ouvrage, même édition.

5769. Le Consuetudini della citta di Amalfi, ridotte a miglior lezione ed annotate da Luigi Volpicella; Neapoli, 1849, in-8.

5770. Leggi e Costituzioni di sua maesta (Vittorio Amedeo, re di Sardegna); Torino, Giov. Batt. Chais, 1729, 2 vol. in-4.

5771. Même ouvrage, même édition.

5772. Code de Savoie; Paris, Nyon, 1781, 2 vol. in-12.

5773. Statuti civili e criminali di Corsica, pubblicati con addizioni da Gio. Carlo Gregori; Lione, Dumoulin, 1843, 2 tom. en 1 vol. in-8.

5774. Consilia et Allegationes clarissimi ac famosissimi juris utriusque illuminatoris Ludovici Romani (Ludovicus Pontanus, Romanus); Papiæ, Gyrardengus, 1485, in-fol.

5775. Utilissima ac admodum necessaria singularia: Ludovici Romani, cum addition. Joan. Bapt. Castelionei; Matesilani cum ornamentis additis per eumdem Joan. Baptistam; Francisci Cremensis, cum lucubrationibus ejusd.; Antonii Corseti, Siculi; Hippolyti de Marsiliis; Petri Gerardi de Petrasancta; Mediolani, Seinzenzeler, 1512, in-fol.

5776. Processus judiciarius Panormitani, noviter correctus et emendatus (a mag. Vitali de Thebe), cum multis additionibus; Parisiis, J. Petit, 1505, in-16.

5777. Septem voluminum consiliorum Alexandri Tartagni Imolensis repertorium, regulatissime per ejusdem interpretem Joannem de Gradibus aggregatum; Lugduni, Myt, 1529, 3 vol. in-fol.

5778. Margarita nova Baldi. Singularia, seu Repertorium Baldi. Singularia Angeli; Mediolani, Pachel, 1511, in-fol.

5779. Practica causarum criminalium, una cum Theorica et repertorio Hippolyti de Marsiliis; Lugduni, J. David, 1529, in-8.

5780. Scipionis Gentilis opera omnia in plures tomos distributa; Neapoli, Gravier, 1743-1749, 8 tom. in 4 vol. in-4.

5781. Jacobi Concenatii Quæstionum juris singularium libri IV, in quibus causarum forensium apices, ac judiciorum difficillimi nodi resolvuntur; Lugduni, Guill. Rouillius, 1556, in-fol.

5782. Consilia Petri Pauli Parisii Consentini, S. R. Ecclesiæ cardinalis amplissimi, pontificii cæsareique juris consultissimi; Venetiis, Bevilaqua, 1570-1573, 4 vol. in-fol.

5783. Consilia, seu responsa, Thobiæ Nonii, Perusini; Venetiis, Pasinus, 1573, in-fol.

5784. Martini Azpilcuetæ Consiliorum et responsorum libri quinque juxta quinque libros et titulos Decretalium distincti; Lugduni, hæredes Guill. Rouillii, 1590, in-fol.

5785. Decisivarum Consultationum, sive responsorum juris in criminalibus controversiis emissorum, auctore Bartholomæo Bertazzolio, libri duo, cum additionibus Claudii Bertazzolii, auctoris filii, et præfatione Nicolai Reusneri; e Francofurti Paltheniana, 1602, 2 tom. in 1 vol. in-fol.

5786. Prosperi Farinacii, Romani, Praxis et theorica criminalis; Lugduni, Cardon, 1606, 4 tom. in 3 vol. in-fol.

5787. Prosperi Farinacii, Romani, Consilia, sive responsa atque decisiones causarum criminalium; Lugduni, Cardon, 1607, in-fol.

5788. Guidonis Papæ Decisiones, A. Rambaudi, F. Pisardi, St. Ranchini, L. Rabotii, P. Matthæi, Ferrerii, N. Bonetonii necnon Joannis a Cruce annotationibus illustratæ, quibus accesserunt observationes Gasparis Baronis; Lugduni, J. de Gabiano, 1618, in-fol.

5789. Guidonis Papæ Decisiones, A. Rambaudi, F. Pisardi, Steph. Ranchini, L. Rabotii, P. Matthæi, Ferrerii, N. Bonctonii, necnon D. Joannis a Cruce annotationibus illustratæ, quibus accesserunt observationes Gasparis Baronis ; Genevæ, de Tournes, 1667, in-fol.

5790. Codex Fabrianus definitionum forensium et rerum in Sabaudiæ senatu tractatarum, in novem libros distributus, auctore Antonio Fabro; accesserunt ultra centum senatusconsulta ; Lugduni, Rigaud, 1641, in-fol.

5791. La jurisprudence du célèbre conseiller et jurisconsulte Guy Pape, dans ses décisions, avec plusieurs remarques importantes, par Nicolas Chorier; Grenoble, Giroud, 1769, in-4.

5792. Même ouvrage, même édition.

5793. Josephi Mascardi conclusiones omnium probationum quæ in utroque jure quotidie versantur, cum additionibus Aloysii Riccii et Bartholomæi Nigri ; Augustæ Taurinorum, hæredes Dom. Tarini, 1624, 3 vol. in-fol.

5794. Praxis novissima et amplissimus tractatus de Electione et Variatione fori. Joanne Maria Novario auctore ; Venetiis, Bertani, 1656, in-fol.

5795. Tractatuum Joan. Baptistæ Costæ tomi duo; Venetiis, Balleonius, 1671, 2 vol. in-fol.

5796. Julii Clari Opera omnia, sive practica civilis atque criminalis, cum additionibus Joannis Baptistæ Baiardi, Bernardi Rossignoli, Hier. Giacharii, Joan. Guioti, Antoni Droghi et notis Joan. Harprecti et Manfredi Govcani ; Lugduni, Bailly, 1672, in-fol.

5797. Idem opus, ejusd. edit.

5798. Julii Clari, Alexandrini, Opera omnia, sive practica civilis et criminalis, cum additionibus J. B. Baiardi, Bern. Rossignoli, H. Giacharii, etc., etc. ; Genevæ, Cramer, 1739, 2 tom. in 1 vol. in-fol.

5799. Hectoris Capycii Latro Decisiones novissimæ, in quibus abstrusiores juris quæstiones, contractuum, ultimarum voluntatum, criminales, feudales, consuetudinariæ pertractantur et enodantur, cum observationibus Michaelis Angeli Gizzii ; Genevæ, 1706, in-fol.

5800. Hectoris Capycii Latro, Consultationum juris selectiorum in variis ac frequentioribus facti contingentiis, cum observationibus Caroli A. de Luca et Caroli de Alexio ; Coloniæ Allobrogum, Perachon et Cramer, 1728, 2 vol. in-fol.

5801. Observationes Dominici Manfrella ad Decisiones Hectoris Capycii Latro; Neapoli, Bulifoncius, 1681-1682, 2 vol. in-fol.

5802. Dominici Tuschi practicæ conclusiones juris in omni foro frequentiores; Lugduni, Borde, 1661-1670, 9 tom. in 5 vol. in-fol.

5803. Opera legalia posthuma Marcelli Marciani, Neapolitani; Neapoli, Novellus de Bonis, 1680, in-fol.

5804. Josephi Altogradi Controversiæ Forenses, una cum duabus ejusdem decisionibus, quas subsequuntur Consilia Joannis Baptistæ Saminiati; Genevæ, Chouet, 1701, 2 tom. in 1 vol. in-fol.

5805. Joannis Torre, Lucensis, Variarum juris Quæstionum tomi III; Placentiæ, Bazachius, 1705, 3 vol. in-fol.

5806. Controversiæ juris illustriores usuque frequentiores, authore Fabio Capycio Galeota; Neapoli, Raillardus, 1724, 2 vol. in-fol.

5807. Antonii Mariæ Massa ad decisiones Flaminii chartarii libri III ; Lucæ, 1730, 3 vol. in-fol.

5808. Julii Caponi Controversiæ forenses utriusque juris et fori, opus ecclesiasticis et sæcularibus judicibus necessarium ; Coloniæ Allobrogum, Boùsquet, 1732, in-fol.

5809. Julii Caponi Disceptationum forensium, ecclesiasticarum, civilium et moralium tomi V; Coloniæ Allobrogum, Gosse, 1740, 5 tom. in 4 vol. in-fol.

5810. Consultationes juris selectissimæ, cum decisionibus super eis prolatis a supremis Neapolitani regni tribunalibus, authore Josepho de Rosa; Neapoli, Parrino, 1733, in-fol.

5811. Franc. Mariæ Constantini Observationes forenses practicabiles, seu commentaria ad varia capita statutorum almæ Urbis, additis decisionibus sacræ rotæ Romanæ ; Venetiis, 1737, 3 tom. in 2 vol. in-fol.

5812. Jo. Dominici Raynaldi Observationum criminalium, civilium et mixtarum libri III, in quo rariores quæstiones in foris tum ecclesiasticis, tum sæcularibus,

DROIT CIVIL ET DROIT PÉNAL. 443

disceptari solitæ discutiuntur; Venetiis, 1735, 3 vol. in-fol.

5813. Sebastiani Guazzini ac Petri Pauli Guazzini Opera omnia, juridica et moralia; Coloniæ Allobrogum, Bousquet, 1738, 4 tom. in 2 vol. in-fol.

5814. Ferdinandi de Valentibus, Trebiensis, Opera omnia selectiora; Romæ, Monaldinus, 1744, 3 tom. in 4 vol. in-fol.

5815. Antonii Concioli Opera omnia, scilicet Resolutiones criminales, allegationes civiles et criminales de hærede, et consilia criminalia ad statuta Eugubii; Venetiis, Pezzana, 1749, 2 vol. in-fol.

5816. Sigismundi Scacciæ, jurisc. Romani, Tractatus de Judiciis causarum civilium, criminalium et hæreticarum; Coloniæ Agrippinæ, Metternich, 1765, 2 tom. in 1 vol. in-fol.

5817. Alexandri Turamini, Senensis, Opera omnia; Senis, Rossi, 1770, in-fol.

5818. Aloysii Cremanii juris civilis Institutiones; Ticini, Cominus, 1795, 2 tom. in 1 vol. in-8.

5819. Pillii, Tancredi, Gratiæ, libri de Judiciorum ordine; edidit Fridericus Bergmann; Gœttingæ, Vandenhoeck, 1842, in-4.

5820. Tractatus de Testibus, auct. Alberico de Rosate; Compendium de Testibus a Francisco Curtio; Rothomagi, Angier, 1508, in-8.

5821. Hippolyti de Marsiliis Tractatus de Quæstionibus in quo materiæ maleficiorum pertractantur; Lugduni, J. Myt, 1524, in-8.

5822. Jo. de Nevizanis Silva Nuptialis; Lugduni, Moylin, 1524, in-4.

5823. Silvæ Nuptialis libri VI, Joanne Nevizano, Astensi, auctore; Lugduni, de Harsy, 1572, in-8.

5824. Successionum ab Intestato, respectu tam clericorum quam laicorum, Tractatus beatissimus Nicolai de Ubaldis de Perusio, quem super eodem titulo sequitur alius non minus egregius Matthæi de Mathesilanis, per Ludovicum de Bologninis adnotationibus utrique insertis; Lugduni, Bonnin, 1533, in-8.

5825. De pignoribus et hypothecis celeberrimi doctoris Antonii Negusantii de Fano tractatus; Lugduni, hæredes Jac. Giuntæ, 1549, in-8.

5826. Aymonis Cravettæ a Saviliano tractatus de Antiquitate Temporis ; Lugduni, hered. J. Giuntæ, 1550, in-8.

5827. Jacobi Menochii de arbitrariis judicum quæstionibus et causis libri duo ; Lugduni, Joan. Pillehotte, 1605, in-fol.

5828. Jacobi Menochii, Papiensis, de Arbitriariis judicum quæstionibus et causis centuriæ VI; Genevæ, de Tournes, 1671, in-fol.

5829. Jacobi Menochii de præsumptionibus, conjecturis, signis et indiciis Commentaria in VI libros ; Coloniæ Allobrogum, Sam. Chouët, 1670, 2 vol. in-fol.

5830. Jacobi Menochii de adipiscenda et retinenda possessione commentaria ; Coloniæ Agrippinæ, Fabricius, 1572, in-12.

5831. Responsa pro Trivultiis, a clarissimis jurisconsultis edita (Jacobo Menochio, Francisco Marzario, Hieronymo Papponio, collegio Pisano, Rota Florentina, collegio Bononiensi, Joanne Bologneto, Fabritio Lazaro, Rolando a Valle, Hieronymo Zancho, Moia Hispano et collegio Ticinensi); Venetiis, Zilettus, 1574, in-fol.

5832. De restitutione in integrum tractatus D. Sfortiæ Oddi ; Venetiis, 1607, 1 vol. in-fol.

5833. Sfortiæ Oddi de Restitutione in integrum tractatus; Coloniæ Agrippinæ, Schlebusch, 1738, 2 tom. in 1 vol. in-fol.

5834. M. Antonii Peregrini tractatus de Fideicommissis præsertim universalibus; Lugduni, de Harsy, 1607, in-4.

5835. M. Antonii Peregrini de Fideicommissis præsertim universalibus; Lugduni, Paulhe, 1670, in fol.

5836. De Fideicommissis præsertim universalibus tractatus, quem concinnavit M. Antonius Peregrinus, cum remissionibus et indice auctore Gasparo Lonigio; accedunt Francisci Censalii observationes et additiones ; Venetiis, Zatta, 1761, 2 tom. in 1 vol. in-fol.

5837. Fr. Censalii Observationes singulares, cum additionibus ad tractatum de fideicommissis Marii Antonii Peregrini; Lugduni, Paulhe, 1672, in-fol.

5838. Marii Antonii Peregrini tractatus Varii (apud Fr. Censalii Observationes singulares; Lugduni, Paulhe, 1672, in fol.)

5839. Tractatus de conjecturis ultimarum voluntatum, auct.

Francisco Mantica; Coloniæ Allobrogum, Gamonetus, 1619, in-fol.

5840. Vaticanæ lucubrationes de tacitis et ambiguis conventionibus, auct. Francisco Mantica; Genevæ, Crispinus, 1645, 2 tom. in 1 vol. in-fol.

5841. Cato Taurinensis. Polydori Ripæ Tractatus de Dividuis et Individuis; Mediolani, Bordonus, 1611, in-4.

5842. De Scriptura privata tractatus, Nicolao Genua, Patavino, authore, in libros V distinctus, cui adjectus est ejusdem authoris tractatus de Verbis enuntiativis; Venetiis, Mejettus, 1621, in-fol.

5843. Francisci Ansaldii de Jurisdictione tractatus; Lugduni, Boissat, 1643, in-fol.

5844. Prosperi Farinacii repertorium de contractibus, cum fragmentis; prodit opera Zachariæ Pasqualigi; Lugduni, hered. Boissat, 1642, in-fol.

5845. Idem opus, ejusd. edit.

5846. Prosperi Farinacii Repertorium de ultimis voluntatibus, cum fragmentis; prodit opera Zachariæ Pasqualigi; Lugduni, hered. Boissat, 1644, in-fol.

5847. Prosperi Farinacii Tractatus de testibus; Lugduni, Cardon, 1606, in-fol.

5848. Sigismundi Scacciæ tractatus de appellationibus, in duas partes divisus; Francofurti, Palthenius, 1615, in-fol.

5849. Sigismundi Scacciæ tractatus de sententia et re judicata : liber III de judiciis, etc.; Coloniæ, Vid. Metternich, 1738, in-fol.

5850. De legitimo contradictore, authore Cæsare Argelo; access. additiones Spiritus de Ribiers; Coloniæ Allobrogum, Gamonetus, 1652, in-fol.

5851. De legitima tractatus absolutissimus, Mercuriali Merlino auctore, una cum decisionibus sacræ rotæ Romanæ; Genevæ, de Tournes, 1652, in-fol.

5852. Mercurialis Merlini de Pignoribus et hypothecis tractatus absolutissimus, una cum decisionibus magistralibus sacræ rotæ Romanæ; Coloniæ Allobrogum, hered. Cramer, 1742, in-fol.

5853. Singularium in jure, seu peregrinorum casuum in praxi judiciaria in dies contingentium, pars prima, Joan. Baptistæ Gargiarei; Bononiæ, hæres V. Benatii, 1640, in-4.

5854. Tractatus de Servitutibus tam urbanorum quam rusticorum prædiorum Bartholomæi Cæpollæ, cui accesserunt Martini repetitio in servitutes, item Joannis in singulas leges quæ sunt sub tit. II. de servitutibus commentarii succenturiati; Coloniæ, Geruwinus, 1650, in-4.

5855. Bartholomæi Cæpollæ tractatus de servitutibus tam urbanorum quam rusticorum prædiorum. Accedunt Martini Laud. et Jo. commentarii ad leges singulas de servitutibus; item Antonii Matthæi disputationes VII de Servitutibus; item Gottliebi Gerhardi Titii de Servitute faciendi et Christiani Thomasii de Servitute stillicidii dissertationes; Coloniæ Allobrogum, Bousquet, 1759. in-4.

5856. Gabrielis Palæoti, Bonon., tractatus singularis de nothis spuriisque filiis; accessit tractatus de libera hominis nativitate, seu de liberis naturalibus, auctore Ponto Heutero, Delfio; Hagæ Comitis, Verhoeve, 1655, in-8.

5857. De successionibus ab Intestato ad interpretationem Consuetudinum Neapolitanarum, singulorumque Napodani Glossematum annotationes, auth. Mutio Antonio Grossi; Neapoli, Longus, 1678, in-fol.

5858. Martæ summa totius successionis legalis; Venetiis, Bertani, 1681, 2 vol. in-fol.

5859. Nicolai de Passeribus tractatus duo, quorum primus de Scriptura privata in libros VI, alter vero de Verbis enunciatis in III libros distinctus; Francofurti et Lipsiæ, Boetius, 1686, in-4.

5860. Roberti Lancellotti, Perusini, tractatus de Attentatis et innovatis lite et appellatione pendente; Coloniæ Agrippinæ, Metternich, 1685, in-fol.

5861. Tractatus de fidejussoribus cum brevi explicatione, etc., de solutionibus, obligationibus et retentionibus, authore Pyrrho Mauro Aretino; Norimbergæ, 1658, in-8.

5862. Tractatus de solutionibus, obligationibus et retentionibus Pyrrhi Mauri Aretini; Francofurti ad Mœnum, 1631, in-8.

5863. Pauli Gallerati de Renuntiationibus tractatus, tribus tomis distributus; Genevæ, Widerhold, 1678, 1 vol. in-fol.

5864. De hæreditariis actionibus tractatus novissimus et singularis, authore Alberto Alderisio; Neapoli, Mollo, 1686, in-fol.

5865. Bartholomæi Bersani tractatus de Viduis earumque privilegiis et juribus activis et passivis, tum etiam de viduis secundo nubentibus et pœnis illarum; Genevæ, Cramer, 1699, in-fol.

5866. Fulvii Paciani de Probationibus libri II, cum additionibus Francisci Calleti, et cum præfatione Sam. Strykii; Francofurti, Nic. Foersterus, 1703, 2 vol. in-fol.

5867. Annibalis Tartaglia, Senensis, tractatus de Reservatione statutaria favore filiorum in bonis matris, ejusque testamento, et contractibus sine certa solemnitate statutaria non valituris; Romæ, Al. de Comitibus, 1708, in-fol.

5868. Blasii Altimari tractatus de nullitatibus sententiarum, decretorum, laudorum, arbitramentorum, et quorumcunque actorum judicialium et extrajudicialium; Coloniæ Agrippinæ, Metternich, 1720, 8 tom. in 4 vol. in-fol.

5869. Francisci Galli tractatus de Fructibus, in quo omnes casus et quæstiones quæ de reditibus, censibus, decimis aliisque rebus tam ecclesiasticis quam sæcularibus oriri possunt, proponuntur et solvuntur; accedunt rotæ Romanæ decisiones; Genevæ, de Tournes, 1721, in-fol.

5870. Joannis Zuffi tractatus de criminalis processus legitimatione; Coloniæ Allobrogum, de Tournes, 1722, in-fol.

5871. Julii Caponi, tractatus de Pactis et stipulationibus; Coloniæ Allobrogum, Bousquet, 1732, in-fol.

5872. Julii Caponi tractatus de Dote; Coloniæ Allobrogum, Bousquet, 1733, in-fol.

5873. Josephi Urccoli, Foroliviensis, tractatus de contractibus, in quinque partes divisus, cum sesquicenturia selectarum decisionum sacræ rotæ Romanæ ad materiam transactionum conferentium, opera Johan. Urceoli, auctoris filii; Coloniæ Allobrogum, de Tournes, 1733, in-fol.

5874. Caroli Leopoldi Calcagnini de variatione ultimæ voluntatis Trebellianica, variisque etiam ad feudalem materiam observationibus; Romæ, Mainardus, 1745-1747, 3 vol. in-fol.

5875. De jure fidei-commissorum magis controverso Disputationes præcipuæ in IV libros distributæ, auct. Francisco Antonio Bonfinio; Parmæ, Carmignani, 1781-1789, 3 vol. in-fol.

5876. Del diritto di albinaggio libroano, di Luigi Volpicella; Napoli, 1848, in-8.

5877. Codice civile di Napoleone il Grande del regno d'Italia; Milano, Reale stamperia, 1806, 2 tomes en 1 vol. in-8.

5878. Le servitu prediali sanzionate dal codice Napoleone, opera dell' avvocato Luigi Piccoli, e tradotta in idioma francese da Camillo Ugoni; Brescia, Bettoni, 1808, in-4.

5879. Intorno alla cosa inrevocabilmente guidicata discorso di Niccola Maria Conzo; Napoli, Azzolino, 1836, in-8.

5880. Discorso sui mezzi da ristorare la civile sventura esente da ogni colpa, o da risarure l'innocenza ingiustamente accusata e punita, di Niccola M. Conzo; in-8.

5881. Pensieri sulla amministrazione della Giustizia civile di Niccola Maria Conzo; Napoli, Mosca, 1842, in-8.

5882. Traité des violences publiques et particulières par Maximilien Murena, auquel on a joint une dissertation du même auteur sur les devoirs des juges, traduit de l'italien par Pingeron; Paris, Delalain, 1769, in-12.

5883. Dei reati e della civilta, discorso di Pietro C. Ulloa; Napoli, 1835, in-8.

5884. Code civil du royaume de Sardaigne, précédé d'un travail comparatif avec la législation française, par le comte Portalis; Paris, Joubert, 1844, in-8.

5885. Code pénal pour les États de S. M. le roi de Sardaigne; Turin, Imprimerie royale, 1839, in-4.

5886. Nuovo codice dei contratti ad uso dei Piemontesi, del Vincenzo Pastore; Cuneo, Rossi, 1805, in-8.

5887. Josephi Maffeii Institutiones Juris Civilis Neapolitanorum; editio notis aucta a Hyacintho Maffeio; Neapoli, Zambrano, 1841, in-8.

5888. Codice per lo regno delle Due Sicilie; Napoli, 1819, 3 vol. in-8.

5889. Codice per lo regno delle Due Sicilie; parte terza: leggi della procedura ne' giudizi civili; Napoli, 1840, in-8.

5890. Dell'esposizione de reati in Inghilterra ed in Francia, e del quadro statistico dell' amministrazione della giustizia penale nel regno di Napoli, discorso di Pietro C. Ulloa; Napoli, 1835, in-8.

5891. Dell' amministrazione della giustizia criminale nel regno di Napoli, esame e paragone con diversi altri stati d'Europa, di Pietro C. Ulloa; Napoli, Testa, 1835, in-8.

5892. Leggi penali contenute nella seconda parte del codice pro lo regno delle Due Sicilie; Leggi della procedura ne'giudizj penali, contenuta nella quarta parte del codice per lo regno della Due Sicilie; Neapoli, 1835, 2 vol. in-8.

5893. Dell' uso e autorita delle leggi del regnod elle Due Sicilie, opera di Niccola Rocco ; Napoli, 1837, in-8.

5894. Lois de la procédure criminelle et lois pénales du royaume des Deux-Siciles, traduit par Victor Foucher; Rennes, Blin, 1836, in-8.

5895. (Domini della Sante Sede; 1° Regolamento organico e de procedura criminale; 2° Regolamento sui delitti e sulle pene) ; in-4.

5896. De la législation civile et criminelle des Etats pontificaux, par Maurice Pujos; Paris, Cotillon, 1862, in-8.

5897. Dizionario di giurisprudenza per li stati Romani, opera compilata dall' avvocato Giannantonio Passeri ; (Rome) 6 vol. in-4.
Incomplet.

5898. Manuale di procedura civile, secondo il testo compilato da B. Belli; Roma, 1841, in-8.

5899. Galateo dei causidici; Roma, 1839, in-8.

5900. Decisioni della corte d'appello di Firenze, raccolte dagli avvocati Cesare Vallerini e Giuseppe Tenderini; Firenze, 1809, 2 tom. en 1 vol. in-4.

5901. Repertorio del dritto patrio Toscano ; Firenze, 1836-1839, 9 vol. in-8.

5902. La Temi, giornale di legislazione e di giurisprudenza, avvocato Giuseppe Panattoni direttore della compilazione ; Firenze, 1855-1860, in-4 (27 livraisons).

5903. Regolamento giudiziario in aggiunta alle costituzioni civili ed in riforma delle consuetudini del foro negli stati di Parma, Piacenza e Guastalla; Parma, 1804, in-8.

5904. Dichiarazione del vescovo di citta della Pieve sulla causa che verte tra la sua mensa ed i suoi lavoratori del Vajano; in Perugia, 1808, in-8.

5905. Le barreau italien. Collection de chefs-d'œuvre de l'éloquence judiciaire, recueillie et traduite en français par A. Arrighi; Paris, Videcoq, 1840, 2 vol. in-8.

5906. Recueil de jugements prononcés par les tribunaux établis dans la vingt-septième division militaire, publié par l'Académie de jurisprudence de Turin; 14 volumes in-8.

Espagne et Portugal.

5907. Ordenancas de la real audiencia de Sevilla; Sevilla, 1603, in-fol.

5908. La Leyes de Recopilacion; Madrid, Marin, 1775, 3 vol. in-fol.

5909. Extracto de leyes y autos de la Recopilacion, formado por el lic. don Juan de La Reguera Valdelomar; Madrid, la vidua de Marin, 1799, 5 vol. in-12.

5910. Antonii Goveani Opera juridica, philologica, philosophica, edidit vitamque auctoris præmisit Jacobus van Vaassen; Roterodami, Beman, 1766, in-fol.

5911. Commentaria Joannis Matienzo, in librum V Recollectionis legum Hispaniæ; Mantuæ Carpentanæ, Sanctius, 1580, in-fol.

5912. De Hispanorum primogeniorum origine ac natura libri IV, auctore Ludovico de Molina; Lugduni, Landry, 1588, in-fol.

5913. Ludovici de Molina de Primogeniorum Hispanorum origine ac natura libri IV; Lugduni, Anisson, 1727, in-fol.

5914. Petri Barbosæ tractatus de Substitutionibus, necnon de Probatione per Juramentum; Lugduni, Huguetan, 1662, in-fol.

5915. Petri Barbosæ tractatus de Legatis; Lugduni, Huguetan, 1662, in-fol.

5916. Pet. Barbosæ tractatus absolutissimi de Matrimonio, de Dote, de Alimentis, Fructibus, Impensis, Lata et levi

Culpa, de Mora, etc., etc.; Francofurti, e collegio Musarum Paltheniano, 1606, 2 tom. in 1 vol. in-fol.

5917. Petri Diez Nuguerol Allegationes juris, in quibus quam plurimæ quæstiones in supremæ Hispaniarum curiæ tribunalibus disceptatæ enucleantur; Lugduni, Borde, 1693, in-fol.

5918. Aureæ additiones, seu illustrationes ad Ludovici de Molina de Hispaniarum primogeniis tractatum, ex marginalibus notis Balthasaris Gilmon de La Mota, Antonii de La Cueva et Silva, Josephi Maldonado et Pardo; Lugduni, Borde, 1697, in-fol.

5919. Didaci Covarruvias a Leyva Opera omnia, cum notis Joan. Uffellii; Antuerpiæ, Meursius, 1638, in-fol.

5920. Didaci Ybanez de Faria Additiones ad Covarruviam a Leyva; Coloniæ Allobrogum, Bousquet, 1726, in-fol.

5921. Apparatus super constitutionibus curiarum generalium Cathaloniæ, per Thomam Mieres; Barcinonæ, Seb. a Cormellas, 1621, 2 tom. in 1 vol. in-fol.

5922. Annales tractatus juris de ætate ad omnes humanos actus requisita, authore Didaco de Narbona; 1642, in-fol.

5923. Horographia juris, seu de legitimis horarum intervallis juridica descriptio, auct. Didaco de Narbona; Matriti, Coello, 1652, in-fol.

5924. Joan. Petri Fontanellæ Decisiones sacri regii senatus Cathaloniæ, cum rotæ Romanæ decisionibus, et vita authoris; Coloniæ Allobrogum, Perachon et Cramer, 1735, 2 vol. in-fol.

5925. Johannis Petri Fontanellæ tractatus de pactis nuptialibus, sive de capitulis matrimonialibus; Lugduni, Nanty, 1667, 2 tom. in 1 vol. in-fol.

5926. Joannis Petri Fontanellæ tractatus de Pactis Nuptialibus, sive de Capitulis Matrimonialibus; Genevæ, Cramer, 1752, 2 vol. in-fol.

5927. Eman. Roman. Valeron Tractatus de transactionibus, in quo integra transactionum materia continetur; Lugduni, Borda, 1665, in-fol.

5928. Idem opus, ejusd. edit.

5929. D. Michaelis de Cortiada Decisiones cancellarii, et sacri regii senatus Cathaloniæ, sive praxis contentionum judicialium et competentiarum regnorum inclytæ coronæ

JURISPRUDENCE.

Aragonum; Lugduni, Huguetan, 1677-1689, 4 tom. in 2 vol. in-fol.

5930. Novæ Decisiones Granatenses; accessit tractatus de Revelationibus, cum decisione consultativa S. Inquisitionis, auth. Joanne Baptista Larrea; Lugduni, Arnaud, 1679, 2 vol. in-fol.

5931. Commentariorum variarumque resolutionum juris civilis, communis et regii tomi III, aut. Antonio Gomezio; access. annotationes Emanuelis Soarez; Francofurti ad Mœnum, s. d., in-fol.

5932. Sacra Themidis Hispanæ arcana, jurium legumque ortus, progressus, varietates et observantiam publicæ luci exponit Gerardus Ernestus de Frankenau; Hannoveræ, Foersterus, 1703, in-4.

5933. D. Joan. del Castillo Sotomayor opera omnia super materias tam civiles quam ecclesiasticas. cum repertorio generali N. Antonii. — Joan. Paul. Melii additiones de alimentis, cum S. rotæ Romanæ decisionibus; Coloniæ Allobrogum, Perachon, 1726-1728, 11 vol. in-fol.

5934. Thomæ Carlevalii Disputationes juris variæ de Judiciis; Coloniæ Allobrogum, de Tournes, 1729, 2 tom. in 1 vol. in-fol.

5935. Thomæ Carlevalii, Hispani, Disputationes juris variæ de Judiciis; Lugduni, Bruyset, 1745, 2 tom. in 1 vol. in-fol.

5936. Christophori Crespi de Valdaura Observationes, illustratæ decisionibus sacri supremi regii Aragonum consilii supremi consilii S. Cruciatæ, et regiæ audientiæ Valentinæ; Lugduni, Deville et Chalmette, 1730, 2 tom. in 1 vol. in-fol.

5937. Gabrielis Alvarez de Velasco, de privilegiis Pauperum et miserabilium personarum; accedunt Mariæ Novarii de privilegiis miserabilium personarum, item de Incertorum et male ablatorum privilegiis tractatus duo; Lausonii, Bousquet, 1739. 2 tom. in 1 vol. in-fol.

5938. Gabrielis Alvarez de Velasco Judex perfectus, seu de Judice perfecto, Christo Jesu Domino nostro dicatus; Lausonii, Bousquet, 1740, in-fol.

5939. Francisci de Caldas Pereyra e Castro Opera omnia Juridica; Coloniæ Allobrogum, Bousquet, 1745, 7 vol. in-fol.

5940. Tratado critico; Los errores del derecho civil y abusos de los jurisperitos, su autor Pablo de Mora y Jaraba; Madrid, 1748, in-4.

5941. Laurentii Matthæu et Sanz, Valentini, tractatus de re Criminali; Venetiis, typ. Balleon., 1750, in-fol.

5942. Josephi Vela de Orena Dissertationes juris controversi, tam in Hispalensi quam Granatensi senatu, super materias tam ecclesiasticas quam civiles; Coloniæ Allobrogum, Cramer, 1761, 2 vol. in-fol.

5943. Jacobi Cancerii Variæ Resolutiones juris universalis Cæsarei, pontificii et municipalis principatus Cathalauniæ, cura et studio D. D. Myr; Venetiis, 1760, 2 vol. in-fol.

5944. Idem opus, ejusd. edit.

5945. Illustracion y continuacion a la curia Philipica, y correcion de las citas que en ella se hallan erradas : tratase del modo de proceder en las juicios eclesiasticos y seculares, por D. J. M. Domingues Vicente; Madrid, 1736-1770, 3 vol. in-fol.

5946. Joannis Garsiæ tractatus de Expensis et Meliorationibus, cui accesserunt Joannis Garsiæ a Saabedra tractatus IV, de Donatione remuneratoria, de tacito Fideicommisso, de Hypotheca post contractum, de conjugali Acquæstu; Coloniæ, 1737, in-fol.

5947. L. D. Gabrielis de Parexa et Quesada Praxis edendi, sive Tractatus de universa instrumentorum editione, tam a prælatis quam a judicibus ecclesiasticis et sæcularibus præstanda; Lugduni, Bruyset, 1751, 2 tom. in 1 vol. in-fol.

5948. Tractatus bipartitus de puritate et nobilitate probanda, secundum statuta S. Officii Inquisitionis, regii ordinum senatus ecclesiæ Toletanæ, collegiorum aliarumque communitatum Hispaniæ, D. D. Joann. Escobar a Corro; Lugduni, de Tournes, 1761, in-fol.

5949. Viridarium artis Notariatus, sive Tabellionum viretum, a Josepho Comes Cintillensi (Conde de Centellas); Gerundæ, Oliva, 1704-1706, 2 vol. in-fol.

5950. Discurso sobre las penas contrahido à las leyes criminales de Espana para facilitar su reforma, por don Manuel de Lardizabal y Uribe; Madrid, 1782, in-8.

5951. Institutiones del derecho civil de Castilla por don Ignacio Jordan de Asso y del Rio, y don Miguel de Manuel y Rodriguez; Madrid, Ruiz, 1792, in-4.

5952. Elementos del derecho civil y penal de España por D. Pedro Gomez de La Serna, y D. Juan Manuel Montalban; Madrid, 1843, 3 vol. in-8

5953. La Ley, revista de legislacion, jurisprudencia, administracion, bajo la direccion del doctor D. Ventura Camacho y Calbajo; Sevilla, 1855-1856, 3 vol. in-4.

5954. Benedicti Ægidii, Lusitani, Opera omnia; Conimbricæ, Ferreyra, 1698-1700, 4 tom. in 2 vol. in-fol.

5955. Antonii de Gamma Decisionum supremi senatus Lusitaniæ centuriæ IV, ad casus utriusque juris, cum additionibus Blasii Flores Diaz de Mena, et tractatu ejusdem auctoris de præstandis sacramentis ad mortem condemnatis; Antuerpiæ, Verdussen, 1735, in-fol.

5956. Emmanuelis Ribeiro Netto, Lusitani, Commentaria ad jus civile, in quibus universa ultimarum voluntatum, materia explicatur; Conimbricæ, Secco Ferreira, 1758, in-fol.

5957. Projet de Code pénal portugais. Observation sur le chapitre VIII concernant la répression des contrefaçons et autres délits en matière de propriété littéraire, artistique, etc., etc., par Ed. Calmels; Paris, bureau des *Annales*, 1862, in-8.

Hollande, Belgique.

5958. Code de l'ancien droit belgique, ou Histoire de la jurisprudence et de la législation, suivie de l'exposé du droit civil des provinces belgiques, par J. Britz; Bruxelles, Van Daele, 1847, 2 vol. in-4.

5959. Nouveau commentaire sur l'édit perpétuel du 12 juillet 1611; Lille, Henry, in-12.

5960. Institutions du droit belgique par rapport tant aux XVII provinces qu'au pays de Liége, avec une méthode pour étudier la profession d'avocat, par George de Ghewiet; Lille, Cramé, 1736, in-4.

5961. Les Coutumes et Loix des villes et chastellenies du comté de Flandre, traduites en françois, auxquelles les notes latines et flamandes de Laurens Van den Hane sont jointes, par M. Le Grand, avocat aux parlements de

Paris et de Flandre; Cambray, Douilliez, 1719, 3 vol. in-fol.
5962. Même ouvrage, même édition.
5963. N. Burgundi ad Consuetudines Flandriæ aliarumque gentium tractatus Controversiarum ; Antuerpiæ, Parys, 1666, in-12.
5964. Consuetudines Bruxellenses latine et gallice redditæ, commentariis ac notis illustratæ, studio et opera J. B. Christyn; Bruxellis, 1689, in-fol.
5965. Les Droits et Coutumes de la ville de Bruxelles, du chef-banc de S. M. à Uccle, de la ville de Nivelle, etc., etc., ensemble les statuts de la ville de Bruxelles, etc., etc., recueillis par J. B. Christyn, avec tables, corrections, etc., par Dehoze; Bruxelles, Moris, 1702, 3 vol. in-12.
5966. La Jurisprudence des Pays-Bas autrichiens établie par les arrêts du grand-conseil de S. M. I., auxquels sont ajoutés quelques décrets, par M. Remi Albert du Laury; Bruxelles, Moris, 1761, 2 vol. in-8.
5967. Praxis rerum civilium, prætoribus, proprætoribus, consulibus, proconsulibus, etc., etc., apprime utilis et necessaria, auct. Jodoco Damhouderio, Brugensi; ejusdem Enchiridion parium utriusque juris; Antuerpiæ, Bellerus, 1569, in-4.
5968. Practique judiciaire ès causes civiles, composée en latin par Josse de Damhoudere; Anvers, Bellere, 1572, in-fol.
5969. Même ouvrage, même édition.
5970. Praxis rerum criminalium, auct. Jodoco Damhouderio; Antuerpiæ, Bellerus, 1570, in-4.
5971. Practicarum quæstionum rerumque in supremis Belgarum curiis actarum et observatarum Decisiones in sex volumina distributæ, auctore Paulo Christinæo, Mechliniensi, opus auctum a Sebastiano de Christynen, ejusd. filio; Antuerpiæ, Verdussius, 1636, in-fol.

(Manquent les 5 derniers volumes.)

5972. Decisionum curiæ Brabantiæ sesqui-centuria, auth. Petro Stockmans; Bruxellis, Foppens, 1670, in-4.
5973. Simonis van Leeuven Censura Forensis theoretico-practica, id est totius juris civilis Romani usuque recepti et practici methodica collatio; Gerardus de Haas recensuit et observationes suas adjecit; Lugduni in Batavis, Luchtmans, 1741, 2 tom. in 1 vol. in-fol.

5974. Statuts et ordonnances touchant le style et manière de procéder en l'administration de la justice, devant les cours séculières du pays de Liége, de Mgr Gérard de Groisbeck, év. de Liége ; Liége, Loxhay, in-8.

5975. Recueil des points marqués pour Coutumes du pays de Liége, par Pierre de Mean ; Liége, Loxhay, in-8.

5976. Observationes et res judicatæ ad Jus Civile Leodiensium, Romanorum, aliarumque gentium canonicum et feudaic. a Carolo de Mean ; Leodii, Kints, 1740, 4 vol. in-fol.

5977. Controversiarum juris Ant. Merenda libri XXIV, præfationem adjicit C. Robert; recognovit Jo. Mich. van Langendonck; Bruxellis, 1745-1746, 4 tom. in 5 vol. in-fol.

5978. Caroli Friderici Christiani Wenck Opuscula academica. adjectis Orationibus ineditis; Lipsiæ, Cnobloch, 1834, in-8.

5979. Petri Stockmans Opera omnia ; Bruxellis, de Grieck, 1700, in-4.

5980. Nicolai Burgundii de Evictionibus liber theoricus et practicus; Coloniæ Agrippinæ, Busæus, 1662, in-8.

5981. Joannis a Someren Tractatus de jure novercarum; Trajecti ad Rhenum, Zyll, 1668, in-12.

5982. Joannis a Someren, Ultrajectini, Opera juridica, scilicet tractatus de jure Novercarum et Repræsentationis; Bruxellis, T'Serstevens, 1719, in-8.

5983. Mobilium et immobilium natura, auct. Paulo Voet; Ultrajecti, Ribbius, 1714, in-12.

5984. Pauli Voet de Duellis licitis et illicitis liber; Brugis, Wydts, 1728, in-8.

5985. Jani a W. Slicher de debita ac legitima vindicatione existimationis, ubi et de duellis; Amstelædami, Wetslenus, 1717, in-8.

5986. Lucæ van de Poll de Exheredatione et Præteritione romana atque hodierna liber singularis ; Amstelædami, Halma, 1700. in-4.

5987. Pauli Montani tractatus novus de jure Tutelarum et Curationum, studio et opera Balthasaris Montani ; Hagæ-Comitis, de Swaef, 1656, in-4.

5988. Hermanni Noordkerk de matrimoniis ob turpe facinus, quod peccatum sodomiticum vocant, jure solvendis, dissertatio ; Amstelædami, 1733. in-8.

DROIT CIVIL ET DROIT PÉNAL. 457

5989. Christiani Rodenburgii tractatus de jure conjugum, cum tractatione de jure quod oritur ex statutorum, vel consuetudinum discrepantium conflictu; Trajecti ad Rhenum, 1653, in-4.

5990. Joannis Voet de erciscunda familia liber singularis; Bruxellis, T'Serstevens, 1717, in-8.

5991. Recueil des lois et actes généraux du gouvernement en vigueur dans le royaume des Pays-Bas, et publiés depuis le 10 juillet 1794; avec une notice des principales lois publiées pendant la réunion des diverses parties du royaume à la France et des changements survenus dans cette partie de la législation (par Drault); Bruxelles, 1819-1831, 42 vol. in-8.

5992. Journal officiel du royaume des Pays-Bas (Code civil); 3 vol. in-8.

5993. Journal officiel du royaume des Pays-Bas (Code civil et Code de commerce); 3 vol. in-8.

5994. Journal officiel du royaume des Pays-Bas (Code de procédure civile); in-8..

5995. Tarif, par ordre alphabétique, des droits de timbre, d'enregistrement, de greffe, etc., etc., d'après la loi du 31 mai 1824, par Sanfourche-Laporte; Bruxelles, 1824, in-8.

5996. Code civil. — Code de procédure civile; La Haye, 1830, in-8.

5997. Burgerlijk Wetboek; Sgravenhage, 1837, in-8.

5998. Wetboek van Koophandel; Sgravenhage, 1838, in-8.

5999. Wetboek van Strafvordering; Sgravenhage, 1837, in-8.

6000. Wetboek van Burgerlijke Regtsvordering; Sgravenhage, 1838, in-8.

6001. Code Napoléon, seul texte du Code civil officiel pour la Belgique, par A. Delebecque; Bruxelles, Decq, 1848, in 12.

6002. Les Huit Codes en vigueur en Belgique; Bruxelles, Tarlier, 1833, in-32.

6003. Des privilèges et hypothèques, ou Commentaire de la loi du 16 décembre 1851, par Martou; Bruxelles, 1855, 4 vol. in-8.

6004. Bulletin usuel des lois et arrêtés concernant l'administration générale, avec des notes de concordance (par Delebecque); Bruxelles, 1830-1843, in-8.

6005. Commentaire législatif de la loi du 16 décembre 1851 sur la révision du régime hypothécaire, par A. Delebecque; Bruxelles, Decq, 1852, in-8.

6006. Manuel des frais de justice en matière criminelle, correctionnelle et de police, contenant les lois, décrets et arrêtés y relatifs, par Adolphe Fétis; Bruxelles, Méline, 1838, in-8.

6007. Décisions notables du tribunal d'appel de Bruxelles, avec les arrêts les plus remarquables des cours de Liége et de Trèves, et quelques remarques sur des points essentiels de jurisprudence et de procédure civile, par MM. Fournier et J. Tarte; Bruxelles, 1807-1813, 28 v. in-8.

6008. Jurisprudence de la Cour supérieure de Bruxelles, ou Recueil des arrêts remarquables de cette cour, tant en degré d'appel qu'en matière de cassation civile et criminelle, depuis son établissement en février 1814; Bruxelles, Mailly, 1814-1821, 15 vol. in-8.
(Le 2e vol. de 1821 manque.)

6009. Procès porté devant la Cour d'assises du Brabant Méridional contre L. de Potter, F. Tielemans, A. Barthels, etc., accusés d'avoir excité directement à un complot, ou attentat, ayant pour but de changer ou de détruire le gouvernement du royaume des Pays-Bas; Bruxelles, Brestvan Kempen, 1830, 2 vol. in-8.

6010. Belgique judiciaire, journal; 1857-1864, 8 vol. in-4.
Incomplet.

6011. Affaire Caumartin; accusation d'homicide volontaire sur la personne d'Aimé Sirey; in-8. (Extrait de l'*Observateur des Tribunaux*.)

Suisse.

6012. Etat civil de Genève, par François André Naville; Genève, Barde, 1790, in-8.

6013. Loi de la procédure civile du canton de Genève, par M. A. Taillandier; Rennes, Blin, 1837, in-8.

6014. Loi sur la procédure civile du canton de Genève, suivie de l'exposé des motifs, par P. F. Bellot, augmentée d'un supplément, par Schaub, Odier et Mallet; Paris, Cherbuliez, 1837, in-8.

DROIT CIVIL ET DROIT PÉNAL.

6015. Projets de loi sur l'administration de la justice criminelle, présentés au Conseil représentatif par le Conseil d'état; Genève, Fick, 1838, in-8.

6016. Exposé des motifs des projets de loi sur l'administration de la justice criminelle, par Cramer; Genève, Pelletier, 1838, in-8.

6017. Rapport fait au Conseil représentatif par le profess. Bellot, au nom de la commission nommée pour l'examen du projet de loi sur les avocats, les procureurs et les huissiers; Genève, Vignier, 1834, in-8.

6018. Baselische Landes Ordnung nach den bestehenden Gesetzen zusammen getragen und erneuert; 1813, Basel, in-8.

6019. Sammlung der Gesetze und Beschlüsse wie auch der Polizei-Verordnungen des Kantons Basel (1823-1827); Basel, 1828, in-8. (Sixième volume.)

6020. Sammlung der Gesetze und Beschlüsse wie auch der Polizei-Verordnungen welche seit 26 August 1833 bis Ende 1835 für den Kanton Basel-Stadttheil; Basel, 1838-1839, 2 vol. in-8.

6021. Code de procédure civile pour la ville et république de Berne (par le professeur Schnell); Berne, Haller, 1823, in-8.

6022. Civil-Gesetzbuch fur die Stadt und Republik Bern; Bern, 1825-1827, 2 tom. en 1 vol. in-8.

6023. Allgemeines burgerliches Gesetzbuch für den Kanton Aargau; Aarau, 1826, in-8.

6024. Code civil du Canton de Vaud, avec des notes par Ph. Fer; Lausanne, Lacombe, 1823, in-12.

6025. Loi sur l'organisation, la compétence et les attributions des fonctionnaires et des tribunaux chargés de l'administration de la justice pénale; 18 décembre 1832 (Canton de Vaud), in-8.

6026. Codice civile della republica et cantonne del Ticino; Bellinzona, tipografia patria, 1837, in-8.

6027. Verfassung des Kantons S.-Gallen; 1831-1832, 5 cah., in-8.

6028. Déclarations, ou Points de coutume, rendus par le petit-conseil de la ville de Neufchâtel, publiés par George Auguste Matile; Neufchâtel, Attinger, 1836, in-8.

Grèce.

Traités divers.

6029. Οἱ Ελληνικοὶ Κώδηκες ἐπιξεργασθέντες ὑπὸ Γ. Α. Ραλλη καὶ Μ. Ποτλη; Αθηνησιν, Κ. Ραλλη. 1841, in-32.
6030. Οἱ Ελληνικοὶ Κώδηκες μετὰ τῶν τροποποιούντων αὐτοὺς νεωτέρων νόμων, επιξεργασθέντες ὑπὸ Γ. Α. Ραλλη καὶ Μ. Ποτλη. Athènes, 1844, 2 vol. in-32.
6031. Procès de l'ex-ministre hellénique, général et sénateur Spiro Millios, devant la Chambre des députés et le Conseil de guerre; Athènes, Carabini, 1859, in-8.

États musulmans.

Traités divers.

6032. The Mahomedan law of succession to the property of intestates in Arabick, engraved on copper plates from an ancient manuscript, with a verbal translation by William Jones; London, Nichols, 1782, in-4.
6033. Etudes sur les législations anciennes et modernes. Législations orientales. Droit musulman, par Joanny Pharaon et Théodore Dulau; Paris, Videcoq, 1839, in-8.
6034. Exploration scientifique de l'Algérie; Précis de jurisprudence musulmane, par Khalil Ibn-Ishak, trad. de l'arabe par Perron; 1848, 6 vol. in-8.
6035. Le Droit musulman exposé d'après les sources, par Nicolas de Tornauw, trad. en franç. par Eschbach; Paris, Cotillon, 1860, in-8.
6036. Traité de droit musulman, précédé du décret du 31 décembre 1859, par Ch. Gillotte, accompagné d'une notice inédite sur Sidi-K'helil par A. Cherbonneau; Constantine, Alessi, 1860, in-8.
6037. Manuale di diritto publico e privato ottomano, seguito da un' appendice, con introduzione e note, compilato dal dottor Domenico Gatteschi; Alessandria di Egitto. V. Minasi, 1865, in-4.

6038. Précis de jurisprudence musulmane selon le rite châfeite, par Abou Chodjâ, trad. par S. Keijzer; Leyde, Brill, 1859, in-8.

Amérique.

Traités divers.

6039. Commentaries on American law, by James Kent; New-York, Halsted, 1832, 4 vol. in-8.
6040. The elements of law, being a comprehensive summary of American civil jurisprudence, by Francis Hilliard; Boston, Hilliard, 1835, in-8.
6041. Condensed reports of cases in the supreme court of the United-States, edited by Richard Peters; Philadelphia, Grigg, 1830, 3 vol. in-8.
6042. A Law dictionary, adapted to the constitution and laws of the United-States of America, and of the several states of the American Union, by John Bouvier; Philadelphia, Johnson, 1843, 2 vol. in-8.
6043. A treatise on the measure of damages or an inquiry into the principles which govern the amout of compensation recovered in suits at law, by Theodore Sedgwick; New-York, Voorhies, 1847, in-8.
6044. Laws of the state of New-York, selected and arranged with references to judicial decisions by a counsellor at law; Rochester, Hyatt, 1841, 2 vol. in-8.
6045. Burn abridgment, or the American justice, containing the whole practice, authority and duty of justices of the peace; Dover, 1792, in-8.
6046. The Code of civil procedure of the state of New-York; Albany, Wead, 1850, in-8.
6047. Civil Code of the state of Louisiana; 1825, 2 vol. in-8.
6048. Code of Practice in civil cases for the state of Louisiana; New-Orléans, Buisson, 1830, in-18.
6049. Louisiana term reports, or cases argued and determined in the supreme court of the state of Louisiana, by François Xavier Martin; vol. VI, VII et VIII; New-Orléans, 1828, 3 vol. in-8.

JURISPRUDENCE.

6050. The law of *las siete partidas* which are still in force in the state of Louisiana, translated by L. Moreau Lislet and Henry Carleton; New-Orleans, 1820, 2 vol. in-8.

6051. Report of cases decided in the court of appeals of Virginia; 1820-1821; by Francis W. Gilmer; Richmond, Pollard, 1821, in 8.

6052. Reports of cases determined in the court appeals of Virginia, by Peyton Randolph; Richmond, 1823-1829, 6 vol. in-8.

6053. Reports of cases decided in the supreme court of appeals and in the général court of Virginia, by Conway Robinson; Richmond, 1843-1844, 2 vol. in-8.

6054. Reports of cases decided in the supreme court of appeals and in the general court of Virginia, by Peachy-R. Grattan; Richmond, Shepherd, 1845-1848, 4 vol. in-8.

6055. Reports of cases argued and determined in the court of appeals and in the general court of Virginia, by Benjamin Watkins Leigh; Richmond, 1844-1854, 12 vol. in-8.

6056. Reports of cases argued and adjudged in the supreme court of Florida, by David P. Hogue; Tallahassée, 1850-1852, tom. III et IV, in-8.

6057. Code criminel de l'empire du Brésil, trad. par Victor Foucher, et précédé d'observations comparatives; Paris, Imprim. royale, 1834, in-8.

Asie.

6058. Ordenanzas del Consejo Real de las Indias nuevamente recopiladas; Madrid, de Paredes, 1681, in-fol.

6059. Ta-Tsing-Leu-Lée, ou les lois fondamentales du Code pénal de la Chine, traduit du chinois par Georges Thomas Staunton, mis en français par Félix Renouard de Sainte-Croix; Paris, Lenormant, 1812, 2 vol. in-8.

6060. Code des lois des Gentoux, ou règlements des Brahmes; traduit (par Robinet) de l'anglais (de Halled), d'après les versions faites de l'original écrit en langue samskrite; Paris, Stoupe, 1778, in-4.

Thèses de droit civil et de droit pénal.

Collections.

6061. (Dissertationes variæ inaugurales, ad historiam juris, præcipue Romani, spectantes) ; 12 vol. in-4.
   Num. 1458 du catalogue Poncelet.
6062. (Dissertationes variæ inaugurales tam de jure Romano quam de jure Germanico recentiore); 2 vol. in-4.
   Catalogue Poncelet, num. 1455.
6063. (Dissertationes juridicæ inaugurales); 10 vol. in-4.
   Num. 1448 du catalogue Poncelet.
6064. (Dissertationes juridicæ inaugurales); 5 vol. in-4.
   Num. 1451 du catalogue Poncelet.
6065. (Recueils de thèses, pour la plupart latines, sur le droit criminel); 13 vol. in-8.
   Num. 1913 du catalogue Poncelet.
6066. Dissertationum juridicarum Francofurtensium de Selectis utriusque juris materiis volumina VIII, præside Samuele Strykio publicæ ventilationi expositarum; Francofurti, Schrey, 1692-1698, 8 vol. in-4.
6067. (Recueil de Thèses latines de l'Université de Gœttingue); in-4.
6068. Thesaurus dissertationum juridicarum, in academiis Belgicis habitarum (curante G. Oelrichs); Bremæ, Cramer, 1768-1770, 2 vol. in-4.
6069. Thesaurus novus Dissertationum juridicarum selectissimarum, in academiis Belgicis habitarum, curante Gerhardo Oelrichs; Bremæ, 1771-1779, 3 vol. in-4.

Thèses diverses par ordre alphabétique.

6070. Specimen juridicum inaugurale de jure civili militis, quod pro gradu doctoratus eruditorum examini submittit Guilielmus Janus d'Ablaing van Giessenburg; Trajecti ad Rhenum, Natan, 1836, in-8.

6071. Disputatio philologico-juridica de utilitate et auctoritate poeseos et poetarum in jurisprudentia, nec non de utilitate jurisprudentiæ in legendis et explicandis poetis, quam publico examini submittit Wilhelmus Cornelius Ackersdyck; Trajecti ad Rhenum, van Paddenburg, 1779, in-4.

6072. Dissertation sur le sénatus-consulte Trébellien, et sur les privilèges et hypothèques, présentée à la Faculté de Paris, par J. B. Arragon, pour obtenir le grade de docteur en droit; Paris, 1828, in-8.

6073. Specimen juridicum inaugurale de eo quid juris sit circa pecuniam quæ, provisionis nomine, cambialis debiti solutioni destinata est, quam pro gradu doctoratus consequendo publico examini submittit Carolus Daniel Asser; Amstelodami, Embden, 1834, in-8.

6074. Dissertatio inauguralis juridica de legis obligationibus, positiones exhibens quas tueri conabitur Joannes Petrus Augé; Argentorati, Lorenzius, 1764, in-4.

6075. De l'hypothèque légale de la femme. Thèse pour le doctorat, par Ernest Edouard Auger; Paris, Moquet, 1852, in-8.

6076. De la Séparation des patrimoines. Thèse pour le doctorat, par H. F. Alfred Aymé; Paris, Renou, 1860, in-8.

6077. Specimen juris publici inaugurale, de varia ratione qua in præcipuis Germaniæ civitatibus populi eliguntur mandatarii, quod pro gradu doctoratus consequendo publico examini submittit Antonius Backer; Amstelodami, P. N. van Kampen, 1843, in-8.

6078. De l'action civile résultant d'un fait punissable, précédé d'une étude sur la loi Aquilia, par Paul Baisier; Paris, Goupy, 1864, in 8.

6079. Thèse pour le doctorat. De la Collation. Du retour successoral en faveur de l'ascendant donateur, par Alexis Ballot-Beaupré; Paris, de Mourgues, 1859, in-8.

6080. Thèse pour le doctorat. Du rapport à la succession, par Philippe Gustave Bapts; Paris, Vinchon, 1852, in-8.

6081. Thèse pour le doctorat. De dotibus. Du régime dotal, par Louis François Auguste Baudot; Paris, Lacour, 1849, in-8.

6082. Procancellarius Christ. Gottfr. Hermann solemnia inauguralia candidati Joach. Maurit. Guill. Baumanni indicit; 1792, in-4.

6083. Quatenus vidua, ex statuto locali in Electoratu Saxonico succedens marito, ad collationem bonorum sit obstricta, a J. M. G. Baumann; Lipsiæ, 1792, 1 vol. in-4.

6084. Du postliminium, en droit romain, et des effets de l'absence relativement aux biens, en droit français. Thèse pour le doctorat, par J. B. Marie Félix Elie de Beaumont; Paris, Renou, 1859, in-8.

6085. Specimen juridicum inaugurale de Jurejurando quod judex ex officio defert probanti, quod pro gradu doctoratus consequendo eruditorum examini submittit Didericus Bentinck van Schoonheten; Trajecti ad Rhenum, Rob. Natan, 1836, in-8.

6086. De Talione Conrad. Julius Berckelman in electorali Viadrina; Francofurti ad Viadrum, Schrey, 1686, in-4.

6087. Disputatio juridica inauguralis de Exercitoria Actione ex jure romano atque hodierno, a Samuele Julio Gabriele Bergson; Trajecti ad Rhenum, 1839, in-8.

6088. Idem opus, ejusd. edit.

6089. De la séparation des Patrimoines. Thèse pour le doctorat, par Louis François René Bethmont; Paris, Plon, 1855, in-8.

6090. De la Dot mobilière et en particulier de son caractère d'inaliénabilité. Thèse de doctorat, par René Berenger; Paris, Noblet, 1853, in-8.

6091. Specimen academicum inaugurale de legali pupillorum et eorum quibus bonis interdictum est Hypotheca, quod pro gradu doctoratus consequendo publico ac solemni examini submittit Isaac Gerard Biben; Lugduni Batavorum, Cyfveer, 1819, in-8.

6092. Dissertatio juridica inauguralis de Rei debitæ Oblatione, ac consignatione, tanquam modo tollendæ obligationis, quam pro gradu doctoratus consequendo eruditorum examini submittit David Adrianus Bisdom; Trajecti ad Rhenum, van der Post, 1835, in-8.

6093. Disputatio juridica de Litteris Informatoriis, quam in auditorio juridico habebit Ludolph a Bismarck; Francofurti, Schrey, 1692, in-4.

6094. Disputatio inauguralis de Hospitatura, quam publice examinandam proponit Georg. Laurentius Blesendorff; Francofurti ad Viadrum, Schrey, 1686, in-4.

6095. Dissertatio juridica de fundamento Successionis ab intestato, auctore Boger; Tubingæ, Schrammius, 1791, in-4.

6096. Des substitutions et des majorats. Thèse pour le doctorat, par Henri Boissard; Paris, Moquet, 1858, in-8.

6097. Dissertatio juridica inauguralis de indole juris criminalis apud Romanos, quam pro gradu doctoratus consequendo publico examini submittit Hieronymus de Bosch Kemper; Lugduni Batavorum, Haak, 1830, in-8.

6098. Du senatus-consulte Velléien, ou de l'intercession des femmes en droit romain, et de l'incapacité de la femme mariée en droit français; thèse pour le doctorat, par Camille Bouchez; Paris, Raçon, 1864, in-8.

6099. Essai sur l'histoire des Donations entre époux et leur état d'après le Code Napoléon, par Gustave Boutry; thèse pour le doctorat; Paris, Thunot, 1852, in-8.

6100. Dissertatio juridica inauguralis de Actione Civili quæ ex damno injuria dato nascitur, quam pro gradu doctoratus consequendo eruditorum examini submittit Otto Braet Bisdom; Schoonoviæ, E. van Nooten, 1838, in-8.

6101. Specimen juridicum inaugurale de Divisione bonorum ab adscendente inter liberos facta, quod pro gradu doctoratus consequendo eruditorum examini submittit Arnoldus Rudolphus Janus Brouwer; Trajecti ad Rhenum, Altheer, 1836, in-8.

6102. Dissertatio juridica inauguralis de Collatione legum ejusque usu in earum interpretatione, quam publicæ disputationi offert Pibo Antonius Brugmans; Groningæ, Doekema (1792), in-4.

6103. Dissertatio juridica inauguralis de Consuetudine, unde et quando vim legis obtineat, quam publico examini submittit Gerardus von dem Busch; Goettingæ, Schulzius, 1752, in-4.

6104. Dissertatio inauguralis juridica de Donationibus omnium bonorum stabilitate, quam solemni censuræ submittit Philip. Michael Callot; Argentorati, Pauschingerus, 1751, in-4.

6105. Du Colonat dans les codes Théodosien et Justinien. Du Bail à ferme en droit français. Thèse pour le doctorat, par E. Camescasse ; Paris, Remquet, 1861, in-8.

6106. Thèse pour le doctorat. De Usurpationibus et Usucapionibus. De la prescription, par Théodore Jules Joseph Cazot ; Paris, Baudouin, 1846, in-4.

6107. Du Mandat en droit romain. De la Commission en droit français. Thèse pour le doctorat, par Jules Chenal; Paris, Moquet, 1858, in-8.

6108. Disputatio juridica inauguralis de Argumento ab Analogia ejusque a legis interpretatione differentia, quam publico examini submittit Henricus Cock ; Daventriæ, de Lange (1821), in-4.

6109. Specimen juridicum inaugurale sistens titulum codicis civilis de Mandato, quod pro gradu doctoratus consequendo eruditorum examini submittit Petrus Cockburn Prince; Trajecti ad Rhenum, Altheer, 1836, in-8.

6110. Thèse pour le doctorat. Droit romain, de rei Vindicatione ; droit français, des Conflits, par Michel Cornudet ; Paris, Goupy, 1864, in-8.

6111. Specimen juridicum inaugurale de Reditibus annuis haud conferendis, quod pro gradu doctoratus consequendo eruditorum examini submittit Gerardus Corver Hooft; Trajecti ad Rhenum, 1839, in-8.

6112. Dissertatio juridica inauguralis de Delictis extra civitatis fines commissis, quam pro gradu doctoratus consequendo publico examini submittit Arnoldus Carolus Cosman; Amstelodami, S. de Grebber, 1829, in-8.

6113. Disputatio solennis de Sententia in causis civilibus, quam pro doctoratu publice discutiendam proponet Johannes Cramerus; Francofurti ad Viadrum, Schrey, 1686, in-4.

6114. Disputatio historico-politica inauguralis de Cursu publico tam apud veteres quam apud recentiores, quam pro gradu doctoratus consequendo publico examini submittit Janus Henricus Cremer; Amstelodami, Santbergen, 1837, in-8.

6115. Thèse pour le doctorat. De la vente de la chose d'autrui, en droit romain. De l'Emancipation, en droit français, par A. T. Lucas de Crésantignes ; Paris, Gros, 1855, in-8.

6116. Specimen juridicum inaugurale de aditione Hæreditatis sub beneficio inventarii ejusque effectibus ratione hæredis, quod pro gradu doctoratus consequendo eruditorum examini submittit Reinhardus Crommelin ; Trajecti ad Rhenum, Altheer, 1836, in-8.

6117. Dissertatio juridica inauguralis de Judiciis possessoriis, quam procerum Academicorum examini excutiendam committet Rudolph Culeman ; Francofurti, Schrey, 1692, in-4.

6118. Joannis Ludovici Julii Dedekind commentatio juridica de Contractu quem irregulare Depositum perhibuerunt; Wolfenbutelæ, Meisnerus, 1753, in-4.

6119. Disputatio juridico-politica inauguralis de Coloniis, quam pro gradu doctoratus consequendo publico examini submittit Gerardus Dedel ; Lugduni Batavorum, Emeis, 1826, in-8.

6120. Commentatio juridica ad articulum 545 Codicis civilis, quam pro gradu doctoratus consequendo eruditorum examini submittit Johan Everhard Dikkers; Daventriæ, J. de Lange, 1836, in-8.

6121. De l'Action publicienne en droit romain. De l'Autorité de la chose jugée en droit français. Acte public pour le doctorat, présenté et soutenu par F. Dollinger ; Strasbourg, 1858, in-8.

6122. Specimen historico-politicum sistens jus Feminarum apud Romanos tam antiquum quam novum, cura G. Dorn Seiffen; Trajecti ad Rhenum, 1818, in-8.

6123. De l'importance de la distinction des biens en Meubles et immeubles. en droit romain et en droit français. Thèse pour le doctorat, par Auguste François Doutriaux; Paris, Moquet, 1859, in-8.

6124. Thèse pour le doctorat. De la Puissance paternelle, par Auguste Dubreuil; Paris, Ch. de Mourgues, 1858, in-8.

6125. Théorie des fautes dans les délits, quasi-délits, contrats et quasi-contrats. Thèse pour le doctorat, par Théophile Ducrocq ; Paris, Vinchon, 1854, in-8.

6126. Dissertatio juridica inauguralis de Hypotheca legali, quam pro gradu doctoratus consequendo eruditorum examini submittit Gerhardus Dumbar; Daventriæ, J. de Lange, 1839, in-8.

6127. Disputatio juridica solennis de Administratione Justitiæ, quam publicæ eruditorum censuræ submittit Johannes Ernst; Francofurti ad Viadrum, 1686, in-4.

6128. Dissertatio juridica inauguralis de Servo libertate donato si Europæ solum attigit, quam pro gradu doctoratus consequendo publico ac solemni examini submittit Georgius Carolus Falck; Amstelodami, Spin, 1834, in-8.

6129. Disputatio inauguralis, quam de Interruptione Præscriptionum omnibus ad ventilandum sistit Johannes Fridericus Falckner; Francofurti ad Viadrum, Schrey, 1686, in-4.

6130. De l'Usucapion, en droit romain. De l'effet de la Possession quant aux meubles, en droit français. Thèse pour le doctorat, par Isaac Ernest Fau; Paris, Moquet, 1859, in-8.

6131. Dissertationis inauguralis juridicæ de Reo judiciis convicto condemnando specimen primum, quod eruditorum examini submittit Rudolphus Jacobus Feer; Heidelbergæ, 1810, in-4.

6132. Disputatio inauguralis de Jure Indemnitatis, quam publicæ examinationi sistit Albertus Frilze; Francofurti, Schrey, 1692, in-4.

6133. De acquirenda vel amittenda Possessione. Des Usines sur les rivières non navigables et non flottables. Thèse pour le doctorat, par Pierre Angélique Etienne Albert Gaultier; Paris, Thunot, 1859, in-8.

6134. Dissertatio juridica de Legato rei obligatæ, auctore Joanne Frederico Gemnich; Regiomonti, Hartung, 1808, in-4.

6135. Thèse pour la licence. Théorie de la Vente, par Antoine Léopold George Genreau; Paris, Vinchon, 1852, in-8.

6136. Thèse pour le doctorat. De la Fidéjussion en droit romain. Des effets du Cautionnement et des bénéfices des cautions, par A. L. George-Lemaire; Paris, Lacour, 1858, in-8.

6137. Qui potiores in pignore vel hypotheca habeantur. De la subrogation à l'Hypothèque légale de la femme mariée. Thèse pour le doctorat, par Camille Gérardin; Paris, Moquet, 1860, in-8.

6138. Des nullités de mariage d'après le Code civil, avec un exposé sommaire des principales théories du droit canonique et de l'ancienne jurisprudence, précédé d'une introduction sur les conditions et la forme du mariage romain, par Alfred Girard. Thèse pour le doctorat; Paris, Marescq, 1862, in-8.

6139. Specimen juridicum inaugurale, de iis delictis quæ non nisi ad læsorum querelam vindicantur, quod pro gradu doctoratus consequendo publico examini submittit Michael Henricus Godefroi; Amstelodami, van Embden, 1837, in-8.

6140. Specimen juridicum inaugurale de Hæreditate vacanti, quod pro gradu doctoratus consequendo eruditorum examini submittit Carolus van der Goes; Trajecti ad Rhenum, Altheer, 1836, in-8.

6141. Du pacte de constitut, en droit romain; Commentaire de l'article 1338, confirmation des Obligations, en droit français, Thèse pour le doctorat, par Théophile Goubet; Paris, Moquet, 1863, in-8.

6142. Specimen juridicum inaugurale de Divortio secundum codicem civilem Neerlandicum, quod pro gradu doctoratus consequendo eruditorum examini submittit Guilielmus van Goudoever; Trajecti ad Rhenum, Bosch, 1839, in-8.

6143. De l'hypothèque légale de la femme mariée. Thèse pour le doctorat, par Ernest Guibourd; Paris, Thunot, 1857, in-8.

6144. Thèse pour le doctorat. De la succession des parents naturels, par Charles de Guillebon; Paris, Bailly, 1852, in-8.

6145. Thèse pour la licence, par Arthur de Guilloteau de Grandeffe; Paris, de Mourgues, 1862, in-8.

6146. Observationes quædam de officio et potestate interpretis circa Antinomias in Pandectis obvias, quas publicæ disquisitioni submittit Germanus Fredericus Carolus Haenlein; Erlangæ, Hilpert, 1817, in-4.

6147. Dissertatio juridica inauguralis, selecta continens de Contractu Dominum inter et Famulum, ex jure antiquo Frisiaco, quam pro gradu doctoris consequendo publico facultatis examini offert Mauricius Pico Didericus van Harinxma thoe Slooten; Groningæ, M. van Bolhuis, 1830, in-8.

6148. Disputatio juridica inauguralis de regula juris « Locus regit actum, » quam pro gradu doctoratus consequendo publico examini submittit Henricus Alexander Hartogh; Hagæ Comitis, 1838, in-8.

6149. Dissertatio inauguralis juridica de Jure Tertii, quam eruditorum examini submittit Jacob Friderich Hausswedel; Francofurti, Schrey, 1692, in-4.

6150. Specimen historico-litterarium inaugurale de Majoriano, quod pro gradu doctoratus consequendo publico examini submittit Jacobus van Hengel; Lugduni Batavorum, C. van Der Hoek, 1833, in-8.

6151. Specimen juridicum inaugurale de Tribus Majoriani Novellis, quod pro gradu doctoratus consequendo publico examini submittit Jacobus van Hengel; Lugduni Batavorum, C. van Der Hoek, 1833, in-8.

6152. Specimen juridicum inaugurale de Donatione inter conjuges stante matrimonio, quod pro gradu doctoratus eruditorum examini submittit Adrianus Eliza van Hengst; Trajecti ad Rhenum, Altheer, 1836, in-8.

6153. Disputatio juridica de Jure Hypothecæ Conventionalis et Clancularia Sedinensium inscriptionis, quam eruditorum examini submittit Jacob Henning de Wolde; Francofurti, Schrey, 1692, in-4.

6154. Dissertation sur l'inaliénabilité de la Dot. Thèse pour le doctorat, par Edmond Hérail; Paris, Remquet, 1853, in-8.

6155. De l'établissement et de l'extinction des Servitudes constituées par le fait de l'homme, en droit romain et en droit français. Thèse pour le doctorat, par Albert d'Herbelot; Paris, Renou, 1859, in-8.

6156. Thèse pour le doctorat. De la preuve de la Filiation, par Ferdinand Hérold; Paris, Hennuyer, 1851, in-8.

6157. Thèse pour le doctorat. De Pignoribus et Hypothecis. Du Droit de Rétention, par Octave Heurtey; Paris, Ch. de Mourgues, 1859, in-8.

6158. Specimen juridicum inaugurale de Promulgationibus futuri matrimonii, quod pro gradu doctaratus eruditorum examini submittit Petrus Heydanus; Trajecti ad Rhenum, N. van der Monde, 1836, in-8.

6159. Dissertatio juris civilis de Mandato præsumto, quam defendet auctor et respondens Christophorus Anton. Hoffmann; Lipsiæ, Langenhem, 1764, in-4.

6160. Dissertatio juridica inauguralis de portione quam conjux binubus dare potest conjugi secundæ, quam pro gradu doctoratus consequendo eruditorum examini submittit Henricus Constantinus Hooft Hasselaer; Trajecti ad Rhenum, Altheer, 1839, in-8.

6161. Specimen juridicum inaugurale de Testamentis, quod pro gradu doctaratus consequendo eruditorum examini submittit Nicolaus Joannes van Hoorn tot Burgh; Trajecti ad Rhenum, vidua J. van der Schroeff, 1839, in-8.

6162. Dissertatio inauguralis juridica, qua verus L. 20 ff. de Legibus, non omnium quæ a majoribus constituta sunt ratio reddi potest, sensus eruitur, quamque defendet Joan. Frid. Erasmus Hopffer; Tubingæ, Bauhof, 1746, in-4.

6163. Dissertatio juridica inauguralis, sistens animadversiones ad articulum 1325 Codicis civilis, quam pro gradu doctoratus consequendo eruditorum examini submittit Ludovicus Carolus Hora Siccama; Trajecti ad Rhenum, van der Monde, 1836, in-8.

6164. Théorie de l'Hypothèque légale de la femme mariée en droit français, précédée d'une introduction sur le fonds dotal en droit romain, par Alphonse Joannard; Paris, Thunot, 1861, i

6165. Dissertatio juridica inauguralis de minore Ætate noxiam et pœnam vel tollente vel minuente, quam pro gradu doctoratus consequendo defendet Guilielmus Cornelius Marius de Jonge van Ellemeet; Trajecti ad Rhenum, Bosch, 1839, in-8.

6166. Des formes de l'Exploitation du sol, en droit romain et en droit français. Thèse pour le doctorat, par Paul Jozon; Paris, Moquet, 1860, in-8.

6167. Disputatio juridica solemnis de astuciis Opilionum earumque pœna, quam publicæ doctorum ventilationi submittit Nicolaus Kaspelherr; Francofurti, Schrey, 1692, in-4.

6168. Dionysii Godefridi van der Keessel Theses selectæ juris Hollandici et Zelandici; Lugduni Batavorum, Luchtmans, 1800, in-4.

6169. Dissertatio juridica inauguralis de Divisione Maleficiorum in crimina, delicta et leviora peccata, quam pro gradu doctoratus consequendo eruditorum examini submittit Cornelius Joannes Kien Eltzman; Trajecti ad Rhenum, 1840, in-8.

6170. Dissertatio juridica inauguralis, de Obligationibus dividuis et individuis, quam pro gradu doctoratus consequendo eruditorum examini submittit Albertus Kikkert Schotborgh; Hagæ Comitum, Kips, 1837, in-8.

6171. Diatriben hanc inauguralem de Virginibus inaugurali ventilationi sisto Joannes Balthasar Klessen; Francofurti, Schrey, 1692, in-4.

6172. Specimen juridicum inaugurale de Mutuo secundum principia juris hodierni, quod pro gradu doctoratus consequendo eruditorum examini submittit Lambertus Kniphorst; Trajecti ad Rhenum, N. van der Monde, 1837, in-8.

6173. Specimen juridicum inaugurale de juris criminalis placito : *Nullum delictum, nulla pœna sine prævia lege pœnali;* quod pro gradu doctoratus consequendo publico examini submittit Ludovicus Joannes Kœnigswarter; Amstelodami, van Embden, 1835, in-8.

6174. Thèse pour le doctorat. De Pignoribus et Hypothecis. Du Droit d'hypothèque, par Joseph Emile L'Abbé; Paris, Lacour, 1848, in-4.

6175. Thèse pour le doctorat. Essai sur la diffamation envers les particuliers en droit français, et sur les injures en droit romain, par Henri de La Chassaigne; Paris, Remquet, 1861, in-8.

6176. Commentatio ad legem XIII Dig. de Pignoratitia Auctoritate, quam pro gradu doctoris capessendo defendet Diedericus Godofredus Lamprecht; Gottingæ, Vanderhoeck, 1750, in-4.

6177. Specimen juris Gallo-Franci inaugurale, quo facultas Uxoris negotia civilia gerendi exponitur, quod pro gradu doctoratus consequendo defendet Joannes Gasparus Lange; Tielæ, A. van Loon, 1838, in-8.

6178. Commentatio exhibens observationes ad jus sui heredis, præsertim ratione nepotis, quam pro summis in utroq. jure honoribus conseq. obtulit Frid. Leonard. Ant. L. B. de Lassberg; Ienæ, 1821, in-4.

6179. Thèse pour le doctorat. Du vol, en droit romain et en droit français, par Albert Laval; Paris, de Mourgues, 1861, in-8.

6180. Thèse pour le doctorat. De la Pétition d'hérédité. De la

Représentation, par P. Lecoq; Paris, Gros, 1856, in-8.

6181. Disputatio juridica inauguralis de Servitutibus prædiorum amœnitatis causa constitutis, quam pro gradu doctoratus consequendo publico ac solemni examini submittit Janus Petrus Lens; Trajecti ad Rhenum, Bosch, 1838, in-8.

6182. Thèse pour le doctorat. De re judicata et de effectu sententiarum et de interlocutionibus. De l'exécution forcée des actes et jugements, par N. M. Lesenne; Paris, Lacour, 1844, in-8.

6183. Thèse pour le doctorat. De la contrainte par corps, par Henri Leroy; Paris, Vinchon, 1854, in-8.

6184. Disputatio inauguralis de Rescindendis Contractibus innominatis, quam eruditorum examini submittit Jacobus Lindicke; Francofurti, Schrey, 1692, in-4.

6185. Disputatio juridica de Cessione legatorum, quam eruditorum examini submittit Jacobus Lindicke; Francofurti, Schrey, 1692, in-4.

6186. Thèse pour le doctorat. Règles générales de la Commission, en droit français, précédées d'une étude sur le mandat en droit romain, par Albert Liouville; Paris, Renou, 1860, in-8.

6187. Thèse pour le doctorat. De Dotis restitutione. Du contrat de mariage, par Alexandre Martin Lomon; Paris, Guiraudet, 1844, in-4.

6188. Thèse pour le doctorat. Des dommages et intérêts résultant de l'inexécution des Obligations conventionnelles, par Henri Loubers; Paris, Donnaud, 1864, in-8.

6189. Dissertatio juridica inauguralis de Executione sententiæ peregrinæ in causa civili latæ, quam pro gradu doctoratus consequendo publico ac solemni examini submittit Petrus Lyndrajer; Lugduni Batavorum, Herdingh, 1824, in-8.

6190. Dissertatio juridica de Arbitrio necessario quod lege nostra inter mercatores socios jubetur, quam pro gradu doctoratus consequendo eruditorum examini submittit Henricus Petrus Gothofredus Matheus de Man; Noviomagi, Haspels, 1837, in-8.

6191. Dissertatio juridica inauguralis de Justi matrimonii conditionibus, præcipue secundum codicem civilem Neerlandicum, quam pro gradu doctoratus consequendo eruditorum examini submittit Jacobus van der Mandere; Trajecti ad Rhenum, N. van der Monde, 1839, in-8.

6192. Dissertatio juridica inauguralis decidens casum singularem de Schedula lotariali communi ab adolescente meretrici donata, quam solenni censuræ exponit Antonius Franciscus Mangienne ; Argentorati, 1731, in-4.

6193. Disputatio juridica de jure Retractus Gentilitii, seu consanguineitatis, quam publicæ eruditorum ventilationi submittit Andreas Marcmannus; Francofurti ad Viadrum, Schrey, 1686, in-4.

6194. Disputatio inauguralis de jure necessariæ Defensionis, quam publico eruditorum examini submittit Andreas Marcmannus; Francofurti, Schrey, in-4.

6195. Gustavi Theodori Ludovici Marezoll commentatio de Ordine Institutionum ; Gottingæ, Dieterich, 1815, in-4.

6196. Dissertatio juridica de Substituti Substituto, quam publice tuebitur præses Joannes Burcardus Geiger, cum respondente Joanne Martin; Erlangæ, Waltherus, in-4.

6197. Thèse pour le doctorat, par Camille Martinet; Paris, Thunot, 1863, in-8.

6198. Thèse pour le doctorat. Des Priviléges. Des Priviléges sur les meubles, par Charles Guillaume Martini; Paris, Maulde, 1853, in-8.

6199. Des substitutions fidéi-commissaires ; Thèse pour le doctorat, par Armand Masson ; Paris, Raçon, 1863, in-8.

6200. Disputatio juridica de Usucapionibus et Usurpationibus, quam examinationi eruditorum officiose submittit Andreas Mauritius; Francofurti ad Viadrum, Schrey, 1686, in-8.

6201. Disputatio juridica de Non Gratificando, quam publice examinandam proponit Valentinus Meding; Franc ofurti ad Viatrum, Schrey, 1686, in-4.

6202. Specimen juridicum inaugurale, continens Observationes quasdam de periculo rei venditæ nondum traditæ, quod pro gradu doctoratus consequendo eruditorum examini submittit Guillelmus Janus Mees ; Trajecti ad Rhenum, N. van der Monde, 1837, in-8.

6203. Dissertatio juridica de eo, qui de jure disputavit, haud indigno, quam publico eruditorum disquisitioni submittit Ferdinand. Joachim. Ludov. Menike; Halæ Magdeburgicæ, 1765, in-4.

6204. Procancellarius Jos. Lud. Ern. Puttmannus solemnia inauguralia candidati Caroli Friderici Meyeri indicit ; 1783, in-4.

6205. Dissertatio inauguralis de moderatione inculpatæ tutelæ ad orationem Ciceronis Milonianam, ad disceptandum proposita a Carolo Friderico Meyero; Lipsiæ, 1783, in-4.

6206. Des rapports de succession, en droit romain et en droit français, par D. E. Mirande; Saint-Germain-en-Laye, Beau, 1857, in-8.

6207. Disputatio inauguralis de Calumnia, quam eruditorum examini submittit Christianus Moller; Francofurti ad Viadrum, Schrey, 1686, in-4.

6208. Des Sociétés civiles. Thèse de doctorat, par Gaston Monsarrat; Paris, Plon, 1858, in-8.

6209. Dissertatio juridica inauguralis de communione bonorum inter conjuges ad acquæstus, quæ dicuntur limitata, maxime ex principiis juris novi Hollandici, quam pro gradu doctoratus consequendo eruditorum examini submittit Joannes Carolus van der Muelen; Schoonhoviæ, E. van Nooten, 1838, in-8.

6210. Disputatio juridica de Concurrentium actionum natura et effectu, quam publico examini submittit Fridericus Mullerus; Francofurti ad Viadrum, Schrey, 1686, in-4.

6211. Disputatio juridica solennis de Exceptionibus paratam exsecutionem impedientibus, quam eruditorum disquisitioni sistit Gottfridus Mussigk; Francofurti ad Viadrum, 1686, in-4.

6212. Disputatio juridica solennis de Exceptionibus paratam exsecutionem impedientibus, quam publico eruditorum disquisitioni sistit Gottfridus Mussigk; Francofurti, Schrey, 1692, in-4.

6213. Specimen juridicum inaugurale de præcipuis juris novissimi Belgici et Francici differentiis ratione Absentium, quod pro gradu doctoratus eruditorum examini submittit Janus Ignatius Danielus Nepveu; Trajecti ad Rhenum, Bosch, 1837, in-8.

6214. Dissertatio juridica de Versura, quam eruditorum examini exhibebit Gualther Neuhaus; Francofurti ad Viadrum, Schrey, 1686, in-4.

6215. Dissertatio juridica inauguralis de Prohibitione inter vivos, vel testamento disponendi in favorem personarum quæ art. 907 et 909 Cod. civ. memorantur, quam pro gradu doctoratus consequendo eruditorum examini submittit Erlandus Robertus Nicolaï d'Abo; Trajecti ad Rhenum, N. van der Monde, 1836, in-8.

6216. Dissertatio juridica inauguralis de Læsione enormi, quam pro gradu doctoratus consequendo eruditorum examini submittit Jacobus Fredericus Opten Noort; Schoonhoviæ, E. van Nooten, 1839, in-8.

6217. Exercitium juridicum de Occultis eruditorum examini submittit Johan. Christophorus Otto; Francofurti ad Viadrum, 1686, in-4.

6218. De Absolutione disputationem solemnem habebit Johan. Christophorus Otto; Francofurti ad Viadrum, Schrey, 1686, in-4.

6219. Specimen juridicum inaugurale de Substitutione fideicommissaria in gratiam nepotum, fratris sororisve liberorum, lege permissa, quod pro gradu doctoratus consequendo eruditorum examini submittit Joannes Mauritius van Pabst; Trajecti ad Rhenum, Altheer, 1836, in-8.

6220. Des Usucapions en droit romain. De la Prescription par dix et vingt ans en droit français. Thèse pour le doctorat, par Charles Edmond Papillon; Paris, Renou, 1858, in-8.

6221. Thèse pour le doctorat. De la garantie due par le vendeur en cas d'éviction. Preuve de la filiation légitime, par Pierre Alexis Maxime Parisot; Paris, Gros, 1856, in-8.

6222. Thèse pour le doctorat. De damno infecto. Des engagements qui se forment sans convention, par Henri Pauffin; Paris, Vinchon, 1847, in-4.

6223. De antiqui populorum juris hereditarii nexu cum eorum statu civili, speciatim juris Scandinavici, Germanici et Romani ratione habita, sectio prior quam publico examini submittit Paul. Dethlef Christianus Paulsen; Hauniæ, 1822, in-8. — Pars posterior; Hauniæ, 1824, in-8.

6224. De la pétition d'hérédité en droit romain, et du droit de retour conventionnel et légal en droit français. Thèse pour le doctorat, par Camille Peaucellier; Paris, Ch. de Mourgues, 1858, in-8.

6225. Specimen juridicum inaugurale de Modo quo Obligatio tollitur rei interitu, quod pro gradu doctoratus consequendo eruditorum examini submittit Julius Eduardus Pesters; Trajecti ad Rhenum, van der Monde, 1835, in-8.

6226. Thèse de licence, par Jules Albert Henri Perin; Paris, Durand, 1859, in-8.

6227. Thèse de doctorat. Du domaine public dans ses différences avec le domaine privé, sous le rapport de la prescription et de la compétence, par Jules Perin; Paris, Durand, 1860, in-8.

6228. Thèse pour le doctorat. Des actions relatives à la liberté. De l'action en désaveu, pas Lucien Pion; Paris, Gros, 1854, in-8.

6229. Dissertatio inauguralis de Marito tori violati vindice, ex jure Romano, quam pro adipiscendo gradu doctoris publico examini submittit Leonardus Pirmez; Lovanii, Vanlinthout, 1822, in-8.

6230. Disputatio juridica inauguralis ad locum codicis civilis Francici de Causa obligationis, quam pro gradu doctoratus consequendo publico ac solemni examini submittit Joannes van de Poll; Amstelædami, Zweesaardt, 1835, in-8.

6231. Disputatio juridica, de VI legis novæ in criminum antea commissorum pœnas, condamnationes et persecutiones, quam ad publicam disceptationem proponit J. van de Poll; Amstelodami, Zweesaardt, 1834, in-8.

6232. De la condition légale de la femme mariée, par Antonin Lefèvre Pontalis; thèse pour le doctorat; Paris, Didot, 1855, in-8.

6233. Specimen juridicum inaugurale de Analogia ab interpretatione extensiva rite distinguenda, et diversis analogiæ generibus, ratione juris criminalis, quod pro gradu doctoratus consequendo eruditorum examini submittit Bartus Post; Tielæ, A. van Loon, 1840, in-8.

6234. Du délaissement par hypothèque. Thèse pour le doctorat, par Jean Anne Paul Pujos; Paris, Moquet, 1859, in-8.

6235. Specimen juridicum inaugurale de Auctoritate Cognatorum in causis pupillaribus ex jure patrio antiquo, quod pro gradu doctoratus consequendo eruditorum examini submittit Gulielmus Joannes Carolus Putman Cramer; Daventriæ, J. de Lange, 1839, in-8.

6236. Disputatio juridica solemnis de Jure ac Judicio Fortunæ, quam publicæ eruditorum ventilationi submittit David Rebler; Francofurti, Schrey, 1692, in-4.

6237. Dissertatio inauguralis juridica de Nomine Proprio, quam publico eruditorum examini submittit Tobias Reimers; Francofurti, Schrey, 1692, in-4

6238. Dissertatio juridica de Doli incidentis et caussam dantis in contractibus effectu, quam eruditorum examini subjicit Joan. Hartwich Reuter; Halæ Magdeburgicæ, 1744, in-4.

6239. De Fato declinando disputationem solemnem in alma Viadrina pro licentia in utroque jure impetranda in publicum exponit Johan. Fridrich Rhetius; Francofurti ad Viadrum, Schrey, 1686, in-4.

6240. Specimen juridicum inaugurale de Uxore mercatrice, quod pro gradu doctoratus publico examini submitit Stephanus Rink; Ticlæ, A. van Loon, 1838, in-8.

6241. Thèse pour le doctorat. Droit romain : De la condition des mineurs de 25 ans. Droit français : Des interdits pour cause de démence; des personnes soumises à un conseil judiciaire; des personnes retenues dans un établissement d'aliénés. Thèse pour le doctorat, par Léon Ripault; Paris, Jouaust, 1860, in-8.

6242. De la condition des enfants naturels, dans le droit romain et dans le droit français. Thèse pour le doctorat, par Arthur Robert; Paris, Thunot, 1858, in-8.

6243. Disputatio juridica de Emphyteusi, quam Joannes Christophorus Rœberus eruditorum disquisitioni subjicit; Francofurti ad Viadrum, 1686, in-4.

6244. Dissertatio juridica inauguralis de Clausula pœnali adjecta conventionibus, quam pro gradu doctoratus consequendo eruditorum examini submittit Bernardus Andreas Roelvink; Schoonhoviæ, E. van Nooten, 1836, in-8.

6245. Du Bail à ferme, en droit romain et en droit français. Thèse pour le doctorat, par Honoré onssin; Paris, Gros, 1855, in-8.

6246. Prolegomenôn ad titulum Digestorum de Diversis regulis Juris antiqui specimen, ad disceptandum propositum a Gottfried Leonhard Augusto Rontgen; Lipsiæ, Schilling, s. d., in-8.

6247. Thèse pour le doctorat. De Captivis et depostliminiis, et redemptis ab hostibus. Des droits des enfants naturels simples, reconnus, sur les biens de leur père ou mère, et des parents de ces derniers issus d'un légitime mariage, par Charles Henri René Rousseau; Paris, Lacour, 1854, in-8.

6248. De argentariis. Des Agents de change et des jeux de bourse. Thèse pour le doctorat, par Pierre Antoine Eugène Roussel; Paris, Moquet, 1859, in-8.

6249. Du droit de résolution et du privilége accordés au vendeur non payé; Thèse pour le doctorat, par Henri Roussellier; Paris, Dohnaud, 1863, in-8.

6250. Dissertatio juridica inauguralis de vero sensu verborum *pourvu qu'il en soit justifié*, quæ occurrunt art. 68 § 3, n° 2 legis de registratione 22 frim. an VII, quam pro gradu doctoratus consequendo eruditorum examini submittit Daniel Stephanus Janus van Royen; Schoonhoviæ, E. van Nooten, 1837, in-8.

6251. Thèse pour le doctorat. Du Délaissement hypothécaire, par Henri Saint-Omer; Paris, Vinchon, 1852, in-8.

6252. Thèse pour le doctorat. (Essai sur l'histoire et la législation particulière des gains de survie entre époux), par Paul de Salvandy; Paris, Hennuyer, 1853, in-8.

6253. Des Donations, en droit romain. De la Transcription, en droit français. Thèse pour le doctorat, par Tiburce Sauvé; Paris, Moquet, 1859, in-8.

6254. Philippi Guil. Schindleri meditationes et observationes juridicæ ad A. Persii Satiras; Lipsiæ, Gothe, 1797, in-8.

6255. Procancellarius Aug. Cornel. Stockmannus solemnia inauguralia candidati Jo. Frid. Aug. Schneideri indicit; 1801, in-4.

6256. Deliberata quædam de Corpore Delicti capita ad disceptandum proponit Joann. Fried. Aug. Schneider; Lipsiæ, 1801, in-4.

6257. De Misericordia intempestiva in academia Marchica disputabit Godofredus de Scholtz; Francofurti ad Viadrum, Schrey, 1686, in-4.

6258. Disputatio inauguralis de jure Congrui, quod germanice vocant *Gespielde*, quam publico examini sistit Petrus Schulk; Francofurti ad Viadrum, Schrey, 1686, in-4.

6259. Dissertatio juridica inauguralis de Natura pignoris quod creditor habet ex contractu Bodemeriæ, quam pro gradu doctoratus consequendo eruditorum examini submittit Joannes Guilielmus Schuurman ; Trajecti ad Rhenum, Bosch, 1838, in-8.

6260. De Damnis voluntariis, pro summis in utroque jure honoribus ac privilegiis consequendis, publice et solemniter disputabit Joh. Fridericus Scipien ; Francofurti, Schrey, 1692, in-4.

6261. Thèse pour le doctorat. De la Puissance paternelle, par Félix Ernest Scoté ; Paris, Vinchon, 1852, in-8.

6262. Thèse pour le doctorat. De Usucapionibus et usurpationibus. De la prescription acquisitive, par Adolphe Seligman ; Paris, Lacour, 1848, in-4.

6263. Thèse pour la licence. De dolo malo. Des Contrats et des obligations conventionnelles, par Jules Senès ; Paris, Moquet, 1839, in-4.

6264. Dissertatio juridica de Præsumptione doli in delictis, auctore Abraham Siewertsz van Reesema ; Lugduni Batavorum, Herdingh, 1807, in-8.

6265. Dissertationem inauguralem de Metu ejusque operationibus in jure publicæ eruditorum discursioni subjicit Christianus Sommer ; Francofurti, Schrey, 1692, in-4.

6266. Du Domicile civil et politique. Thèse pour la licence, par Alexandre Charles Sorel ; Paris, Maulde, 1851, in-8.

6267. Specimen inaugurale juridicum de jure Superficiei, in primis secundum novum codicem Belgicum, quod ad gradum doctoris consequendum publico omnium examini submittit Henricus Janus Soury ; Lovanii, Cuelens, 1830, in-8.

6268. Thèse pour le doctorat. Des Stipulations inutiles. De l'action en nullité et en rescission des conventions, par Henri Marie de Soussay ; Paris, 1857, in-8.

6269. Dissertatio inauguralis juridica de Testamento Inofficioso, quam solemni eruditorum examini submittit Joannes Baptista Speisser ; Argentorati, Heitz, 1784, in-4.

6270. De l'Adoption. Thèse pour le doctorat, par Ch. L. V. Edmond Stainville ; Paris, Moquet, 1857, in-8.

6271. Procancellarii Augusti Cornelii Stockmanni solemnia in auguralia (diversorum candidatorum); Chrestomathia juris Horatiana ; Lipsiæ, 1801-1814, in-4.

6272. Thèse pour le doctorat. Du Bénéfice d'inventaire, par Jules Édouard Tambour ; Paris, Gros, 1855, in-8.

6273. Disputatio juridica inauguralis de Juribus nondum natorum, quam pro gradu doctoris consequendo publico ac solemni omnium examini offert Albartus Telting; Groningæ, Oomkens, 1826, in-8.

6274. Dissertatio inauguralis juridica de Supplicio capitali et pœnis infamantibus e civitatum foris proscribendis, quam publice defendet Fridericus Car. Lud. Textor; Tubingæ, 1799, in 4.

6275. Observationes de notione et indole formulæ *Hoc jure utimur* scripsit et publice defendet Carolus Philippus Henricus Thierbach; Lipsiæ (1849), in-4.

6276. Dissertatio juridica inauguralis de Peculiari navium maritimarum dominio, quam pro gradu doctoratus consequendo eruditorum examini submittit Janus Gisbertus Thierry de Bye; Trajecti ad Rhenum, Bosch, 1837, in-8.

6277. Thèse pour le doctorat. De Mortis causa donationibus. Des partages d'ascendants, par Anne Georges Thureau; Paris, Jouaust, 1859, in-8.

6278. Thèse pour le doctorat. Droit romain, de la Société. Droit français, explication de la loi du 17 juillet 1856 sur les sociétés en commandite par actions, par Paul Thureau-Dangin; Paris, de Mourgues, 1861, in-8.

6279. Disputationem juridicam de Jure Fidejussorum publicæ eruditorum disquisitioni subjicit Benedictus Reichardt Tieffenbach; Francofurti ad Viadrum, Schrey, 1686, in-4.

6280. Delibationem Institutionum imperialium in alma Viadrina ad disputandum proponit Bened. Reichardt Tieffenbach; Francofurti, Schrey, 1692, in-4.

6281. Dissertatio juridica inauguralis de Patria Potestate, secundum novum codicem Neerlandicum, quam pro gradu doctoratus consequendo eruditorum examini submittit Gerbrandus Turk; S. Alter, 1838, in-8.

6282. Specimen juridicum inaugurale de Cessione Bonorum, quod pro gradu doctoratus consequendo eruditorum examini submittit Guillemus Renatus van Tuyll van Serooskerken; Trajecti ad Rhenum, Altheer, 1836, in-8.

6283. Quando dolus in Contractibus obveniens transitum dominii impediat; dissertatio inauguralis quam publice defendet Fridericus Guillelmus Uhlig; Lipsiæ, Tauchnitius, 1821, in-4.

6284. Disputatio inauguralis de Officio executoris ultimarum voluntatun, quam eruditorum examini submittit Adolphus Wilhelmus Uhlich; Francofurti, Schrey, 1692, in-4.

6285. Specimen juridicum inaugurale de libera Voluntate ad delictum contrahendum necessaria, quod pro gradu doctoratus consequendo publico examini submittit Christianus Guilielmus Everardus Vaillant; Amstelodami, Spin, 1837, in-8.

6286. Thèse pour le doctorat. Transmission de la propriété foncière, par Lucien Marie de Valroger; Paris, Gros, 1858, in-8.

6287. Thèse pour le doctorat. De la Cession ou vente des créances, par François Laurent Léon Varambon; Paris, Gros, 1856, in-8.

6288. Dissertatio juridica inauguralis de Lege ejusque interpretatione, quam eruditorum examini submittit Daniel Varlet; Lugduni Batavorum, Aa, 1744, in-4.

6289. Disputatio juridica inauguralis, de Conatu delinquendi e quo ipsum delictum prorsus enasci nequit, ejusque pœna, quam pro gradu doctoris consequendo publico examini offert Janus van der Veen; Groningæ, Smit, 1832, in-8.

6290. Thèse pour le doctorat. Usufruit, par A. Vellaud; Paris, Lacour, 1856, in-8.

6291. Specimen juridicum inaugurale de modo quo Hæredes et legatarii tum inter se tum ratione creditorum tenentur de debitis hereditariis, quod pro gradu doctoratus consequendo eruditorum examini submittit Gerardus Joannes Verloren; Trajecti ad Rhenum, 1835, in-8.

6292. Dissertatio juridica inauguralis de jure Superficiei, quam pro gradu doctoratus consequendo eruditorum examini submittit Leonardus Henricus Guilielmus Vermeer; Noviomagi, Haspels, 1837, in-8.

6293. Thèse pour le doctorat. De la Complicité, par Félix Voisin; Paris, Plon, 1858, in-8.

6294. Dissertatio inauguralis juridica de Jure Communi dubie atque difficulter definiendo, quam publico examini subjicit Christophorus Jacobus Voit a Berg; Altorfii, Meyerus, 1765, in-4.

6295. Dissertatio juridica inauguralis de constituendo Tutore, quam pro gradu doctoratus consequendo publico ac solemni examini submittit Justinus Cornelius Voorduin ; Trajecti ad Rhenum, Altheer, 1824, in-8.

6296. Dissertatio juridica de duplici legum quarumdam in Pandectis interpretatione, Jano Walckenaer auctore; Lugduni Batavorum, Van Hoogeveen, 1781, in-4.

6297. Historische Darstellung des französischen Erbrechts, von Adolph Warnkœnig; Basel, Schweighæuser, 1847, in-8.

6298. Specimen juridicum inaugurale de Legibus nonnullis per transpositionem verborum emendandis, quod pro gradu doctoratus consequendo eruditorum examini submittit Guillelmus Jacobus Te Water; Lugduni Batavorum, Luchtmans, 1790, in-4.

6299. Dissertatio juridica inauguralis de Emphyteusi, quam pro gradu doctoratus consequendo eruditorum examini submittit Henricus Mauritius van Weede; Trajecti ad Rhenum, Schultze, 1840, in-8.

6300. Disputatio juridica de prudentia Juris Romani ejusque principiis, quam in alma electorali Brandenburgica proponit Daniel Wegener; Francofurti ad Viadrum, Schrey, 1686, in-4.

6301. Disputatio juridica de jure Portuum, quam publicæ disquisitioni proponit Albertus Weger; Francofurti, Schrey, 1692, in-4.

6302. Dissertatio juridica inauguralis de Delictis a civibus extra civitatem suam commissis eorumque puniendorum ratione, quam pro gradu doctoratus capessendo examini submittit Joannes Wibrandus Wilhelmus Wens; Groningæ, Homkes, 1824, in-8.

6303. Disputatio inauguralis de Jure ad Rem, quam publicæ eruditorum examini submittit Caspar Heinrich Willmans; Francofurti, Schrey, 1692, in-4.

6304. Exercitatio academica ad locum codicis pœnalis Galli de Furtis, art. 379-401, quam publice defendet Fredericus Witteveen; Groningæ, Spoormaker, 1811, in-8.

6305. Dissertatio juridica inauguralis de Causa in conventionibus, quam pro gradu doctoratus consequendo publico examini submittit Arnoldus Albertus Guilielmus van Wulfften Palthe; Trajecti ad Rhenum, Bosch, 1840, in-8.

6306. Specimen juridicum inaugurale de jure succedendi Liberorum naturalium, imprimis utrum jus habeant ad portionem reservatam, quod pro gradu doctoratus consequendo eruditorum examini submittit Theodorus Guilielmus van Zuylen van Nyevelt; Trajecti ad Rhenum, Paddenburg, 1836, in-8.

6307. Specimen juridicum inaugurale de Confessione in causis civilibus, quod pro gradu doctoratus consequendo eruditorum examini submittit Jacobus Petrus Pompeius van Zuylen van Nyevelt; Trajecti ad Rhenum, Schultze, 1840, in-8.

MÉDECINE LÉGALE.

Traités divers.

6308. Michaelis Bernhardi Valentini corpus juris medico-legale, constans e Pandectis, Novellis et authenticis iatrico-forensibus; accedunt labyrinthi studii medici feliciter superandi, recitati ab auctoris filio Christophoro Bernhardo Valentini; Francofurti ad Mœnum, Adamus, 1722, in-fol.

6309. Pauli Zacchiæ Quæstionum medico-legalium tomi tres; editio observationibus aucta Joannis Danielis Horstii; Lugduni, Anisson, 1726, 3 tom. in 1 vol. in-fol.

6310. Institutiones Medicinæ legalis, auct. Friderico Bœrnero; Vitembergæ, 1756, in-8.

6311. Gottlieb Henrici Kannegiesseri institutiones Medicinæ legalis, cum præfatione Andreæ Eliæ Buchneri; Kiliæ Holsatorum, 1777, in-8.

6312. Josephi Jacobi Plenk elementa Medicinæ et chirurgiæ forensis; Viennæ, Graeffer, 1781, in-8.

6313. Mathiæ Michaëlis Sikora conspectus Medicinæ legalis, legibus Austriaco-provincialibus accommodatus; notis auxit Joannes Dionysius John; Dresdæ, Walther, 1792, in-4.

6314. Quelques réflexions sur la Médecine légale et sur son état actuel en France, par N. P. Gilbert; Paris, Willier, an IX, in-8.

6315. De la Médecine légale, par Vigné; Rouen, 1805, in-8.

6316. Médecine légale et police médicale de P. A. O. Mahom, avec notes de Fautrel; Paris, Méquignon l'aîné, 1811, 3 vol. in-8.

6317. Traité de Médecine légale et d'hygiène publique, ou de police de santé, par F. E. Foderé; Paris, Mame, 1813, 6 vol. in-8.

6318. Leçons de Médecine légale, par Orfila; Paris, Béchet, 1823, 2 vol. in-8.

6319. Traité de Médecine légale, par Orfila, suivi du Traité des exhumations juridiques; Paris, Béchet, 1836, 4 vol. in-8, avec atlas.

6320. Manuel complet de Médecine légale, par Jh. Briand et J. X. Brosson; Paris, Chaudé, 1828, in-8.

6321. Même ouvrage, même édition.

6322. Manuel complet de Médecine légale, par J. Briand, Ernest Chaudé, avec un Traité élémentaire de chimie légale, par Gaultier de Claubry; Paris, Neuhaus, 1852, in-8.

6323. Manuel complet de Médecine légale, ou Résumé des meilleurs ouvrages publiés sur cette matière, par J. Briand et Ernest Chaudé, avec un Traité élémentaire de chimie légale, etc., par H. Gaultier de Claubry; Paris, Baillière, 1863, in-8.

6324. Médecine légale théorique et pratique, par Alph. Devergie, avec le texte et l'interprétation des lois relatives à la médecine légale, revus et annotés par J. B. F. Dehaussy de Robecourt; Paris, G. Baillière, 1840, 3 vol. in-8.

6325. Médecine légale théorique et pratique, par Alph. Devergie, avec le texte et l'interprétation des lois relatives à la médecine légale, revus et annotés par J. B. F. Dehaussy de Robecourt; Paris, Germer-Baillière, 1852, 3 vol. in-8.

6326. A practical treatise on Medical jurisprudence, by J. Chitty; Philadelphia, Carey, 1835, in-8.

6327. Des Maladies mentales, considérées sous les rapports médical, hygiénique et médico-légal, par E. Esquirol; Paris, Baillière, 1838, 2 vol. in-8.

6328. Du Degré de compétence des médecins dans les questions judiciaires relatives aux aliénations mentales, et des théories physiologiques sur la monomanie homicide, suivis de nouvelles réflexions sur le suicide, la liberté morale, etc., par Elias Regnault; Paris, Baillière, 1830, in-8.

6329. Médecine légale hippiatrique, abrégé de la pratique vétérinaire, ou Guide du commerce des animaux domestiques, par F. Jauze; Paris, Fremont-Pernet, 1838, in-8.

6330. Nouveau traité des vices redhibitoires et de la garantie dans les ventes et échanges d'animaux domestiques, ou Jurisprudence vétérinaire, par Galisset et J Mignon; Paris, Béchet, 1842, in-8.

6331. Traité de jurisprudence vétérinaire, suivi d'un traité de médecine légale sur les blessures qui peuvent survenir en chemins de fer, par A. Rey; Paris, Savy, 1865 (1864), in-8.

6332. Dissertatio juridica inauguralis de legibus et institutis in commodum mente alienatorum, quam pro gradu doctoratus solemni examini submittit Janus Schrœder; Trajecti ad Rhenum, C. van der Post, 1838, in-8.

6333. Médecine légale relative aux aliénés et aux sourds-muets, ou les Lois appliquées aux désordres de l'intelligence, par J. C. Hoffbauer, traduit de l'allemand par A. M. Chambeyron, avec notes par Esquirol et Itard; Paris, Baillière, 1827, in-8.

6334. Disputatio juridica de Medicis, quam disquisitioni exhibet publicæ Frideric Movius; Francofurti ad Viadrum, Schrey, 1686, in-4.

6335. Dissertatio inauguralis medico-physiologica sistens historiam veneni Upas Antiar, quam publico examini submittit Joannes Schnell; Tubingæ, 1815, in-8.

6336. De l'Influence de la morale publique et de la médecine légale sur le jugement par jury, par P. P. Guélon-Marc (de Troyes); Paris, Didot, 1814, in-8.

6337. Etude médico-légale sur les attentats aux mœurs, par Ambroise Tardieu; Paris, Baillière, 1859, in-8.

6338. Traité philosophique et physiologique de l'hérédité naturelle dans les états de santé et de maladie, par le docteur Prosper Lucas; Paris, Baillière, 1847-1850, 2 vol. in-8.

6339. De l'Avortement provoqué, considéré au point de vue médical, théologique et médico-légal, par C. C. Brillaud-Laujardière; Paris, Durand, 1862, in-8.

6340. Observations médico-légales sur la strangulation, par A. E. Duchesne; Paris, Ch. Baillière, 1845, in-8.

6341. Consultation médico-légale sur un cas de blessure par arme à feu, par le docteur Ollivier (d'Angers); Paris, Baillière, 1839, in-8.

6342. Même ouvrage, même édition.

6343. Quelques réflexions sur les empoisonnements en matière criminelle, par Sylvain Eymard; Paris, Béchet, 1824, in-8.

6344. Essai médico-légal sur l'empoisonnement et sur les moyens que l'on doit employer pour le constater, par N. Leclerc; Paris, Levrault, 1803, in-8.

6345. Considérations médico-légales sur une accusation d'empoisonnement par le sublimé corrosif, par Chaussier; Paris, Didot, 1811, in-8.

6346. Mémoire sur un empoisonnement par l'opium, par Edouard Petit; in-8.

6347. Rapport médico-légal contre un soupçon d'empoisonnement, présenté à la Cour d'assises de l'Aude par le docteur Molinier; Carcassonne, Labau, 1823, in-8.

6348. Considérations médico-légales sur une accusation d'empoisonnement par l'acétate de morphine (1824); in-8.

6349. Recherches et expériences sur les effets de l'acétate de morphine, par Deguise fils, Dupuy et Leuret; Paris, Crevot, 1824, in-8.

6350. Réfutation de la discussion médico-légale du docteur Michu sur la monomanie homicide, par N. Grand; Paris, Gabon, 1826, in-8.

6351. Examen médico-légal des causes de la mort de S. A. R. le prince de Condé, par le docteur Marc; Paris, Crochard, 1831, in-8.

JUSTICE MILITAIRE.

Traités divers.

6352. Johannis Voët de jure militari liber singularis; Bruxellis, T'Serstevens, 1728, in-8.
6353. Traicté de la justice militaire en France, par Guillaume Joly; Paris, L'Angelier, 1598, in-12.
6354. Code militaire, ou recueil méthodique des décrets relatifs aux troupes de ligne et à la gendarmerie nationale; Paris, Prault, 1793. 4 vol. in-8.
6355. Législation militaire, par H. Berriat; Alexandrie, Capriolo, 1812-1817, 6 vol. in-8.
6356. Traité de la procédure criminelle devant les tribunaux militaires et maritimes de toute espèce, par J. M. Le Graverend; Paris, Garnery, 1808, in-8.
6357. Le Guide des juges militaires, par J. B. Perrier; Paris, Magimel, 1813, in-8.
6358. Manuel des conseils de guerre, par L. J. G. de Chénier; Paris, Anselin, 1831, in-8.
6359. Guide des tribunaux militaires, ou législation criminelle de l'armée, par L. J. G. de Chénier; Paris, Anselin, 1838, 2 vol. in-8.
6360. Code pénal militaire, par Charles Duez; Paris, 1847, in-18.
6361. Code de justice militaire pour l'armée de terre, exposé des motifs, Code d'instruction criminelle et Code pénal annoté, lois organiques de l'armée, etc., etc., par Louis Tripier; Paris, Mayer, 1857, in-8.
6362. Droit pénal et discipline militaire, ou codes militaires annotés, par Adolphe Bosch; Bruxelles, 1837, in-8.
6363. Commentaire sur le code de justice militaire, pour l'armée de terre, par Victor Foucher; Paris, Didot, 1858, in-8.

6364. Code de l'officier, par Durat-Lasalle; Paris, Delloye, 1839, in-8.

6365. Corps de droit pénal militaire, par P. A. F. Gérard; Bruxelles, Van-Dale, 1847, in-8.

DROIT COMMERCIAL.

Recueils, Dictionnaires, Journaux.

6366. De Mercatura decisiones et tractatus varii et de rebus ad eam pertinentibus; Coloniæ, Corn. ab Egemont, 1622, in-fol.

6367. Benevenuti Stracchæ aliorumque juris-consultorum de mercatura, cambiis, sponsionibus, creditoribus, etc., decisiones et tractatus varii, ad quorum calcem nunc accessere ejusdem B. Stracchæ de assecurationibus, proxenetis atque proxeneticis tractatus duo; Amstelodami, Schipper, 1669, in-fol.

6368. Sigismundi Scacciæ tractatus de commerciis et Cambio; Francofurti ad Mœnum, Zunnerus, 1648, in-fol.

6369. Tractatus politico-juridicus de jure mercatorum et commerciorum singulari, authore Johanne Marquardo; Francofurti, Gotzius, 1662, 2 tom. in 1 vol. in-fol.

6370. Documenta commercialia, sive tractatus de jure mercatorum et commerciornm singulari pars posterior, complectens instrumenta literaria privilegiorum per Galliam, Hispaniam, Lusitaniam, Angliam, etc., collectore Johanne Marquardo; Francofurti, Gotzius, 1663, in-fol.

6371. Collection de lois maritimes antérieures au xviiie siècle, par J. Pardessus; Paris, Imprimerie royale, 1828-1845, 6 vol. in-4.

6372. Us et coutumes de la mer, divisés en 3 parties (par Cleirac); Bourdeaux, Millanges, 1647, in-4.

6373. Biblioteca di Gius Nautico, contenente le leggi delle piu culte nazioni, ed i migliori trattati; il tutto tradotto in lingua italiana (per Francesco Rau, Aless. Rivani, Gasp. Sella); in Firenze, 1785, 2 vol. in-4.

6374. Della Giurisprudenza marittima-commerciale antica e moderna, trattato dell' avvocato Luigi Piantanida; Milano, Gio. Gius. Destefanis, 1806, 4 vol. in-4.

6375. Dictionnaire universel de commerce, par Jacques Savary des Bruslons, continué sur les mémoires de l'auteur et publié par Philémon Louis Savary; Paris, Estienne, 1741, 3 vol. in-fol.

6376. Annales universelles de la législation et de la jurisprudence commerciales, avec une chronique des lois, ordonnances et arrêts en toute matière, par Roger, Garnier et F. Roger; Paris, Dufart, 1824-1829, 6 vol. in-8.

6377. Répertoire du droit commercial, ou Recueil mensuel des arrêts rendus par la Cour de cassation et les cours d'appel du royaume, en matière commerciale, et des lois, ordonnances et décisions relatives au commerce, par F. M. Patorni, Ad. Crémieux, et par une société de jurisconsultes et de greffiers près les diverses cours; Paris, 1830-1835, 8 vol. in-8.

6378. Dictionnaire de droit commercial, par Goujet et Merger; Paris, Joubert, 1845-1846, 4 vol. in-8.

6379. Le Consultant, journal de droit usuel et de jurisprudence commerciale et industrielle, par un comité d'avocats sous la direction de Barthe Marcel; Paris, 1838, in-8.

6380. Journal de jurisprudence commerciale et maritime, fondé par Girod et Clariond, continué par A. Second, A. Aicard, E. Clariond; Marseille, Brebion, Olive, 1820-1864, 42 vol. in-8.

6381. Mémorial du commerce et de l'industrie, par Clairfond et Lainné; Paris, 1837-1860, 48 vol. in-8.

6382. Journal des tribunaux de commerce, par Teulet et Camberlin; 1852-1864, 13 vol. in-8.

6383. Le Droit Commercial français et étranger; Paris, 1862-1863, in-4.

Ancien Droit français.

Traités divers.

6384. Nouveau commentaire sur l'ordonnance du commerce de mars 1673, par M. (Jousse); Paris, Debure, 1756, in-12.

6385. Nouveau commentaire sur l'ordonnance du commerce du mois de mars 1673, par M. (Jousse); Paris, Debure, 1761, in-12.

6386. Commentaire sur l'ordonnance du commerce du mois de mars 1673, par Jousse, avec des notes et explications coordonnant l'ordonnance, le commentaire et le Code de commerce, par V. Bécane, suivi du traité du contrat de change, par Dupuy de La Serra; Poitiers, Loriot, 1828, in-4.

6387. Exercice des commerçans, contenant des assertions consulaires sur l'édit de novembre 1563, le titre XVI de l'ordonnance d'avril 1667, ensemble sur l'édit de janvier 1718 portant établissement d'une juridiction consulaire à Valenciennes, etc..., par (P. J. Nicodème); Paris, Valade, 1776, in-4.

6388. Les Institutes du droit consulaire, ou les Éléments de la jurisprudence des marchands, par Jean Toubeau; Bourges, chez l'auteur, 1682, in-4.

6389. Le Praticien des juges et consuls, ou Traité du commerce de terre et de mer; Paris, Prault, 1742, in-4.

6390. Le Parfait négociant, ou Instruction générale pour ce qui regarde le commerce des marchandises de France et des pays étrangers, par Jacques Savary, enrichi d'augmentations par Jacques Savary des Bruslons, édition revue et augmentée par Philemont-Louis Savary; Paris, Estienne, 1757-1770, 2 vol. in-4.

6391. Instruction sur les affaires contentieuses des négociants; Paris, Leclerc, 1786, in-12.

6392. Jurisprudence consulaire et instruction des négociants, par Rogue; Angers, Jahyer, 1773, 2 vol. in-12.

6393. Recueil de réglemens concernant le commerce des isles et colonies françoises de l'Amérique; Paris, 1744, in-24.
6394. Traité des assurances et contrats à la grosse, par Balthazard Marie Emérigon; Marseille, Mossy, 1783, 2 vol. in-4.

Nouveau Droit français.

Code de commerce, texte et commentaires. Traités généraux.

6395. Dissertation sur le commerce et sa législation, par Berryer père; Paris, Mongie, 1829, in-8.
6396. Projet de Code du commerce présenté par la commission nommée par le gouvernement le 13 germinal an IX; Paris, Baudouin, an X, in-8.
6397. Projet de Code de commerce, présenté par la commission nommée par le gouvernement; an X. — Révision du projet, par Gorneau, Legras et Vital Roux, commissaires; an XI. — Observations de la chambre de commerce de Paris; in-4.
6398. Observations des tribunaux de cassation et d'appel, des tribunaux et conseils de commerce sur le projet de Code de commerce; Paris, impr. de la République, an XI, 2 tom. en 3 vol. in-4.
6399. Même ouvrage, même édition.
6400. Projet de révision ou de réforme de l'édit de mars 1673, appelé l'ordonnance du commerce. — Observations de la chambre de commerce de Paris sur la révision du projet de Code de commerce. — Observations du tribunal d'appel d'Aix. — Observations du tribunal et conseil de commerce de Lyon; in 4.
6401. Observations sur le Code de commerce. Tribunal et conseil de commerce de Lyon; in-4.
6402. Révision du projet de Code du commerce, précédée de l'analyse raisonnée des observations du tribunal de cassation, des tribunaux d'appel et des tribunaux et conseils de commerce, par Gorneau, Legras et Vital Roux,

membres de la commission du Code de commerce; Paris, an XI, in-4.

6403. Code de commerce, édition officielle, suivi de l'exposé des motifs; Paris, Imprimerie impériale, 1807, in-4.

6404. Code de commerce; Paris, Imprimerie impériale, 1807, in-32.

6405. Code de commerce; Paris, Imprimerie impériale, 1807, in-8.

6406. Procès-verbaux du Conseil d'Etat, contenant la discussion du projet de Code de commerce; Paris, Imprimerie impériale, 1813, 2 vol. in-4.

6407. Même ouvrage, même édition.

6408. Code de commerce, avec le rapprochement du texte des articles du Code Napoléon qui y ont rapport, suivi d'une table analytique, par un jurisconsulte qui a concouru à la confection de ces codes (Favard de Langlade); Paris, Firmin Didot, 1807, 2 tomes en 1 volume in-12.

6409. Lois commerciales, par Dupin (aîné); Paris, Guillaume, 1820, in-8.

6410. Corps des lois commerciales, ou Recueil complet des lois et règlements généraux, édits, ordonnances, etc..., actuellement en vigueur sur le commerce intérieur et maritime de la France, par P. I. Rouen, continué par Vincent; Paris, Videcocq, 1839, 2 vol. in-8.

6411. Codes annotés de Sirey, par P. Gilbert, avec le concours, pour la partie criminelle, de M. Faustin Hélie et de M. Cuzon. — Code de commerce. — Paris, Cosse, 1852, in-4.

6412. Esprit du Code de commerce, par J. G. Locré; Paris, Garnery, 1811, 2 vol. in-4.

6413. Esprit du Code de commerce, par J. G. Locré; Paris, Garnery, 1811-1813, 9 vol. in-8.

6414. Esprit du Code de commerce, ou Commentaire de chacun des articles du code, d'après les procès-verbaux inédits du Conseil d'Etat, les observations des sections de législation et de l'intérieur du tribunal, etc., par Locré; Paris, Dufour et C°, 1829, 4 vol. in-8.

6415. Code de commerce, avec des notes explicatives rédigées par une société de jurisconsultes; Paris, Gratiot, 1820, 2 vol. in-8.

6416. Cours de droit commercial, par J. M. Pardessus; Paris, Garnery, 1814-1816, 4 vol. in-4.
6417. Cours de droit commercial, par J. M. Pardessus; Paris, Nève, 1831, 5 vol. in-8.
6418. Cours de droit commercial, par J. M. Pardessus; Paris, Nève, 1841, 6 vol. in-8.
6419. Même ouvrage, même édition.
6420. Exposition raisonnée de la législation commerciale et examen critique du Code de commerce, par Emile Vincent; Paris, Barrois, 1821, 3 vol. in-8.
6421. Institutes de droit commercial français, par Delvincourt; Paris, Delestre, 1823, in-8.
6422. Institutes de droit commercial français, avec des notes explicatives du texte, par Delvincourt; Paris, Videcoq, 1834, 2 tomes en 1 vol. in-8.
6423. Cours de droit commercial et maritime, d'après les principes et suivant l'ordre du Code de commerce par P. S. Boulay-Paty; Rennes, Cousin, 1821, 4 vol. in-8.
6424. Analyse raisonnée du Code de commerce, par Mongalvy et Germain; Paris, Renard, 1824, 2 vol. in-4.
6425. Code de commerce expliqué par la jurisprudence, par G. F. Dageville; Paris, Béchet, 1828, 4 vol. in 8.
6426. Etudes de jurisprudence commerciale, par A. G. F. Gautier, avec une notice sur sa vie, par Dupin aîné; Paris, Pissin, 1829, in-8.
6427. Etudes de droit commercial, par A. Fremery; Paris, Alex. Gobelet, 1833, in-8.
6428. Manuel de droit commercial, par P. Bravard-Veyrières; Paris, Joubert, 1838, in-8.
6429. Manuel de droit commercial, par P. Bravard-Veyrières; Paris, Joubert, 1840, in-8.
6430. Traité de droit commercial, cours professé par Bravard-Veyrières, publié par Ch. Demangeat; Paris, Marescq, 1862, 3 vol. in-8.
6431. Cours de droit commercial français, par Thieriet; Paris, Hingray, 1841, in-8.
6432. Le Droit commercial dans ses rapports avec le droit des gens et le droit civil, par G. Massé; Paris, Guillaumin, 1844-1847, 6 vol. in-8.
6433. Le Droit commercial dans ses rapports avec le droit des

gens et le droit civil, par G. Massé; Paris, Guillaumin, 1861-1862, 4 vol. in-8.

6434. Traité de droit commercial, par J. V. Molinier; Paris, Joubert, 1846, in-8.

6435. Eléments du droit commercial, ou commentaire sur le Code de commerce, suivi d'un formulaire contenant le modèle de tous les actes qui peuvent être faits sous signature privée, par Henri Thiercelin; Paris, Durand, 1845, in-8.

6436. Commentaire de la législation commerciale, suivi d'un formulaire d'actes, par Pascal Bonnin; Paris, 1845, in-8.

6437. Précis de droit commercial, par Pradier-Fodéré; Paris, Moquet, 1854, in-12.

6438. Commentaire du Code de commerce et de la législation commerciale, par Isidore Alauzet; Paris, Cosse et Marchal, 1856-1857, 4 vol. in-8.

6439. Code de procédure commerciale mis en rapport avec la doctrine et la jurisprudence, suivi des lois organiques et des dispositions réglementaires concernant les tribunaux de commerce, par Emile Cadrès; Paris, Videcoq, 1844, in-8.

6440. Traité du contrat de commission, par MM. Delamarre et Le Poitvin; Paris, 1840-1846, 6 vol. in-8.

6441. Traité théorique et pratique de droit commercial, comprenant, dans un ordre nouveau, l'ouvrage publié sous le titre de : Du contrat de commission, par Delamarre et Le Poitvin; Paris, Hingray, 1861, 6 volumes in-8.

6442. Le Parfait négociant, par Julien-Michel Dufour; Paris, Collin, 1809, 2 vol. in-8.

6443. Dictionnaire du contentieux commercial, par L. M. Devilleneuve et G. Massé; Paris, Pouleur, 1839, in-8.

6444. Manuel du contentieux commercial, ou Guide pratique du commerçant; Paris, Marescq, 1854, in-18.

6445. Guide pratique du commerçant, ou le Droit commercial mis à la portée de tout le monde, par X. Monnier; Paris, Marescq, 1856, in-18.

6446. Manuel des tribunaux et des arbitres en matière de commerce et de manufactures, par Lavaux; Paris, Longchamps, 1813, in-12.

6447. Manuel des courtiers de commerce, ou exposé complet de la législation et de la jurisprudence concernant les courtiers de marchandises, d'assurances, interprètes, etc., suivi d'un commentaire et contenant les modèles de marchés et de police d'assurances, suivis sur la place de Paris, etc., par Durand-Saint-Amand; Paris, Renard, 1845, in-8.

6448. Nouveau manuel des courtiers de commerce, publié par les soins de la chambre syndicale des courtiers de marchandises et des courtiers d'assurances près la Bourse de Paris; Paris, Duverger, 1853, in-8.

6449. Manuel des juges de commerce, ou recueil de documents, édits, lois, décrets, etc..., concernant la juridiction commerciale, suivi d'un formulaire, par Gasse, édition précédée de la comptabilité centrale des faillites établie au tribunal de commerce de la Seine, par Ch. Janets; Paris, Videcoq, 1852, in-8.

Traités spéciaux.

6450. Questions sur le Code de commerce, ou Recueil des articles de jurisprudence commerciale insérés dans le Journal du Commerce, depuis 1823 jusqu'en 1829, par Horson; Paris, Renard, 1829, 2 vol. in-8.

6451. Code de commerce (questions diverses sur la juridiction commerciale, le commerce maritime, les sociétés, les faillites, etc., etc.), par V. Bécane. Paris, 1846, 1849, in-8.

6452. Questions commerciales, par D. L. Rodet; Paris, 1828, in-8.

6453. Des actes de commerce, par François Beslay; Paris, Cosse, 1865, in-8.

6454. Modifications des dispositions du code civil en matière de commerce, mises en rapport avec la doctrine et la jurisprudence, par Émile Cadrès; Paris, Videcoq, 1845, in-8.

6455. Guide commercial des constructeurs mécaniciens, des fabricants et des chefs d'industrie, par F. Coré; Paris, Firmin Didot, 1860, in-8.

6456. Des industries similaires; de la concurrence entre locataires d'une même maison, par Paul Bezout; Paris, 1863, in-8.

6457. La science des négociants et teneurs de livres, par feu Delaporte; nouvelle édition entièrement refondue par Boucher; Bordeaux, Pellier-Lawalle, an VIII, in-4.

6458. Nouvelles études sur la comptabilité commerciale, industrielle et agricole, par A. Monginot; Paris, 1854, in-8.

6459. Du compte-courant, par J. F. P. Noblet; Paris, Videcoq, 1848, in-8.

6460. Des sociétés commerciales, par E. Persil; Paris, Nève. 1833, in-8.

6461. Traité des sociétés commerciales, accompagné d'un précis de l'arbitrage forcé et suivi de modèles de divers genres d'acte de sociétés commerciales, par Malepeyre et Jourdain; Paris, Mansut, 1833, in-8.

6462. Des sociétés par actions, par L. Wolowski; Paris, 1838, in-8.

6463. Des sociétés commerciales, par Delangle; Paris, Joubert, 1843, 2 vol. in-8.

6464. Des sociétés en commandite par actions; commentaire de la loi du 17 juillet 1856, par Vavasseur; Paris, Cosse, 1856, in-8.

6465. Droit commercial; commentaire du Code de commerce; des sociétés, par J. Bédarride; Paris, Durand, 1856, 2 vol. in-8.

6466. Commentaire des lois des 17-23 juillet 1856 sur l'arbitrage forcé et les sociétés en commandite par actions, par J. Bédarride; Paris, Durand, 1857, in-8.

6467. Commentaire de la loi du 17 juillet 1856 sur les sociétés en commandite par actions, suivi de la législation sur les sociétés civiles et commerciales, par Louis Tripier; Paris, Mayer-Odin, 1856, in-8.

6468. Commentaire de la loi sur les sociétés en commandite par actions et de la loi sur l'arbitrage forcé, par Romiguière; Paris, Cosse, 1856, in-8.

6469. Explication analytique et synthétique des lois nouvelles sur les commandites par actions, l'arbitrage forcé et les concordats par abandon, par P. Bravard-Veyrières; Paris, Cotillon, 1857, in-8.

6470. Explication de la loi du 17 juillet 1856, relative aux sociétés en commandite par actions, par H. F. Rivière; Paris, Marecsq, 1857, in-8.

6471. Essai sur la société en commandite, contenant l'exposé de la législation actuelle et la solution des principales questions de jurisprudence en cette matière, par Victor Quatre-Solz de Marolles; Paris, Cosse et Marchal, 1862, in-8.

6472. Une réforme urgente, liberté des sociétés par actions, par A. Vavasseur; Paris, Cosse, 1861, in-8.

6473. Des sociétés à responsabilité limitée: formulaire avec commentaire de la loi du 5 mai 1863, par Vavasseur; Paris, 1863, in-8.

6474. Du projet de loi sur les sociétés, par A. Vavasseur; Paris, Marescq, 1863, in-8.

6475. Commentaire de la loi sur les sociétés à responsabilité limitée, par Romiguière; Paris, Cosse, 1863, in-8.

6476. Des sociétés commerciales en France, et du projet de loi sur les sociétés à responsabilité limitée, par A. Moullart et A. Ravelet; Paris, Dubuisson, 1863, in-8.

6477. La Bourse, ses opérateurs et ses opérations appréciées au point de vue de la loi, de la jurisprudence et de l'économie politique et sociale, par M. Jeannot Bozerian; Paris, Dentu, 1859, 2 vol. in-8.

6478. Bourses de commerce, agents de change et courtiers, par Mollot; Paris, Delaunay, 1831, in-8.

6479. Bourses de commerce, agents de change et courtiers, par Mollot; Paris, Cotillon, 1853, in-8.

6480. Des commissionnaires et des achats et ventes, par Eugène Persil et Edouard Croissant; Paris, Joubert, 1836, in-8.

6481. Des droits et des obligations des divers commissionnaires ou de la commission en matière d'achats et ventes, par Louis Pouget; Paris, Durand, 1857-1858, 4 vol. in-8.

Incomplet.

6482. Droit commercial; Commentaire du Code de commerce (titres V, VI, VII), par J. Bédarride; Paris, Durand, 1862, 3 vol. in-8.

6483. Commentaire sur les ventes publiques de marchandises neuves, par les rédacteurs des *Annales de la science des juges de paix;* Paris, 1841, in-8.

6484. Commentaire de la loi du 5 juillet 851 sur les ventes

publiques volontaires des fruits, récoltes, bois, etc., etc., par Le Hir; Paris, 1851, in-8.

6485. Législation, jurisprudence et usages du commerce des céréales, par Victor Emion; Paris, Guillaumin et Ce, 1854, in-8.

6486. Traité des magasins généraux (docks) et des ventes publiques de marchandises en gros, par N. Damaschino, avocat, avec une introduction par Maurice Block; Paris, Guillaumin, 1860, in-8.

6487. Du droit des évêques sur les livres d'église, par Dumesnil; Paris, Joubert, 1847, in-8.

6488. Du droit des évêques sur les livres d'église, par Teyssier-Desfarges; Paris, Joubert, 1847, in-8.

6489. Traité du contrat et des lettres de change, par billets à ordre et autres effets de commerce, par Pardessus; Paris, Nicole, 1809, 2 vol. in-8.

6490. De la lettre de change et du billet à ordre, par Eugène Persil; Paris, Joubert, 1837, in-8.

6491. Des lettres de change et des effets de commerce en général, par Louis Nouguier; Paris, Hingray, 1839, 2 vol. in-8.

6492. Des lettres de change et des effets de commerce, par Louis Nouguier; Paris, Durand, 1851, 2 vol. in-8.

6493. Des lettres de change, d'après le Code de commerce et le nouveau projet de loi pour l'Allemagne, par M. Bergson, docteur en droit; Paris, Joubert, 1848, in-8.

6494. Code maritime, ou Lois de la marine marchande, par A. Beaussant; Paris, Legrand, 1840, 2 vol. in-8.

6495. Principes de droit maritime suivant le Code de commerce français, par Louis Pouget; Paris, Durand, 1858, 2 vol. in-8.

6496. Droit maritime. Commentaire des titres I et II, livre II, du Code de commerce, par Edmond Dufour; Paris, Durand, 1859, 2 vol. in-8.

6497. Même ouvrage, même édition.

6498. Des armateurs et des propriétaires de navires, résumé de la législation et de la jurisprudence qui les concernent, par L. Le Hir; Paris, Joubert, 1843, in-18.

6499. Code-Manuel des armateurs et des capitaines de la marine marchande, par V. Toussaint; Paris, Ménard, 1861, in-8.

6500. Jupisprudence et doctrine en matière d'abordage, ou Commentaire pratique des art. 407, 435 et 436 du Code de commerce, par Sibille; Nantes, Forest, 1853, in-8.

6501. Législation, doctrine et jurisprudence sur l'abordage maritime, par Aldrick Caumont; Par's, Durand, 1863, (1864), in-8.

6502. Dictionnaire des assurances terrestres, par Louis Pouget; Paris, Durand, 1855, 2 vol. in-8.

6503. Journal des assurances, par Louis Pouget, avocat; Paris, Penaud, 1850-1862, 14 tom. in-8.

6504. Traités des principes d'indemnités en matière d'assurances maritimes et de grosse aventure sur navires et marchandises, et de leur application usuelle à l'exécution des contrats de cette nature et au règlement de tous les droits qui peuvent en résulter, par William Benecke; traduit et augmenté d'un commentaire par Dubernad; Paris, Renard, 1825, 2 vol. in-8.

6505. Traité des assurances terrestres et de l'assurance sur la vie des hommes, suivi d'un appendice renfermant les statuts des principales compagnies françaises d'assurance et les polices des principales compagnies françaises et étrangères, par Grün et Joliat; Paris, 1828, in-8.

6506. Traité des assurances terrestres, par Quenault; Paris, Warée, 1828, in-8.

6507. Même ouvrage, même édition.

6508. Traité des avaries particulières sur marchandises, dans leurs rapports avec le contrat d'assurance maritime, par Jules Delaborde; Paris, Renard, 1838, in-8.

6509. Traité général des assurances maritimes, terrestres, mutuelles et sur la vie, par Isidore Alauzet; Paris, Cosse, 1843, 2 vol. in-8.

6510. Traité et Questions sur les assurances maritimes, par Laget de Podio; Marseille, 1847, 2 vol. in-8.

6511. Manuel général des assurances, ou Guide pratique des assureurs et des assurés, par Emile Agnel; Paris, Cosse, 1861, in-18.

6512. Des faillites et banqueroutes, suivi du titre de la revendication en matière commerciale et de quelques observations sur la déconfiture, par P. S. Boulay-Paty; Paris, Béchet, 1825, 2 vol. in-8.

6513. Traité des faillites et banqueroutes, suivi de quelques observations sur la déconfiture, par Boulay-Paty, refondu et mis en harmonie av. c la loi de 1838, précédé d'un précis historique sur Boulay-Paty par J. M. Boileux; Paris, Videcoq, 1849, 2 vol. in-8.

6514. Des faillites, et des réformes dont cette matière paraît susceptible, par J. B. Romiguière; Paris, Videcoq, 1838, in-8.

6515. Avant-propos à la discussion d'une nouvelle loi sur les faillites, par Horace Say; Paris, Guillaumin, 1837, in-8.

6516. Même ouvrage, même édition.

6517. Commentaire analytique de la loi du 8 juin 1838, sur les faillites et banqueroutes, par A. F. Lainné; Paris, Videcoq, 1839, in-8.

6518. Traité des faillites et banqueroutes, par Augustin Charles Renouard; Paris, Guillaumin, 1842, 2 vol. in-8.

6519. Traité des faillites et banqueroutes, par Augustin Charles Renouard; Paris, Guillaumin, 1857, 2 vol. in-8.

6520. Traité des faillites et banqueroutes, par J. Esnault; Paris, Videcoq, 1843, 3 vol. in-8.

6521. Traité des faillites et banqueroutes, par J. Bédarride; Paris, Guilbert, 1844, 2 vol. in-8.

6522. Traité des faillites et banqueroutes, ou Commentaire de la loi du 28 mai 1838, par J. Bédarride; Paris, Durand, 1862, 3 vol. in-8.

6523. Code des faillites, par A. Franque et H. Cauvin; Paris, Paulin (1842), in-18.

6524. De la faillite, ver rongeur de la société, par madame M. C. Goldsmid; Paris, Lacrampe, 1846, in-8.

6525. Code pratique des faillites, par L. Geoffroy; Paris, Durand, 1853, in-8.

6526. Annuaire des faillites déclarées par le tribunal de commerce de la Seine, par A. Lepage, 1862; Paris, Godement (1864), in-8.

Droit commercial étranger.

Traités divers.

6527. Disputatio juridica de Societate innominata cum collegiis et universitatibus juris antiqui non confundenda, quam ad publicam disceptationem proponit David Abraham Portielje; Amstelædami, Groebe, 1834, in-8.

6528. Leges Comperarum S. Georgii (studio Felicis Spinulæ collectæ); Genuæ, Scionicus, 1698, in-fol.

6529. Decisiones Rotæ novæ et antiquæ, cum additionibus, casibus dubiis et regulis cancellariæ apostolicæ diligentissime emendatæ; Lugduni, Claudius d'Avost, 1509, in-4.

6530. S. Rotæ Romanæ Decisionum centuriæ duæ, quarum utraque materiam labyrinthi creditorum illustrat; Lugduni, Anisson, 1665, in-fol.

6531. Regolamento provisorio di commercio finora vicente nelle provincie di seconda ricupera, e modificato secondo le prescrizioni dell' editto del primo guigno 1821, del card. secretario di stato, da osservarsi in toto lo Stato Pontificio fino alla publicatione et allivazione del' nuevo codice di commercio; Roma, 1821, in-8.

6532. Josephi Laurentii Mariæ de Casaregis discursus legales de commercio, necnon Consulatus maris, cum explicatione ejusdem authoris, ultra brevem tractatum de Avariis Quintini Weytsen; Florentiæ, Tartinius, 1719, 2 tom. in 1 vol. in-fol.

6533. Josephi Laurentii Mariæ de Casaregis discursus legales de commercio, necnon tractatus de Avariis Quintini Weytsen; Venetiis, Balleonius, 1740, 4 tom. in 3 vol. in-fol.

6534. Antonii Heringii tractatus de Fidejussoribus, additis tractatibus Hippolyti de Marsiliis, Guillelmi a Cuneo et Petri Santernæ in eadem et affini materia; Genevæ, Chouët, 1675, in-fol.

6535. Johannis Loccenii de Jure maritimo et navali libri tres; Holmiæ, Jansonius, 1650, in-12.

6536. Ansaldi de Ansaldis discursus legales de commercio et mercatura, cui adjecti sunt Benevenuti Straccha tractatus duo de assecurationibus et proxenetis atque proxeneticis; Coloniæ Allobrogum, de Tournes, 1751, in-fol.

6537. Hect. Felicii tractatus de communione, seu societate, deque lucro item ac quæstu, cum notis et additionibus H. Boxelii; Genevæ, Chouët, 1677, in-4.

6538. Leggi e costumi del cambio. ossia trattato sulle lettere di cambio del conte Pompeo Baldasseroni; in Venezia, Zatta, 1805, in-4.

6539. De assecuratione maritima. Dissertatio inauguralis, quam pro summis in jure honoribus obtinendis publico eruditorum examini submittit Joachimus Dehn; Gœttingæ, Barmeierus (1788), in-4.

6540. Francisci Salgado de Somoza Labyrinthus creditorum concurrentium ad litem per debitorem communem inter illos causatam, cui accesserunt Decisionum centuriæ duæ, prior ab Andrea Cesolio, posterior a Nicolao Antonio; Lugduni, Anisson, 1672, in-fol.

6541. Code de commerce et loi de procédure sur les affaires et causes de commerce du royaume d'Espagne, trad. par Victor Foucher; Rennes, Blin, 1838, in-8.

6542. Codigo commercial portuguez; Porto, 1836, in-8.

6543. Consuetudo, vel lex mercatoria, or the antient Law-Merchant, by Gerard Malynes; London, Islip, 1636, in-fol.

6544. The merchants Mirrour, or directions for the perfect ordering and keeping of his accounts, by Richard Dafforne; London, 1651, in-fol.

6545. The laws, ordinances, and institutions of the admiralty of Great Britain, civil and military; London, Owen, 1767, 2 vol. in-8.

6546. An inquiry into the law merchant of the United States, or *Lex Mercatoria America;* New-Yorck, Collins, 1802, in-8.

6547. Summary of the law of bills of exchange, cash bills, and promissory notes. by John Bayley, with notes and references to American decisions, by Willard Phillips and Samuel E. Sewall; Boston, Gray, 1826, in-8.

6548. Summary of the law of bills of exchange, cash bills and promissory notes, by John Bayley; London, Strahan, 1830, in-8.

6549. A compendium of mercantile law, by John William Smith; London, Saunders, 1834, in-8.

6550. Commentaries on colonial and foreign law generally, and in their conflict with each other and with the law of England, by William Burge; London, Saunders, 1838, 4 vol. in-8.

6551. The law of commendatary and limited partnership in the United-States, by Francis J. Troubat; Philadelphia, 1853, in-8.

6552. Code de commerce allemand et règlement général sur le contrat de change, trad. par Victor Foucher et Tolhausen; Paris, Didot, 1862, in-8.

6553. Du droit de faillite néerlandais, par M. Bergson, docteur en droit. (Extrait de la *Revue de droit français et étranger*.)

DROIT ECCLÉSIASTIQUE.

Histoire.

6554. Christoph. Matth. Pfaffii origines juris ecclesiastici, una cum dissertationibus rarioribus jus ecclesiasticum illustrantibus; Tubingæ, Schrammianis typis, 1756, in-4.

6555. Fontes Juris ecclesiastici antiqui et hodierni; edidit Ferdinandus Walter; Bonnæ, Marcus, 1862, in-8.

6556. Disputatio juridica de auctoritate Juris canonici inter Augustanæ Confessionis consortes, quam eruditorum disquisitioni exponit Fridericus Jacobus Bartholdi; Francofurti, Schrey, 1692, in-4.

6557. Histoire du droit canonique, explication des lieux qui ont donné le nom aux conciles, ou le surnom aux auteurs ecclésiastiques. Chronologie des papes, des conciles et des hérésies; Paris, 1698, in-12.

JURISPRUDENCE.

6558. Histoire du droit public ecclésiastique françois, par D. B. (Du Boullay); Londres, s. d., 2 vol. in-4.

6559. Histoire du droit public ecclésiastique françois, par M. D. B. (Du Boullay); Londres, Harding, 1740, 2 vol. in-12.

Décrétales. — Corps de droit.

6560. Decretum Gratiani; Moguntiæ, Schoiffer, 1472, 2 vol. in-fol.

6561. Decretum Gratiani, jam recens innumeris pene mendis iisque fædissimis, quibus passim et in glossis et in textu scatebat, repurgatum; Parisiis, Chevallonius, 1528, in-fol.

6562. Gratiani Canones genuini ab apocryphis discreti, corrupti ad emendatiorum codicum fidem exacti, difficiliores commoda interpretatione illustrati, a Car. Sebast. Berardo; Taurini, 1752, 4 vol. in-4.

6563. Autonii Augustini, archiep. Tarrac., de emendatione Gratiani dialogorum libri II, cum Steph. Baluzii et Gerh. Mastrichlii notis, stud. Jos. Ant. de Riegger; Viennæ Austriæ, Krauss, 1764, 2 vol. in-8.

6564. Leonis III papæ epistolæ ad Carolum Magnum imperatorem, capitulare Caroli M. de villis suis; Hermannus Conringius primum edidit et notis illustravit; Helmestadii, Mullerus, 1656, in-4.

6565. Decretales pseudo-Isidorianæ et capitula Angilramni, ad fidem libr. manuscript. recensuit Paulus Hinschius; Lipsiæ, Tauchnitz, 1863, in-8.

6566. Sexti Decretalium præclarum opus, cum glossis Joannis Andreæ; per venerab. viros Leonhardum Pflugel et Georgium Laver Romæ impressum, ann. Dom. 1472, die 24 mensis octobris; in-fol.

6567. Sexti Decretalium liber, per Bonifacium VIII, in Lugdunensi concilio editum; adjecta sunt summaria ex juris pontificii doctoribus deprompta; Parisiis, Joan. Kerbriand, 1531, in-8.

6568. Constitutiones Clementis papæ V, una cum apparatu Joannis Andreæ; Venetiis, 1479, in-fol.

DROIT ECCLÉSIASTIQUE.

6569. (Gregorii IX Decretalia); in-8. —(Deest titulus. Desunt quoque multa ipsius operis folia).

6570. Antiquæ collectiones Decretalium, cum Antonii Augustini, episc. Ilerdensis, et Jac. Cujacii notis et emendationibus; Parisiis, Cramoisy, 1609, in-fol.

6571. Summa Hostiensis in libr. Decretalium I et II; 1478, in-fol.

6572. Baldi Perusini ad tres priores libros Decretalium Commentaria, quibus accesserunt Franc. a Parona et Petri Crassi adnotamenta; Augustæ Taurinorum, hered. Bevilaquæ, 1578, in-fol.

6573. Corpus juris canonici, glossis diversorum illustratum, Gregorii papæ XIII jussu editum; accesserunt constitutiones novæ, necnon annotationes Antonii Naldi; Lugduni, Huguetan, 1671, 3 vol. in-fol.

6574. Jus canonicum in V libros Decretalium distributum, nova methodo explicatum, auctore R. P. Ernrico Pirhing; Dilengæ, 1674-1676, 3 vol. in-fol.

6575. Corpus juris canonici, Gregorii XIII jussu editum, a Petro Pithæo et Francisco fratre notis illustratum; Parisiis, Thierry, 1687, 2 vol. in-fol.

6576. Corpus juris canonici, per regulas naturali ordine digestas usuque temperatas, ex eodem jure, et conciliis, patribus, atque aliunde desumptas, expositi, cum indicibus, præfationibus et notis, authore Joanne Petro Gibert; Lugduni, 1737, 3 vol. in-fol.

6577. Corpus juris canonici academicum, emendatum et notis P. Lancellotti illustratum, ad modum Christoph. Henr. Freiesleben accommodatum; Coloniæ Munatianæ, Turneysen, 1783, 2 tom. in 1 vol. in-4.

6578. Corpus juris canonici, post Henningii Boehmeri curas brevi adnotatione critica instructum, ad exemplar Romanum denuo edidit Æmilius Ludovicus Richter; Lipsiæ, 1839, 1 tom. in 2 vol. in-4.

6579. Les Règles du droit Canon, traduites en françois avec commentaires et tables, par J. B. Dantoine; Bruxelles, 1742, in-4.

6580. Just. Henning, Boehmeri jus ecclesiasticum protestantium, juxta seriem Decretalium; Halæ Magdeburgicæ, 1756-1763, 4 vol. in-4.

Traités généraux.

6581. Bibliothèque canonique, contenant, par ordre alphabétique, toutes les matières ecclésiastiques et bénéficiales qui ont été traitées par M⁰ L. Bouchel dans sa Somme bénéficiale, à laquelle ont été ajoutés, dans le même ordre, plusieurs traités, arrests, règlements, par M⁰ Claude Blondeau; Paris, Thierry, 1689, 2 vol. in-fol.

6582. Bibliotheca juris canonici civilis practica, seu repertorium quæstionum magis practicarum in utroque jure, concinnatum labore Franc. Anton. Begnudellii Bassi; Coloniæ Allobrogum, de Tournes, 1747, 4 vol. in-fol

6583. Lucii Ferraris prompta Bibliotheca canonica, juridica, moralis, theologica; Venetiis, Storti, 1782-1794, 11 vol. in-4.

6584. Recueil de jurisprudence canonique et bénéficiale, par ordre alphabétique, par Guy Du Rousseaud de La Combe; Paris, Paulus du Mesnil, 1755, in-fol.

6585. Dictionnaire de droit canonique et de pratique bénéficiale, conféré avec les maximes et la jurisprudence de France, etc., par Durand de Maillane; Lyon, Duplain, 1770, 4 vol. in-4.

6586. Summa Fr. Bartholomæi de S. Concordio, ord. Prædicat., ad laudem et gloriam sanctissimæ et individuæ Trinitatis pastoralemque curam animarum, pastoribus ac singulis confessoribus, omnibusque casus pœnitentiales nova secundum jura sacerdotibus scire cupientibus nondum abrogata, doctrix tanquam sagacissima in Pisana civitate edita; s. d., in-fol.

6587. Nicolai de Ausmo, ordinis Minorum, supplementum Summæ Pisanellæ; Venetiis, 1473, in-fol.

6588. Antonii Augustini, archiepiscopi Tarraconensis, juris Pontificii veteris Epitome in tres partes divisa, de personis, de rebus et de judiciis; Parisiis, Soly, 1641, in-fol.

6589. Institutiones juris canonici ab Joan. Paulo Lancelotto, cum glossis, annotationibus, commentariis et historia, et ejusdem opusculum de Comparatione utriusque juris; Lugduni, Rouillius, 1584, in-4.

6590. Institutiones juris canonici a Joan. Paulo Lancelotto; Parisiis, 1675, in-18.

6591. Institutes du droit canonique, traduites en français (du latin de Lancelot) et adaptées aux usages présents d'Italie et de l'église gallicane, par Durand de Maillane; Lyon, 1570, 10 vol. in-12.

6592. Julii Caponi institutiones canonicæ; Coloniæ Allobrogum, Bousquet, 1734, 2 tom. in 1 vol. in-fol.

6593. Prænotionum canonicarum libri V : quibus sacri juris atque universi studii ecclesiastici principia et adminicula enucleantur, auct. Joan. Doujat; Venetiis, Pezzana, 1769, in-4.

6594. Institution au droit ecclésiastique, par l'abbé Fleury; Paris, Emery, 1721, in-12.

6595. Institution au droit ecclésiastique, par l'abbé Fleury, augmentée de notes considérables, d'une table des lois ecclésiastiques et d'un catalogue des principaux livres qui traitent du droit ecclésiastique, par Boucher d'Argis; Paris, Hérissant, 1767, 2 vol. in-12.

6596. Joannis Baptistæ, cardinalis de Luca, Theatrum veritatis et justitiæ; Coloniæ Agrippinæ, 1689-1690, 14 vol. in-fol.

6597. Joannis Baptistæ Valenzuela Velazquez Consilia, sive responsa juris, in quibus materiæ ecclesiasticæ non paucæ tractantur, cum vita auctoris et S. Rotæ Romanæ decisionibus; Lugduni, Huguetan, 1727, 2 vol. in-fol.

6598. Decisiones capellæ Tholosanæ. Decisiones materiarum quotidianarum, quæ quotidie in practica obveniunt in capella sedis archiepiscopalis Tolosæ, quibus ultra additiones Stephani Auffrerii, ac alias pernoviter manus præpositione signatas concordatæ sunt, cum decisionibus parlamenti Dalphinalis; Lugduni, Boulle, 1528, in-8.

6599. Decisiones capellæ Tholosæ, cum additionibus Stephani Auffrerii; Lugduni, Jac. Giuncti, 1531, in-8.

6600. Juris canonici theoria et praxis, ad forum tam sacramentale quam contensiosum, tum ecclesiasticum tum sæculare, auct. Joanne Cabassutio, editio a Joanne Petro Gibert summariis et novis illustrata; Augustoriti Pictonum, Faulcon, 1738, in-fol.

6601. Collegium universi juris canonici, servato ordine Decretalium, cum tractatu de Privilegiis Monasteriorum et aureo libro qui Manuale parochorum inscribitur, auctore D. Ludovico Engel, cum annotationibus Caspari Barthel; Beneventi, Balleonius, 1760, in-fol.

6602. Zegeri Bernardi Van Espen jus ecclesiasticum universum; Lovanii, 1778, 5 vol. in-fol.

6603. Apparatus ad jurisprudentiam præsertim ecclesiasticam libri tres, auct. Innocentio Maria Liruti; Patavii, Bettinelli, 1793, 2 vol. in-4.

6604. Du droit ecclésiastique dans ses principes généraux par Georges Phillips, traduit par l'abbé Crouzet, suivi du droit ecclésiastique dans ses sources, considérées au point de vue des éléments législatifs qui les constituent, avec un essai de bibliographie de droit canonique, par les mêmes; Paris, J. Lecoffre, 1850-1852, 4 vol. in-8.

6605. Cautelæ circa præcognita jurisprudentiæ ecclesiasticæ (a Christiano Thomasio); Halæ Magdeburgicæ, Rengerus, 1723, in-4.

6606. Les lois ecclésiastiques tirées des seuls livres saints (par Fromageot et Morin); Paris, Desaint, 1754, in-8.

6607. Manuel du droit ecclésiastique de toutes les confessions chrétiennes, par Ferdinand Walter, traduit de l'allemand par A. de Roquemont; Paris, Poussielgue-Rusand, 1840, in-8.

6608. Formularium criminale, in quo formæ omnes causarum quæ in foris ecclesiasticis ac regularibus tractantur per extensum traduntur, auctore Ludovico Maria Sinistrari de Ameno, ord. S. Francisci; Romæ, Gianninus, 1754, in-8.

6609. Praxis archiepiscopalis curiæ Neapolitanæ, cum notis, ab Antonio Genuense; Neapoli, 1645, in-4.

6610. Institution du droit ecclésiastique de France, par feu Me Charl. Bonel, reveu par de Massac; Paris, 1677, in-12.

6611. Institution aux lois ecclésiastiques de France, ou analyse des actes et titres qui composent les Mémoires du clergé, par l'abbé de Verdelin; Toulouse, Manavit, 1821. 2 vol. in-8.

6612. Les lois ecclésiastiques de France dans leur ordre naturel, et une analyse des livres du droit canonique conférés avec les usages de l'église gallicane, par Louis de Héricourt, avocat au Parlement; Paris, Mariette, 1743. in-fol.

6613. Les loix ecclésiastiques de France dans leur ordre naturel, par Louis de Héricourt; Paris, Lemercier, 1756, in-fol.

6614. Code ecclésiastique français, d'après les loix ecclésiastiques de d'Héricourt par Matt. Rich. Auguste Henrion; Paris, Blaise, 1829, 2 vol. in-8.

6615. Manuel ecclésiastique de discipline et de droit, ou sommaire des Mémoires du clergé, rédigé par ordre alphabétique, contenant tout ce qui concerne la discipline et le régime actuel de l'église de France, ses libertés, ses droits et priviléges et ceux de ses membres, par les abbés Garreau et L. B. D. C.; Paris, 1778, in-8.

6616. Le droit civil ecclésiastique français, ancien et moderne, dans ses rapports avec le droit canon et la législation actuelle, ou recueil chronologique, depuis saint Louis jusqu'à nos jours, des pragmatiques, concordats, lois, décrets, ordonnances, arrêts, etc., par G. de Champeaux; Paris, Concier (1849), 2 vol. in-8.

6617. Bulletin des lois civiles ecclésiastiques, journal encyclopédique du droit et de la jurisprudence en matière religieuse et du contentieux des cultes, sous la direction de M. G. de Champeaux; Paris, 1849, in-8.

6618. Cours alphabétique et méthodique de droit canon, dans ses rapports avec le droit civil ecclésiastique, par l'abbé André; Paris, Boullotte, 1852-1853, 5 vol. in-8.

6619. Cours alphabétique, théorique et pratique de la législation civile ecclésiastique, par l'abbé André; Paris, Mellier, 1847-1850, 3 vol. in-8.

6620. Traité de la législation des cultes et spécialement du culte catholique, ou de l'origine du développement et de l'état actuel du droit ecclésiastique en France, par M. Gaudry; Paris, Durand, 1854, 3 vol. in-8.

Traités divers.

6621. Cl. Salmasii librorum de primatu papæ pars prima, cum apparatu; accessere de eodem primatu Nili et Barlaami tractatus; Lugduni Batavorum, ex officina Elzeviriorum, 1645, in-4.

6622. Justini Febronii (de Hontheim) de statu ecclesiæ et legitima potestate Romani pontificis ad reuniendos dissidentes in religione Christianos; Bullioni, Evrardus, 1765, in-4.

6623. De primatu Romani pontificis ejusque juribus scripsit Augustus de Roskovani; Augustæ Vindelicorum, 1834, in-8.

6624. Examen du livre intitulé : Remontrance et conclusions des gens du roy et arrest de la cour de Parlement du du 26 novembre 1610 (par Michel de Marillac); 1611, in-8.

6625. Doctrine hérétique, schismatique et contraire aux lois du royaume touchant la primauté du pape, enseignée par les Jésuites dans leur collége de Caen, l'an 1644, (par Pierre de Cally); in-4.

6626. Observations des fidèles à MM. les évêques de France, à l'occasion d'une indulgence plénière adressée à tous les Français par le cardinal Caprara (par Brugière, Pierre); s. d., in-8.

6627. Caroli Molinæi in regulas cancellariæ Romanæ hactenus in regno Franciæ usu receptas commentarius analyticus; Parisiis, Petitpas, 1608, in-8.

6628. Georgii Lovetii notæ ad commentaria Caroli Molinæi in regulas cancellariæ apostolicæ ; Lutetiæ Parisiorum, Cramoisy, 1656, in-4.

6629. Défense des droits des évêques dans l'Eglise, contre le le livre intitulé : *Des pouvoirs légitimes du premier et du second ordre*, par Corgne; Paris, Desprez, 1762, 2 vol. in-4.

6630. Dissertatio canonico-publica de Jure consecrandi suffraganeos reverendis Germaniæ principibus vindicato ex Concordatis principum, quam publico tentamini proponit P. Elias van der Schuren ; Augustæ Trevirorum, Escherman, 1774, in-4.

6631. Traité de annates (par l'abbé Beraud); Amsterdam, 1718, in-12.

6632. De l'harmonie des évêques avec leurs chapitres, par l'abbé de Sambucy; Paris, Martin, 1845, in-8.

6633. Marcelli Ancyrani (Jacobi Boileau) Disquisitiones II de residentia canonicorum, quibus accessit tertia de Tactibus, cum colloquio critico de sphalmatis virorum in re litteraria illustrium; Parisiis, Couterot, 1695, in-8.

6634. De antiquo jure procurationum aliorumque præstationum quæ archiepiscopis, episcopis debentur; ex sacris Ecclesiæ canonibus, collectio per Adrianum Behotium; Lutetiæ, Alliot, 1526, in-8.

6635. Responsio Adriani Behotii pro academicis, ad quæstionem Dionysii Buthillerii de infirmis resignantibus; Rothomagi, L'Oyselet, 1613, in-8.

6636. Des conflits de la juridiction de l'ordinaire avec les prétentions des grands aumôniers de France; Paris, Gauthier, 1824, in-8.

6637. Tractatus de litteris gratiæ, quam necessarius iis qui animarum curam gerunt, auctoribus Joanne Staphilæo, Joanne Nicolao Gimon, Ludovico Gomes; Romæ, 1587, in-8.

6638. Traité des curés primitifs, par Jean-Baptiste Furgole; Toulouse, Casanove, 1736, in-4.

6639. Traité des bénéfices ecclésiastiques, et recueil de bulles et ordonnances, par M. P. Gohard; Paris, Boudet, 1765, 7 vol. in-4.

6640. Praxis beneficiorum Petri Rebuffi; Concordatorum tractatus inter Leonem et Franciscum I, regem Franciæ; Lugduni, Rouillius, 1599, in-fol.

6641. Notæ Caroli Molinæi, Georgii Louet, Antonii Le Vaillant circa rem beneficiariam, a N. Sachot collectæ et ordine alphabetico digestæ; Parisiis, Manchet, 1723, in-12.

6642. Pratiques bénéficiales, suivant l'usage général et celui de la province de Normandie, par Charles Routier; Rouen, L'Allemand, 1757, in-4.

6643. Ancienne et nouvelle discipline de l'Eglise touchant les bénéfices et les bénéficiers, par Louis Thomassin; Paris, Montalant, 1725, 3 vol. in-fol.

6644. L'avocat des pauvres, qui fait voir l'obligation qu'ont les bénéficiers de faire un bon usage des biens de l'Eglise, et d'en assister les pauvres, par Jean-Baptiste Thiers; Paris, Du Puis, 1676, in-12.

6645. Droit des pauvres (par l'abbé Reymond); Mémoire à consulter pour les curés de la province du Dauphiné (par le même, et Hélie, curé de Saint-Hugues), consultation et requête; Genève, Pellet, 1781, in-8.

6646. De Jure Asylorum liber singularis Petri Sarpi, alias Pauli Servitæ; accesserunt viri eruditi de asilis collectanea; Veneliis, Meietti, 1677, in-18.

6647. Asilia, hoc est de jure asylorum tractatus locupletissimus, auctore Georgio Rittershusio; Argentorati, Zeznerus, 1624, in-8.

6648. Discorso sopra l'asilo ecclesiastico; in Firenze, 1763, in-4.

6649. Progrès et décadence des juridictions ecclésiastiques depuis les premiers temps du christianisme jusqu'au xvie siècle, par Bataillard; Paris, A. Guyot, 1844, in-8.

6650. Joannis Escobar a Corro tractatus prior de utroque foro (foro fori et foro conscientiæ); ejusdem tractatus tres posteriores de confessariis sollicitantibus pœnitentes ad venerea, de horis canonicis et distributionibus quotidianis, etc., etc.; Lugduni, Deville, 1737, 2 tom. en 1 vol. in-fol.

6651. Recueil tiré des procédures criminelles faites par plusieurs officiaux et autres juges du royaume, par Pierre Decombe; Paris, 1700, in-4.

6652. Traités de la juridiction ecclésiastique contentieuse, ou théorie et pratique des officialités et autres cours ecclésiastiques pour les procédures civiles, suivant les nouvelles lois du royaume, par un docteur de Sorbonne (l'abbé de Brézolles); Paris, Desprez, 1769, 2 volumes in-4.

6653. Traité sur les matières criminelles ecclésiastiques, par Lefebvre; Paris, Desaint, 1781, in-4.

6654. La pratique de la juridiction ecclésiastique, volontaire, gratieuse et contentieuse, par Ducasse, édition augmentée du Traité des droits et obligations des chapitres; Toulouse, Birosse, 1762, in-4.

6655. Angelus (de Gambilionibus) Aretinus, necnon Albertus de Gandino in maleficiorum materia, cum additionibus Augustini de Arimino et apostillis Bernardini de Landriano; Lugduni, Gueynard, 1521, in-4.

6656. Dissertation sur la réhabilitation des mariages nuls, où l'on traite en particulier des dispenses *in radice*, par un professeur de théologie; Paris, Méquignon, 1834, in-8.

6657. Réponse de M..., avocat au parlement, à la lettre par lui reçue de M..., docteur en théologie, sur la prétention de l'assemblée du clergé de 1750 et sur l'exaction des billets de confession à la mort sous peine de privation des sacrements (par Mestais); 1752. in-12.

6658. Les inconvénients du célibat des prêtres, prouvés par des recherches historiques (par l'abbé Gaudin); Genève, Pellet, 1781, in-8.

6659. Discipline de l'Eglise sur le mariage des prêtres (par Maultrot); Paris, Leclerc, 1790, in-8.

6660. Avantages du mariage, et combien il est nécessaire et salutaire aux prêtres et aux évêques de ce temps-ci d'épouser une fille chrétienne (par Pierre Desforges); Bruxelles, 1758, 2 vol. in-12.

6661. Traité des dispenses de mariage, de leur validité ou invalidité, et de l'état des personnes, suivant les dispositions canoniques, ordonnances et arrests, par Michel Duperray; Paris, Paulus Dumesnil, 1730, in-12.

6662. Traité des dispenses et de plusieurs autres objets de théologie et de droit canon, par Collet; édition revue par M. Compans; Paris, 1827, 2 vol. in-8.

6663. La règle de Saint-Benoît, avec les déclarations et constitutions pour les religieuses de l'abbaye de Saint-Paul, près Beauvais; s. d., in-12.

6664. Traité des études monastiques, par Jean Mabillon; Paris, Robustel, 1692, 2 vol. in-12.

6665. Ascanius Tamburinius de jure Abbatissarum et Monialium, sive praxis gubernandi Moniales aliasque mulieres sub habitu ecclesiastico et regulari degentes; Lugduni, Anisson, 1668, in-fol.

6666. Hipparchus, de religioso negotiatore; disceptatio Mediastinum inter ac Timotheum; quæ negotiatio a religioso statu abhorreat lucubratio Renati a Valle; Francofurti, Salvianus, 1642, in-8.

6667. Antiquissimæ constitutiones synodales provinciæ Gneznensis, maxima ex parte nunc primum e codicibus manuscriptis typis mandatæ, edente Romualdo Hube; Petropoli, 1856, in-8.

6668. Feria quinta, die 24 septembris 1665, in congregatione gener. S. Rom. et univers. Inquisitionis habita coram SS. D. N. D. Alexandro Papa VII; in-4.

6669. Feria quinta, die 18 martii 1666, in congreg. gener. S. Rom. et univers. Inquisit. habita coram SS. D. N. D. Alexandro Papa VII; in-4.

FIN DU TOME PREMIER.

TABLE DES MATIÈRES

CONTENUES DANS CE VOLUME

THÉOLOGIE

THÉOLOGIE JUIVE ET CHRÉTIENNE.

Écriture sainte.
- *Textes, Versions* .... p. 1
- *Interprètes* 3
- *Philologie* 4

Liturgie 4
Conciles 6
Saints-Pères 9
Théologie scolastique et dogmatique 12
Théologie morale 15
Théologie parénétique 18
Théologie critique 20

THÉOLOGIE DES PEUPLES ORIENTAUX.

Mahométans 23
Indiens 24

JURISPRUDENCE.

INTRODUCTION.

Philosophie du droit 26
Histoire générale de la législation 28
Législation comparée 30
De l'étude du droit et de la profession d'avocat ... 34
Encyclopédies juridiques. Glossaires 38
Bibliographie juridique 39
Institutions judiciaires 41

DROIT DE LA NATURE ET DES GENS.

Traités généraux 48
Pactes divers entre les nations 52
Ouvrages spéciaux 55

DROIT PUBLIC.

Traités généraux... p. 60
De l'autorité civile et du sacerdoce.
    Traités. Anciens concordats............................. 63
    Constitution civile. Concordat de 1801, etc., etc............ 68
    Empêchements du mariage. Sépultures. Sacrilége.......... 72
    Droits utiles. Dixmes. Administration des paroisses....... 74
    Congrégations religieuses................................ 77
    Etat civil des protestants et des juifs.................... 78

Droit particulier de différents peuples.
    Peuples anciens.. 80
    France ancienne. Lois barbares. Capitulaires............. 84
                  Collections d'ordonnances............... 86
                  Droits du roi........................... 91
                  Droits féodaux......................... 94
                  Etats-Généraux......................... 98
    France moderne. Droits individuels. Constitutions. Assemblées.. 100
                  Questions diverses...................... 106
                  Procès-verbaux des assemblées........... 108
    Angleterre... 110
    Allemagne... 113
    Russie. Pologne. Suède. Norwége........................ 118
    Italie. Espagne. Portugal................................ 119
    Pays-Bas.. 121
    Suisse... 122
    Amérique.. 122
    Etats Musulmans.. 124

DROIT ADMINISTRATIF.

Traités généraux.. 125
Traités divers.
    Justice. Conseil d'Etat. Conseils de préfecture. Chambre des comptes.. 128
    Armée. Marine.. 132
    Domaine public.. 135
    Etablissements d'instruction publique.................... 136
    Elections... 138
    Impôts. Domaines engagés. Pensions..................... 139
    Indemnité des émigrés................................... 146
    Départements. Communes................................ 148
    Travaux. Mines. Voirie................................... 152
    Droit rural... 155
    Eaux. Forêts... 157
    Chasse. Pêche... 161
    Expropriation.. 162

TABLE DES MATIÈRES.

Bâtiments. Salubrité, Marchés, Servitudes militaires....p.	163
Postes. Voitures. Voies ferrées......................	165
Police. Théâtres...................................	167
Arts. Métiers. Poids et mesures.....................	170
Établissements de bienfaisance......................	174
Sépultures. Cimetières..............................	176

DROIT CIVIL ET DROIT PÉNAL.

Traités généraux.

Des lois civiles et des lois pénales.................	177
Prisons..	182

Droit des anciens peuples autres que les Romains. 188

Droit romain.

Histoire...	190
Glossaires...	196
Avant Justinien. Texte et Gloses....................	197
Justinien..	201
Après Justinien....................................	206
Commentateurs......................................	208
Abréviateurs.......................................	219
Traités spéciaux...................................	224

Ancien Droit français.

Histoire...	230
Coutumes...	233
Bibliothèques. Dictionnaires........................	269
Traités généraux...................................	273
Œuvres de Jurisconsultes............................	276
Traités divers. Pratique............................	280
Personnes. Tutelles.................................	284
Mariages..	285
Successions..	288
Contrats...	291
Traités de droit criminel...........................	293
Matières diverses..................................	294
Plaidoyers...	296
Mémoires...	299
Journaux. Arrêts...................................	309
Causes célèbres....................................	316

Droit français moderne.

Répertoires. Collections des lois. Journaux de droit.	318
Corps de droit français............................	327
Code civil. Textes et Commentaires sur l'ensemble...	329
Traités sur diverses questions de droit civil...	334
Code de Procédure civile. Texte et Commentaires.....	359
Traités divers sur la Procédure civile............	362
Notariat...	368

Code pénal. De la loi criminelle; Devoirs des magistrats..	370
Texte et Commentaires....................	372
Traités sur diverses questions de droit pénal...	374
Procédure criminelle	378
Législation des Colonies françaises................	380
Mémoires, Plaidoiries, Procès, Arrêts..............	382
Discours de rentrée des cours. Installations...........	408
Barreau de Paris. Discours prononcés dans les conférences.	413
Angleterre...............................	420
Allemagne..............................	425
Russie, Pologne, Hongrie.....................	435
Danemarck, Suède, Norwége...................	437
Italie..................................	438
Espagne et Portugal.......................	450
Hollande, Belgique........................	454
Suisse..................................	458
Grèce.................................	460
États musulmans.........................	460
Amérique..............................	461
Asie...................................	382

Thèses de droit civil et de droit pénal.

Collections.............................	463
Thèses diverses par ordre alphabétique.............	463

MÉDECINE LÉGALE.

Traités divers............................	485

JUSTICE MILITAIRE.

Traités divers............................	489

DROIT COMMERCIAL.

Recueils, Dictionnaires, Journaux...............	490

Ancien droit français.

Traités divers...........................	492

Nouveau droit français.

Code de commerce; texte et commentaires. Traités généraux.	493
Traités spéciaux.........................	497

Droit commercial étranger.

Traités divers...........................	503

DROIT ECCLÉSIASTIQUE.

Histoire..............................	505
Décrétales.— Corps de droit..................	506
Traités généraux.........................	508
Traités divers...........................	511

PARIS. — IMPRIMERIE TILLET FILS AÎNÉ, RUE DES GRANDS-AUGUSTINS, 5.

www.ingramcontent.com/pod-product-compliance
Lightning Source LLC
Chambersburg PA
CBHW071607230426
43669CB00012B/1862